本书得到以下项目支持：
国家特色蔬菜产业技术体系建设专项（编号：CARS-24-F-01）
河北现代农业产业体系蔬菜产业经济岗（编号：HBCT2018030301）
河北省蔬菜产业协同创新中心
河北农业大学现代种植产业经济与政策研究协同创新团队
河北农业大学现代农业发展研究中心
河北新型智库：河北省三农问题研究中心

国家特色蔬菜产业技术体系产业经济系列丛书

中国特色蔬菜主产区产业发展报告

ZHONGGUO TESE SHUCAI
ZHUCHANQU CHANYE FAZHAN BAOGAO

国家特色蔬菜产业技术体系产业经济研究室◎主编

经济管理出版社
ECONOMY & MANAGEMENT PUBLISHING HOUSE

图书在版编目（CIP）数据

中国特色蔬菜主产区产业发展报告/国家特色蔬菜产业技术体系产业经济研究室主编.—北京：经济管理出版社，2019.9
ISBN 978 - 7 - 5096 - 6902 - 0

Ⅰ.①中…　Ⅱ.①国…　Ⅲ.①蔬菜产业—产业发展—研究—中国　Ⅳ.①F326.13

中国版本图书馆 CIP 数据核字（2019）第 195623 号

组稿编辑：曹　靖
责任编辑：曹　靖　郭　飞
责任印制：黄章平
责任校对：王淑卿

出版发行：经济管理出版社
　　　　　（北京市海淀区北蜂窝 8 号中雅大厦 A 座 11 层　100038）
网　　　址：www. E - mp. com. cn
电　　　话：(010) 51915602
印　　　刷：三河市延风印装有限公司
经　　　销：新华书店
开　　　本：787mm×1092mm/16
印　　　张：39.25
字　　　数：809 千字
版　　　次：2019 年 12 月第 1 版　　2019 年 12 月第 1 次印刷
书　　　号：ISBN 978 - 7 - 5096 - 6902 - 0
定　　　价：198.00 元

编　委　会

主　　任：邹学校

副 主 任：柯卫东　张友军　侯加林　李良俊　钱永忠　赵帮宏

委　　员：（按姓氏笔画为序）

万正杰　王晓武　尹守恒　邓放明　朱红莲　李锡香
杨　峰　吴　雄　张尚法　张国忠　陈杭君　武占会
罗　晨　周艳虹　贺超兴　徐　坤　黄任中　崔连伟
廖小军　戴雄泽　魏利辉　龙洪进　任艳云　向世标
刘振伟　江　文　孙　逊　严慧玲　杨生保　杨良波
张玉鑫　张亚春　张会亚　张　慧　陈建明　范永红
胡明文　俞飞飞　姚秋菊　郭凤领　薛珠政

主　　编：赵帮宏　宗义湘

副 主 编：王学国　高振江　贺洪军　陈学军　杨建国　常　伟
吴　曼

参编人员：

石文川	王　佳	杨建肖	刘伟霄	王雅娇	袁田垚
王秀峰	张　悦	聂楚楚	王剑锋	李淑岩	滕　巍
王健鹏	孙秀丽	张凤丽	薛鸿雁	刘思宇	张　慧
冯　涛	张春平	左秀玲	王　雪	刘力勇	董廷龙
王忠宝	郑　佳	张学娟	李盛娟	徐丽丽	于晨啸
韩庆霞	姜瑞花	张俊民	王　燕	邓凤梅	马　新
姜二花	刘淑芹	赵立宾	任云祥	耿保进	梁国增
韩志莹	李贵菊	杜光旭	牛　学	孙英焘	庞明德
乔丽霞	郭雪燕	韩素霞	梁玉芹	杨　阳	袁瑞江
郝俊丽	王丽乔	安进军	田　玉	冯贺敬	刘新红
王秀凤	宋志莲	苏俊坡	张宏玉	艾会暖	李双辉
赵桂敏	王立华	王振平	张　宇	张瑞琴	姚慧静
潘子旺	张冬梅	高　娃	武　廷	邢　俊	刘虎林
李金在	高常军	孙　科	田　丰	段翠萍	张雪峰
赵银平	赵增寿	辛　鑫	文联社	周　伟	赵建军
王春绪	马庆融	张俊峰	段志山	朱晓涛	马彦霞
李　栋	于庆文	白　冰	杨海燕	杜　懿	于庆文
张玉祥	董吉德	张廷龙	陈小刚	何新辉	张建文
高永健	白　丽	张自坤	李腾飞	郭军庭	周克华
卓增全	陈　虹	吕慎宝	王桂丽	汪中民	薛现领
李　霄	付成高	王红英	孙楠楠	赵文凤	刘洪杰
王凤月	王　茜	朱耿建	王乃建	邵秀丽	张慎璞
张　涛	王付勇	艾瑞璞	陈传亮	司素琴	董海英
李大勇	吴晓辉	邢百梅	段新华	王洪庆	张伟民
余国庆	范回桥	洪　芸	周自璇	黄国东	易海荣
何建平	袁青云	涂年生	帅寿根	彭兴龙	封国林
温祖明	符长焕	翁丽青	郑春龙	沈学根	冯明慧
倪龙凤	周志明	陶顺法	怀海华	严冬晖	王来亮
邓曹仁	马雅敏	陈可可	何　杰	何圣米	李月珍
易志杰	谢宝林	郑靖雅	李建生	王　彬	李永平
魏英辉	吴景栋	李　锋	王道平	叶新如	叶明鑫
杨凯文	刘　红	梁英波	莴自兵	姚继贵	储海峰

何青石　蒋慧萍　蒙日业　黄俊　肖飞　韩兴涛　陈怀民　游敏　顾刚　冷容　董华权　沈进娟　蒋波　桂敏　潘桂莲　何芳　陈丽　高建锋

赖松新　邱祖杨　张驰　周洁　刘辉　田时良　罗红萍　易图碧　邓园丽　王爱民　周利　朱远刚　罗爱民　杜磊　卯升亮　刘文祥　王跃云　金竹玲

韦建兵　叶国春　高美萍　符家平　万德慧　熊绍军　彭悦溪　苗明军　杨玉国　鞠丽萍　管中荣　张立中　施永斌　张芮豪　王明荣　顾占红　罗金超　杨银珍

张绍强　董伟清　黄晓斌　唐纯慧　田仁广　李革菊　彭英　余宏斌　程小金　何超群　王社英　钟秋月　肖支富　陈德刚　李会萍　赵银梅

覃彩英　喻忠刚　周强　田延富　陶光斌　张昭宇　刘独臣　杨亮　吴凯　杨仕伟　韩远安　彭丽莎　令狐丹　马茜　施令祥　梁大林　黄亚娇　赵冠明

黄诗宇　农吉平　吴金奎　黄齐进　吴三林　李金刚　李志全　王远玲　付琼霞　杨光波　周洪进　龙琼芬　周本强　张艳兰　陆超　闫超

序

2007 年，农业部、财政部依托现有的中央和地方科研优势和资源，启动建设了 10 个以主要农产品为单元、产业链为主线，从产地到餐桌、从生产到消费、从研发到市场各个环节紧密衔接、服务国家目标的现代农业产业技术体系。2008 年，增加到 50 个产业技术体系（包含大宗蔬菜）。2017 年，围绕农业供给侧结构性改革和绿色发展新要求，在保持 50 个体系总量不变的情况下，合并小体系，适当新增部分体系，全面提高体系服务国家目标和产业发展的支撑能力。特色蔬菜产业技术体系就是新增的 4 个体系之一，共设置了 31 个科研岗位和 26 个综合试验站，涵盖了 130 个产业示范县。

特色蔬菜产业体系中的特色蔬菜主要包括加工辣椒、葱姜蒜、洋葱、芥菜、韭菜、水生蔬菜等种类。从总体来看，我国特色蔬菜产业具有以下特点：第一，特色蔬菜产业在我国蔬菜产业中居重要地位。2018 年我国特色蔬菜播种面积约 6333 千公顷，其中，辣椒 2133 千公顷，大蒜 867 千公顷，生姜 267 千公顷，大葱 600 千公顷，洋葱 200 千公顷，芥菜 1000 千公顷，韭菜 400 千公顷，水生蔬菜 867 千公顷，约占蔬菜总面积的 30%，其中辣椒已成为我国第一大单品蔬菜，加工辣椒产业快速发展功不可没。第二，特色蔬菜在我国农产品贸易中贡献最大。2017 年，我国蔬菜出口总额 155 亿美元，大蒜、辣椒、洋葱、生姜均位居前列。其中，大蒜出口额 31.89 亿美元，占比 20.6%，位居出口蔬菜第一位，占大蒜生产总量的 10.2%；在干制蔬菜和蔬菜加工制品出口贸易中，生姜、辣椒、大蒜贡献率超过 80%。第三，特色蔬菜产业扶贫效应明显。特色蔬菜主产区与贫困县在空间布局上高度契合，2017 年、2018 年约有 200 个国家级贫困县以特色蔬菜作为扶贫主导产业。例如，安徽省岳西县将辣椒、茭白产业作为扶贫支柱产业，2018 年实现了提前脱贫目标。江西广昌县白莲种植面积达 11 万亩，带动 2682 户 10728 人实现了脱贫目标，户均增收 1.9 万元。第四，特色蔬菜面临特优区建设重大机遇。2017 年、2018 年由农业农村部、国家林业和草原局等九部门组织开展创建的 15 个蔬菜类中国特色农产品优势区（总计 146 个）中有 12 个属于特色蔬菜。随着我国城乡居民消费升级，特色蔬菜逐渐从区域性消费转为全国性消费，从少数群体消费转为全民性消费，从季节性消费转为全年性消费。在我国农业供给侧结构性改革背景下，特色蔬菜将在满足消费者日益增长的多样化、功能化需求方面面临较好的发展机遇，土特产和小品种有望做成带动农民增收的大产业。

在特色蔬菜产业迎来重大发展机遇的同时，我们也深刻认识到特色蔬菜仍存在产业组织化与机械化水平低、综合开发程度低、种植技术落后、产业效益不高等问题。并且，与大宗蔬菜日益呈现的休闲采摘、特色小镇、文化产业等新业态、新模式相比，特色蔬菜产业结构高度化方面存在较大差距。同时也面临生产成本上升、劳动力老龄化、市场价格波动大、收益不稳定等问题。特色蔬菜产业亟待转型升级，并逐步实现科技化、机械化、绿色化、标准化生产。

研发推广产业技术，既要聚焦于市场需求，也要着眼于区域特色，了解产业基础至关重要。为了更好地了解我国不同区域、不同种类特色蔬菜产业发展态势，国家特色蔬菜产业技术体系发挥示范县、试验基地布局广泛优势，集聚人力，对各地特色蔬菜产业做了充分的调研，撰写了覆盖 121 个区域的《中国特色蔬菜主产区产业发展报告》。该书内容翔实，既有数据支撑，又有典型案例。该书的出版，对了解和展示我国特色蔬菜产业基础具有重要意义，对相关政策制定和技术研发具有重要意义，对推动我国特色蔬菜产业高质量发展和乡村振兴具有重要意义。

国家特色蔬菜产业技术体系首席科学家

邹学校

2019 年 6 月

前　言

　　特色蔬菜主要包括加工辣椒、葱姜蒜、洋葱、芥菜、韭菜、水生蔬菜等种类。我国的特色蔬菜种类繁多，地域鲜明，布局广泛，区域间产业发展参差不齐。很多特色蔬菜种类地处偏远山区，甚至鲜为人知，亟待市场开发。有的声名鹊起，如《舌尖上的中国》中的"兴化龙香芋"；有的已经产生巨大品牌价值，如金乡大蒜、章丘大葱。让这些种类繁多、营养保健功能多、加工链条长、产业融合效应强的特色蔬菜产业集结展示，挖掘各地特色蔬菜产业优势，引导消费者认知、市场了解，借鉴区域产业发展经验，是特色蔬菜产业体系团队的初心和责任担当。

　　国家特色蔬菜产业技术体系团队在广泛调研基础上编写了《中国特色蔬菜主产区产业发展报告》。本书辑录了 121 个地区的特色蔬菜产业发展概况，遍布全国 20 个省份的 119 个县（市、区）。包括 29 个地区的辣椒产业、55 个地区的葱姜蒜韭类产业、26 个地区的水生蔬菜产业以及 11 个鲜为人知、充满地域特色的蔬菜种类。本书是在全国特色蔬菜示范县调研基础上整理出来的报告集，不是一般意义上的学术论文汇编，旨在从产业发展现状、经验做法、存在问题以及对策建议等方面入手，让广大读者了解中国大地上特色蔬菜产业发展概览，并以此抛砖引玉，期望能够得到更多农业部门、专家学者对特色蔬菜产业发展的关注，推动我国农产品特色优势区建设。

　　本书是在国家特色蔬菜产业技术体系首席科学家、中国工程院院士、湖南农业大学校长邹学校研究员指导下，由 26 位综合试验站站长遴选，以全国特色蔬菜 130 个示范县为基础素材，并由产业经济研究室赵帮宏教授、宗义湘教授等总纂完成。

　　本书的出版得到了国家特色蔬菜产业技术体系各岗位科学家、综合试验站站长的鼓励与支持，特别是基层广大产业示范县人员的田野调查与无私奉献，正是特色蔬菜产业体系每一位团队成员的努力，让地方特色蔬菜产业能够集结展示。本书是特色蔬菜产业体系集体智慧的结晶，在此一并表示感谢！

国家特色蔬菜产业技术体系产业经济研究室

2019 年 6 月于保定

目 录

东北片区

中南片区

西南片区

东北片区

一、长春综合试验站

吉林省分蘖洋葱产业

王学国　王秀峰　张　悦　聂楚楚　王剑锋　滕　巍　王健鹏
（吉林省蔬菜花卉科学研究院）

分蘖洋葱是洋葱的变种，学名珠葱，俗称毛葱、鬼子葱。其食用部分主要为膨大的鳞茎，生长期也可食用假茎（叶鞘）和嫩叶。分蘖洋葱中含有丰富的维生素C、糖类、蛋白质及各种矿物质，味辛而甘，具有驱寒保健功效，是东北地区喜食的蔬菜品种和调味品。不仅如此，研究表明分蘖洋葱还具有调节生理机能、美容、抗癌和延缓衰老的作用，近年在南方的一些省份以及韩国、日本和东南亚的一些国家备受青睐，销量逐年增加，成为市场的新宠。分蘖洋葱以鳞茎为播种材料，基部分蘖，形成数个或十多个小鳞茎，簇生一起，个体小，耐贮性强，不仅能当季供应，还能越冬储藏，调剂冬季蔬菜余缺。同时，分蘖洋葱也是与其他作物进行套种、复种的首选前茬作物，现已成为吉林省农业生产和农民致富的主要特色蔬菜产业之一，对当地农村经济发展起到积极的促进作用，被业内人士称之为"毛葱黄金种植带"。

一、产业现状

（一）自然条件

吉林省中西部属中温带大陆性季风气候区，气候环境复杂。春季干旱少雨，升温较快；夏季炎热，降水集中；秋季凉爽，变温快，温差大，天气晴好；冬季漫长，降雪量小，寒冷干燥。年平均气温4.5℃～5.2℃，年平均日照2700～3000小时，无霜期135～142天。年降水量在400～500毫米，多集中在七八月份，这两个月的降水量约占全年降水量的2/3。土壤以黑钙土、草甸土、风沙土、盐碱土为主。

（二）发展历史

分蘖洋葱在吉林省栽培历史悠久，1931年分蘖洋葱由日本引进吉林省，所以又名

"鬼子葱"。分蘖洋葱生育期短，耐寒，耐低温能力强，极其适合吉林省独特的自然环境，每年4月初播种，7月中下旬即可收获。最初，分蘖洋葱只是在吉林省广大农民家庭的庭院种植，后因其风味独特，种植面积逐步扩大，并逐渐开始形成产业。目前，分蘖洋葱已成为吉林省特有生态型蔬菜种类。随着市场经济的变化，经过近几十年的产业发展和科技创新，分蘖洋葱产业逐步走上了健康、可持续发展的轨道。特别是近十年随着国家、省特色蔬菜产业技术体系项目的推进，吉林省已形成多处分蘖洋葱区域产业发展基地及合作联盟，对拉动当地农村经济的发展，起到积极的促进作用，极大提高了当地农民的种植热情，可谓"小产业也能做出大文章"。

（三）种植区域和面积

吉林省大部分地区都适宜种植分蘖洋葱，但最适于分蘖洋葱栽培的区域是吉林省的中部地区，这里气候适宜，土地平整，适于分蘖洋葱商品化栽培及未来机械化操作。全省分蘖洋葱种植面积较大，主要分布于长春、松原、四平、敦化等部分地区，种植区域分布以农安县哈拉海镇、公主岭怀德镇为中心的周边面积为最大（见表1）。

表1　金龙珠葱种植区域及种植面积情况

序号	种植品种	种植区域	种植面积（公顷）	播种时间	收获时间
1	金龙珠葱	长春地区	3200	4月1~10日	7月下旬
2	金龙珠葱	四平地区	550	4月1~10日	7月中下旬
3	金龙珠葱	松原地区	650	4月1~10日	7月下旬
4	金龙珠葱	敦化市	330	4月1~10日	7月下旬
5	金龙珠葱	公主岭市	950	4月1~10日	7月中下旬
合计			5680		

（四）栽培模式和产量

吉林省分蘖洋葱种植模式多以垄作为主，少量为高畦栽培。垄作株行距10厘米×15厘米，公顷保苗30万株左右。由于分蘖洋葱生育期短，7月中下旬即可收获，已成为露地套种、复种理想的前茬作物。目前，套种以黄豆、葵花、茄子等作物为主，复种以白菜、甘蓝等蔬菜作物为主。在种植模式创新上，主要依据作物间的特征特性，合理利用自然资源，有效规避作物间共生矛盾，充分利用当地早春和晚秋30~40天的土、光、热、水、气等自然资源，提高农田绿色体覆盖率和延长覆盖期，从而提高单位面积产值。通过改变分蘖洋葱传统栽培模式，进行新品种的示范与推广，为分蘖洋葱增产增效奠定了基础（见表2）。

表 2   分蘖洋葱高产高效创新栽培模式产量产值情况   单位：斤，元

种植模式	公顷产量	单价	公顷产值	生产投入	收入	增值
种植分蘖洋葱	48000	1.0	48000	15000	33000	——
洋葱套种黄豆	4100	2.3	9430	270	9160	9160
洋葱套种美葵	3800	3.0	11400	700	10700	10700
洋葱复种甘蓝	80500	0.2	16100	300	15800	15800
洋葱复种白菜	182500	0.1	18250	300	17950	17950

（五）市场流通与产品销售

分蘖洋葱产品可分为葱头及青葱两种。其中，分蘖洋葱葱头都是以国内市场销售为主，但近几年随着国外市场对分蘖洋葱产品的青睐，国外市场消费已逐渐呈上升势头。国内分蘖洋葱产品主要分为三个级别：一等葱以国内消费鲜葱为主；二等葱用于方便面加工调料，或加工成葱酥产品出口东南亚国家；三等葱多用于种栽或加工之用。分蘖洋葱的绿体青葱，主要出口东南亚国家，作为消费者青食或酱菜之用。目前，分蘖洋葱产品销售已由过去种植散户转为对外销售公司或合作社订单销售为主。销售的集中化、规模化相应带动分蘖洋葱运输业、剩余劳动服务业的健康发展。

（六）加工、储存

虽然吉林省分蘖洋葱产量较大，但加工企业极少，且规模不大，目前存在一定的发展空间，尚需地方政府给予一定的政策支持。储存方式主要有两种：一是气温在 5℃ 左右、相对空气湿度在 75% 的条件下，储藏效果较好；二是在气温 1.5℃ 条件下，恒温冷库储存更有利于产品质量的保障，可有效延长分蘖洋葱产品的供应链。

（七）种球来源

分蘖洋葱抽薹开花受鳞茎大小、温度变化影响较大，有性繁殖非常困难，主要以鳞茎为播种材料，公顷用种量在 5800 斤左右，种球以自行留种较多，时常也进行异地换种。由于分蘖洋葱长期无性繁殖，导致一种或几种病毒复合侵染，致使植株矮小，生长势弱，品种退化严重，产量和品质大幅降低，特别是分蘖洋葱病菌及虫卵包裹在种球之中，很难剔除劣质的种球，大部分种球没有达到良种级标准，极大地制约了分蘖洋葱产业健康发展。同时分蘖洋葱种栽贮藏环境简陋，环境条件很难控制，贮藏期长达 8 个月之多，种栽生理机理变化复杂，很难保证分蘖洋葱良种等级。

二、存在问题

（一）主产区连作障碍逐年加重，影响分蘖洋葱质量

近几年吉林省分蘖洋葱生产集中，多由合作社或种植大户规模化栽培，由于区域种植或倒茬不科学，较多分蘖洋葱主产区出现病害重、连作障碍等问题，致使分蘖洋葱产量和产品质量受到较大影响。在分蘖洋葱生产过程中，农药残留或超标的现象时有发生，安全种植风险也不断增大，特别是前茬为玉米田，高残留除草剂对下茬分蘖洋葱种植危害极大。前茬玉米田土壤胶体中，存在的高残留除草剂，以及生长过程中周边空气中存在的除草剂，对分蘖洋葱生育期生长都会产生不良影响，不同程度制约分蘖洋葱产业的发展。

（二）市场流通时有不畅，产品深加工技术明显滞后，影响产业发展后劲

由于农业产业结构单一，葱农又处于分蘖洋葱产业链的最低端，不仅生产资料受经销商加价，而且生育期间又受外界各种环境因素的影响，种植风险也不断加大，分蘖洋葱产品集中上市、市场不规范，同时采购厂商或经纪人压价现象也时有发生，特别是吉林省分蘖洋葱深加工技术及经营理念的落后，未起到分蘖洋葱产业发展压舱石及产业引领作用，致使分蘖洋葱初级产品价格波动较大，个别年份产值降低时，极大挫伤了葱农种植的积极性，严重影响分蘖洋葱产业发展的后劲。

（三）种栽繁育体系不健全

首先，分蘖洋葱种球繁育标准化程度不高，未有严格按照三级良种繁育制度进行繁育，致使当地分蘖洋葱种球抗逆性下降，严重影响分蘖洋葱产量和质量；其次，分蘖洋葱种球为营养体留种，公顷用种量偏多，农业生产投入产出比较其他蔬菜作物种植风险更大，自然留种现象普遍，种栽退化严重，加大种植风险；最后，由于分蘖洋葱种球结构的特殊性，其种栽的病虫害很难根治，留种田缺乏科学预防手段，致使分蘖洋葱的细菌性软腐病的病菌和葱蓟马的伪蛹一直存活在鳞茎体内，也是造成分蘖洋葱种球种性退化原因之一，而影响种栽的质量。

三、发展对策

（一）加大科技投入，规避种植风险

在分蘖洋葱产业发展中还有诸多生产技术问题未得到及时解决，因此加大科技投入，就显得尤为重要。确立最佳的分蘖洋葱丰产配套栽培技术模式，进行技术集成，仍是目前迫切需要解决的棘手问题，所以科学规避分蘖洋葱主产区连作及除草剂带来的种植风险，

将有助于分蘖洋葱产业健康、可持续发展。通过加强分蘖洋葱试验、示范园区基地建设，不断进行科技投入，利用直观的分蘖洋葱生产增值辐射效果，来提高葱农科学种植水平，达到分蘖洋葱产业技术水平不断升级的目的。

（二）注重分蘖洋葱产业基地建设，以期提高其附加值

科学技术是第一生产力，强大的科技支撑体系是分蘖洋葱产业发展壮大的基础。加强分蘖洋葱新品种及高效创新模式推广及技术服务工作，逐步实现分蘖洋葱规模化、标准化生产。继续把分蘖洋葱储藏、加工基地建设作为产业化发展的基础，采取政策驱动和市场带动的办法，重视分蘖洋葱生产基地的建设，提高综合生产能力，向"多村一品"的专业化方向发展，形成具有市场竞争力的区域优质分蘖洋葱产业带。为此，首先要规范分蘖洋葱产品质量标准，引导葱农严格实行产品分级标准，有效提高分蘖洋葱产品价格；其次应加强分蘖洋葱储藏设施的经济投入，提高分蘖洋葱贮藏标准和供货能力；再次政策上对分蘖洋葱合作社组织、经营企业进行正确的引导、监督和经济支持，为分蘖洋葱产品储藏、提高分蘖洋葱产品的附加值，做好服务；最后需不断引进分蘖洋葱深加工技术，优化技术流程，引领分蘖洋葱产业发展，规避种植风险，增强种植大户、合作社组织、分蘖洋葱经营企业的忧患意识和市场竞争能力。

（三）建立分蘖洋葱良种繁育体系

建立分蘖洋葱良种繁育体系，严格按照"原原种—原种—良种"繁育机制，科学生产，不断提高分蘖洋葱种球的抗逆性；制定分蘖洋葱种栽繁育技术标准，科学确定种球的质量和贮藏环境条件，降低分蘖洋葱种球成本，规避分蘖洋葱种植风险，仍是当前产业发展的主要工作；建立高效分蘖洋葱茎尖脱毒体系，有效恢复分蘖洋葱鳞茎种性，提升分蘖洋葱种球生产效果，将是今后分蘖洋葱产业发展的主攻方向。

（四）注重品牌建设，不断开拓市场

吉林省分蘖洋葱产品能否卖出好价钱，关键是产品的质量，积极进行分蘖洋葱绿色产品地理标志认证，提升品牌的影响力，对于分蘖洋葱产业的发展将起到积极的促进作用。首先对分蘖洋葱主产区要进行科学规划，加大宣传力度，提高产品品牌的竞争力；其次不断提高分蘖洋葱消费者对品牌的认知度，利用各种新闻媒介大力宣传分蘖洋葱产业优势，产品的营养价值，产品在人们生活中所起的作用；最后分蘖洋葱产品在市场交易中，要讲诚信，按市场规则办事，从而不断提升产品增值空间。

吉林省红辣椒产业

王学国　王秀峰　聂楚楚　张　悦　王剑锋　腾　巍

（吉林省蔬菜花卉科学研究院）

红辣椒是红干椒和红鲜椒的总称，其加工产品已广泛应用于食品、医药、化妆品、军事等领域。吉林省红辣椒主要以中西部地区栽培为主，具有百年的发展历史。良好的自然资源条件成就了吉林省红辣椒平稳的产量和上乘的品质，深受当地种植者和国内外市场的青睐，对当地农村经济的发展起到了积极的促进作用，保障了红辣椒产业健康、持续向前发展。目前，已形成市场带动龙头企业、企业牵引辣椒专业合作社或辣椒种植基地、合作社牵引种植户和产业合同加技术服务型的红辣椒产业链，逐步走向产、供、销良性循环发展轨道。

一、红辣椒产业发展现状

（一）分布区域、自然条件、种植面积、产量与产值

（1）分布区域。吉林省大部分地区都适宜于红辣椒种植，但最适于红辣椒栽培的区域仍是吉林省的中西部。这里气候适宜，土地平整，便于人工及机器操作，适于辣椒商品化种植。全省辣椒种植面积比较大，主要分布在洮南市、洮北区、松原市、乾安县、长岭县、大安市、农安县及延边等地区。

（2）自然条件。吉林省中西部属中温带大陆性季风气候区。春季干旱少雨，升温较快；夏季炎热，降水集中；秋季凉爽，变温快，温差大，天气晴好；冬季漫长，降雪量小，寒冷干燥。年平均气温 4.5℃ ~ 5.2℃，年平均日照 2800 ~ 3000 小时，无霜期 135 ~ 142 天。年降水量在 400 ~ 500 毫米，多集中在七八月份，这两个月的降水量约占全年降水量的 2/3。土壤以黑钙土、草甸土、风沙土、盐碱土为主。

（3）种植面积、产量与产值。近几年，随着农业种植业结构调整及国内外辣椒市场的冲击，吉林省红辣椒种植面积始终徘徊不定。一般维持在 20 万 ~ 30 万亩，产量达 7 万 ~ 9 万吨，产值达 7 万 ~ 10 亿元人民币，在吉林省中西部地区，金塔每公顷红鲜辣椒产量可达 2.5 万 ~ 4 万千克，红鲜椒 2 ~ 2.4 元/千克，干椒公顷产量可以达到 0.4 万 ~ 0.5

万千克，干椒 10 ~ 12 元/千克，每公顷红辣椒生产成本 1.4 万 ~ 1.6 万元，每公顷纯收入 2.5 万 ~ 3.5 万元。同等条件下，是普通旱田作物的 3 ~ 5 倍。

（二）市场流通与产品销售

吉林省红辣椒传统生产方式都是以国内市场销售为主，随着国外金塔红辣椒品种的介入，种植技术水平得到明显的提升，但红辣椒市场走势、产品质量、价格等波动较大，销售渠道也呈现多样化，红辣椒原料与加工产品也销往国内外多个地区，如北京红辣椒面、辣椒粉等，被各大方便面厂家采购。金塔红鲜椒主要销往韩国，用于深加工。天鹰椒、益都红等产品大部分销往国内，少量销往日本、印度尼西亚等国。红辣椒产品销售已由过去的种植散户为主转为对外销售公司或合作社为主。

（三）品种应用情况

吉林省红辣椒产业受市场冲击以及省内自身辣椒产业发展限制，缺乏深加工技术引领，一直被国内深加工企业以及韩国进口权限所控制，辣椒品种更新速度较慢，品种类型扩展幅度也不明显，域内单一品种栽培面积始终在原地徘徊，外地辣椒品种很难进入吉林省辣椒市场，致使吉林省品种优化和种植面积推进难度大。金塔辣椒主要供给韩国，面积较大；吉塔、福塔辣椒产品主要供给国内深加工企业，面积较小；益都红、天鹰椒作为干品主要是国内采购，少量出口；北京红作为粗加工产品，以辣椒块、辣椒丝、辣椒粉等加工成品形式被国内食品企业采购。

（四）栽培技术水平

随着吉林省红辣椒产业不断推进，经过相关科技人员的不断攻关，以及地方辣椒合作组织的技术筛选与优化，分别在辣椒育苗、科学营养施肥、病虫害提前预防、贮藏技术等方面逐步形成了比较完整的技术体系和耕作制度，基本满足当前红辣椒生产的技术需求。

（五）服务体系建设

随着红辣椒产业不断发展，也促成红辣椒相关二、三产业的发展。目前已初步建立了生产技术服务、产品销售、信息服务、金融注入、风险担保等服务体系。产业的发展形成了"公司 + 合作社 + 农户"的模式。此模式中，公司作为产业发展的龙头，负责辣椒产品的市场开发，引导产业发展；合作社连接企业、公司与农户，负责技术服务等相关工作；农户由原来的生产、经营、销售多职能变为纯粹的生产主体，专门进行辣椒生产，为提高辣椒生产效率成就了先决的主体条件；农业科技专家通过项目驱动、精准科技扶贫、农业职业技能培训等形式实行独立服务，为红辣椒产业发展提供了技术支撑。

（六）产业化经营情况

吉林省现有辣椒加工企业达 50 余家，其中金塔集团、通榆天意是国家级农业产业化龙头企业，白城艾高食品和洮南沃源食品是省级农业产业化龙头企业。另外，固定资产500万元以上的辣椒公司近45个。目前全省年加工红色素、辣椒精等精深产品3000吨左右，粗加工3万余吨，每吨红鲜椒出口为3300～3400元，辣椒产业加工业实现销售收入10亿元，利润1亿元以上。

全省现有辣椒专业合作社200个以上，吸纳和带动辣椒种植农户3万户。其中，洮南市成立了辣椒专业合作社联合社，注册资产4851万元，入社社员410多人，带动农户5300多户。洮南市建成了福顺辣椒交易市场，占地12万平方米，成为东北最大的辣椒集散市场和种苗供应基地。目前，镇内有购销加工企业50多家，其中资产千万元以上企业16家，有1300平方米以上冷库21座，储藏容量达2万余吨。镇内建有一座1200米长通透式大型交易市场，通过市场联结，洮南市与1200多家客商建立了商贸合作关系，产品销往全国20多个省市区（包括香港地区）和韩国、日本等国家，年交易量达6万吨，交易额近10亿元。

（七）品牌建设情况

目前，吉林省的辣椒产品发展分为初级、中级、高级3个档次，涵盖9大系列，80多个品种。初级产品有速冻鲜辣椒、辣椒粉、辣椒段、辣椒丝。中级产品有生物发酵制品，如辣椒酱等。高级产品有辣椒籽油、辣椒色素、辣椒碱等。"吉塔""韩韩"等品牌成为吉林省著名商标。"吉塔"发展成为吉林省名牌产品和中国驰名商标。洮南市被首届中国（长沙）国际辣椒博览会组委会授予"中国辣椒第一市"称号。同时洮南辣椒被农业部评定为中国地理标志保护农产品。金塔集团被评为"中国辣椒第一家"。

二、红辣椒产业发展存在的问题

（一）缺乏自主加工品种，制约辣椒产业发展

国外自主加工型品种很早就已瞄准中国市场，虽然其品种单一，但在红鲜椒产业链条中形成了战略联盟，产业链中的每个片段产品其附加值都有提升的空间。韩国外贸所经营的辣椒原材料仅认准金塔辣椒，严格限制其他类型辣椒产品出口配额。而金塔类型红辣椒产品，除吉林省外，国内不同区域皆有大面积种植，这在产品数量和质量上提供了更多的挑选余地，特别是在产品价格上，吉林省很难具有竞争优势，不同程度地制约了吉林红辣椒产业的发展。由此，红辣椒自主品种缺乏，品种更新慢，深加工技术跟不上，很难满足市场对品种多类型的需求，这是限制吉林省辣椒产业发展的主因之一。另外，吉林省在辣椒育种中受辣椒遗传特性的制约，很难实现辣椒红素和辣椒素双向指标的突破，严重影响吉林省红辣椒产业快速健康发展。

（二）栽培技术体系不完善，不同程度地影响产量、品质和经济效益的提高

吉林省辣椒种植虽然历史悠久，但进行商业化大面积栽培时间还很短，红辣椒种植机

械化水平很落后，栽培技术水平参差不齐，大部分椒农还处于技术初级阶段，栽培技术体系不健全，更多的椒农是远郊农户新手，多半为椒农跟风式、押宝式栽培，缺乏技术含量，或未有跟踪式服务，辣椒风险规避滞后，不合理"霸王"合同时有发生，致使栽培技术不完善，育苗环境控制不好，育苗方式、方法落后，裸根苗、徒长苗、弱苗现象充斥市场，给红辣椒大面积生产带来很大困难。此外，由于红辣椒栽培时间错后，使红辣椒新种植户仅有 1~2 层果能转红，加之田间肥水管理不科学，病害没有达到防控的目的，产品质量差别较大，大量商品果为 2 红或 3 红果，不是自然转红商品椒，缺乏市场竞争力，致使产量下降幅度大，严重缺乏规避红辣椒种植风险的经验，每年仅红辣椒生产所造成的经济损失可达 2 亿元以上，极大地影响吉林省红辣椒产业的发展。

（三）主产区连作障碍逐年加重，病害增多

近几年，吉林省红辣椒多集中在合作社或种植大户手中，由于区域种植或倒茬不科学，较多辣椒主产区出现病害重、连作障碍等问题，影响红辣椒产量和产品质量。在红辣椒生产过程中，农药残留或超标的现象时有发生，红辣椒安全种植风险不断增大。特别是前茬为玉米田，土壤胶体中存在的高残留除草剂，以及当年空气中存在的除草剂对下茬红辣椒种植带来急剧影响，主要是对辣椒生育期生长产生的影响，不同程度地制约红辣椒产业的发展。

（四）市场流通时有不畅，产品深加工技术明显滞后，影响产业发展后劲

由于农业产业结构单一，椒农又处于辣椒产业链的最低端，不仅生产资料有被经销商加价的可能，辣椒生育期间还要受外界各种环境因素的影响，种植风险不断加大。红辣椒产品集中上市，市场不规范，采购厂商或经纪人压价现象也时有发生。特别是吉林省红辣椒深加工技术及经营理念的落后，小型辣椒加工企业多，未有一家能起到红辣椒产业发展压舱石的作用，目前加工能力不足辣椒总产量的 1/3，而且加工的产品多为辣椒丝、辣椒粉、辣椒块等初级产品，科技含量低，辣椒价格无法提升，极大地挫伤了椒农种植的积极性，导致红辣椒产业发展波动性很大，椒农经济收入降低，严重影响红辣椒产业发展的后劲。

（五）低端原材料出口，影响经济效益的提高

吉林省红鲜辣椒出口以出口韩国为主。掰把儿、去杂、冷冻保存等繁杂工序，密集用工、保存等经济成本，都发生在辣椒产地，且辣椒产业成本层层剥扣，如果管理不善，椒农到手的经济效益仅仅是劳动的工钱。由于提供的红鲜椒产品属于初级原材料，特别是红辣椒受市场及外贸市场的影响，产品竞争力不强，辣椒产品附加值较低，将不同程度地制约红辣椒产业的持续发展。

三、红辣椒产业发展对策

（一）合理布局，提高辣椒品牌效益

根据红辣椒的生物学特性和吉林省自然资源条件，应进行科学的区域规划。依据市场规律，政府应积极配合当地企业及合作社组织，进行产业正确引导，实现宏观调控到位、服务到位、技术支撑到位，不断提高椒农种植水平和抗风险能力，在适宜的种植地区可适当扩大栽培面积，以缓解土地面积不足带来的不能轮作的局面，规避前茬玉米田土壤高残留除草剂带来的种植风险，不断打造红辣椒专业村、专业镇，积极提升吉林红辣椒品牌作用，发挥规模效益，提升品牌潜能。通过加强红辣椒专业基地服务体系建设，不断提高红辣椒生产技术水平，实现产业规范化管理，有效提升产品质量，达到节本增效的目的，不断增强产品市场竞争力。

（二）提高辣椒生产技术水平，摸索辣椒栽培制度的多样性

辣椒产业发展中所出现的各类技术问题，将直接影响辣椒产品的产量和质量，辣椒技术风险将不同程度地制约红辣椒产业的持续发展，如何规避红辣椒种植风险，必须按红辣椒品种的特征特性、生育特性和当地自然条件进行科学管理，才能达到增产增效的目的。

（1）品种选择应按市场需求，进行合理安排，不可盲目种植。红辣椒育苗与其他蔬菜育苗有很大的区别。育苗过早，苗龄过大，不但增加成本，而且辣椒植株容易早衰，影响产量和品质。育苗过晚，苗龄过小，由于生育期不足，秋季红果率降低，同样影响红果产量和产品质量，所以培育适龄的壮苗是红辣椒产业发展的基础。红辣椒种植面积大，需求苗子数量多，势必要增加辣椒成本，所以推广简约育苗技术，建立或完善标准育苗基地势在必行。培育"裸根"苗，将给生产带来极其严重的后果，"一手成"育苗技术在辣椒产业发展中也有其弊端，不适宜推广与应用。

（2）适时集中完成红辣椒定植任务是丰产的关键措施之一，一般在晚霜过后，截止到5月末，为最理想的定植时间。

（3）按照辣椒需肥、需水规律，进行科学营养施肥和灌水，有条件实行滴灌或水肥一体化技术，逐步实现减肥、减药目标。

（4）科学进行红辣椒病虫害防控。主要是防治辣椒疫病、细菌性疮痂病、脐腐病、蚜虫等，实行科学用药、安全生产，生产出放心的红辣椒产品是红辣椒产业发展的根本保障。

（5）按产品质量要求，适时采收、储藏。

（6）积极推广辣椒地膜覆盖技术、辣椒与玉米间作技术，采取辣椒错开播种、分次采收种植模式，有效延长市场供应期，缓解红辣椒加工企业和储藏的压力，满足部分企业对红辣椒长期供应的需求，提高红辣椒市场的供应量、供应期，促进红辣椒产业可持续

发展。

（三）加大科技投入，规避种植风险

在红辣椒产业发展中，还有诸多生产技术问题没有及时得到解决，由此加大科技投入就显得尤为重要。进行红辣椒技术集成，不断规避辣椒种植风险，确立最佳的辣椒丰产配套栽培技术模式，进行技术集成，仍是目前迫切需要解决的棘手问题。扶贫先扶智，加大对椒农科学技术培训的力度，提高椒农种植水平，则是持续发展红辣椒产业的必备手段。通过建立红辣椒试验、示范园区，不断注入科技资金，利用直观的红辣椒生产效果，让农民看得见、摸得着、听得懂、会使用，提高红辣椒增产增效的辐射效果，实现辣椒产业技术水平升级的目的。

（四）加强红辣椒储藏、加工基地建设，以期提高红辣椒产品的附加值

继续把红辣椒贮藏、加工基地建设作为产业化发展的基础，采取政策驱动和市场带动的办法，加强辣椒生产基地建设，提高综合生产能力，向"多村一品""数乡一业"的专业化方向发展，逐步形成具有较强市场竞争力的区域优质辣椒产业带。一是规范产品质量标准，引导椒农严格实行产品分级标准，有效提高红辣椒产品价格；二是进行红辣椒储藏场所的经济投入，提高红辣椒储藏标准和供货能力，保证加工企业有足够的生产能力；三是政策上对企业进行正确的引导、监督、服务，为红辣椒储藏、加工企业保驾护航；四是不断引进红辣椒深加工技术，优化技术流程，进行消化吸收，不断开发新品，增强企业的忧患意识和红辣椒市场竞争能力。

吉林省长白山寒葱产业

王秀峰　王学国　张　悦　聂楚楚　王剑锋

（吉林省蔬菜花卉科学研究院）

寒葱，学名茖葱（Allium victorialis L.），又名山葱、鹿耳葱、隔葱，系百合科（Liliaceae）葱属（Allium）宽叶组多年生草本植物。野生寒葱营养丰富，风味独特，是一种药、食兼用的长白山珍惜野生植物。

一、寒葱的价值及产业前景

（一）寒葱的植物学特性

寒葱具根状茎，鳞茎柱状圆锥形，单生或数枚聚生，鳞茎外皮黑褐色至棕褐色，网状纤维质；叶椭圆形，近平行脉，全缘，质软而平滑，稍带白色，长 10～30 厘米，宽 5～10 厘米先端渐尖或短尖，叶片数 3～4 片，叶柄长为叶片的 1/5～1/2；花序直立，高 30～50 厘米，伞形花序呈球状，多花；花梗近等长，为花被的 2～3 倍，花白色或淡紫色，花被片 6 枚，长 4～6 厘米椭圆形，外轮花被片较狭而短，基部合生，并与花被贴生，子房具短柄，每室有一胚珠，蒴果，室背开裂，种子黑色，花果期 6～8 月，嫩叶及茎可供食用。

（二）长白山寒葱资源种类及分布

寒葱是很古老的物种，与其他葱属植物相比，在系统演化方面更为原始。寒葱的分布比较广泛，主要分布于北温带海拔 1000～2500 米的阴坡山林中。该物种在中国、日本、韩国、朝鲜、蒙古、西伯利亚等地均有分布。在我国境内，寒葱在东北、内蒙古、河北、山西、陕西、湖北、河南、浙江等地区广泛分布，但数量较少，分布稀疏。在吉林省内主要分布于长白山区，如敦化、东丰、安图、汪清、长白等地，主要有两种生态类型。寒葱因其茎叶有辣味儿，在早春寒冷时便可生长，极耐寒冷，故在东北被称为寒葱。播种后需 4～5 年才能采摘食用，生长缓慢，营养物质累积丰富，号称"蔬菜中的小人参"，吉林省目前仅在长白山区有少量野生资源分布。

（三）寒葱的价值

野生寒葱不但味道鲜美，风味独特，而且嫩叶中含有大量的粗蛋白、脂肪、粗纤维、胡萝卜素、维生素 C 等营养元素。尤其是胡萝卜素和维生素 C 含量相当于普通蔬菜的 8 ~ 10 倍。野生寒葱是一种名贵的功能型蔬菜，有止血、镇痛作用，是生产跌打损伤药的原料。民间用鲜寒葱叶和山林苔藓植物嚼碎敷于伤口处，对止血、止痛和伤口愈合有特效。从寒葱中提取的多种硫化物和阿焦烯具有很好的抗凝血剂作用，能够有效降低胆固醇、降血脂，对预防心脑血管疾病具有很好的药效。寒葱因其独特的食用、药用价值一直以来得到高端市场的推崇，清朝时它只能做贡品供皇族食用，寻常百姓人家不得食用。

（四）寒葱的产业前景

目前，寒葱的主要消费市场在日本、韩国以及我国的延边地区。寒葱在日本每千克售价高达 7980 日元，约合人民币 520 元；日、韩每年仅春季就从我国进口鲜食寒葱 100 吨左右，全年累计产品进口量 200 ~ 300 吨。延边地区的消费市场主要是在一些高档的料理店。近年，随着内销市场的认知，需求量逐年递增，产品供不应求，市场前景极其广阔。

二、寒葱产业面临的问题

（一）野生资源匮乏

寒葱产业在发展的过程中遇到了一些非常严重的制约因素。首先就是资源匮乏。20世纪 90 年代初日本在东北进行了收购，由于掠夺式采收，很快就使寒葱濒临灭绝。经过近几十年的自然繁殖，寒葱产量得到一定程度的恢复，又引起了韩国的收购热潮。2010年左右，野生寒葱产量达到峰值，采收量在 800 ~ 1000 吨，之后采收量逐年递减，减少到

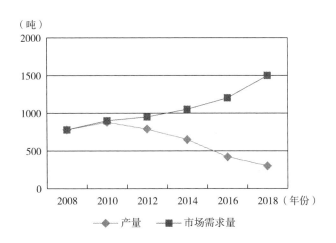

图 1　2008 ~ 2018 年野生寒葱采摘量和市场需求关系

现在的 200～300 吨，野生资源遭到严重破坏，已濒临灭绝，然而因其特有的营养价值及药理药效使其市场需求量逐年递增，供需缺口逐年拉大，无法满足市场对产品的需求。

（二）对生长环境要求苛刻

野生寒葱对生长环境要求比较挑剔，多生长在海拔 1000 米以上的阴湿山地上。目前在吉林省境内主要分布在长白山自然保护区周边的长白、露水河、白河、安图、敦化等地区，汪清的天桥岭也有少量分布，已经被列为濒危保护植物。野生寒葱是林下早春第一批返青的草本植物，主要生长在落叶林下，产量形成期需要适度的光照，生长后期需要林木冠层遮阴以利于休眠。寒葱喜土壤和空气湿度湿润的条件下生长，但不耐涝，对水分要求比较严格，增加了仿生栽培的成本和难度。

（三）生长繁育周期较长

寒葱与其他葱属植物不同，春天萌发的叶芽是上一年秋天在鳞茎内形成的。第二年，地上部虽然没有出芽，却在鳞茎内生长发育。因此，萌发前一年的叶芽生长全部依靠植株鳞茎储藏的营养，茎尖是在芽期至展叶期急速生长，到枯叶期就停止生长。寒葱的繁殖非常困难，同大多数葱属植物相同，其繁殖方式可分为有性繁殖和无性繁殖两种方式。有性繁殖主要是种子繁殖，3～4 年实生苗龄的寒葱才能开花，种子成熟于 8 月中下旬，种子变黑未自行掉落之前进行采收，要避免种子干燥，因为寒葱种子干燥后生活力极低，正常情况下几乎不发芽，需采摘后直接播种于地下，或采用层积处理。寒葱种子具有上胚轴休眠的特性，当年秋天播种只生根不出苗，第 2～3 年春天幼苗才开始陆续长出地面，种子不经过处理出苗率较低，出苗不齐。寒葱从播种至采收需要 5 年以上时间，生长极其缓慢。寒葱也可利用分株法进行无性繁殖，但鳞茎的再生能力较弱，很难在短时间内得到大量繁殖体。分株繁殖产量形成较快，但是繁殖系数小，这就导致寒葱繁育周期较长，严重制约了寒葱产业的健康发展。在野生寒葱资源保护的基础上，开展仿生栽培技术研究，将是解决寒葱产品市场缺口唯一也是最有效的途径。

三、野生寒葱仿生栽培技术

（一）人工遮阴仿生栽培技术

寒葱仿生栽培最初采取的就是人工遮阴的栽培方式。遮阴时间从 5 月上旬到 8 月上旬。遮光率为 40%～50%。仿生栽培对水分要求较严格，为了增加土壤和空气湿度，通常需要使用喷灌的灌溉方式。从目前的田间数据反馈来看，遮阴栽培方式存在一些不足，在海拔低的地方栽培，炎热的夏天叶子发干，营养储蕴不足，第二年生长不良，使产量降低。栽培过程中需要大面积使用遮阳网及喷灌设施，无形中增大了生产成本。寒葱生长周期较长，从种植到采收需 4～5 年时间，耕地利用效率较低。为了解决这些问题，我们模拟野生寒葱生长环境，开展了林下仿生栽培技术研究。

（二）林下仿生栽培技术

1. 野生寒葱品种驯化

在广泛收集长白山野生寒葱品种资源并进行迁地保护的基础上，通过引种驯化栽培，从野生寒葱后代群体中定向培育出早熟、晚熟和宽叶3个寒葱新品种。品种表现为栽培适应性较强，移栽成活率高，露地栽培5月初即可上市。

2. 寒葱林下仿生栽培技术

林下仿生栽培是仿生栽培的一种。仿生栽培是指利用田间工程技术模仿生物结构和功能进行再创造的栽培方法。在对植物的生理、生态特性均有深入了解的基础上，模拟植物个体内在的生长发育规律以及植物与外界环境的生态关系进行的栽培。目前，这种技术已经在人参、淫羊藿、木耳等的栽培上广为应用。

建立了最适的鳞茎分株移栽体系，确定立秋前后就是寒葱最佳分株移栽时期。此时寒葱地上部分已经枯萎，养分开始回流，移栽后，植物在养分回流压力拉动下，当年即可生出新根，提高了成活率。建立了针叶林、阔叶林等林木、寒葱林下仿生栽培体系。合理利用林地自然资源，达到共生、增效的目的。从目前的栽培情况来看，落叶松、寒葱套作模式是比较理想的林下仿生栽培模式，在不占用耕地，不需要遮阴增湿投入，不影响树木长势的前提下，寒葱亩产量达到3500斤以上，经济效益非常可观。仿生栽培的寒葱产品经检测和野生寒葱营养成分相近，维生素C和β-胡萝卜素含量相当于普通大葱的8～10倍。林下仿生栽培将成为未来寒葱产品的主要提供形式（见表1）。

表1　寒葱营养成分分析

品种	蛋白质含量 （毫克/100 克鲜重）	维生素 C （毫克/100 克鲜重）	β-胡萝卜素 （毫克/100 克鲜重）	膳食纤维 （毫克/100 克鲜重）
东丰仿生	3.5	9.5	7.1×10^{-2}	35.74
敦化仿生	2.52	10.6	1.2×10^{-2}	30.13
野生寒葱	3.12	11.3	2.5×10^{-2}	33.16
大葱（CK）	1.22	1.3	3.3×10^{-3}	31.17

（三）寒葱种苗高效繁殖技术

为解决寒葱仿生栽培种苗短缺问题，开展了寒葱种苗规模化生产技术研究，利用激素真空渗透技术，打破寒葱种子休眠，使寒葱种子出苗率达到75%以上，建立了寒葱种子撒播体系。为缩短寒葱种苗生育进程，建立了高效的组培快繁体系。实验室6个月培养获得相当于田间3年的生长量。通过以上的技术攻关，最终建立了高效的寒葱林下仿生栽培技术体系，实现了寒葱规模化生产，满足市场对产品的需求。

四、寒葱产业未来发展趋势

（一）人工驯化栽培将成为寒葱产品的主要提供方式

目前这种野生采摘的栽培方式是不可持续的。采摘量已经由原来的 800～1000 吨减少到现在的 200～300 吨，难以满足市场的需求。随着人工驯化栽技术的成熟，仿生栽培寒葱将成为产品的主要提供方式。

（二）规模化生产，瞄准国内消费市场需求

以往寒葱主要是以出口为主，现在随着人们的认知，内销市场逐渐打开。提高产能，降低终端消费价格，将会让更多的消费者接受，具有更广阔的发展空间。

（三）保鲜加工，延长产业链

寒葱产品采收从每年的 4 月末至 5 月中旬，商品期不足 3 周，为了延长产业链，保鲜加工势必提到日程。目前的加工形式主要是腌渍，技术力量还很薄弱，需要加强。

（四）推广林下仿生栽培技术，合理利用土地资源

从目前的技术趋向上来看，林下仿生栽培能够更合理地利用土地资源，品质更接近于野生产品，将成为未来寒葱仿生栽培的主要发展方向。

吉林省白城市洮北区雪寒韭菜产业

李淑岩[1]　王剑锋[2]　聂楚楚[2]　张　悦[2]　滕　巍[2]　王健鹏[2]　王学国[2]

（1. 吉林省白城市洮北区蔬菜技术推广总站；2. 吉林省蔬菜花卉科学研究院）

　　白城市洮北区位于吉林省西北部，松嫩平原西端，地处吉林省、黑龙江省、内蒙古自治区交界处。基于当地气候条件特点，利用简易型日光温室进行反季节生产雪寒韭菜的面积已近 2000 余亩（见表 1），特别是近十年，为进一步优化种植结构，促进农民增收、农业增效，洮北区雪寒韭菜种植技术不断推陈出新，产业发展也逐步走向成熟阶段，形成的简易设施雪寒韭菜错峰上市栽培新模式，已成为当地脱贫致富的优势产业，推广面积正逐年加大。

表 1　洮北区雪寒韭菜种植面积统计

年份	面积 （亩）	产量 （吨）	销售收入 （万元）	纯收入 （万元）
2010	260	1300	406	330
2012	570	3120	1100	860
2014	960	4760	1680	1210
2016	1350	6350	2670	2060
2018	2080	11680	4260	3660

一、地理优势

　　韭菜起源于我国，已成为中国栽培地域最广的蔬菜之一。韭菜的鳞茎和根系耐寒性强，进入休眠期的韭菜鳞茎和根系能耐 −40℃ 的低温，对光照强度要求适中，耐弱光能力较强。在温室生产中，虽然光照强度较弱、光照时间较短、积温不足，但由于韭菜休眠前通过露地强光照养根，储藏了大量的营养物质，即使在不利的温湿度条件下，也能满足韭菜的正常生长。洮北区农业生产者，依据韭菜的这一生长特点，结合当地的气候条件，开发出了简易设施雪寒韭菜栽培模式。

二、发展经历

洮北区雪寒韭菜产业发展的初始阶段，是一家一户的自然发展状态。自 2009 年吉林省启动百万亩设施建设工程以来，洮北区也逐步推进设施园区建设进程，把集中连片、实现规模经营作为提升雪寒韭菜生产发展的主攻方向。本着"因地制宜、科学布局、经济适宜、土洋结合"的原则，制定建设规划，采取土地置换、反租倒包等办法破解园区建设用地问题。通过整合项目资金、统一匹配园区基础设施，吸引农户进入园区集中发展雪寒韭菜生产，为雪寒韭菜生产实现规模化、集约化、标准化奠定了良好的基础。截至目前，洮北区发展雪寒韭菜设施园区 4 个，建设简易日光温室 1500 栋，生产面积达 1800 余亩。全年雪寒韭菜产量达 1.2 万吨，销售收入达 3720 万元，去掉当年投入的成本约 720 万元，纯收入 3100 余万元，公顷平均纯收入为 23.25 万元。

三、生产现状

（一）生产设备

生产雪寒韭菜的设施属于简易型日光温室，脊高在 1.8～2.7 米，拱杆采用竹木或钢筋材料，后墙土制夹板，后坡利用玉米秸秆保温（资源丰富，年年更新）。由于韭菜具有良好的耐低温性能，冬季仅覆盖草帘就可实现不加温生产。此种类型的简易日光温室建设成本低，仅为标准日光温室建设成本的 1/3 左右。

（二）生产季节

洮北区雪寒韭菜生产是在每年的立冬至小雪期间扣膜，同时安装好草帘及卷帘机等设备。扣膜前要铲净畦上所有残留物，覆盖 3 厘米左右充分发酵的羊粪与黑油沙土混合的有机肥（羊粪 1 份：黑油沙土 3 份），农民称之为"埋头肥"。通过日光温室的蓄热保温，室内的温度为韭菜创造了从休眠到苏醒萌芽生长的条件，韭菜开始进入正常生长阶段，每年的 1 月下旬便开始收获上市。由于 2018 年冬季至 2019 年春季，洮北区出现暖冬无雪的特殊年份，元旦后便有雪寒韭菜开始收获。随着外界气温逐渐上升，第二茬韭菜收割后，为了更好地养根，结束本季生产，进入下一年的养根阶段，反季节雪寒韭菜生产结束。

（三）经济效益

当地有"一月葱，二月韭"俗称，"二月韭"具有春季第一批鲜嫩、碧绿、气味和口感俱佳的特点。因为春季的韭菜经历一夏一秋的生长，根部能够得到长足的休养和养分的积累，所以春季第一茬韭菜长势好，口感和气味也极佳。雪寒韭菜收割上市的季节，与其他方式生产的韭菜错开了上市高峰期，恰好赶在春节供应需求的最旺季，满足人们味蕾的关键期，也正是北方地产蔬菜最先登上百姓餐桌的辣味一族，销售价格明显高于其他淡季韭菜（见表2），每年1~4月，不到半年的时间内，每亩可获纯收入1.2万~1.8万元。

表2　2015~2019年洮北区雪寒韭菜销售价格统计　　　　单位：元/千克

时间	2015年	2016年	2017年	2018年	2019年
1月1日					
1月11日					6.0
1月21日					7.0
2月1日			6.6	7.6	7.0
2月11日	5.2	7.6	6.2	8.0	7.0
2月21日	6.2	7.0	4.6	4.0	6.0
3月1日	5.2	6.4	3.6	4.6	6.0
3月11日	4.8	4.8	3.6	6.0	7.0
3月21日	3.6	4.0	3.0	3.6	6.6
4月1日	3.6	3.0	3.0	3.0	5.2
4月11日	4.0	3.2	2.0	2.6	3.8
4月21日					

注：本表为洮北区采集上报全国蔬菜生产信息监测平台数据。

（四）产品市场

洮北区雪寒韭菜品种优良，种植环境适宜，很少出现病虫害，种植过程中以施用优质农家肥为主，韭菜品质优良，同时具有抗病、抗寒、耐运输等特点，因此，深受消费者欢迎。除满足白城市外，还远销到哈尔滨、齐齐哈尔、沈阳等地。外地客商在收获的季节，驻村收购。

（五）生产优势

1. 投入少风险低

韭菜是多年生蔬菜，一年投入，可多年收获。雪寒韭菜播种后3年进入高产期，6~7年达到高峰期。洮北区雪寒韭菜一般连续生产10年，少数有管理好的棚室，10年以上的韭菜仍然长势良好。

2. 用工少补农闲

雪寒韭菜夏秋养根阶段，保持好水肥管理即可，不收割。冬春生产阶段，不需要复杂、繁重的管理技术，雪寒韭菜只要具备温、光、水、肥，即可自然生长，生长达到采收标准便可收割上市，具有收获期短、投工少的显著优势，并且在每年11月农闲季节进行生产，与其他大田农业生产互不冲突。

3. 肥源足营养全

羊粪是多年来洮北区雪寒韭菜生产的首选有机肥，由于邻近内蒙古自治区，所以肥源充足。据有关资料显示，羊粪的品质有着安全高效、无毒无害、养分全面、性质稳定的特点，养分逐步分解释放，属于绿色环保型无害化有机肥。

四、存在的问题

（一）标准化生产程度较低

在雪寒韭菜的生产中，管理水平差距较大，养根阶段的肥水管理、冬前肥水基础管理、生产阶段温室温度控制等关键技术掌握水平差异较大，直接影响到韭菜的收入水平。

（二）规模化园区数量较少

目前韭菜仍属于小规模经营，难以推行标准化生产，所以没有市场主动权，在市场经济中，很难抵御外部带来的经营风险。

（三）市场功能信息化程度低

由于韭菜产业还没有形成规模化的发展，加之缺少农业经纪人，信息不畅，雪寒韭菜的生产和销售都存在一定的盲目性和随意性。

五、发展对策

近年来，洮北区将雪寒韭菜种植作为富民强区的重要产业，按照"做大规模、做优品质、做响品牌"的思路，不断加大开发力度，建成一批具有示范辐射带动作用的种植产业园区。

（一）扩大生产规模

要科学规划、合理布局，打破行政区域界限，实施集中连片规模开发，经过3~5年的努力，力争使雪寒韭菜生产面积达到5000亩以上，形成吉林西部乃至东北最有名气、最具知名度的雪寒韭菜产销集散地。在洮北区范围内可以向远郊乡村逐步推广，实现农民增收、农业增效的目的。

（二）大力开拓市场

随着雪寒韭菜产业规模的扩大，产品销售越来越关键，因此要进一步完善市场营销体系。根据雪寒韭菜产业发展需要，充分发挥合作经济组织和经纪人队伍在生产组织和促进营销等方面的重要作用，鼓励和支持一部分农民从生产中分离出来，由生产领域向流通领域转移，不断发展壮大雪寒韭菜营销队伍。逐步建立健全冷链运输、农超对接、电子商务等先进的流通营销体系，强化设施建设，完善运营机制，提高雪寒韭菜产品市场竞争力和效益。

（三）推广标准化种植

在规模化种植雪寒韭菜的同时，要科学地指导农民逐步实行标准化生产，科学施肥、施药，增施有机肥、生物肥、绿肥等，改善韭菜生产田生态环境，提升产品质量。

（四）做好配套服务

要加强技术、信息和产销服务体系建设，组织科技人员深入生产一线进行跟踪指导服务，想农民之所想，解农民之所求，及时提供优质、高效、便捷的服务，为加快雪寒韭菜产业发展提供有效保障。

二、哈尔滨综合试验站

黑龙江省哈尔滨市双城区辣椒、大蒜产业

孙秀丽[1] 张凤丽[1] 薛鸿雁[1] 刘思宇[2] 张 慧[2]

(1. 黑龙江省哈尔滨市双城区农业技术推广中心；2. 黑龙江省农业科学院园艺分院)

黑龙江省哈尔滨市双城区，位于市区西南部，地处松嫩平原腹地，松花江南岸，总面积 3112.3 平方千米，拥有耕地 352 万亩，全年玉米播种面积在 290 万亩，水稻 20 万亩，西甜瓜 10 万亩，经济作物 8 万亩，蔬菜 24 万亩，其中辛辣类特色蔬菜 4 万亩左右，以辣椒和大蒜为主。双城区主导产业是农业、畜牧业和食品加工业，是全国产粮大县、全国牛奶生产第一县、全国蔬菜产业发展重点县。该区具有悠久的蔬菜种植传统，随着新型生产经营主体的出现，生产规模越来越大，栽培水平和技术也在不断提高。

一、特色产业发展现状

（一）面积和产量

（1）辣椒的种植面积和产量。加工辣椒生产刚刚起步：双城区加工辣椒从 2012 年开始一直有零星种植，但是面积没有大的突破，2017 年达到最多，近 1000 亩。种植品种均为金塔系列，亩产量在 1500～1800 千克，销售给吉林客商，收购价在每千克 1.60～1.80元，亩产值在 2400～3240 元，亩效益在 800～1000 元。

鲜食辣椒生产底蕴较厚：双城区的鲜食辣椒一直发展得很好，尤其是甜椒和大尖椒，除供应本地市场和哈尔滨市场外，还销往上海、南京、无锡等长江中下游市场。形成了以同心乡同德村、福利村为中心的稳定种植面积，年均种植在 1.8 万亩左右，形成了较为稳定的栽培模式和销售市场。种植品种有龙椒 11 等龙椒系列品种。从 2016 年开始普遍使用水肥一体化技术，辣椒的产量和抗病性明显提高，现在亩产量可达到 4000 千克，2018 年平均价格可达到 2.00 元，亩产值 8000 元，亩投入 2400 元左右，亩效益约 5600 元。2018年是辣椒价格最好的一年，往年平均价格 1.40 元左右。鲜食辣椒是双城区菜农善于栽培并且效益比较稳定的一类蔬菜。

（2）大蒜的种植面积和产量。双城区大蒜生产虽然历史悠久，但在 20 世纪末和 21

世纪初种植面积有了明显萎缩。自从"蒜你狠"出现以后,受到价格的驱动,面积开始恢复,并且栽培水平有了较大的提高,出现了许多先进的栽培模式,例如大垄密植栽培、大垄膜下滴管栽培等。2018 年栽培面积可达到 0.6 万亩。栽培品种均是白皮蒜,一般从吉林农安和山东金乡购买蒜种,在本地栽培 1~2 年换种。亩产干蒜 800 千克,2018 年平均价格 2.50 元,亩产值能达到 2000 元,亩投入 1800 元,亩效益只有 200 元。虽然亩效益较低,但是可以复种一茬白菜,可实现产值 1600 元,合计亩效益可达到 1200 元,2018 年是大蒜价格较低的一年,效益不好。普通农户种植面积较小的可以到市场上销售青蒜头,作为腌渍糖蒜用,效益会高一点。双城生产的大蒜只有一部分上市销售,大部分销往山东等省市区,还会留一部分用作蒜苗生产。

(3) 蒜苗的种植面积和产量。蒜苗是最具双城特色的生产方式,双城的蒜苗生产开始于 20 世纪 60 年代末,具有五十多年的历史,已经形成了周年生产模式,供应量占哈尔滨市场的 90%,产品销往全省各地及吉林、辽宁等。蒜苗生产成为近郊农民发家致富和就地转移劳动力的有效途径。现双城蒜苗生产温室 100 多栋,栽培面积 5.0 万平方米,年可产蒜苗约 59 万千克。目前双城蒜苗生产有了稳定的栽培模式和销售市场,利用加温温室,每 24~25 天就可生产一茬,每千克大蒜可产蒜苗 1.2 千克,并且蒜苗的价格会随着大蒜的价格波动,因此效益比较稳定。

(二) 加工和销售情况

双城区虽然是食品产业城,但是没有特色蔬菜加工企业,尤其是加工辣椒的生产受制于人,种植面积不稳定。鲜食辣椒发展的历史较长,有了较为稳定的客源和市场,农民也可以自己开车去哈尔滨批发市场销售。大蒜的生产是否稳定主要看市场价格的波动,如果价格高,就有大面积种植的可能,否则种植面积就会马上减少,也是受市场价格影响最大的一个产品。蒜苗的生产一直比较稳定,最主要的原因有:一是价格会随着原料价格的波动而波动,效益稳定;二是大批量生产蒜苗的季节正是冬季,也是农闲季节,能够很好地消化剩余劳动力和剩余劳动时间。

二、特色产业发展存在的问题

(一) 缺少加工企业

主要弱项是当地没有加工企业,产业链延伸受到限制,生产的产品要销售到外地加工企业,在价格和运距上是劣势,同时也给农民造成心理上的压力。加工业是农业的收口产业,可以提高蔬菜的利用率,增加附加值,增加就业。

(二) 栽培水平有待提高

虽然双城是哈尔滨市的老菜区,生产水平比较高,但是还有许多不足之处,例如水肥一体化还没有完全使用。虽然农民也知道使用水肥一体化的好处，但是总抱着侥幸的心理，担心投入多了会增加生产成本，没有从保证丰产丰收的角度考虑问题。还有大蒜的栽培，只有大规模的生产基地使用了大垄密植覆膜的栽培模式，而小户农民由于受到土地规模的限制，还是小垄双行种植，种植密度少了1/3，产量因此受到不小的影响。

（三）缺乏稳定的销售渠道

影响蔬菜种植面积的最主要的因素是销售渠道，其次是价格。农民最担心种出来的东西卖不出去，那是一种极大的心理压力。拓宽销售渠道，与长江中下游地区批发市场建立广泛联系，特别是鲜食辣椒和蒜苗在现有的基础上再进一步拓宽，将会有强大的带动力。

（四）劳动力缺乏，用工费用居高不下

据调查，在蔬菜生产成本中人工成本占到60%～70%，并且由于城镇化建设，青壮年劳动力进城务工，留守在农村的都是老人和孩子，劳动力素质低下，劳动效率不高，导致人工成本在蔬菜成本中的比例不断攀升，效益下降。

三、对策建议

（一）培育龙头企业

辣椒生产必须有加工业带动，否则农民会有严重的心理压力，总是抱着试试看的态度搞生产，没有长远打算，在农田基本建设上不敢投入，造成人力、物力、财力不能充分发挥作用。因此，双城区急需引进或培育蔬菜加工类的龙头企业。

要充分发挥新型生产经营主体在农民中的聚集和引领作用，在培育指导产业方面起到拉动作用，在产业经营方面起到龙头带动作用，在农业标准化方面起到示范作用，在劳动力转移方面起到桥梁作用。

（二）创建标准化种植基地

全面开展标准化种植基地创建工作。标准化是提高生产水平的有利方式，也是最有效的措施。标准化生产是农业提质增效，扩大再生产，提高产品品质的最佳途径。

（三）推动机械化发展

双城虽然是老菜区，但是机械化水平很低，基本还是人工作业，这样不但降低了劳动效率，还提高了生产成本，失去竞争优势。因此在种、耕、收三个环节上最大程度地推广蔬菜的机械化生产，是提高栽培水平、提高劳动效率、缓解用工难问题的最有效手段，同时机械化也是农业生产实行标准化必不可少的措施和环节之一。

（四）积极推行品牌创建工作

积极开展绿色产品和有机产品认证和商标注册，建立有影响力的区域品牌和集团品牌，提高品牌认知度、品牌美誉度、满意度，并利用品牌效益，拓展销路，扩大影响力。

黑龙江省安达市辛辣类蔬菜产业

冯 涛[1] 张春平[1] 左秀玲[2] 王 雪[3]

（1. 黑龙江省安达市农业技术推广中心；2. 黑龙江省安达市安达镇农牧业
综合服务中心；3. 黑龙江省农业科学院园艺分院）

一、基本情况

（一）自然环境条件

安达市位于黑龙江省西南部，松嫩平原西部盐碱干旱地区，地处东经 124°52′15″ ~ 125°54′45″，北纬 46°10′11″ ~ 47°00′36″，属北温带大陆性半干旱季风气候。年平均温度 3.2℃，年有效积温 2600℃ ~ 2700℃，无霜期 135 天左右，全年平均降水 432 毫米，蒸发量 1624 毫米，干旱指数 3.7，年日照时数 2659 小时，光热资源较为丰富，气候比较干旱。土壤主要是碳酸盐黑钙土和草甸土，耕层 pH 值达 8.47 ~ 10.1，土壤有机质平均含量在 2.1% ~ 2.6%，瘠薄、盐碱、蓄水保水性能差。从积温带划分，安达市大部分耕地面积处于第二积温带，少部分西南部乡镇处于第一积温带，太平庄镇处于第三积温带。

（二）经济发展概况

安达市政府始终坚持发展为第一要务，主动适应发展新常态，积极融入发展新战略，稳增长、促改革、调结构、惠民生，全市经济社会发展蒸蒸日上。先后被评为全国奶牛养殖大县种养结合示范县、全国电子商务示范市、全国职成教育示范市、全国义务教育发展基本均衡市、中国中小城市综合实力百强市、中国最具投资潜力中小城市百强市、中国中小城市创新创业百强市。安达市 2016 年 GDP 实现 336.7 亿元；公共财政收入实现 9.32 亿元；固定资产投资实现 145 亿元；社会消费品零售总额实现 110.6 亿元；规模以上工业增加值实现 36.5 亿元；城镇、农村常住居民人均可支配收入分别达到 24826 元、13977 元。

（三）蔬菜产业发展状况

安达市位于哈大齐工业走廊的中心位置，紧临石油名城大庆，是全国无公害蔬菜生产基地市之一。近年来，该市立足农业增效、农民增收和社会主义新农村建设，紧紧围绕"政府推动、科技示范、市场引导、群众自愿"的工作思路，以科技为支撑，以市场为导向，加快发展蔬菜产业，基地规模不断扩大，有力地促进了农民收入快速增长。安达市2018年蔬菜的种植面积为14.29万亩，露地蔬菜播种面积为7.54万亩（含套复种面积），总产22.76万吨，总产值2.35亿元；棚室播种面积6.1万亩，总产16.39万吨，总产值4.64亿元；庭院蔬菜1.1万亩，总产1.43万吨，产值2200万元。露地蔬菜平均亩效益在2000元以上，大棚平均亩效益在1.2万元左右，温室平均亩效益在2万元以上。目前共有蔬菜专业合作社15家，农业经纪人210人；蔬菜批发市场两处，年吞吐量8.5万吨，交易额1.3亿元。蔬菜腌渍企业3家，年加工白菜500万千克；干菜加工企业6家，年加工果菜9万千克；物流企业6家，满载运力为880吨/次。

二、特色蔬菜产业发展情况

（一）区位优势明显，区域布局基本形成

安达市地理位置优越，位于哈大齐工业走廊节点位置，哈大高速公路横穿境内，并有明沈、绥安、安兰等主要公路干线。近年来，安达市政府对农业产业结构进行调整，初步形成了安达镇棚室蔬菜、羊草镇和昌德镇大蒜套种秋白菜、青肯泡乡夏菜等商品蔬菜生产基地，逐步推动蔬菜产业由自由生产向标准化、规模化、产业化过渡，区域布局基本形成。

（二）以市场为导向，品种结构优化

安达市特菜生产以市场需求为导向，积极调整品种结构，在生产中坚持"试验一批、推广一批、淘汰一批"的原则，提高了蔬菜优良品种更新率。目前，该市以大蒜、辣椒、大葱和芥菜为主的特色蔬菜种类已达30多个，蔬菜栽培品种实现了多次更新，良种覆盖率达到95%以上。

（三）栽培技术成熟，种植效益高

安达市露地蔬菜生产发展较早，在多年的生产中形成了成熟的栽培模式，羊草镇的蒜菜复种模式，前茬种植大蒜，后茬种植秋菜，充分利用土地，增加单位面积的生产茬次，显著提高土地利用率，增加亩效益。

（四）标准化栽培，蔬菜品质较高

安达市现露地蔬菜栽培全部实现标准化栽培，使用符合国家规定的化肥农药，产品在大庆和哈尔滨等市场享有较高声誉。在国家农业部的蔬菜抽样检测中，该市产品合格率均达到100%。

三、特色蔬菜产业发展存在的问题

（一）市场流通不顺畅

北方第一蔬菜大市场异地重建后，入市场交易人数减少，市场的拉动作用没有显现。蔬菜销售由运销大户和经纪人定价定量，原本在流通领域存在的风险全部转移到种植户身上，种植户的利润被摊薄，影响生产积极性。

（二）没有冷库、冷链运输和蔬菜加工企业，全市蔬菜仍处于"原买原卖"状态，产、加、销环节严重脱节

由于该市露地蔬菜生产时间只有5个月，蔬菜生产上存在极为明显的淡旺季，旺季蔬菜集中上市，在没有加工条件的情况下只能低价销售。对加工企业来说，地产菜不能保证持续、均衡供应，从南方调运蔬菜又增加了生产成本，所以该市蔬菜加工企业招商非常困难。

（三）缺乏劳动力和生产意愿

由于近几年劳务输出的发展，青壮年农民多愿意外出打工，现在的蔬菜生产者普遍年龄偏大，而蔬菜产业是劳动力密集产业，从业人员的匮乏对蔬菜产业的发展有着明显的限制作用。

（四）建设资金短缺

特菜产业是一项高投入、高产出的产业，基础设施建设需要大量的资金。近几年有些农户有发展蔬菜生产的意愿，但是规模化露地菜田需要打井和架设高低压供电线路。虽然该市近年来大力支持蔬菜产业发展，在蔬菜产业化发展上给予了一定的政策扶持，但对农民来说，资金缺口仍然很大。

（五）抵抗自然灾害能力差

安达市露地菜还处于靠天吃饭的状况，2018年夏季连续1个月的阴雨天气，造成低洼地块的蔬菜进入8月份后就陆续死亡，其他没被淹地块的蔬菜也减产1/4左右。

（六）农业生产机械落后

用于特色蔬菜生产的配套机械少，这使得特色蔬菜生产仍以人工操作为主，雇佣工人生产投入较大，限制了劳动力不足的家庭从事蔬菜生产。

（七）蔬菜的贮运技术落后

安达市露地蔬菜的上市时间集中在夏秋两季，地产菜大量集中上市使得菜价下降迅速。而气温高，蔬菜腐败快，使得蔬菜外运也受到距离和时间的限制。一些品质优良的蔬菜种类，如辣椒等瓜菜长距离运输困难，只能销到本地或邻近的县、市，使得夏菜产量最大、品质最优的时期也是价格最低的时期。

四、发展规划

（一）以规模发展为重点，高标准建设露地蔬菜生产基地

按照"科学规划、区域布局、集中连片、规模经营"的总体要求，实现基地资源开发与配套建设相结合，生产开发与市场开发相结合，产品开发与加工增值相结合，突出区域特色，加快壮大"五大绿色蔬菜生产基地"，实现基地生产的标准化、区域化、规模化、优质化、专业化。黑龙江省冬春季气温低、光照弱，气候条件与辽宁、河北等省份相比没有优势，建议少量建设节能日光温室和普通日光温室，满足冬季当地及周边市场对叶菜的需求及为大棚育苗；可以适当发展塑料大棚生产，通过在大棚内扣小拱棚、拉二层幕、配临时加温设施，也能获得与普通日光温室相近的经济效益，投入产出比相对较高，而且投资少，农民建得起。

（二）建立完善的农业信息系统，加快打造绿色蔬菜市场通道

产和销是发展蔬菜生产要解决的两大问题，这两个问题要同样重视。生产是销售的基础，销售是生产的保证，这两方面要同时抓好，销售不顺畅，会极大地打击农民生产蔬菜的积极性。要正确认识市场，现在全国蔬菜市场是大市场、大流通，某地市场缺菜，两天内就能得到足够的补充，所以单一地针对某地市场发展生产，制订生产计划是不可取的，要了解更多的市场信息，掌握更多的销售渠道。

（1）建设外埠市场通道。以北方第一蔬菜批发大市场为龙头，建设具有冷藏、冷冻、保鲜能力，拥有电子结算中心、农药残留物监测中心等现代化设施的蔬菜交易市场，建立遍布国内外的蔬菜流通网络。在大型城市建设直销门店，减少流通环节，同时凸显寒地蔬菜的优良品质。

（2）建设蔬菜自销通道。加快建设以供应城市居民生活为重点的蓝天农贸市场、铁西综合大市场、百花园综合市场、公园早市等蔬菜市场，供应以农村居民生活为重点的乡

镇蔬菜市场，形成以城市为主体，14 个乡镇为基础的蔬菜零售网络，满足城乡居民生活所需。

（3）建设民间蔬菜销售通道。组建壮大蔬菜专业合作经济组织，加快提高农民组织化程度，通过合作组织将散户组织起来形成合力开拓市场，建设民间蔬菜销售网络。

（三）以龙头企业建设为抓手，推动蔬菜加工业跨越式发展

发展特色蔬菜加工业是农业结构调整和农业产业化的关键环节。要充分利用区位、传统、基地等优势，通过大力开展招商引资，引入外来资本及技术，发展壮大特色蔬菜产业。重点建设四大类蔬菜加工企业：

（1）腌制菜加工企业。针对基地生产大蒜、辣椒、芥菜等蔬菜，引进绿色蔬菜加工企业，通过真空包装、加热杀菌、低温和添加微生物抑制剂等技术，生产酸菜、咸菜、酱菜、糖醋菜、盐渍菜等产品。

（2）速冻菜加工企业。针对辣椒等蔬菜，通过低温使蔬菜迅速冻结并进行贮存，生产速冻蔬菜产品。

（3）蔬菜汁加工企业。针对基地生产的蔬菜品种不同，引进绿色蔬菜加工企业，通过榨汁或其他方法制取汁液，将蔬菜加工成蔬菜汁饮料，主要生产原汁、浓缩汁、蔬菜粉等产品。

（4）新型蔬菜食品加工企业。针对基地生产的大蒜、辣椒等蔬菜，引进绿色蔬菜加工企业，通过一系列加工将蔬菜制成粉末状，加入食品中制成蔬菜饼干、挂面等。

黑龙江省肇东市辣椒产业

刘力勇[1] 董延龙[1] 张慧[1] 王忠宝[2]

（1. 黑龙江省农业科学院园艺分院；2. 黑龙江省肇东市王老宝粮食种植专业合作社）

一、区位优势

肇东市南距省城哈尔滨 53 千米，北距油城大庆 74 千米，是哈大齐工业走廊重要节点，是哈尔滨都市经济圈核心城市。哈齐高铁、滨州铁路、哈大高速纵穿南北，绥肇、绥满公路横贯东西，距哈尔滨太平国际机场 50 分钟车程。肇东市总面积 4332 平方千米，人口 93 万，有耕地 380 万亩，草原 150 万亩，林地 70 万亩，水面 20 万亩。年降水 400～500 毫米，积温 2750℃，无霜期 135 天，日照充足，地处第一积温带，盛产玉米、水稻、瓜菜等多种经济作物，是粮食生产和蔬菜生产大县，是哈尔滨市副食品基地。

二、农业产业结构

（一）农作物种植情况

2018 年，随农业供给侧结构性大力调整，玉米种植面积为 267 万亩，水稻种植面积为 51 万亩，鲜食玉米面积 10 万亩，杂粮面积 20 万亩，青贮面积 10 万亩，蔬菜面积 35 万亩，其中辣椒 9 万亩。2015 年，肇东辣椒种植面积为 5 万亩，产辣椒 10 万吨。2016 年，种植辣椒 8 万亩，产辣椒 18 万吨。2017 年，种植辣椒 9 万亩，产辣椒 20 万吨。2018 年，种植辣椒 9 万亩，产辣椒 20 万吨。

（二）辣椒种植分布情况

该市辣椒种植主要分布在里木店镇、五站镇、涝洲镇、黎明镇、肇东镇、海城乡、向阳乡、太平乡和西八里乡，新鲜辣椒夏秋季节主要供应哈尔滨和大庆市场，秋季鲜红成熟辣椒经过速冻冷藏贮存，发往全国各地，另有一部分发往韩国。

（三）栽培品种

现在该市辣椒种植品种有金塔辣椒、朝天椒、辣妹子、尖椒，其中金塔辣椒种植面积占总面积的一半。每亩栽 4000 棵，每棵产 0.5 千克左右，每亩产大约 2000～3000 千克。

（四）种植技术

每年 3 月 10 日在温室种植，每平方米约 4000 棵，4 月 20 日假植到大棚，每平方米大约 600 棵左右，5 月 18 日大地定植，每亩 4000 棵，采用覆膜加滴灌，水肥一体化方式，前期打叉，后期掐尖，中期防病，主要为人工收获。

（五）辣椒效益

该市辣椒种植大约每亩土地流转费 500 元，苗 400 元，肥料 120 元，地膜 65 元，滴灌 130 元，农药 20 元，机耕费 40 元，人工采摘费 1000 元，各项合计总成本为 2279 元。按亩产 4000 斤计算，销售价格每斤 1 元，即 4000 元，每亩利润 1721 元。如果进行冷冻加工，每吨费用大约 300 元，每贮存一个月费用为每吨 40 元，一般在 12 月和来年 1 月份出售，大约价格为每吨 3000 元，每吨还可增加利润 500 元左右。

（六）辣椒产业带动情况

该市辣椒种植户近 3000 家，劳动力近万人，每户种植面积在 20～50 亩，每户收入在 3 万～8 万元。辣椒属于劳动密集型产业，适合一家一户种植，每户种植面积适当，便于管理，每亩效益达到最大化。通过辣椒种植，2018 年可使 515 户种植户脱贫。

（七）辣椒产业扶持政策

按照 2016 年省政府扶持省蔬菜产业发展，为蔬菜种植产业合作提供无息贷款建设冷库，肇东市 2017 年为 3 家蔬菜种植合作社贷款 5000 万元，建设 3 个标准化冷库，共计冷库面积达 2 万平方米，可贮存蔬菜 3 万吨。2018 年，政府为 7 家合作社和家庭农场贷款近亿元建设标准冷库，冷库面积 3.5 万平方米，可贮存蔬菜 5 万吨。冷库的建成有效调节了蔬菜季节性过剩的问题，调节了余缺，增加了农民收入。

三、辣椒产业存在的问题

肇东辣椒产业凭借优势的地理位置，气候条件及政府投入，近年来取得了长足的发展，群众种植积极性高，市场前景良好，但是通过实地调研，肇东辣椒产业发展仍存在如下问题。

（一）育种技术落后，品种退化严重

在育种技术手段方面，国外发达国家农作物育种工作已经全面进入了高通过量分子育种阶段，跨国种业公司品种推陈出新速度优于国内。

肇东加工辣椒种植品种大多是常规种，种植户自留种现象严重，杂交品种的亲本主要通过引进品种的分离纯化，同质化严重。而且自留种的时间相对较长，导致制种纯度下降，容易退化，甚至失去了原有品种的特性，在高温干旱季节，还容易发生病毒病、疫病等病害。

（二）种植盲目跟从，缺乏组织性

肇东辣椒生产处于盲目跟从状态，不同农作物轮换种植频繁。肇东辣椒缺乏加工企业，生产处于无序化状态，辣椒价格上年度上涨时，辣椒种植户收益丰厚，便会刺激辣椒生产面积极速扩增，甚至部分农民无视当地气候特点，在对品种、技术、市场均不了解的情况下跟风盲目扩大种植面积；辣椒价格上年度低落时，农户则纷纷退出生产，转而种植其他作物。因此，种植面积的多少完全由市场调节，而市场又存在极大的不确定性，为辣椒产业的健康发展带来了极大隐患，肇东辣椒生产需要龙头组织和有效引导。

（三）产品精深加工滞后，市场无序竞争

肇东辣椒加工业仍处于初级阶段，以制酱、制粉为主，辣椒产品主要以干椒和原料形式销售，没有辣椒深加工企业，只能通过冷冻错季销售，产品附加值低。由于缺乏组织管理，外来辣椒加工贸易企业无序竞争，致使流通秩序混乱。产品紧缺的年份竞相哄抬价格，过剩年份则相互压级压价，对企业和种植户都造成了很大伤害。

（四）副产物产生率高，综合利用程度低

辣椒加工过程产生的辣椒等外品以及皮渣、籽、把儿等副产物综合利用程度低，多作为废弃物直接扔掉，价值未充分体现。造成这种浪费的主要原因是：对副产物营养成分及功能性成分评价工作不完善，例如：辣椒籽中有丰富的蛋白质、膳食纤维等营养成分未被利用；而生物活性成分提取技术相对落后，例如传统溶剂提取法会带来溶剂残留等安全问题，并且提取效率低，产品品质和安全性得不到保障。

四、辣椒产业发展对策

（一）加大新品种的选育和引进

支持科研单位与龙头企业积极开展新品种选育、引进、推广工作，提高自主创新能力，加快品种的更新换代；充分利用肇东辣椒品种资源的优势，以优质高产为目标，加强

地方特色辣椒品种的提纯复壮工作；围绕辣椒深加工对专用型辣椒原料的需求，加大新品种选育、引进、推广工作的力度，研究开发辣椒专用品种，提高辣椒单位面积产量和品质。

（二）加强标准化、规范化基地建设

制定标准化基地建设规范，使肇东辣椒生产在基地建设、种子、育苗、栽培、技术、病虫害防治、采收、制干、分级等辣椒关键生产环节都有规范的技术标准，为辣椒及其制品生产的各个环节把好产品质量安全关提供可靠的科学依据。在辣椒生产优势区域积极打造辣椒生产的特优产区，培育一批辣椒专业村、专业乡（镇），进一步发挥规模效益。同时，通过加强对专业乡与专业村的科技服务体系建设，提高生产技术水平，推行规范化管理，对农户进行技术培训和生产指导。

（三）培育壮大龙头企业，提升产业化经营

把培育壮大龙头企业、专业合作社作为推动辣椒产业发展重中之重的工作来抓。借鉴先进省份的经验，各级政府通过贷款贴息、减免税收、信贷扶持等优惠政策，扶持兴办一批以精深加工为主的辣椒加工企业，增扩企业科技开发项目，加大资金投入力度，增强龙头企业的产业加工能力和带动辐射作用。

鼓励生产加工企业、运销大户、生产专业户组建产业化联合体，提高辣椒生产经营者的组织化程度，建立长效合作机制。利益联结机制是产业化组织模式运行的核心问题，是建立有效运转、高效协同的产业化组织模式的关键。只有龙头与农户之间建立了"利益共享、分险共担"的有效机制，双方均成为产业化经营的受益者，才能使双方更加积极主动地参与到产业化经营中来。

（四）大力发展精深加工，提高产业的总体效益

辣椒精深加工可使辣椒增值数倍，特别是辣椒红素、辣椒碱等新产品加工增值明显。辣椒红色素作为天然色素，广泛应用于医药、食品加工业，目前国际市场年需要量在8000吨以上，而全球辣椒红色素年生产量仅2000吨左右，开发潜力巨大。辣椒碱是一种天然的植物碱，是从辣椒的成熟果实中提取得到的一种成分，主要用于医药、军工等方面。在医药方面，由于辣椒碱具有镇痛、止痒的功效，广泛应用于治疗关节炎、肌肉疼痛、背痛、运动扭伤和带状疱疹后遗留神经痛等疾病。在军工方面，辣椒碱主要用于催泪弹的制造。和辣椒红素一样，辣椒碱的生产量与市场的需求量相比，存在很大缺口，具有很大的开发空间。

要做大做强肇东辣椒产业，就必须加强辣椒深加工技术的研究、引进和消化，大力发展精深加工，开发新产品，变以原料外销为主为以本地加工为主，实现加工增值。肇东辣椒产业应进一步开发辣椒营养成分、辣椒碱、辣椒红素以及辣椒籽油的功能及作用，深度挖掘辣椒深加工在医疗行业和辣椒酱生物制药方面的应用与发展，开发相应的功能食品、

化妆品、化工产品。通过精深加工以及高效综合利用，使得辣椒深加工在多个领域中得以应用，延长产业链，提高辣椒的附加值。

（五）多渠道加大市场营销，努力打造知名品牌

进一步完善辣椒产地市场的服务功能，加强辣椒流通体系建设，鼓励发展辣椒营销大户、生产营销专业合作社、农村经纪人队伍等流通组织，进一步开拓国内外市场，建立长期稳定的产品市场和流通渠道。

（1）进一步完善产地批发市场体系。在辣椒主产区和集散地，分层次抓好一批地方性、区域性批发市场建设，打造具有较强辐射功能的专业性批发市场，改造升级传统批发市场，重点培育一批综合性产品交易市场，优化辣椒批发市场网点布局。

（2）发展农产品物流业，尤其是冷链物流业，不断延伸市场销售半径，使鲜辣椒食品快速送达销地市场，扩大各地市场的可选择范围。

（3）依托大型批发市场、辣椒专业市场及大型超市的农贸市场，设立市场报价点，建立价格追踪体系，做好市场价格风险评估预警。

（4）积极推行"品牌创建"工程，开展"三品"（无公害农产品、绿色产品和有机产品）认证和商标注册，建立有影响力的区域品牌和集团品牌，提高品牌认知度、品牌美誉度、满意度，并利用品牌效益，加快肇东辣椒产品走向国际化，逐步提高品牌在国内外市场的占有率。以"互联网＋农业"销售模式，大力开展电子商务活动，使辣椒及其产品走向全国，进而走出国门。

黑龙江省兰西县辣椒产业

郑　佳[1]　张学娟[2]　李盛娟[1]　张　慧[3]

（1. 黑龙江省兰西县农业农村局；2. 黑龙江省兰西县农业
技术推广中心；3. 黑龙江省农业科学院园艺分院）

一、社会经济及农业产业结构

兰西县地处世界三大黑土地之一松嫩平原中部，黑龙江省绥化市寒地黑土特色农业物产之乡核心地带。因位于呼兰河中下游西岸而得名。全县总面积2499平方千米，辖15个乡镇，105个行政村，770个自然屯，总人口53万，其中农业人口40万。全县耕地面积255万亩，草原34万亩，林地23万亩，水面10万亩，湿地1.5万亩。全县农业总产值56.79亿元，农村居民人均收入7368元，蔬菜总产值10.4亿元。

二、辣椒产业发展状况

（一）兰西县辣椒生产规模及布局

近年来，随着兰西县农业产业结构的调整，以生产青椒为主的辣椒产业的播种面积及产量单产逐年增加。2010年辣椒种植面积1.5万亩，产量4.5万吨；2018年种植面积达到3万亩，产量达到12万吨，单产达到每亩4吨（见表1）。

表1　兰西县辣椒产业发展情况

年份	面积（万亩）	产量（万吨）	单产（吨/亩）
2010	1.5	4.50	3.0
2011	1.7	5.44	3.2
2012	2.0	6.60	3.3
2013	2.2	7.70	3.5
2014	2.3	8.28	3.6

续表

年份	面积（万亩）	产量（万吨）	单产（吨/亩）
2015	2.5	9.25	3.7
2016	2.6	9.88	3.8
2017	2.8	10.92	3.9

数据来源：兰西县蔬菜办统计数据 2011 ~ 2017 年。

目前兰西辣椒基本维持在 3 万亩左右，主要以食用菜椒种植为主，直接带动近 2200 户农户参与辣椒的种植，吸引了 30 多家国内外企业和个体户从事辣椒的经营。农民种植辣椒一般每亩投入成本 2500 ~ 3500 元，产值 5000 ~ 10000 元，一般每亩纯收入在 2500 元以上，户均年纯收入 2 万 ~ 3 万元，种植大户可达几十万甚至上百万元。

（二）兰西县辣椒生产现状

兰西的辣椒种植分布相对集中，主要分布在河东临江、长江、兰河 3 个乡镇和哈黑公路沿线的榆林、康荣、兰西镇、红光、北安 5 个乡镇，各乡镇种植面积及产量（见表 2）。

表 2　2018 年兰西县各产地辣椒种植产量

主产乡镇	辣椒总面积（亩）	辣椒总产量（吨）
临江镇	7640	30560
榆林镇	5520	21528
康荣镇	4840	19360
兰西镇	3100	12710
红光镇	3050	12200
北安乡	2470	9880
长江乡	1860	7440
兰河乡	1530	5814

数据来源：兰西县蔬菜办 2018 年调查数据。

（三）兰西县辣椒产业生产科技水平及生产优势

目前，兰西辣椒品种类型主要有两种，一是食用菜椒。主要品种有牛角尖椒、椒霸圆椒、吉塔红椒等。二是工业辣椒（色素辣椒）。主要品种是金塔红椒。育苗采用智能育秧室和温室育苗两种方式，采用大垄覆膜栽培，部分采取膜下滴灌，普遍实施"三减"技术，栽培采用半机械化。与黑龙江省农科院、东北农大、黑龙江大学建立合作关系，建成蔬菜标准化种植园区 8 处，进行辣椒新品种、新技术展示示范，打造全省"互联网 +"绿色食品高标准示范基地 5 个（榆林镇庆丰露地蔬菜基地、临江镇老三瓜菜基地、红光镇青远露地蔬菜基地、榆林镇设施蔬菜基地和康荣镇玫瑰小镇蔬菜基地），实现产品质量安全追溯蔬菜品种 5 个，其中榆林庆丰大葱合作社 4 个，红光镇青远蔬菜合作社 1 个。全县新增蔬菜绿色食品认证标识 44 个、绿色认证面积 11.48 万亩。

（1）自然资源优势。兰西县地理上处于北纬 46°，东经 126°，属寒温带大陆性季风气候，年均降雨量 460 毫米，年平均气温 2.9℃，年有效活动积温 2700℃。县内无重工业企业，土壤、空气和水源没有受到污染，全县所有耕地、草原和水面全部通过了黑龙江省无公害产地整体认证，寒地黑土有机质和微量元素位于全国领先地位。蓝天、净水、黑土的自然生态条件保障了蔬菜产品优良品质。

（2）独特的区位交通优势。兰西县南距省会哈尔滨 27 千米，西距油都大庆 100 千米，东距市府绥化 89 千米，地处哈尔滨半小时经济圈强辐射区，是哈大齐工业走廊的重要节点城市，是黑龙江北部 17 个县市通往省城哈尔滨的交通枢纽。境内陆路交通四通八达，202 国道、305 省道、安兰路穿境而过，距哈尔滨太平国际机场 1 小时车程，距大庆机场 2 小时车程，距最近的铁路编组站 15 分钟。全县通乡路、通村路、通屯路形成网格。三城垂心区位和四通八达的便利交通抢得蔬菜产业发展先机。

（3）多年的种植基础优势。从计划经济时代的城郊蔬菜生产到如今的全县大面积规模化经营，兰西县蔬菜种植已有 40 多年的历史。2017 年末，全县各类蔬菜种植合作社总数超过 100 家，入社农户 3500 户，种植面积超过 50 亩的蔬菜种植大户发展到 400 多户，全县蔬菜规模经营总面积超过 10 万亩，占蔬菜种植总面积的 28.6%，规模化的蔬菜种植筑起了蔬菜产业发展平台。

（4）难得的政策环境机遇。中央、省、市对蔬菜产业发展出台了政策。农业部制定颁布的《全国蔬菜重点区域发展规划》中，将绥化市列入北部高纬度夏秋蔬菜优势区域和设施蔬菜重点发展区域。2016～2020 年，国家将在专项投资中支持蔬菜重点区域建设，而该县又是绥化市蔬菜生产的主要区域。2017 年初，黑龙江省政府将兰西县确定为全省"北菜南销"生产基地县和标准化绿色蔬菜生产基地县，出台了基地道路、生产用电、灌溉设施、设施用地、农机装备、金融扶持和财政支持共 6 条支持政策。2017 年 7 月，兰西县被国家农业部确定为"全国（蔬菜）绿色高产高效创建示范县"。绥化市提出了建设"兰明青望海"蔬菜产业经济带工作部署，兰西县成为产业带建设龙头，这些都为该县辣椒产业的发展奠定了很好基础，创造了有利条件。

（四）产业组织的发展情况

全县以东金集团、乐姆公司、中舜公司、益品乡、田苗为代表的蔬菜龙头企业发展到 8 家，加工能力达到 13 万吨，所加工蔬菜产品畅销国内外市场。其中，田苗农产品有限公司和益品乡农副产品有限公司借助全省一二三产融合发展项目带动 305 户贫困户，年均增收 1000 元。蔬菜生产逐渐向专业合作社、种菜大户集中，全县以榆林庆丰、丰硕南瓜、临江老三、红光青远为代表的蔬菜种植合作社总量达到 130 家，种植大户 413 户，规模经营蔬菜面积 10 万亩，带动全县蔬菜产业向规模化、标准化发展。

（五）兰西县辣椒产业市场建设情况

通过做实哈市销售市场，与哈市 17 所大专院校及哈达、润恒等大型批发市场建立了蔬菜直供和供销合作关系，其中与哈市高校后勤联采中心达成了直供协议，年供应蔬菜 3000 吨。开拓"北菜南销"市场，全县多家蔬菜经营主体和经纪人实现了订单生产，订单面积 2 万多亩；与北京新发地、山东寿光、莱阳等地 14 个辣椒销售大王建立了合作关系，年供应青椒 10 万吨以上，同时对接个性化需求市场，将蔬菜产业与文化旅游相结合，辟建瓜菜休闲观光采摘园 4 处、私家菜园 40 处，已接待旅游采摘、参观考察、农事体验 3 万人次。努力开辟国际市场，中舜、立信、东金、神农等多家企业蔬菜产品走出国门，深受韩国、日本等国外市场欢迎。全县蔬菜外调出量占总产量的 70% 以上。2018 年在蔬菜产业项目招商洽谈上，全年招商洽谈蔬菜产业项目 5 个，总投资 5.97 亿元。其中，投资 1.3 亿元的黑龙江万里农副产品物流有限公司哈北寒地黑土农产品跨境贸易电子商务产业园项目、投资 0.25 亿元的黑龙江轩宇食品有限公司泡菜加工项目已经落地，投资 0.76 亿元的龙海汽车销售集团股份有限公司农产品冷链仓储物流基地建设项目正在洽谈。在蔬菜产业开复工项目建设上，全年开工建设蔬菜产业项目 9 个，总投资 5.91 亿元。其中 4 个为已落地的招商洽谈项目，其余 5 个是借助省标准化绿色生产基地县贴息贷款政策，扶持合作社贷款建设的蔬菜冷藏保鲜设施项目，与省交通银行、省农业担保公司建立了合作关系，县财政拿出 2000 万元，放大 10 倍使用，全县有 5 家合作社通过了审核，共发放贷款 4893.3 万元，建设冷藏保鲜库 5 栋，总计 2.35 万平方米（其中建筑面积 6500 平方米的兰河田谷园合作社冷藏库已投入使用；建筑面积 6000 平方米的榆林庆丰合作社冷藏库和建筑面积 4000 平方米的康荣康农瓜菜合作社冷藏库已完成主体工程，正在进行收尾工作；建筑面积 3000 平方米的榆林丰硕南瓜合作社冷藏库和建筑面积 4000 平方米的红光青远蔬菜合作社冷藏库正在建设）。全部建成后，全县蔬菜冷藏保鲜设施总量将达到 8 万平方米，储藏能力达到 10 万吨。

（六）兰西县辣椒产业扶持政策

兰西县以打造"北菜南销"和"寒地黑土"绿色菜园核心区为定位，以"做强现代农业、实现富民强县"为目标，以打造蔬菜产业扶贫经济带为支撑，强力推进蔬菜产业发展，取得良好成效。2017 年初，兰西被省政府确定为全省标准化绿色生产基地县。7 月份，被国家农业部确定为"全国（蔬菜）绿色高产高效创建示范县"。全县共获得农业部及黑龙江省政策补助资金 1420 万元（其中，标准化绿色蔬菜生产基地发展项目资金 440 万元、农村一二三产融合发展项目补贴资金 430 万元、"互联网＋"绿色食品高标准示范基地项目资金 200 万元、全国（蔬菜）绿色高产高效创建示范县补助资金 350 万元），获得全省标准化绿色蔬菜生产基地贴息贷款政策。

三、辣椒产业存在的问题

（一）种植品种退化严重

兰西县现在种植的辣椒无论是食用青椒还是加工辣椒种植品种，近 80% 是老品种，种植户缺乏对新品种的实验和认识，对新品种、新技术的接受能力慢。在高温干旱年份，原来多年种植的品种逐步退化，还容易发生病毒病、疫病等病害。

（二）种植盲目跟从，缺乏组织性

辣椒生产盲目跟从，不同农作物轮换种植频繁。兰西县无加工辣椒生产企业，辣椒种植面积受吉林、山东、河南等地辣椒收购商及全国市场价格影响，如上年度辣椒价格上涨，农民便会跟风种植，无视当地气候特点，在对品种、技术、市场均不了解的情况下，盲目扩大种植面积；当辣椒市场行情不好时，农民又纷纷退出生产，转而种植其他作物。因此，种植面积的多少完全由市场调节，而市场又存在极大的不确定性，为辣椒产业的健康发展带来了极大隐患，兰西县辣椒生产需要龙头企业的组织和有效引导。

（三）产品精深加工滞后，市场无序竞争

兰西县辣椒加工业仍处于初级阶段，以制酱、泡菜、保鲜、速冻为主，辣椒产品主要以原料形式销售，产品附加值低。辣椒的精深加工完全依赖外来企业，本地龙头企业缺乏强势带动能力。由于缺乏组织管理，外来辣椒加工贸易企业无序竞争，致使流通秩序混乱。产品紧缺的年份竞相哄抬物价，过剩年份则相互压级压价，对企业和种植户都造成了很大伤害。

四、辣椒产业发展对策

兰西县要紧紧围绕绥化市委、市政府提出的打造"兰明青望海"蔬菜产业扶贫经济带工作部署，立足县情实际，以创建国家级现代农业（蔬菜）产业园为目标，聘请中国农业科学院农业经济与发展研究所高标准制定以榆林镇为重点，以哈黑公路沿线乡镇为支撑，以其他乡镇为补充的《黑龙江省兰西县国家现代农业产业园建设规划（2018－2021）》。未来 3 年，该县将重点通过打造"一心"，做优"一轴"，建强"四片区"，建设国家级现代农业（蔬菜）产业园。打造"一心"，即：依托榆林经济开发区（兰西经济开发区南区）建设现代农业科技集成与创业创新中心（重点摆放实施现代农业产业园综合服务中心、农业科技与产品研发区、农产品物流贸易区和寒地黑土"双创"试验田项目）。做优"一轴"，即：沿 202 国道建设农旅融合的休闲景观轴（重点摆放实施棚室蔬菜基地、休闲观光采摘基地、私家菜园和农事体验园等项目）。建强"四片区"，即：依

托兰西经济开发区绿色食品工业园打造特色农产品加工集聚区（重点摆放实施蔬菜深加工、储藏保鲜设施、加工龙头企业培育等项目）；依托榆林经济开发区打造农业高新技术产业引领区（重点摆放实施蔬菜育苗育种基地、实施蔬菜创新成果展示园、农产品质量安全追溯工程、产业融合发展示范等项目）；依托榆林镇、康荣镇、兰西镇、红光镇、兰河乡打造现代农业发展示范区（重点摆放智慧农场、绿色高产高效生产模式示范、科学研究试验基地、蔬菜设施改造提升与新建等项目）；依托榆林镇、康荣镇、兰西镇、红光镇、北安乡、奋斗乡、临江镇、兰河乡打造优势特色蔬菜规模化种植区（重点摆放实施高标准蔬菜田建设、高端优质蔬菜标准化种植基地建设、农业机械装备提升工程等项目）。未来一段时期，兰西县要在以下几方面重点施力：

（一）抓基地建设，扩大种植规模

力争到 2020 年，全县蔬菜种植面积达到 50 万亩，其中以榆林镇等 202 国道沿线乡镇为核心区的面积达到 25 万亩；建成千亩以上示范园区 40 个以上，500 亩以上标准化规模种植基地 100 个；棚室面积达到 3 万亩。

（二）抓精深加工，提升产品附加值

把培育壮大龙头企业、专业合作社作为推动辣椒产业发展重中之重的工作来抓。借鉴先进省份的经验，县政府通过贷款贴息、减免税收、信贷扶持等优惠政策，扶持兴办一批以精深加工为主的辣椒加工企业，增扩企业科技开发项目，加大资金投入力度，增强龙头企业的产业加工能力和带动辐射作用。鼓励生产加工企业、运销大户、生产专业户组建产业化联合体，提高辣椒生产经营者的组织化程度，建立长效合作机制。利益联结机制是产业化组织模式运行的核心问题，是建立有效运转、高效协同的产业化组织模式的关键。只有龙头与农户之间建立了"利益共享、风险共担"的有效机制，双方均成为产业化经营的受益者，才能使双方更加积极主动地参与到产业化经营中来。积极培育引进蔬菜精深加工企业，力争到 2020 年，全县蔬菜加工企业发展到 30 家，年蔬菜加工能力达到 50 万吨以上。

（三）抓品牌打造，增强核心竞争力

突出绿色发展理念，围绕"寒地黑土"区域品牌，培育打造"寒地黑土"，并借助各大宣传媒介，提升品牌影响力和知名度。力争到 2020 年，将"寒地黑土"打造成黑龙江省著名品牌和全国驰名品牌，培育其他特色知名品牌 5 个。

（四）抓设施保障，打牢发展基础

为进一步筑牢蔬菜产业发展基础，兰西县将着力强化冷藏设施建设和质量安全追溯体系建设。力争到 2020 年，建成冷藏保鲜库 10 万平方米，半地下蔬菜储藏窖 1000 个、10 万平方米，年储存蔬菜能力达到 50 万吨；全县 100 个标准化蔬菜生产基地和所有蔬菜加工企业实现生产有记录，质量可追溯。

（五）抓产品营销，提高市场份额

打造哈北寒地黑土农产品物流产业园，巩固现有市场，拓展域外市场，开辟个性化市场。进一步完善辣椒产地市场的服务功能，加强辣椒流通体系建设，鼓励发展辣椒营销大户、生产营销专业合作社、农村经纪人队伍等流通组织，进一步开拓国内外市场，建立长期稳定的产品市场和流通渠道。一是进一步完善产地批发市场体系。在辣椒主产区和集散地，分层次抓好一批地方性、区域性批发市场建设，打造具有较强辐射功能的专业性批发市场，改造升级传统批发市场，重点培育一批综合性产品交易市场，优化辣椒批发市场网点布局。二是发展农产品物流业，尤其是冷链物流业，不断延伸市场销售半径，使鲜辣椒食品快速送达销地市场，扩大各地市场的可选择范围。三是依托大型批发市场、辣椒专业市场及大型超市的农贸市场，设立市场报价点，建立价格追踪体系，做好市场价格风险评估预警。四是积极推行"品牌创建"工程，开展"三品"（无公害农产品、绿色产品和有机产品）认证和商标注册，建立有影响力的区域品牌和集团品牌，提高品牌认知度、品牌美誉度、满意度，并利用品牌效益，加快兰西县辣椒产品走向国际化，逐步提高品牌在国内外市场的占有率。力争到2020年，蔬菜市场年交易量达到100万吨以上。

黑龙江省牡丹江市洋葱产业

徐丽丽[1]　于晨啸[1]　韩庆霞[1]　姜瑞花[2]

（1. 黑龙江省牡丹江市农业技术推广总站；2. 黑龙江省宁安市农业技术推广中心）

洋葱是一种世界性蔬菜，又称圆葱、葱头，属百合科、葱属。以肥大的肉质鳞茎为产品，含有丰富的营养，富含黄酮类和芳香物质，具有降低胆固醇、降血脂、降压、舒张血管的作用，被世界各国称为四大名菜之一。洋葱是美国、日本、俄罗斯等西方国家的一个主要蔬菜品种，同时也是速食食品的主要调味料。洋葱还具有耐寒、耐贮、耐运、高产、适应性强、供应期长的特点，这对调剂市场需要，解决淡季蔬菜供应具有十分重要的意义。牡丹江市具有毗邻俄罗斯的得天独厚的地缘优势，对洋葱的出口有着优越的先决条件，所以该市非常适合发展洋葱生产。

一、洋葱产业发展现状

（一）我国洋葱栽培概况

洋葱与马铃薯、甘蓝、西红柿同属世界四大畅销蔬菜。洋葱原产于中亚、地中海一带。传入东欧和南欧后分别演化为辛辣型洋葱和甜辣型洋葱。16 世纪传入美洲，20 世纪20 年代在美国加利福尼亚州农业实验站，人们首次利用雄性不育性状培育出了洋葱杂交一代品种，使洋葱栽培跨入一个新时代。洋葱于元代传入我国，沿着丝绸之路东进至坝下，再转入山东、福建、云南地区演化为中、短日照型品种。在生态型上，西部地区演化为干旱生态型，山东及江南地区演化为湿润生态型。西北地区的长日照型洋葱品种引进到东北种植时，夏季高度感病，因此，新疆、甘肃地区的固有品种一直未能跨进山海关以北的东北地区种植。东北地区 1990 年之前一直种植着"熊岳洋葱""齐齐哈尔紫皮洋葱"等中日照型洋葱品种。1990 年以后才引进日本北海道的长日照高温高湿生态型品种，并得以推广种植。流入我国东北市场的商品洋葱 1990 年前以甘肃产区产品为主，1990 年以后以山东产区产品为主。2000 年开始，自产洋葱才在东北市场占据主导地位。近年随着沿海地区出口贸易的发展，山东地区的洋葱在品种、栽培技术、包装及流通等方面取得了良好的出口发展，以山东为中心的洋葱种植面积已突破 10 万公顷，其产量已占我国洋葱总产的 60% 以上，直接左右着国内的洋葱市场销售价格。山东省的洋葱多为日本公司的品种，福建、云南的主栽品种也更新为日本的品种，新疆、甘肃等高温干旱地区多为美国品种，近年已有荷兰品种进入西北干旱区。黑龙江、吉林、内蒙古北部常规品种以"空知黄"系统为主，杂交一代以"卡木依"为主，辽宁北镇一带近几年多种植"卡木依二代"品种。近年我国对外出口洋葱以牡丹江口岸为主渠道对俄远东销售，年出口量在 10 万吨左右。其次为以青岛口岸为主的对日销售，年出口量在 2 万吨左右。

（二）黑龙江省洋葱种植发展概况

黑龙江省的洋葱种植始于齐齐哈尔地区，只有 50 余年的历史。早期的栽培模式以庭院种植为主，这期间种植品种以山东紫皮洋葱为主，山东的中日照型品种在黑龙江省长日照区的种植表象为定植后 4~6 片真叶期鳞茎便开始膨大，入伏遇高温便倒伏休眠，10 月末后便复苏生根发芽，失去高品性。1985 年在黑河等地推广种植中日照型"熊岳洋葱"。虽然该品种的耐贮性极好，但由于其对长日照、高温极敏感，最终未能得以推广。1990 年齐齐哈尔产区从山西大同等地引进了美国 NOZAN 系统 Globe（地球型）型的长日照紫皮洋葱。1993 年梅里斯区引进了耐夏季高温高湿的长日照生态型黄皮品种"空知黄"。齐齐哈尔地区在黑龙江省首次实现了洋葱的经济栽培。其产品主要销往俄罗斯远东市场，并在沈阳等东北市场逐步代替了"熊岳洋葱"品种。从此，东北最大的洋葱生产与销售散集地由辽宁北镇迁移至黑龙江省齐齐哈尔市。2004 年，齐齐哈尔地区的洋葱栽培面积达十几万亩，但这一时期洋葱防腐、防脱皮等核心技术尚未过关，发展处于不稳定阶段。这一时期首次确定了黑龙江省地产洋葱在俄远东市场的主导地位，引进了年降雨量达 1500 毫米以上的高湿生态区北海道地方品种"札幌黄""空知黄""月光""月轮""桧熊""天心""卡木依""野狼""北红叶"等地球型黄皮品种和 RUPI 等紫皮品种。这类品种均为对镰刀菌属有抗性的 NOZAN 系统品种。种植多年的秋季生根发芽难以贮存流通的中日扁球 GRANO 型品种被彻底淘汰。推广了冷棚精量条播育苗技术，高磷高钾施肥、诱杀防蛆、施田补化学除草等本田栽培新技术。2000 年随着洋葱腐烂原因的究明及防治措施的完善，在九三局鹤山农场形成了黑龙江省最大的杂交一代优质洋葱出口基地。其产品通过高榕食品公司首次打入了市场流通要求极苛刻的日本超级市场。M 规格的产品打入乌兰乌德及远东腹地市场，与来自中亚产区的荷兰 BEJO 公司的杂交一代品种竞争。S 规格的产品打入东南亚市场，形成了良好的出口局面。2005 年，牡丹江宁安红城集团富龙洋葱公司作为龙头企业在东部地区初步形成了对俄出口洋葱集散地。近十年来，黑龙江省的蔬菜出口中洋葱一直位居榜首，年出口量在 7 万吨左右，占全国保鲜洋葱出口量的 60%，占我国保鲜洋葱对俄出口量的 80%。但出口洋葱质量多在 B 级品水平上，能打入日本市场的 A 级品出口量一直徘徊在 2 万~5 万吨范围内。

（三）牡丹江市洋葱种植发展概况

（1）种植面积、产量及分布。牡丹江市长日照型洋葱自 1998 年在穆棱引进试种成功以来，逐渐在全市推广。据统计，近三年全市洋葱种植面积分别为 1.4 万亩、1.8 万亩、2 万亩。洋葱平均亩产 6 吨左右。该市洋葱的种植区域比较集中，主要集中在宁安市石岩镇、宁安镇、海浪镇和马河乡等地，目前种植的品种主要有优越、KA007、长胜 127 等。

（2）销售情况。牡丹江市生产的洋葱除大部分地销外，其余部分全部通过经纪人或贸易公司销往俄罗斯、日本、韩国及东南亚等地。牡丹江市有 280 万人，鸡西以东地区有 260 多万人，每年地销洋葱在万吨左右。洋葱是一种休眠期长、耐贮耐运的蔬菜品种，同时又是国内外蔬菜商品交易量最大的蔬菜。我们的邻国俄罗斯，人均年消费洋葱 15 千克左右，而当地的气候条件及土壤质地并不适合发展洋葱生产，所以大部分洋葱靠进口。近年来，俄罗斯经济下滑，需求量减少，但每年出口到俄罗斯远东地区的洋葱仍有 1 万吨以上。通过大连船运出口日本、韩国、东南亚等国的洋葱有 3 万吨以上。

（3）效益情况。以宁安市民生瓜菜专业合作社为例：洋葱亩产 6000 千克，田间批发价格 1 元/千克，亩收入 6000 元，亩成本 3180 元（包括种子价格 500 元，育苗成本 300 元，化肥投入 650 元，农药投入 200 元，机械费用 230 元，人工费用 600 元，土地流转费用 700 元），亩收益 2820 元。

二、存在的问题

（一）洋葱采收后商品化处理程度低

洋葱产品大多是鲜菜直接进入销售环节，其采后商品化处理程度低、冷藏设施匮乏、贮运保鲜技术落后的特点不利于洋葱蔬菜保鲜、贮藏、运输。由于菜季相对集中，受市场供求关系影响大，使洋葱蔬菜产品质量和整体效益难以保障。

（二）洋葱产品的转化增值潜力尚未真正挖掘出来

洋葱生产链条延伸程度不够，缺乏洋葱蔬菜深加工龙头企业，加工转化增值率较低，限制了菜农种植效益的进一步提高。

（三）龙头企业的带动力不强

虽然组建了相关的农民合作组织，但没有从根本上建立起稳定的利益联结机制，还没有形成规范的"农民合作组织＋基地＋农户"的生产格局。

（四）机械化种植水平低

洋葱的育苗、定植、管理所需的人工费用较大，而洋葱的机械化种植水平不高，费工费时费力，劳动强度大，每亩需人工费近 600 元。因此，积极引进和探索洋葱定植和采收机械，是洋葱大面积种植和规模化生产的需要。

三、对策建议

（一）加强基地建设，培育优势产业区域

要进一步加强基地规范化、标准化、规模化建设，加强抗旱、除涝、防治病虫害等基础设施建设。本田的高产必须早定植、高肥投入、保障灌溉。牡丹江市2月末至3月上旬气温较低，提倡大棚或中型以上日光温室育苗。育苗棚与本田面积1∶25为宜。早育苗、育壮苗必须加大育苗设施的投入。早春低温生长缓慢，夏季高温高湿易感病，应提倡高畦制、喷灌浇水。

（二）将产量优势的数量型转变为技术优势的质量型

技术进步和创新是发展洋葱产业的基础，应该加大技术研究的投入，努力提高技术覆盖面，不断提高产量、改善品质，以高产优质赢得市场，求得发展。一是推广应用优良新品种；二是改进栽培方法；三是提高机械化水平，引进试验示范洋葱定植机、收获机，这样可以节约大量劳动力，降低作业成本；四是推广测土配方施肥技术，引导农民施用经济高效的洋葱专用配方肥，起到节本增效、均衡增产的目的，促进洋葱整体生产水平的提升；五是推广病虫害综合防控技术，优先采用农业和生物防治措施，科学使用生物农药，限量使用高效、低毒、低残留的化学农药进行防治。

（三）市场定位品种国产化

我国目前种植的洋葱杂交品种及优良常规种均来自日本、美国、荷兰少数几家公司。日本、韩国、东南亚、俄罗斯市场定位的品种均为日本、美国、荷兰杂交一代品种。日本的杂交种昂贵，每千克价格在4000~5000元，每亩用种量为125~150克，其成本占每亩种植成本的20%左右。高成本种子价格、国内廉价商品流通现状，与目前农村生产力发展水平状况不匹配。因此，早日实现市场定位品种国产化，降低种植成本，是稳定洋葱产业发展的根基。

（四）延伸产业链，走产品精、深加工之路

加快发展以蔬菜保鲜、加工、包装为主的龙头企业，鼓励和支持企业进行科技创新，向精、深加工方向发展，开发洋葱蔬菜采后商品化处理以及冷藏贮运设备和技术，提高洋葱蔬菜的档次和保鲜能力，降低损耗，扩大洋葱蔬菜销售半径，实现生产、加工、销售一体化，提高洋葱生产产业化水平，增加产品附加值。

（五）实行标准化生产，提高洋葱质量安全水平

一是完善标准体系，按照产品质量标准、等级标准及生产、贮运技术规程相配套，初

级产品标准与加工产品标准相配套，种植、加工、销售相衔接的具体要求，逐步完善洋葱生产标准体系；二是推广标准化生产技术，编制绿色、无公害、有机洋葱生产技术规程，建立标准化生产示范基地，组织培训农民，指导农民切实按照绿色、无公害、有机洋葱生产技术规程进行田间管理和采后处理，推进绿色、无公害、有机洋葱生产过程标准化；三是强化市场监管，依据《农产品质量安全法》《食品安全法》大力发展无公害、绿色、有机洋葱生产，建立从田头到市场的全程质量控制体系，对基地环境、投入品、生产过程、产品检测等关键环节进行监督管理，严格禁止销售和使用高毒农药，解决好农药使用剂量和不严格执行安全间隔期造成的农药超标等问题。要建立田间档案管理制度，做到初级产品生产者有农事作业档案，蔬菜制品生产者有原料来源和工艺流程档案，蔬菜运销者有货源和流向档案，并逐步建立蔬菜产加销全过程的质量追溯制度。

三、石家庄综合试验站

河北省安新县莲藕产业

张俊民　王　燕　邓凤梅　马新前　姜二花

（河北省安新县农业农村局；河北省农林科学院经济作物研究所）

安新莲藕种植历史悠久，主要集中在白洋淀浅水区域。由于水位的变化，莲藕种植时断时续。但近年来随着水位的稳定，再加上优越的自然条件，莲藕种植面积也在逐渐趋于稳定，形成了一定的产业规模。近 5 年来，种植面积最高达到 2.5 万亩，最低在 8000 亩左右，平均每亩产量基本稳定在 1.3 ~ 1.7 吨。

一、莲藕产业发展现状

安新县总面积 792 平方千米，辖 9 镇 4 乡、223 个行政村，4 个社区居委会，人口 47.3 万，农业人口 42 万，耕地面积 50.1 万亩。

（一）农业生产情况

安新县以传统农业为主，瓜菜播种面积 5.0 万亩，设施蔬菜、果木大棚、温室 2060 个，面积 2381 亩。蔬菜产量 8.5 万吨，其中莲藕产量占蔬菜总产量的 15% ~ 20%。白洋淀水生生物包括浮游生物、底栖动物、鱼类和水生植物。其中浮游藻类 92 属，底栖动物 35 种，水生束管植物 16 科 34 种，鱼类 17 科 54 种。白洋淀盛产鱼、虾、蟹、贝、芦苇、莲藕、芡实、菱角等，2015 年淀水产鱼 8850 吨，居全国大型湖泊亩产量之首。

（二）自然条件优越

安新县地处暖温带半湿润大陆季风气候，四季分明。春季干旱多风，夏季高温多雨，秋季天高气爽，冬季寒冷少雪。年平均气温 12.2℃，极端最高气温 40.7℃，极端最低气温 −26.7℃，无霜期 203 天。年平均日照 2578.3 小时，太阳辐射量 128 千卡/平方厘米。年平均降水 529.7 毫米，但年际变化较大，年最大降水量 941.6 毫米（1988 年），年最小降水量 263.3 毫米（1962 年）。为一年一熟莲藕栽培模式高产栽培提供了条件。

（三）区位优势明显

白洋淀所在安新县位于京、津、石金三角腹地，在京津冀 2 小时经济圈内，已经形成以高速公路、铁路、空运为主骨架的立体交通网络。G18 荣乌高速、G45 大广高速、保沧高速、G4 京港澳高速互通连接，连接荣乌高速与保沧高速的 S235 省道，贯穿安新县南北，可直达白洋淀。正在修建的白洋淀大道，连通了保定高铁新城和白洋淀。安新县城距离京广客运专线保定东站仅 29 千米；距京石、津保、京衡、保沧城市间的轨道交通线路直线距离不足 25 千米；距离天津滨海国际机场为 158 千米，距离北京首都国际机场的距离为 174 千米，距离石家庄机场的距离为 163 千米。随着京津冀协同发展，保定市与京津无障碍、无缝隙对接和同城化发展，白洋淀的交通区位优势日益凸显，对科技创新与高端服务资源要素的聚集吸引将进一步强化，为安新县莲藕产业发展提供了有利条件。

二、主要做法

（一）蔬菜产业结构调整为莲藕发展带来新机遇

安新县蔬菜种植面积小，蔬菜种植品种单一、经济价值低，效益逐年下降，特别是水生蔬菜产业更是凤毛麟角、屈指可数。种植莲藕是一项投资小、见效快、抗御自然灾害能力强、综合效益高、可持续发展的水生蔬菜产业。"鱼 + 藕套养""虾 + 藕套养""稻 + 藕轮作"等种植模式，可以迅速增加农民收入，提升产业价值。

（二）种植、加工技术发展促进莲藕产业升级换代

河北省农林科学院经济作物研究所特色水生作物团队，常年致力于河北省水生作物品种选育与种植技术研究。莲藕、荸荠、慈姑、芋头等水生蔬菜优良品种选育、配套高产种植技术的研发以及种收机械研究与探索水平都位于全省前列。近年来，河北省农林科学院经济作物研究所加大对莲藕的研究力度，从适栽品种引进与筛选、配套高产技术研究、莲藕健康种苗生产等方面入手，以国家特色蔬菜产业技术体系石家庄综合试验站为平台，辐射带动周边地区莲藕发展，为众多的莲藕种植合作社、莲藕加工企业提供了有力的技术支撑，为安新县莲藕产业品质提升与产品升级换代提供了强有力的保证。

三、莲藕主产区特点

（一）栽培莲藕主要种植区域

安新县栽培莲藕主要种植区为赵北口镇、圈头乡、安新镇、端村镇、刘李庄镇、安州镇、同口镇、寨里乡的水区村，主栽藕莲 35、藕莲 37、大地红等品种。安新县自 1988 年

蓄水以来，野生莲藕就遍布淀边及沟壕两边，但栽培莲藕种植寥寥无几。从 21 世纪以来，栽培莲藕才慢慢开始大面积种植，到 2015 年，面积增加到 2.5 万亩，2016～2018 年面积维持在 1.2 万亩左右。

（二）"荷花大观园"观赏莲及"野生莲"

"荷花大观园"占地面积 2000 亩，属荷花观赏景区。园内荟萃中外名荷 366 种，是我国荷花种植面积最大、品种最多的景区。大观园有名贵荷花 156 种，包括美国的黄莲、日本的大贺莲、中美合育的友谊牡丹莲等。南美王莲尤有特色，能负重数斤，堪称莲中之魁。野生莲花占地面积 1200 余亩，一到盛夏，荷叶田田，荷香四溢。

（三）安新县的"文化苑"观赏莲及野生莲

"文化苑"位于白洋淀内，是白洋淀的著名景点，占地约 2000 亩。东堤烟柳和西淀风荷为安新县的八景之二，现今恢复、再现当年秀美之姿。1500 米长的水上栈桥尤为奇观。水生植物园重点展示白洋淀"一花三宝"（荷花；芡实，皮条，菱角）。其荷花观赏基地拥有荷花品种 200 多个，野生莲观赏基地 500 多亩。

四、莲藕加工企业

（一）河北明珠白洋淀农副产品科技有限公司

该公司是河北省首家以鲜嫩荷叶为原料，集种植、研发、加工、销售及荷文化推广为一体的农业产业化企业。公司从加强科研力量入手，成立了荷叶技术研究中心，开展荷叶茶、荷叶枕的品质跟踪和产品开发研究，并使用国内最先进的自动化流水线设备。公司占地四百余亩，建有水生植物种苗培育、种植基地，标准化生产车间、质检室、化验室、研发中心、冷库、配送中心等设施。公司面对不同的消费群体进行市场细分，旗下拥有华北明珠、西淀风荷、荷塘月色、因荷相遇多个子品牌。

（二）绿之梦农业科技开发有限公司

该公司成立于 2009 年 7 月，是一个集水产品养殖、加工、销售，水生植物种植、栽培为一体的大型综合种植公司。公司占地面积 6620 平方米，具有先进设备的冷冻加工厂一座，年生产商品荷叶茶 500 吨，并将白洋淀"野生红莲"注册为地理标志性产品。该公司与中国农大、北大、天大、中国农科院、河北省农林科学院经济作物研究所开展广泛合作，引进荷花新品种 200 余个，试验示范鱼＋野生莲种养模式 300 余亩。

五、莲藕产业发展存在的主要问题

安新县莲藕产业随着白洋淀水位的平稳，种植面积趋于稳定，但是受市场价格的影响，藕农的种植积极性在逐渐减退，莲藕发展中还存在着以下几个方面的主要问题：

（一）莲藕品种单一，退化严重

主栽品种藕莲 35、藕莲 37、大地红等，多为安徽、湖北引进的品种。留种方式多为留取种藕，通过十几年的栽培，许多品种退化严重，产量与质量都得不到有效控制，商品性降低。到目前为止，还没有当地自主选育的优良品种，也未建立优良品种繁育体系。

（二）莲藕栽培新技术、加工技术相对滞后

目前，安新县莲藕较为先进的栽培模式有"鱼＋藕套养""蟹＋藕套养"等模式，然而大部分是单季传统的栽培方式，产量不高，农民收入低。浙江、江苏、武汉等地早已推广的保护地大棚栽培莲藕技术，在安新县更是难以见到。目前缺乏栽培藕的加工产品，主要是以当地"野生莲"的荷叶制作荷叶茶、荷叶枕、莲子饮品等。

（三）种植规模相对较小，价格受市场影响较大，地头交易普遍

由于受白洋淀水位的影响，栽培藕的种植面积只限于白洋淀周边，种植规模较小。农民种植上采用传统的种植模式，上市时间集中，受市场价格因素影响较大。近年来，由于地头交易价格在 1.8～2.6 元/千克，致使种藕效益很低或赔钱，部分农民放弃种植。

（四）播种及收获机械滞后，成本高

由于莲藕种植及收获过程中人工成本过高，而代替人工的机械在安新地区不适合，造成种植成本高，种植效益低。

（五）白洋淀生态恢复环保措施的出台，对种植规模有一定的制约

由于栽培莲藕种植过程中需要施用大量的化肥，化肥残留物及莲藕收获后的植株残体对水体会造成一定的影响。政府为保护白洋淀水体，有可能出台使栽培莲藕退出淀区的措施文件，制约莲藕发展。

六、莲藕产业发展趋势及对策

（一）莲藕适栽品种的引进与筛选

安新莲藕种植品种单一，经过十几年的栽培，品种退化严重，莲藕的产量、质量均不

能得到保证。加快引进新品种及适栽品种的筛选与配套高产技术的研究势在必行。

（二）培植龙头企业，逐渐形成标准化、规模化种植趋势

莲藕作为安新的特色水生蔬菜，已逐步成为具有当地特色的农产品品牌。培育大型加工企业，逐步形成龙头加工企业＋种植户模式、统一品种、统一种植技术、统一销售加工，逐渐取代一家一户零星种植销售的模式，增加莲藕市场的价格话语权，打破地头交易的局限性，增加莲藕品牌价值。

（三）结合旅游业打造具有地方特色的藕品牌和莲文化

结合白洋淀特色，打造本地莲藕品牌，注册商标。结合"荷花大观园""元妃荷园""文化苑"等景区的影响力，大力宣传荷文化，形成具有地方特色的莲文化，并加强观赏莲藕品种的选育和产业发展力度，大力开发观赏藕品种；同时结合当地民俗、文化，开发乡村休闲旅游项目，大力发展旅游业。藕农可通过开办农家乐、餐饮服务、游客自采莲藕等项目增加收入，提高莲藕的附加值。

（四）与高等院校、科研院所合作，研发新型莲藕种植采挖机械，降低人工成本

可与周边大中专院校及科研院所合作，引进新型机械或研发适合当地的种植采挖机械，提高工作效率，降低种植成本，增加种植收益。

（五）实行绿色生产、降低环保风险，实现种植收益与环保双赢

白洋淀生态修复及环境保护是当前河北省的一项重要工作，积极探索绿色环保生产方式势在必行，必须打破原有的固定的莲藕栽培方式，探索新的有效途径，实现绿色生产、绿色防病，实现莲藕生产与生态保护协调发展。

河北省定州市韭菜产业

刘淑芹　赵立宾　任云祥　耿保进

（河北省定州市农业农村局；河北省农林科学院经济作物研究所）

定州市农业基础好、资源禀赋好、优势产业特色突出，2018 年实现农业产值 142 亿元，农民人均可支配收入 1.47 万元（河北省农民人均可支配收入 1.28 万元）。近年来先后被评为国家现代农业示范区、国家农业科技园区和河北省首批省级农业可持续发展试验示范区，现有省级农业园区 2 家，从事蔬菜种植家庭农场、合作社、农业企业 126 家，省级以上龙头企业 3 家，市级以上龙头企业 12 家，从事蔬菜配送加工企业 28 家。

一、韭菜产业发展现状

（一）资源禀赋条件突出

（1）具备特色农产品发展基础条件。从土壤条件看，定州市土壤土层深厚、肥沃湿润，地形完整，地势平坦，pH 值在 4.5～5.5，产地环境土壤监测二级以上标准达 99%。从水利条件看，定州市境内有唐河、沙河、孟良河，地下水资源丰富，水资源总量 12349 万吨，年平均降水量为 523.6 毫米，地表水资源量 1244 万吨，地下水资源量 15510 万吨，水资源质量监测Ⅲ类以上标准比重 98%。从气象条件看，定州市属温带—暖温带半湿润半干旱大陆性季风气候，气候温和，光热条件好，年平均气温为 12.9℃，年平均日照 2611.9 小时，无霜期 121 天。

（2）韭菜生产基础良好。定州市韭菜种植历史悠久，是河北省中南部地区重要的韭菜种植基地之一。从 20 世纪 90 年代开始，定州韭菜生产规模和技术水平就得到了长足发展，积累了丰富的生产管理经验。定州市韭菜栽培模式多样化发展，有春夏早秋露地韭菜生产，有秋冬早春小拱棚、塑料大中棚、日光温室等设施韭菜生产和盆栽韭菜。韭菜适应性强，抗寒耐热，非常适合在定州市范围内大面积推广种植。

（二）生产规模稳定

目前韭菜播种面积 3 万亩，年产 15 万吨，产值达到 2.6 亿元以上，规模化韭菜种植企业、合作社、家庭农场 12 家。韭菜种植品种有雪韭、竹竿青、久星系列、苔韭、韭黄等，打造了"丁绿""东湖""雪浪石" 3 个品牌，其中"丁绿牌"韭菜获省级知名品牌；生产中总结归纳了一套《无公害韭菜周年生产栽培技术规程》，提出了无公害韭菜周年生产的配套品种、基础条件及技术要求，实现了韭菜周年生产；利用市政府、农业局的信息平台及时发布韭菜种植、收获信息，实现产品订单生产，解决了种植户的后顾之忧；韭菜集中上市期是 1 月底至 4 月底，产品主要销往山西、内蒙古、山东、河北等地批发市场。

（三）优势区域布局形成

根据定州市资源状况及现有韭菜生产和产业基础，形成了韭菜产业优势三大区域：一是高端设施韭菜种植区。主要分布在砖路镇、清风店镇 2 个乡镇，种植品种以天津大黄苗、竹竿青、富韭 10 号等为主，种植总面积为 4000 亩左右，是定州市规模最集中的设施韭菜主产区。二是冷棚韭菜种植区。以韭菜早春促成栽培模式为主，主要分布在北城区、西城区、杨家庄乡 3 个重点乡镇，种植品种以竹竿青、久星系列为主，种植总面积约为 1 万亩左右，是定州市种植规模最稳定、种植经验最丰富的老产区。三是露地韭菜种植区。这种栽培模式是一种最传统也最经济的栽培方式，从播种到收获都在露地条件下进行，主要有留早镇、西城乡 2 个乡镇，种植总面积为 6000 亩左右，这一区域也是定州市重要的韭菜产业带，品种以竹竿青为主。

（四）龙头企业带动作用增强

定州韭菜产业拥有定州永发诚信、首农、定州运达等 7 家年销售额超亿元的农产品龙头企业，拥有 2 家省级重点龙头企业，3 家市级农业产业化龙头企业。这些龙头企业与农民之间建立起了稳定的利益联结机制，保证农民能参与全产业链利益分配，较好地辐射带动了广大农民增收致富。

二、韭菜产业发展主要做法

（一）领导重视，高位推进

按照《河北省特色优势农产品区域布局规划（2018－2020）》的通知要求，定州市将韭菜作为传统优势特色品种，列入产业特色发展规划。成立了定州市韭菜产业提质增效工作领导小组，分管副市长任组长，市农业、发改、财政等相关部门行政正职为成员，领导小组办公室设在市农业局，办公室主任由市农业局局长兼任，为立足特色产业优势，做大做强韭菜产业提供最大支持。

（二）政策扶持和金融扶持

近年来，市委、市政府不断加大对蔬菜产业的投入。2016 年 6 月制定并实施了《定州市扶持农业产业发展十条措施》和《定州市扶持蔬菜产业发展办法》，市财政每年安排300万元专项资金，用于支持高端设施蔬菜产业发展；安排15万元专项资金用于蔬菜新品种、新技术的引进、试验、示范、推广及相关的考察、学习、培训等。在金融创新上启动了农业"政银保""政银贷""农保贷"；联合北京首创，设立定州市农业产业发展基金；通过发放贷款和资金入股的形式对全市农业社会化服务组织注入资金达7600余万元，有力促进了规模农业主体的发展，助力韭菜产业做大、做强。

（三）强化科技支撑

瞄准京津冀大城市高端人才，先后与中国林科院、中国农大、河北农林科学院、河北农大开展科技协作；引进院士专家团队，先后在德胜农林集团、富元公司和四方诚信畜牧公司、黄家葡萄酒庄4家单位建立了院士工作站；与科研院所和专家团队在优质品种培育、调味品研发、蔬菜绿色植保防控、沼气等领域开展科技攻关和协作，加快农业科技成果应用与转化，为产业发展提供技术支撑。

三、韭菜产业发展存在的问题

（一）种植规模分散

韭菜总体规模较大，集中连片种植面积小，以一家一户小规模分散种植为主，农企、专业合作社和家庭农场参与程度不高。分散种植导致劳动成本居高不下，规模效益不够，没有市场话语权。种植的分散化也导致农业物联网及水肥一体化等新技术推广投资大，限制了先进技术的推广与应用。

（二）农户创新能力不足

产业发展中，农户创新能力不足。长期形成的传统种植观念，造成农民群众思想保守落后，科技意识、市场意识不强，怕担风险；农业乡镇的农民家庭收入渠道少，家底薄，资金积累不足，后劲乏力；又脏又累的蔬菜种植对青壮年的吸引力不足，从事蔬菜生产的人员中50岁以上的老人和妇女占了很大比例，菜农科技文化素质偏低，接受新鲜事物能力较弱；设施智能化、水肥一体化、栽培基质化、农事操作机械化、管理营销互联网等省工省力的新技术引进开发支持不够，吸引知识青年加入菜农队伍的力度不够。

（三）品牌效益偏低

定州市韭菜产品区域产品门类多，主要满足大众消费，对高端需求、特殊需求的产品开发不足，对产品特色挖掘不充分，没有形成区域性拳头产品和知名品牌。支撑产品品牌的实力知名企业很少，产业链条短，商标品牌影响力、持续性和稳定性差，品牌效益普遍偏低。

四、产业发展的对策建议

（一）加大政策扶持，助力产业发展

贯彻《定州市扶持农业产业发展十条措施》《定州市扶持蔬菜产业发展办法》，统筹蔬菜大县项目、"政银保"金融支农项目等资金，重点在韭菜农企及新型农业经营主体产业化经营、新产品开发、品牌创建、资本性支出等方面给予优先扶持，助力韭菜产业做大做强。

（二）推行标准化生产，支持新型经营主体

积极引进富生系列、太空系列优质新品种，加快推广标准化生产技术；推广韭菜绿色高效生产技术规程，强化节水节肥，高效低毒农药等技术和产品的推广应用，通过实施品种配套、水肥一体化技术和病虫害综合防治技术集成与优化，建立韭菜安全、高产生产关键技术体系；形成规模优势，区域特色，搞好韭菜"三品一标"认证，做大做强定州韭菜品牌。鼓励支持企业园区、合作社和种植大户进行韭菜规模化生产。通过政策扶持、技术指导和信息宣传，为农民种植韭菜提供买种、栽种、管理、采收、物流、配送和销售等一条龙服务，提高菜农的组织化程度和蔬菜加工处理能力。推动规模经营，做大做强韭菜品牌。

（三）广泛开拓市场，开展多层次营销

大力开拓市场，开发京津冀等大中城市高端消费市场，拓宽直营渠道，培育销售队伍，积极推广"互联网＋蔬菜"的销售模式，提高效益；坚持以销定产，针对目标市场需求，安排品种、布局和结构，开展分级、包装和加工，有计划组织生产；完善冷链物流，推进预冷、保鲜、储藏及冷藏运输等冷链体系建设，重点加大田头预冷、分级、包装等设施建设。到 2020 年，实现生产面积恢复性增长，韭菜播种面积稳定在 3 万亩左右，把"丁绿""东湖""雪浪石"三个品牌做大做强，产值达到 3 亿元以上，产业综合竞争力明显提升。

（四）开展科技合作，提高发展水平

以河北农林科学院经作所、河北农林科学院植物保护研究所、中国农科院植物保护研究所和河北农大等科研单位为技术依托，培育产、学、研、企科技创新联盟，为产业发展提供技术支撑。加强京津冀合作，通过聘请顾问、建立联席会议、建设科研和成果转化基地等多种方式，引进京津冀专家，服务定州市韭菜产业提质增效。

河北省邯郸市肥乡区圆葱产业

梁国增　韩志莹　李贵菊　杜光旭　牛学　孙英焘

（河北省邯郸市农业农村局蔬菜研究所；河北省邯郸市肥乡区
农业农村局；河北省农林科学院经济作物研究所）

邯郸市肥乡区自 1986 年起开始种植圆葱，刚开始叫"洋葱"，之后圆葱种植面积逐年增加，种植规模逐步扩大，2006 年肥乡被授予"中国圆葱之乡"荣誉称号，2008 年圆葱种植面积曾达 8 万余亩，创历史最高。

一、社会经济及农业产业结构

肥乡区位于邯郸市东部，紧邻邯郸市市区，2016 年 10 月撤县设区。肥乡区主要以农业生产为主，全区人口 41 万人，农业人口约为 28 万人。总面积 503 平方千米，耕地面积 58 万亩，小麦面积 36 万亩，玉米面积 33 万亩，蔬菜面积 19.8 万亩，设施蔬菜面积 13 万亩，露地面积 6.8 万亩，圆葱面积约 2 万亩（2018 年）。国内生产总值为 1000495 万元，财政收入为 145632 万元，人均纯收入为 24402 元。

二、圆葱产业发展现状

（一）基本情况

（1）产业地位突出。圆葱在全国各地均有种植，面积还在不断扩大，山东、河南、甘肃、四川、内蒙古、河北等为主要产区。自 1998 年以来，肥乡圆葱生产规模不断扩大，且种植历史悠久，品种特色独特，国内外市场声誉好，发展潜力大。

（2）产区特色明显。肥乡区具有悠久的圆葱种植历史，是闻名全国、具有重要影响的圆葱传统产区。在太极圆葱酱加工企业带动下，通过产业扶贫、订单生产方式，正在形成新型圆葱产区。以肥乡镇、辛安镇镇、天台山镇、元固、大寺上镇等为核心产区，主要种植邯郸市蔬菜研究所培育的"紫骄 1 号""紫骄 2 号""航天紫星"等圆葱新品种，示范推广圆葱绿色生产技术及圆葱—辣椒等高效种植模式，先后带动其他各乡镇及兄弟县种植，达到 6 万余亩，年产新鲜圆葱 27 万吨。

（3）加工能力不断扩大。近年来，肥乡区发挥传统优势，延伸产业链条，大力发展圆葱加工业。目前，肥乡区有加工企业 3 家，市级重点龙头企业 3 家，并且企业正在办理外贸出口相关手续，年加工圆葱 15 万吨，加工产品十多种，涉及圆葱酱、圆葱酒、圆葱茶等，远销国内 20 多个大中城市。

（二）优势条件

（1）自然条件优越，适宜大面积种植。肥乡区属暖温带半湿润大陆性气候，四季分明，雨热同季，光照充足，季风突出，年平均有效积温 4448.5℃，全年无霜期 172～214天，年日照时数 2688.4 小时，年平均降水量 526.2 毫米，≥0℃积温 4959.6℃，≥5℃积温 4850.8℃，≥10℃积温 4448.5℃，≥15℃积温 3985.7℃，4 月下旬至 6 月上旬，适宜圆葱鳞茎膨大的白天气温，达到 18℃～27℃的天数一般为 30 天，日照时数处于 10～14 小时的天数在 35 天以上，高温长日照同期的天数较多，非常有利于圆葱高产。

肥乡区土壤以轻壤、中壤为主，肥沃疏松，通透性好，有机质含量 15 克/千克以上，全氮含量为 0.9 克/千克，碱解氮含量为 90 克/千克，有效磷达 24.28 毫克/千克，速效钾147.7 毫克/千克，肥乡区正处在富硒带的东南缘，土壤硒含量大于 0.4 毫克/千克，得天独厚的自然条件为圆葱产业发展奠定了基础。

（2）圆葱特色突出，竞争优势明显。2015 年，"肥乡圆葱"被农业农村部认定为国家地理标志产品，特色明显，市场广阔。肥乡圆葱外表皮紫色发亮，葱头呈厚扁圆形，内部肉质白色，鳞片厚实，口感脆、辣、甜，富含硒，适宜鲜食，久存不坏。内在品质："肥乡圆葱"富含蛋白质、硒、糖、钾、钙、粗纤维等营养物质，经检测，蛋白质 >0.42克/100 克，硒 >4.8 微克/100 克，总糖 >6.46 克/100 克，钾 >93.7 毫克/100 克，钙 >15.4 毫克/100 克，粗纤维 <0.4 克/100 克。

（3）产品知名度高，市场影响力大。肥乡圆葱在 20 世纪 80 年代就开始种植，种植历史有 40 余年。肥乡有"中国圆葱之乡"荣誉称号，以地理商标产品"肥乡圆葱"闻名全国。肥乡区的河北太极酒业股份有限公司，以独特加工工艺生产的"邑供酱"圆葱酱全面进入高端市场。

（4）科技支撑有力，技术研发领先。以邯郸市蔬菜研究所研究员梁国增为首的圆葱技术团队，不断研究出新的产品，品质优良，口感适宜，产量不断增加，同时在加工上聘请高级技术专家指导生产，加工技术在国内处于领先水平。

（5）领导高度重视，发展动力十足。肥乡区把圆葱产业当作本地的农业主导产业来抓，全方位给予支持，成立了专门的圆葱发展协会，同时在龙头企业带动下，群众种植积极性高涨。

（三）存在的问题

（1）机械作业水平低，劳动成本居高不下。圆葱生产过程需要大量人工，尤其在定植和收获环节多靠人工操作；深加工前还要靠人工除根去皮，劳动成本居高不下，且机械化生产进程缓慢。由于受市场价格影响，种植面积呈下降趋势，本地加工原料出现缺口的可能性加剧。

（2）推广实施和监管难度大，标准技术规程执行不到位。种植区域比较分散，区域公用品牌授权、监督、管理等制度不健全，出现区域公用品牌滥用、冒用等现象，不利于品牌美誉度和知名度提升。品牌宣传力度不够，缺乏在全国叫得响的大品牌，消费者认知度低。

（3）加工企业实力弱，发展速度缓慢。加工企业整体实力偏弱，自主研发能力有待加强，产品附加值低，缺乏市场竞争力。由于受资金链制约，企业扩大规模受限，导致企业后劲不足。

（4）受栽培特性限制，重茬造成减产。由于圆葱在栽培时需要轮作倒茬，减少地下害虫，才能更好适应圆葱生长习性，提高产量和品质，圆葱产区需要逐年倒茬进行栽培。

（四）发展潜力

市场需求量巨大，特别是目前人们注重养生需求，外国人把圆葱当作保健用品，同时药用价值也比较高，颇受市场欢迎。肥乡圆葱以优良品质、独特口感、纯正风味享誉国际市场，销售渠道稳定，随着人们生活对圆葱食用需求及加工业的发展，原料供应缺口加大，发展种植基地的前景良好。

三、发展思路和目标

（一）发展思路

以做大做强"肥乡圆葱"区域品牌、打造圆葱特优区为切入点，发挥优势产区加工物流业聚集和龙头带动作用。以满足加工需求为目标，引进筛选和推广加工型品种，优化品种布局和生产结构，建立完善的产品质量标准，推行标准化生产，建设集约化、规模化圆葱生产基地，推动圆葱产品精深加工业发展。提高圆葱生产能力和市场竞争力，提升产品特色，培育全国知名品牌，把圆葱产业打造成核心产区农民增收致富的战略性产业。

（二）发展目标

到2020年，肥乡圆葱实现优种化，采用标准化生产规模扩展到5万亩以上，新建优种圆葱基地2万亩左右，建成1个省级或国家级圆葱特色农产品优势区，市场影响力显著提高。同时新建2家圆葱加工厂，附加值显著提升，带动从业农民增收1500元以上。

四、区域布局

以肥乡镇、辛安镇镇、天台山镇为中心，辐射带动其他 6 个乡镇扩大标准化种植规模，区域内圆葱种植规模稳定在 5 万亩左右。加快生产用种的良种更新、引进、筛选和示范推广，加快建设标准化生产基地、圆葱加工产业园区、农业生态休闲园区，延伸产业链和增值链。

五、重点任务

（一）优化圆葱品种结构

以邯郸市蔬菜研究所和国家特色蔬菜产业技术体系为依托，要求各乡镇都要组建专门的科技团队，搞好技术指导，确保品种特性持续稳定，增强品种的抗病性，扩大本地传统品种生产规模，提高传统品种比重，保持地理标志产品特色。每个乡镇建立一个 100 亩的品种试验基地，大力开展新品种示范推广工作。

（二）加强标准化生产基地建设

以辛安镇镇东杜堡、白落堡，肥乡镇翟固，天台山镇焦营、韩堡，屯庄营乡南河马村等为重点，建设 3 万亩标准化生产示范基地。其中肥乡镇 1 万亩，辛安镇镇 1 万亩，屯庄营、天台山各 0.5 万亩，扎实推进圆葱基地规模化、集约化、标准化发展，稳步扩大圆葱种植面积，确保本地圆葱加工供应能力。普及杀虫灯、粘虫板、性诱剂、水肥一体化等生态防控技术，推广土地深耕、增施有机肥、合理轮作倒茬等技术，逐步解决圆葱连作障碍。发展圆葱机械化育苗移栽和机械采收技术，降低人工成本。鼓励加工企业参与生产基地建设，发展"龙头企业＋标准化基地＋种植农户"的现代化经营模式，通过定向投入、定向服务、定向收购等方式，与农户共建稳固的圆葱生产基地，保证产品原料的安全性。

（三）完善全产业链标准体系

成立以产业技术创新团队为核心，龙头企业技术负责人和农牧局技术人员参与的圆葱产业标准制修订团队。2018 年底，完成区域品牌产品质量标准的制修订工作，包括外观、营养、安全和卫生等指标，保证销售产品的一致性，提高特色产品辨识度，维护产品品牌信誉。2019 年底，完成覆盖生产、加工、仓储、包装、物流等各环节的全产业链技术标准体系，推进不同标准间衔接配套。遴选一批龙头企业、专业合作社开展标准化示范工作，指导企业结合自身产品特点，建立并实施覆盖生产加工全过程的企业标准体系，推动产品质量与国际标准接轨。组织专家技术人员深入圆葱生产区开展生产技术规程培训和宣传，提升种植户的标准化生产水平和意识。建立信息化追溯平台，实现对生产投入品、生产过程、流通过程的全程追溯，规范生产经营行为，做到质量有标准、过程有规范、销售有标志。

（四）提高圆葱加工能力

加强对龙头企业的扶持力度，进一步完善土地、税收、资金信贷、人才引进等相关优惠政策，推动中小企业通过联合重组、合资合作等方式壮大企业实力，引导现有加工企业改造和升级原有的设备及条件，力争再建设两个规模较大的龙头企业。

（五）强化品牌管理和宣传

发挥"肥乡圆葱""地域名片"作用，做大做强区域公用品牌，完善区域公用品牌授权使用制度、品牌保护体系和诚信体系，每年组织专家对申请使用公用品牌的合作社或企业进行考察评估，明确公用品牌使用主体范围，设计使用特色突出的统一标志标识。加强公用品牌产品质量抽测，坚决杜绝不合格产品冒用、滥用公用品牌行为，稳步提高区域公用品牌的公信力。推行公共品牌与企业商标并行使用，建立起区域内既相互协作又良性竞争的发展氛围。引导生产主体开展绿色食品和有机农产品认证，从源头上保证品牌产品质量。组织龙头企业积极参加国际国内农产品博览会，鼓励企业申报中国驰名商标或河北省著名商标。

（六）完善圆葱销售体系建设

加快传统集贸市场和批发市场的整合、改造和升级，建设标准化交易专区，完善冷藏物流和检验检测等设施设备，提高批发市场综合服务能力。引导龙头企业积极"走出去"，组织龙头企业参加国际展销、经贸洽谈等活动，在稳定现有出口渠道的基础上，积极发展其他国际市场，重点拓展圆葱深加工产品出口，提高圆葱出口能力和出口收益。

六、保障措施

（一）加强组织领导力度

区政府组建圆葱产业发展领导小组，由主管区长任组长，农牧、财政、发改、科技等相关部门负责同志为成员，建立工作协调机制，开展圆葱产业调研，找准产业发展薄弱环节，跟踪圆葱产业发展动态，及时提出或调整推进圆葱产业发展的具体措施。

（二）建立长效扶持机制

制定出台扶持圆葱产业发展的支持政策，加大对圆葱产业的财政投入，按照政策规定整合涉农资金，集中力量支持圆葱产业发展。拓宽投融资渠道，鼓励金融机构、民间资本投资圆葱产业。加强生产基地与加工企业的对接，形成龙头企业、合作社、种植户利益共享、风险共担、合作共赢的发展机制。

(三) 增强科技服务能力

以产业技术体系、教学科研单位、龙头企业为技术依托，培育产学研推企科技创新联盟，加快圆葱新技术、新产品研制开发。组织有关专家开展技术培训、巡回指导等服务，帮助解决生产技术难题。培育壮大圆葱生产联合体，吸纳更多合作社、家庭农场和农资企业加入联合体，打造圆葱全产业链协作模式，提高联合体的综合服务能力。

(四) 营造产业发展氛围

充分利用报刊、广播、电视、网络等宣传途径，全方位、多角度宣传本地推动圆葱产业的政策措施，在全区形成人人参与圆葱产业、人人服务圆葱产业的良好氛围。注重典型带动，及时总结推广先进经验，培育一批可复制、可推广、可观可学的典型，适时召开现场会、推进会进行观摩交流，推动圆葱产业提质增效。

河北省邯郸市永年区大蒜产业

庞明德　乔丽霞　郭雪燕　韩素霞　梁玉芹　杨　阳

（河北省邯郸市永年区人大常委会；河北省邯郸市
永年区农业农村局；河北省农林科学院经济作物研究所）

永年大蒜是河北省名土特产之一，旧称广府蒜。其栽培历史可追溯到明朝嘉靖年间，距今已有500多年历史，传说曾给嘉靖皇帝食用，受到皇封。永年大蒜品质优良，历来为食用者所欢迎，1984年永年大蒜被外贸部授予信得过产品，1985年在农业部举办的优质农产品展览会上受到好评，1991年在全国菜篮子博览会上被评为铜奖，1997年被河北省首届农业博览会评为"农业名优产品"，1999年永年大蒜基地被国家技术监督局定为国家级标准化农业生产示范区，2002年永年被命名为"河北大蒜之乡"。高峰年份永年大蒜种植面积达到15万亩，年产干蒜头、蒜薹2亿多千克，成为河北省最大的大蒜生产基地。

一、大蒜产业发展现状

（一）永年大蒜生产特点

（1）生产历史悠久。据记载，永年大蒜旧称广府蒜或南沿村大蒜，早在明朝嘉靖年间曾作为贡品，距今已有500多年的历史。

（2）生产条件独特。永年大蒜集中在滏阳河两岸，处在两个平原之间的交接洼地，当地群众称"下坡地"。其土质壤土偏黏，褐色团粒结构，结构松弛，土壤湿度大，群众叫"鸡粪土"。地下水直接参与成土过程，白天高温，把地表水分蒸掉，夜晚地下水沿毛细管又上升到地表，通称液湖化。大蒜耐寒、怕旱、喜潮湿，因此这里的土壤条件极适合大蒜生长。由于这一地质条件，使这里的土壤肥沃，有机质含量高。据测定，这里土壤的有机质含量为2%以上，碱解氮含量120ppm以上，速效磷含量80ppm，速效钾含量300ppm，为永年大蒜具有独特风味创造了自然条件。

（3）品种优，品质好。永年大蒜共有3个品种，一是白皮蒜，蒜头大、瓣少、皮薄、肉嫩、汁多、辛香味浓郁，蒜泥黏稠，具有久放再食不变味的特点，产量高，有较好的加工性。蒜薹脆嫩木质化程度低，蜡质层厚耐贮存。一般亩产干蒜头750千克，蒜薹650千克，是永年县的主栽品种。二是紫皮蒜，肉质脆嫩、辛辣味香，药用价值高，一般亩产蒜头 300～400 千克，不产蒜薹，由于成熟晚，产量低，病虫害严重，种植面积极少。三是狗牙蒜，瓣多而瘦小，形似狗牙，耐贮性极佳，常温下保存一年不变质，由于产量低和储藏技术要求的提高，目前很少栽培。

（4）规模大。改革开放以来，大蒜产区已由原来的广府、南沿村两个镇、10 个村发展到南沿村、广府、姚寨、小西堡、西河庄、张西堡、小龙马 7 个乡镇、100 多个村，基地面积由 1983 年的 1 万亩达到高峰期的 15 万亩，年产蒜薹、蒜头 2 亿多千克，是华北最大的大蒜生产基地。2018 年大蒜播种面积 8 万亩。目前，由于行政区划调整，南沿村镇、姚寨乡、小西堡乡划归了邯郸市经济技术开发区，使得永年区的大蒜种植面积有所减少。本次调研不考虑行政区划调整，所有数据都是原永年县 20 个乡镇的调研数据。

（5）效益高。大蒜种植与小麦生产季节几乎相同，后茬接玉米，生产效益较小麦高。而且蒜茬玉米比小麦茬玉米提前播种 10 天，可采用生长期较长的品种，产量增加 100 千克左右。

（6）适合加工。永年大蒜品种为四六瓣品种，大蒜头直径一般为 4～5 厘米，蒜瓣整齐度高。农民有多年的种植和管理经验，病虫害少，成品率高，一般加工成品率为 63% 以上，高于其他省市蒜区。

（二）永年大蒜面积和产量（见表1）

表1　永年大蒜面积和产量

年份	面积（万亩）	蒜薹亩产（千克）	蒜薹价格(元/千克)	蒜头亩产（千克）	蒜头价格(元/千克)
2008	15	550	2.9	600	1.2
2009	15	430	4.6	575	2.8
2010	15	355	6.1	550	6.4
2011	15	500	6.2	600	2.9
2012	15	680	5.4	675	2.7
2013	15	550	5.4	625	2.0
2014	8	600	5.2	625	2.5
2015	10	550	5.0	525	5.4
2016	10	550	6.0	625	9.8
2017	9	650	5.1	735	4.9
2018	8	675	4.8	850	2.1

2008～2013 年，永年大蒜的种植面积稳定保持在 15 万亩，2014 年大幅下降，只有 8 万亩。这是因为 2013 年下半年至 2014 年上半年，大蒜价格一路狂跌，最低价只有 0.1 元/千克，伤透了蒜农的心，很多蒜农改种了小麦。2015 年随着大蒜价格的回升，虽然面

积有所增加，但增速缓慢。主要原因：一是大蒜行情好价格高，蒜农有变现心理；二是每亩需蒜种 500 斤，成本过高，蒜农不舍得投入；三是种植大蒜用工多，2014 年蒜农不种蒜尝到了打工的甜头，不愿意再种大蒜了。

（三）永年大蒜加工发展历程（见表 2）

表 2　永年大蒜和蒜薹的贮藏加工情况

年份	蒜薹保鲜库（个）	保鲜量（吨）	加工企业	加工能力（万吨）		出口国家
2008	15	7000	180 多家	腌渍蒜米	1.0	日本、韩国及东南亚等国家和地区
				脱水系列产品	4.0	美国、俄罗斯
2009	18	8500	190 多家	腌渍蒜米	1.1	日本、韩国及东南亚等国家和地区
				脱水系列产品	4.0	美国、俄罗斯
2010	20	9300	190 多家	腌渍蒜米	1.1	日本、韩国及东南亚等国家和地区
				脱水系列产品	4.2	美国、俄罗斯
2011	24	11500	200 多家	腌渍蒜米	1.2	日本、韩国及东南亚等国家和地区
				脱水系列产品	4.2	美国、俄罗斯
2012	27	13000	180 多家	腌渍蒜米	1.1	日本、韩国及东南亚等国家和地区
				脱水系列产品	4.1	美国、俄罗斯
2013	35	17000	150 多家	腌渍蒜米	1.2	日本、韩国及东南亚等国家和地区
				脱水系列产品	4.2	美国、俄罗斯
2014	43	19000	120 多家	腌渍蒜米	1.3	日本、韩国及东南亚等国家和地区
				脱水系列产品	4.2	美国、俄罗斯
2015	61	19000	100 多家	腌渍蒜米	1.3	日本、韩国及东南亚等国家和地区
				脱水系列产品	4.3	美国、俄罗斯
2016	68	20000	100 多家	腌渍蒜米	12	日本、韩国及东南亚等国家和地区
				脱水系列产品	4.2	美国、俄罗斯
2017	75	20000	100 多家	腌渍蒜米	1.2	日本、韩国及东南亚等国家和地区
				脱水系列产品	4.2	美国、俄罗斯
2018	78	20000	100 多家	腌渍蒜米	1.2	日本、韩国及东南亚等国家和地区
				脱水系列产品	4.3	美国、俄罗斯

永年县大蒜制品加工起源于 20 世纪 80 年代初期，第一家腌渍蒜米加工厂由南沿村镇供销社投资 2 万元，利用水缸腌渍蒜米，年加工腌渍蒜米仅 30 吨。在之后 20 多年的发展过程中，全县大蒜加工逐步从一个 30 多吨的小作坊式生产企业发展成年加工蒜制品 4 万多吨的规模化生产群带。

蒜米加工的发展先后经历了三个阶段：一是外贸统购统销阶段。蒜米加工的加工期一般从 6 月 15 日开始到 10 月初结束。1983～1996 年，基本上由外贸统一收购与日方进行交易。在此期间，私营加工企业主投资增加，企业个数增加到 30 个，加工量达到 2000 多吨。出现年加工量达 100 多吨的南沿村供销社、石官营蒜米加工厂、县外贸出口蒜米加工厂及古城腌渍厂等一批企业，逐步在全县蒜区形成了大群体、小规模的生产格局，每吨生产效益约在 800 元以上。

二是自由竞争阶段。1996～1999 年，外贸系统彻底退出蒜米加工出口。外商或经纪人开始直接与生产厂家连手，大蒜加工呈现出前所未有的良好态势，加工企业猛增，最多时 30 吨以上厂家可达 120 多家。但由于市场运作经验不足，对外宣传和开发力度不够，原料形式的加工又受到外方市场的控制，许多农民生产技术不高，造成了产品供给大于市场需求。1998 年滞销量达 2000 吨。

三是规范化发展阶段。1999 年以后，小的加工企业逐步退出市场，规模化生产企业逐步发展壮大，2003 年津日食品有限公司申请了自营出口权，年直接出口日本蒜米 300 吨，创汇 13 万美元，开创蒜制品自营出口的先河。全县蒜米加工企业重组成 37 家，年加工量约为 1 万多吨。其中年加工 1000 吨以上企业 1 家、500 吨企业 2 家、100～300 吨企业 24 家、100 吨以下企业 10 家，80% 出口日本，其余出口韩国和部分欧洲国家。

脱水蒜片加工从 1999 年开始，农业局投资 100 多万元，引进了低温烘干设备，在小龙马乡东张固村建设了脱水加工厂，年加工蒜片 100 吨。但受安徽等外地土坑烘干加工的冲击，经营状况不良。2001 年，永年县南沿村一带迅速建设了 20 个烘干蒜片加工厂，每个厂每天加工量达 3～4 吨，全县加工量为 3000～5000 吨。2004 年 1 月，国家取消了大蒜及其制品的出口许可证制度，出口形势迅速好转，2005 年全县蒜片、蒜粉、蒜粒加工量可达 2 万多吨，消耗毛蒜 8 万多吨，永年大蒜除留种外，全部用于加工，而且加工了河南、山东的部分大蒜。全县蒜片加工厂达到 150 家，其中绿而康脱水蔬菜公司、古城食品有限公司年加工能力达 5000 吨以上，300 吨左右的企业约 10 家，100～200 吨企业约 30 家。

蒜薹一直以贮存保鲜为主，全县蒜薹产量约 10 万吨左右。邯郸本地贮量 3.5 万吨左右，其中永年贮量 2 万吨，其余 65% 运往石家庄、邢台和山东的寿光、日照、青岛等地恒温库储藏，一般可储存到春节上市，部分蒜薹保鲜出口。

二、发展中的问题与不足

（一）栽培中存在的问题

（1）品种退化。由于多年连作，长期无性繁殖，种植方式和管理方式等措施不当，导致品种严重退化，产量徘徊不前，生产中还不断出现各种各样的问题，制约了永年县大蒜产量和质量的提高。导致品种退化的原因主要有以下几个方面：

①长期无性繁殖。大蒜种植都是以栽种蒜瓣繁殖，由于选种不当，常以小瓣、病瓣及受损瓣作种，使后代在保留了亲代优良性状的同时，也保留了亲代的蜕变性状。

②栽培管理不当。在幼苗期，由于播种过晚，或子叶受到伤害，植株生长瘦弱，导致蒜薹、蒜头形成期生长量小，产量低、品质差。

③气候条件影响。由于冬寒或冬暖春寒，再加上普遍采用地膜覆盖，土壤湿度大，常常导致沤根，造成缺苗断垄或二次生长严重，大蒜植株矮小或丛生，蒜头形成独头蒜、少瓣蒜、小瓣蒜或复瓣蒜。

（2）过量施肥。为了提高产量，许多蒜农不计成本地大量使用化肥，不仅增加了成本，而且造成了许多不良后果。特别是大量使用氮肥，抑制了其他微量元素的吸收，导致了各类生理病害的发生，如管状叶、二次生长、复瓣蒜等。过量使用氮肥导致各类生理病害发生，严重制约着永年大蒜产量和质量的进一步提高。

（3）密度过大，加重病害发生。永年大蒜生产是以蒜薹为主的薹头兼用型，为了提高蒜薹产量，增加密度是一项行之有效的措施。近年来，该区大蒜的密度逐年增加，已由原来的 3.5 万～4 万株增加到 5 万～6 万株，有的甚至达到 7 万株左右。但是密度的增加和产量的提高不是绝对的正比关系，密度增加到一定程度，再增加密度，产量不仅不会提高，反而会因病害严重、长势弱而减产。

（4）二次生长普遍发生。近几年来，大蒜的二次生长越来越严重，主要原因是：冬春温度偏高刺激原基分化提早和再次分化；土壤含水量趋于饱和致使下部根系早衰或死亡；种瓣小、种性差，形成植株瘦弱；氮肥施用偏多，磷钾偏少；蒜种受病毒侵染对大蒜生长产生不良刺激加重二次生长的发生。

（二）加工业存在的主要问题

虽然永年大蒜加工业有了明显的进步，解决了永年大蒜的销路，拉动了大蒜面积的扩张，促进了农民增收，但与其他蔬菜品种加工及先进省市大蒜加工相比还存在着差距。

（1）产品科技含量低，市场风险大。目前的加工品种有腌渍蒜米、脱水蒜片、蒜粒等，都属初加工产品，作为原料出口。产品价格受国际影响大，市场波动和风险较大。

（2）企业的整体素质较低。深加工产品，如大蒜油、大蒜素、大蒜饮料等在永年还是空白。大蒜加工企业规模和实力弱，加工水平和技术装备与国内外先进水平相比还有很大差距。生产、加工、流通的产业链条，从横向看，技术创新能力弱、管理水平低，新开发产品少；从纵向看，产品加工深度不够，加工转化和增值率低，整个大蒜加工业缺乏能够拉动产业发展的龙头企业。

（3）无序竞争还比较严重。受小农意识的影响，在市场疲软的情况下，小的生产厂家压低价格，挤占市场。由于政府缺乏有效的调控手段，尚未形成一个规范有序的经营局面。企业各自为政，缺乏有效的行业监督和管理，加工效益大部分被中间商吃掉。

（4）大蒜的质量问题不容忽视。虽然实现了大蒜无公害标准化栽培，但国外市场，尤其是日本加大了对我国农产品检测指标的种类，提高了检测标准，原料的质量将成为制约我国各种蒜制品出口的主要瓶颈。

（5）保鲜蒜薹、蒜头出口量小。永年蒜农注重蒜薹的效益，盲目增加大蒜栽培密度，亩密度由 1998 年的 4 万株，增加到现在的 6 万多株，致使蒜头直径减小，达不到 5 厘米以上的出口标准。大蒜、蒜薹的保鲜出口一直由外省市垄断，永年大蒜、蒜薹的保鲜出口优势没有体现出来。

三、大蒜产业发展的对策和建议

（一）加强大蒜集约化高效栽培技术推广力度

利用脱毒、异地换种、提纯复壮等多种手段防止品种由于连年重茬种植造成的严重退化。采取合理施肥、浇水、双膜覆盖、合理密植、适期播种、病虫害综合防治等一系列措施达到大蒜和蒜薹高产优质。

（二）做大做强龙头企业

华裕永诚、古城腌渍、绿而康、津日食品有限公司等大的加工企业，在近几年发展中，虽然有了长足进步，但加工总量仅占全县加工总量的 40%，且加工品种、加工工艺也没有大的突破。政府应重点扶持做大大蒜加工龙头企业，扩大加工产量，增加加工品种，改善加工工艺，提高加工品质。

（三）成立大蒜加工协会

应尽快成立大蒜加工协会，以协会名义聘请精通国际贸易的专家做顾问，定期培训全县企业经理学习国际贸易规则，增加企业国际市场竞争能力。加大宣传力度，组办永年国际大蒜贸易洽谈订货会，邀请国内外大蒜贸易名人，加强信息交流与市场沟通。健全行业自律机制，变盲目竞争为有序生产。

（四）加大政策和资金的扶持力度，发展大蒜深加工企业

永年大蒜营养丰富，风味独特，能加工的产品种类繁多。可生产调味品、食品添加剂、饲料添加剂、美容制品、医药制品等。据农业部蔬菜品质监督检验测试中心检验，永年大蒜含大蒜素高达 0.64%，完全达到各种加工品的要求。世界各国专家对大蒜作用也都非常重视。在大蒜加工项目上，各级政府应采取加大扶持引导、鼓励吸纳社会资金、发展民营和股份制经济、加强部门服务意识等多位一体的投资服务渠道，吸引各方资金，把大蒜产业做成富民强县产业。

（五）建立绿色、有机大蒜生产基地

农业、技术监督部门要加强生产技术规程的宣传和培训，引进新品种，合理密植，提高大蒜和蒜薹质量，做到国外列出什么检测项目，我们就能采取什么措施应对，促进蒜头保鲜出口，实现蒜头、蒜薹及大蒜系列加工品等多模式、多项目的出口，开拓国际市场空

间，最大限度地提高产品的市场占有份额。

（六）制定行业标准，积极与国际接轨

农业、蔬菜要结合商检、科研、加工企业等部门积极修订永年大蒜、蒜薹及各种加工品的生产、质量、加工工艺和健康标准，迅速与世界标准接轨。加强监督管理，使各生产企业统一标准，规范操作，加大对产品质量的检测力度，靠优质创名牌，靠名牌占市场，靠市场带产业，靠产业富万民。

河北省赞皇县大葱产业

袁瑞江　郝俊丽　王丽乔　安进军　田　玉

（河北省石家庄市农林科学研究院；河北省赞皇县农业农村局；
河北省农林科学院经济作物研究所）

一、基本情况

赞皇县地处太行山东麓中段，石家庄市西南部，是山区县，国家级贫困县。全县总面积 1210 平方千米，辖 9 乡 2 镇，212 个行政村，总人口 27.7 万人，农村人口 21.98 万人，农业劳动力 12.76 万，国内生产总值 977766 万元，财政收入 50179 万元，农民人均纯收入 5729 元。全县耕地面积 30.9 万亩，人均耕地 1.4 亩。耕地分布自东向西随着山地增多和地势增高而渐趋减少。全县农作物种植以小麦、玉米、花生、红薯、小杂粮为主，农作物总播种面积稳定在 53.9 万亩左右。全县林地面积达到 110 万亩，形成了大枣、核桃、樱桃、板栗、苹果等特色果品产业基地，果品产量达到 30 万吨。农民依靠林果业增收 2400 元，占全县人均纯收入的 40% 以上，林果产业已成为县域经济的重要支柱产业和农民增收致富的经济增长点。蔬菜生产方面以应季生产为主，设施生产较为落后，全县蔬菜大棚较少。大葱是赞皇县蔬菜种植的优势主导品种，全县大葱种植面积 1.5 万亩，约占全县蔬菜播种面积的二分之一。种植区域主要分布在土壤肥沃、水源充足的槐河、济河两岸，涉及赞皇镇、土门、龙门、清河、黄北坪等 7 个乡镇。建立了赞皇县万亩大葱种植基地，包括赞皇镇的华林、孙庄、西高、寨里、东高、延康 6 个行政村，面积 1.02 万亩。大葱平均单产稳定在 1 万斤以上，亩纯收入 3000~5000 元。

赞皇县地处北纬 37°26′~37°46′、东经 114°2′~114°31′，位于石家庄市西南部，与高邑、元氏、井陉以及邢台市的临城、内邱诸县相毗邻，北距石家庄市 44 千米，东北距首都北京 304 千米，西临煤海山西，东近京广铁路、京深高速公路，总面积 12.1 万公顷。地势西高东低，海拔 100~1700 米，地形分为三大类：西部、西南部为深山区，面积 184.95 平方千米，占全县面积的 22.23%，海拔大都在 500 米以上，山峰连绵、巨壑纵横、土质肥沃；中部为浅山区和丘陵区，面积 578.41 平方千米，占 69.52%，海拔在 100~500 米，多是岗坡旱地；东部为山前平原区，面积 68.64 平方千米，占 8.25%，土地较为开阔、广大。全县地貌以山地和丘陵构成主体，大体是"七山一滩二分田"。

县境内有济河、槐河两大河系，南部济河，北部槐河，两河东西贯穿全县，向东汇入洨阳河。

二、发展情况

赞皇县农民有种植大葱的习惯，栽培技术娴熟，增收潜力巨大。栽培模式以冬葱为主，多采用大葱—小麦的种植模式。冬储大葱要求产量高、品质好、耐储的长白类型的大葱。播种育苗为3月下旬至5月上旬。播种时均匀撒播，或用大葱播种机条播。定植时间为石家庄地区6月下旬到7月上中旬定植。定植密度：株距4~5厘米，每667平方米2.2万株左右。大葱生长期间培土4次，施足底肥，分别在立秋、处暑、白露、秋分结合追肥进行。亩产量稳定在1万斤以上。

赞皇果品和旅游资源丰富，中东部浅山丘陵区为经济林带，西部有生态旅游带。近年来，赞皇大力推进农业供给侧结构性改革，推进结构调整、推动绿色发展，把增加绿色优质农产品供给放在突出位置，引导农民利用林下间作的方式增产丰收，发展了核桃树、苹果树下间作大葱的立体种植模式，每亩地可增收4000多元。目前间作面积发展到500亩，还成立了专门大葱合作社和科技公司。果品分布于丘陵区和浅山地带，区域内没有污染的企业，土壤内化肥使用量相对较少，水源为井水和水库水，空气清新，对全县所有结果果树分布区的空气、水源、土壤做无公害产地环境检测，所有指标达到绿色无公害生产环境标准，环境质量优良。林菜间作发展绿色大葱生产技术有得天独厚的条件，根据生产需求，多点多地试验，组装、集成了石家庄及周边地区大葱周年生产高效配套栽培技术茬口安排模式。一年四季均有鲜葱上市，根据市场价格决定收获上市时间。可作为春葱、夏葱、伏葱、秋葱、冬储葱栽培（见表1），上市时间为3月下旬至11月上旬。

表1　大葱周年生产栽培茬口安排模式

种植模式	播种时间	定植时间	收获时间
春葱	6月	9月	翌年3月下旬至5月
夏葱	7~8月	10月下旬至11月上旬	翌年6月至7月上旬
伏葱	9月下旬	翌年5月上旬	翌年7月下旬至8月
秋葱	10月上旬或翌年3月上旬	翌年6月上旬	翌年9月至10月
冬储葱	3月下旬至5月上旬	6月下旬至7月上中旬	10月下旬至11月上旬

各乡各村立足当地实际，进行大葱周年种植模式试验示范，土门乡千根村的夏葱种植模式得到了广大农民认可。该村大葱种植面积1200亩，采用夏葱种植，产量高，且夏葱价格高，市场行情好时亩收入近万元。截至目前，赞皇县形成了以赞皇镇孙庄、东高村为中心，辐射土门、龙门、黄北坪、清河4个乡镇的大葱种植产业，种植面积达到1.5万亩。

三、发展优势

（一）区位优势

赞皇县槐河流域，地下水资源丰富，水质品位高，富含矿物质元素，达到饮用矿泉水标准，满足大葱绿色生产需要。地形主要为平原区和浅山带小丘陵，土壤以片麻岩自然风化形成的沙壤土为主，pH 值 6.5 左右，透气性好，微量元素含量高，是发展蔬菜种植最理想的土壤。

（二）产业优势

石家庄农科院在赞皇试验示范推广大葱新品种，良种良法覆盖率达到 90% 以上，绿色无公害种植观念深入人心，结合国家级生态县建设，大葱产业发展在调优品种结构、发展绿色种植上优势明显。

（三）科技支撑

赞皇县大葱种植合作社先后与河北农业大学、河北省农林科学院、石家庄农科院蔬菜研究所等科研院所建立起长期技术依托关系，承担《大葱新品种生产技术研究》《大葱周年生产栽培技术推广》《植物蛋白＋螯合肥在大葱上的应用》等一批科研项目，取得丰硕技术成果，培养了一大批大葱专业技术乡土人才。在管理技术上以地方部门为主体，以市农科院蔬菜研究所和赞皇县农业局为技术依托，实行首席专家负责制。成立以市蔬菜研究所袁瑞江为组长，农牧局和科技局等技术人员为成员的技术服务组，为大葱种植提供技术指导和全程培训服务。

（四）体制机制

赞皇县先后成立了多个大葱生产专业合作社和公司，如千根广林大葱种植专业合作社、石家庄沛丰农业有限公司等，集大葱种植、优种繁育、技术推广等为一体的农民种植专业企业。运用"龙头企业＋合作社＋家庭农场"的运作模式，将产供销一体化，把农企的市场优势与合作社的组织优势完美地结合起来，兼顾了农户与公司的利益，同时借助合作社的组织优势，提升家庭农场在市场竞争中的地位。

（五）资源环保

大葱产业区的给水坚持就近与节约、集中与分散相结合的原则。总体排水规划原则为小雨不出田，大雨不出山、暴雨不毁田。并处理好农业生产用水、休闲观光用水与给水系统的关系，达到了既能满足用户的需要，又有利于生态环境的保护与建设。

为了实现大葱的绿色生产，主要利用生物绿色药剂防治病虫害，不产生肥害和药害。

（六）市场流通

赞皇县有212个行政村，应用电子商务村212个，村级信息化服务点212个，电子商务覆盖面积广，可以充分发挥电子商务快捷、直接、成本低的营销模式拓宽农产品的销售渠道。

（七）品牌发展

在培育品牌的同时，积极对品牌保护，标准化组织生产，严把质量关，保证品牌的名副其实。积极组织企业参加农产品展示会、交易会、推介会，新闻媒体、电视、电台宣传，公益广告制作，积极宣传、推广品牌。

（八）扶持政策

成立政府副县长为组长，农业、林业、扶贫、财政、经发、水利、科技为成员的蔬菜产业建设领导小组，下设蔬菜生产办公室，直接参与制定切实可行的具体实施方案，直接组织协调督促各项工作开展和落实。

四、发展思路及保障措施

（一）发展思路

立足当地自然与人文资源和产业优势，强化科技支撑、政府主导、龙头企业带动。社会力量参与，延长大葱产业链、突破价值链、促进一二三产业融合，打造带动效应明显的现代农业优势区，建成全省乃至全国一流的特色产品优势区，帮助当地农民加快脱贫致富步伐。

（二）保障措施

（1）加强组织领导，建立健全基层蔬菜管理体系。县政府成立了蔬菜生产领导小组，负责对全县蔬菜生产的统一领导，工作协调。各乡镇也充分认识发展蔬菜产业的重要性，成立相应的领导小组，配备了蔬菜专管员。形成主要领导亲自抓，分管领导具体抓，相关部门各司其职，齐抓共管，形成合力，共同推进蔬菜产业的发展。

（2）优化蔬菜发展环境，"筑巢引凤"。乡镇先行，积极引导和鼓励土地经营权向蔬菜经营组织（户）流转，优化土地资源配置，为实现规模化、集约化生产提供保障，确保蔬菜集中连片种植。对于规模化发展蔬菜的基地，科学规划、合理布局，逐步建立起科学的蔬菜种植模式。

（3）建立长效机制，做好长远规划。根据自己的实际情况，制定蔬菜的发展规划，因地制宜，打破村界，集中连片，打造千亩以上的大葱生产基地。

（4）搞好全程服务。县农牧局组织技术人员，集中精力，坚持深入项目实施基地，指导蔬菜生产户掌握蔬菜生产技术，提高生产水平，取得最好生产效益；指导蔬菜生产户准确掌握市场信息，科学合理安排生产，取得最高经济效益。通过举办培训班、电视讲座、现场示范、印发科技资料等多种形式，及时让农民掌握先进实用技术，加快科技成果的转化。

四、唐山综合试验站

河北省唐山市丰南区辣椒产业

冯贺敬

（河北省唐山市丰南区农业农村局蔬菜站）

一、社会经济和农业产业结构基本情况

唐山市丰南区位于河北省东部，地理坐标为北纬 39°11′28″~39°39′28″、东经 117°51′43″~118°25′28″。北靠唐山市丰润区、路北区、路南区、开平区和古冶区，南临渤海，东邻滦南县、唐海县，西与汉沽管理区和天津市宁河县接壤。全区总面积 1573.8 平方千米，总人口 53 万（2016 年）。辖 12 个镇、3 个乡：丰南镇、岔河镇、小集镇、黄各庄镇、西葛镇、大新庄镇、钱营镇、唐坊镇、王兰庄镇、柳树瞿镇、黑沿子镇、大齐各庄镇、南孙庄乡、东田庄乡、尖字沽乡。区政府驻胥各庄街道，距省会石家庄市 356 千米。西距北京 185 千米，东距秦皇岛港 150 千米，距京唐港 68 千米。

丰南区地处冀东滨海平原、渤海沿岸。南临渤海，海岸线长 23.5 千米。地势平坦，东北高，西南低。境内有陡河、沙河、津唐运河、煤河等。素有"九河下梢"之称。年降水量 612 毫米，年平均温度 10.9℃。境内富有煤、盐等资源。京哈（哈尔滨）铁路、津唐高速公路及 205 国道东西过境，津秦高速铁路、唐（京唐）港高速公路及沿渤海公路、唐乐（亭）、唐（唐）海公路南北过境。

全区生产总值 613.5 亿元，第一产业增加值 47.1 亿元，第二产业增加值 371.4 亿元，第三产业增加值 195.0 亿元，人均生产总值 11.2 万元。全区农业机械动力 91.7 万千瓦，农村用电量 35.6 亿千瓦时，乡村从业人数 25.08 万人。

全部财政收入 50.8 亿元，农业总户数 12.5137 户，乡村从业人数 25.08 万人，农民人均纯收入 13582 元，农村居民可消费性支出 10587 元。耕地面积 90 余万亩，农牧渔业生产总值 76.1 亿元，农业产值 42.17 亿元。

丰南区蔬菜产业较发达，设施蔬菜占地面积 5.7 万亩，在丰南区东南部，重点是番茄和芹菜，露地蔬菜集中在丰南东北部，钱营、黄各庄、大齐等乡镇，占地面积 5 万亩左右。

二、特色蔬菜产业发展现状

（一）丰南区特色蔬菜生产规模及布局

唐山市丰南区露地辣椒常年栽培面积 3 万亩，高峰期面积达 5 万亩，集中位于天津市宁河县相临的四个乡镇（东田庄乡、南孙庄乡、唐坊镇、王兰庄镇）。

（二）辣椒生产的现状

丰南区主要是生产鲜食辣椒（制酱）和天鹰椒（干辣椒），四乡镇以外其他乡镇地区较少种植。这四个乡镇的土壤特点是黏重、含盐量较高，平均全盐在 0.2% 左右，同时 pH 值较高，平均 8.0～8.5，同时有效钾含量较高，一般在 300 毫克/千克，典型的滨海盐碱地。常年以种植棉花、辣椒为主，而且特色鲜明，以优质、高产著称，四乡镇是典型的农业乡镇，其他行业不发达。

（三）辣椒产业科技水平

丰南区常年采用传统种植模式，全部地膜露地栽培，没有保护设施，受气候变化影响大，年份之间产量波动较大，收入不稳定。技术上，大部分采用人工干籽直播的方式，及时定苗，免整枝管理，一年种植一茬，农户一般知道倒茬。少量公司经营的辣椒采用设施内育苗，适时移栽定植方式。管理较粗放，施肥浇水不合理，受气候影响非常大，年度之间产量、品质差异较大，其中以受涝灾最严重，田内积水 12 小时即可造成绝收。

主要采取的技术措施如下：冬前灌溉，压低盐碱，风化土壤，杀灭虫卵；重施底肥，地膜覆盖保墒；低温播种，不易徒长；多次中耕，提温透气；合理密植，增强通风透光；病害预防为主，发生后化学防治为主，每年 7 月底 8 月初的高温高湿天气没有应对措施，造成大量落椒、烂椒，另外，因高温日照强引起的日灼、脐腐等生理性病害也难从根本上防治。因在 7 月底 8 月初时育苗移栽田第一批椒已成熟，高温高湿气候引起的落椒和烂椒现象明显减少，应大力推广。但农民对较高的种苗成本心存顾虑，担心管理不到位损失更大，所以各农户推广辣椒育苗移栽技术还需要再示范、再动员。

（四）辣椒产业组织的发展情况

生产型农民合作社、种植大户、家庭农场等发展较少，只有 10 个左右，规模和水平都不高，95% 以上以农户个体为单位进行生产经营。加工型企业 2 家，生产能力较强，一家依托天津食品总公司，当地辣椒产量远远不够用。

加工企业规模以上企业 2 家，分别是利民荣丰农业发展有限公司和唐山华成食品有限公司。唐山市利民荣丰农业开发有限公司，成立于 2011 年 12 月，是天津食品集团控股的股份制公司。利民荣丰是一个以农业资源、生态资源为依托，集育苗、种植、加工、生产、销售、仓储物流、冷链配送、农、林、牧、旅游开发为一体的链条式农业产业化公司。下设西疆农业园区、天食集团利民（唐山）公司、金地仓储、锦绣种苗基地。相继在内蒙古通辽建立了万通保鲜冷链物流；在辽宁锦州建立了锦绣制种育苗基地；在唐山市流转土地 3200 亩作为天津利民辣椒种植基地。投资 1.4 亿元的加工厂区已顺利投产，主要产品是辣椒酱。唐山华成食品有限公司，年产辣椒粉达 800 吨、辣椒干 500 吨，创产值 5000 多万元，带动基地种植面积 5000 余亩。大力培植经纪人队伍，全乡辣椒运销经纪人达到 300 人，年销售辣椒 3000 吨以上，主要产品是辣椒粉。

（五）市场建设

丰南区内有两处产地批发市场，分别在南孙庄乡邱柳路边，唐坊镇集市边。属于产地季节性市场，一般每年 9 月至次年 3 月进行交易，没有大型常年收购市场。另外，散户田头市场较多，基本每个种植辣椒的村庄都有，职业经纪人收购后交到两个批发市场或出售给外地商户，经纪人每村 1~2 个，自己种植，同时收购。该区域与天津接壤，大部分卖到天津市场，降低了本地发展大型市场的机会。

（六）特色产业三产融合发展现状

丰南区辣椒特色突出，品质好，价格低，是天津食品集团的重要生产基地。2015 年之前，辣椒生产比较效益较高，农民种植辣椒积极性高，面积常年保持在 5 万亩左右，辣椒种植需要具备浇灌条件，没有灌溉条件的只能种植棉花、玉米等大田作物，最近三年，由于烂椒问题解决不了，加上玉米、小麦等种植比较效益较高，辣椒种植面积减少了 1/3 左右，产量满足不了市场需求。销售加工企业开工不足，需要外地购进原料辣椒，一些小企业处在停产半停产状态，外购原料有一定风险，产品进入市场需要的各种安全证明也不易取得，很快将自生自灭。本地辣椒没有公共品牌，个别企业有自己的商标，如利民荣丰有"贵知乡""贵乡村""耐吃"等商标。还有"富利达"等各自品牌。

（七）扶持政策

多年来，丰南区政府实施东部设施菜、中部露地叶菜、西部辣椒的"白、绿、红"战略，引导农民在辣椒生产中走合作社化、集约化、品牌化生产和销售，一是丰南区支持农业产业化发展的文件每年都出台重点支持的领域，过去重点支持了富利达食品有限公司、唐山华成食品有限公司、利民荣丰农业开发有限公司等加工企业，帮助他们提升科技装备，实现加工能力翻番；二是 2019 年开始，政府拿出专项资金 90 万元，重点支持包括辣椒地膜生产在内的废旧地膜回收，减少土壤污染；三是政府还支持合作社发展，每个经过验收合格的农民专业合作社，政府给予 2 万元补贴，鼓励生产型、销售型合作社，便于组织农资采购和集体销售。但在从事辣椒生产的农民自身补助方面，如资金政策、土地、农资、收购方面没有制定实施政策。

三、特色蔬菜产业发展存在的问题与制约因素分析

（一）病害因素

对每年 7 月底 8 月初的高温高湿天气没有应对措施，造成大量落椒、烂椒，另外，因高温日照强引起的日灼、脐腐等生理性病害也难从根本上防治。这是当前制约因素中的第一因素。

（二）价格因素

本地辣椒质量较好，但受外地种植面积增加的影响，价格常年低迷，不如种植棉花、玉米、小麦等作物收入稳定，特别是产量受气候影响，没有保障，种植面积萎缩近 1/3。

（三）倒茬问题

丰南区西部缺水，大多是上游水库定期放水，全部用地表水，水蒸发、下渗后含盐量更高，辣椒难以承受高含盐量的水灌溉，经常出现越浇越打蔫的现象，可以常年灌溉的土地面积较少，连续种植辣椒后各种病虫害更严重，倒茬困难，造成产量降低、品质下降。

（四）规模化生产

全区域只有利民荣丰一家大型生产企业，其他都不成规模，种植品种、管理方式、产品质量、市场价格很难保障。加快产业合作化步伐，积极探索、组织切合当地实际的新型农业经营主体势在必行。丰南区保信辣椒产销专业合作社是一家生产、收购型合作社，开始组织本村与邻村辣椒种植户进行联合，统一品种、统一种植标准，集中销售，唐山市华成食品有限公司是丰南一家出口日本辣椒制品的企业，苦于原料不足，很难与外商签订订单。市场需要建立一套生产销售更紧密的联合方式，应对不断变化的市场风险。

（五）产量风险

露地辣椒生产存在着较高的风险，一是品种问题，二是生产中的气象因素影响，三是管理水平问题，造成辣椒年度之间产量波动很大，高产年份鲜辣椒产量达 3000 千克/亩，低产年份只有 500 千克/亩，其中影响最大的还是雨后的病害。试验过保护地生产，辣椒徒长严重，结果较晚、品质较差。

四、特色蔬菜产业发展对策建议

（1）探索适合丰南土壤气候条件的辣椒栽培技术规模，解决辣椒病害发生的问题。

采用抗病丰产品种是解决问题的重要内容。每年丰南地区都大量试验示范辣椒新品种，但至今还未找到非常适宜的品种。

（2）探索集约化、标准化生产的路子，节肥、减药、稳产、优质。便于应用机械化播种、施肥、施药、浇水、收获，减少管理用工，增加种植的科技含量。

（3）政府政策引导，加大对种植大户、家庭农场、合作社等新型经营主体的支持力度，在土地流转、小额贷款、农机具补贴、技术服务等方面出台量化政策，帮助农民找销路，加大土地基建、水力、物联网等设施建设，提高抵御自然界风险的能力。

河北省唐山市丰润区生姜产业

刘新红　王秀凤　宋志莲

（河北省唐山市丰润区农业畜牧水产局）

唐山市丰润区地处冀东平原，随着近年农业种植业结构不断调整，该区以新军屯镇为重点，辐射带动周边乡镇，积极引导和扶持农民发展生姜产业，不断扩大产业规模，探索了一条实现农业增效、农民增收的新道路。2017 年，全区生姜种植面积达 2.65 万亩，总产量 12.14 万吨，总产值 55862 万元，成为河北省最大的生姜生产基地。丰润被称为"冀东生姜之乡"，生姜产业成为丰润的特色产业，农民增收显著。

一、生姜产业的历史追溯及产业化现状

（一）丰润区生姜产业的历史追溯

自 1982 年起，丰润区开始尝试引进生姜种植项目，并在新军屯镇获得成功，南姜北移，填补了唐山生姜种植的空白。1997 年，全区发展生姜 1000 余亩，省政府、省科协以信函形式称赞生姜种植区——丰润区新军屯镇为"华北生姜集散地"。到 2002 年，生姜发展到 10000 余亩，由此获得"华北万亩生姜种植基地"等称号。生姜种植比较效益高，因此迅速扩散到丰登坞、小张各庄等周围乡镇。

（二）丰润生姜产业发展现状

2016 年，丰润区生姜种植面积达 2.14 万亩，总产量 9.42 万吨，总产值 45200 万元。2017 年增加到 2.65 万亩，总产量 12.14 万吨，总产值 55862 万元。生姜种植扩大到丰润区整个南部，涉及全区西南部新军屯、丰登坞、小张各庄、欢喜庄、白官屯、石各庄等乡镇。品种有莱芜大姜、昌邑大姜、绵姜等。目前，全区成立了生姜行业协会 2 个，生姜专业合作社 13 个，洗姜厂 33 个，科技示范户 170 余户，生姜经纪人 80 多人，产品销往北京、天津、广东、四川、陕西以及东北三省等地，经营总值达 5 亿余元。全区从事生姜种植、管护、分拣、包装、储存、贩运的农民达 1 万多人。

（三）生姜的成本与收益分析

由于每年生姜的价格变化较大，各种生产资料以及人工、租地等价格不同，所以就以近几年的成本、产值核算如下（见表1）：

表1　成本与收益分析　　　　　单位：元，千克

年份	费用										总成本	亩产量	价格	亩产值	亩效益
	姜种	整地费	建棚费	肥料	农药	水电费	人工费	租地费	储藏费	其他费用					
2014	2400	400	600	3400	130	290	3600	1000	600	1300	13720	4800	5.4	25920	12200
2015	3840	400	600	3400	130	290	3800	1000	600	1300	15360	4800	2.4	11520	−3840
2016	1800	420	600	3600	130	290	3800	1200	600	1300	13740	5100	4.8	24480	10740
2017	3480	420	600	4000	130	290	4200	1200	600	1300	16220	5200	4.6	23920	7700
2018	3360	420	600	4000	130	290	4320	1200	600	1300	16220	5000	4.8	24000	7780

数据来源：丰润农牧年统计数据。

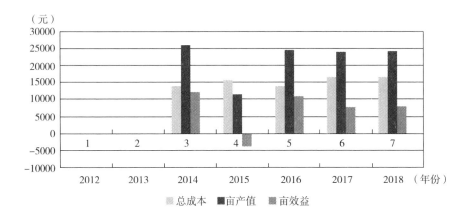

图1　产值、效益分析

数据来源：丰润农牧年统计数据。

随着生姜种植技术的进步，生姜亩产量呈增长态势，但受气候影响，也有所波动。一方面是用工成本逐年增长推升总成本；另一方面姜种费用高，姜种价格受当季生姜价格影响，造成总成本频繁波动。总体而言，由于生姜价格波动大，亩效益不稳定，但生姜效益在小棚种植的蔬菜中是较高的。

（四）标准示范区模式促进丰润生姜产业化发展

全区已发展标准化生姜种植基地2.65万亩，其中生姜标准化种植技术占100%，无公害生姜标准化生产技术推广2万亩。种植品种有莱芜大姜、昌邑大姜、绵姜等品种。采用了暗光恒温催芽、中小拱棚覆盖、测土配方施肥、化学除草、微灌水肥药一体化调控等

十多项农业新技术。姜农根据自己的种植面积，都备有储存鲜姜的姜窖。生姜收获后，一般都入窖储存，待价格能接受时销售。姜窖储存技术成熟，可存放 1 年，水分散失不超过 5% 。

（五） 区域优势推动丰润生姜产业化发展

在京津冀协同发展的大背景下，丰润占据优越的地理位置。丰润农业基础较好，农产品资源丰富，是全省、全市重要的蔬菜基地。丰润生姜又是经过长期栽培和选育的地方特色产品。全区共有区级以上龙头企业 6 家，全区成立了生姜行业协会 2 个，协会下辖 13 个专业合作社。企业合作社生产加工过程更加标准化，通过质量检测严格把控产品质量，提高了姜农的收入。2018 年，丰润生姜批发价格总体走势同全国生姜批发价格走势基本一致，高于同一时期全国批发价格 0.2 元左右。在全国生姜批发价格走势下滑的情况下，基地示范区的大姜仍可获利。

（六） 丰润生姜销售渠道日益拓宽

丰润农产品对接平台的建立，使销售渠道更加多样化，从实体的销售渠道拓宽至虚拟网络销售模式。实体的销售模式主要是龙头企业和合作社带动，销往大型批发市场、运销组织和大型连锁超市等。龙头企业具有规模效益，通过"绿色通道"降低流通成本。网络农产品的产销对接平台使销售更加公开、公平化，拓宽了种植户、合作社、龙头企业的销售渠道。

二、制约生姜产业发展的主要因素

尽管生姜已成为丰润区特色蔬菜产业，但市场价格波动大，缺乏加工企业，种植效益不稳定等问题突出，产业发展规模受限。制约因素主要有以下六个方面：

（一） 土地流转、资金问题亟须进一步解决

（1） 土地流转难度大。目前农户经营土地比较分散，随经济的不断发展和各项惠农措施的落实，农民所承包经营的土地也在不断升值。因此，部分农户不愿将自己承包的土地长时期流转出去。生姜种植租地成本也在逐年增加，现每亩为 1200 ~ 1500 元，土地流转成本高、难度大。

（2） 资金短缺。生姜种植亩成本在 12000 元以上，规模种植需要大量资金，效益不稳定，回笼资金时间长，很少有合作组织愿意将资金投入农业中，制约了规模化的发展。

（二） 生产管理技术有待进一步完善

生姜标准化生产技术虽已全面推广，但在管理过程中还有一些难题亟待解决。

（1） 肥料施用。生姜种植喜重肥大水，肥料投入每亩在 4000 元左右，化肥使用量太

大，易造成土壤板结，不利于农业可持续发展。

（2）病害防治。姜瘟病的防治是生产中难以逾越的沟壑，一旦得病，农户只有放弃这块地，要倒茬 5 年以上才可以再种植生姜。

（3）遮阳处理。夏季闷热影响生姜生长，遮阳网的应用没有全面普及。

（4）机械操作。生姜种植是劳动密集型产业，需要大量的人工，亩人工费达 4000 元以上，许多环节没有实现机械化操作。

（5）种植管理。大部分是一家一户生产，规模种植少，不利于集中管理。

（三）后期管理有待进一步提高

目前，全区 32 家洗姜厂全部为小作坊式生产，只有一家大型洗姜厂。在生姜销售过程中，小作坊缺乏统一的销售管理，互相压价、恶性竞争，损害了姜农的利益。此外，小作坊式洗姜厂设施简单，每个姜厂自打一眼机井，没资金实力建蓄水池，无一家使用循环水，均为单次使用、单次排放，洗姜需要大量的水，造成水资源的极大浪费。

（四）生姜产业链条有待进一步延伸

目前，丰润区还没有生姜加工企业，缺乏龙头企业对生产的拉动作用，都是初级产品，产品转化增值低。该区的生姜销售采用姜农—经纪人—收购商模式。生姜经纪人（洗姜厂兼经纪人）在姜农和收购商之间起到桥梁作用，组织销售。但由于姜农与经纪人之间没有严格的会员制要求，姜农处于农业产业链的最底端，缺乏参与定价的话语权，生姜销售过程中难免出现姜农惜售、经纪人压价、经纪人间恶性竞争等问题，整个销售环节不够顺畅。洗姜厂规模小，不能满足收购商对量的需求，使得整个销售市场相对混乱。此外，因为缺少固定的收购企业，市场相对不稳定，市场信息不对称，"大小年"现象无规律发生，市场供求季节性调节能力明显不足，价格主要由采购客商掌握。

（五）品牌意识有待进一步加强

品牌既是效益、竞争力，也是生命力。农产品市场竞争已从价格竞争逐步走向品质、品牌竞争。目前，丰润区生姜产业没有叫得响的、统一的、自己的品牌，"丰润生姜"地理标志商标也是最近两年才取得，受取得协会销售量的限制，使用率还很低。虽有两个合作社取得了生姜无公害农产品称号，但很少使用无公害标志销售，没能增加产品的附加值。在产品的定等分级和包装方面还比较粗放，都影响了产后增值潜力的发挥。

（六）土地因素、储存条件受到一定的限制

能否发展生姜产业受到气候、土壤条件限制。生姜的生物学特性是喜温暖湿润的气候，不耐寒、怕潮湿、怕强光直射、忌连作，宜选择坡地和稍阴的地块栽培，以上层土壤深厚、疏松、肥沃、排水良好的砂壤土为宜。生姜收获后通常不直接卖鲜姜，而是入姜窖储藏，依据价格随时出售。现在丰润区生姜仍以深井窖藏为主，但部分村庄因为地质条件

不允许挖深井，只能与亲友联合租窖储藏，每亩地生姜储藏租窖成本在 1000 元以上。

三、有效推进丰润生姜产业化发展的建议

生姜产业化发展的最终目的是实现经济效益最大化，确保农产品安全，实现农业增效、农民增收，有利于环保农业、循环农业的发展。针对以上制约生姜发展的主要因素，提出以下建议：

（一）加强领导，建立有效的组织协调机制

在当前京津冀一体化发展背景下，生姜特色产业有了巨大的提升空间，急需促进加快农业与二产、三产的融合发展，建立长期有效的组织保障协调机制成为必然。结合丰润区现状，2018 年申请了"河北省特色农产品优势区"项目，成立了由一名区领导牵头，相关部门领导为成员的特色农业产业领导小组，高位统筹丰润区生姜产业发展，坚持地方政府为主（推进产业发展的责任主体），区直部门指导为辅（提供技术保障），各司其职，协调联动，形成合力，打造强有力的特色产业，由地方单方作战向协调共进、区域性发展格局转变。

（二）有序引导资金投入，增强产业发展后劲

要建立健全生姜特色产业资金投入稳定长效机制。政府采取相应政策措施，不断增加生姜特色产业发展的资金投入。一是财政部门可以从促进生姜生产发展的角度，对生产大户、龙头企业、新品种应用、科技推广给予一定资金支持。二是积极引导金融部门对从事生姜生产、加工、营销的企业和个人给予低息或贴息贷款，放宽抵押贷款条件，鼓励生姜特色产业的发展。三是保险机构应严格执行国家对农业的产业保险政策，解除农户发展生姜产业的后顾之忧。四是大力提倡龙头企业和个人投资兴建生姜产业基础设施，并对自己投资兴建的水利、供电、交通等设施自行管理使用，调动全社会投资生姜产业的积极性。五是政府部门积极协调土地流转，发展生姜种植大户、合作组织，推行规模化种植，发挥典型带动作用。

（三）推广科学种植模式，优化生产环节

推广中小拱棚种植，运用暗光火炕催芽、温湿度调控、科学施肥、微滴喷灌、遮阳防高温等专业技术，推行机械化操作。一是中小拱棚栽培可以提温保墒，生姜种植期提前，生长期延长，有利于提高生姜的产量。二是生姜喜肥喜水，采用喷滴灌，节水省工，有利于水肥药一体化操作。三是农民自己研发出调姜机、收姜机，大大节省了劳动力，节约成本。四是窖井储藏技术已经很成熟，可以储藏一年而不失产量，根据价格随时出售。推广无公害标准化生产技术，提高生姜产品质量和市场竞争能力。进一步强化技术培训，使姜农普遍掌握生姜标准化生产技术，推动生姜产业的健康发展和效益提高。

（四）统一加工标准，加快产品转化增值

要积极采取个人、集体或其他行业等多方投资渠道，培育和扶持加工企业，特别是能引领生姜特色产业发展的精深加工企业。在加工标准方面，建立严格的质量标准、食品标签和包装要求等规格体系，加强"丰润生姜"的国内、国际竞争力。在加工过程中，实行分批、分级、分等的"三分"制度，层层筛选出不同规格的生姜，按照对应等级进行标价，实现产值最大化。在质量检测方面，要与国际质量检测标准接轨，无污染标准化加工，把好生姜产品检测关和市场准入关，提高产品市场竞争力。

（五）加快资源整合，发展产业化物流体系

发展生姜种植产业朝着"种植规模环保化、生产安全标准化、贮藏科学专业化、营销规范品牌化"方向发展。同时拓展生姜精深加工领域，不断延伸产业链，提高生姜附加值，最终在生姜种植、收储、清洗加工、科技研发、仓储、物流、销售等多领域将优质资源进行整合。通过规范运营，科学管理，全面提升生姜产品市场竞争力和知名度。加强物流基础设施建设，科学合理分工龙头企业、物流中心和农户之间的矛盾，进一步降低生产加工环节的物流成本，建立一批集散功能强、辐射范围广的物流集散地。应用农业信息化平台，使丰润生姜呈网络式发展销售，最大化地拓宽销售渠道。

（六）放大品牌效应，增强生姜产品影响力

积极推行"品牌创建"工程，建立有影响力的区域品牌和集团品牌。开展"三品一标"认证和商标注册，利用各大产销会和销售平台，推广现有品牌"三野""道桥和""旭通源"等商标认知度，对已有无公害基地生姜实行"标识化"销售。"丰润生姜"成为丰润区首个地理标志证明商标，需进一步扩大宣传，放大品牌效应，实现产销对接，打响自有品牌。各销售组织要加强品牌意识，实行"品牌化、标识化"包装出售，对自有产品进行保护，同时增加产品附加值。打响丰润生姜自有品牌的认知度、品牌美誉度、满意度，并利用品牌效益，逐步提高丰润生姜在国内外市场的占有率。

河北省乐亭县韭菜产业

苏俊坡

（河北省乐亭县农牧局）

乐亭县是传统的农业大县，素有"燕东天府""冀东粮仓"之称，2017 年全县农业总产值 141.6 亿元，农民人均纯收入 16030 元。果菜生产是乐亭农业的主导产业之一，到 2017 年底，全县瓜菜占地面积 35.67 万亩，播种面积 60.44 万亩；设施占地 23.81 万亩，播种面积 40.9 万亩。（日光温室 14.47 万亩、塑料大棚 15.2 万亩、中小棚 11.23 万亩），成为冀东最大的设施瓜菜生产基地，乐亭瓜菜四季生产，全年供应市场。乐亭县有国家级农业龙头企业 1 家，省级 6 家，专业合作社达到 747 个，农业产业化贡献率达到 73.8%。

一、韭菜产业发展现状

（一）韭菜生产规模

乐亭县韭菜生产起步于 20 世纪 80 年代，经过多年发展，已成为全县五大主要栽培蔬菜之一。截止到 2017 年底，全县韭菜种植面积达 4.8 万亩，年总产量 25.85 万吨，总产值 5.76 亿元，形成了以乐亭镇、胡家坨镇、毛庄镇、中卜镇为中心的四大万亩韭菜生产基地，辐射带动全县的生产格局。随着韭菜产业快速发展，乐亭县先后成立了益农、冯源、佳音、奇伟等 6 个韭菜专业合作社，注册了"冯哨""佳音"等商标，为乐亭韭菜实现集约化生产、链条式管理、品牌化销售打下了良好基础。

（二）韭菜栽培品种

乐亭的气候、土壤、水、植被、生态资源优势明显，为乐亭韭菜生产的发展创造了良好的自然环境条件，韭菜种植品种多样化发展，主要有杭州白根、农大强丰、青秀雪韭、嘉兴白根等。生产模式主要是小拱棚或中棚上草苫反季节生产，中棚普遍配备了自动卷帘机等先进装备，大大节省了劳动力，提高了生产效率，具有投资小、见效快、风险低的特点。

（三）韭菜经营模式

乐亭县通过实施省级蔬菜产业示范县、省市蔬菜产业园区、国家蔬菜重点县等蔬菜项目，加快韭菜向质量、效益、品牌等方式转变，形成企业，合作社、家庭农场等新型经营主体为龙头的规模化园区 13 个，面积 7130 亩，发展主要模式是公司（合作社）—基地—农户，带动园区周边及全县韭菜产业发展。目前培育了万事达、绿昕、佳丰、佳音、绿野、四合果蔬专业合作社，把一家一户的农民组织起来，实行"六统一管理"，即统一品种、统一采购、统一标准、统一检测、统一标识、统一销售。

（四）韭菜生产效益

乐亭韭菜近几年价格保持稳定，通过国家农业部信息监测，采集的 5 年数据价格产量分析，韭菜除个别年份外，基本处于稳定状态，平均价格在 3 ~ 4 元/千克，最低 1 元/千克，最高 7.6 元/千克，高价运行在 11 月下旬到 2 月上旬。韭菜亩产量 4000 ~ 5000 千克，冬季温度高产量低，在这一时间段生产的韭菜每茬生长期 30 ~ 40 天，其他时间段在 25 ~ 30 天。韭菜主要上市期 11 月至次年 3 月，一个生长季可收割 2 ~ 3 茬，平均亩产 5000 千克，亩平均产值可达 1.5 万元。

二、韭菜产业发展的主要做法

（一）保障韭菜质量安全

随着韭菜生产规模的不断扩大，乐亭县先后推广了粘虫板、防虫网、性诱剂等物理防虫技术和利用沼渣沼液防治韭蛆技术，实现了全县韭菜安全无公害化生产。2014 ~ 2018 年，乐亭县农牧局与中国农科院、中国农大、省农业厅、省农科院、河北农大合作，承担实施国家公益性行业（农业）科研专项示范区项目——韭菜根蛆类害虫综合防治技术示范项目，研究黑色粘虫板监测诱集成虫技术、Bt 生物菌剂防治技术、沼液有机肥防控技术。三项技术的集成应用，对土壤改良、改善韭菜品质、提高韭菜根蛆防治卓有成效，为进一步提高乐亭韭菜绿色防控水平，打造优质高产、绿色无公害产品提供了技术支撑。

（二）重视产业科技水平

乐亭县始终将创新作为保持韭菜产业健康发展的基础工作，先后与河北省农林科学院、中国农科院花卉所、北京农科院等国内的科研院所及知名种业公司建立了长期的业务合作关系，每年按照生产需要，有计划地引进、示范、推广 1 ~ 2 个韭菜新品种，保持韭菜生产品种的不断更新。乐亭县在生产中建立了一整套合理施肥、节约用水的管理制度及实用技术，通过积极引导菜农使用农家肥、生物菌肥，控制化肥用量，优化土壤环境，充分利用沼渣沼液等不断改良土壤，减轻韭菜病虫危害，减少农药和化肥的使用量。

（三） 组织生产技术培训

管理保障组织化，抓好典型带动，强化技术保障，广泛组织推广先进适用新技术，加大韭菜生产密集区中堡镇坨子、安各庄、马庄、老坟后、勒东、勒西等十余个村，毛庄镇于坨、会里、财神庙、二郎庙、前黑、后黑、后营、南常坨、北常坨、南坨等二十余村，乐亭镇冯哨母庄、刘庄、铁庄、小庄等二十余个韭菜生产基地，合作社晓轩，益农，万事达等的科技培训工作，积极开展现场观摩交流活动和技术培训会议，培育了一批乐亭韭菜生产典型示范户，较为全面地掌握了乐亭韭菜标准化及综合配套技术。

（四） 加强市场建设

乐亭县境内建有占地 300 亩的"冀东国际农产品物流中心"，担负全县果菜外销任务，市场培育了 160 多个中介组织、近 3000 人的经纪人队伍，联系着 4 万多家国内外客商，形成了一种"公司（合作社）＋批发市场＋经纪人"模式，经纪人外联客商、内联基地和农户的农业产业化经营模式。以冀东果菜有限公司、欧意、金土地公司的现有设施和销售网为基础，不断拓宽融资渠道，加强硬件设施的建设，拓宽销售网络，通过产品推介会、展销会等形式，将乐亭韭菜推向京津等大城市高端市场，建立稳定的配送直销渠道。

三、韭菜产业存在的问题

（一） 产业化水平较低

乐亭县韭菜仍以鲜韭为主，缺乏对韭菜花、韭菜籽等进行深加工的企业和项目，产品附加值低；农民专业合作组织还没有完全发挥作用，除了提供基本的服务项目支持外，在产业链条延伸和农户福利提升等方面没有发挥应有的作用。

（二） 韭菜品牌效益不足

乐亭县韭菜生产仍以大路韭菜占主体，一些名优、精品韭菜还未能形成规模，品牌韭菜的市场占有率低，市场知名度不高；韭菜生产龙头企业在积极开展"绿色食品""有机食品"认证的同时，对品牌外销渠道认识不足，品牌缺乏形象设计和特色产品的个性化特征。

（三） 农户的安全生产意识有待增强

虽然韭菜种植农户都能自觉地拒绝使用高剧毒农药，但个别地区和部分农户对农药化肥仍存在着过量使用的现象，不仅造成了对环境的污染，也提高了生产成本。

四、产业发展的对策建议

（一）制定产业发展规划

重视韭菜产业规模化、持久化发展，制定产业发展规划，以科学发展观为指导，以科技为依托，以全面提升档次、提高品牌效益为目标，按照"扩规模上设施、壮龙头活机制、创品牌拓市场、提质量增效益、抓示范强带动"的要求加快韭菜产业发展方式转变，将其打造成高标准生产基地，加快传统农业向现代农业的转变。

（二）推进标准化生产

在品种选用方面，全部采用抗病、优质、高产、商品性好和适宜市场需求的优良品种、良种覆盖率要达到100%；在设施化栽培方面，新建设施全部采用优型结构，完成简陋棚室全部改造升级；积极推广防虫网、粘虫板、土壤活化与综合治理等无公害生产关键技术，实现标准园无公害蔬菜生产关键技术普及率达到100%；建设千亩以上的蔬菜生产标准园，依托专业合作社对标准园实行统一管理和服务，实行统一农资供应、统一生产标准、统一操作规程、统一产品质量、统一品牌销售。

（三）实施产业化经营

园区基地生产的韭菜要通过龙头企业或合作社进行商品化处理，经分等定级、统一包装、附加标识后配送销售，标识要按照规定标明产品的品名、产地、生产者、采收期、产品质量等级、产品执行标准编号等内容，并在产品包装显著位置标注"河北省乐亭县"精特菜。积极申请产品质量认证，争取全部实现乐亭县韭菜品牌化销售，100%通过无公害农产品认证。园区基地通过合作社进行统一销售，重点开拓京津高端市场，龙头企业或合作社要与京津超市等中高端市场主体建立稳定的销售渠道，提高品牌韭菜在京津中高端市场的占有率。

（四）培育新型职业农民

建立农科教、产学研一体化的农业技术推广合作机制，进行科研、试验、示范、培训、指导以及咨询服务，实现农技与农民的无缝对接。通过田间学校、阳光工程培训等，将新型职业农民培育与高质量发展、绿色发展、农村双创、一二三产融合等重点工作有机融合，提升基层农技推广人员和新型职业农民素质，培育更多懂技术、善经营、有担当的新型职业农民。

河北省秦皇岛市抚宁区生姜产业

张宏玉

（河北省秦皇岛市抚宁区农业农村局）

一、生姜产业情况

抚宁区有近40年的生姜种植历史，连续多年被评为"中国调味品原辅料（生姜）种植基地""河北省生姜调味品之乡"。优越的土壤环境，宜人的气候为生姜的生长提供了得天独厚的条件，生姜产区主要集中在下庄管理区境内东部的上庄村、下庄村、西吴村、东吴村、东新庄村等村庄；留守营镇主要分布在中北部的盛铁营村、沿沟屯村、潘官营村、四照各庄村、桑园村等村庄。

生姜产业作为全区蔬菜特色产业之一，2016年生姜播种面积1万余亩，产量近5万吨，品种主要是绵姜。绵姜具有姜片大、纤维少、姜味浓等特点，品质独特、营养丰富，市场前景广阔。抚宁区以下庄管理区、留守营镇为主的生姜产业在政府各级部门的大力推动下，已初步形成了姜农、生姜产销合作社、生姜加工企业相互依靠、协调发展的产业模式，在吸纳了部分富余劳动力的同时，也带动了下游产业的发展。目前全区涉及生姜产业的合作社共有50余个，从事生姜销售的经纪人70余人，洗姜厂50余家，可完成本地鲜姜的清洗和简单包装。生姜产业的发展对全区的农业经济起着重要作用。

二、发展优势

（一）自然条件适宜

抚宁区属暖温带半湿润大陆性季风气候，因受海洋影响较大，气候比较温和，春季少雨干燥，夏季温热无酷暑，秋季凉爽多晴天，特别是洋河流域，最适合生姜种植：清明后下种，大暑前后追肥、起垄，寒露前后出姜，所产生姜具有"块大皮薄、汁多渣少、颜色鲜亮、肉质脆、香味浓"等特点。

（二）种植经验丰富

抚宁区生姜种植业始于1972年。当时下庄管理区新庄村村民温守志从山东引进姜种，试种成功并逐步推广。经过40多年的发展，生姜已经成为全区特色的农产品之一，也使抚宁区成为名副其实的"河北生姜调味品之乡"。当地农民种植经验丰富，熟练掌握生姜种植技术，培育出一批生姜种植能手。

（三）规模效益初显

在全区的生姜种植集中的区域，下庄管理区东吴、西吴及东新庄三个村有60%农户从事生姜种植，周边的齐各庄、崔庄等8个村也有20%～30%的农户种植生姜，还有部分村民前往附近乡镇租地种植生姜，种植规模不断扩大。现全区已建成简易姜窖1000余个，标准化姜窖300余个，目前红头姜平均亩净利润已经突破万元。

（四）组织化程度逐步提高

抚宁区农业部门从多方面着手，不断提高生姜产业的组织化程度。强化组织引领，整合辖区内的有效资源，引导小江蔬菜专业合作社组织牵头筹建"抚宁区生姜产业协会"。目前协会已经召开了第一届会员代表大会，共同研究破解制约生姜产业发展的难题。强化模范引领，通过培育典型模式推进生姜产业发展。目前已经有种植大户100余名，在带动、帮助周边群众从事生姜种植业方面起到了很好的模范引领作用。强化科技引领，以合作社为依托，聘请农业专家、技术能手对姜农进行培训，并组织前往山东等地参观学习。

（五）标准化生产不断推进

始终把蔬菜质量安全放在首位，加强农资市场监管，加大化肥农药的使用宣传引导。研制了适合本地生姜种植的配方化肥农药，确保所产生姜低毒无公害。强化品牌意识，积极协调区市场监督管理局，申办"生姜地理标志产品"认证，打造本地域生姜产业大品牌。

三、发展中遇到的问题、困难和挑战

（一）信息不对称，市场价格波动大

近年来生姜市场价格不稳定，挫伤农民种姜积极性。生姜价格波动较大，姜农掌握的信息较少，提前预测种植风险和市场行情的能力较弱。种植面积根据上一年的收益情况而定，价格上升，种植面积骤然增加，价格下降，种植面积也会随之减少。

（二）销售渠道单一，自主销售难

目前红头姜、泥姜和存储姜三个品种基本是通过地头市场销往各地。虽然所产生姜品质好、农药残留低，但必须冠以山东的商标才能出口到韩国、日本、马来西亚等国家。在地头市场销售环节，主要通过当地经纪人联系不同客商，属于自发销售，恶意压价现象时有发生。

（三）姜窖技术制约，长期存储难

为改变生姜收获时集中上市的弊端，近几年有 2/3 左右生姜先在姜窖中储存，待价而沽。而受土壤水层、空气湿度、温度等条件限制，本地姜窖储存期只有 3~4 个月，一般在春节前后必须出窖销售，销售时间比山东等地缩短了很多。在存贮中生姜的质量也受到影响，损失率在 10% 左右，影响了姜农收益。存储时间不足 1 年，无法保存姜种，每年种植需到山东购买姜种，提高了种植成本。

（四）种植过程机械化率低，降低成本难

生姜种植属于劳动密集型产业，耕种、管理及采收等环节主要依靠人力完成，整个生产过程基本没有应用农用机械，需要大量的劳动力。调研数据显示，一亩地生姜的种植成本是 7000~8000 元，其中劳动力成本为 2000~3000 元，接近总成本的 1/3。

（五）基础设施不完备，挖掘潜能难

种植生姜对土地要求较高，同一地块一般只能连续种植两年，第三年需要倒茬种植。由于土地分布在不同农民手中，统一租用难度较大，难以实现连片种植。遇到重茬问题，种植户基本选择"打一枪换一个地方"，很少有人修建排水等基础设施。一旦遇到强降雨天气，姜地泡水现象无法避免，极易引发姜瘟等疾病，造成大面积减产，甚至几年不能种植。面对地块种植的不确定性，政府难以帮助兴建基础设施。

（六）深加工有待发展，延伸产业链条难

目前全区拥有生姜深加工企业 4 家，但在实际生产的两家中，恒野生产的姜蓉、姜汁、姜茶还没打开市场，龙鼎生产的姜汁虽在东北三省比较畅销，但受资金影响，不能扩大生产。两家企业产量很低，经过深加工的生姜比重非常小。

（七）产业发展资金不足，扩大生产难

生姜种植成本高，一亩地一般在 1 万元左右，发展连片种植，实现规模化、产业化发展还存在资金短缺问题。

四、下一步创建措施和建议

（一）用先进的理念引领产业发展

树立现代化工业推动农业发展的理念，用发展工业的方法发展农业，实行集约化种植、企业化管理、区域化布局、市场化运作。一是推进协会，实现组织化管理。引导"抚宁区生姜产业协会"正规运行，切实解决农民信息不灵、市场把握不准、技术不牢等具体问题。二是进一步优化农业产业结构，打造生姜小镇。以美丽乡村建设为契机，以下庄管理区、留守营镇为中心，规划出生姜种植区域，流转土地，采取反租倒包的形式，按照标准化、产业化、专业化的发展模式，依托生姜种植专业合作社和加工厂，统一品种、统一规划、统一种植、统一技术指导、统一收购，打造洋河流域万亩生姜绿色产业带。三是打造品牌。以"生姜地理标志产品"认证为基础，打造本地域生姜产业大品牌，依托合作社资源，以"小江菜社""恒野""成盈""亿厨"为龙头，加大宣传力度，着力打造系列具有竞争力的名牌产品，做大做强龙头企业，逐步形成农民跟着产业走，产业跟着"龙头"走，"龙头"跟着市场走的良性发展轨道。

（二）用现代装备带动产业发展

一是完善水利设施，兴建排水设施。政府扶持，协会牵头，聘请专家，对流转种植生姜的土地进行合理规划，兴建电力、水利等相应基础设施，减少洪涝等自然灾害的影响，秋后及春播前科学地对土地进行药物熏蒸等处理，减少重茬影响，免去频繁换地块，最大限度地挖掘土地潜能。二是引进种植、采收农具。加大与农业科研院校的联系，聘请专家，鼓励本土行家里手，研制适合当地生姜种植、采收的农用机械，从而提高生产效率，降低投入成本。

（三）用强劲的队伍助力产业发展

由协会组织，培养一支本土技术队伍，活跃在田间地头。从选种、种植、施肥到采收为农民全程提供辅导，将学习掌握的新技能随时普及到每个姜农。比如由小拱棚向大拱棚发展，不断摸索出适合抚宁生姜发展的种植管理模式。

（四）用足够的存储能力促进产业发展

尝试对现有姜窖进行技术改良，例如在窖中安放温度、湿度感应器，在排气孔上安装排风扇，根据温度湿度显示，确定排风时间，保持适合生姜储存的窖内环境。同时可以将小江蔬菜专业合作社的冷库储存生姜的方式不断推广，扶持兴建一批新型存储库，通过多种途径实现延长存储时间、提高生姜品质、减少损耗的目标。

（五）用适度的深加工业拉动产业发展

在延长生姜存储时间的基础上，发展生姜深加工业。在做好充分的市场调查的基础上，在产品的科技含量上下功夫，在产品的实用性上做文章，在产品的应用范畴上做调查，最终确定加工产品，招商引资，延伸产业链条，提高产品附加值，实现以工促农，良性发展。

（六）用丰厚的资金基础保障产业发展

一是积极引导非农资金注入生姜产业发展流程，助力发展。下庄管理区、留守营镇处于城郊接合部，有很多从事建筑、商业等非农行业的成功之士，在当前经济发展放缓之际，也面临着再发展难等困惑，可以积极地将这部分力量引导到农业发展上，他们不仅有足够的资金基础，同时拥有丰富的管理经验，对生姜产业发展会起到不可估量的作用。二是积极筹建互助机制。推进种植大户承包土地经营权和农村住房财产权抵押担保贷款试点工作，开展种植大户之间资金互助试点。鼓励开展"三农"融资担保业务，大力发展政府支持的"三农"融资担保和再担保机构。加大小额担保财政贴息贷款对种植户的支持力度。

（七）以健全的销售渠道服务产业发展

在打造自有品牌的基础上，兴建生姜市场，在降低本地生姜运输成本的同时，吸引更大范围的姜农来此交易，逐步取得生姜市场主导权，赢得价格自主权。发展电子商务，组织申办出口许可，健全销售渠道，减少中间环节，提高农民收益。

河北省玉田县大葱产业

艾会暖　李双辉　赵桂敏　王立华

（河北省玉田县农业农村局蔬菜产业办公室）

一、大葱产业发展现状

（一）大葱种植规模稳定化

大葱是玉田县主栽蔬菜当家品种之一，自 20 世纪 90 年代初开始，逐渐形成规模种植，主产区涉及全县 10 余个乡镇，其中以大安镇、玉田镇、亮甲店镇、石臼窝镇等几个乡镇为主产区。近 20 余年，全县常年大葱播种面积 4.5 万余亩，总产量 23 万吨。2018 年播种面积 4.15 万亩，总产量 21.27 万吨，以鲜葱销售为主，适应市场需求和价格因素，冬贮干葱销售占 20% 左右。

根据近三年来的跟踪调查分析，由于农资的价格持续上涨，农民种植大葱一般每亩投入成本 3000 ~ 3500 元，产值 5000 ~ 6000 元，一般每亩纯收入在 1400 ~ 2500 元，2018 年最高亩效益达 3500 ~ 5000 元。

（二）生产水平和生产能力逐年提高

玉田县大葱规模化种植外销历史悠久，销往全国各地，特别是东北、西北地区。玉田县大葱栽培技术水平从发展之初的完全人工栽培种植方式，逐渐发展到部分生产环节由机械替代，截至目前大葱生产水平日益成熟不断提高，由人工移栽人工培土，到人工移栽机械培土，目前引进示范工厂化育苗和试验、示范、推广机械插秧栽培技术，为玉田县大葱生产提供了有力的发展方向和趋势，为今后大葱区域化、规模化、标准化生产提供了技术支撑。

病虫害防治方面，由过去全人工大量重复喷洒农药，到现在已经开始大面积示范推广应用黄、蓝板诱杀虫害与诱捕器和杀虫灯相结合的绿色防控技术，使玉田县大葱产品质量品质达到食用安全放心，能够更好地适应高端市场的消费需求。

玉田县大葱的栽培模式和栽培茬口，从发展之初的以秋季培葱生产为主，推进到目前以秋季栽培为主，夏秋季补淡供应的多种栽培茬口，实现了大葱的周年生产。

（三）栽培品种逐步优化

玉田大葱从最初的农家品种"五叶齐""八叶齐""仙鹤腿"为主栽品种，发展到为适应市场需求，以"五叶齐"为主，示范推广国内外品质优、口感好、适宜鲜食和配菜的多品种不同类型的大葱品种共存，互补的发展趋势。

（1）五叶齐：玉田大葱主栽和常规种，占全县大葱面积的70%，因其成株表现为5个叶片并排齐生，顾名"五叶齐"。其鲜食口感好，纤维少，也可配菜调味，亦适于冬贮。

（2）铁杆葱：近几年引进试验推广的品种，在生产上也有上好的表现，其优点是鳞茎紧实，叶片直立性好，叶色浓绿等，适宜做精品包装，进高端市场。

（四）生产过程机械化程度在提高

随着栽培的稳定发展，区域规模的逐年增加，生产管理过程也逐渐由最初的人力畜力移栽，发展到机械开沟半机械半人工移栽；在全县范围内基本上实现了机械化培土，大大降低了劳动强度，提高了工作效率。2018年调查统计，全县4.15万亩大葱，使用机械培土的占95.1%，机械培土的效率是人工的300%~500%。

在此基础上，2019年玉田县计划进一步引进示范大葱插秧机，提高大葱生产过程中的机械化水平，为大葱生产节本增效实现新突破。

此外，无人机喷洒农药防治大葱病虫害，在大葱生产上也已逐渐推广开来。根据2018年对玉田镇、大安镇、亮甲店镇、石臼窝镇等大葱主产区，大葱栽培面积10亩以上种植大户的调查统计，大葱生产全过程应用无人机喷洒农药的占50.2%，在7、8、9月应用无人机喷洒农药的占65.7%。

由此可见，大葱生产的主要环节，由20年前的纯人力操作正在转向机械化作业，现已形成良好的发展势头。

二、发展优势分析

（一）资源优势

（1）气候条件。玉田县属北温带近海大陆性气候，年平均气温11.4℃，全年0℃以上积温为4500.6℃，年平均降水量671.2毫米，日照2574.9小时，无霜期196天，雨量充沛，光照充足。

（2）土壤条件。玉田县北部山区及半山区以砂质土壤为主，土质疏松；中南部平原土质为中壤至重壤，土质肥沃，保水保肥能力较好。土壤中微生物正常繁殖，土壤中重金属和硝酸盐含量较少，符合国家标准。

（3）生产条件。据原国家地矿部检测，玉田县地下有贯穿全境的奥陶水系和雾迷山水系两条优质水脉，含有多种对人体有益的矿物质，土壤灌溉用水多为地下水。另据原国家地矿部检测，玉田的地下水水质中含锶和偏硅酸含量达到了饮用矿泉水标准，优良的水质、独特的环境条件造就了玉田大葱的上乘品质。全县拥有机井 17239 眼，其中配套机井 17093 眼，防渗渠道 2.7 万米。机井水位 70~80 米，可以常年足额使用。县内有 22 万千伏变电站一座、11 万千伏变电站 6 座、3.5 万千伏变电站 14 座，电力供应充足。各乡镇均架有高、低压线路，电力配套完善。为大葱生产，全部采用地下水灌溉提供了配套设施的保障。

（4）区位特点。玉田县地处燕山南麓，位于环京津和环渤海两环中心地带，西距北京仅 117 千米，西南距天津 120 千米，距天津新港 110 千米，东南距唐山市 60 千米、距京唐港 80 千米，东距秦皇岛港 180 千米，京秦铁路、京哈高速公路、在建京唐高铁和京秦二线横贯东西，构成了四通八达的铁路、公路运输网，为农产品生产销售提供了良好的运输条件。基于交通便利的优势，玉田县大葱生产得以长期稳步发展。

（二）产品优势

据《玉田县志》记载，该县地下水流向为东北西南，自亮甲店→玉田→三里屯→林南仓，为一条天然饮用矿泉水线；玉田种植大葱的土壤肥沃，有机质含量高，且广大葱农有丰富的种植经验，可以说玉田独特的地质条件、清澈的水系、肥沃的土壤和适宜的气候造就了玉田大葱独特的品味和上乘的品质，玉田大葱尤以葱白长、适口性好、营养丰富和耐贮藏而深受市场欢迎和消费者的青睐。上乘的大葱品质，保证了玉田县大葱的畅销和市场占有份额。

（三）科技优势

玉田农牧局依托河北农业大学、河北省农科院、唐山市农业科学院等单位，以科研院所和大专院校的技术团队为后盾，为玉田大葱产业把脉出招，常年提供全方位的服务和有力的科技支撑。

（四）市场优势

玉田大葱种植基地的逐步扩大，助推了市场建设。在唐山金玉农产品综合交易中心形成产品集散中心和价格形成中心的同时，以重点乡镇和规模型种植基地为依托，相继形成建设了产地市场 12 个，地头市场 70 余个，形成了较为完善的大葱交易市场体系。

（五）政策优势

近年来，玉田县按照省委、省政府提出的"一产抓特色"的总体部署，提出了"挖掘传统特色产品优势，打造知名品牌，实施名牌带动"发展战略，积极推进了大葱种植向优势种植区集中。自 2010 年开始，每年县财政都拿出专门资金用于大葱基地建设、外宣推介、品牌开发等项目建设。

三、大葱产业存在的问题

（一）品种更新能力差

玉田大葱主要以农家品种为主，自繁留种，品种增产潜力滞后。新品种引进、试验示范推广，相对滞后，对大葱生产的发展没有形成带动引领作用。

（二）种植成本居高不下

大葱在生产过程中，农户靠大水大肥拿产量、创效益，加之病虫害防治普遍存在盲目用药、乱用药的问题，也因此加大了用工和投入成本，近三年来，大葱亩投入成本平均已达到 3000 元以上，最高的 3500 元以上。

（三）大葱深加工滞后，无力应对市场竞争

玉田大葱加工业仍处于空白，主要以鲜葱供应市场，除了产品附加值低以外，受季节性市场和外部影响较大，导致效益不稳定，个别年份出现增产不增效，甚至亏本。

（四）大葱生产过程机械化程度亟待提高

大葱从播种到收获，只有定植前整地、培土阶段已经普遍应用机械化操作。其他环节还是以人工操作为主，不仅大大增加了大葱的种植成本，也严重制约了大葱产业的发展壮大。

四、大葱产业发展对策

（一）加强推广标准化生产、建设规模化示范标杆基地

玉田县已于 2012 年制定了《玉田五叶齐大葱栽培技术规程》唐山市地方标准，以标准为依托，在全县范围内推广大葱标准化生产，加强对大葱生产过程中各个环节的监管和培训，培育打造标准化大葱生产基地建设，培植规模化样板，狠抓大葱产品的提档升级，把好产品质量安全关，在大葱的主要生产乡镇培植一批专业村、专业户，以点带面，以面连片促进规模发展，发挥规模效益的引领和带动作用，加快全县大葱产业的发展壮大。

（二）加大新品种的引进和示范推广

积极开展新品种引进、示范、推广工作，加快品种的更新换代；以优质高产为目标，加强地方特色大葱品种的提纯复壮工作，充分利用玉田的区位优势，打造玉田大葱产业的特色。

五、包头综合试验站

内蒙古自治区巴彦淖尔市辣椒产业

王振平　张　宇　张瑞琴　高振江　姚慧静　潘子旺　张冬梅　高　娃

（内蒙古巴彦淖尔市临河区瓜果蔬菜服务中心；内蒙古包头市农牧业科学研究院）

一、辣椒产业发展现状及展望

（一）辣椒种植业规模

近年来，巴彦淖尔市主要以鲜食加工脱水椒为主，菜椒面积在 8 万亩左右，青椒类 0.6 万~0.8 万亩，种植面积每年略有增加。

目前面积基本稳定在 8 万亩左右，直接带动 6000 户农户参与辣椒种植，50 家收购商和近百家加工企业从事辣椒生产经营活动。农民种植辣椒一般每亩投入成本 1000 元，产值 3500~4000 元。一般每亩纯收入 2000 元以上，高产达 4000 元。

（二）产区分布情况

辣椒种植主要分布在临河区、杭锦后旗和磴口县，脱水菜厂周围种植比较集中。临河区主要种植区域为干召庙镇、白脑包镇。杭锦后旗主要种植区域是头道桥镇、二道桥镇、三道桥镇，磴口县种植区域是协城、四坝。

（三）品种多样化

巴彦淖尔市目前辣椒品种类型有两类：一类是鲜食加工甜椒类，另一类是尖椒类。

甜椒面积最大，主要品种有北星 8 号、茄门椒、平原 1 号、骏马、绿隆等。还有少量的黄彩椒。

青椒种类比较杂，有银川羊角椒、牛椒、北京红、美国红、红遍天下等。

（四）种植模式

（1）一膜两行：90 厘米地膜，有高畦和平膜两种，亩留苗 4400~4500 株。

（2）一膜四行：160 厘米地膜，平铺，大小行，四行。亩留苗 4400～4500 株。

每亩施底肥、复合肥 40～50 千克，或二铵 50 千克加硫酸钾 10 千克，充分腐熟农家肥 5～8 立方米。

采用穴盘育苗 2018 年达到 50%，约有 4 万亩辣椒采用穴盘育苗种植，杂交种全部采用穴盘育苗。常规品种一般直播。

（五）加工销售现状

2018 年脱水菜生产企业有 90 余家，生产用甜椒 20 万吨，生产脱水青椒 1.2 万吨。其中，干红椒 1.1 万吨，产品主要用于出口。

外销青红椒大约 10 万吨，主要销往山东进行深加工，外销鲜食市场很少。

酱用青椒种植面积 3000 亩，粗加工辣椒酱 4000 吨，主要销往四川进行深加工。

二、辣椒产业存在的问题

（一）缺乏优良品种，品种退化严重

巴彦淖尔市辣椒种植是从 20 世纪 80 年代末开始的，主要是满足当地脱水菜企业生产种植，选用品种为常规品种茄门椒。茄门椒种子来源大部分是自留种，品种退化比较严重。2010 年后开始种植杂一代品种北星 8 号，2015 年后面积迅速扩大，2018 年面积达到 2 万亩左右。常规品种自留种的时间较长，导致纯度下降，容易退化，甚至失去原有品种特性，在高温干旱季节易发生病毒病，多雨季节易发生疫病等病害。杂一代品种主要是北星 8 号，现在还没有能够替代北星 8 号的新的杂一代品种。

（二）盲目种植辣椒

如果辣椒价格好，能为辣椒种植户带来比较好的经济效益，就会导致辣椒种植面积快速扩张，在对品种、技术等不了解的情况下，椒农盲目扩大种植，不会获得较高收益；如遇市场行情不好，农户会纷纷退出生产。种植面积大小完全由市场调节，而市场的不确定性又比较大。

（三）地块重茬连作，影响辣椒产量和质量

有多年种植辣椒习惯的地区的农户由于耕地面积、适合于辣椒种植地块有限，这些地区的农户辣椒种植重茬连作，导致土壤中同一种营养元素消耗过多。病菌积累逐年增加，影响辣椒正常生长，造成产量下降，病害严重。

（四）机械化程度低

巴彦淖尔地区辣椒移苗栽植基本上由人工栽植，由于移苗集中造成人工紧张，用工费

用高。2018 年，新引进辣椒机械育苗移栽，大大提高了生产效率，实现节本增效，通过移植机把每株育苗精确移栽到地穴中，并且栽植深浅一致，株行距准确。

三、辣椒产业发展对策

（一）积极引进新品种

技术部门与龙头企业积极开展新品种的引进和推广工作，加快品种的更新换代，储备优良品种，提高自主创新能力，加强地方特色品种的提纯工作。根据辣椒加工对专用型辣椒原料的需求，引进混合加工辣椒的新品种，提高辣椒的单位面积产量和品质。

（二）推广规模化和标准化种植技术

制定标准化辣椒生产技术规程，种子育苗、整地、施肥、栽培技术、病虫害防治等辣椒关键生产环节都有规范的技术标准。积极推广蔬菜"四控"技术，为辣椒产品及制品生产的各个环节把好品质关、安全关，积极培育辣椒优势产区，建成辣椒生产的特优区，充分发挥辣椒产业的优势，加大规模效益，提高生产技术水平，推行规模化管理，对农户进行不定期的技术培训和生产指导。

（三）充分发挥加工营销企业的作用，提升产业化经营

积极鼓励运销大户、加工企业和生产合作社组建产业化联合体，建立长效合作机制，提高辣椒生产经营组织化程度。从品种选用到育苗，加工企业和专业合作社要建立有效运转、高效协同的产业化组织，与农户建立利益共享有效机制，加工企业、运销商和农户都成为产业化经营的受益者，使双方积极主动参与到产业化经营中。

（四）加强流通体系建设，打造知名品牌

加强流通体系建设，充分发挥市场的服务功能，鼓励营销大户、专业合作社、农村经纪人等流通组织进一步开拓市场，建立长期稳定的产品市场和流通渠道。

积极推行品牌创建工作。2018 年，"天赋河套"巴彦淖尔农产品区域公用品牌发布会在北京召开，标志着巴彦淖尔市大力推进农产品区域品牌建设取得标志性成功。巴彦淖尔市地处北纬 40 度，是农作物种植的黄金带，光照时间长、昼夜温差大、有干净充足的黄河水浇灌，发展绿色、有机高端农业、打造河套农畜产品的品牌具有得天独厚的优势。在河套农产品品牌建设中，下一步应做好河套地域品牌的注册、认证和保护工作，从生产到加工到流通，制定河套地域品牌的质量标准，引导农民和龙头企业按照品牌质量标准进行生产和加工，发挥好政府部门和行业协会的监管作用，广泛推广运用标准化生产和质量可追溯认证体系，建立品牌激励制度，鼓励企业制定企业或行业标准，把好产品质量关和品牌准入关。

内蒙古自治区包头市东河区韭菜产业

武 廷 高振江 高 娃 张冬梅 姚慧静 潘子旺

（内蒙古包头市东河区农牧业局；内蒙古包头市农牧业科学研究院）

包头市东河区是自治区西部地区重要的蔬菜生产基地，蔬菜生产有100多年的历史，沙尔沁镇成为自治区著名的"蔬菜之乡"。主要蔬菜种类有根菜类、白菜类、甘蓝类、茄果类、瓜类、豆类、葱蒜类、叶菜类八大类，40个品种，蔬菜总面积4.5万亩，其中设施蔬菜面积3.5万亩，露地面积1万亩；总产量30万吨，其中设施蔬菜产量26万吨，露地产量4万吨；总产值107500万元，其中设施蔬菜102500万元，露地5000万元。韭菜是本地区传统种植作物，设施蔬菜发展初期（20世纪八九十年代），基本上都是种植韭菜，后来逐渐增加了其他蔬菜种类，韭菜产业成为东河区传统的优势产业。

一、韭菜产业发展现状

（一）生产规模及布局

东河区韭菜生产规模相对稳定，2014年韭菜种植面积为2810亩，产量为0.91万吨，2018年东河区韭菜生产面积2812亩，总产量0.91万吨。近5年的统计表明，东河区韭菜生产面积和产量基本稳定，其中温室、塑料拱棚生产略有降低，露地生产有所增加（见表1）。

表1 东河区韭菜生产面积情况

年份	面积（亩）				总产量（万吨）	平均亩产量（千克）
	总面积	日光温室	塑料拱棚	露地		
2014	2810	654	394	1762	0.91	3246
2015	2712	598	369	1745	0.86	3156
2016	2825	580	346	1899	0.94	3310
2017	2834	579	327	1928	0.89	3140
2018	2812	565	321	1926	0.91	3236

数据来源：东河区农牧业局2014~2018年数据。

（二）种植品种与栽培模式

东河区早期种植的韭菜品种主要是河南平顶山农科所的 791、平韭 4 号，近几年主要是引进巴彦淖尔市新华镇的"黑马莲"地方韭菜品种，此品种产量高、品质好，耐寒性强，叶片宽、直立，商品性好。沙尔沁镇韭菜栽培模式主要有日光温室、塑料大棚和露地生产，达到一年四季均可上市，生产上可根据上市时间选择栽培方式；露地韭菜上市期主要集中在春季或秋季，保护地上市期主要集中在冬春季节，保护地栽培采取不同扣棚增温时期，也可以错开生产和上市期（见表 2）。

表 2　东河区韭菜上市供应情况

生产方式	栽培要点	主要销售季节
日光温室	冬季生产，12 月扣棚增温、田间管理，生产 3~4 茬	元旦、春节供应市场
塑料拱棚	春季生产，2~3 月开始扣棚增温、田间管理，生产 3~4 茬	4 月开始供应市场
露地	春季 4 月开始田间管理，生产 3~4 茬；秋季 9 月开始田间管理，销售	5 月开始上市，或 9~10 月供应市场

（三）韭菜生产效益

20 世纪八九十年代，设施蔬菜发展初期，韭菜是本地区主要生产种类，在高寒地区不需人工加温就能够达到越冬生产，也是实现一年四季供应市场的为数不多的几个品种，在蔬菜生产上占有重要地位，很快发展了日光温室和塑料拱棚韭菜生产，效益显著，面积增加较快。近几年，由于设施韭菜生产效益低于设施果类菜（如黄瓜、番茄一年可生产两茬），设施韭菜发展基本处于停滞状态；东河区大田作物主要种植玉米，由于农村产业结构调整，玉米种植面积减少，露地韭菜生产有增加的趋势。

露地韭菜平均亩产（割 3 茬）3321 千克，亩产值 4120 元，亩成本 1290 元，亩纯收入 2830 元。效益比种植大田作物（如玉米）增加 2000 多元；塑料拱棚韭菜平均亩产（割 3 茬）3146 千克，亩产值 8373 元，亩成本 3350 元，亩纯收入 5023 元。效益比种植露地韭菜增加 2 倍多；日光温室韭菜平均亩产（割 3 茬）3021 千克，亩产值 26345 元，亩成本 11837 元，亩纯收入 14508 元。效益比种植塑料拱棚韭菜增加 3 倍多。

（四）组织发展情况

近几年，在沙尔沁韭菜主产区，不断涌现出韭菜生产经营农民专业合作社 12 家、种植大户 7 户，农业新型经营主体通过土地流转、订单合同、服务协作等利益联结模式带动农户 200 余户，约占全镇总农户数的 5%，韭菜生产土地流转面积达到 600 余亩，为设施韭菜规模化发展奠定了基础。韭菜生产经营采用"合作社 + 基地 + 农户"模式，农民负责种植，合作社负责销售，带动农民从事韭菜生产，大大增加了产量和效益。

（五）市场建设情况

东河区现有沙尔沁、东园等 6 个蔬菜产地批发市场，从事蔬菜及韭菜贩运的人员达 200 多人。销售渠道进一步拓宽，推动农业企业农产品仓储物流配送中心和综合交易市场及电子信息平台建设，建成果蔬保鲜库 2 万立方米，蔬菜便民直销店及加盟店 16 个。

（六）韭菜竞争力

包头市东河区韭菜生产的竞争力主要表现在：一是生产成本低。韭菜生产成本是种植果类蔬菜的 1/2，设施种植不需要加温，投资少、见效快。二是管理简单。韭菜生产基本上是直播，一年播种，多年管理和收获，与种植果类蔬菜相比，不需要育苗定植、不需要植株调整和管理，田间管理非常简单。三是市场销售价格基本稳定。通过近几年观察，韭菜价格虽然也有受市场冲击，遇到价格大起大落的时候，但和其他蔬菜相比，市场价格起伏相对稳定。

二、产业发展主要做法

（一）质量安全保障

东河区韭菜经过多次检测，合格率保持在 98% 以上。2018 年主要开展了韭菜标准化种植规程和病虫害绿色防控技术推广，试验示范高温日晒防治韭菜地蛆技术，减少化学农药使用量，提高韭菜质量和效益。经过多年的发展，逐步形成了具有东河区地域特色的韭菜产品。产品风味独特、品质好、闻名包头市内外，也成为东河区的地理商标和名片。

（二）重视科技水平

农业科技服务体系不断完善。东河区已建立现代农牧业产业园区，强化区基层农技服务站，农业服务产业起步良好；韭菜良种使用率达到 100%，建成鄂尔格逊村韭菜专业村 1 个；农业技术推广和社会化服务体系不断完善，建成植物医院及信息服务体系，农业科技服务覆盖面正在逐步扩大。品种不断更新换代，主要开展了韭菜品种引进及对比示范，选择丰产性能好的地块作为试验田，主要考察品种的丰产性、抗病性和外观品质。2018 年，引进黑马莲品种代替本地品种，产量增加 10% 以上，效益明显提高，标准化技术有效推广。在特色蔬菜体系的支持下，编制了《设施韭菜生产技术规程》。通过大面积示范推广，产量和质量有了进一步提高。组织农民专业合作社进行"新型种植技术推广示范"，取得明显效果。

（三）三产融合发展

东河区在积极推动韭菜合作社新技术示范基地建设的基础上，拓展产品销售、发展旅游农业，带动周边农户发展种植、加工、配送及农旅结合产业，提高农产品附加值。现有特色农产品加工配送企业 4 家，新建农产品储藏库 4000 平方米，特色蔬菜储藏加工能力明显提高，延长了产业链条，提高了附加值。另依托沙尔沁镇丰富的蔬菜、果树种植，规划建设蔬菜小镇田园综合体农业公园，大力发展农事体验采摘园、农家乐等旅游观光产业，实现一三产业融合发展。

（四）产业政策扶持

东河区政府组织编制了《特色蔬菜产业发展规划》，积极落实国家、自治区、包头市扶持发展设施蔬菜的有关政策。整合设施蔬菜补贴、土地整理项目、菜篮子工程项目、农业产业化、农田水利建设等扶持资金，统筹捆绑使用。东河区出台了扶持发展规模化特色农业的政策，吸纳更多的社会资金参与特色蔬菜项目建设，鼓励和支持企业、农民专业合作社、农户投资设施农业建设，银信部门对发展设施特色农业大力支持，解决农民融资难问题。

三、韭菜产业存在问题

（一）规模化程度不够

韭菜生产规模小、分布散，农户多数为分散经营，没有生产规模，形不成产业链条，属于原料型生产。蔬菜专业合作经济组织发展缓慢，在土地流转、规模经营方面存在较大差距。韭菜产品销售上受制于"二道贩子"，农民自己销售又花费很大的劳力和机械费等，各自为政，无法接受外销订单，有的接受订单又不遵守协议合同，销售渠道单一，合同订购数量少。

（二）蔬菜设施结构性能差

东河区年均气温 6.9℃，从月均气温变化看，11 月至第二年 2 月月均气温在 0℃以下，其中 12 月和 1 月气温最低，分别为 –10.5℃和 –12.3℃，极端最低温度 –37℃，降温幅度较大。冬季严寒，老旧温室采光、保温性差，不能满足冬季韭菜生产的要求。

（三）标准化程度不高

东河区沙尔沁镇属于老菜区，由于多年种植，连作障碍严重，病虫害发生比较普遍，标准化生产、商品化处理、品牌化销售尚不普及，产品质量有待进一步提高；基础设施建设滞后，新技术推广应用力度不够。设施农业种植技术跟不上现代农业发展要求，蔬菜产业社会化服务相对落后。

（四）市场风险大

多年来，全国蔬菜产业发展迅速，农村产业结构调整和产业扶贫项目首选蔬菜产业。目前，全国及本地区蔬菜生产处于饱和状态，价格大起大落，不稳定因素增多，增加了韭菜种植风险；再者，东河区农村地处城市郊区，农民选择种植的蔬菜种类较多，例如温室韭菜生产，亩均效益 2 万～3 万元，割 3～4 茬；种植果类菜（如黄瓜、西红柿）可选择两茬果类菜，即冬春茬和夏秋茬，冬季种一茬耐寒性绿叶菜（如菠菜、油麦菜、茼蒿、香菜等），三茬蔬菜种植亩均效益达到 5 万～6 万元，收入相差较大，并且有进一步拉大的趋势，由于比较效益不高，在一定程度上制约了韭菜生产发展。

四、韭菜产业发展对策建议

（一）实施设施改造提升工程，提高韭菜设施装备水平

针对目前韭菜生产设施的实际状况，一是加快新型日光温室的建造和旧温室的改建，推广应用新型内保温智能日光温室、高透光 PO 膜覆盖材料，提高机械化作业水平，提升设施环境的科学调控能力，全面改善设施的采光、保温性能，提高抵御风雪、严寒等灾害性天气的能力，为提高设施韭菜的稳产水平奠定基础。二是改善田间基础设施，在设施蔬菜重点产区，加强生产道路、排灌沟渠等设施的修整改造，配备必要的水电设施，为生产提供保障。

（二）实施质量提升工程，提高韭菜质量安全水平

一是严格投入品管理。规范农资市场，打击制销假冒伪劣农资行为，推动放心农资进村入户。二是抓好标准化生产。制定韭菜标准化操作规程，加快有机、绿色、无公害农产品和国家农产品地理标志认证的步伐。三是积极推进蔬菜病虫害的统防统治，组建由植保技术人员参加的蔬菜病虫害专业防治队伍，大力推广防虫网、粘虫板、频振式杀虫灯、性诱剂等病虫害绿色防控技术，减少化学药剂防治次数，降低农药使用量。四是建立健全质量检测体系，逐步落实市场准入制度。加强产品质量检测机构和监测点的建设，形成能够有效运转的蔬菜产品质量检测体系。实施基地准出制度，加强对蔬菜基地的质量抽检，对超标蔬菜坚决不准出生产基地。

（三）实施科技振兴工程，提高韭菜科技化水平

加强与国家特色蔬菜产业体系、高等院校、科研院所及国内外知名种业公司的交流合作；积极引进高层次专业技术人员，充实蔬菜科技队伍；健全科技推广服务体系，强化基地标准化生产、病虫害综合防控等技术培训，培养一批有文化、懂技术、善经营、会管理的高素质新型农业产业工人；加快科技成果转化和推广应用，大力推广抗病抗虫性强的韭菜优良品种，积极推广先进适用的农业高新技术；大力发展生态循环农业模式，清洁田园，增强优质韭菜可持续发展能力。

（四）扶持壮大龙头企业和合作组织，提高韭菜产业化水平

一是培植龙头企业。借助产业优势尽快引进一批知名度高、带动力强的龙头企业，积极引导他们培育生产基地，发展订单生产。二是大力发展合作组织。引导蔬菜生产经营者按照自愿互利的原则，兴办韭菜专业合作社等各类合作组织，不断强化"六统一"服务（统一品种、统一投入品供应、统一技术标准、统一检测、统一标识、统一销售），尽快形成"龙头企业（或市场、协会、合作社、流通大户等）＋基地＋农户"的产业化经营格局。三是引导支持韭菜产销对接。引导大型零售流通企业和学校、酒店等最终用户与产地韭菜生产合作社、批发市场、龙头企业等直接对接，减少流通环节，降低运营成本，促进韭菜产区和销区建立稳定的产销关系。

（五）实施名牌创建工程，提高韭菜品牌化水平

扩大特色蔬菜规模，建设特色蔬菜示范基地。进行特色蔬菜新品种引进示范，筛选适合本地区生产的韭菜新品种、新技术，加快标准化栽培技术推广，提高产量、质量。在此基础上，大力开展品牌推介、产品展销等促销活动，全力提高品牌韭菜知名度和市场竞争力，努力把"沙尔沁的韭菜"等传统特色品牌做大做强，通过整合现有资源，打造"沙尔沁蔬菜"品牌。

内蒙古自治区达拉特旗红葱产业

邢　俊　刘虎林　李金在　高振江　潘子旺　高　娃　姚慧静　张冬梅

（内蒙古达拉特旗农业多种经营工作站；内蒙古包头市农牧业科学研究院）

达拉特旗位于北纬 40°00″ ~ 40°30″、东经 109°100″ ~ 110°45″。属典型的温带大陆性气候，干燥少雨，冬寒夏热，昼夜温差大，从 4 月 16 日到 10 月 12 日，气温稳定在 10℃ 以上，积温 3197.4℃，无霜期 135 ~ 150 天。年均降水量 240 ~ 360 毫米，主要集中在 7 ~ 9 月，占年均降水量 90%，降雨时空分布不均，西部少，东部多，普雨少，雷阵雨多；降水少，蒸发量多，全旗年蒸发量为 2600 毫米。地形南高北低，有 49% 土壤是砂壤土，降水利用率不高。年均日照时数约 3000 小时以上，4 ~ 9 月日照时数在 1700 小时以上。正好符合红葱的生长要求。而且达拉特旗种植红葱的历史悠久，品味浓、质优、耐储藏，是北方人喜爱的调味品之一。

一、红葱产业发展现状

（一）种植区域、面积及产量

红葱对土壤的要求不严格，以土层深厚、排水良好、富含有机质的壤土或砂壤土为佳。达拉特旗九个乡镇均有红葱种植，恩格贝镇、树林召镇和吉格斯太镇的种植面积最大，全部为露地生产。这几个主产区每家每户都种植红葱，面积从一亩到十几亩不等，全旗种植面积在 1.5 万亩左右。近 10 年，由于年轻人出去打工，壮劳力减少，留守的多数是年龄较大的弱劳力，种植作物种类也逐渐转向比较省工的作物，例如玉米、土豆等。另外，红葱产量低，价格低，种植户的收益少，积极性低，这些因素导致红葱的种植面积逐年减少，到 2018 年，红葱种植面积为 1.2 万亩，减少了 0.3 万亩。其中，恩格贝镇种植面积最大，达到总面积的 50%，树林召镇种植面积占总面积的 20%，吉格斯太镇种植面积占总面积的 20%，其他镇种植面积仅占 10%。红葱的亩产差异较大，水浇地亩产比较稳定（占总种植面积的 90%），为 2500 千克左右，旱地（占总种植面积的 10%）的亩产波动大，遇到雨水充足的年份，亩产也可以达到 2500 千克以上，遇到雨水少的年份，亩产在 1500 千克以下，严重干旱的年份，几乎绝收，种植户面临赔钱风险。2018年红葱总产量约2.8万吨，产值3400万元。

（二）栽培技术

达拉特旗红葱种植一直采用传统种植方式，比较落后，一家一户分散种植，葱农自留葱种，第二年栽植；由于栽植过程均使用人工，所以株距不匀，一般在10~15厘米，倾斜栽植；采取旋耕，大水漫灌。产品粗细不匀，葱鼻短且弯曲，品相差。自2017年以来，田野葱光合作社在恩格贝镇黄母哈日村改进传统种植方式，将葱苗直立栽植，机械垄葱，采取深耕、滴灌措施，机械采收，红葱的品相得到大大改善，葱鼻直了，单株增高5~8厘米，增重18%，品相也好了。

（三）储存、销售现状

本地红葱除储存葱种外，全部应季销售。主要依靠自产自销或收购商上门收购，销往本地和呼和浩特市、包头、东胜等周边地区。比较偏远的地区由于交通不便，上门的收购商少，常出现滞销现象。自2015年开始，由合作社牵头，种植户与电商合作，通过开展红葱众筹活动，年初签订销售协议，年终统一派送，实现了线上线下同步销售，到目前为止，线上已帮种植户销售红葱200多万斤，市场扩展到山西、陕西等主销区。地头价格稳定在1.2~1.6元/千克，没有大幅度波动。

（四）深加工现状

目前，红葱还没有深加工产品。2017年9月，由内蒙古丝绸之路有限公司牵头，成立了鄂尔多斯红葱协会和鄂尔多斯红葱研究院，开展对当地红葱的研究和利用。2018年，内蒙古农牧业科技创业园创办人、鄂尔多斯市红葱协会会长、鄂尔多斯市红葱研究院秘书长、内蒙古红沙生物科技有限公司董事长牛犇表示，公司下一步将在恩格贝地区建立优质红葱种植基地，通过与小尾羊、西贝等大型连锁餐饮企业合作，推动红葱点对点销售。同时，将依托公司与中科院、内蒙古蒙药研究所建立合作关系，加大鄂尔多斯特色沙生红葱下游产品系列化开发，推动红葱素、红葱红酒等药用保健产品的深加工与应用。

（五）红葱规范化和标准化种植情况

2015年以前，红葱种植一直沿用传统种植方式，对红葱品质、产量、销售等方面造成了一定影响。之后，一些企业、合作社、种植大户开始从外地选调品种，流转土地规模化种植，在品种筛选、技术操作等方面做了大量研究。2018年初步提出本地红葱规范化和标准化种植意见。

二、红葱产业发展中存在的问题

（一）种植分散，影响统一管理和销售

达拉特旗红葱主产区虽然集中在恩格贝镇、树林召镇、吉格斯太镇，但都是一家一户分散种植，而且地域距离较大，收集起来费时费工，给收购造成不便，没有及时出售的小户，到了末期无人收购，导致产品滞销，给种植户造成很大损失。分散种植也意味着不同农户采取不同的种植、管理方式，导致红葱在外形、品质等方面差异较大，不能满足市场要求，从而影响销售。

（二）无优势品种，种植技术落后，影响红葱质量和产量

一直以来，种植户都是自留葱种，经过多年种植，已经出现品种退化，严重影响了产量；再加上种植技术落后，病虫害防治不当，造成葱形不美观，葱鼻短，产量低。

（三）价格低、销售渠道窄，影响红葱产业健康、持续发展

经过调查，3 年以来，红葱的地头价格在 1.2～1.6 元/千克，在红葱没有大量上市的月份，可以卖到 1.6 元/千克，而到 9 月底红葱大量上市，只能卖到 1.2 元/千克。上门收购的都是小商小贩，价格压得低，若自产自销价格会稍高一些。农户种植红葱的亩收入只略微比种玉米高一些，如果遇到滞销情况，还会赔本，而且种葱还比较费工，所以农户种植红葱的积极性不高，面积在不断减少，影响了红葱产业健康持续发展。

（四）以初级产品为主，无深加工

达拉特旗虽然种植红葱历史悠久，但仍然以初级产品为主，种植户自产自销，或等待收购商上门收购，红葱主要作为调味品销往周边地区，没有进行任何加工包装，科技含量低，经济附加值低，虽然成立了红葱协会、研究院，但新产品还在研究阶段，未投入生产，未能为农户带来利润。

（五）农户资金短缺，机械化程度低，限制了种植面积

农户资金短缺，不愿意花费资金选调品种，购置配套农机具，而本地葱种已经退化，不能适应市场的要求，种植红葱又比较费工，在财力、物力、人力短缺的情况下，势必会缩小种植面积，限制了红葱产业的发展。

（六）病虫害防治不当，大大降低了产量

由于种植户思想陈旧，栽培技术落后，种葱的地块不进行倒茬，病害一年比一年厉害，严重时可能颗粒无收；有的盲目引种，引入带病品种，且没有综合防控能力，导致病

害严重发生，降低了品质和产量。另外，化肥施用不当，造成土壤肥力下降，也是产量降低的一个重要因素。

三、对策建议

（一）引进优质高产抗病的红葱品种，建立无病虫害的葱种繁育基地

本地葱种退化，品质下降，产量降低，已经严重影响了红葱产业的快速发展。有关技术部门可以尝试从红葱种植面积较大的山西、陕西等地引进新品种，通过试种、比较，筛选出适合本地生产的高产、优质、抗病的品种，并加以推广。另外，鼓励企业、合作社等建立无病虫害的葱种繁育基地，不仅能解决农户引种难、引病种的问题，而且可以为当地红葱产业健康、持续发展提供保障。

（二）流转土地，实现红葱规模化种植

分散种植是红葱产业发展的一大障碍，解除这一障碍的有效途径便是流转土地，实现规模化种植。这一点，田野葱光合作社起到了带头作用，该合作社流转了黄母哈日村一百亩土地，全部种植红葱，采用机械作业，统一管理，使产品的品质及整齐度得到了很大提高，在集中销售时供不应求，得到收购商的青睐，避免了分散种植遇到的种种尴尬。由此，镇政府应根据各主产区实际情况，帮助企业、合作社流转土地，为实现红葱规模化种植铺平道路。

（三）加快规范化、标准化种植基地建设

红葱是恩格贝镇、树林召镇、吉格斯太镇农户的主要经济作物之一，要发展红葱产业，就要改变传统种植，改进种植方式。在每个主产区至少建立一个规范化、标准化种植基地，作为示范，影响带动周边农户。农业技术部门可以通过举办专家讲座或集中培训，正确指导农户如何选取优良品种、栽植、管理、预防病虫害等知识和技能，让他们逐步走上规范化、标准化的生产道路。

（四）增加订单生产，拓展红葱销售市场

目前，达拉特旗红葱主要是自销或小商小贩上门收购，市场局限于周边地区，需求量小，往往出现滞销现象。为解决这个问题，可以借鉴该旗订单生产非常成功的南瓜产业，做红葱订单生产。由政府、农业部门为企业和合作社牵线搭桥，促成双方合作，签订产销合同，建立双方利益联结机制，减少红葱生产的盲目性，降低市场风险。这样，不仅能够帮助农民增加收入，还能为企业提供稳定货源，达到企业与农户合作共赢。

（五）开拓深加工

达拉特旗红葱以初级产品为主，2018 年尝试做净菜销售，利润也不是很理想，而且

废弃部分多，非常可惜。因此，还要发展深加工。由政府牵头，组织企业、合作社与科研机构合作，开发经济附加值高的药用品、保健品等高端产品，实现葱农与企业利益双赢。政府应积极引导和扶持红葱加工企业的发展，培育龙头企业，在投资、贷款、补贴方面给予优惠，以其发展带动全旗红葱产业的壮大。

（六）推行农业保险，保障葱农的利益

农民种植红葱有两大风险：一是自然灾害造成的减产风险；二是价格波动形成的市场风险。这方面，农业保险的开展是个空白。政府要给予保险公司相应的政策扶持和一定的财政补贴，并在农民中加大宣传，让农民认可接受，以保证保险业务的顺利开展。

内蒙古自治区包头市九原区芥菜产业

高常军 孙 科 高振江 高 娃 姚慧静 张冬梅 潘子旺

（内蒙古包头市九原区农业技术推广中心；内蒙古包头市农牧业科学研究院）

一、芥菜产业发展现状

（一）种植面积和产量

蔬菜是九原区的传统优势产业，2018 年全区农作物播种面积 28.7 万亩，其中蔬菜播种面积 8.1 万亩，主要种植的蔬菜为大宗蔬菜（茄果类、瓜类、叶类菜等），特色蔬菜中芥菜种植面积 0.42 万亩，仅占蔬菜播种面积的 5%。由于缺少大型加工企业的带动及家庭腌制对芥菜的需求减少，近几年九原区芥菜生产面积基本维持在 0.3 万亩左右，亩产量 3500 千克左右（见表 1），九原区芥菜产业还处于起步阶段。

表 1　芥菜产业发展情况

年份	面积（万亩）	产量（万吨）	单产（千克/亩）
2010	0.26	0.83	3200
2011	0.31	1.08	3500
2012	0.28	0.97	3480
2013	0.33	1.12	3400
2014	0.26	0.91	3500
2015	0.2	0.72	3600
2016	0.15	0.51	3467
2017	0.15	0.52	3467
2018	0.42	1.61	3830

数据来源：九原区农牧业局。

（二）种植品种和模式效益

九原区芥菜品种主要有日本光头芥和牛毛芥。日本光头芥占种植面积的90%，牛毛芥占种植面积的10%。日本大光芥从日本引进，国内种子公司选育，叶柄和叶片小而直立，生长势强，肉质根青皮光滑细嫩，浅绿色，生长速度快，单根个头大；牛毛芥为当地农户多年自留品种，生长势强，肉质根细嫩，芥辣味浓郁，茎叶均可腌制。

九原区芥菜栽培为露地栽培，7月中下旬播种，9月下旬开始采收，一般与小麦、甘蓝、甜玉米、油麦菜等作物复种，有效提高了种植收益。2018年，芥菜平均每亩收入约3600元，每亩成本约1500元，平均每亩纯收入2100元左右。

主要种植区域分布在人均耕地较少的麻池镇，哈业胡同镇和哈林格尔镇人均耕地较多，大多数种植户没有精力再进行复种。

（三）销售加工

九原区芥菜一般由蔬菜经纪人在田间收购，经过清洗后，主要销往包头、呼和浩特、鄂尔多斯、集宁等地。九原区目前没有芥菜加工厂，芥菜主要用于家庭腌制。

二、芥菜产业发展优势

（一）资源优势明显

（1）土壤与气候适宜。九原区农田土质为壤土或黏壤土，土壤肥沃，养分含量高，适宜种植蔬菜，加之水利设施较为完善，灌溉方便，旱涝保收。气候条件较好，属半干旱中温带大陆性气候，年平均气温8.2℃，最低温度−25℃，最高温度35.5℃，年降水量300～400毫米，无霜期126～140天，≥10℃有效积温2700℃～3000℃，日照充足，昼夜温差大，年日照时数3070～3170小时，适合各类农作物生长。由于九原区夏季凉爽、温光适宜，因此已经成为我国北方地区重要的夏秋季"北菜南运"基地之一。由于京津和我国南方大部分地区7～9月夏季炎热、降雨多，并常伴有台风等影响，蔬菜生产相对困难，为九原区及包头市蔬菜销售提供了广阔的市场空间。

（2）区位与交通便捷。从区位条件看，九原区地处包头市郊区，包头市位于内蒙古中部偏西，北依大青山，南临黄河，是我国实施西部大开发战略的重点区域，也是国家"呼包银"经济带和内蒙古自治区"呼包鄂"经济圈的重要节点，同时，包头市毗邻蒙俄，地处环渤海经济圈的腹地，是连接我国华北和西北的纽带。而九原区则环绕包头市，区位优势十分明显。九原区蔬菜产品以鲜菜为主，包头市较完善的路网建设为九原区蔬菜产品运输和销售提供了极大的便利条件。九原区得益于包头市交通设施建设，区内路网密集、交通便利、通达性好。京包、包兰、包白和包神铁路成了由包头通往祖国各地的铁路交通网络；公路方面，包头城区路网与环城高速公路形成了贯穿全区的便捷道路网络，呼包高速公路与丹东至拉萨高速公路横贯全区，多条二级公路可以方便地通往北京、银川、东胜、白云等，形成了与周边城市和地区、口岸相连的公路路网。九原区便捷的交通条件是蔬菜顺利外运外销和获得较高生产效益的重要保证，对蔬菜产业的发展具有重要的推动作用。

（二）土地资源充足

九原区所辖行政区域内的总耕地面积 28.7 万亩，常年菜田面积为 8.1 万亩，仅占全区总耕地面积的 25.5% 左右，土地资源富足，为今后九原区芥菜产业发展提供了广阔的空间。同时九原区芥菜生产可与小麦、甘蓝、甜玉米、油麦菜等作物复种，有效提高种植收益。目前九原区适宜芥菜复种的面积约有 5.6 万亩（其中每年小麦播种面积 4.2 万亩，甜玉米 0.8 万亩，甘蓝 0.6 万亩），芥菜生产发展土地资源充足。

（三）技术支撑逐步完善

九原区蔬菜种植有 200 多年的历史，当地农民在种植过程中积累了丰富的经验。近几年，蔬菜种植结构由单一品种向多品种和名优品种转变，重点推广了绿色防控、平衡施肥、节水灌溉等配套技术。同时，九原区的蔬菜生产管理技术推广、科技推广服务体系建设、产业社会化服务体系建设等方面也逐步完善和提高，区乡村三级农业科技推广机构基本健全，蔬菜产业科技含量逐年增加。

（四）市场体系初具雏形

九原区是包头市主要的蔬菜生产基地，蔬菜商品化率达到 95% 以上。目前，九原区的蔬菜在夏秋季节约有 1/3 的蔬菜产品销往京津及南方各地，每年 7~11 月是蔬菜销售旺季，蔬菜经营单位主要以家庭为主，农业企业数量较少。随着经济不断发展，社会分工越来越细，菜农直接进城卖菜的现象逐年减少，而专门从事蔬菜贩运的人数逐年增多，很多农民已从种植业中分离出来，专门从事蔬菜的流通。随着九原区蔬菜面积不断增加，市场流通进一步搞活，达到了生产市场流通的良性循环，市场体系初具雏形，中介组织得到发展，农民经纪人队伍崭露头角，已涌现出一批专门从事蔬菜营销的市场或企业，目前从事蔬菜流通的人数已达到 4800 人，经营额达到 1.5 亿元，收入达到 9600 万元。良好的产销发展状况是今后九原区蔬菜产业进一步发展的巨大优势，可带动九原区芥菜产业进一步发展。

三、芥菜产业发展存在的问题

（一）缺乏蔬菜加工企业带动，种植户组织化程度低

由于包头市没有大型的蔬菜加工厂，目前芥菜加工以家庭腌制为主，随着家庭腌制需

求的减少，导致对芥菜需求不高。此外，九原区目前还没有专门的芥菜合作社把种植户有效地组织起来，种植面积的多少完全由市场调节，而市场又存在极大的不确定性，遇到周边地区芥菜产量大的年份，当地销售价格很低，也是导致芥菜生产规模上不去的主要原因。加之销售上没有主动权，芥菜生产种植收益低，农户种植芥菜积极性不高。

（二）农产品市场发展总体水平较低

由于九原区蔬菜市场发展的时间不长，起点低、经验少，投入和积累不足，农产品市场发展总体水平较低。批发市场数量仍然不足，特别是产地市场较少，目前九原区麻池镇、哈林格尔镇、哈业胡同镇 3 个无公害蔬菜生产基地只有 8 家小型的地头市场，市场设施都比较简陋，缺乏配套的储藏设施。市场体系不完善、信息体系不健全，流通效率低。采后加工环节技术水平较低，大部分上市的蔬菜未经清洗、分级处理、预冷、包装等措施而直接销售，净菜包装、配送服务、连锁经营等新型服务形式的探索尚未真正起步。

（三）种植户年龄大、素质低

随着城镇化的发展，务工工资的不断提高，外出务工人数较多，农村大批素质较高的青壮年劳动力已经进城务工经商，留在村里从事农业生产的农民年龄大都在 50 岁以上。目前，九原区种植蔬菜的农户约有 0.65 万户，农民年龄 50 岁以上者占 85%。农民素质整体不高，目前全区农村劳动力中初中以下文化程度者占 25.6%，初中文化程度者占 58.5%，高中文化程度及以上者仅占 15.6%，技术推广效果较差。种菜技术水平随地区不同有较大差异，麻池镇农民种植水平最高，发展蔬菜生产积极性较高，其次为哈林格尔镇，受传统种植习惯的影响，九原区西部地区农民发展蔬菜生产的积极性不高。

（四）品种单一、退化严重

九原区芥菜品种只有 2 个，其中日本光头芥为主栽品种，牛毛芥种植面积较少，两个品种都是常规种，种植户自留种现象严重，而且自留种的时间相对较长，导致制种纯度下降，容易退化。

（五）产品质量安全控制有待完善

蔬菜生产过程中化肥和农药等生产资料的过量投入已经成为影响蔬菜产品质量安全的重要原因。目前，尽管九原区所有菜田均已推行了无公害蔬菜生产技术规范，但不同种类规范建设情况不一，只有主栽品种技术规范较健全，芥菜、葱等特色蔬菜还没有统一的技术规程。在已建立的标准化菜田基地中，只有 2 家企业开展绿色产品认证工作；尽管推广、示范了诸如蔬菜测土配方施肥等技术，但缺乏相应的土壤及作物养分检测设备和手段；在蔬菜病虫害防治方面推广了包括物理防治、机械防治、农业防治和生物防治等在内的相关技术，并配备了产品质量监测设备，但未配备专门的管理、监督机构，主要蔬菜产区、交易市场及相关企业的产品质量安全快速检测点设置不健全。因此，随着九原区蔬菜标准化基地建设工作的不断推进，必须采取相关措施加以改善。

四、芥菜产业发展对策建议

（一）引入、扶持、培育加工企业和专业合作社

政府部门要营造良好的投资环境，在土地、电力、贷款、税收等方面给予优惠和支持，吸引外地蔬菜加工企业到九原区发展。支持蔬菜加工企业进行技术改造和产品升级，发展蔬菜精深加工，努力提高附加值，走高起点、深层次、外向型发展的路子。同时积极培育芥菜专业合作社，由合作社跑市场、找信息、与农户签订购销合同，根据市场供需情况组织农民有计划地生产，做好生产与市场的衔接，组织全方位的产前、产中、产后服务。加强协调和管理，处理好企业、合作社与菜农的关系，确保双方利益的统一，实现千家万户小生产与千变万化大市场的对接。树立品牌观念，实施品牌战略，发挥品牌效应作用，提高蔬菜产品品位，带动芥菜产业结构调优，产业做大做强。

（二）建设农产品市场，组织实施升级拓展工程

围绕九原区蔬菜产业，建设一个大型农产品物流中心，为包头市打造西北地区最大的蔬菜集散基地奠定基础，为蔬菜产业做大做强创造条件。把无公害蔬菜生产基地6个地头市场改建成产地批发市场，其中麻池镇2个，哈林格尔镇2个，哈业胡同镇蔬菜集中产地2个。确保每个无公害蔬菜生产镇都有蔬菜产地批发市场，更好地推动蔬菜优势产业的发展。着力推进市场地面硬化、水电道路系统改造、交易厅棚改扩建、储藏保鲜设施、加工分选及包装设施、客户生活服务设施、市场信息收集发布系统、市场管理信息化系统、质量安全检测系统、卫生保洁设施等方面的基础设施建设，实行场地挂钩、开展加工配送、监管质量安全、推进规范包装、强化信息服务、发展现代流通、壮大市场主体、开拓对外贸易、维护安全交易、完善公共服务。在居民生活中心区，结合城市社区建设，统筹规划，统一标准，建成3个标准规范的蔬菜直销市场；重点引导批发市场、农贸市场建立农药残留检测室，争取资金配备检测仪器、检测人员，使其能独立开展残留检测。

（三）做好宣传发动和技术培训

通过政策引导，吸引农民和其他社会力量积极投资蔬菜生产。通过多种形式宣传发展蔬菜生产的必要性和可行性，提高农民的种菜积极性，积极发展芥菜生产。通过《九原区新型职业农牧民培训》项目的实施做好培训工作，因地制宜、因材施教，培育造就一批新型职业农牧民队伍，使新型职业农牧民成为发展农牧新产业新业态的先行者、应用新技术新装备的引领者、创办新型农牧业经营主体的实践者。各级农业部门有组织、有计划地开展技术培训，使菜农培训入户率达到100%，培训一批农民技术员，促进九原区芥菜产业发展。通过加大新型职业农牧民培育力度，培育一批爱农业、懂技术、善经营的职业

农牧民队伍，为乡村振兴战略的顺利实施奠定人才基础，并为蔬菜产业的发展提供保障。

（四）加大新品种的选育和引进

要加强与科研院所、大专院校以及推广机构的合作，走农科教相结合、产学研相结合的路子，加强对新品种、新技术的引进、试验、示范和推广工作，加速品种的更新换代和新技术的广泛应用。目前包头市农牧业科学研究院已着手开展对牛毛芥的提纯选育工作。

（五）强化标准化生产与产品质量安全意识

为了蔬菜产业的健康发展，应继续完善健全检验检测与监控体系，搞好农产品标准化生产示范基地建设。按照抓源头、重过程、保质量的要求，产前搞好产地环境监测和禁用农药清理，产中抓好无公害新技术的推广，严格执行标准化生产技术规程，产后搞好产品质量产地监测，确保有害物质残留不超标，全面提高农产品质量安全。

农业部门要切实落实 2015 年农业部制定的《到 2020 年化肥使用量零增长行动方案》和《到 2020 年农药使用量零增长行动方案》，做好《蔬菜平衡施肥技术》和《无公害果蔬病虫害防治技术》两项技术的推广。通过平衡施肥技术的推广，使种植户逐步掌握测土配方、水肥一体化等技术，同时宣传和引导增施有机肥、生物肥、专用肥、长效肥、缓释肥和有机复合肥等新型高效肥料，使化肥使用量逐年减少；通过无公害病虫害防治技术的推广，使种植户采用合理轮作、清除病残体、控制温湿度等农业、物理、生物防治措施；通过加大高效、低毒、低残留农药和生物农药的推广力度，示范和推广应用植保新技术，规范农药安全使用技术，科学合理、安全用药，有效降低化学防治次数，降低农药成本和农药污染，使农药使用量逐年减少。

内蒙古自治区土默特右旗辣椒产业

田　丰　段翠萍　张雪峰　高振江　张冬梅　潘子旺　高　娃　姚慧静

（内蒙古土默特右旗农业技术推广中心；内蒙古包头市农牧业科学研究院）

土默特右旗辣椒产业经过多年培育发展，2018 年种植规模在 0.3 万亩左右，鲜椒总产量 0.5 万吨。品种以北京红为主，技术模式支撑运行良好，成为农业增效、农民增收的一条重要渠道。为助推该旗辣椒产业向标准化、规模化、全产业链化发展，以旗"十三五"规划为指导。围绕全产业链健康发展做文章，以经纪人队伍为抓手，力图探索建好产地，做好市场，实现种得好、卖得好，保障产业经济效益的有效路径。现将调研情况报告如下。

一、辣椒产业发展现状

土默特右旗是包头市最大的农业旗县，全旗总面积 2600 平方千米，总人口 36 万人，其中农业人口 25.6 万人，辖 5 个镇、3 个乡、3 个管委会、201 个村委会。耕地面积 157.3 万亩，全年降雨量 364 毫米，年均气温 6.8℃，全年日照充足，热量资源丰富，全年日照时数 2954 小时左右，≥10℃的有效积温 3053℃，无霜期 135 天。具有适宜的自然环境、良好的农业基础、优越的自然条件、雄厚的科技力量。尽管具有良好的辣椒种植基础，但由于各种原因，该产业长久以来都停留在"为食而种"的阶段，没有充分挖掘潜力，变"菜篮子"为"钱袋子"。

（一）种植规模逐步扩大，效益明显

近年来，旗委、旗县政府对辣椒产业高度重视，把其作为特色产业之一，坚持以市场为导向，按照"集中连片、规模生产"的要求，积极引进内蒙古蒙农兴华公司发展订单红辣椒，把辣椒产业作为产业结构调整的"重头戏"来抓实、抓好。在政策扶持、种植技术、交易平台、仓储加工、延伸链条、环境优化等支撑要素方面加以支持、引导和培育，放手繁荣市场，让辣椒走向全国，形成了该旗辣椒产业发展的特色亮点。发展订单红辣椒 3100 亩，集中连片示范种植红辣椒的有苏波盖乡苏波盖村兴国种养殖农民专业合作社流转耕地种植红辣椒 1000 亩；美岱召镇瓦窑村 1000 亩；沟门镇板申气村种植 300 亩，

海子乡壕畔村种植 300 亩，二十四顷地村种植 200 亩；双龙镇磴口村种植 300 亩。推广辣椒生物菌剂 2000 亩。种植结构调整工作走在了全市前列。通过调查，红辣椒鲜重平均亩产 1600 千克，市场单价 2.2 元/千克，亩收入 3520 元，亩成本 1500 元，亩纯收入 2020 元；种植红干椒比种植玉米预计亩纯收入增加 1000 元左右。充分调动了广大群众的生产积极性，发挥了上年发展起来的种椒大户的示范带动作用，按公司与农户签订的最低保护价 2.2 元/千克计算，实现产值 1091 万元，初步形成了市场牵龙头、龙头连基地、基地带农户的产业发展体系。

（二）产业效益日益提升

种植辣椒与种植小麦、玉米等作物相比，辣椒具有明显的经济优势。据不完全统计，辣椒种植每年可为全旗椒农增加经济收入近 1000 万元，辣椒收获后人工采摘可为农民增收近 150 万元。全旗辣椒产地共有各类辣椒购销摊点 20 多个，辣椒经纪人 10 多人，年交易辣椒近 0.5 万吨。产品主要销往山东、河北等地，部分通过外地外贸企业销往韩国、日本等地。全旗现有冷库 2 座，年冷储量达到 100 万千克。围绕辣椒种植、销售等环节，全旗建成有宏乡源、兴国、长青等农民专业合作社，重点在种植、农资供应、技术指导、交易销售等方面提供服务。带动辣椒种植、采摘、交易等相关人员 1000 多人，椒农扣除投入成本，亩均纯收入一般在 1500～2000 元，农民帮助种植大户栽种辣椒每天可获得 100 元左右收入，辣椒产业已经成为一个藏富于民、引领该旗特色农业突破发展的产业。

二、推进辣椒产业发展的主要措施

（一）抓新型农民培养，促使观念转变

虽然辣椒产业发展在土默特右旗已经形成很大声势，但大部分农民素质不高，思想守旧，视野狭窄，依然存在等待观望心理。因此，大力开展新型农民培养，举办辣椒专业培训班，邀请专业技术人员现场授课开展蔬菜技术培训 5 次，培训农民 800 人次。派出 3 支科普小分队下到田间地头进行科技示范推广，聘请"土秀才""田专家"和"种植大户"现身说法，极大地提高了农户的种椒积极性和科技水平。对辣椒生产的优势及科技知识进行广泛宣传，做到人人皆知，家喻户晓，转变了广大人民群众自给自足的思维模式，由为食而种变为为卖而种。

（二）实抓农产品基地建设

按照"调减大路菜、发展优质菜、拓展特色菜"的思路，优化蔬菜产业区域布局，引导加快辣椒等优势特色蔬菜高质量发展，稳步推进土默特右旗露地辣椒产业发展。引导建设了 2 个千亩标准化辣椒特色蔬菜示范基地、3 个设施蔬菜示范基地。抓住"优质、特色、绿色、生态、安全"这些"卖点"，引导生产发展，创造更多市场需求。依托各类新

型经营主体推行蔬菜标准化，推动建立一批蔬菜标准化生产园区，将产前、产中、产后全过程纳入标准化管理。要强化源头管控，严格投入品管理、生产档案、产品检测、基地准出、质量追溯 5 项制度，促进各类追溯平台互联互通和监管信息共享，确保蔬菜产品质量安全。进一步组织实施"蔬菜'两减'提质增效集成技术"等主推技术示范应用。充分发挥上年发展起来的种椒典型村、典型户的示范带动作用，因势利导、推广放大，面对面、手把手地引导农民群众学技术、找市场，让群众心中有一个明显的对比，让他们看到调整后的希望，把"星星之火"放大成"燎原之势"。

（三）加大科技推广力度，提高产品质量

（1）严把品种关。积极引进优良品种，改善产品品质，提升产业档次，大力推广一批适应消费需求、优质抗性强、耐贮运和适宜加工的新品种，实现良种覆盖率 100% 以上。

（2）严把育苗关。育苗是整个辣椒生产的关键环节，关系到整个辣椒产业的成败，为降低群众育苗成本及育苗风险，对新引种进行商品化育苗，采取统一田间地块、统一时间下种、统一专人管理，确保育出壮苗，保障大田移栽。

（3）抓好样板带动。全旗农业中心技术人员分片包干，定村、定户、定田块，严把技术关，抓好对辣椒病虫害进行综合防治。大力推广无公害生产技术操作规程，积极推广生物防治、配方施肥等高效栽培技术，严格控制违禁农药和化肥的使用，从源头上解决生产上有害残留问题，发展绿色产品。

三、辣椒产业发展中存在的问题

土默特右旗辣椒产业经过几年的培育，尽管在不断发展壮大的过程中形成了一定优势和特色亮点，但在种植、加工、市场交易竞争等方面仍然存在一些亟待解决的问题。

（一）重视程度不够，指导力量薄弱

虽然土默特右旗辣椒产业已成为一个农业增效、农民增收的优势产业，但相对应的是重视程度还不够，抓产业的力量薄弱。对辣椒产业化研究有待提高，辣椒产业发展趋势不明了。产业中的品种、土地（土壤）、种植技术、管理、化肥农药的施用、收储、交易、加工、物流等各环节点关联协调，资源要素整合尚存在诸多难题，需进一步深入研究。

（二）辣椒交易秩序混乱，调剂市场能力较弱

（1）经纪人各自为战、内部恶性竞争。市场好的时候人人都是经纪人，人人都是胜利者，抢夺资源与市场。市场不好的时候，对内压级压价，对外恶意竞争，践踏行业规则，积习下来，虽然市场的容量不小，但市场的主导权始终无法拥有，受制于人，种植户和经纪人利益得不到保障。

（2）马路市场和冷库仓储点多面广、散、乱等问题突出。目前，全旗辣椒交易主要以苏波盖村的辣椒批发市场和分散的马路市场为主，一般采用简易仓库和租借冷库混合、分散或露天存储，易被外来客商与大的经纪人击破。干预影响、谈市论价能力弱，这一弱点很容易被其他市场、客商捕捉到，导致收购环节经营无序，辣椒质量保障能力差，产品外流，市场知名度及影响力下降。

（三）加工转化力不足，区域竞争力不强

土默特右旗辣椒产品资源丰富，但没有利用好自身优势。从购买品种，到卖原料，原始粗放和低效，缺乏产业链后端，区域竞争力难以提升。

（1）当地市场开发不够。辣椒专业市场建设滞后，生产的辣椒绝大部分靠经销商贩运到外地市场销售，销售价格和数量受制于人。

（2）外地市场拓展不深。对外地市场的开拓主要靠经销商一对一单线联系，各自找自己的销售地和销售商，没有形成合力，市场认同度不高。

（3）风险机制尚不健全。辣椒产业属于传统产业，既有自然风险，又有变幻莫测的市场风险，稍不留神农民就会颗粒无收、经营者血本无归。

（4）品牌建设需要加强。品牌就是市场，品牌就是效益，由于没有自己的品牌，土默特右旗辣椒产业发展处处受制于人，做大做强困难重重。

四、辣椒产业发展建议

（一）摆上重要位置，增强发展引领力

把辣椒产业作为引领特色农业突破发展的支柱产业，作为富民富财政的重要渠道，加大培育扶持力度。

（1）进一步提高全旗对辣椒产业化发展尤其是全产业链发展的认识，强化特色产业的地位，认真研判发展趋势，包括品种的更新换代，种植技术模式的探索，土地土壤结构改良、收储保鲜、市场占领、精深加工等，用产业化的理念定位辣椒产业发展。

（2）强化技术服务力量，整合资源统筹提升服务。制定发展规划，协调有关部门在技术推广、群众发动、招商引资、资金筹措、市场营销等方面整合资源与要素，协调各方，运用调节机制，围绕产业发展统筹提升服务。

（3）建好信息平台，用好大数据。充分认识信息的重要性，用信息贯穿引导全产业链的发展，从田间地头的溯源系统到品种的来源信息，到土壤的测控、农药的施用，到全国市场的连接，建立有效的信息收集，经加工甄别后通过信息平台发布到农户、经纪人所持的终端上，用信息指导生产、在线互动、把握行情、跟踪物流、决策生产经营。

（二）服务规范产业发展，强化基础承载力

按功能界定服务支撑元素、体系，做精、做细、做深服务。

（1）适度扩大规模化种植。鼓励有条件、有资金的种植大户推行规模化种植，提高机械化程度，促进辣椒产业规模化发展。

（2）推广普及新品种、新技术。加强与农业科研院所、高等院校的对接。为企业、农户搭建平台，抓好辣椒新品种的培育，选育出优质、高产、抗病、适应市场需要的优良品种。实施工厂化温棚穴盘育苗，探索机械化种植并向农户积极推广。政府相关部门要发挥好职能作用，积极推广测土配方施肥、病虫害绿色防控等实用技术，调整优化土壤结构，推动辣椒产量和品质双提升。同时，借助相关优惠政策，在种子、化肥、工厂化穴盘育苗、机械化推广、烘干炕房上给予政策倾斜，营造宽松发展环境。

（3）完善农田基础设施。发挥小农水重点县优势，不断完善农田抗旱排涝设施，充分满足椒农的种植灌溉需求。推广膜下滴灌技术，加快"智慧农业"建设，加大科技投入，加快农业科技平台建设，实现辣椒种植智能管理。

（4）加大辣椒产业发展资金扶持。引导银行等金融部门，通过降低抵押贷款门槛、补贴贷款利率等方式，帮助种植大户和经纪人化解资金难题。探索奖补形式，对辣椒产业发展中有突出贡献的企业和个人进行奖励，调动各方积极性。

（三）规范交易市场秩序，增强调节市场能力

（1）整合经纪人队伍，形成产业联盟。经纪人队伍懂行情，会经营，要善加爱护和利用，着力引导他们建立产业联盟，加强行业自律，避免内部恶性竞争，争得市场主导权。

（2）规范辣椒交易模式，维护交易秩序，保障土默特右旗椒农和辣椒经纪人的收益。全力提升该旗辣椒的知名度和美誉度，激发群众种植辣椒的热情，更好地推动辣椒产业市场规范化发展。

（四）积极拓宽渠道，提升市场竞争力

（1）加快推进专业市场建设。专业化市场的建立对确立辣椒在区域、全国的主导权有不可估量的作用。以产地市场对接外部交易市场和加工企业。要想方设法吸引鼓励各类经营人入住，凝聚人气、繁荣市场，规模集约经营。要着力配套库存库容，形成调剂市场、留住经纪人的能力。专业市场的建立，除增强调剂市场能力外，对引进加工企业也会起到积极的促进作用。

（2）想方设想法做好加工增值文章。加工增值是下一步应做的文章，不论是招引企业也好，还是培育本地企业也好，做好辣椒的加工这篇大文章应当提倡。要发挥土默特右旗招商引资政策优势，积极引进国内知名的辣椒加工企业，实现全旗辣椒从卖原料到加工增值。

总之，土默特右旗的辣椒产业已初步迈出了第一步，全旗广大干群将正视自身差距，增强危机感和紧迫感，进一步解放思想，科学发展，努力把辣椒产业培养成土默特右旗的又一支柱产业，唱响增收致富的主旋律。

六、宝鸡综合试验站

陕西省渭南市华州区辛辣类蔬菜产业

赵银平　赵增寿　张会亚　辛　鑫

（陕西省渭南市农科所）

渭南市华州区位于陕西省关中平原东部，东经 109°36′00″～110°2′48″、北纬 34°12′27″～34°36′27″。大陆性季风半湿润气候，光、热、水、土条件优越，生态环境优良，发展蔬菜种植得天独厚。蔬菜是华州区农业的主要产业和传统产业，是农业增效、农民增收的重要途径。经过多年发展，蔬菜产品结构日趋合理，特色蔬菜产业发展规模扩大，精品名牌独具特色，形成了集大众菜和特色蔬菜于一体的品种多元化格局。其中，东赵芦笋、华州山药、赤水大葱等特色蔬菜质量上乘，享誉省内外。目前，该区蔬菜产品除满足本地市场外，85% 以上远销省内外，已成为农民增收致富的支柱产业。

一、特色蔬菜产业发展现状

（一）种植种类丰富，规模逐年增加

据统计，截至 2018 年底全区蔬菜种植面积达到 2.2 万公顷，总产量 85.2 万吨，总产值 9.32 亿元。露地蔬菜总面积 1.4 万公顷，露地产量 62.4 万吨，总产值 5.62 亿元；设施蔬菜总面积 0.8 万公顷，设施产量 22.8 万吨，总产值 3.7 亿元。中小棚面积 0.3 万公顷，产量 7.20 万吨，产值 1.4 亿元；大中棚面积 0.3 万公顷，总产量 12.08 万吨，产值 1.5 亿元；日光温室蔬菜面积 0.2 万公顷，总产量 3.52 万吨，总产值 0.8 亿元。蔬菜品种已达到 200 多个，从事蔬菜产业的农民近 4 万户，占农业总人口的 53%。菜农人均年收入 3 万元，仅蔬菜产业一项就使该区农民人均增收 3500 元，占全区农民人均纯收入的 42%。

特色蔬菜种类多，面积大。近年来，辣椒、葱面积共计约 0.1 万公顷，其中辣椒面积约 533.3 公顷，主要为日光温室、大拱棚栽培；大葱种植面积约 400 公顷，主要分布在赤水镇、高塘镇、大明镇，品种有赤水大葱、章丘大葱、日韩葱等；洋葱面积约 400 公顷，主要分布在柳枝镇、下庙镇、瓜坡镇、赤水镇等镇；韭菜面积 1 万亩左右，主要分布在下庙镇、华州街道办、赤水镇李家村等，主要采取露地、中拱棚栽培，春节前后上市；大蒜

面积约 100 公顷，主要分布在赤水镇、瓜坡镇、高塘镇、大明镇等，主要为蒜苗、小拱棚露地栽培。

（二）产品优质、口感较好

资源优势、科学规范的栽培技术是华州区特色蔬菜的品质上乘，风味独特的基础条件。韭菜在华州区栽培历史悠久，具有上市早、品相佳、色泽亮、口感好的优良特点，所到之处深受广大消费者喜爱。通过政策扶持、资金投入和科技应用，蔬菜产品的市场竞争力明显提高，产量和品质有了很大提升。

（三）特色品牌日渐形成

现已建成六大无公害现代蔬菜生产基地。其中包括年产 3 万吨的万亩大拱棚辣椒、豆角基地。华州区被命名为"全国无公害蔬菜基地区""全国果菜标准化建设十强区"。2013 年，"华州区大葱"获得国家地理标志保护认证。2016 年，华州区拳心大白菜专业合作社生产的番茄、辣椒、豆角等 3 个蔬菜产品获得中国绿色食品发展中心绿色食品 A 级产品认证，把华州区农产品食品安全水平提升到了一个新高度。地方名特蔬菜赤水大葱质优量大，已远销省内外，品牌优势突出。

（四）产业化发展水平逐步提高

为加快特色蔬菜产业化发展进程，华州区政府在主产地建立了蔬菜批发市场 4 个，农民专业合作社 420 家，从事蔬菜的专业合作社 126 个，创建省级农民专业示范合作社 11 个。绿野蔬菜联合社被评为全省首家农民专业合作社联合社，并建立立龙菜果、万隆养殖加工、田园甜瓜和惠农芦笋等 5 个农民专业合作社示范点，合作社已成为推动农业生产发展，带领群众集体生产增收的重要主体。在政府的大力支持下，逐渐形成较为完备的生产链、加工链、物流链以及销售链，对农产品销售及品牌建设起到了较强的推动作用。

（五）经营主体逐渐完善

近年来，华州区建立柳枝钟张村现代农业示范园区、瓜坡君朝村现代农业园区、柳枝镇渭滨江南生态农业产业园、柳枝镇莲峰农业科技示范园等 37 个现代农业园区，种植面积共计 547 公顷。建成绿色食品责任有限公司、瓜坡双渔脱水蔬菜厂等 6 家蔬菜加工龙头企业，其中取得省级产业化龙头企业的华州绿色食品责任有限公司，以杨凌农业高科为依托，采取"公司＋农户＋基地＋会员"的产业经营模式。与瓜坡君朝等村农户签订甘蓝等蔬菜订单协议，实施保护价收购，保护农民利益，实现双赢。形成以产业园、专业合作社、企业和农民种植大户为主的经营模式。华州区政府下一步准备建设现代化、标准化培植基地，有机蔬菜检测中心、种植示范区，标准化温室，建立完善的绿色有机蔬菜检测站，引进专业化人才管理，使设施蔬菜生产专业化、科学化、标准化，品种多、品种纯、园区靓成为华州区蔬菜产业崛起最厚重的资本。

二、特色蔬菜产业存在的主要问题

近年来华州区大力推进农业产业结构转型升级，特色蔬菜产业在促进农业农村发展、增加农民收益等方面发挥了较强的推动作用。但在产业生产经营主体、品牌建设、资金投入和产业化水平等环节还存在一些较为突出的问题。

（一）品牌意识差，市场信息流通迟缓

生产上，菜农对于特色蔬菜品牌的建立及维护意识相对欠缺，往往在品牌成立之初，会严格按照生产要求进行生产，后期为降低生产成本，忽视产品质量、不按标准生产的现象时有发生。同时市场信息服务滞后，信息闭塞，缺乏总体供求信息引导，难以预测蔬菜产销趋势，加之菜农不注重市场调查预测，盲目扩大或者缩小生产规模，影响自身的经济效益，造成生产资料及劳动力资源的浪费。

（二）经营主体单一、集约化生产水平低

近年来，特色蔬菜产业发展呈现蓬勃态势，但生产经营主体仍以单家独户为主。虽然近年来合作社、产业园的特色蔬菜产业发展均呈现蓬勃态势，但经营分散性大，缺乏规模化、集约化的生产、分级、包装等初加工操作标准。上市季节，外地贩运散户较多，收购渠道多样，常因产品品质差距造成价格浮动较大，个别种植户面临直接经济损失。

（三）资金投入不足，抵御自然灾害能力差

目前，全区的蔬菜生产主要靠农户自身投入，蔬菜的基础设施建设、加工物流、农业推广等方面的发展缺乏必要的物质支撑，缺乏优惠政策和资金扶持，造成生产举步维艰的局面。且农田基础设施条件相对落后，一旦发生自然灾害，将会对生产农户造成沉重的打击并带来不可估量的经济损失，这些都将直接影响特色蔬菜产业的发展后劲。

（四）产业化程度有待继续提高

随着全区特色蔬菜产业面积的不断扩大，吸引了各地的贩运客商。但由于受基础条件差等因素限制，该区所产特色蔬菜初加工水平欠缺，生产组织化程度低，供销及物流冷链运输业落后。蔬菜产业流通的相应配套设施不完善，缺乏区域化、品牌化和规模化的产业模式。产品市场流通渠道不稳定，甚至有些地区生产管理模式仍处于粗放式管理水平。以上因素均抑制了该区特色蔬菜产业的进一步发展和流通。

三、产业发展对策

针对目前产业发展存在的问题，华州区政府将继续围绕建设现代农业园区，加快设施

蔬菜发展模式，推进瓜菜技术创新，夯实瓜菜工作重点，继续发展规模化、产业化、标准化生产。培育新型农民，打造一批现代农业标准示范园。

（一）突出特色，打造品牌

华州区作为渭南市特色蔬菜生产大区，区政府应该加大对特色蔬菜的扶持力度，带领当地菜农建立特色蔬菜试验示范点，进一步展示形象，扩大华州区特色蔬菜在全省乃至全国的影响力，支持参与优质名牌产品评比和农博会、推介会的产品展销，为全力打造蔬菜产业强区起到重要的推动作用。促进特色蔬菜产业化发展，着力打造属于该区特色的地方品牌。扩大规模，提升效益，打好"十三五"期间设施蔬菜的攻坚战。

（二）努力提高特色蔬菜技术培训

研产政学结合、加强顶层设计。逐步完善新体制下特色蔬菜技术服务体系，架好蔬菜新技术与农民之间的"桥梁"，加强与高校和科研单位的合作，引进、试验、示范、推广蔬菜新品种、新技术、新经验。搞好技术培训，对种植农户进行集中培训，在关键生产季节进行现场指导。加强职业农民培育，快速造就一批爱农业、懂技术、善经营的基层生产带头人。强化生产者科学技术意识，传授科学技术，提高广大菜农的科技素质。

（三）加强基础设施建设

目前，华州区的特色蔬菜产业发展正处于高峰期，当地菜农由于受长期以来传统种植观念的影响，对基础设施的改善更替意识较差，导致生产过程中抗自然灾害能力较弱，对产业发展具有较大的抑制作用。因此，该区政府应在全区范围内重点支持规模化蔬菜标准化基地建设，加强基础设施建设力度，提高现代化装备水平，加快标准化生产，促进产业化经营。

（四）建立特色蔬菜直销供应点

加大对特色蔬菜种植企业、专业合作社、家庭农场等主体开展蔬菜直供直销的项目扶持，培育壮大一批直供直销示范典型。建立多家特色蔬菜直销供应点，减少特色蔬菜种植面积零散、规模小、销售困难的局面。同时，降低蔬菜在销售过程中因流通环节多而造成的经济效益损失，切实解决菜农销售难，因错过最佳销售时期而导致价格低廉的局面。

陕西省兴平市莲藕、辣椒、大蒜产业

文联社　张会亚　辛　鑫

（陕西省兴平市农业技术推广站）

兴平市是"全国大型商品粮基地市（县）""全国文化模范县（市）""国家平安畅通县（市）""全国食品工业强县（市）""省级文明城市""省级卫生城市""省级园林城市""陕西省绿化模范市""陕西省县域经济十强县""全国生猪调出大市（县）""陕西省畜牧十强市"等。2017 年，全市生产总值达到 241.109 亿元，地方公共财政预算收入完成 3.7 亿元，全社会消费品零售总额完成 73.54 亿元，城镇和农村居民人均可支配收入分别达到 35732 元和 12070 元。

为促进兴平特色蔬菜产业发展，坚持以科学发展观指导"三农"工作，统筹城乡发展、促进农民增收，根据兴平市"一区三带十园"农业总体规划要求，现就兴平市特色蔬菜产业发展状况总结如下。

一、特色蔬菜发展现状

近年来，按照紧紧围绕农业增效、农民增收这一目标，进一步优化农业产业结构，加快培育优势主导产业，强力推进农业产业化经营，农业农村经济保持了持续健康快速发展的良好态势。

（一）特色农产品总量持续增加

2018 年全市设施蔬菜面积 2.6 万亩，总产量 10.6 万吨，较 2017 年增长约 7.5%；清水莲藕面积 1.3 万亩，总产量 2.6 万吨，与 2017 年同期增长 8.5%；辣椒、大蒜面积 2.8 万亩，总产量 2.94 万吨，较 2016 年增长 11.2%。

（二）基地规模不断扩张

按照"稳粮、优果、兴牧、增菜"思路，积极实施蔬菜增收等工程，加快建设优势农产品生产基地。形成了塬坡时令鲜果产业带、沿西宝高速设施蔬菜产业带、沿渭河清水莲藕及苗木花卉产业带。初步建成了西宝高速沿线反季节精细菜、沿渭河清水莲藕、辣椒、大蒜、食用菌等特色蔬菜产业基地。截止到 2017 年底，清水莲藕菜面积 1.3 万亩，辣椒、大蒜面积 2.8 万亩，设施蔬菜面积 2.6 万亩，蔬菜总面积达 18 万亩。

（三）结构调整稳步推进

在果业生产上，大力推行了果园四项关键技术，着力发展中早熟苹果和时令水果。仅 2017 年，新增优质早熟苹果面积 0.1 万亩，新增樱桃、葡萄、核桃、猕猴桃等特色时令水果面积 0.1 万亩。蔬菜生产以设施蔬菜产业建设为重点，大力发展蔬菜生产，全市新增大棚蔬菜 0.2 万亩，清水莲藕菜 0.1 万亩，建成万亩蔬菜专业乡镇 1 个、千亩蔬菜专业村 8 个。

（四）龙头企业发展壮大

坚持"发展产业化就是发展农业，扶持龙头企业就是扶持农民"的思路，外抓招商引资，内强培育壮大，积极培育和壮大龙头企业。累计发展涉农企业 130 多家，其中培育省级、咸阳市级重点龙头企业近百家。建成农产品定点批发市场 8 家，冷库 22 家，菜品贮藏能力达到 1.5 万吨。

（五）农业标准化水平快速提高

按照"高产、优质、高效、生态、安全"要求，全面推行农业标准化，初步形成了有标可依、按标生产、凭标流通的农业标准化工作局面。全市累计通过认定无公害农产品产地 10 个，认证无公害农产品 11 个，涉及蔬菜、水果、食用菌等，总认定面积 1608.9 公顷。

（六）农产品品牌效益得到提升

以发挥区域资源优势和创建区域优势品牌为核心，积极组织实施"一村一品"及休闲农业工程，推动"一村一品"向"一乡一业""一县一业"快速转型，加快形成了跨区域、大规模区域板块经济。全市共建成"一村一品"示范村 67 个，其中国家级示范村 1 个，省级示范村 6 个；建成省级"一乡一业"示范乡镇 6 个。示范村主导产业比重达到 70% 以上，农民人均纯收入达 11067 元。培育形成了"雅虎"大蒜、"佳荷美"莲藕、"汉茂"油桃、"正东村"牌蘑菇等"一村一品"知名品牌。

二、特色蔬菜发展面临的问题和机遇

兴平市特色蔬菜发展虽然已经具备了一定基础，并取得了一定成绩，有突出的优势和机遇。但综合分析，特色农业发展面临不少困难和挑战，甚至有的已成为发展现代农业和特色蔬菜的主要制约因素。

（一）特色蔬菜产业发展面临的问题和挑战

（1）农业基础依然薄弱。兴平市目前生产中的日光温室大都是 2010 年前后建造的，棚体存在跨度小、起架低、面积小，利用率低的缺点，墙体也面临着垮塌、水泥弓梁断裂和竹竿折断等问题；土壤贫瘠，营养失衡，农业生产中有机肥和生物肥投入不足，农作物产品质量难以有效提高。

（2）农业产业结构不尽合理。主导产业内部品种多、乱、杂的问题依然突出，农产品单产提高幅度不大；设施蔬菜和特色产业规模不大，反季节精细菜供应有限；果品优质率和商品率有待提高。

（3）农业产业化链条短，水平低。农业中知名品牌数量和规模还不足、实力弱，如大棚蘑菇、大棚油桃、兴源茂盛、浩丰农业、丰泽园（蔬菜专业合作社）等市场知名度高、发展前景好的特色农产品在加工、储藏、包装、品牌建设以及市场营销等方面工作相对滞后，缺乏市场竞争力。

（4）生产农户田管能力较低，新型农民资源不足，生产的组织化水平有限。从事主导产业的农民老龄化严重，经营观念落后；具有较高专业文化素质和现代农业理念的新型农民资源紧缺；农业经营管理较粗放，商品生产意识、质量效益意识和市场竞争意识淡薄；安守旧业，创新创业和应用先进技术与机械设备的能力和动力缺乏，因而先进技术覆盖率和机械化作业率不高。没有充分解决农民个体生产中存在的"少、散、弱"等问题。

（5）农业系统性投入严重不足。农业发展资金、技术、人才、信息等系统性投入严重不足，社会化服务体系不够健全，劳动生产率和土地产出率、农业整体素质和效益难以有效提高。

（二）特色蔬菜产业发展的优势和机遇

从农业基础和现代农业发展趋势来看，兴平市农业发展也蕴含着许多优越条件和发展机遇。

（1）特色产业优势突出，为农业持续快速发展夯实了产业基础。经过多年发展，兴平市已经形成粮、果、畜、菜四大优势支柱产业，尤其是设施蔬菜、清水莲藕、时令水果三大优势特色产业迅猛发展，规模分别已达到 2.6 万亩、1.3 万亩、1.3 万亩。优势农产品规模化、标准化生产为农业持续快速发展夯实了坚实基础。

（2）龙头企业集群发展，为推进产业化经营提供了强大动力。益海嘉里（兴平）食品工业有限公司、康师傅控股咸阳福满多食品有限公司、陕西西瑞（集团）有限公司等企业已发展成为行业内的旗舰企业，企业产品行销全国各地，部分产品出口东南亚、中东等国家和地区，3 家龙头企业已在新加坡和国内上市。农产品加工物流企业日益壮大，并逐步向集群化、集团化、园区化发展，为农业产业化快速推进提供了强大动力。

（3）外向型农业特征凸显，为建设现代农业明晰了发展思路。通过全面推行农业标准化，农产品品质不断提升，以辣椒、大蒜等为代表的农产品已走俏海内外，优势农产品市场占有率得到进一步提高，外向型、商品化现代农业特征凸显，为实施农业"走出去"战略明晰了发展思路。

（4）"关天"规划启动实施，为农业跨越发展提供了巨大空间。国务院批准实施的《关中—天水经济区发展规划》和西咸新区的提出，指示要加快推进西咸一体化，建设西安（咸阳）国际化大都市，加快建设现代农业园区、现代农业基地和全国农业科技示范基地、以城镇化和新农村建设为领先的城乡协调发展地区。这给兴平市现代农业的发展带来了千载难逢的历史发展机遇，为特色农业跨越发展提供了广阔空间。兴平市特色蔬菜产业也必将处于目光聚焦、项目聚集、要素聚合的最前沿。

（5）城乡统筹协调发展，为农民增收致富提供了新的体制机制。兴平市委、市政府《关于加快统筹城乡一体化发展的实施意见》指出，今后一个时期，将以体制机制创新为动力，以产业发展为支撑，以农村土地承包经营权流转为关键，促进公共财政向农村倾斜、基础设施向农村覆盖、公共服务向农村延伸、城市文明向农村辐射，加快构建"以城带乡、以工促农、城乡联动、协调发展"的城乡一体化格局，为促进农民增收致富提供了完善的体制机制和良好的政策环境。

三、特色农业产业建设发展目标和具体布局

发展目标：力争到 2020 年，特色农业产业种植面积达到 18.4 万亩，总产量达到 40 万吨，产值达到 13 亿元，其中设施果菜面积达到 4.3 万亩，新增 1.3 万亩；清水莲水莲菜面积达到 1.6 万亩，新增 0.3 万亩；时令水果面积达到 3.4 万亩，新增 0.6 万亩；辣椒面积达到 1.4 万亩，新增 0.6 万亩；大蒜面积达到 2.0 万亩，新增 0.7 万亩；花卉苗木面积达到 6 万亩，新增 7.8 万亩。

（一）设施蔬菜产业布局

按照"布局区域化、品种优良化、栽培设施化、管理标准化"思路，规划总面积 4.3 万亩，重点发展设施农业和传统"辣椒、大蒜"产业，大力发展设施蔬菜，以示范园建设为切入点，加快标准化基地建设，狠抓规模扩张和效益提升，放大示范效应，引导蔬菜产业向现代化、设施化、规模化、专业化方向发展，努力形成一批千亩集中连片设施蔬菜生产基地。力争到 2020 年，全市新建蔬菜标准化示范基地 3 个，每个占地 500 亩以上，重点开展新品种、新材料、新技术引进，试验和示范轻简化、机械化、优质高效栽培技术，辐射带动全市设施蔬菜产业快速发展和提质增效。建成专业化育苗站点 3 个，推广专业化、标准化育苗技术，推行集约化、产业化经营，建立健全种苗繁育体系，确保种苗生产和供应。

（二）几种蔬菜的区域发展优势和具体布局

（1）蔬菜产业规划种植面积 10000 亩，新增 300 亩。

①番茄：目前全市设施栽培面积 9000 亩，产量 5 万吨，面积和产量分别占到番茄总量的 50% 和 47%，种植区域主要集中在阜寨、马嵬、东城等镇 15 个村。主推适于日光温室栽培的耐寒、耐弱光、低温坐果性好、抗灰霉病的大果无限生长型品种，适于越夏生产的耐高温、抗病毒及叶霉病的中晚熟品种，适于鲜食、外形美观、风味好的樱桃番茄品种。具体品种如金鹏、欧盾、红粉佳人、千禧等。

②黄瓜：目前全市设施栽培面积 3000 亩，产量 2.3 万吨，种植区域主要集中在马嵬、西城、东城等镇（办）18 村。到 2020 年，规划种植面积 6000 亩，产量 3 万吨。主推适于越冬生产的耐低温、耐弱光、抗霜霉病的品种，适当扩大特色水果型小黄瓜品种的面积，在北部主推抗霜霉病、白粉病、疫病的中晚熟露地黄瓜优良品种。具体品种如津优 38 号、津优 35 号、德尔 99 号、博耐 13 号、新农城 1 号、新农城 2 号等。

③食用菌：全市现有设施栽植面积 2000 亩，产量 3.2 万吨，栽培区域主要集中在东城、西城和阜寨等镇（办）43 个村。到 2020 年，规划种植面积 3000 亩，产量 5 万吨。在发展平菇、香菇、金针菇、草菇等主栽品种的基础上，重点开发双孢菇、鸡腿菇、花菇、白灵菇、灵芝、姬菇等珍稀食用菌品种。

④设施瓜果：全市现有设施栽植面积 6000 亩，产量 2 万吨，栽培区域主要集中在庄头、阜寨等 10 个村。到 2020 年，规划种植面积 8000 亩，产量 5 万吨，其中在庄头区域的兴渭大道两侧栽培面积占到 50% 以上，达到 2000 亩以上。重点发展高石脆瓜、甜瓜等特色瓜果。

（2）辣蒜产业规划面积 4.7 万亩，新增 1.8 万亩。

①辣椒：以干（线）椒种植为主，现有栽植面积 0.8 万亩，产量 1600 吨，栽培区域主要集中在桑镇、汤坊、赵村。到 2020 年，规划种植面积 1.4 万亩，产量 4000 吨，平均亩产干椒 250 千克。干（线）椒优良品种主推西农长线 10 号、兴平线椒、湘研多娇等品种，重点实施育苗移栽技术，试行轻简化生产技术。

②大蒜：全市现有栽植面积 2 万亩，产量近 2 万吨，栽培区域主要集中在桑镇、汤坊、丰仪。到 2020 年，规划种植面积 2.7 万亩，产量 3.1 万吨，平均亩产 1000 千克；主推优良品种：四川早蒜、中牟早蒜、西农白蒜、苍山蒜、改良蒜等，重点实施标准化生产技术，推行地膜覆盖、机械化播种、机械化收获等轻简化栽培技术。

四、今后的工作重点

（一）细化工作任务

按照既定工作目标抓好设施农业、大蒜等特色产业任务落实，并将任务细化分解到点，明确工作任务。

（二）搞好技术服务

重点抓好有意向的新型经营组织，及时流转土地搞好规划建设，确保群众留一片、建一片、成一片。

（三）创建农业知名品牌

继续培育一批果蔬龙头企业和合作社，发挥他们的示范带动作用，做大做强做优特色产业，创建一批叫得响、叫得亮的特色品牌，形成一批能够代表兴平地理标志的精品品牌，使更多的兴平品牌走出陕西，走向全国乃至世界。

（四）提高组织化管理水平

加快建设农民专业合作经济组织，推广订单农业和"龙头企业＋基地＋农户"及"市场＋合作组织＋农户"的运作模式，为生产者提供产前、产中、产后服务，解决单体农户发展中存在的势单力弱的局面，大力推进设施农业生产集约化、产业化的进程。

陕西省定边县辣椒产业

周 伟 张会亚 辛 鑫

（陕西省定边县园艺技术推广站）

定边县地处陕西省西北角，与陕、甘、宁、蒙四省毗邻，俗有"旱码头"之称，铁路、高速公路、县镇村道路全面贯通，县域辽阔，土地疏松，耕性良好，北部滩区地下水位低、水资源丰富，海拔1310~1907米，昼夜温差大，环境无污染，光照充足，年平均日照时数2743.3小时，≥5℃年平均积温3413.8℃，绝对无霜期110天，是发展优质瓜果蔬菜的理想地域。定边作为传统农业大县，近年来，在县委县政府的大力支持和引导下，改变传统的种植模式，把发展蔬菜和设施农业作为调整农业产业结构的重要举措，大力发展以辣椒为代表的高效蔬菜产业，加快了定边县无公害蔬菜生产基地建设，促进了农民稳定增收，带动了农业农村地区快速发展，取得了一定的成效，辣椒产业在该县农业生产中的地位越来越重，但在快速发展过程中也存在着很多的问题。

一、发展现状

定边县辣椒生产从20世纪90年代初开始区域性零星栽植，通过十余年的引导推广，该县目前辣椒种植面积6万余亩（其中设施辣椒种植2万亩），总产量24万余吨，总产值近6亿元。辣椒种植主要集中在县域北部风沙滩区的白泥井镇，年栽植面积5万余亩，县域中东部滩区的定边镇、盐场堡、砖井、安边、郝滩、堆子梁等地辣椒面积1万亩左右。主要以鲜食椒为主，其中有螺丝椒（金鼎绿剑、2313、螺丝3号等）；牛角椒（金顶大亨、长城、超大椒等）；羊角椒（迪傲、东方椒王、金剑207、金剑204、北京4号等）；甜椒（谢尔德、英菲179、满天4038等）；线椒（香辣3号、辣秀33、镇乐佳美、海丰1056、中华丽椒等）。

近年来，定边县频频举办"大漠蔬菜辣椒品牌品鉴评比活动"，由定边县沃野农业开发有限公司承接引进新品种、新技术，进行试验示范种植，并在试验示范的辣椒品种里挑选出107个品种进行展示，由西农专家、县农业部门专家、内外客商、从业农民进行品鉴评比，充分发挥比较优势，筛选出适宜全县地域特征的辣椒优质品种。从改善品种着手，发展特色、新型、优质的辣椒品种，加快该县辣椒品种的更新和结构调整的步伐。辣椒产业发展呈现以下特点：一是种植基地规模逐渐扩大，综合效益稳步提升；二是种植模式多样化，实现辣椒四季生产；三是技术引进与示范推广相结合，推广绿色生产技术，实现了辣椒种植肥水一体化技术全覆盖；四是销售市场广阔，畅销广东、广西、福建、海南等全国各地，深受广大消费者青睐，市场信息畅通，产品营销机制初步形成。

二、主要做法

（一）坚持政策扶持，夯实辣椒产业发展基础

多年来，定边县从辣椒种苗、水肥一体化设备、设施农业建设、交易市场建设及农机具补贴等多个环节给予辣椒产业支持，给农民、企业、合作社带来了极大的发展支持与保障，加之辣椒种植的高经济效益，促使该县辣椒产业快速发展扩大，成为了县域滩区脱贫攻坚的重要产业。2018 年，该县白泥井镇被列入"全国农业产业强镇示范建设名单"，辣椒产业迎来了更大的发展空间。

（二）强化技术服务，提高种植水平

积极开展辣椒新品种试验示范研究，引进了一批适用技术、适用品种、推行绿色辣椒生产技术，加大科技投入，实现了辣椒产业肥水一体化全覆盖，积极组织技术人员、农民参加各类培训活动，提升基本素质，加强与科研院校的合作交流，聘请西北农林科技大学等教授专家进行科学指导，进一步提高了定边县辣椒生产科技水平。

（三）培育龙头企业，完善辣椒产业体系

一是积极扶持和壮大现有企业、合作社、种植大户，示范带动周边农民发展辣椒种植。二是提高辣椒种苗供应能力，扶持建设以沃野公司为代表的 1 个育苗中心和 6 个育苗点，年种苗供应量达 1.5 亿株，基本解决了辣椒四季生产种苗供应问题。三是加大市场建设力度，新建与改扩建了一批蔬菜市场，作为蔬菜集散地，增加了销售渠道。

三、存在的问题

（一）重视程度不够

虽然辣椒产业是定边县农业特色亮点之一，但政府对辣椒产业发展重视程度不够，总牵引力弱，政策倾斜力度不够，不能更有效地提供政策、规划、资金、组织、模式、方法等协调服务，资源整合力度弱，使得该县对辣椒产业发展意识不足。

（二）加工业滞后

多年来，定边县辣椒种植仍以鲜食辣椒为主，辣椒产业规模较小，缺乏辣椒深加工品

种与企业，没有产品附加值，带动能力不强，导致该县辣椒产业发展长期停滞不前。

（三）科技含量不足

主要表现在以下两方面：一是辣椒多年重茬种植，潜藏病菌多而易发，病虫害问题不断，一些农民仍习惯按传统的生产方式一味使用化肥、农药，对发展"现代农业""绿色有机农产品"认识不足，部分农户满足现状，缺乏学习新技术的积极性；二是科技人员严重不足，蔬菜专业从业技术人才少，难以支持大面积、大范围推广。

（四）辣椒品牌滞后

经纪人各自为战、内部恶性竞争，缺乏市场的主导权，受制于人，种植户和经纪人利益得不到保障，不能发挥出市场决定价格机制的作用，且缺乏统一的生产认证、分级包装、品牌标识等一整套完善的产后服务体系，市场知名度低，使得定边县的辣椒虽有好品质却难以卖出好价钱。

四、发展建议

（一）提高思想认识，增强发展引领力

进一步提高对定边县辣椒产业发展的认识，提升特色产业地位，要把发展辣椒产业作为推动农业供给侧结构改革、促进农村经济发展、实现乡村振兴的重点工程来抓。要强化发展牵引力，自上而下明确机构责任与负责人，制定科学发展规划，政府要协调有关部门在技术推广、群众发动、招商引资、资金筹措、市场营销等方面整合资源与要素，协调各方，运用调节机制，围绕"小辣椒、大产业"发展统筹提升服务。

（二）强化科技投入，提高科技含量

一是继续扩大种植规模。因地制宜、合理规划，扩大辣椒种植规模，避免盲目跟风种植。鼓励有条件、有资金的种植大户、合作社、企业给予适当补贴，推行规模化种植，提高机械化程度和统一化管理水平，进而示范带动周边农民。二是加强新品种新技术的试验、示范、推广普及，丰富辣椒品种。加强与科研院校的对接，搭好平台，积极开展干辣椒、加工型辣椒的新品种引进、试验、示范与推广工作，改变单一的鲜食辣椒种植，提高科技成果转化能力，提升辣椒品种质量。三是提升从业人员专业水平。一方面要重视蔬菜专业人才的引进，提升当前农技人员的专业水平，增加外出培训、学习机会。另一方面强化农民技术培训工作，采取多种形式，提高农民对设施农业的认识和应用能力，规范生产标准，切实提高农民的栽培管理水平。

（三）加强招商引资，促进辣椒产业转型升级

政府部门要建立招商项目审批"绿色通道"，营造零障碍、低成本、高效率的招商环

境，引进一批辣椒精深加工企业，搭建平台，与食品企业、院所、高校等多方合作，开发辣椒新产品，走深加工之路，延长产业链条，增加辣椒的附加值，为辣椒产业化的发展提供更大的空间。

（四）规范市场秩序，增强市场调节能力

一方面要整合经纪人队伍，建立产业联盟。经纪人队伍对辣椒市场有着重要作用和贡献，他们懂行情、会经营，引导和利用好经纪人队伍，加强行业自律，引导建立产业联盟、行业协会，形成良好的合作机制，避免内部恶性竞争，有助于争得市场主导权。另一方面要整顿辣椒交易市场，充分发挥现有的县城、乡镇各个辣椒交易市场的作用，规范辣椒交易市场秩序，提高仓储物流水平，保障椒农和辣椒经纪人的收益。

（五）注重辣椒质量，塑造本土辣椒品牌

农业产品品牌化是提高农产品竞争力的重要手段，品牌强则农业强。因此，推广辣椒标准化生产技术规程。要充分发挥该县资源优势，大力发展绿色农业生产，实施标准化生产，规范生产技术操作流程，推广病虫害绿色防控等实用技术，提高辣椒产品产量与质量。充分利用好现有"一定牌辣椒"品牌的重塑，做到"有品牌、有商标"，同时积极参加国内外各类农产品交易会，让定边农产品"走得出、叫得响、卖得好"。

陕西省凤翔县辣椒产业

赵建军　张会亚　辛　鑫

（陕西省凤翔县农技推广服务中心）

凤翔县，古称雍，是周秦发祥之地、嬴秦创霸之区、华夏九州之一。隶属于陕西省宝鸡市，地处关中平原西部，全县辖 12 个乡镇，总人口 52.6774 万人，县域面积 1179 平方千米，耕地面积 52 万亩，海拔 781 米，境内耕地平坦，土壤肥沃，光照充足，农业资源十分丰富。属暖温带大陆性季风气候区，年平均气温 11.4℃，降水量 625 毫米，无霜期 209 天。全年四季分明，冬夏长而春秋短；雨热同季，有利于作物生长。半湿润半干旱。

一、辣椒生产历史

凤翔县作为陕西省线辣椒（俗称秦椒）的主产地，自明代开始就有辣椒种植产业，在 20 世纪 90 年代辣椒种植鼎盛时期，县种植面积达到 10 万亩，年产量达 10.6 万吨。

凤翔辣椒以"身条细长、皱纹均匀、色泽鲜红、辣味佳美"四大特点享誉海内外，不但畅销国内，还深受日本、韩国、新加坡等国家消费者的喜爱，凤翔辣椒年出口量达 3000 吨以上，占宝鸡辣椒出口贸易量的 15% ~ 20%，每年仅创汇额就达 400 多万美元。

二、辣椒产业发展现状

（一）凤翔县辣椒生产规模及布局

辣椒在凤翔县中北部乡镇均有种植，主要集中在横水、彪角、城关、柳林等镇，其他乡镇也有零星种植（以自己食用为主），据县农技中心调查统计，2018 年县辣椒种植面积 2.2 万亩，产量达到 3.2 万吨。

（二）凤翔县辣椒种植的品种及产出情况

凤翔县辣椒种植主要以露地栽植为主，近年来大棚栽植面积也逐年增加，种植品种有新乡 898、宝椒 2 号、宝椒 27 号、宝椒 12、宝椒 13、长辣 7 号、长辣 8 号、中国红等辣椒新品种。露地栽植辣椒主要以制干为主，大棚栽植品种主要为菜椒供鲜椒销售。

三、制约辣椒产业发展的因素

（一）劳动力减少，用工成本增加，制约产业发展

近年来，由于我国城市化进程加快，农村劳动力转移等诸多因素影响，大批有知识有文化的青壮年劳动力外出务工，农村青壮年劳动力大幅减少，村里留守人员以"3860"为主，文化知识层次较低，新品种新技术应用积极性不高，知识掌握上也大打折扣，很多地方只有播种，没有田间管理；农资价格逐年上涨，使辣椒生产成本不断增加，加之劳力成本也逐年上涨，致使辣椒这一用工密集型传统产业，成本增加过快，利润空间被极具压缩，农民生产积极性受挫，面积随之由 2005 年的十多万亩，逐年锐减，2018 年统计，全县共种植面积 2.2 万亩左右。

（二）规模化栽植少，机械化程度过低，困扰产业发展

近年来，凤翔县虽有部分合作社及加工企业发展辣椒种植，但由于种植面积减少，给辣椒栽植等机械普及造成困难，新机械应用很少，生产成本高，效益不明显，制约产业的发展。

（三）近年来气候原因，导致病害频发，制约了产业发展

近年来，凤翔县夏天气候较往年降水量偏多，且大雨较多，造成炭疽病害发生严重，对产量影响较大。

（四）农产品单产低，效益不高

农业生产自然条件不高，基础设施相对薄弱；农产品科技含量少；农业投入不足，农产品价格不高；生产成本较大，农产品单产效益低下，限制了农民的增收。不能适应新形势下发展现代农业、推进农业产业化经营的要求。

（五）产业化水平不高，抵御市场风险能力差

一是产业化程度低，带动农民增收的能力还不强。农产品加工业及农村服务业发展缓慢，农产品加工总量和多层次增值能力不足，尚未形成强大的合力，竞争力不强，产业链条短，龙头企业偏少，特别是具有全国性影响的大型龙头企业更少，对农民增收的带动面不广、带动力不强，整体上促进农民增收的机制还未建立起来。深加工产品开发较少，没有形成规模。二是生产聚集度低，缺乏规模效益。陕西省独特多样的自然环境孕育着多样的特色产品，但也表现出高度分散的状态，短期内难以形成较大的规模，主导产业和产品形成相对缓慢，发展不集中，对农民增收带动面不广泛。

（六）农户市场组织化程度低，抵御市场风险能力差

到 2018 年底，凤翔县已建立各类农民专业合作组织 400 多个，成员 2000 多户。但是，农户中加入农民专业合作组织的比例过小，远低于全国水平。不仅如此，而且多数协会与农户是松散的买断、供应或契约关系，没有与会员结成紧密型的"利益共同体"，总体上处于松散状态，仅提供技术、物资服务，发育不完善，功能不完整，难以有效发挥组织带动作用。在市场经济条件下，以家庭为单位的小农生产抵御市场风险的能力极其有限。

四、辣椒生产的对策及建议

（一）加大新品种的选育和引进

支持科研单位与龙头企业积极开展新品种选育、引进、推广工作，提高自主创新能力，加快品种的更新换代；充分利用宝鸡辣椒品种资源的优势，以优质高产为目标，加强地方特色辣椒品种的提纯复壮工作；围绕辣椒深加工对专用型辣椒原料的需求，加大新品种选育、引进、推广工作的力度，研究开发辣椒专用品种，提高辣椒单位面积产量和品质。

（二）加强标准化、规范化基地建设

制定标准化基地建设规范，使凤翔辣椒生产从基地建设、种子、育苗、栽培技术、病虫害防治到采收、制干、分级等辣椒关键生产环节都有规范的技术标准，为辣椒及其制品生产的各个环节把好产品质量安全关提供可靠的科学依据。其次是加强科技服务体系建设，提高生产技术水平，推行规范化管理，对农户进行技术培训和生产指导。

（三）培育壮大龙头企业，提升产业化经营

把培育壮大龙头企业、专业合作社作为推动辣椒产业发展重中之重的工作来抓。借鉴先进县区的经验，建议县政府通过贷款贴息、减免税收、信贷扶持等优惠政策，扶持兴办一批以精深加工为主的辣椒加工企业，增扩企业科技开发项目，加大资金投入力度，增强龙头企业的产业加工能力和带动辐射作用。

鼓励生产加工企业、运销大户、生产专业户组建产业化联合体，提高辣椒生产经营者的组织化程度，建立长效合作机制。利益联结机制是产业化组织模式运行的核心问题，是建立有效运转、高效协同的产业化组织模式的关键。只有龙头与农户之间建立了"利益共享、分险共担"的有效机制，双方均成为产业化经营的受益者，才能使双方更加积极主动地参与到产业化经营中来。

（四）多渠道加大市场营销，努力打造知名品牌

进一步完善辣椒产地市场的服务功能，加强辣椒流通体系建设，鼓励发展辣椒营销大户、生产营销专业合作社、农村经纪人队伍等流通组织，进一步开拓国内外市场，建立长期稳定的产品市场和流通渠道。

（1）进一步完善产地批发市场体系。在辣椒主产区和集散地分层次抓好一批地方性、区域性批发市场建设，打造具有较强辐射功能的专业性批发市场，改造升级传统批发市场，重点培育一批综合性产品交易市场，优化辣椒批发市场网点布局。

（2）发展农产品物流业，尤其是冷链物流业，不断延伸市场销售半径，使鲜辣椒食品快速送达销地市场，扩大各地市场的可选择范围。

（3）依托大型批发市场、辣椒专业市场及大型超市的农贸市场，设立市场报价点，建立价格追踪体系，做好市场价格风险评估预警。

（4）积极推行"品牌创建"工程，开展"三品"（无公害农产品、绿色产品和有机产品）认证和商标注册，建立有影响力的区域品牌和集团品牌，提高品牌认知度、美誉度、满意度，并利用品牌效益加快凤翔辣椒产品"走出去"的战略，逐步提高品牌在国内外市场的占有率。

（五）加强辣椒生产机械化研发及引进力度，提高辣椒生产机械化程度

加大辣椒生产机械化推广力度，利用机械化的普及来降低辣椒生产成本，使从事辣椒生产的农户和企业增收。

陕西省陇县辣椒产业

王春绪　张会亚　辛　鑫

（陕西省陇县农业技术推广服务中心）

陇县地处千河上游，海拔900.1米，属暖温带大陆性季风气候，年降雨量600.11毫米，日照2033.8小时，无霜期198天，境内无排放"三废"的工厂、医院，空气清新、土壤肥沃、水源清洁，农田用水以渠水（河水）为主，实行渠井双灌、灌溉率达到90%以上，2004年被省农业厅认定为无公害线辣椒生产基地。陇县有线辣椒生产的丰富和先进技术。据《陇州志》记载，陇县从1911年就开始种植线辣椒，长期的生产积累了丰富的经验，总结了先进的生产技术。随着技术的不断创新进步，在千河谷地规模生产面积已达1万亩。

一、栽培情况

近年来，随着陇县农业产业结构的调整，以制干椒为主的辣椒产业面积下降，2010年新疆辣椒种植面积1.6万亩，2016年种植面积达到1.0万亩，2018年种植面积达到0.8万亩，产量24万千克，单产达到每亩1520千克。

目前陇县辣椒基本维持在0.8万亩左右，以线辣椒种植为主，农民种植辣椒一般每亩投入成本1000~1500元，产值2000~300元，一般每亩纯收入在800元以上，高产可达1000~1500元。

陇县的辣椒种植非常集中，主要分布在天河两岸的东风镇、城关镇、东南镇地区。目前，陇县辣椒品种类型主要有两种：一是线椒，二是菜用辣椒。线椒品种多为常规种，目前主栽品种宝椒27、宝椒13、陕早红等品种。种植模式以育苗移栽为主。每亩种植密度3700~4500穴，每穴双株，其平均干椒产量150~200千克。

二、辣椒产业的优势

（一）自然资源优势

陇县位于陕西省西部边陲，线辣椒常年种植面积 2 万亩左右，占经济作物烟、果、菜的 15.5%~20%，是全县农民群众增收的传统项目之一。陇县是实现辣椒生产的原始产地之一。据《陇州志》记载，从 1911 年陇县就开始种植线辣椒，至今已积累了丰富的经验。在昼夜温差大的陇县，农作物生长期长，加之无公害种植面积大，所产农作物市场美誉度高。

近年来，随着人们对辣椒产品的不断认识，对辣椒的消费量越来越大，干辣椒的市场需求量呈逐步上升的趋势。但在陇县的线辣椒生产过程中，还普遍存在着品种选用参差不齐、农药选用不尽合理、盲目施肥、茬口重、连作障害严重等问题。为此，科技工作者们帮助群众选用良种提高产量，科学合理地选用高效、低毒、低残留农药，减少农药使用次数，达到安全施肥，提高肥料利用率，提高线辣椒质量，还通过倒茬、地膜覆盖实现高效优质生产。随着辣椒加工业的发展，鲜辣椒的需求也很旺盛，2018 年，陇县的线辣椒在合作经营组织的努力下，鲜辣椒刚一采摘就开始收购销售，从目前情况看，陇县线辣椒市场需求前景是广阔的。

（二）产品优势

辣椒是陇县的传统特色产业，其产品条细色红、皱纹均匀、肉厚香辣、油脂高、辣红素钙含量高及维生素含量高等特点而素有"秦椒之王"美誉。近年来，该县依托宝鸡市辣椒科技示范园，大力实施标准化战略，极大地提高了产品质量和品质。陇县被列为无公害辣椒生产基地，陇县辣椒产品享誉国际市场，优势明显。20 世纪陇县辣椒就已作为外贸出口的农产品主要销往东南亚，用于食品添加剂的深加工产品辣椒红色素，已出口到日本。

三、辣椒产业存在的问题

（一）技术落后，品种退化严重

陇县辣椒种植品种近 80% 是常规种，种植户自留种现象严重，杂交品种的亲本主要通过引进品种的分离纯化，同质化严重。而且自留种的时间相对较长，导致制种纯度下降，容易退化，甚至失去了原有品种的特性，在高温干旱季节，还容易发生病毒病、疫病等病害。

（二）种植盲目

辣椒生产盲目跟从，不同农作物轮换种植频繁。如果辣椒价格连年上涨，能为辣椒种植户带来丰厚收益，便会刺激辣椒生产极速扩增，农民在对品种、技术、市场均不了解的情况下盲目种植。如果辣椒市场行情不好，农户则又纷纷退出生产，转而种植其他作物。因此，种植面积波动较大，对辣椒产业的健康发展不利。

（三）产品精深加工滞后，销售难

陇县辣椒加工仍处于初级阶段，以制粉为主，辣椒产品主要以干椒和原料形式销售，产品附加值低。辣椒的销售加工完全依赖外来企业，本地没有龙头企业，产品紧缺的年份销售较好，过剩年份则价格较低，给种植户造成了很大伤害。

就陇县线辣椒生产而言，普遍存在以下问题：一是品种的选用参差不齐；二是农药的选用不尽合理；三是盲目施肥现象严重；四是茬口重。而无公害标准化生产技术的推广可以帮助群众改善辣椒生产。一能通过良种选用提高产量，降低成本；二能科学合理地选用高效低毒低残留农药，减少农药使用次数，降低农药残留，达到安全、健康标准；三能平衡施肥，提高肥料利用率，提高线辣椒质量，降低减少化肥污染；四能通过轮作倒茬、地膜覆盖，合理间套等物理、人工、生物等措施，充分利用自然资源，降低生产费用，实现高效优质生产。

四、辣椒产业发展对策

（一）引进新品种

积极与科研单位及龙头企业联系，引进新品种，加快品种的更新换代，以优质高产为目标，提高辣椒单位面积产量和品质。

（二）加强标准化、规范化基地建设

制定标准化基地建设规范，使陇县辣椒生产从基地建设、种子、育苗、栽培技术、病虫害防治、采收、制干、分级等辣椒关键生产环节都有规范的技术标准，为辣椒及其制品生产的各个环节把好产品质量安全关提供可靠的科学依据。在辣椒生产优势区域积极打造辣椒生产专业村，进一步发挥规模效益。同时，加强对农户的技术培训和生产指导。

（三）技术路线

陇县线辣椒标准化生产技术推广将紧紧围绕示范，注重新成果、新技术利用，使示范技术具有高产、高效和可推广性。选用新优良种，加强线辣椒基地土壤、水分、空气及其农业投入品的检测监控和病虫害预测预报防治工作，综合运用地膜覆盖、测土配肥等农业

技术措施防治病虫害，减少农药使用次数，正确使用农药，严格控制化学防治次数，降低农药残留。一是温烫浸种处理种子和变温管理培育壮苗，二是利用太阳能高温消毒和冬季低温杀死病菌虫卵，三是利用害虫的超避性进行驱赶和诱杀。

（四）培育壮大经营合作组织，提升产业化经营

把专业合作社作为推动辣椒产业发展的主要工作来抓。借鉴先进省份的经验，扶持兴办一批以精深加工为主的辣椒加工经营合作组织，增强辣椒产业的带动辐射作用。

（五）加大市场营销，创建品牌

鼓励发展辣椒营销大户、生产种植营销专业合作社、农村经纪人队伍等流通组织，开拓国内市场，建立长期稳定的产品市场和流通渠道。开展辣椒电商销售途径，使鲜辣椒快速送达销地市场，开展"三品"（无公害农产品、绿色产品和有机产品）认证和商标注册，提高品牌认知度、加快陇县辣椒产品走向全国，逐步提高品牌在国内市场的占有率。

七、兰州综合试验站

甘肃省民乐县大蒜、洋葱产业

马庆融[1]　张俊峰[2]　段志山[1]

（1. 甘肃省民乐县农业技术推广中心；2. 甘肃省农业科学院蔬菜研究所）

一、社会经济及农业产业结构

民乐县，隶属甘肃省张掖市，地处祁连山北麓、河西走廊中段，总面积 3687 平方千米。县境内海拔由北至南在 1589～5027 米，属山地和倾斜高平原地区，地形呈东南高、西北低的倾斜态势。平均年日照时数为 2592～2997 小时，年均降水量 155～501 毫米、蒸发量 1680～2270 毫米、无霜期 78～188 天。南部为祁连山地，北部为倾斜平原，境内河流均发源于祁连山北坡，属内陆河流域黑河水系，集水面积 1773.3 平方千米，冰川面积 22.1 平方千米。农田渠系配套良好，灌溉条件便利。民乐县条件优越、物产富饶、资源丰富。

2017 年，全县实现生产总值 51.13 亿元。其中，第一产业增加值 15.89 亿元，第二产业增加值 13.89 亿元，第三产业增加值 21.35 亿元。全县人均生产总值 22757 元。全县第一、第二、第三产业增加值占生产总值的比重由 2016 年的 31.6∶30.1∶38.3 调整为 31.1∶27.2∶41.7。全县常住人口 22.53 万人，其中城镇人口 8.43 万人，占总人口比重 37.42%，乡村人口 14.1 万人，占总人口比重 62.58%。全县农村居民人均可支配收入达 10824 元，城镇居民人均可支配收入达 21362 元。全年农作物播种面积 96.91 万亩，其中粮食种植面积为 61.68 万亩，总产量达到 27.69 万吨。特色、节水农业成效显著，全年玉米播种面积 4.13 万亩，马铃薯播种面积 21.66 万亩；节水灌溉面积 40.3 万亩，其中垄膜沟灌面积 34.5 万亩，膜下滴灌面积 5.8 万亩。

二、大蒜、洋葱产业发展现状

（一）大蒜、洋葱生产规模及布局

民乐县主要种植的特色蔬菜有大蒜和洋葱。

民乐县属典型的冷凉浇灌农业区，全县耕地总面积 6.2 万公顷，人均耕地面积 0.3 公顷，常年农作物播种面积 6.0 万公顷以上。适合种植大蒜的耕地面积在 1.3 万公顷以上，主要分布在海拔 1800 ~ 2400 米的洪水、顺化、民联、三堡、永固 5 个乡镇。适宜种植大蒜的地区土层深厚、土质优良、土壤肥沃，且气候冷凉、昼夜温差较大，还有祁连山雪水进行灌溉，具备了生产优质紫皮大蒜的条件，近 3 年内种植面积稳定在 3334 公顷左右。为了加快大蒜产业发展，县政府把大蒜标准化基地建设和无公害产地认证作为推动产业发展的基础来抓。截至目前，全县已建立了以洪水镇、三堡镇、民联乡、顺化乡、永固镇为中心的大蒜无公害生产基地 75 万公顷。

（二）大蒜、洋葱的生产现状

辛辣类蔬菜适生区海拔 1700 ~ 2200 米，年平均气温 4.6℃，年日照时数 3067 小时，年平均降水量 359.5 毫米，年均蒸发量 1795 毫米，昼夜温差大；土层厚度达 1 米以上，有机质含量 0.22% ~ 1.06%，含氮 0.016%，含磷 0.029%，速效钾 75 ~ 27ppm，pH 值 8.8。民乐县大蒜、洋葱种植区内没有污染性工业企业，土壤、灌水符合绿色有机农产品生产要求，光照充足，地势平坦，土境肥沃，灌溉方便，适宜大蒜、洋葱生长。

2018 年种植面积为 5 万亩，产量达 6.28 万吨。主要种植品种为民乐紫皮大蒜。

民乐县洋葱种植历史悠久，但种植面积一直比较小，2016 年全县种植面积达 1.8 万亩，总产量达到 7.38 万吨，2017 年种植面积 1.72 万亩，总产量达到 6.88 万吨，2018 年种植面积为 3.0154 万亩，产量达 11.46 万吨。主要种植品种为白比仑。

（三）大蒜、洋葱产业的科技水平

民乐紫皮大蒜生产历史悠久，已有两千多年的种植历史。近年来，在不断的试验研究中，市、县农技部门技术人员和蒜农总结积累了丰富的种植经验和技术，如大蒜麦草覆盖栽培技术、配方施肥技术、病虫害无公害防治技术等。通过大力开展"麦草覆盖、地膜覆盖、气生磷茎"等新技术的试验示范，采取"统一技术指导、统一施肥、统一灌溉、统一防病、统一销售"的"五统一"模式进行科学管理和生产，促使大蒜基地良种覆盖率达 98%，标准化种植面积达到 100%，无公害农产品率达到 80%。

现已基本健全了县、乡、村、组四级农业技术服务网络，并形成了县有中心、乡有站、村有农民技术员、组有科技示范户的服务体系。

（四）大蒜、洋葱产业组织的发展情况

民乐县注重农产品物流体系建设，扶持发展各类农民合作社200多家，支持企业和合作社建成果蔬保鲜库15个，在福州、厦门等地建成蔬菜营销窗口12个，集产品生产、收购、储藏、加工、销售于一体的戈壁农业体系不断健全。成立了吸纳会员40人的大蒜专业运销合作社1个，拥有一支30多人的农民经纪人队伍，为客户提供代购代贮、代装代运等全方位收购服务。

此外，民乐县还积极开展农产品质量监测，建成农产品检测中心，农产品检测合格率达到100%，戈壁农产品附加值和产业整体效益得到了极大提升，品牌影响力进一步扩大。

（五）大蒜、洋葱产业市场建设情况

民乐县加快建设以特色农产品为主的农产品批发交易市场，打造了一个集批发交易、物流配送、仓储集散、信息发布等功能于一体的区域性农产品批发交易市场，支持用于保鲜、均衡上市所需的仓储设备建设，调节市场供应，促进农产品流通。主动与西宁、西安、银川、乌鲁木齐等周边地区城市对接，建立良好的产销关系。在上海、北京等地开设展销窗口，建立直销店，开通农产品销售新渠道。大力培育农民经纪人和营销队伍，培育储藏保鲜和运销大户，真正实现生产环节和市场的对接与连通，增强企业抵御市场风险的能力，使产品售出高价，让农民心里有底，增收有望。民乐县建成和完善了设施完备、功能齐全、占地6万多平方米的洪水大蒜专业批发市场1处。民乐县现代农业示范园内投资新建了占地面积6500平方米的简易蔬菜批发市场，引导农民到固定场所交易蔬菜，为社员及周边农户出售蔬菜提供了方便。

（六）大蒜、洋葱产业三产融合发展现状

民乐紫皮大蒜曾在1992年10月北京首届中国农业博览会上荣获"首届中国农业博览会金质奖"。1995年又被国家贸易部认定为"中华老字号"产品，享有"大蒜之王"的美称。2003年制定了《民乐紫皮大蒜无公害生产技术规程》，通过了省技术监督部门和标准管理部门审定并作为地方标准发布实施。2008年12月，由省农牧厅审定通过了75万公顷的民乐紫皮大蒜无公害产地认定；2007年2月，由省农牧厅审定通过了5.5万吨大蒜、1.75万吨蒜薹的无公害产品认证；2009年7月，由国家质量监督检验检疫总局审定，获得了国家地理标志产品保护。

民乐县于2017年申报了面积5690亩、产量2万吨的洋葱绿色食品认证，通过了中国绿色食品认证中心审核，即将颁证。

成立了洪源、绿霖果蔬2个科技有限公司，建成了总库容1000吨的中型冷藏库3座，年贮藏大蒜及蒜薹3000多吨。民乐县银河集团引进了冻干蒜片、蒜粉、蒜粒食品加工生产线一条，年加工能力达7500吨，银河集团和西部粮油公司加工的蒜片、蒜粉、蒜粒、

蒜素食醋等系列产品深受广大消费者的青睐。积极利用农交会、省市蔬菜博览会展示民乐紫皮大蒜，扩大影响，吸引客商，落实收购订单。开通销售绿色通道，强化流通服务。大蒜产品畅销全国 20 多个省市区，而且出口到俄罗斯、朝鲜、韩国、日本等国家。民乐县远达食品有限公司建成了洋葱烘干加工线一条，年产量达 2000 万吨。

（七）特色蔬菜产业扶持政策

近年来，民乐县连续出台支持现代农业发展的 1 号文件，整合资金近 2 亿元支持特色农业发展。民乐县持续加大对旧棚升级改造的补贴力度，有效激发了各类生产经营组织和农户发展特色农业的主动性和积极性。2018 年，民乐县整合县级财政资金加大对戈壁农业的资金投入，采取定向补助、先建后补、以奖代补等方式，支持社会力量建设规模化产业园区、工厂化种苗繁育场、有机基质和肥料饲料加工厂、冷链物流和市场营销体系，打造一二三产融合发展示范园，培育非耕地设施农业品牌。民乐县将紫皮大蒜标准化种植及深加工作为实施富民强县战略，推进产业化经营，增加农民收入的主导产业来抓，全县已形成了以紫皮大蒜标准化种植及其深加工为主导的六大支柱产业链的生产格局，大蒜产业呈现出健康快速发展的良好势头。为进一步调整农业产业结构，发挥民乐紫皮大蒜的资源优势，民乐县把大蒜产业确定为增加农民收入、精准扶贫的特色扶贫产业之一，加大扶贫村种植大蒜的扶持力度，积极引导贫困户走"优质、高产、高效"的发展路子。

三、特色蔬菜产业发展存在的问题与制约因素分析

（一）品种退化，结构单一

由于民乐县大蒜为地方品种，受大蒜种性特性的局限，在多年生产中，品种退化，畸形蒜、散瓣等大蒜的比例增加。

（二）农民群众科技意识不强

对标准化生产认识不足，在施肥和病虫害防治上不按技术规程操作的农户时有发生。

（三）优质不能优价

多年来，民乐县蔬菜销售只能从外观看蒜头的形状、腐烂状况等，对卫生要求的检测无法进行。也没有形成封闭的蔬菜交易市场，不能分等、分级、分区销售，无法实现优质优价。

（四）产品精深加工滞后

民乐县生产的大蒜和洋葱，虽然有几家加工企业，但加工量仍然较小，大部分都是以鲜销为主，加工业仍处于初级阶段，产品附加值低。

四、特色蔬菜产业发展的对策建议

（一）开展大蒜提纯复壮

近几年，民乐县通过开展气生茎繁殖试验，积累了一定的气生鳞茎繁殖技术经验，可以继续通过气生鳞茎繁殖，对大蒜开展提纯复壮，恢复民乐紫皮大蒜原有的种性，提高大蒜的产量和品质。

（二）加强标准化基地建设

制定标准化基地建设规范，使民乐县特色蔬菜生产从基地建设、种子、育苗、栽培技术、病虫害防治、采收、制干、分级等关健生产环节都有规范的技术标准，为生产过程的各个环节把好产品质量安全关提供可靠的科学依据。

（三）培育龙头企业

把培育壮大龙头企业、专业合作社作为推动民乐县蔬菜产业发展重中之重的工作来抓。建议政府通过贷款贴息、减免税收、信贷扶持等优惠政策，扶持兴办一批以精深加工为主的加工企业，增扩企业科技开发项目，加大资金投入力度，增强龙头企业的产业加工能力和带动辐射作用。

鼓励生产加工企业、运销大户、生产专业户组建产业化联合体，提高生产经营者的组织化程度，建立长效合作机制。利益联结机制是产业化组织模式运行的核心问题，是建立有效运转、高效协同的产业化组织模式的关键。只有龙头企业与农户之间建立了"利益共享、风险共担"的有效机制，双方均成为产业化经营的受益者，才能使双方更加积极主动地参与到产业化经营中来。

（四）多渠道加大市场营销

建立产地批发市场体系。在大蒜和洋葱主产区和集散地，建立具有较强辐射功能的批发交易市场。积极推行"品牌创建"工程，开展"三品"（无公害农产品、绿色产品和有机产品）认证和商标注册，建立有影响力的区域品牌和集团品牌，提高品牌认知度、品牌美誉度、满意度，并利用品牌效应加大大蒜和洋葱产品在国内外市场的占有率。

（五）强化技术培训，提高产量和质量

采用"走出去，请进来"的方法，即重点培养当地种植能手，把本地积极性高、具有一定专业的人才送到外地培训学习深造，让本地种植能手进行实地操作指导；同时，聘请专家到民乐县进行特色蔬菜种植技术理论培训和试验示范推广种植指导，使农民群众都能熟练掌握特色蔬菜标准化种植技术，提高蔬菜种植的产量和品质。

甘肃省金塔县辣椒产业

朱晓涛[1]　马彦霞[2]　李　栋[1]

（1. 甘肃省金塔县农业技术推广中心；2. 甘肃省农业科学院蔬菜研究所）

一、社会经济及农业产业结构

金塔县归酒泉市管辖，为酒泉地区。地处河西走廊中段北部边缘，位于东经97°58″~100°20″、北纬39°47″~40°59″。东与高台县毗邻，西与玉门市接壤，南临肃州区和嘉峪关市，北靠内蒙古额济纳旗，驰名中外的酒泉卫星发射中心坐落于县境内东北部，是现代飞天的故乡。全县总面积1.88万平方千米，东西长约250千米，南北宽约400千米。金塔县境内东南北三面皆山，中间低平，地形略呈斜方，根据甘肃省主要地貌单元分类，属于第七单元走廊北山山地，平均海拔1275米，相对高500~1000米，境内东部和东南部属巴丹吉林沙漠边缘和合黎山地带，海拔1100~1400米；西部为戈壁荒漠，海拔1200~1500米；南部为夹山褶皱带，海拔1340~1488米；北部属马鬃山地区东南部的低山地带，海拔1210~1300米；中部地势低平，海拔1100~1300米，形成金塔盆地，地势南高北低，西南高向东北渐次低下，地下水由西南流向东北。地面坡度0.8‰~13‰。金塔县境内最高处四道红山主峰，海拔1924米；最低处金塔盆地北部，海拔921米。金塔县属于典型的温带干旱大陆性气候，冬季寒冷，夏季炎热，温差大，日照充足，蒸发大，年日照时数达3408.2小时，年平均气温9.6℃，无霜期166天，年均降水量43.5毫米，年均蒸发量2538毫米。源于祁连山冰川群中的黑河、讨赖河流经全境，平均年径流量达14.5亿立方米；地下水年补给量5.4亿立方米，境内有鸳鸯池、解放村、大墩门、红沙墩等大小水库14座，总库容量达1.88亿立方米，可满足金塔、鼎新两大绿洲的农业灌溉需求。金塔县境内有可开发利用的宜农、宜林、宜草荒地150多万亩，有农用耕地43万亩。

2017年全县实现生产总值72.8亿元，其中，第一产业增加值20.6亿元、第二产业增加值14.5亿元、第三产业增加值37.7亿元，三次产业结构由上年的25.8：25.0：49.2调整为28.3：19.9：51.8。按常住人口计算，全县人均生产总值达到4.9万元。全年实现农业总产值43.6亿元，其中，种植业总产值26.3亿元，林业总产值1.9亿元，畜牧业总产值 5.8 亿元；渔业总产值 527 万元，农林牧渔服务业总产值 9.5 亿元；实现农业增加值 23.1 亿元。全年财政总收入达到 5.7 亿元，其中：地方财政收入完成 3.7 亿元，一般公共财政收入 2.0 亿元。全年财政总支出 19.5 亿元。全县总人口为 145633 人，其中：男性人口 75118 人，占总人口的比重为 51.6%；女性人口 70515 人，占总人口的比重为 48.4%；城镇人口 48750 人，乡村人口 96883 人。全年全县城镇居民人均可支配收入 30842 元，农村居民人均可支配收入 15779 元。全县农作物播种面积为 46.4 万亩，其中：粮食播种面积 12.1 万亩，总产量 7.7 万吨；油料种植面积 1.3 万亩，总产量 2646 吨；蔬菜种植面积为 15.1 万亩，总产量 76.4 万吨；瓜类种植面积 2 万亩，产量 9.8 万吨；药材种植面积 1.7 万亩，总产量 2.3 万吨。

二、辣椒产业发展现状

（一）辣椒生产现状

金塔辣椒栽培历史悠久，自明末从西亚经丝绸之路传入金塔县，清康熙屯兵开垦期间开始广泛种植，现已成为甘肃河西走廊干制辣椒主产地之一。金塔辣椒含有丰富的维生素 B1、维生素 B2、钾、锌、钙、铁、硒等微量元素，是富硒产品，且味道浓香、色泽红亮、肉厚油多、角条顾长、皱纹均匀、制干率高，是提取辣椒红色素，进行辣椒深加工的优良原材料。2018 年，全县辣椒种植面积达到 2867 公顷，总产量 11 万吨，全县从事辣椒种植、储存、加工、运输的人员达到 2 万人，形成产值约 1.54 亿元，折合亩均收入 2800～3200 元，人均来自辣椒的收入可达到 800 元以上，辣椒产业已成为促农增收的新兴产业。目前，主栽品种为美国红。以金塔兴农辣椒公司为依托，2018 年在金塔镇中杰村七组建立辣椒示范片 575 亩，其中核心区面积 175 亩，示范带动面积 400 亩，主要应用膜下滴灌水肥一体化和病虫害绿色防控技术，通过建点示范，以点带面，带动全县辣椒标准化生产，提高产品质量和生产效益。县农技中心连续多年从科研院所和辣椒制种企业引进杂交品种，开展辣椒新品种引进筛选试验示范，并对现有美国红进行提纯复壮，取得了较好的成效，目前共筛选出综合性状优良的杂交辣椒新品种 3～4 个。提纯复壮工作取得了阶段性成效，已筛选出稳定的、具有美国红辣椒种性特性的多个品系。在金塔镇西沟园区和县农技中心试验场建成辣椒集约化育苗基地，总育苗能力达到 5000 万株以上，可保证 1 万亩左右的辣椒种植。

（二）金塔县辣椒产业的科技水平

近年来，金塔县按照"企业＋合作社＋农户"的模式，建立从育苗栽植、田间管理到采摘生产过程的管控、质量追溯制度，大力推行辣椒标准化生产。2018 年，金塔县辣椒育苗移栽膜下滴灌水肥一体化面积达到 7000 多亩，推广以红源 6 号、10 号为主的杂交品种，膜下滴灌技术和高端品种应用面积逐年扩大；土壤处理、配方施肥、病虫害绿色防控等技术得到普及和逐步完善。由甘肃亚盛实业（集团）股份有限公司组织，金塔县农业技术推广中心、金塔县农机服务中心等部门提供技术支持，依托有多年辣椒绿色种植管理经验和技术的甘肃兴农辣椒产业开发有限公司组建专业服务队，推行统一组织发动、统一技术方案、统一药剂供应、统一肥料供应、统一施药时间并用无人机进行防控、统一施肥时间、统一鲜椒采摘"七统一"绿色生产行动，示范区辣椒病虫害生物、物理、农业防治和专业化统防统治覆盖率达到98%以上。

（三）金塔县辣椒产业组织的发展情况

突出"项目突破、园区引领、创新主体、冷链加工"4个重点，建设8个农业现代园区，其中市级1个，续建4个，新建3个，育苗、冷链储藏、市场营销、精深加工、品牌建设等蔬菜生产的全过程，通过财政扶持资金的引导，吸引了社会资金投资蔬菜产业发展，初步建立起"政府引导，主体投入，社会参与，信贷支持"的蔬菜生产投入机制。

金塔县现有辣椒加工企业3个，其中甘肃兴农辣椒产业开发有限公司是由甘肃亚盛国贸集团股份有限公司投资建设的从事辣椒初级加工及深加工的企业，先后获得新型实用技术和发明专利7项。近年来兴农公司加强"强强联合"和院企合作，加大新技术、新工艺、新设备的推进和新产品的研发，现已具备年处理辣椒干10000吨、辣椒红色素500吨、辣椒籽油800吨、辣椒酱10000吨、炒制辣椒酱500吨的生产能力，是金塔规模最大的集辣椒种植、收购、加工、储藏、销售、出口为一体的企业。金塔县维易食品有限公司是金塔县新建的以辣椒加工为主的食品企业，年加工利用辣椒10000吨以上。伴随着辣椒产业的发展，目前金塔县参与辣椒收购晾晒、去把儿制酱、鲜椒贩运的个人和合作社30多家，年收购销售鲜椒20000吨以上。金塔辣椒平均售价鲜椒1.3元/千克，2018年辣椒销售紧俏，单价涨至1.5元/千克，较近年来平均单价提高0.2元左右，增幅达15%。

（四）特色产业三产融合发展现状

金塔辣椒系列产品已于2016年取得中国绿色食品发展中心的"绿色食品A级产品"认证，已通过ISO9001质量体系认证、绿色食品认证、食品安全管理体系认证。金塔县农业技术推广中心、质量监测中心和辣椒企业积极配合，积极申报。目前"金塔辣椒"已成功注册地理标志认证商标，成为国家地理标志保护产品。

三、特色蔬菜产业发展存在的问题与制约因素分析

金塔县近几年辣椒种植面积稳定在4万亩左右，对推动农村经济发展，促进农民增收起到了积极作用，但产业发展中仍然存在着很多亟须解决的问题。良种繁育和扩繁、种植后和采后处理技术提升、产品精深加工、品牌建设、市场开拓等方面还需进一步努力，以推动金塔县辣椒产业持续、稳定、健康发展。

（一）农业生产条件差，抗御自然灾害能力弱

近年来，由于频繁受到春季大风、夏季高温干旱及病虫害的影响危害，严重制约了全县辣椒产业的发展。

（二）种性退化，产量低，商品性差

金塔辣椒在长期的栽培过程中，连作现象比较严重，加之没有注重品种的提纯复壮，品种种性退化较为严重。主要表现在辣椒田间生长整齐度差，果实色泽、长短差异大，病虫害严重，既严重影响了产品品质，也制约着单位面积产量的提高，导致经济效益降低。

（三）栽培技术落后，管理粗放

农民延续多年的种植习惯，随意性大，耕作粗放，规范化程度低。没有按照品种特性确定种植密度，病虫危害、落果现象严重，结实率低，导致单产低。没有实施合理轮作和病虫害综合防治措施，加之有些种植户以妇女、儿童和老人为主，对辣椒用药用肥没有科学认识，随心所欲，甚至连病害、虫害都分不清楚，杀虫剂、杀菌剂混淆不清。有些农资经销商在农户购买农药时，不给予科学指导，甚至鼓励多施多喷，对辣椒绿色栽培模式的推广造成一定影响。

（四）市场发育不健全，经纪人队伍建设滞后

目前，金塔县没有一个规模较大、设施齐全的辣椒批发市场，市场发育不健全，服务职能较弱。外销市场开拓乏力，产品走向不稳，随意性大。农村中介服务组织建设滞后，产品交易缺乏组织协调，市场信息不灵敏，农民往往在市场销售中降价竞争，导致市场混乱。

四、辣椒产业发展的对策建议

（一）培育扶持龙头企业，推进辣椒产业化经营

（1）按照做大、做强、做优的要求，积极培育和扶持兴农辣椒、维易食品等一些竞争力、带动力强的辣椒加工型龙头企业，大力推广"企业＋基地＋农户"的产业化经营模式，与椒农建立"利益共享、风险共担"的机制，发展高效辣椒种植园区，扩大生产规模，抓好产后加工，拓宽外销渠道，提高附加值和商品率，不断发挥龙头企业的带动作用。

（2）积极推进土地流转制度，突破小农经营的束缚，鼓励土地有序流转，让种椒能手获得更多的土地使用权，提高土地利用率，促进先进生产技术的推广应用，从而带动金塔辣椒产业科学发展。

（3）建立统一完整、信息灵敏、覆盖面广的辣椒信息采集、发布系统，做好信息搜集整理、分析预测工作，通过信息网络及时反馈外省及周边地区的市场批发价和主要产地的辣椒生产状况，沟通、衔接辣椒生产、经营、加工、销售各个环节。

（二）注重名牌培育，提高市场竞争力

在引导和扶持辣椒龙头企业和专业合作社、大场大户合作的基础上，通过引进先进品种、种植技术等手段，逐步形成本土化的生产加工辣椒品牌，继续扩大金塔辣椒绿色产品认证的数量，壮大规模，加大宣传，提高知名度，增强核心竞争力，提高辣椒生产的经济效益。大力发展合作社型、公司型、协会型等多种类型的辣椒营销中介组织，采取股份制、承包制、租赁制等运行机制，使其在信息咨询、规范经营、拓宽销售等方面发挥作用。

（三）广泛开展技术培训，提高产业科技含量

（1）深化辣椒生产技术的培训和推广。充分发挥新型社会化服务体系村级农技员的示范引导和宣传作用，加强辣椒绿色防控、减肥减药等辣椒绿色生产模式及配套集成技术的推广与宣传普及。采取送科技下乡、提供上门服务、宣讲种植技术到田间地头等多种形式，有计划、有组织、系统性地抓好辣椒生产技术培训，注重发挥科技示范户和专业大户的带动作用，切实加大辣椒生产新技术、新品种试验示范及推广力度。

（2）优化辣椒品种品质。大力发展无公害、绿色辣椒，继续加大对美国红辣椒提纯复壮和系统选育工作进度，积极引进高端、特色辣椒品种，充分做到辣椒良种良法的有机结合。

（3）提高辣椒种植技术水平。进一步总结完善辣椒育苗移栽、膜下滴灌、水肥一体化、病虫综防等高新配套技术，形成一套符合金塔气候、人文条件的辣椒无公害高产高效栽培技术，为辣椒规模化种植、产业化发展提供技术支撑和储备，从提质、节本、保收等多个措施增加椒农收入，持续提高生产环节科技含量，强化辣椒种植区环境保护，强化病虫的监控，做到以防为主，大力提倡和推广使用农业方法、物理方法及生物方法防治病虫，使辣椒生产走无公害、绿色和有机化发展之路，以产品质量赢得市场，取得效益。

（四）加大资金投入，增强发展后劲

积极引导金融部门对从事辣椒生产、加工、营销的企业和个人给予低息或贴息贷款，放宽抵押贷款条件，鼓励辣椒产业的发展。保险机构根据国家对农业的产业保险政策，积极开展辣椒种植保险，试行政府补贴、农户参与的辣椒保险模式，以解除种植大户、合作组织和广大农民群众发展辣椒产业的后顾之忧，促进辣椒产业健康持续发展。

甘肃省临洮县大蒜产业

于庆文[1] 白 冰[2] 杨海燕[2]

（1. 甘肃省农业科学院蔬菜研究所；2. 甘肃省临洮县园艺站）

一、社会经济及农业产业结构

临洮县，隶属甘肃省定西市，位于甘肃省中部，定西市西部，是省会兰州的南大门。临洮县属大陆性季风气候，日照较好，年平均气温 7.0℃，年极端最高气温 34.6℃，年极端最低气温 - 29.6℃，年总日照时数 2437.9 小时，太阳总辐射量平均为 139.76 千卡/平方厘米，平均无霜期为 146 天，平均蒸发量为 1258.1 毫米，年降水量在 317 ~ 760 毫米，降水量分布不均，空间分布差异大，降水量年际变化大。

临洮县总面积 2851 平方千米，总耕地面积 108 万亩，其中水浇地 38 万亩，人均耕地 2.23 亩。全县海拔 1730 ~ 3670 米，年平均气温 7℃，无霜期 80 ~ 190 天。2017 年，全县实现地区生产总值 67.93 亿元，其中，第一产业增加值 15.11 亿元，第二产业增加值 19.64 亿元，第三产业增加值 33.18 亿元。三次产业结构为 22.24∶28.91∶48.85。全县常住人口 51.79 万人，其中，城镇人口 17.92 万人，城镇化率为 34.6%；乡村人口 33.87 万人，占常住人口的 65.4%。城镇居民人均可支配收入 22617 元，农村居民人均可支配收入 7198 元。全年农作物播种面积 130.08 万亩，其中：粮食作物播种面积 88.04 万亩，经济作物播种面积 41.21 万亩，粮经比为 68.12∶31.88。

二、特色蔬菜产业发展现状

（一）临洮县特色蔬菜生产规模及布局

临洮县素有"陇上菜圃"之称。近年来，临洮县充分依托洮河谷地自然资源和紧邻兰州的交通区位优势，打造"洮河百里绿色蔬菜瓜果长廊"，将发展蔬菜产业作为农民增收致富的重要抓手。2017 年，全县蔬菜面积达到 23.56 万亩，总产量 81.5 万吨，农民人均从蔬菜中获得纯收入 946 元。全县累计认证无公害蔬菜产品 13 个、绿色食品 9 个、有机蔬菜 4 个、地理标志 1 个、注册商标 4 个、产地认定 13 个，形成食用百合、胡萝卜、葱蒜、韭菜四大品牌蔬菜，优质蔬菜成为当地农民增收的亮点。

为了做好蔬菜产业的宏观指导，临洮县结合发展现状，制定了"十三五"时期全县蔬菜产业发展规划，确定了水川区设施精细菜，小流域浅山坪区高原夏菜，太石、中铺砂地西瓜，中铺食用百合的生产布局。明确提出推进胡萝卜、韭菜、百合、葱蒜四大蔬菜品牌化发展的思路。葱蒜主要以辛店雷赵钱、下杜家村为中心，辐射带动辛店镇其他村，种植面积达到 3 万亩，建立集中连片示范片 5000 亩；韭菜主要以新添镇崖湾村为中心，辐射带动新添镇其他村，建立集中连片示范片 4000 亩。

（二）临洮县特色蔬菜的生产现状

大蒜是临洮县四大品牌蔬菜产业之一，种植的品种有：乐都大蒜、临洮红蒜、临洮白蒜、酒泉紫皮大蒜等。适宜种植大蒜的地方有洮阳、辛店、新添、上营等乡镇。2018 年全县大蒜生产面积达到 1.444 万亩，亩产量 1500 千克，总产量 2.166 万吨，年生产大蒜商品量 1.9944 万吨，销往省外的大蒜有 0.9972 万吨，年总产值达到 2.1 亿元。

临洮红蒜：甘肃省临洮县地方品种。株高 73 厘米，株幅 28 厘米。假茎高 21 厘米，粗 1.5 厘米。单株叶片数 15 ~ 16 片，最大叶长 57 厘米，最大叶宽 2.8 厘米。蒜头近圆形，横径 4.5 厘米，外皮浅褐色带紫色条纹，平均单头重 30 克左右。每头蒜有蒜瓣 12 个，多者 14 个，分两层排列，外层瓣数较少、较大，平均单瓣重 2.3 克。在产地可以抽薹。

临洮白蒜：甘肃省临洮县地方品种。株高 95 厘米，株幅 24 厘米。假茎高 41 厘米，粗 1.1 厘米。单株叶片数 18 片，最大叶长 52 米，最大叶宽 2 厘米。蒜头近圆形，横径 5 厘米左右，外皮白色，平均单头重 33 克。每头蒜有蒜瓣 21 ~ 23 个，分 4 ~ 5 层排列，外层蒜瓣最大，向内逐渐变小，平均单瓣重 1.7 克左右。蒜衣 1 层，白色。于当地 3 月上中旬播种，7 月中下旬收获蒜头。抽薹性较差。

（三）临洮县特色蔬菜产业的科技水平

临洮县种植大蒜历史悠久，从事大蒜等农业生产的科技人员、农民技术员达 1000 多人。同时，与国家特色蔬菜产业技术体系兰州综合试验站密切配合，定期不定期地到临洮县开展技术服务工作，引导临洮县大蒜产业健康有序发展。

临洮县在发展过程中，紧盯科技支撑，通过设施改造、市场建设、品种引进、土壤改良、新技术应用等措施，不断优化高效栽培模式。积极开展蔬菜新品种和配套技术集成试验示范，以科技为支撑，助推蔬菜产业可持续发展。先后引进谷雨、凯旋、紫光番茄，中研 21、津绿 3 号黄瓜，航椒 5 号辣椒等 20 多个蔬菜新品种，积极推广黄板、蓝板诱杀生物防虫技术和生物有机肥应用示范。

同时，还组织技术人员进社入户面对面、手把手指导农民开展新技术、新品种、新模式的试验、示范和推广，通过发展蔬菜种植，让贫困村精准脱贫。

（四）临洮县特色蔬菜产业组织的发展情况

按照"规模化、标准化、品牌化、市场化"的产业化发展思路，以绿色、精细、特色、名牌产品为突破口，立足产加销一体化发展，全面提升产业化经营水平，使蔬菜产业真正成为临洮富民强县的特色产业。

全县建成蔬菜专业化生产基地（园区）25 个、产加销龙头企业 10 个；发展蔬菜专业村 60 个、专业镇 10 个。已认定无公害产地 11 个、面积达 6.7 万亩；认证无公害产品 10 个、面积达 3 万亩；认证绿色食品 15 个，面积达 30.5 万亩；认证有机食品 2 个，面积达 1120 亩，有机转换认证 14 个，面积达 215 亩。申报注册了"貂蝉""洮鑫""农佳味""马家窑"等蔬菜品牌 6 个。

（五）临洮县特色蔬菜产业市场建设情况

临洮目前已逐步形成了以大型专业市场为主体，中小型市场和相关农贸市场为补充，以各种蔬菜协会和农村经纪人为依托，以收购网点为基础的蔬菜交易批发和购销服务网络。目前，临洮县共培育跃雅森、恒德源、洮水帝、丰源鲜贮等蔬菜加工企业 10 家，蔬菜专业合作组织 119 家，建成康家崖、崖湾、南苑、水泉等 13 个大中蔬菜产地批发市场。以康家崖、崖湾、南苑 3 个蔬菜专业批发市场为依托，在八里铺王家大庄和新添崖湾新建 4000 吨以上蔬菜气调库 6 座，依托产地初加工项目，累计建成 100 吨冷藏保鲜库 59 座，全县蔬菜冷藏保鲜能力达 16.5 万吨。当前，临洮蔬菜已广泛销往川、渝及粤等东南沿海市场和甘、青、宁等西北市场。

（六）临洮县特色蔬菜产业扶持政策

临洮县不断加大对蔬菜产业化示范点的投资力度，县财政每年设立蔬菜产业发展资金 500 万元以上，对蔬菜产业化示范点（基地）进行扶持，并制定资金使用管理办法。在统筹使用好专项补助资金的同时，多渠道增加对蔬菜产业的投入，鼓励农业龙头企业、农村合作组织、外来客商、能人大户、科技特派员以投资、入股、合资、领办等多种方式参与蔬菜产业化示范点（基地）建设。同时，各金融部门积极改善金融服务，进一步加大信贷支持力度，全力扶持地方农业产业化示范点建设。2012～2016 年，全县共规划蔬菜产业项目 20 项，总投资 268563.4 万元。

三、特色蔬菜产业发展存在的问题与制约因素分析

（一）市场行情不稳定

临洮县大蒜主要的消费市场是临洮县、兰州和临夏等地，主要依靠兰州商贩和本地大

户收售，销售渠道窄。近几年来，市场行情极不稳定，价格波动较大，严重影响农民种植大蒜的积极性。

（二）科技研发投入不足

主栽品种的抗病能力明显减弱，新优品种的选育缺乏科研机构和人才支撑，尤其是当家品种的提纯复壮缺乏投入。多年连作造成产量和品质明显下降。

（三）投资收益回报少

大蒜母籽投入需 2400～4000 元，农药、肥料等投入需 1000 元，种植成本居高不下，影响了大蒜适宜区种植面积的扩大。

（四）精深加工产业链条短

大蒜在临洮县没有加工企业，基本上停留在现挖现卖阶段，大蒜的深加工产品开发不足。

（五）品牌发展的影响力不强

临洮县大蒜没有统一的商标和包装，自主品牌的发展意识不够、竞争力不强。

四、特色蔬菜产业发展的对策建议

临洮县以后在大蒜种植上将统一核心品牌，从标准制定、良种繁育、标准化基地、关键技术推广、精深加工、产业链、品牌战略、引导宣传，引入高端农产品文化方面全力延伸临洮大蒜全产业链。

（一）建设蒜籽繁育基地

在临洮大蒜的主产区建设脱毒大蒜母籽快繁基地 100 亩，每年提供县内 4000 亩提纯脱毒大蒜母籽需求。

（二）建设标准化基地，实现绿色安全生产

按照绿色食品生产规程，改良提升大蒜母籽质量，增施有机肥，合理轮作倒茬，克服连作障碍，推广病虫害综合防治技术，全面提高大蒜产量、质量，使全县大蒜产品全部达到绿色 A 级食品标准。

（三）精心打造大蒜品牌，提高临洮大蒜知名度

临洮县将来在大蒜产业发展上，争取成立合作社或者企业，并大力支持鼓励相关企业、合作社积极参加国内外农产品展销会，争取优质农产品奖项，提高临洮大蒜知名度和

品牌竞争力。

（四）打破大蒜生产制约因素，着力推广优质高产栽培技术

在大蒜生产基地全面推广轮作倒茬、休耕免耕、深耕深翻、有机肥肥源建设、提高土壤肥力、无害化病虫防治等新技术应用。重点扶持畜禽养殖企业，对畜禽粪便无害化处理后的优质有机肥以及蔬菜产区尾菜处理后的有机肥，直供大蒜主产区，亩有机肥使用量达到4吨以上，有效提高大蒜产地土壤肥力，提高大蒜产量品质。

（五）拓展销售渠道，提升市场覆盖率

建设大蒜产地市场。以现有产地市场为基础，通过农产品产地初加工等项目支撑，扶助1~2个产地市场，建立健全产后收贮所需冷藏、分级处理等基础设施建设，并充分发挥临洮大蒜种植农户的作用，自我管理、自我约束，统一质量、统一制定行业指导价，以价格手段来调节产、加、销三方的利益关系。加快发展大蒜电子商务。以临洮县电子商务商会为依托，重点扶持淘宝、微商等知名电子商务网店建设，为有能力、有基础的合作社、企业配套电商设备，组织他们参加专业性的指导培训，建成专业性金牌网店。

（六）强化大蒜品牌质量监管

在各大蒜主产区的标准化基地，以合作社为主渠道，通过项目资金支持，扶助2~3个企业、村社配备农残速测、糖度分析等必备检测仪器，建立健全大蒜全产业监督检测体系。

甘肃省成县大蒜产业

杜 懿[1] 于庆文[2] 张玉祥[1]

（1. 甘肃省成县农业技术推广中心；2. 甘肃省农业科学院蔬菜研究所）

一、社会经济及农业产业结构

成县，隶属于甘肃省陇南市，境内多高山峡谷，南北为山地，中部为丘陵。属暖温带半湿润气候，四季分明，冷暖适度，年平均气温 11.9℃。年均降雨量 620.80 毫米左右，相对湿度 75%。成县下辖 14 个镇、3 个乡，15 个居民委员会、245 个村民委员会，总面积 1676.54 平方千米，总人口为 27.09 万，常住人口 24.59 万人，其中城镇人口 11.81 万人，城镇化率为 48.03%。

2017 年，成县生产总值约 58.6295 亿元，第一产业实现增加值 100721 万元，第二产业实现增加值 199239 万元，第三产业实现增加值 286335 万元，第一、第二、第三产业对生产总值的贡献率分别为 5.1%、58.9% 和 36.0%，第一、第二、第三产业增加值占生产总值的比重分别为 17.2∶34.0∶48.8。全县从业人员 15.47 万人，其中：农村 11.83 万人，城镇 3.64 万人。全县城镇单位从业人员年平均工资 51302 元，城镇居民人均可支配收入 22208.1 元，农村居民人均可支配收入 7641.1 元。

2017 年，全县粮食播种面积 49.32 万亩，同比下降 0.08%；粮食总产量 14.17 万吨，同比下降 0.6%。其中，夏粮播种面积 194381 亩，同比增长 0.2%，夏粮产量 61770.6 吨，增长 2.1%。农作物播种面积 659671 亩，与上年相比略有增加。中药材播种面积为 32789 亩，产量 23483 吨，同比分别增长 0.02% 和 11.5%。

二、大蒜产业发展现状

（一）成县大蒜生产规模及布局

2018 年，全县蔬菜面积达到 13.8 万亩，总产量达到 20.7 万吨，商品量达到 14.5 万吨，总产值达到 22770 万元。其中，大蒜栽培面积达到 6.5 万亩（蒜苗 2.4 万亩，蒜头

4.1万亩），"三蒜"总产量6845万千克（其中蒜薹产量1720万千克，蒜苗产量2900万千克，蒜头产量3225万千克），商品量4.68万吨，外销量1.2万吨，总产值13000万元。

大蒜主要分布在店村、城关、红川、抛沙、王磨、陈院、小川等乡镇的川坝河谷区。

（二）成县大蒜生产现状

成县水土条件适宜大蒜种植，且栽培历史悠久。成县大蒜具有外形整洁圆滑、蒜瓣整齐，蒜径大（大蒜直径6厘米左右），品质优良等特点，深受广大消费者青睐，产品除满足本县及周边县市外，大部分远销定西、兰州、青海、新疆等地。

成县主要栽培品种为蒜头、蒜薹兼用型的成县迟蒜、成县早蒜、汉中蒜，零星种植金乡大蒜。

成县早蒜：成县地方农家种，是蒜苗、蒜薹、蒜头兼用型早熟、丰产品种。生育期230天，蒜薹产量250~300千克/亩，蒜头产量500~600千克/亩。

成县迟蒜：地方农家品种，是蒜苗、蒜薹、蒜头兼用型的中熟、丰产品种。生育期240天，蒜薹产量300~400千克/亩，蒜头产量600~650千克/亩。

成县大蒜种植方式有两种，一是生产蒜苗的露地栽培，二是生产蒜头、蒜薹的地膜覆盖栽培。主要种植模式为地膜大蒜（蒜苗）—玉米（蔬菜），属两种两收或三种三收的"多千田"。种植大蒜充分利用了当地的光、热、土地资源，与粮食、蔬菜等多种作物进行间套复带种植，经济效益高。

（三）成县特色蔬菜产业的科技水平

2016年，成县农牧局成立了大蒜组，与国家特色蔬菜产业技术体系兰州综合试验站联合，开展成县大蒜气生鳞茎脱毒繁殖工作，改良大蒜品种，优化品种结构。利用先进技术对当地鲜食主栽大蒜品种成县早蒜、成县迟蒜进行脱毒、提纯复壮、恢复种性；引进试验示范蒜薹产量高、品质好，蒜头大（大蒜横茎5厘米以上）、瓣数少（6~8瓣）、耐储藏、符合出口标准的脱毒大蒜品种，优化品种结构；加强大蒜无公害绿色产品基地建设，培育拳头产品，争创知名品牌。与国家特色蔬菜产业技术体系兰州综合试验站紧密联系，从中国农科院、重庆大蒜基地、汉中等地引进大蒜新品种进行试验，加快推进成县大蒜新品种更新换代步伐。

成县制定了科技特派员制度，对特色产业示范点确定了3~5名专业技术骨干，常年深入示范点、企业村社、田间地头开展技术指导工作。全县科技示范户已达2000户，选派科技特派员590名，深入乡镇、村、社开展各类技术指导和培训，创办农民科技学校125所，举办各类培训班480期，培训农民4.9万人次，其中培训科技明白人4000人次。

（四）成县特色蔬菜产业组织的发展情况

成县大力发展蔬菜协会及农民经营经销组织，全县建立县级蔬菜协会1个，乡级蔬菜协会3个，营销组织4个，个体贩运户132个，年营销量达到3.0万吨，在蔬菜产业中发挥了巨大作用。

（五）成县特色蔬菜产业市场建设情况

在完善和规范现有蔬菜销售市场的基础上，在城区新建蔬菜批发市场，扩大完善店村、小川、抛沙等蔬菜批发市场设施、规模，扩大蔬菜重点产区的集散地，各方配合，加强市场管理，规范市场行为，建立保护机制，吸引外地客商，确保流通。2013 年，成县成立了电子商务协会，从传统的销售模式转向了网络平台的电子商务模式，全县共开办各类网店、微店 1127 家，成立电商企业 38 家，物流快递企业 42 家，建成电商平台 9 个，县、乡两级网货供应平台 26 家，农村淘宝服务站 55 个，引进第三方电子商务服务商 1 家，已有 350 个网店与 3682 户贫困户签订带贫协议，帮助贫困户销售农产品 3785.6 万元，全县贫困人口通过电商人均增收 685 元。电商相关产业直接或间接带动就业 11700 余人，其中贫困人口 5300 多人，将地方特色农产品通过特色农产品电子商务销售到千家万户。

（六）特色产业三产融合发展现状

大蒜是当地的区域特色产业，种植历史悠久。2005 年，成县大蒜获得国家绿色食品产地认证。以"三蒜"为主的蔬菜品牌效应优势明显，全县已有 9 个蔬菜专业经济组织，蔬菜经纪人 410 人，储藏加工营运企业 7 个，这些中介组织功能的充分发挥，标志着成县蔬菜产业已经逐步走向多元化的销售渠道。

（七）成县特色蔬菜产业扶持政策

为了加快成县蔬菜产业的开发水平和档次，成县在充分调研的基础上，编制了《成县以蔬菜产业为主的 2012 年—2016 年的特色产业规划》（以下简称《规划》）。总体规划：蔬菜规划面积 12 万亩，大蒜面积 8 万亩，南北山区、川坝河谷区、西部易旱区早春蔬菜、精细蔬菜、高原夏菜都有规划内容。园区规划：面积 1 万亩左右，分 4 个园区。一是以店村新村兴明合作社蔬菜示范园为核心的店村设施蔬菜示范园，规划面积 5000 亩左右；二是以抛沙广化大樱桃示范园为核心的立体栽培示范园，规划面积 1500 亩左右；三是索池大川果蔬精品示范园，规划面积 1000 亩左右；四是以红川东槐、西柳川坝地以大蒜、大白菜等为主的大宗蔬菜示范园，规划面积 1000 亩左右。

结合成县实际，县农牧局、财政局、邮储银行成县支行在充分讨论及协商的基础上，经县政府审核同意后，于 2014 年 5 月 5 日印发了《成县草食畜牧业和设施蔬菜产业贷款贴息工作实施方案》，并下发全县 17 个乡镇和县直有关单位。为落实好省市相关文件会议精神，促进成县特色产业开发，县财政在十分紧张的情况下列出专项资金 100 多万元，专门用于特色产业开发中新品种、新技术、新材料的引进、试验、科技培训以及示范区（点）的建设等工作；同时，县上相关涉农部门还从多个渠道，通过项目实施，切实增加对特色产业开发的投入；另外，成县还制定出了优惠政策，吸引社会资金，兴办龙头企业，促进特色产业开发的健康有序发展。

三、特色蔬菜产业发展存在的问题与制约因素分析

（一）品种退化严重

成县大蒜由于品种退化，提纯复壮进程缓慢，使大蒜生长不良，植株矮化，叶片变短而皱缩，蒜薹扭曲，抽薹困难，蒜头变小，小蒜瓣增多，植株抗病性降低，病害发生严重，品质下降，产量效益徘徊不前。近年来，农技部门用气生鳞茎繁殖方法对大蒜品种进行提纯复壮试验研究，但由于缺乏项目支撑，资金短缺，无法建立大蒜提纯复壮供种基地，满足不了大田生产对种子的需求。虽然成县大蒜品种优良，但由于长期无性繁殖造成品种退化严重，且品种结构单一。

（二）缺乏标准化生产体系

群众在长期的生产实践中总结出了较完善的栽培技术，如异地换种、精耕细作、覆膜栽培、科学抽薹、适时收获、间作套种等，但缺乏一套标准化生产体系。

（三）病虫害问题严重

由于蒜种退化，土壤残留病菌增多，有机肥施用数量过少，大蒜抗病性降低，大蒜病害造成的损失越来越大。成县大蒜主要病害有白腐病、叶枯病、软腐病、病毒病、紫斑病、锈病、白斑病等。

（四）缺乏贮藏、加工企业

当地生产的蒜苗 100%、蒜薹 80%、蒜头 90%鲜销，受销售年份、季节及市场变化影响，由于缺乏必要的贮藏、加工设施和企业，导致产品附加值低。

四、特色蔬菜产业发展的对策建议

（一）改良大蒜品种，优化品种结构

对当地鲜食主栽大蒜品种成县早蒜、成县迟蒜利用组织培养等先进技术进行脱毒、提纯复壮、恢复种性。引进试验示范蒜薹产量高、品质好、蒜头大（蒜茎 5 厘米）、瓣数少（6~8 瓣）、耐储藏、符合出口标准的脱毒大蒜品种，优化品种结构。

（二）开展良种良法栽培技术研发

积极开展大蒜高产、高效标准化生产技术和栽培模式的试验研究，集成示范推广一批

标准化节本增效配套技术，使品种优良化、生产规程标准化、产品优质化，促进大蒜生产向高附加值和出口创汇的高效方向发展。

（三）培育组建一批大蒜产品贮藏、加工龙头企业

充分利用当地资源优势，多渠道进行招商引资，并鼓励当地种植大户、营销专业户、蒜农以及本县的企业家联合创办深加工、储运公司等企业。大蒜是鲜活农产品，收获季节上市集中，对客商收购依赖性强，价格波动大。应根据市场需求，发展大蒜加工业及中小型气调低温保鲜库的建设，解决大蒜销售问题，达到调节上市的目的，增加产品附加值，确保蒜农增收。

（四）加强对农户的培训

成县大蒜产品已获国家绿色食品产地认证。在生产中要按照国家绿色产品的要求去生产大蒜，因此要加强技术培训工作，使广大蒜农熟练掌握大蒜绿色标准化栽培技术规程，生产出符合国家标准的绿色大蒜产品。通过培训使农民掌握新品种、新模式和规范化、标准化生产技术。

（五）加强基础条件建设

充分利用扶贫、水利、农业项目建设资金，加快蔬菜主产区基础设施建设，改善农田基本条件，完善水利配套设施，提高抗御自然灾害的能力；积极引导群众，增加对土地的投入和对产地的保护意识，配置先进设备，更新栽培手段，提高生产技术和效率。

甘肃省永昌县洋葱、辣椒产业

董吉德[1]　张玉鑫[2]　张廷龙[1]

（1. 甘肃省永昌县农业技术推广中心；2. 甘肃省农业科学院蔬菜研究所）

一、社会经济及农业产业结构

永昌县隶属于甘肃省金昌市，位于甘肃省西北部，东经101°04′35″~102°43′37″，北纬37°47′21″~38°39′58″，河西走廊东部，祁连山北麓，东邻民勤、武威，西迎山丹，南依肃南、青海门源县，北与金川区接壤。境内地形以山地高原为主，自然资源丰富，交通便利，通信发达，是河西走廊的主要产粮区，甘肃省粮油生产大县。自古永昌就是著名丝绸之路上重要驿站，商贾云集，贸易繁荣。而今312国道穿城而过，是兰新公路物流的重要补给站。永昌县辖6镇4乡，10社区，111个村民委员会，总面积7439平方千米。境内地形以山地高原为主，山地、平川、戈壁、绿洲相连，属大陆性季风气候，平均海拔1950米，年平均气温5.8℃，年平均降水量220毫米，全年无霜期128天，干燥多风，昼夜温差大。

2017年全年永昌县实现地区生产总值67.96亿元，其中，第一产业增加值16.09亿元，第二产业增加值16.81亿元，第三产业增加值35.06亿元。一二三产业结构比为23.7:24.7:51.6。人均GDP达到28831元。年末全县常住人口23.53万人，其中，城镇人口11.82万人。全年实现大口径财政收入5.94亿元，公共财政预算收入3.08亿元，全县公共财政预算支出25.02亿元。城乡居民人均可支配收入达到18154元，城镇居民人均可支配收入达到26676元，农村居民人均可支配收入达到12376元。全年实现农林牧渔业增加值16.27亿元，其中，农业实现增加值12.88亿元，林业实现增加值0.14亿元，畜牧业实现增加值3.06亿元，渔业实现增加值0.01亿元，农林牧渔服务业实现增加值0.18亿元。

永昌县全年农作物播种面积95.23万亩。其中，小麦播种面积31.71万亩，大麦播种面积9.63万亩，玉米播种面积17.07万亩，薯类播种面积6.43万亩，油料播种面积7.27万亩，药材播种面积1.59万亩，蔬菜播种面积14.79万亩，其他作物播种面积5.53

万亩。

二、特色蔬菜产业发展现状

（一）永昌特色蔬菜生产规模及布局

近年来永昌县委、县政府以提高农业整体效益、促进农民增收为目标，大力发展蔬菜产业，2018 年，永昌县蔬菜种植面积达到 20.3 万亩，产量 64 万吨。其中洋葱种植面积4.27 万亩，年产量 24.8 万吨，产值 2 亿元；加工辣椒种植面积 1.2 万亩，年产量 3.0 万吨，产值 5000 万元。其中洋葱、加工辣椒主要种植区域为东寨镇、六坝镇、水源镇、朱王堡镇等。海拔 1500 米以下，年均降水量 123 ~ 188 毫米，年均气温 7.7℃，全年无霜期145 ~ 240 天。

（二）永昌县特色蔬菜的生产现状

永昌县洋葱生产以红皮洋葱为主，其种植品种较多，黄皮洋葱次之，以加工为主的白皮洋葱较少。栽培品种多达 20 余种，红葱类品种主要有秦红宝、新红奇、盛世经典、红运等；黄葱类品种主要有福星、金宝、潘多拉、金贵、太阳格林、金科、安特 1 号等；白葱类品种主要有白峰、百得利等。其中秦红宝、新红奇、金贵、太阳格林 4 个品种占主导地位，达到栽培面积的 50% 以上。红皮洋葱亩产 6.5 ~ 8.0 吨，平均售价 700 ~ 900 元/吨；黄皮洋葱亩产 7.0 ~ 8.5 吨，平均售价 600 ~ 700 元/吨。在虫害发生方面目前主要有葱蓟马、葱蛆危害；病害主要有软腐病、霜霉病等。同时，育苗移栽、宽膜种植、黑色除草膜覆盖、生物有机肥、病虫害综合防治等实用技术推广应用率达到了 95% 以上，有效地提高了洋葱产业的科技水平和无公害生产进程。

加工辣椒种植品种主要有杂交干红系列，具体品种为德圆 13、德圆 29 等。亩产量2000 ~ 2500 千克，售价 1.2 ~ 2.0 元/千克，亩产值 2400 ~ 5000 元，效益较为显著。虫害目前种植区域发生相对较少，病害主要有根腐病和白粉病等。

（三）永昌县特色蔬菜产业的科技水平

为了强化技术服务，永昌县政府与省农科院蔬菜所签订了技术服务协议，由省农科院每年指派蔬菜栽培育种专家在永昌县开展技术帮扶，设立试验示范点开展试验示范和技术指导。永昌县政府还结合各乡镇实际，组织省农科院蔬菜专家及县农技中心技术人员在各基地开展专题培训和技术指导，每年开展集中授课 15 次以上，培训农户、种植大户、企业技术人员、基层农技人员 1000 人次以上，开展现场技术指导 80 次以上，普及和加强了标准化生产技术，加强了技术指导。在院地技术部门的大力合作下，全县洋葱、辣椒生产有了大的突破，标准化生产进程进一步加快，劳动者素质大大提高，为产业的健康持续发展打下了坚实的基础。

（四）永昌县特色蔬菜产业组织的发展情况

为了促进蔬菜产业规模化发展，培育壮大无公害蔬菜等特色产业，县委、县政府不断加大扶持力度，近年来投入资金近5000万元用于发展蔬菜产业，对于集中连片种植无公害蔬菜的乡镇、村社每年均给予资金补助。截止到2018年，全县已流转土地4.3万亩，重点发展以蔬菜为主的特色产业。蔬菜标准化生产大大普及，集约化程度显著提高。针对不同区域的气候特点和蔬菜生产格局，建成了清河高效农业、东河节水农业、城郊科技农业、西河设施农业示范园和河西堡土地集约经营示范园五大园区，建立辣椒深加工企业1个，各类蔬菜专业合作组织42个，会员达5300人，各类家庭农场（大户）1060个。

（五）永昌县特色蔬菜产业市场建设情况

建成专业批发市场16个，营业面积达28000平方米；大中型蔬菜恒温库18座，年吞吐周转蔬菜20万吨。产品主要以外销为主，先在恒温库将蔬菜预冷、冷藏或加工企业粗加工后，远销新疆、成都、广州、西安等全国各大城市。

三、特色蔬菜产业发展存在的问题与制约因素分析

（一）种植规模、效益不稳定

洋葱、加工辣椒虽然已形成了一定的规模化发展、标准化生产的良好格局，但面对变幻不定的市场行情，农户的种植一般都以上年的情况作为参考，缺乏有效的信息依据，跟风现象十分严重，致使种植面积和产量忽大忽小，产业规模变化较大。同时，受国内外销售大环境的影响，价格也多有变化，直接导致了种植效益的不确定，伤农事件时有发生。

（二）营销网络不健全，抵御市场风险能力低

永昌县蔬菜产业中专业的市场经纪人很少，与终端市场联系较少，无法准确掌握市场的供求信息、价格信息。建立的批发市场较多，但主要还是坐等批发商自己上门，使得蔬菜销售始终处于被动地位，不健全的营销网络，直接影响了产业的发展。同时，订单蔬菜面积小，蔬菜深加工企业少、加工种类少、规模小也制约了产业的规模化发展。

（三）种植基地老化，病虫害日益严重

随着土地流转政策的落地实施，种植大户的增多，种植面积迅速扩大。由此带来的问题是实施轮作倒茬难度加大，病虫危害日益严重，部分种植户商品意识差，大量使用农药、化肥，导致产量急剧降低、产品品质下降、储存期缩短，对产业的持续发展带来了负面影响。

（四）生产成本增高，种植风险加大

永昌县特色蔬菜洋葱、加工辣椒的生产还未实现机械化，仍属劳动密集型产业，近几年，由于农资、种子、人工等费用不断上涨，导致成本逐年增加，产业优势已逐年减小，加之价格波动较大，农户种植风险也随之加大。2018年，永昌县加工辣椒的每亩农资成本1300元，人工成本1600元，土地租赁1000元，每亩总成本在1800~3900元；洋葱的每亩农资成本2400元，人工成本1500元，土地租赁1000元，每亩总成本在2800~4900元（本部分农户种植没有计算土地租赁成本和部分人工成本，种植大户和合作社种植成本较高）。

四、特色蔬菜产业发展的对策建议

（一）加大科技培训力度

根据生产关键环节，在不同生长阶段，利用各类科技培训活动，组织农户开展以育苗移栽、科学施肥、病虫害综合防控等为主的标准化生产技术培训，加大新技术、新品种的推广应用力度，科学指导种植，进一步提升农户科技水平。

（二）强化信息服务，发挥运销组织职能

建立信息互助机制，超前服务于产业；整合营销网络，完善经济合作组织，每年生产前为农户发布市场信息、种植品种，签订购销合同；产中提供种植技术服务；产后负责与终端市场联系，保证销售渠道畅通。同时，加强对专业合作组织及运销经纪人的管理，规范市场行为，提高组织化能力。

（三）加强项目引进，延长产业链条

政府部门要有计划地引进一些有实力、规模大、技术先进的精深加工企业，不断提高产品科技含量和档次；同时，引导现有的加工企业积极进行技术改造升级，提高生产效率和产品质量，开发新产品，拓宽加工范围，促进就地加工增值，进一步延长产业链条，使产业由"外销拉动"为主的单腿前进，转变为"外销拉动""龙头带动"的双轮驱动。

（四）推广机械化生产，有效降低成本

根据调查，2018年洋葱、加工辣椒生产投资成本中人工成本占总成本的30%~40%，因此亟须推广轻简化栽培及机械收获技术，有效降低生产成本，确保农户增产增收，且机械化的推广又能进一步推动产业的规模化和标准化。

八、乌鲁木齐综合试验站

新疆维吾尔自治区吉木萨尔县大蒜产业

杨生保　陈小刚

（新疆农业科学院园艺作物研究所；新疆吉木萨尔县农业技术推广站）

一、经济社会发展及农业产业发展情况

（一）自然资源

吉木萨尔县位于天山山脉东段北麓，准噶尔盆地东南缘。总面积为 8848 平方千米，县境总人口 14.1 万人。属中温带大陆干旱气候，冬季寒冷、夏季炎热，降雨量少，昼夜温差大，年日平均照时数为 2861.1 小时，年平均气温 7.0℃。平原无霜期 170 天，山区无霜期 145 天左右。县域土地面积 814458.5 公顷，2017 年末地域总户数 4.9 万户，总人口 13.89 万人。在全部人口中，非农业户口 3.28 万人，农业户口 10.61 万人。城镇居民人均可支配收入 28752 元，同比增长 7.9%；农牧民人均可支配收入 16789 元，增收 995 元。

（二）经济社会发展状况

2017 年，全县实现地区生产总值 162.3 亿元，比上年增长 12.8%。其中，第一产业增加值 18.3 亿元，增长 4.4%；第二产业增加值 120.8 亿元，增长 15.4%；第三产业增加值 23.2 亿元，增长 9.9%。三次产业分别拉动经济增长 0.7 个、10.4 个和 1.7 个百分点。三次产业结构比例为 11.3∶74.4∶14.3。实现地域工业增加值 113.9 亿元，比上年增长 16.9%，拉动经济增长 10.6 个百分点。按常住人口计算，人均生产总值 99454 元，同比增长 15.3%。

（三）吉木萨尔县农业产业发展情况

2017 年，全县实现农林牧渔及其服务业总产值 26.4 亿元，同比增长 5%。农林牧渔业增加值 16.7 亿元，同比增长 4.5%；农、林、牧、渔和服务业占大农业产值的比重分

别为 45.96%、2.48%、50.1%、0.91% 和 0.55%。

农作物播种面积 82.6 万亩，比上年增加 1.25 万亩，增长 1.54%。其中，粮食播种面积 45.47 万亩，同比增长 18.16%；油料播种面积 4.7 万亩，同比下降 51.48%。全年粮食总产量 23.7 万吨，油料产量 0.99 万吨。

年末农业机械总动力 22.3 万千瓦，大中型拖拉机 0.23 万台，小型拖拉机 0.36 万台，拖拉机配套农具 0.83 万台（架），化肥施用量 2.74 万吨，地膜使用量 0.13 万吨。

（四）吉木萨尔县蔬菜生产基本情况

2018 年吉木萨尔县蔬菜生产立足本地资源优势，坚持以市场为导向，以促进农民增收为目标，合理调整种植结构，在坚持做好常规蔬菜生产的同时，大力发展特色蔬菜产业，推进产业化经营，扶持蔬菜专业合作社、发挥家庭农场的带动作用，着重解决制约蔬菜产业发展的突出问题，蔬菜生产取得可喜成绩，全县蔬菜标准化、产业化步伐进一步加快，发展势头良好。

2018 年，吉木萨尔县蔬菜播种面积 2.57 万亩（不包括马铃薯 2.2668 万亩）。其中，辣椒播种面积 5660.12 亩，胡萝卜播种面积 358.2 亩，大蒜播种面积 2431.87 亩，设施蔬菜播种面积 791.4 亩，其他蔬菜播种面积 12191.38 亩，蔬菜制种播种面积 4272.4 亩。

二、大蒜蔬菜产业发展现状

吉木萨尔县地处天山北坡南部山区丘陵低山盆地地区，海拔 1000～1500 米，由于其特殊的地理环境，形成了山区逆温带的气候条件，最适于大蒜生长。天山北坡冷凉区相对应分布的是栗钙土，经过多年耕作，已发育为灌耕栗钙土，其中有大面积灌耕栗黄土，土质较为疏松，富含有机质，排水、保水、保肥性能良好也非常有利于大蒜的生长。这里不仅有上述的优越条件，而且周围无工矿企业、医院等污染，远离高速公路和车流的主干道，并且灌溉水为天山雪水喷灌，农牧结构比较合理，有机肥料多，化肥、农药使用年限短，且用量少，土壤未受污染，可使大蒜生产达到无公害蔬菜标准。

吉木萨尔县在 20 世纪 60 年代就开始种植大蒜，经过近 50 年的种植，广大农户积累了丰富的大蒜生产管理经验。山区三个乡镇，是大蒜的主要生产地，地处山前盆地，气候凉爽，年平均气温 4℃ 左右，年最高气温 29℃，无霜期 145 天，年降水量 355 毫米，尤其是 8～9 月昼夜温差大，适宜大蒜鳞茎膨大期延长，具备白皮大蒜生长的得天独厚的气候条件。目前这三个乡镇大蒜种植面积 0.23 万亩，每年产大蒜 0.18 万吨。这三个乡镇多年来以生产的大蒜粒饱满、耐储存、含蒜氨素高、产量高而闻名，是全国生产大蒜的重要基地之一。吉木萨尔县白皮大蒜曾获得国家农业部"白皮大蒜之乡"的称号，出产的白皮大蒜获得自治区无公害农产品认证，与上海嘉定蒜、江苏太仓蒜、山东蒜一起被誉为中国四大名蒜。2016 年通过了国家"农产品原产地地理标志"认定。

三、大蒜蔬菜产业发展存在的问题与制约因素分析

与发达地区相比，吉木萨尔县大蒜蔬菜生产还有不小的差距：

一是大蒜蔬菜生产基地抗自然灾害能力低，信息不灵敏，产销衔接不紧密，不能以销定产，大蒜蔬菜生产受市场影响较大，市场体系不完善，不能分等定级、以质论价，生产效益不高、整体效益不高。

二是大蒜蔬菜种植比较分散，零星分布多，规模化种植程度还不高，没有形成特色和规模经营，种植上有很大的盲目性。再加之大蒜蔬菜生产成本高，与外调菜相比价格差明显，缺乏竞争力。

三是大蒜蔬菜加工企业发展慢，规模小，对产业拉动作用不明显。

四是技术力量不足。随着市场经济的变化，吉木萨尔县大蒜生产在技术上也面临许多问题：品种单一，不能适应当前种植的需要；种性退化，产量降低；病虫害加重，品质下降。

针对以上问题迫切需要我们从大蒜种子、栽培技术等方面深入研究，探索提高产量和品质的途径。但由于单位抽调人员多，其他工作任务重，乡镇的推广工作基本处于瘫痪状态，技术人员全部下沉驻村，没有精力和时间从事业务工作，从而影响到推广工作的开展。这些都成为制约吉木萨尔县大蒜蔬菜生产发展的重要瓶颈。

四、大蒜蔬菜产业发展的对策建议

（一）建立由政府统一领导下的宣传促销队伍，做好产前产中产后信息服务

组织各方面力量收集、整理区内外各大农产品批发市场的供求动态，以便及时利用各种方式为农民提供全方位的供销信息，引导农民生产适销对路的优质产品。

（二）通过实施"合作社＋基地＋农户"的产业化模式，形成规模化种植的经营模式

目前新疆市场上的大蒜主要从内地调运，内地种植大蒜大多都是秋蒜（秋天种植），上市较早，且储存期短，而吉木萨尔县生产的大蒜属于春蒜（春天种植），上市季节佳，每年9月份开始上市，可贮存至翌年5月，恰好填补了大蒜市场的季节性空白。市场潜力巨大，为发展大蒜生产提供了机遇。另外，吉木萨尔县2018年从山东引进一家大蒜加工企业，进行大蒜素生产，该企业与山东省农业科学院建立技术协作关系，进行产品研究开发和员工培训，提供常年技术指导。通过企业加工带动，可为吉木萨尔县的大蒜生产解除后顾之忧。

（三）加大吉木萨尔县大蒜品牌创建工作

首先，在控制大蒜质量上下功夫。加强大蒜质量安全管理，确保大蒜实现"源头可追溯、流向可追踪、信息可查询、责任可追究"，以品质取信于民。其次，发挥好"中国白皮绿嘴大蒜之乡"，"吉木萨尔大蒜"原产地证明商标，全国"绿色食品原料（大蒜）标准化生产基地"，"吉木萨尔白皮大蒜农产品地理标志"4张名片作用，使3种品牌互相支撑、相互促进、共同提升。依托资源优势，大力发展、宣传吉木萨尔大蒜"纯天然、绿色健康"的突出特点创造品牌。再次，利用电商平台，精心策划营销宣传活动。在新闻媒体开展系列宣传，积极发展订单农业，积极发展大蒜精深加工，把引进大蒜精深加工企业列为全县招商引资重点之一，成立大蒜产业研究发展中心，提高产业水平与市场竞争力。最后，着手建立大蒜育种、栽培示范区。通过建立大蒜种质资源库、提纯复壮大蒜品质、改造栽培方式等途径，培育大蒜新品种，推出种植新模式。积极推广标准化栽培技术，争取使"吉木萨尔大蒜"名牌走向全国。

（四）进一步完善市场服务体系和加强培训

要建立专业的大型大蒜蔬菜批发市场，并抓好科技培训，重点培训无公害大蒜蔬菜标准化生产技术和特色品种大蒜蔬菜高产栽培措施，不断提高菜农素质。要切实发挥农业和科技部门职能作用，大力支持科技人员到生产第一线开展技术咨询、技术承包和技术有偿服务，充实一线技术人员，加大对现有农技人员进行现代农业和农业技术知识更新的培训力度。选派有一定基础的技术人员和农民到大蒜生产发达地区学习取经，尽快提高全县大蒜蔬菜生产发展的技术和管理水平。

新疆维吾尔自治区和硕县辣椒产业

杨生保　　何新辉

（新疆农业科学院园艺作物研究所；新疆和硕县农业技术推广中心）

辣椒是茄科辣椒属的主要栽培种。和硕县种植辣椒有着较为悠久的历史，由于其特定的区域特性，生产的辣椒具有特殊的产品品质和独特的市场优势，在国内、国际市场具有较强竞争力，是能够带动县域经济发展的竞争性农产品。通过近年来的结构调整，辣椒产业已有一定规模，并逐步成为深化农村经济结构战略性调整、改善人们生活、切实增加农民收入的重要突破口。

一、发展辣椒产业的优势

一是光热资源条件良好。和硕县位于焉耆盆地东北部，南濒中国最大的淡水湖——博斯腾湖，气候属典型的大陆性气候，日照充足，少雨，蒸发量大，热量、光照适中，适宜瓜果、辣椒、蔬菜、西红柿等农作物生长，具有独具特色的农产品资源优势。尤其是和硕县处于博斯腾湖边缘，湖光反射太阳光的效应，极大改善了辣椒的色素品质。二是市场前景广阔。随着食品加工业、化工业和医药保健业的发展，辣椒需求量将大大增加。和硕县生产的辣椒在内地市场上质量最好，客商评价最好，声誉较大，处于竞争优势地位，大力发展加工辣椒产业市场前景广阔。三是加工辣椒种植技术完备。和硕县辣椒生产已有十几年的历史，在农业种植技术方面积累了比较丰富的经验。在广泛使用新品种的同时，膜下滴灌、育苗移栽、综合防治病虫害等技术的综合利用得到了大力推广。现膜下滴灌面积达到播种面积的100%，育苗移栽面积达到播种面积的90%以上。

二、各乡镇辣椒种植情况

2017年，辣椒种植面积9.87万亩，亩收益727.75元，全县加工辣椒平均亩产干椒440千克、总产量4.34万吨，鲜食辣椒平均亩产鲜椒2600千克。

2018年，全县各乡镇种植辣椒面积12.98万亩，较2017年9.87万亩增加3.11万亩。其中乌什塔拉乡12568亩，塔哈其镇27566亩，曲惠镇20249亩，特吾里克镇2188亩，苏哈特乡 11776 亩，新塔热乡 15269 亩，乃仁克尔乡 166 亩，清水河农场 35945 亩，马兰农林局 4133 亩。

三、辣椒品种使用情况

和硕县辣椒分鲜食辣椒、色素干椒及食色两用 3 种。鲜食品种主要有：猪大肠、二荆条、红龙 6 号、航椒 4 号、航椒 6 号、航椒 8 号、新椒 11 号等；色素干椒有：墨西哥铁板椒；食色两用有：金塔系列（九月红、903、1504、红龙 13 号、红龙 21 号、红龙 18 号、红龙 16 号、1219）、5354、韩国探将、韩国大将、甘科 10 号、甘科 11 号等。

四、辣椒产业化经营情况

（1）新疆满卡姆食品有限责任公司 2017 年生产辣椒酱 100 吨，产值达 400 万元，2018 年计划生产收购鲜食辣椒 1700 吨，生产辣椒酱 250 吨。同时与京东商城洽谈 300 万元网上销售合同。销售区域除新疆外，天津、浙江、西安及北京均设有销售网点。

（2）新疆宏运生物科技有限公司，2017 年生产辣椒颗粒 1500 吨，2018 年计划生产辣椒颗粒 1500 吨，同时开展设备改造，预计投资 150 万元。

（3）新疆和硕丁丁食品有限责任公司 2017 年生产辣椒酱 2100 吨，收购原料 5600 吨。2018 年已签订订单面积 6000 亩，生产辣椒酱 3000 吨，主要以猪大肠等鲜食辣椒品种为主。

（4）新疆徐老桩食品有限公司 2017 年生产辣椒酱 6 万瓶，收购鲜食辣椒原料 15 吨。2018 年计划不变。

（5）红安公司 2018 年在和硕签订收购合同 10000 亩，原料在和静进行加工，收购保底价每千克 8~8.5 元。

五、辣椒产业存在的主要问题

（一）投入不足，缺乏科技支撑

由于受传统农业观念的影响，和硕县对辣椒生产的支持力度有待加强。一是科研投入不足，缺乏技术、人才储备，专门从事辣椒研究的科技队伍力量薄弱，政府支持辣椒产业发展的科技项目少、力度小，导致生产上缺乏标准化、无害化生产技术研究和推广应用。二是企业投入不足。在辣椒销售上，由于辣椒产品的深度开发不够，多年来一直以初级产品和半成品出口为主，对辣椒的商品性要求没有严格的标准，辣椒产业还没有形成健全的加工营销网络。这不仅严重影响了农民的经济收入，也使辣椒高产、高效的优势难以充分发挥。

（二）产业发展起伏波动大

农民不了解现代营销知识和国内外市场行情、动态，把握市场机遇的能力差，盲目生产经营，面对变化多端的市场，信息不灵通，常常处于被动地位。经过多年的发展，和硕县逐渐形成了"企业＋基地＋农户""企业＋农户""中介组织（服务组织）＋农户""基地＋农户"等模式，企业与农户的利益联系有了明显增强，利益分配机制逐步完善，形成了合同收购和保护价收购等方式。但是，企业和椒农的联系还是以合同契约型为主，缺乏紧密的联系，企业和农户双方的利益缺乏制度保障，两者的利益分配关系还是简单的买卖关系，还不能真正形成"利益均沾，风险共担"的利益共同体。在守约履约上，诚信度差，不是农户不愿将商品椒交给企业，就是企业在收购商品椒时压级压价，难以实现辣椒的小生产与流通大市场相接，产业发展跌宕起伏。面积小时，货源紧俏，哄抬物价，掺杂使假；面积大时，产品滞销，价格低廉，椒贱伤农，挫伤农民种植辣椒积极性。

（三）优良品种引进少，市场竞争力弱

科技部门研发新品种、新技术的能力以及推广应用的能力弱，科技成果转化不够。多数地区种植多以常规品种为主，优良品种少，品种退化严重，产品质量不高，产品结构单一，市场竞争力弱。科技在辣椒产业化经营中所发挥的作用不明显，严重制约了辣椒产业的发展。

（四）辣椒产业标准化生产执行程度低

目前在发展辣椒产业过程中，在辣椒原料生产上还没有严格的栽培技术操作规程以及无公害生产技术执行标准来指导生产，辣椒产量变化大，稳产没有保障。

六、发展对策

（一）增加投入，加大扶持力度

政府首先应该从产业政策上把辣椒作为重要的经济作物，从育种、技术储备、种子生产、加工原料生产、加工企业、营销全过程进行产业设计与支持。同时政府还应加强辣椒生产、加工等方面的信息网络的建设，为种植农户及加工企业服务。其次制定出台优惠政策，加快对外开放步伐，积极开展对外招商引资工作，鼓励和吸引社会企业、公司及资金投入参与产业开发，在已形成加工能力的基础上，努力提高辣椒加工制品的质量，坚持以质量兴业、名牌兴企之路；引导现有加工企业改造和升级原有的设备及条件，引进先进技术和设备，开发科技含量高、附加值高、适销对路的产品。

（二）重视科研推广，提高生产水平

加快新品种选育步伐，在继续以优质高产为育种目标的前提下，重点解决耐病毒病、病疫等问题；加强连作障碍的研究，针对不同的土壤结构，不同的气候条件，对辣椒病菌与土壤结构、土壤通气性、土壤微生物、植物根系分泌物等之间关系的研究，同时推广深耕土地、轮作倒茬、使用微肥、重施有机肥等技术措施，减轻连作障碍；大力开展技术培训，利用各种宣传手段提高农民科技素质，建立示范样板，促进增产增收。

（三）合理布局，加大辣椒商品基地建设

鼓励企业参加商品椒基地建设，通过定向投入、定向服务、定向收购等方式，与农户联合发展稳固的辣椒生产基地。通过龙头企业的带动，引导商品椒基地向最适宜区集中，由兼业向专业化转变，发展一批专业大户、专业乡、专业村，实行集中连片开发，逐步建成规模适度的集约化、专业化商品椒生产基地。

（四）适应市场需要，积极发展专用型辣椒生产

（1）品种专用化。在辣椒的育种目标上要转向专用型育种，为生产上提供优质专用品种，解决当前生产上专用品种少的问题；种植上要改变过去不分品种、不讲究用途的做法，立足于专用化生产，不断扩大色素椒、酱用椒和出口型专用品种的面积。

（2）区域化种植和规模化生产。合理规划各种专用辣椒种植区域，集中技术指导与服务，就近收购与加工，降低成本，提高效益。

（3）技术标准化。加强栽培技术推广，制定标准化栽培技术操作规程，提高辣椒的产量、质量和商品率。

（五）健全社会化服务体系

以农村各种专业合作组织为基础，发展辣椒订单生产、合同生产，克服以往辣椒生产中的盲目性和分散性。同时充分发挥政府职能部门的作用，逐步建立起网络完善、功能互补的辣椒产业社会化服务体系。

七、发展加工辣椒的目标及区域化布局

把新塔热乡、苏哈特乡、曲惠乡、乌什塔拉乡建成辣椒生产基地，近年来和硕县辣椒种植面积一直稳定在 10 万亩左右，形成了年加工 4 万吨干椒的生产能力，使辣椒成为和硕县主导优势产业。

（一）建立辣椒标准化生产基地

标准化生产是提高特色农产品质量的重要手段。重点加强农田水利设施、良种良苗供

应设施、技术服务体系、质量检测体系和机械化作业服务体系等的建设。对辣椒生产实行全程标准化管理，提高产品质量，创立特色名牌产品。加强标准化生产和管理技术的培训，逐步推动标准入户。

（二）建立辣椒育苗中心

建设150座工厂化育苗中心，配置温室育苗设备、育苗穴盘、喷灌、基质等。从根本上解决育苗移栽过程中出现的疫病、根腐病、青枯病等问题，为农户提供优质、抗旱、抗病的辣椒种苗。

（三）扶龙头促特色农产品产业化经营

龙头企业是把资源优势转化为经济优势的重要载体。依托辣椒标准化生产基地建设，培育一批从事产品生产、加工、销售等的农业产业化龙头企业，着力培植具有较强竞争力、带动力的加工型和外向型农业龙头企业。积极培育市场中介组织，发挥其在技术服务、产品销售方面的作用，形成"行业协会＋龙头企业＋专业合作组织＋专业农户"的贸工农一体化经营新机制，促使辣椒生产从分散的小农经济向法人农户经济转变，推进农业产业化经营。

（四）建立以辣椒为主的农产品批发市场

在和硕县工业园区内建成以辣椒为主集果品、粮油、蔬菜、副食品为一体的大型批发交易市场。使全县农产品降低流通成本及损耗，并带动巴州北部其他3个县的辣椒及农副产品的产业聚集，从而提升农产品档次。

（五）建立辣椒品质监控体系

推行市场准入制度和产品质量追溯制度，加强对生产过程、生产投入品和产品质量的监控、监测，全面提高加工辣椒的质量安全水平。一是完善疫病虫害防治体系，建设非疫病生产区，提高对危险性疫病虫害的防范和控制能力；二是强化农业投入品、农业环境质量、药物残留等综合性监督检测机构建设，提高检测水平和服务能力；三是加快制定和完善辣椒的质量安全地方标准和行业标准。

新疆维吾尔自治区和静县辣椒产业

杨生保　张建文

（新疆农业科学院园艺作物研究所；新疆巴音郭楞蒙古自治州农业科学研究院）

一、社会经济及农业产业结构

（一）社会经济发展

和静县地处天山南麓，位于新疆中部，巴州北部。和静山外平原区气候温和、光照充足，全年无霜期181天，光照时数达3049小时，年太阳辐射量156.8千卡/平方厘米。境内多山、多河，水源丰沛，水资源总量100余亿立方米，地表水年径流量58亿立方米，地下水总储量40亿立方米。全县可供农林业开垦种植的土地面积约84万亩，土壤类型以潮土、草甸土、灌淤土等为主，肥力较高，具有十分可观的开发价值和前景。县辖12个乡镇、7个国有农牧场。2017年末总人口18.56万人，其中农业人口10.34万人，占总人口的55.7%。2017年完成生产总值的787027万元，其中农业总产值276007万元（种植业产值为154460万元，占农业生产总值的56%）。2017年农牧民人均纯收入增加1026元，达到17042元。

（二）农业产业结构及蔬菜产业发展概况

（1）产业结构。和静县种植农作物达30余种。2018年和静县完成播种面积44.46万亩，其中：粮食作物16.99万亩，占38.2%；主要特色农作物加工辣椒、工业番茄、甜菜19.6万亩，占44.1%；棉花、打瓜、孜然、油料、薯类、蔬菜等其他农作物7.87万亩，占17.7%。现有设施农业面积8920亩。

（2）蔬菜产业发展概况。和静县1998年首次引进示范羊角椒，经过数十年试验、示范、推广种植，种植面积逐年扩大，种植种类包括铁皮椒、板椒、线椒、脱水甜椒等不同种类。和静县生产的辣椒含红色素高、成熟度好、病虫害少、产量高，品质好，深受国内外客商喜爱，已发展成为新疆重要的加工辣椒生产、销售基地。

和静县现有设施农业面积 8920 亩,是全国蔬菜重点县之一,是巴州"菜篮子"生产基地之一。主要种植温室辣椒、番茄、菜豆和叶菜等农作物,形成了西区以和静希望农产品种植专业合作社为主体,建立以巴润哈尔莫敦镇为核心的温室草莓、辣椒、大白菜生产试验基地;东区以和静县东圣设施农业合作社为主体,建立以和静镇为核心的温室草莓、大白菜、番茄生产基地。示范带动其他乡镇设施农业的稳步发展,力争"十三五"末和静县设施农业面积达到 0.9 万亩以上的目标。和静县生产的温室辣椒远销乌鲁木齐、昌吉、石河子、喀什、阿克苏等地。

二、辣椒蔬菜产业发展现状

(一) 和静县辣椒蔬菜生产规模及布局

2018 年,和静县大田辣椒蔬菜播种面积 44.46 万亩,其中加工辣椒 16.32 万亩,占总种植面积的 36%。平均亩产 404 千克,按照 8 元/千克计算,亩收益 3232 元。和静县加工辣椒种植主要集中在巴润哈尔莫墩镇、哈尔莫墩镇、协比乃尔布呼镇、乃门莫敦镇。目前,辣椒蔬菜产业已成为和静县农民增收的主要支柱产业之一。

2018 年,和静县种植温室辣椒 3000 亩左右,主要集中在巴润哈尔莫墩镇,亩产量 4200 千克,亩产值 12600 元,亩效益 6500 元,是和静县设施农业的主要产业之一。和静县还进行了温室加工辣椒穴盘育苗,2018 年进行加工辣椒穴盘育苗 230 余亩,100 万盘左右,可定植大田 2 万亩左右。

(二) 和静县辣椒蔬菜的生产现状

和静县大田种植的加工辣椒种类主要有线椒(红龙 15、红龙 16、航椒 4 号、改良航椒 4 号、红安 8 号、佳线 2 号)、板椒(红龙 13、改良红龙 13、红金 303、红金 603、红龙 23、红龙 24、红龙 31)、铁皮椒(红龙 17、墨西哥甜椒王、美研一号)和脱水蔬菜辣椒(北星 8 号、卡洛尔、福斯特),种植模式主要有宽膜(1.4 米)一膜四行和窄膜(0.7~0.9 米)一膜两行种植模式。温室辣椒种植品种早春茬、春提早、越夏茬辣椒 70% 以上种植猪大肠品种;其余 30% 早春茬、春提早、越夏茬和秋延后辣椒种植金锣巅峰、西北旅旋风、陇椒王、西北龙卷风、甘科系列等品种。温室辣椒以早春茬、春提早种植为主,越夏茬和秋延后辣椒种植为辅的模式。和静县检测站对辣椒上市前进行的抽样检查,检测合格率达到 100%,说明其产品安全可靠,可进行安全消费。

(三) 和静县辣椒蔬菜产业的科技水平

和静县加工辣椒种子来源地主要有山东、甘肃、陕西、内蒙古以及新疆石河子,主要由本地隆平高科红安公司生产。采用种植技术主要有测土配方施肥技术、钵盘育苗技术、水肥一体化技术、病虫害综合防治技术。

2018 年，引进温室秋延后辣椒品种 2 个，协同自治区农技推广总站、州农科院，在查汗赛尔村开展了 6 个加工辣椒品种的试验。建立示范推广基地 3 个，其中有：加工辣椒新品种示范推广基地，巴润哈尔莫墩镇哈尔乌苏村二组，200 亩，园椒 1621 号、园椒 1613 号、园椒 1601 号和园椒 1602 号四个制干型辣椒品种；加工辣椒新品种示范推广基地，巴润哈尔莫墩镇拜勒其尔村四组，500 亩，4 个品种。

2018 年，组织开展集中培训、农民夜校培训 39 期，培训农户达 4900 余人，发放汉、维培训宣传资料达 6000 余份。组织召开"加工辣椒新品种及优质高产栽培技术"现场观摩会 1 场。

（四）和静县辣椒蔬菜产业组织发展情况

2018 年，和静县加工辣椒规模化种植面积 3 万亩，进行辣椒种植、收购、初加工的新型农业经营主体 12 家，辣椒初加工主要进行辣椒颗粒、辣椒面生产。

（五）和静县辣椒蔬菜产业市场建设情况

和静县加工辣椒主要由当地的辣椒经纪人、合作社、企业等收购原料，产品流向国内外。国内主要流向是山东、陕西、河北、四川、河南等地，国外主要流向日本、韩国等东南亚国家。

（六）和静县辣椒蔬菜产业扶持政策

和静县为鼓励辣椒产业发展，于 2012 年以来出台促进农牧业发展惠农惠民政策，并对加工辣椒品种引进、规模化种植进行不同程度补贴。2018 年没有辣椒发展相关政策。

三、存在的问题与制约因素分析

（1）和静县种植多为小家小户，规模化、标准化种植程度低。

（2）随着工业化、城镇化速度的加快，当地晾晒辣椒的戈壁滩被大量开发利用，现在晾晒辣椒的场所越来越少，增加了晾晒运输成本。

（3）当地加工企业较少，粗加工产品单一，精深加工产业发展滞后，难以消化当地生产的加工辣椒，大部分是商贩、企业收购初级产品销往外地。

（4）加工辣椒受国际市场的影响较大，遇到有些年份，没有订单，农民种植辣椒的收益波动较大，难以保障农民利益。

四、产业发展对策建议

（一）提升规模化、机械化水平

对实现规模化、标准化种植的地区进行惠农政策补贴，推动和静县辣椒蔬菜规模化种植、质量提升；提高辣椒蔬菜种植的机械化水平，降低生产成本；促进良种、良法推广，加快科技成果转化。

（二）着力培育各种形式的农村经济合作组织以推动和发展辣椒蔬菜生产

积极创造有利于经济合作组织发展的环境，通过合作组织对农民生产、销售的各个环节进行一定程度的统一，改变市场经济条件下单个农民的弱势地位，达到增强农民市场竞争力、降低生产经营风险的目的。

（三）发展农产品加工业，提高农产品附加值

扶持新型农业经营主体发展，鼓励发展辣椒初加工，大力发展辣椒深精加工；强化农产品市场开拓意识（如参加展会、建立直销店等），保障本地辣椒销售；提高辣椒生产附加值，带动周边区域经济发展。

新疆维吾尔自治区沙湾县辣椒产业

杨生保　高永健

（新疆农业科学院园艺作物研究所；新疆沙湾县农业局）

一、基本情况

沙湾县位于新疆维吾尔自治区西北部，天山中段北麓，准噶尔盆地南缘，属温带大陆性干旱荒漠气候，北部平原地区由北至南年平均气温6.3℃~6.9℃，年降水量140~350毫米，县域范围有大小河流6条，年径流量21亿立方米，年蒸发量1500~2000毫米。夏季炎热，冬季寒冷，南部中高山区降水充沛，冬暖夏凉，是北疆地区光热资源最丰富和无霜期最长的地区之一，非常有利于棉花、小麦、辣椒等作物生长发育。

沙湾县行政辖区总面积1.31万平方千米，总人口21.96万人，农业人口16.34万人，现有耕地235万亩，人均占有耕地16.44亩，水资源可利用量为6.49亿立方米，森林覆盖率11.13%，优质林果面积稳定在3万亩，天然草场830万亩，可利用草场750万亩。为主动适应经济发展新常态，"十三五"开局之年，沙湾县将"十二五"期间六大产业调整为绿色粮油、优质机采棉、特色产业（辣椒、番茄、花生）、制种业、现代畜牧业、蔬菜林果业、富硒产业和休闲农业八大产业。按照"稳粮、压棉、优果、兴畜"总体要求，科学规划"一轴带、两翼区"发展布局，沿路片扩大辣椒、番茄、葡萄、蟠桃、苹果种植面积，沿山片扩大粮食、油料、饲草料种植，发展直立苹果、山杏、黑加仑等，沿沙片发展优质棉花及枸杞、红枣、甘草等特色种植产业，构建枸杞等优势树种、苹果等传统树种和海棠等特色林果种植三大生产基地，推进四大畜牧养殖示范区建设，实现粮经饲统筹，农牧渔结合。2018年完成农作物播种面积230万亩，其中棉花180.6万亩、小麦15.17万亩、玉米27.94万亩、加工番茄1.38万亩、加工辣椒4.6万亩、燕麦0.026万亩，落实优质苜蓿生产基地2.3万亩，新增经济林果0.48万亩，全县牲畜存栏量达75万头（只），出栏数95万头（只），规模化标准化养殖小区（场）232个，禽类规模化养殖达到全疆领先水平，种养业稳步协调发展，农业产业结构和生产布局不断优化。

二、辣椒产业发展情况

（一）安集海辣椒基本情况

安集海镇是典型的农业平原镇，农业基础较好，水源充足，水土光热丰富，以辣椒为主的蔬菜产业已初具规模。独特的光、热、水、土资源以及优越的地理位置孕育了优质安全的高品质辣椒，安集海辣椒种类囊括线椒、板椒、朝天椒和菜椒等 10 多个主栽品种。辣椒产量大、质量高，特别是"线辣椒"品质优良，特色鲜明，外观色泽鲜红、光滑、细长，具有皮薄、肉厚、油多、籽香、辛辣适中、营养丰富等特点。其中"朝天辣"以其色鲜、味辣、肉厚、香浓等特点，驰名海内外。

安集海镇是农业部命名的"中国辣椒之乡"，辣椒生产与市场交易量均在全国居重要地位，有西北地区"辣椒市场风向标"之称。安集海辣椒远销陕西、湖南、云贵川等内地辣椒加工集散大省，并通过这些市场走向全国，成为全疆辣椒种类最全、品质最优的种植基地和交易集散地。安集海镇每年辣椒种植面积在 6 万亩左右，约占全疆的 1/10，占全县辣椒面积的 70%，占全镇总播种面积的 55%，农民收入的 70% 来自辣椒。2016 年全县种植加工辣椒 6.06 万亩，亩单产 425 千克，亩效益 1760 元。

（二）主要对策

2018 年沙湾县坚持区域化布局、产业化经营、基地化生产的原则，立足县域实际，加快绿色粮油、优质机采棉、特色产业（辣椒、番茄、花生）、制种业、现代畜牧业、蔬菜林果业、富硒产业和休闲农业八大产业建设，带动全县农业综合生产能力明显提升，有力地推动了现代化农业发展进程。

（1）建立特色辣椒产业基地。2018 年，沙湾县建立了六大特色产业基地，其中之一就是以安集海为中心的绿色、无公害辣椒生产加工基地，种植面积 4.6 万亩，平均单产达 430 千克/亩。

（2）建设辣椒特色农业生产示范区。2016 年建设完成占地面积 103 亩的北疆最大的辣椒交易市场，年加工 12000 吨鲜辣椒的生产线。现有商铺 346 间，建成 2100 平方米大棚 1 座，4600 平方米冷冻保鲜库 1 座，基地有辣椒精量播种机 135 台，大型辣椒采收机 30 台，辣椒移栽机 9 台。

（3）组建辣椒产业综合开发合作社。以隆平高科、安纪公司为龙头企业，联合当地合作社和惠农网络公司、家家乐农资店等企业组建辣椒产业社企联盟，组织开展辣椒产业化生产。签订辣椒生产订单 1200 亩，产品外销订单 2000 吨。

（4）大力开展品牌建设。坚持质量兴农，突出优质、安全、绿色导向，实行农业标准化生产，积极推进"三品一标"认证和品牌创建工作。沙湾县阳光食品有限公司生产的"老岳母"牌辣椒酱已获得绿色产品认证；安集海辣椒已获"农产品地理标志"认证；

安集海辣椒注册通过了 5 个网络域名知识产权保护和信息名址，并被广泛使用。为进一步提升辣椒产业知名度，完成辣椒示范区示范带动作用，建立了百亩辣椒观光园，将休闲农业、观光农业、现代农业、科技农业融为一体，建成了汇集国内外 40 余个辣椒品种的观光园。还通过召开育苗移栽机、无人喷药机等各类机械作业现场会，开阔农民眼界，提高科学种田意识。

辣椒产业已成为安集海镇的支柱产业，该镇辣椒产品全部通过了自治区无公害产品生产基地认证，并形成了以安集海镇为中心，辐射石河子、奎屯、乌苏、玛纳斯等周边县市的辣椒生产基地，辣椒年交易额超过数亿元。小辣椒形成了大产业，有力带动了三产发展，取得了显著的经济效益和社会效益。

三、辣椒产业发展的对策建议

近年来，安集海镇大力发展辣椒产业，辣椒批发交易市场的建成不仅整合了沙湾县现有辣椒市场资源，规范了辣椒专业市场运营及相关农副产品的收储，为安集海镇辣椒升值提供了一个平台，同时也将安集海镇市场基础建设以及经营服务能力提高到一个新水平。"十三五"期间，安集海镇将重点进行辣椒产业园区建设，积极打造辣椒绿色食品产业示范区，创建富硒农产品品牌。围绕这一目标，今后安集海镇将从三个方面作响辣椒产业。一是以现代辣椒农业示范区建设为载体，加快推进土地股份合作社的建设，组建沙湾县辣椒产业社企联盟，推进辣椒标准化生产。二是围绕农业供给侧结构性改革，按照安全、绿色、富硒、有机、生态的发展方向，推进辣椒的绿色种植，提升辣椒的品质，提高效益，增加农民收入。三是按照安集海镇辣椒产业园的规划建设，积极推进安集海镇辣椒精深加工，结合电商产业的发展，延伸辣椒产业链，打造安集海镇的辣椒品牌。

新疆维吾尔自治区辣椒产业

白　丽[1]　赵帮宏[1]　杨生保[2]

（1. 河北农业大学经济贸易学院；2. 新疆农业科学院园艺作物研究所）

一、辣椒产业发展现状

（一）辣椒规模稳定化

近年来，随着新疆农业产业结构的调整，以制干椒为主的辣椒产业异军突起，成为新疆特色农业产业中的又一红色产业，也是仅次于加工番茄的第二大蔬菜作物，播种面积及产量单产逐年增加。2010 年新疆辣椒种植面积 85 万亩，产量 184.54 万吨；2016 年种植面积达到 104 万亩，占全国辣椒种植面积的 8.69%，产量达到 289.02 万吨，单产达到每亩 2774 千克（见表 1）。

表 1　新疆辣椒产业发展情况

年份	面积（万亩）	产量（万吨）	单产（千克/亩）
2010	85.815	184.54	2150.44
2011	101.7	239.51	2355.064
2012	115.005	302.85	2633.364
2013	99.555	275.23	2764.602
2014	90.78	235.47	2593.853
2015	97.755	264.51	2705.846
2016	104.175	289.02	2774.37

数据来源：《新疆统计年鉴》（2011～2017 年）。

目前新疆辣椒基本维持在 100 万亩左右，主要以工业辣椒种植为主，工业辣椒产量占辣椒总产量的 74.13%（见图 1），直接带动近十万农户参与辣椒的种植，吸引了 300 多家国内外企业和个体户从事工业干辣椒的经营。农民种植辣椒一般每亩投入成本 1000～

1800 元，产值 2000 ~ 4500 元，一般每亩纯收入在 800 元以上，高产可达 2000 ~ 3000 元，户均年纯收入 2 万 ~ 3 万元，种植大户可达几十至上百万元。

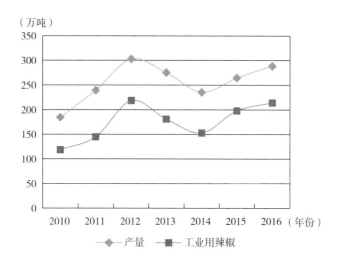

图 1　新疆干辣椒产量及工业用辣椒产量

数据来源:《新疆统计年鉴》(2011 ~ 2017 年)。

(二) 产区分布集中化

新疆的辣椒种植分布非常集中，主要分布在天山以南的巴州及天山以北的昌吉州、伊犁州和塔城地区。随着辣椒产业的迅速发展，南疆巴州环焉耆盆地形成了以博湖县、焉耆县为主的制干辣椒及色素辣椒种植区，该区域年种植辣椒面积基本维持在 50 万亩（地方 35 万亩，农二师 15 万亩）左右，占新疆总产量的近 50%。北疆昌吉州形成了以玛纳斯县、呼图壁县为主的色素辣椒种植区，以昌吉市、阜康市为主的鲜食辣椒种植区，以奇台县、吉木萨尔县为主的加工辣椒种植区；塔城地区以沙湾县的安集海镇为主，并获得"中国辣椒之乡"的美称，乌苏县、阿克苏地区乌什县、拜城县和农一师团场也均有种植；伊犁州形成了以伊宁市、察布查尔县为主的鲜食辣椒种植区（详见表 2）。

表 2　2016 年新疆各产地种植产量　　　　　　　单位: 吨,%

主产县区	辣椒总产量	辣椒产量占比	辣椒用途	所属州、地区
和硕县	334171	11.56	制干色素辣椒	巴音郭楞蒙古自治州
博湖县	292839	10.13		
焉耆回族自治县	292602	10.12		
和静县	218653	7.57		
沙湾县	179600	6.21	制干	塔城

续表

主产县区	辣椒总产量	辣椒产量占比	辣椒用途	所属州、地区
阜康市	33903	1.17	鲜食	昌吉回族自治州
奇台县	14579	0.50	制干	
昌吉市	11120	0.38	色素辣椒	
伊宁市	34529	1.19	鲜食	伊犁州
察布查尔	15183	0.53		
生产建设兵团	1016812	35.18	鲜食、工业辣椒	

数据来源：《新疆统计年鉴》（2017 年）。

（三）栽培品种多样化

目前新疆辣椒品种类型主要有两种：一是食用辣椒。主要有线椒、尖椒、朝天椒等。二是工业辣椒（色素辣椒），主要品种有铁板椒、美国红等。花皮、手拣花皮、大花通货、小花通货、干货等都是这些辣椒交易时的市场用语。

新疆辣椒品种最主要的类型为线椒、羊角椒（板椒）和甜椒（铁皮椒）。南疆主要以墨西哥甜椒为主，北疆主要以红安系列的羊角椒和螺丝椒为主，其他品种均有种植但面积不是很大。现阶段焉耆盆地辣椒面积略有增加，铁板椒种植面积扩大较快，但金塔、线椒面积相应减少。石河子主要种植区域安集海镇是辣椒重要产区，种植面积基本持平，铁板椒、猪大肠等面积略有增加。

（1）线椒：生产上，线椒品种多为常规品种，目前主栽品种为红安 8 号、红安 6 号，陕椒 2001、陕椒 2003、陕椒 981、丰力 1 号、航天 4 号、丰力红冠、博辣红牛等。主要分布在焉耆垦区和阿克苏地区及喀什地区，是北疆地区的主要种植类型。主要种植模式以宽膜平铺机械直播滴灌种植为主。每亩种植密度 15000 ~ 22000 株，其平均干椒产量 450 ~ 500 千克。这些品种均为国内自主选育，但亲本来源不详。

（2）板椒（羊角椒）：目前以韩国杂交品种为主，主栽品种有大将、顶上、红龙 13 号、红龙 15 号等，是新疆制干椒主栽类型，主要分布在南疆盆地，北疆地区已开始大面积种植。种植模式以穴盘育苗移栽和机械精量点播方式为主。每亩种植密度 4000 ~ 6000 穴，每穴双株，其平均干椒产量 400 ~ 500 千克。品种来源混乱。

（3）铁皮椒（甜椒）：原种从美国和墨西哥引进，现多为引进品种的自留种后代，主要分布在南疆焉耆垦区、喀什地区，焉耆垦区为最大产区。种植模式以穴盘育苗移栽和机械精量点播方式为主。每亩种植密度 3700 ~ 4500 穴，每穴双株，其平均干椒产量 350 ~ 400 千克。

（四）生产过程机械化

新疆地区在规模化生产的基础上，通过开展机械育苗移栽、收获、烘干等技术推广，几乎实现了辣椒生产的全程机械化，大大提高了生产效率，实现了节本增收。

辣椒机械化移栽。新疆辣椒移栽技术实现了由人工向机械转变，极大提升了辣椒种植效率。辣椒苗通过移栽机，棵棵精准地移栽到地穴中，部分合作社实现了从铺膜到移栽全部使用 GPS 导航作业。机械化移栽使得辣椒成熟期早了，产量也高了，色度和辣度都有较大提高。

辣椒机械化采收。新疆机械研究院经过 3 年攻关，研制完成了自走式不对行辣椒收获机，实现辣椒机械化收获技术的突破，其整机原理、结构及工作方式在我国尚属首例，机具一次作业即可完成采摘、输送、集箱、装车，机具的适应性和工作效率较高，可满足不同种植农艺的收获要求。传统的人工采摘，每人每天只能采摘七八分地。一台收获机一天的工作量相当于 115 人的工作量，每亩可为农户节省开支 190 元，一台机具一个收获季节就为农户节省 45.6 万元。

二、辣椒产业竞争力分析

（一）区域竞争力

1. 自然资源优势

新疆位于我国西部边陲，地处北纬 32°22′~49°33′，东经 73°21′~96°21′，面积 166 万平方千米，约占全国总面积的 1/6，是我国行政面积最大的省区，拥有广袤的土地，农作物种植集中连片，特别适合农产品规模化生产。

新疆远离海洋，属干旱、半干旱气候。由于降水稀少，很少云层覆盖，全年日照时数达 2550~3500 小时，年总辐射量达 5000~6490MJ/m²，仅次于青藏高原而位于全国第二。同时，由于地域跨度大，区域气候差别明显，以天山为气候分界线，北疆属中温带，无霜期 150~160 天；南疆属暖温带，无霜期 200~220 天。丰富的光热、土地资源，完备的水利设施及成熟的滴灌技术，对发展辣椒产业十分有利。

2. 规模优势

我国辣椒生产主要分布在贵州、河南、湖南、云南、江西、四川、重庆、河北、山东、广东、海南、吉林、辽宁、黑龙江、山西、陕西等地区，其中鲜食辣椒主要产区有海南、广东、云南、四川、重庆等省（市），干辣椒种植区域集中在山东、河南、河北、新疆、湖南、湖北、四川、重庆、贵州等省（市、区），新疆在干辣椒和加工辣椒方面规模优势明显。

在加工辣椒方面，新疆昌吉州的玛纳斯县、呼图壁县是加工辣椒色素的重要种植基地，奇台县、吉木萨尔县有 1.2 万公顷的加工辣椒原料基地，博湖县、焉耆县也有一定的色素辣椒种植面积。其他省份，如陕西凤翔有 1 万公顷线辣椒规模，河北鸡泽县年种植加工辣椒 5333 公顷，四川的西充、南部等县都是成都豆瓣酱加工原料的种植基地。相比之下，新疆加工辣椒具有绝对的规模优势。

在干辣椒方面,云南是我国制干辣椒最大的生产区,制干辣椒面积 6.67 万公顷,贵州、陕西、河南制干辣椒均在 4 万公顷左右,内蒙古制干辣椒 2.7 万公顷,其次是新疆制干辣椒,面积 2.67 万公顷,其中沙湾县的安集海镇 3400 公顷,博湖县、焉耆县均有制干椒种植,主要品种有铁板椒、美国红、金塔等。

(二) 产品竞争力

1. 质量竞争力

新疆因其独特的自然气候条件,辣椒生长具有周期长、无霜期长,产量高、质量好的特点,其产品具有肉厚、个儿大、口感好、色价高的优点。新疆干燥少雨的气候条件,减少了病虫害对辣椒的危害,病虫害发生的种类和程度明显少于内地其他产区,是很多检疫病害的无疫区;新疆几乎没有工业污染,空气质量优良,灌溉水源是天山雪水;加之土地农药残留少,有害污染物含量低,新疆辣椒以绿色、有机著称全国。目前新疆正在积极申报绿色认证,筹划建设千亩高标准生产基地,申报有机色素辣椒基地。由于大规模收获时节集中在 9 月,炎热干燥的戈壁滩是辣椒天然的脱水加工厂,晾晒出来的辣椒色泽鲜亮、口感浓郁。

新疆辣椒产品享誉国际市场,成为美国、韩国和日本的抢手货,出口数量逐年增加。种植的色素椒及制干椒不仅产量高,而且红色素含量高,生产的辣椒干、辣椒酱、辣椒籽等初级产品主要销往东南亚,而主要用于食品添加剂的深加工产品辣椒红色素,已出口到日本。

2. 成本收益竞争力

在栽培环节,新疆采用膜下微滴灌技术。新疆拥有广袤的土地,常年少雨干旱,为了节水,新疆地区创造性地将地膜技术和滴灌技术相结合,发明了适合高蒸发地区的膜下滴灌技术。使用膜下滴灌,铺膜、点播、滴管带铺设机械化一次完成,每亩只有 300 元左右的投入,而且土壤不板结,团粒不破坏,也不长草,节省了劳力费,机力费,种植成本大大降低。以前一个人管理 20 亩地都很费劲,现在一个人完全可以管理 120 亩。同时,由于水肥一体化有利于生长期的水肥调控,种植收益也明显提高。

采收环节中,采用机械化采收。每亩地 300 ~ 400 元的机械采收(每台采收机可日工作 20 小时,夜间可以作业,日采收面积 200 亩,相当于 40 个人/20 吨的作业量),采收效率大大提高,与每亩地 800 ~ 1000 元的人工采收成本比较,成本明显降低。

新疆辣椒生产过程中的高产栽培模式和全程机械化,加上科学合理的轮作倒茬,大大降低了生产成本,提高了单产收入。总体来看,鲜食辣椒产量由每亩 1500 ~ 2000 千克,提高到 2500 ~ 3500 千克,高的可达 4000 千克以上。辣椒每亩平均效益普遍超过 1500 元;色素辣椒每亩产干辣椒 450 ~ 500 千克,比过去增产 100 千克以上,每亩平均效益高达 1650 元。

（三）企业竞争力

1. 加工竞争力

新疆辣椒制品初级加工发展迅速，尤其是以和硕丁丁食品、九天红制品及西尔丹食品等为典型代表，成为新疆市场的主打产品。其所产辣椒制品主要包括辣椒干、辣椒籽、辣椒粉、辣椒酱、辣椒丝、辣椒粒、辣椒精、油辣椒等。其产品在新疆市场具有较高的市场占有率和知名度，同时，西出国门，在独联体国家销售势头良好。辣椒制粉制粒粗加工厂已有10余家。

新疆工业制干辣椒也经历了从无到有，从北到南，逐步发展壮大的过程。新疆工业制干辣椒与内地干椒相比具有产量高、品质好、色价高、供期长的特点，已成为内地辣椒食品生产厂家和色素加工企业的首选原料。

但以辣椒碱和辣椒红素为代表的、产品附加值高的辣椒深加工企业太少，且主要以外地企业落户新疆辣椒产区为主，以生产辣椒碱和辣椒红素为主的本地企业正处在起步与发展阶段，竞争力较弱。

2. 品牌竞争力

近几年，新疆各地区辣椒产区积极进行绿色产品认证、无公害认证。新疆伊犁大辣椒以其肉厚、个儿大、味辣、品质优的特点曾获昆明世界园艺博览会金奖，产品远销长江三角洲地区；焉耆盆地种植的焉耆大辣椒因其品质好远销巴基斯坦等中亚国家；品牌做得较好的当属塔城地区沙湾县，由安集海镇自产的"老岳母""神内"等品牌辣椒远近闻名，国内外有一定规模销量。但从总体来看，新疆辣椒产品品牌竞争力较弱，品牌建设中存在突出问题：生产者和经营者的品牌意识薄弱；辣椒产品同质性强、品牌差异化定位难；辣椒品牌建设缺乏科学规划，宣传力度不够；缺乏辣椒品牌建设管理人才；消费者对品牌认知度、接受度不足。

（四）市场竞争力

1. 价格竞争力

虽然新疆辣椒具有成本上的绝对优势，但是价格上缺乏竞争力。从2017年全国各产区的价格对比来看，浙江辣椒年均价格最高为9.42元/千克，其次是重庆辣椒5.57元/千克、湖南辣椒5.53元/千克、云南辣椒5.02元/千克、河南辣椒4.94元/千克，新疆辣椒年均价格为4.79元/千克，新疆辣椒甚至低于全国平均价格水平（见图2）。新疆辣椒价格竞争力不足的原因主要是新疆辣椒缺乏自主品牌，新疆辣椒主要作为工业原料走出新疆，附加值太低。生产高品质的辣椒晒干后批量销往山东、陕西、河北等地，在新疆辣椒盛产的7~9月份，每千克售价不足2元。

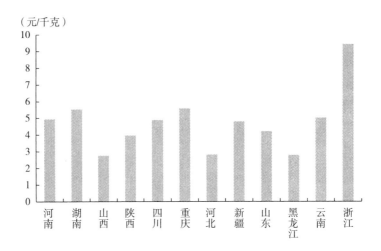

图 2　2017 年新疆与其他主要省份年均价格对比

数据来源：农产品价格信息网（农价云），http：//www.3w3n.com/user/priceCurve/goIndex。

2. 营销竞争力

新疆非常重视建设专业化市场，是全国重要的辣椒交易集散地之一。以沙湾县为例，先后建成了安集海镇辣椒批发市场、沙湾县农贸市场辣椒交易区，年交易额达到 2.3 亿元。辣椒批发市场就有 3 家，全镇有 6 家辣椒专业合作社、400 多名辣椒经纪人，并常年保持与疆外 22 个省市的 600 多人的辣椒经纪人队伍联系。建成的总投资 7200 万元、门面 392 户的大型辣椒批发市场，是目前全疆最大的辣椒专业批发市场。

但新疆生产的辣椒主要作为原料销往外地，且市场营销能力不足。由于贮藏保鲜技术及运输条件相对落后，难以将鲜椒运输到加工地，所以目前辣椒产地初加工以干制为主，精深加工以干椒复水加工为主，缺少鲜椒类制品。产品销售主要靠经纪人田间地头收购，缺少龙头企业、合作社等产业化组织，销售模式单一，营销链条短。

三、辣椒产业存在的问题

（一）育种技术落后，品种退化严重

在育种技术手段方面，国外发达国家农作物育种工作已经全面进入了高通量分子育种阶段，跨国种业公司品种推陈出新速度优于国内。而新疆还仍然停留在常规育种阶段，仅有极少数科研院所刚刚开始涉足分子育种，但也难以实现精确科学定向选育和将多个优良性状基因聚合。

新疆加工辣椒种植品种近 80% 是常规种，种植户自留种现象严重，杂交品种的亲本主要通过引进品种的分离纯化，同质化严重。而且自留种的时间相对较长，导致制种纯度下降，容易退化，甚至失去了原有品种的特性，在高温干旱季节，还容易多发生病毒病、

疫病等病害。

（二）种植盲目跟从，缺乏组织性

辣椒生产盲目跟从，不同农作物轮换种植频繁。如果辣椒价格连年上涨，能为辣椒种植户带来丰厚收益，便会刺激辣椒生产极速扩增，一些地方政府和农民，无视当地气候特点，在对品种、技术、市场均不了解的情况下，盲目扩大种植。但如果辣椒市场行情不好，农户则又纷纷退出生产，转而种植其他作物。因此，种植面积的多少完全由市场调节，而市场又存在极大的不确定性，为辣椒产业的健康发展带来了极大隐患，新疆辣椒生产需要龙头组织和有效引导。

（三）产品精深加工滞后，市场无序竞争

新疆辣椒加工业仍处于初级阶段，以制酱、制粉、制粒为主，辣椒产品主要以干椒和原料形式销售，产品附加值低。辣椒的精深加工完全依赖外来企业，本地龙头企业缺乏强势带动能力，由于缺乏组织管理，外来辣椒加工贸易企业无序竞争，致使流通秩序混乱。产品紧缺的年份竞相哄抬物价，过剩年份则相互压级压价，对企业和种植户都造成了很大伤害。

（四）副产物产生率高，综合利用程度低

辣椒加工过程产生的辣椒等外品以及皮渣、籽、把儿等副产物综合利用程度低，多作为废弃物直接扔掉，或用作饲料或肥料，价值未充分体现。造成这种浪费的主要原因是对副产物营养成分及功能性成分评价工作不完善，例如辣椒籽中有丰富的蛋白质、膳食纤维等营养成分未被利用；而生物活性成分提取技术相对落后，例如传统溶剂提取法会带来溶剂残留等安全问题，并且提取效率低，产品品质和安全性得不到保障。

四、辣椒产业发展对策

（一）加大新品种的选育和引进

支持科研单位与龙头企业积极开展新品种选育、引进、推广工作，提高自主创新能力，加快品种的更新换代；充分利用新疆辣椒品种资源的优势，以优质高产为目标，加强地方特色辣椒品种的提纯复壮工作；围绕辣椒深加工对专用型辣椒原料的需求，加大新品种选育、引进、推广工作的力度，研究开发辣椒专用品种，提高辣椒单位面积产量和品质。

（二）加强标准化、规范化基地建设

制定标准化基地建设规范，使新疆辣椒生产从基地建设、种子、育苗、栽培技术、病

虫害防治至采收、制干、分级等辣椒关键生产环节都有规范的技术标准，为辣椒及其制品生产的各个环节把好产品质量安全关提供可靠的科学依据。其次，在辣椒生产优势区域积极打造辣椒生产的特优产区，培育一批辣椒专业村、专业乡（镇）、专业县（市），进一步发挥规模效益。同时通过加强对专业乡、专业县的科技服务体系建设，提高生产技术水平，推行规范化管理，对农户进行技术培训和生产指导。

（三）培育壮大龙头企业，提升产业化经营

把培育壮大龙头企业、专业合作社作为推动辣椒产业发展重中之重的工作来抓。借鉴先进省份的经验，各级政府通过贷款贴息、减免税收、信贷扶持等优惠政策，扶持兴办一批以精深加工为主的辣椒加工企业，增扩企业科技开发项目，加大资金投入力度，增强龙头企业的产业加工能力和带动辐射作用。

鼓励生产加工企业、运销大户、生产专业户，组建产业化联合体，提高辣椒生产经营者的组织化程度，建立长效合作机制。利益联结机制是产业化组织模式运行的核心问题，是建立有效运转、高效协同的产业化组织模式的关键。只有龙头与农户之间建立了"利益共享、风险共担"的有效机制，双方均成为产业化经营的受益者，才能使双方更加积极主动地参与产业化经营。

（四）大力发展精深加工，提高产业的总体效益

辣椒精深加工可使辣椒增值数倍，特别是辣椒红素、辣椒碱等新产品加工增值明显。辣椒红色素作为天然色素，广泛应用于医药、食品加工业，目前国际市场年需要量在8000吨以上，而全球辣椒红色素年生产量仅2000吨左右，开发潜力巨大。辣椒碱是一种天然的植物碱，是由辣椒的成熟果实中提取得到的一种成分，主要用于医药、军工等方面。在医药方面，由于辣椒碱具有镇痛、止痒的功效，广泛应用于治疗关节炎、肌肉疼痛、背痛、运动扭伤和带状疱疹后遗留神经痛等疾病。在军工方面，辣椒碱主要用于催泪弹的制造。和辣椒红素一样，辣椒碱的生产量与市场的需要量相比，存在很大缺口，具有很大的开发空间。

要做大做强新疆辣椒产业，就必须加强辣椒深加工技术的研究、引进和消化，大力发展精深加工，开发新产品，变以原料外销为主为以本地加工为主，实现加工增值。新疆辣椒产业应进一步开发辣椒营养成分、辣椒碱、辣椒红素以及辣椒籽油的功能及作用，深度挖掘辣椒深加工在医疗行业和辣椒酱生物制药方面的应用与发展，开发相应的功能食品、化妆品、化工产品。通过精深加工以及高效综合利用，使得辣椒深加工在多个领域中有所应用，延长了产业链，提高了辣椒的附加值。

（五）多渠道加大市场营销，努力打造知名品牌

进一步完善辣椒产地市场的服务功能，加强辣椒流通体系建设，鼓励发展辣椒营销大户、生产营销专业合作社、农村经纪人队伍等流通组织，进一步开拓国内外市场，建立长

期稳定的产品市场和流通渠道。①进一步完善产地批发市场体系。在辣椒主产区和集散地，分层次抓好一批地方性、区域性批发市场建设，打造具有较强辐射功能的专业性批发市场，改造升级传统批发市场，重点培育一批综合性产品交易市场，优化辣椒批发市场网点布局。②发展农产品物流业，尤其是冷链物流业，不断延伸市场销售半径，使鲜辣椒食品快速送达销地市场，扩大各地市场的可选择范围。③依托大型批发市场、辣椒专业市场及大型超市和农贸市场，设立市场报价点，建立价格追踪体系，做好市场价格风险评估预警。④积极推行"品牌创建"工程，开展"三品"（无公害农产品、绿色产品和有机产品）认证和商标注册，建立有影响力的区域品牌和集团品牌，提高品牌认知度、品牌美誉度、满意度，并利用品牌效应，加快新疆辣椒产品走向国际化，逐步提高品牌在国内外市场的占有率。

九、德州综合试验站

山东省夏津县大葱、辣椒产业

贺洪军　张自坤　李腾飞

（山东省德州市农业科学研究院）

一、社会经济及农业产业结构

夏津因"齐晋会盟之要津"而得名，地处鲁西北平原、鲁冀两省交界处，北依德州，南靠聊城，西临京杭大运河，青银高速、德上高速、308 国道、315 省道和德商公路穿境而过，京九和京沪铁路距县城仅有 20 千米和 30 千米，交通优势明显，是全国优质棉基地，素有"银夏津"之美誉。先后获得"中国绿色名县""全国生态文明先进县""全国食品工业强县""中国植物油示范县""棉纺织名城""面粉大县""中国工艺品之乡""中国民营经济最具潜力县""国际生态安全旅游示范基地"等荣誉称号。夏津黄河故道生态森林公园，有"百果之乡"美誉，成功入选国家 4A 级景区；夏津黄河故道古桑树群被联合国粮农组织认定为"全球重要农业文化遗产"，这也是山东省目前唯一的全球重要农业文化遗产。2018 年 9 月 28 日，"中国农民丰收节"山东省庆祝仪式在夏津举行。

夏津县辖 10 镇 2 乡 1 个街道 1 个省级开发区，314 个社区，总面积 882 平方千米，耕地 90 万亩，总人口 54 万。近年来，夏津县大力发展高产、优质、高效、生态、安全的现代特色蔬菜，初步实现了特色蔬菜种植规模化、基地园区化、生产标准化、销售品牌化、经营产业化的格局。现有特色蔬菜园区基地 3 个（其中有机蔬菜供港基地 2 处，万亩大葱基地 2 处）；主要特色蔬菜品种有"前后梅"牌反季节大葱、"郇菜缘"牌有机辣椒等。

二、大葱、辣椒产业发展现状

（一）产出效益明显提高

截至 2017 年底，夏津县全年特色蔬菜播种面积达到 3 万亩（其中辣椒 5000 亩，大葱

2.5 万亩），总产量 13 万吨，总产值 2 亿元，菜农人均收入增加 2000 元，特色蔬菜产业已真正成为带领群众脱贫致富的支柱产业。

（二）产业布局更加优化

围绕对接京津冀一体化规划，打造优质特色蔬菜片区，着力推进"一村一品""一村一合作社"模式，着力做好优质特色蔬菜产品供应基地和园区建设，真正发挥特色蔬菜在促进农民增收中的主导作用。

（三）产业发展势头强劲

夏津县现代特色蔬菜产业以 2016 年省高效特色农业发展项目为契机，总投资 1887.2 万元，项目区标配生态循环农业、节水灌溉、水肥一体化和物联网应用等关键技术。通过该项目的实施，项目区基础设施全面改善、统防统治管理水平大幅提升、标准化种植全园覆盖、品牌化销售实现 100%，产品抽检合格率 100%，亩产值比普通蔬菜园区实现提质、节本增效 2000 元以上，辐射带动全县特色蔬菜逐步达到高标准农业园区化水平，推动全县现代农业建设上一个新台阶。

（四）大葱、辣椒产业发展迅速

新盛店镇辣椒：该镇由于紧靠武城县辣椒城，村民自发种植辣椒，全镇辣椒种植面积共计 5000 亩，年产量 200 万斤左右，北部建有辣椒批发市场，占地面积 4000 平方米，年营业额 1.9 亿元，每年吸引了众多南北客商来投资经销。同时，带动了辣椒酱、辣椒油、辣椒腌菜等加工业、运输业、服务业的发展。

白马湖镇辣椒：2019 年，白马湖镇新增辣椒种植 500 亩，现已机械定植完毕，兴建 10 亩辣椒育苗温室，预计 6 月中旬建设完毕。

"前后梅牌"大葱：白马湖镇万亩大葱种植基地位于前、后梅村，2010 年初春前梅村大葱注册了"前后梅"牌蔬菜商标；2010 年 12 月前梅村的大葱被评为"德州市名优蔬菜"；2012 年 5 月份，前梅村大葱通过绿色食品认证，并获得绿色食品认证证书；2012 年 6 月前梅村被中国科协、财政部评为"全国科普惠农兴村"先进单位；2013 年 7 月前梅村荣获"山东省一村一品示范村镇"称号；2014 年 9 月前梅村（大葱）又荣获"全国一村一品示范村镇"称号。白马湖镇因前梅村发展大葱产业成绩突出被市科技局授予"全市新农村建设特色科技示范镇"。

（五）大葱、辣椒产业网格化服务成效显著

一是邀请省市专家举办了培训班 10 余场次。通过举办培训班，加快了农业新旧动能转换，为促进夏津县特色蔬菜产业现代化发展提供了强有力的技术支撑。二是组织园区基地负责人、种植大户等 200 多人次，到寿光、淄博、聊城等蔬菜生产先进地区观摩学习，进一步增强了农民发展特色蔬菜产业的信心和决心，为农民增收致富开拓了新的渠道。在

此基础上，加快"一二三产"融合步伐，完善农业"新六产"发展利益联结机制，致力于"品牌兴农、科技兴农、智慧兴农"建设。三是制定了全县特色蔬菜网格化服务平台实施方案，按照"三下沉、一确保、一清楚"的原则（即人员下沉、技术下沉、责任下沉，确保服务精准到位，底子清楚）和"诉求全响应、服务零距离、园情全摸清"的服务理念，为特色蔬菜园区基地健全完善了网格化服务管理机制，实现技术服务无缝隙、全方位覆盖。

三、大葱、辣椒产业存在的问题

（1）扩张难度加大。一方面农村青壮劳动力大量转移，菜农老龄化日趋严重，后继乏人。另一方面是地租成本逐年上涨，致使特色蔬菜扩张难度加大。

（2）品牌知名度不高。大部分园区规模档次较低，产品知名品牌少，缺乏竞争力，市场知名度不高，加之品牌多而杂，不易形成竞争优势。

（3）一二三产融合度不够。目前夏津县特色蔬菜仍是以卖初级产品为主，品种单一，时常出现"卖菜难"、优质不优价等问题，商品化处理简单落后，产业链条短。

（4）专业批发市场不完善。特色蔬菜价格波动依然很大，如白马湖反季节大葱去年和2018年价格都不理想，0.3 ~ 0.4/斤，甚至0.1 ~ 0.2元，而2016年时大葱价格则最高达到3元/斤。

（5）育苗企业规模偏小。长期以来夏津县菜农大多采用分散式个人育苗或购买外地种苗，不仅种苗成本高，且质量得不到保证，这一直是制约夏津县特色蔬菜产量、品质和效益提升的一大瓶颈。

四、对策建议

1. 标准化生产基地建设工程

农业标准化是现代农业发展的基石，是目前产业转型升级的最有效抓手。支持引导各乡镇创建农业标准化示范园、示范农场（企业、合作社）、示范村，推动"菜篮子"大县、农产品质量安全示范县、现代农业示范区整建制按标生产，发挥示范引领作用，推进设施标准化、生产过程标准化、投入品管理标准化，实现良好农业规范，带动千家万户走上绿色安全生产轨道。

2. 集约化育苗中心建设工程

集约化育苗是特色蔬菜产业实现现代化的重要环节，具有成苗速度快、操作管理方便、种苗质量高等优点。可实现四季育苗、周年供应，不仅节约空间和土地，增加产量和效益，同时有利于新品种、新技术的快速推广普及。

3. 产地市场建设工程

产地市场是农产品产销衔接的基础环节，在抓好生产的同时抓好市场建设，能够有效带动加工、包装、储藏、保鲜、运输、餐饮、住宿和农资供应等关联产业，促进三产深度融合，提高流通效益，保障有效供给。规划期内，加强产地市场和田头市场基础设施建设，培育壮大经销商和经纪人队伍，以市场有效需求和消费的驱动，最大限度地促进特色蔬菜产能和质量的提升，为发展农产品直销和电子商务等新兴流通业态提供重要支撑。

4. 栽培技术集成创新与推广工程

尽快组织科技力量，坚持特色蔬菜产业需求和问题导向，遵循农业科技发展规律，依靠自主创新驱动产业发展，形成一批农业科技集成创新综合解决方案，为供给侧结构改革提供强有力支撑。

5. 特色蔬菜产后加工工程

积极发展初加工，全面发展精深加工，发展优质原料供应基地，强化特色蔬菜产后商品化处理设施建设。加工企业基地规模进一步扩大，精深加工产品种类进一步增加，农业产业链、价值链、供应链得到进一步拓展。

6. 特色蔬菜冷链建设工程

夏津县特色蔬菜冷链建设起步较晚，缺少采收或加工过程的预冷措施，特色蔬菜在加工贮藏和运输销售过程中损失较大。在特色蔬菜产地配置相应的预冷设施，可使特色蔬菜损耗显著降低，特色蔬菜产品质量、档次进一步提高，商品化处理率得到显著提升。

7. 特色蔬菜品牌培育工程

品牌代表着供给结构和需求结构的升级方向，是农产品竞争力的综合体现，品牌建设工程是特色蔬菜产业调控引导的根本政策工具，好的品牌是生产经营主体通过精益求精的工匠精神在市场上拼搏而来的，必须把更大的精力和更多的资源集中在农产品的质量安全上，才能实现品牌引领的核心价值。

8. 现代农业产业园创建工程

建设现代农业产业园，有利于在更高标准上促进农业生产、加工、物流、研发、示范、服务等相互融合，激发产业链、价值链的重构和功能升级，促进产业转型、产品创新、品质提升，创造新供给、满足新需求、引领新消费，为引领农业供给侧结构性改革搭建新平台；建设现代农业产业园，有利于在更深层次上吸引和集聚土地、资本、科技、人才、信息等现代要素，打通先进生产力进入农业的通道，全面激活市场、激活要素、激活主体，促进产业集聚，为培育经济发展新动能创造经验；建设现代农业产业园，有利于在更广领域中集中政策资源，加速科技推广应用，推进专业化、集约化、标准化生产，提高土地产出率、资源利用率、劳动生产率，示范带动全县现代农业发展，为推进农业现代化提供新载体，将产业园打造成为示范引领农业转型升级、提质增效、绿色发展的核心区。

山东省平原县韭菜、莲藕产业

贺洪军　张自坤　李腾飞

（山东省德州市农业科学研究院）

一、社会经济及农业产业结构

平原县位于山东省西北部、德州市中部。平原县辖 8 个镇 2 个乡 2 个街道办事处和 1 个省级经济开发区，总面积 1047 平方千米，180 个农村社区，46 万人，85 万亩耕地，是国家大型粮棉生产基地县、京津蔬菜园区、畜牧业强县、全国平原绿化达标县和全省基层党建工作先进县。

二、韭菜、莲藕产业发展的现状

平原县特色蔬菜面积 5000 余亩，其中拱棚韭菜 3000 余亩，莲藕 2000 余亩。产值 7000 万元左右。是全县农业农村经济发展的新的产业增长点，主产区农民收入的重要来源。特色种植园区基地 3 处，产地、集散地、销地相衔接的农产品批发市场 3 处，从事特色蔬菜购销的专业经纪人达 50 多人，取得"三品一标"认证数量 3 个，优质农产品供应基地品牌效益彰显。经过多年的发展，现已基本形成生产、初加工、市场、流通各环节相衔接的产业化格局。

王凤楼镇徐庄无公害韭菜批发大市场，占地面积 20 亩，总投资 20 万元，日交易量达 10 万斤。王打卦镇打渔李韭菜市场，以打渔李村韭菜基地为中心，辐射周围彭庄、张庄、夏家口三街等十几个村庄，主要经营无公害韭菜，建立了打渔李韭菜协会，注册"打渔李韭菜"品牌。

山东惠生现代农业有限公司打造惠生韭菜，辐射带动前曹、王凤楼、王打卦、桃园办事处近 1000 亩。园区使用韭菜优质安全生产技术，选用优良品种，施用有机肥，人工除草，使用臭氧功能水、防虫网、粘虫板等技术对韭菜病虫害进行综合防控，生产无农药残留、营养丰富的绿色韭菜产品。

平原县源通莲藕种植专业合作社，有生产基地 1000 亩，主要种植莲藕和养殖南美对虾。产品注册"藕脉田"牌商标，辐射带动了周边地区种植养殖业的发展。

三、特色蔬菜产业发展存在的短板与制约因素分析

（1）产地市场建设滞后。产地市场数量少，建设标准低，缺少预冷、保鲜、冷藏等基础设施，分级、分选、包装、装卸多是人工完成，生产、交易信息采集不全面，不能满足生产、经营、消费者及各级政府的信息需求，难以形成公开、公正的交易价格。

（2）营销能力不强。市场开办者、经纪人、批发商、合作社、种植经营户构成了全县特色蔬菜产业流通主体，覆盖了全县鲜活农产品收集、运转、批发各个环节，把生产和市场紧密结合起来，形成了目前全县的特色蔬菜经营体系的市场分工。但这些主体结构复杂，经营规模小，信息获取渠道少，组织管理效率低，议价营销、市场谈判和应对市场风险的能力弱，主体之间竞争多于协同，难以形成流通的规模效益，流通主体营销能力与不断增长的特色蔬菜产能快速发展的矛盾越来越突出。

（3）标准化生产水平低。平原县农产品数量充足，品种丰富，但标准化程度低，市场经营主体缺乏良好的农业生产规范意识，外延式、粗放式的生产方式在特色蔬菜生产中占主导地位，内涵式、集约型的生产方式仍处于探索实践阶段。标准缺失使农产品质量安全缺乏认可依据，成为市场拓展的制约瓶颈。目前全县省部级标准化基地处于空白状态，农民参与标准化生产的积极性不高，农业标准化的覆盖面有限，是全县特色蔬菜产业不强的总根源。

（4）品牌优势不明显。平原县农产品品牌建设与周边县市快速发展的势头相比仍显缓慢，与国家规划的"菜篮子"重点县的地位不相称，与农业现代化的发展要求仍有较大差距，多数生产经营主体重认证、轻培育，有牌无品现象日益凸显，导致农产品品牌在消费者心目中认可度、公信力不足，品牌困局问题是平原县特色蔬菜品种多而不优的总根源。

（5）质量安全有隐患。一些经营主体农安信用意识淡薄，不合理地使用农药、化肥等农业投入品，致使个别特色蔬菜品种农药残留超标的问题时有发生；平原县特色蔬菜生产经营散户多、规模小、生产链条长、参与主体多、污染因素杂，出现安全隐患的概率高，给产业可持续健康发展带来了负面影响。

（6）产业链条短，附加值低。平原县特色蔬菜产品多数处于"原字号"初始供给阶段，精深加工少，农业资源转化率不高，没有形成以农产品加工为引领、原料基地和加工基地资源高效配置的结构布局，农业产业链和价值链没有得到有效拓展，农产品初加工水平整体偏低。

四、特色蔬菜产业发展的对策建议

（一）特色蔬菜标准化生产基地建设工程

（1）基地升级改造。特色蔬菜生产基地，新建结构合理、性能优良的新型棚室，集中改造或重建陈旧落后设施，科学选用棚室骨架、覆盖材料，提高采光保温性能，增强抗御自然灾害能力；露地特色蔬菜生产基地，完善水电路等基础条件，科学规划、培肥地力。

（2）技术装备升级改造。推广应用水肥一体化、移栽机、田园管理机等技术装备，提升机械化、自动化水平，提高劳动生产率，降低劳动强度。

（二）产地市场建设工程

完善基础设施，改造交易环境，提高运行效率，培育农民合作社、种植大户、家庭农场、经纪人、批发商、龙头企业、行业协会等流通主体，提高他们的营销能力，实现"小生产"与"大市场"的有效对接；强化产销信息服务，完善产地市场价格采集、分析和发布功能，解决产销信息不对称的问题，实现生产导向转向市场导向，用"卖得好"带动倒逼"种得更好"；推进农产品质量等级化、包装规格化、标准规范化，改进交易方式，完善价格形成机制，确保优质优价；探索电子商务模式和运营机制，构建规模大、信息流畅、透明度高、竞争充分的农产品市场。

（四）栽培技术集成创新与推广工程

分区域、分作物集成组装一批高产高效、资源节约、生态环保的成熟技术模式，边试验，边总结，边推广。加强对水肥一体化、植物补光灯、臭氧及物理化病虫害防控、基质栽培等成熟的技术进行宣传普及，让农民能看得懂、用得上、见效快。支持县域内肥料生产企业对水肥一体化关键技术进行研发推广，开展病虫害综合防治，肥料统配统施，培育装备精良、服务高效、具有核心竞争力的现代农业产业集团，引领特色蔬菜产业转型升级。

（五）特色蔬菜产后加工工程

积极发展初加工，全面发展精深加工，发展优质原料供应基地，强化特色蔬菜产后商品化处理设施建设。开展特色蔬菜精深加工设备、工艺、技术的引进，扩大加工种类，提高加工质量。在优势产地建设加工产业园区。探索"生产基地＋中央厨房＋餐饮门店"和"生产基地＋加工企业＋商超销售"等产销模式。

（六）特色蔬菜品牌培育工程

围绕品牌影响因素，打牢品牌发展基础，健全农业标准化生产示范体系，提高生产经营主体改进农产品质量的内在动力和外在压力，逐步提高公信力，培养一批市场信誉度高、影响力大的平原县区域公用品牌、企业、合作组织产品品牌，以增品种、提品质、创品牌为主要内容，从一二三产业着手，推动供给结构升级。通过宣传展示自主品牌，发挥品牌的影响力，提振消费信心，引领消费结构升级。

（七）现代农业产业园创建工程

（1）建设优势特色引领区。依托优势特色主导产业，建成规模化原料生产大基地，培育农产品加工大集群和大品牌，将产业园打造为品牌突出、业态合理、效益显著、生态良好的优势特色产业发展先行区。

（2）建设现代技术与装备集成区。聚集市场、资本、信息、人才等现代生产要素，将产业园建成为技术先进、设施装备配套的现代技术和装备加速应用的集成区。

（3）建设一二三产业融合发展区。构建生产、加工、收储、物流、销售于一体的农业全产业链，推动农业产业链、供应链、价值链重构和演化升级，将产业园打造成为一二三产业相互渗透、交叉重组的融合发展区。

山东省武城县辣椒产业

贺洪军　张自坤　李腾飞

（山东省德州市农业科学研究院）

一、社会经济及农业产业结构

武城县位于山东省西北边陲，鲁西北平原，京杭大运河东岸。武城四季分明，气候宜人，盛产辣椒、棉花、玉米、小麦、谷子、西瓜、香椿等农副产品，全境南窄北阔，西南到东北较长，东西宽27千米，南北长33千米，面积748平方千米，全县辖5镇8乡，总人口37.75万人，其中农业人口30.13万人，非农业人口7.62万人。

武城县农业资源丰富，"一红（辣椒），两白（棉花，食用菌），一牧（畜牧业）"形成产业化经营格局。辣椒作为武城的特色产业，形成于20世纪90年代初，经过多年培育发展，品种适应性巩固，模式成熟，技术支撑运行良好，成为农业增效、农民增收的一条重要渠道，辣椒的产销在全国已形成一定的知名度。被中国果蔬专家委员会和全国特产经济开发中心命名为"中国辣椒之乡"，中国武城辣椒城被命名为"中国第一辣椒城"。为全面分析、评价、研判、预测武城县辣椒产业发展前景，现将调研情况报告如下：

二、特色产业发展现状

（一）种植规模

辣椒作为山东省武城县的特色农产品，种植面积常年稳定在10万亩左右，占全县经济作物总面积的40%，年产辣椒15万吨，2016年储存加工能力达到10万吨。武城拥有全国最大的辣椒交易中心和武城镇尚庄、郝王庄镇后玄两个市场，各类辣椒加工企业200余家，干鲜椒成交量近7.5亿斤，成交额达10亿元，从业人员6万多人。实现规模化种植、产业化经营、全产业链条式发展，被命名为"中国辣椒之乡"。中椒英潮公司是农业产业化国家重点龙头企业，干辣椒加工用量全国第三，干辣椒、鲜辣椒总加工用量全国第一。武城县辣椒产业已在全国具备一定知名度和影响力，具有良好的市场发展前景。

（二）产业效益

与小麦、玉米、大豆、棉花等作物相比，辣椒具有明显的经济优势。现拥有交易门店800 余间，辣椒经营户达 500 多户，加工龙头企业 12 家，经营品种有益都红、望都红、朝天椒、线椒等干鲜辣椒，能满足客户各种规格的椒碎、椒丝、椒圈、椒粉、椒酱等系列化产品供应。

根据武城县农业局的王晶玲科长的调研可知，辣椒种植每年可为全县椒农增加经济收入近 6000 万元，椒农现已达到 2 万余户，椒农的亩均收入可达 3000 余元。产品主要销往山东、河北、河南等地，部分出口至韩国、日本、美国、澳大利亚、东南亚等国家和地区。围绕辣椒种植、销售等环节，全县建成有文友、建军、海伟、英潮润农等农民专业合作社，并成立了武城县辣椒种植专业技术协会，重点在种子选育和技术指导等方面提供服务。

从山东价格指数发布平台上的辣椒价格指数（见图 1）可知，2017 年度辣椒价格指数年均 93.77，较 2016 年度下降 8.62%，其中 1~6 月，年度价格指数较 2016 年下降10.49%，较 2015 年下降 11.70%，价格指数在本年年末至次年年初最高。

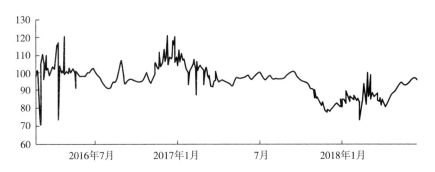

图 1　武城县辣椒价格指数

数据来源：山东价格指数发布平台。

由图 2 中武城朝天椒价格趋势图可知，从 2017 年初价格呈现下降的趋势，之后上下浮动变化直至 2018 年初又呈现上升的趋势。

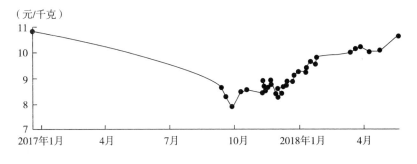

图 2　武城朝天椒价格趋势

数据来源：山东价格指数发布平台。

（三）龙头企业发展现状

截至 2019 年，武城县拥有辣椒加工企业 10 余家，其中中椒英潮辣业发展有限公司拥有先进的辣椒红色素生产线、高标准冷藏库、加工车间及仓储间，公司已建成 20 万亩无公害辣椒种植基地及 2.5 万亩出口备案绿色辣椒种植基地，实现了"公司 + 农户（合作社）+ 基地"的产业化经营路子。德州多元食品有限公司建有高规格辣椒酱车间、大豆酱车间、自动灌装车间、成品车间、包装车间共计 3 万平方米，发酵池 120 个，公司生产的"户户"牌韩式风味辣椒酱全部出口销往韩国，占韩国辣椒酱消费市场 60% 的份额。

三、辣椒产业发展的经验特点与支撑要素

（1）县里重视。自辣椒给农民带来种植效益以来，武城县就着力把其作为特色产业之一加以培育。在县域规划产业带，布局相应的政策扶持引导措施，推动辣椒市场繁荣，打造全国第一个辣椒产地市场。

（2）支撑辣椒产业的要素多元有力。文友、建军、海伟、英潮润农等农民专业合作社，帮助椒农收购和销售种植的辣椒；武城县辣椒种植专业技术协会重点在种子选育和技术指导等方面提供服务。

（3）辣椒产业发展环境宽松。除政府必要的引导外，武城县充分发挥市场的作用，让市场选择品种，选择收储交易方式，让市场鼓励规模做大。充分保护农民的首创精神，对农民的品种选择、种植模式、交易时机不干预，培育农民适应市场，把握市场的能力。

（4）交易繁荣，经纪人队伍庞大，市场做遍全国。辣椒市场全开放，经纪人自由进入，自主经营，尊重市场，交易和运输方式灵活多样，物流丰富，信息交汇贯通，既联系加工企业也向市场供货。

（5）辣椒产业业态丰富。除大型深加工以外，围绕辣椒的产业链基本完整，为辣椒产业做强、做深、做精奠定了坚实的基础。

四、辣椒产业发展中存在的问题

武城县辣椒产业经过多年的培育，尽管在不断发展壮大的过程中形成了一定优势和特色亮点，但在种植、仓储、加工、市场交易、区域竞争等方面，仍然存在一些亟待解决的问题。

重视程度不够，指导牵总力量弱。武城县辣椒产业虽然已成为一个农业增效、农民增收的优势产业，但相对应的是重视程度还不够，抓产业的牵总力量弱。

（1）县委、县政府还没有明确相应的专门机构，明确专人对辣椒产业发展负总责，不能有效提供相应政策、资金、组织、手段、模式、方法、信息等协调秩序的服务，在整合各类资源支撑辣椒产业发展中牵总力量弱。

（2）对辣椒产业化研究有待提高，辣椒产业发展趋势不明了。产业中的品种、土地（土壤）、种植技术、管理、化肥农药的施用，收储、交易、加工、物流等各环节点关联协调，资源要素整合尚存在诸多难题，须进一步深入研究。

（3）引导辣椒产业发展的信息缺失。信息的引领作用不可忽视，但关于辣椒产业既没有统一有效的信息平台，亦无真正有效的信息，更无接收信息的终端，信息时代"盲人摸象"，武城县辣椒产业还在摸着石头过河。

（4）种植服务碎片化，要素与支撑能力不强。

①无论是品种的引进繁育、农资的供应，还是地力的保有、技术的跟踪服务以及合作社、协会，基本上是各吹各的号，各唱各的调，服务碎片化，农民无所适从，自主为战。

②品种更新慢，自留比例大，退化严重，品质、抗病能力、产量下降。

③多年重茬种植，土壤退化，潜藏病菌多而易发。以上因素的存在，致使辣椒种植土壤退化严重、良种推广应用效率低、种植技术水平落后，抗灾减灾能力弱，产业效益降低。

（5）辣椒交易秩序混乱，调剂市场能力较弱。经纪人各自为战、内部恶性竞争。市场好的时候人人都是经纪人，人人都是胜利者，抢夺资源与市场。市场不好的时候，对内压级压价，对外恶意竞争，践踏行业规则，积习下来，虽然市场的容量不小，但市场的主导权始终无法拥有，受制于人，种植户和经纪人利益得不到保障，收购环节不法商贩欺农害农现象时有发生。

（6）加工转化力不足，区域竞争力不强。武城县辣椒产品资源丰富，但没有利用好自身优势。遍查县域境内，几乎没有关于辣椒的加工信息，从自留品种，到卖原料，原始粗放和低效，缺乏富民和富财政的产业链后端，区域竞争力难以提升，实为辣椒产业之痛。一是辣椒加工企业规模偏小偏少，产品多为初级加工，附加值不高，带动能力不强，产业链条不完善，导致辣椒产品开发利用不足。二是缺少辣椒集散中心、价格形成中心、信息交易中心、物流配送中心为一体的综合配套、完善专业的辣椒市场交易平台。

五、特色蔬菜产业发展的对策建议

（1）摆上重要位置，增强发展引领力。把辣椒产业作为引领特色农业突破发展的支柱产业，作为富民富财政的重要渠道，加大培育扶持力度。

①进一步提高对武城县辣椒产业化发展尤其是全产业链发展的认识，强化特色产业的地位，认真研判发展趋势，包括品种的更新换代，种植技术模式的探索，土地土壤结构改良、收储保鲜、市场占领、精深加工等，用产业化的理念定位辣椒产业发展。

②强化牵总力量，整合资源统筹提升服务。可明确专门机构和专业人员对辣椒产业发展负总责，做好战略规划与战略布局，制订发展规划，协调有关部门在技术推广、群众发动、招商引资、资金筹措、市场营销等方面，整合资源与要素，协调各方，运用调节机制，围绕产业发展统筹提升服务。

③强化信息的引领作用，建好信息平台，用好大数据。充分认识信息的重要性，用信息贯穿引导全产业链的发展，从田间地头的溯源系统到品种的来源信息，到土壤的测控、农药的施用，到全国市场的联结，建立有效的信息收集，经加工甄别后通过信息平台发布到农户、经纪人所持的终端上，用信息指导生产、在线互动、把握行情、跟踪物流、决策生产经营。

（2）服务规范产业发展，强化基础承载力。按功能界定服务支撑元素、体系，做精做细做深服务，加强关键环节元素，做实有效元素，规定其在全产业中的位置与职责，整合协调，叠加发挥有效效益，避免碎片化。

①适度扩大规模化种植。鼓励有条件、有资金的种植大户，推行规模化种植，提高机械化程度，促进辣椒产业规模化发展。

②推广普及新品种新技术。加强与农业科研院所、高等院校的对接，支持农业科技院校把辣椒的全过程管理纳入研究与服务的重点领域。为企业、农户搭建平台，抓好辣椒新品种的培育，选育出优质、高产、抗病、适应市场需要的优良品种。政府相关部门要发挥好职能作用，积极推广测土配方施肥、病虫害绿色防控等实用技术，调整优化土壤结构，推动辣椒产量和品质双提升。同时，借助相关优惠政策，在种子、化肥、工厂化穴盘育苗、机械化推广上给予政策倾斜，营造宽松发展环境。

③完善农田基础设施。发挥小农水重点县优势，不断完善农田抗旱排涝设施，维护、维修田间路网管网，充分满足椒农的种植灌溉需求。加快"智慧农业"建设，加大科技投入，加快农业科技平台建设，实现辣椒种植的远程控制、远程诊断、灾变预警等智能管理。

④加大辣椒产业发展资金扶持。引导银行等金融部门，通过降低抵押贷款门槛、补贴贷款利率等方式，帮助种植大户和经纪人化解资金难题。探索奖补形式，对辣椒产业发展中有突出贡献的企业和个人进行奖励，调动各方积极性。

（3）规范交易市场秩序，增强调节市场能力。

①整合经纪人队伍，形成产业联盟。经纪人队伍为武城县的辣椒生产发展做出了突出贡献，他们懂行情、会经营，要善加爱护和利用，着力引导他们建立产业联盟，加强行业自律，避免内部恶性竞争，争得市场主导权。

②加强市场管理，规范交易秩序，办好辣椒博览会。全面展示武城县辣椒产业特色和资源优势，提升武城县辣椒的知名度和美誉度，激发群众种植辣椒的热情，更好地推动武城县辣椒产业市场规范化发展。

③提高仓储物流水平。整顿低标准仓库，支持建设新技术标准的仓储库，保全辣椒品质，为武城县农产品流通经纪人和广大椒农提供安全、可靠、优质和实惠的冷链仓储设施服务。同时加大物流运输龙头企业的引进力度，进一步完善冷链仓储链条，规范提升全县冷链仓储水平。

山东省禹城市大蒜、韭菜产业

贺洪军　张自坤　李腾飞

（山东省德州市农业科学研究院）

一、社会经济及农业产业结构

禹城市位于山东省西北部，隶属于德州市。禹城市四季分明，气候宜人。盛产小麦、玉米、大蒜、西瓜、番茄、西芹、韭菜等农副产品。全境面积990平方千米，辖9镇1乡两个街道办事处，总人口54.1万人。禹城市农业资源丰富，"三西"（西瓜、西芹、西红柿）"两辣"（大蒜、盖韭）已形成产业化经营格局。大蒜和韭菜作为禹城的特色产业，形成于20世纪90年代，经过多年培育发展，已经成为促进禹城市农业增效、农民增收的亮点。

二、特色蔬菜产业发展现状

（一）种植规模较为稳定

大蒜和韭菜作为禹城市的特色农产品，已经成为禹城市农业增效、农民致富的支柱产业。大蒜主要分布在梁家、张庄、安仁等乡镇，种植面积常年稳定在2万亩左右，占全市经济作物总面积的11%以上。年产鲜蒜3.6万吨，蒜薹1万吨左右。大蒜与蒜薹价格起伏较大，年成交额一般为0.8亿~2亿元，从业人员接近1万人；韭菜主要分布在十里望、市中办、辛寨等乡镇，种植面积常年稳定在8000亩左右，其中盖韭面积5000亩，分布在十里望回族镇郭庄周围。年收获韭菜3.5万吨，其中春节前后收获盖韭2万吨，占全市韭菜总产量的近60%。韭菜价格（特别是盖韭）较为稳定，年成交额稳定在1.5亿元上下，从业人员0.8万人。大蒜和韭菜基本实现了规模化种植，产业化经营。

（二）高质量发展

与小麦、玉米、棉花等农作物相比，大蒜和韭菜具有明显的经济优势，在市场和效益的双重引领下，禹城市在大蒜（梁家镇）和韭菜（十里望镇）种植区域内，逐渐发展起10多家特色蔬菜种植园区。如清香园无公害韭菜种植园等。

禹城市把提高特色蔬菜产品质量作为特色蔬菜产业发展的根本来抓，鼓励特色蔬菜企业和农民合作社组织进行"三品一标"认证，加快产品无公害、绿色认证，加大品牌创建力度，促进特色蔬菜种植区域化、特色蔬菜生产标准化、产品培育品牌化。截至2019年，建立起具有较强辐射带动能力的特色蔬菜园区10家，为发展特色蔬菜产业奠定了良好基础。

三、特色蔬菜产业发展的经验

禹城市委、市政府对发展特色蔬菜高度重视，不断加大科技培训力度，全面提升群众特色蔬菜种植水平。

（1）重视技术培训。结合农时不定期邀请省农科院、山东农大的专家为菜农举办培训班、科普讲座；在大蒜和韭菜重点管理期，启动"特色蔬菜培训村村到"工程，全方位为菜农搞好服务，平均每年举办培训班30多期，开展科普讲座10多次，先后累计1万多人次参加了培训活动，年增加科技示范户120户，辐射带动500余户。

（2）创新服务方式。充分发挥现代科技的优势，利用E-mail、微信、QQ等平台，为菜农及时提供低成本、个性化的特色蔬菜生产信息服务，在全市建立起"科技人员直接到户、良种良法直接到村、技术要领直接到人"的科技服务体系。

（3）加强产销对接。经过市、镇两级政府的不断努力，禹城市建成了以特菜批发市场为核心，农贸市场为依托的城乡特菜流通体系。特菜流通体系促进了其产业化的加快发展。同时，禹城市转变产业发展思维定式，以招商引资为契机，积极探索"招商资金注入""工商资本转移""项目资金扶持"等多种发展模式，全面推进现代特色蔬菜产业发展。

四、特色蔬菜产业发展存在的短板与制约因素分析

（一）整体水平不高

禹城市大蒜和韭菜新基地发展迅速，但普遍存在生产设施简陋，科技水平不高现象。主要表现是：优良品种覆盖率不高；新型实用技术应用不够；科技推广的示范作用没有充分发挥等。

（二）园区规模偏小

禹城市特色蔬菜园区整体数量较多，大多园区特色蔬菜面积较小。多数园区管理机制不完善，盈利运行模式尚未形成。部分特色蔬菜园区，注重形象工程，重展示、轻实效，

表面风光，但实际上运转困难，违背了特色蔬菜园区的建设初衷，更难以实现持续发展。

（三）产品质量不高

经过二十几年的发展，大蒜和韭菜产区的土壤环境有逐步恶化的趋势，禹城市特色蔬菜产品总量，特别是大蒜总量大幅度增长，而产品质量依然不高，这是影响产品竞争力最重要的因素。主要表现在：产品的外观品质不高，多数上市的产品未能进行分级；产品的营养和风味品质不高，口感一般；产品整理、包装等滞后，保鲜运输措施不力，降低了在销区市场的商品质量。

（四）贮藏加工企业少

禹城市特色蔬菜销售主要以地头销售为主，冷链物流建设缺失，导致韭菜、蒜薹等一些特色蔬菜在市场价格低的情况下被迫销售，出现了菜贱伤农的现象。同时，蔬菜贮藏加工企业发展滞后，蔬菜深加工产品、二次增值产品少；加工能力与农业龙头企业带动力不强，导致特色蔬菜生产的风险增加，丰产不丰收。拉长产业链，实现菜农和企业的利润增长。地方政府应积极引导和扶持冷链物流企业的发展，培育龙头企业。

五、特色蔬菜产业发展的对策建议

大蒜和韭菜种植是禹城农业经济发展的主要增长点，针对全市特色蔬菜产业发展存在的问题，特提出以下对策建议：

（一）科学规划布局

（1）加强特色蔬菜生产建设。按照"交通便利、合理布局、因地制宜、科学发展"的原则，根据乡镇特色蔬菜产业发展实际，继续做好梁家、张庄大蒜方，十里望盖韭方两大特色蔬菜产业。

（2）打造特色蔬菜制高点。经过调研发现，十里望镇清香园韭菜园区的发展模式已比较成熟。以创办合作社的方式，实现了统一土地流转、统一建棚标准、统一管理经营、统一收购销售，走出了一条稳步扩张、有序发展之路。全面提升园区建设水平，打造特色蔬菜制高点。

（二）实行优质产品发展战略，提升特色蔬菜市场竞争力

（1）加大"三品一标"认证力度。对全市特色蔬菜园区、基地"三品一标"认证情况进行细致梳理，加强重点引导，鼓励其经营主体积极进行"三品一标"认证。

（2）创建知名品牌。重点打造"清香园韭菜"等原有品牌，积极创建省级乃至国家级知名特色蔬菜品牌，逐步推进禹城市特色蔬菜实现全产业品牌发展，为禹城市特色蔬菜产业向纵深发展奠定基础。

（3）落实奖励政策。对特菜种植获得国家有机食品、绿色食品、无公害农产品及国家地理标志产品的，给予一定奖励，通过奖励政策，积极推广特菜种植，带动特菜产业发展。尤其是已形成规模的特菜产业，再通过品牌建设做强该产业。

（三）推广生态环境友好型栽培模式，实现可持续发展

随着特色蔬菜面积的不断扩大和长期连作，菜田土壤环境恶化、病虫害（尤其是土传病害）发生日趋严重、特色蔬菜产品受到污染，产品质量不高，成为制约禹城市特色蔬菜可持续发展的障碍性因素。必须高度重视存在的问题，大力推广生态环境友好型栽培模式，全面普及特色蔬菜无公害标准化生产技术，推广机械化农事操作和管理。在病虫害防治上，严格贯彻"以防为主，综合防治"的原则，采用农业措施、生态控制、物理防治、生物防治和高效、低毒、低残留化学防治相结合的综合控防措施。在施肥上，严格控制氮素化肥的用量，增施有机肥，实行配方平衡施肥或测土施肥；实现特色蔬菜可持续发展。

（四）加大科技推广力度，推进特色蔬菜科技示范点建设

（1）强化技术培训。通过印发明白纸、举办技术讲座、进行现场指导等多种形式开展科技咨询和技术培训。

（2）加大科技推广力度。结合禹城市蔬菜种植习惯，在特色蔬菜重点园区基地，积极推广虫害物理防治、土传病害综合防治以及主要病虫害高效安全药剂防治等适用技术，全面提升科技种菜水平。

（3）打造品质韭菜基地。以辛寨镇王庄盖韭基地为试点，开展微生物菌剂、臭氧水防治韭蛆等生物、物理防控技术，打造全市安全优质韭菜基地。

（五）扶持壮大新型特色蔬菜经营主体

（1）培育特色蔬菜龙头企业。大力培育特色蔬菜种植专业合作社和家庭农场等新型特色蔬菜经营主体，不断强化"六统一"服务（统一品种、统一投入品供应，统一技术标准、统一检测、统一标识、统一销售），逐步形成"经营主体＋基地＋农户"的产业化经营格局。

（2）建设规范运营的特色蔬菜批发市场。加强禹城市特色蔬菜批发市场管理，借鉴寿光蔬菜批发市场先进经验，协调梁家镇选址建设一处蔬菜批发市场，健全制度，规范管理，切实提高菜农的销售价格，促进产销对接。

（3）发展特色蔬菜加工企业。加大招商引资力度，引进和创办特色蔬菜加工贮藏企业，开发冻干、酱菜、脱水蔬菜加工及净菜加工上市，平衡周年供应，充分发挥特色蔬菜产后效益，增加产品附加值，提高产业综合效益。

（4）突出产业融合。注重发展农业服务业，深入挖掘特色蔬菜产业的生态、休闲、文化价值，通过"接二连三"，大力发展生态观光、生产体验、休闲旅游等新兴业态，延伸产业链、提高附加值，促进一二三产业深入融合发展。

山东省齐河县大蒜、水生蔬菜产业

贺洪军　张自坤　李腾飞

（山东省德州市农业科学研究院）

一、社会经济及农业产业结构

德州市齐河县位于山东省西部区域，东邻省会济南，北接京津唐，南接宁沪杭。以齐河为中心，500 千米半径内有青岛、济南、太原、郑州、石家庄、天津、北京等大城市。全县辖 2 个乡 11 个镇和 2 个街道办事处，总人口 78 万，总面积 1411 平方千米。属黄河下游冲积平原，土质肥沃，气候适宜，光照充足。齐河县常年粮食种植耕地面积 220 万亩左右，主要粮食作物以小麦、玉米为主，花生、大豆、水稻也有种植。2012 年，粮食种植总面积 223 万亩，平均单产 591 千克，相比全市高 30 千克，总产达到 26.98 亿斤，粮食单、总产均列全市第一，实现了全年粮食生产"十连增"，以全省粮食生产综合排名第一的位次荣获"全国粮食生产先进县"称号，已是连续第 5 年荣获"国字号"荣誉称号。

齐河县蔬菜产业发展迅速，成效显著、地位突出。齐河县主动承接、融入、服务"京津冀都市圈"，创新打造"京津冀都市圈"内的"南门大菜园"，对加快现代农业和社会主义新农村建设具有重要的作用。齐河县规划大黄食用菌 1000 万平方米，露地大蒜 7 万亩，绿色西红柿 2.5 万亩，拱棚西瓜 3.5 万亩，黄瓜 5 万亩，甜瓜 1 万亩，"三品"认证面积不断加大，市场建设虽然没有增加，但面积将不断扩建，新型经营主体个数不断增加，总个数增至 17 个。

二、特色蔬菜产业发展的现状

从德州市看，齐河蔬菜产业基本上处于领先地位，面积和产值一直排序在前三位，齐河县露天蔬菜种植主要集中在马集镇、赵官镇、仁里集镇、潘店镇、表白寺镇、安头乡等，设施蔬菜种植主要集中在晏城街道、祝阿镇、大黄乡、宣章屯镇、华店镇、焦庙镇等，全县种植蔬菜面积 52.3 万亩，其中设施蔬菜 23.4 万亩，占蔬菜总面积的 44%。新建

（改建）蔬菜大棚 650 个，新增蔬菜园区 2 个，累计建设各类规模蔬菜产业园区 49 处，1000 亩以上瓜菜菌基地 12 处；2018 年上半年全县蔬菜产量 120 万吨，其中销往京津冀地区 52.8 万吨，占蔬菜总产量的 44%，上半年蔬菜总产值达 22 亿元。日产食用菌 160 吨，半年产值达 2 亿元，食用菌产量、产值均位居全国前列。

蔬菜生产季节性强，易受环境条件的影响，而蔬菜产品易腐，贮运困难，存在生产的季节性和需求均衡的矛盾。针对蔬菜生产这一特点，根据气候、区位优势以及产业基础，将齐河县蔬菜产区划分。

潘店镇：建设 4 万亩大蒜生产基地；利用资源招商，建立龙头企业，建好南联五大蒜批发市场。

仁里集镇：建设 4 万亩大蒜生产基地。

马集镇：建设 5000 亩水生蔬菜基地。

三、特色蔬菜产业发展存在的短板与制约因素分析

（一）蔬菜生产技术总体水平不高

蔬菜生产技术含量与发达地区还存在较大差距，造成蔬菜生产的总体产量水平较低。虽然齐河县规模蔬菜生产基地基础设施建设取得了一定的进展，但与寿光相比仍存在设施基础差、设施蔬菜大棚总量少的问题，蔬菜种植仍以露地种植为主，蔬菜生产抗御自然灾害能力较差。同时分散种植比重大，规模化生产的面积仍然较小，标准化生产技术难以推广。缺乏专业育苗企业或合作社，工厂化育苗技术和嫁接育苗技术力量不足。

基层农技推广服务人员不足，缺乏蔬菜专业技术人员，乡镇专职蔬菜技术人员少，有待提高全面的蔬菜生产技术指导和服务。蔬菜生产的标准化技术规范不健全，制约了蔬菜生产的健康发展。

（二）产业化、品牌化发展有待提高

龙头企业总体不是很多，蔬菜精、深加工水平低，以出售初级产品为主，产品附加值较低。蔬菜合作社总体规模偏小，对农户的带动能力较弱。物流产业发展滞后，冷藏运输配套设施不完善，流通渠道狭窄，限制了蔬菜产业规模的进一步扩大与发展。蔬菜品牌建设有待提高，缺乏具有市场影响力的蔬菜品牌。

四、特色蔬菜产业发展的对策建议

（一）加强政策支持力度，加大扶持资金投入

加强政策支持力度，加大财政扶持资金投入，建立蔬菜产业发展专项资金；加强蔬菜

产业基础设施建设，重点抓好标准化蔬菜生产示范基地的开发建设，加快建立工厂化育苗基地。加大对基层农技推广部门的支持与投入，建立专业技术服务队伍，广泛开展蔬菜生产的技术指导和服务工作。

（二）加强产业化、品牌化建设

加快引进有实力的农业企业进入齐河发展蔬菜生产，鼓励和引导有条件的现有龙头企业发展蔬菜精、深加工，延伸蔬菜产业链，提高蔬菜产业水平，提高产品加工附加值和市场竞争力。加快土地流转进程，大力培育新型生产模式，如农民土地入股、"种植大户 + 企业"（专业合作社）等生产经营新模式，鼓励种植大户发展蔬菜生产家庭农场，提高组织化经营水平，不断壮大蔬菜产业规模。大力推进蔬菜市场流通体系建设，加强蔬菜批发市场基础建设，建设现代化的蔬菜农产品物流中心，建立完善的蔬菜农产品物流供应链，促进蔬菜产业持续健康发展。加大品牌创建力度，加快开展优势特色蔬菜产品的无公害、绿色、有机产地认定和产品认证、品牌注册、地理标志登记。加大整体宣传力度，加强对外交流与合作，鼓励蔬菜生产加工企业外出参加各类交易会、展览会，提高齐河蔬菜产品的市场影响力。

（三）改善基础设施与技术装备条件，提高综合生产能力

基础设施和技术装备是蔬菜稳产、高产、高效的前提。要尽力改善基础设施和技术装备条件，提高 5 个方面的能力。加强菜田基础设施和保护地设施建设，提高抗御自然灾害的能力；加强集约化育苗设施建设，提高优质种苗集中供应能力；加强菜田耕整机械、肥水一体滴（渗）灌设施等机械操作和自动化控制装备，提高规模化生产能力；加强防虫网、频振式杀虫灯、黄（蓝）色诱虫板等技术装备；提高质量安全保障能力；加强冷链设施建设，提高贮运保鲜能力。

（四）实行标准化生产与管理，提高产品质量安全水平

无公害蔬菜生产过程就是标准化实施过程。按产品标准和生产技术规程组织生产，确保蔬菜质量安全。实行标准化生产：一是完善标准体系；二是推广标准化生产技术。因地制宜地解读已经制定的产品标准和无公害生产技术规程，建立标准化生产示范基地，组织培训农民，指导农民切实按照无公害蔬菜生产技术规程进行田间管理和采后处理，推进无公害蔬菜生产过程标准化。建立从田头到市场的全程质量控制体系，对基地环境、投入品、生产过程、产品检测等关键环节进行监督管理，切实保障无公害蔬菜的质量安全。严格禁止销售和使用高毒农药；规范农药使用技术，解决加大农药使用剂量和不严格执行安全间隔期造成农药超标等问题。无公害蔬菜生产企业、专业合作经济组织要坚持采前自检、安全期采收、产地准出制度，做到不合格不采收，使质量问题解决在萌芽状态。

（五）建立档案管理和质量追溯制度，提高蔬菜制品的监管能力

要加强对产地环境和基地产品的例行监督和检测，对出现问题的基地要限期整改。建立档案管理制度，做到初级产品生产者有农事作业档案，蔬菜制品生产者有原料来源和工艺流程档案，蔬菜运销者有货源和流向档案，并逐步建立无公害蔬菜产加销全过程的质量追溯制度。

十、莱芜综合试验站

山东省青州市大姜产业

郭军庭

（山东省青州市农业局）

青州为古九州之一，总面积 1569 平方千米，位于鲁中南山地丘陵与鲁北平原衔接处，属暖温带半湿润季风气候区，气候温和，四季分明，光热资源充足，农业生产条件优越。现辖 4 个街道、8 个镇和 1 个省级经济开发区，人口 94.7 万，农业劳动力人口 45 万。2017 年全市实现地区生产总值（GDP）658.44 亿元，比上年增长 6.8%。其中，第一产业增加值 55.15 亿元，增长 4.0%；第二产业增加值 290.72 亿元，增长 6.5%；第三产业增加值 312.57 亿元，增长 7.7%。全年实现一般公共预算收入 46.5 亿元。按常住人口计算，人均生产总值 68346 元，比上年增长 6.1%。全年全市居民人均可支配收入 26046 元，比上年增长 9.2%。按常住地分：城镇居民人均可支配收入 35151 元，增长 8.3%；农村居民人均可支配收入 17598 元，增长 8.8%。

一、农业产业发展情况

（一）农业产业结构

青州市农业资源丰富、特色鲜明，现有耕地面积 115 万亩，基本农田 101 万亩，主要有蔬菜、果品、花卉、粮食、畜牧五大农业支柱产业，先后获得国家绿色农业示范区、全国休闲农业与乡村旅游示范县、国家级出口食品农产品质量安全示范区、中国花木产业示范基地等荣誉称号。2017 年，全年粮食种植面积 57.67 万亩，比上年减少 2.25%，粮食总产量 22.9 万吨，增产 2.0%。蔬菜种植面积 55.1 万亩，增长 5.6%，总产量 203.2 万吨，增产 6.4%。瓜类种植面积、总产量分别为 12.3 万亩和 46.2 万吨，比上年略增。水果总产量 8.6 万吨，减产 5.4%。

（二）蔬菜产业发展概况

青州是全省蔬菜生产大市，是全国菜篮子蔬菜生产基地之一，万亩以上栽培的经济作物有西瓜、辣椒、生姜、胡萝卜等，其中生姜种植面积2.4万亩。主要是日光温室冬暖棚和大拱棚多膜覆盖种植，各类蔬菜大棚25万个，产品销往全国各地。初步形成以高柳镇为中心的4.5万亩茄子生产区，以谭坊镇为中心的13万亩西瓜生产区，以谭坊、何官镇为中心的12万亩辣椒生产区，以何官镇为中心的2万亩胡萝卜生产区，以东夏镇为中心的2.5万亩大姜和3万亩白菜生产区，以弥河滩涂两岸为中心的0.5万亩青州银瓜生产区，以东夏、弥河为中心的15万平方米食用菌生产区。

二、大姜产业发展现状

近年来，青州市大姜种植面积基本稳定，成为青州市农业支柱产业之一。

（一）生产规模及布局

种植区域主要集中在东夏镇和黄楼街道办事处，近两年由于主产区重茬病虫害较为严重，面积减少，逐渐向何官镇、高柳镇、开发区等周边发展。根据2018年11月初统计，青州市大姜种植面积2.42万亩，较2017年减少10%，涉及农户7500多户。其中东夏镇种植面积1.6万亩、黄楼街道办事处5200亩、何官镇1500亩、高柳镇1200亩、开发区300亩。受生长前期（5~6月）干旱及8月中下旬的洪涝灾害影响，受灾面积0.467万亩，绝收面积0.4万亩，大姜产量受到较大影响。收获面积2.02万亩，收获面积比2017年减少25.2%，总产量7.4万吨，较上年减产45.2%。

（二）大姜生产现状

东夏、黄楼等区域水浇条件良好，属褐土类土壤，耕层质地肥沃，非常适宜大姜生产。发展了麻湾村、王岗村、沙店、大尹村、史铺村、马埠村等生姜专业村，农户多年来保持着种姜的传统，田间管理经验丰富。生姜亩产量一般在5000千克左右，多为连片承包地，规模较大，水肥一体化等节肥节水设备应用较多。主要栽培模式以大拱棚、小拱棚及露天覆地膜种植及挖沟、起垄栽培方式为主。种植品种主要以昌邑面姜、莱芜大姜、莱芜片姜为主。大拱棚播种时间一般在3月下旬，11月上旬收获；小拱棚一般在4月中下旬播种，10月中下旬收获。

（三）主要科技服务措施

（1）加强技术指导、培训。青州市农业局制定了《大姜栽培技术规范》和《无公害大姜栽培技术指导意见》等文件。另外，还把标准化生产的关键技术要点制作成简明的资料卡发放给农户，按照农时季节及时到田间地头进行技术指导。采用科技入户、召开现场观摩会、发放明白纸等多种形式，从选种、产地环境条件、生长环境条件、整地施肥、育苗、定植、病虫害防治和采收等多方面进行全程系统指导。

（2）实施项目示范带动。为提升生姜生产水平，青州市实施生姜水肥一体化项目，依托青州市金山大姜专业合作社与成大绿色大姜专业合作社，投资 162 万元，建立水肥一体化面积 1640 亩，按照亩节水 50%，节肥 30%，节省人工 80% 计算，每亩节本增效 1500 元。

（3）强化质量安全。为保障大姜质量安全，青州市农业局开展多项整治行动，强化源头治理，确保大姜生产健康发展。执法人员对农药经营单位进行拉网式集中检查，严厉打击制售国家禁限用农药的违法行为，并深入大姜种植户、储存业户、洗姜厂，严查非法使用违禁农药等行为。青州市农业局 2018 年分别在春季对姜井储存大姜和在秋季对鲜姜开展两次专项质量监测，抽检样品 185 个，合格率 100%。

（四）大姜产业组织发展情况

青州市大姜生产以农户为主。现有大姜龙头企业 1 家、大姜合作社 6 家、社会化服务组织 1 家、大姜协会 1 家。合作社入社会员 390 户，种植规模 3000 亩。其中：青州市金泽食品有限公司，位于青州市桃源村，是潍坊市级龙头企业，建立了"龙头企业 + 基地 + 农户"的产业化经营模式，自有大姜生产基地面积 1800 亩、合同基地面积 1500 亩，少量鲜姜主要出口加拿大，年创汇额 2.8 万美元，2017 年主营业务收入 3500 万元。青州市金山大姜专业合作社，共有社员 89 户，注册资金 360 万元，合作社与中国农业科学院有长期合作关系，是农业资源与农业区划研究所、植物保护所等生姜试验基地，2014 年，合作社注册了"苏旺"品牌，并通过了国家无公害农产品产地认定和无公害大姜产品认证。青州市大地土壤修复有限公司，成立于 2014 年 8 月，主要提供土壤熏蒸社会化服务，年作业规模 400 亩，亩作业收费 1600 元。青州市东夏镇大姜协会，成立于 2010 年 5 月，会员 30 人，主要业务是大姜收购。

（五）市场建设情况

青州市目前没有专业大姜批发市场，销售主要是地头收购和借助蔬菜批发市场。进入 10 月份，姜农去年窖藏的黄姜进入销售末期，基本售完，而新姜由于水分较多暂未进入市场。姜农从田地里出姜后，直接将鲜姜存入窖里，待价而沽，完成新老阶段的交替。10 月初开始出售窖里的姜，到中旬卖完，货主到家门口收。从当前市场交易情况看，2018 年黄姜的价格在四五月份和八九月份出现阶段性上涨，达到了每斤 2.2 ~ 2.4 元，随后价格下滑，目前在供货量不及往年的形势下，并未有效刺激姜价大幅上涨。12 月份黄姜的市场批发价每斤约 2.0 元，而上年同期价格也在 1.90 元左右，被水浸泡品质差一些的姜每斤的批发价格仅有五六角钱，多数姜农认为姜价不景气的主因是市场需求较弱。

三、大姜生产存在的问题与制约因素分析

本次调研走访了黄楼、东夏等镇，通过听取当地农技部门的汇报和对个别姜农的走访，发现生姜产业发展存在一些突出问题：

（一）大姜价格不稳

价格是决定大姜生产面积的主要因素。生姜市场价格具有周期性，生姜作为小宗农产品供需有限，其产量和价格更易受自然环境和国际、国内大气候的影响，表现为大姜价格忽高忽低，姜农很难在短时间内掌握信息，导致农户收益不稳定。

（二）品牌创建意识不强

名牌就是质量、效益、竞争力，也是生命力。农产品市场竞争已从价格竞争逐步走向品质、品牌竞争。目前，青州市没有大姜区域公用品牌，销售既没有注册统一商标，也没有对产品进行包装。生姜只有一家合作社注册商标，仅有 300 亩大姜认定为无公害产品。其他企业、合作社没有"三品一标"认定。

（三）生姜加工能力落后

全市没有一家大姜深加工企业，只有洗姜厂对销售的鲜姜进行清洗，外销也是鲜姜简单包装，不利于生姜增值。

（四）营销方式落后

据调查，青州市大姜销售，除少量由企业、合作社统一收购销售外，大部分都是将生姜窖储到次年后被动地等待姜贩收购。到 2018 年为止，还没有形成一个具有较强集散辐射能力的专业批发市场。没有将自己的产品加以包装后进行推销，开拓自己的销售市场，销售渠道不畅，未能在超市上架销售。

（五）鲜姜长期储藏问题

生姜 90% 以上靠姜农自挖姜窖储藏，易受土壤、湿度等条件影响。青州市的简易姜窖只能挖到 5~6 米深，储存期只有 1~2 年，可储存生姜 7~8 吨，缺少标准化保鲜库和姜窖。

（六）涝灾损失严重

2018 年雨水偏勤，大姜长势一般。8 月受到洪水漫灌，对地里的新姜生长造成直接影响，颈基腐病等病害大面积发生，死棵烂秧，大姜减产，甚至绝产，鲜姜出现了腐烂现象，总体产量减少 1/3。窖里的黄姜也未能幸免，雨水倒灌进入窖里，黄姜浸泡后品质受损价格下跌。

四、大姜产业发展的对策建议

坚持质量第一、效益优先，以供给侧结构性改革为主线，实施大姜品牌引领工程，聚焦、聚力高质量发展，推动大姜产业提质增效转型升级，扩大青州大姜地域品牌影响，提升经济效益。

（一）推进"三园同建"，促进大姜产业集群发展

开展园区提升专项行动，充分利用上级支持农业园区发展的政策，大力发展大姜产业园区、科技园区、创业园区，积极争创省级标准化示范园区，在更高层次上推进规模经营、创新发展。

以发展农业"新六产"为契机，鼓励扶持农业龙头企业、农民专业合作社、专业批发市场、社会化服务组织、种植大户等领建、创建、组建现代产业集群，走产业联合、跨界联合、强强联合的方式，提升抱团抵御市场风险的能力。大力发展以大姜产品加工业为主的初加工、深加工、精加工企业，提高大姜附加值，提高大姜行业的整体竞争力，积极推动青州大姜产业链延伸、供应链整合、价值链提升。

（二）加快市场信息平台建设

进一步理顺市场导向机制，积极推进网上对接、农超对接、农批对接等新型合作销售模式走进生姜主产区，减少流通环节，促进产地销售。为姜农提供基本保障，引导农户适度、稳定种植。尝试建立农村经纪人市场信息发布平台。

（三）推进绿色生产，确保质量安全

组织实施大姜退化土壤改良计划和绿色控害计划，推广大姜水肥一体化等节本增效技术，持续推动单位面积化肥农药减量，实现绿色环保生产。贯彻落实《潍坊市禁用限用剧毒高毒农药条例》，开展农业投入品和非法添加剂专项整治。鼓励增施有机肥，引导施用控释肥、缓释肥、配方肥、生物肥等新型肥料。推广使用生物农药。搞好地膜回收利用。试验研究大姜机械化、轻简化、安全化栽培技术、设施鲜食嫩姜栽培技术等。试验研究推广大姜秸秆资源化利用新技术、新模式，创建循环农业新模式示范点。

（四）推进科技创新，提高产品竞争力和附加值

组织开展优质安全高效栽培技术、鲜食嫩姜设施改造提升和周年栽培试验攻关。广泛应用新装备、新材料、新品种、新肥药、新种苗，着力提高大姜生产装备水平、机械化作业水平、生产管理水平。鼓励扶持农业龙头企业开展大姜深加工产品的研发，提高姜黄素、姜油、姜干、姜脯、姜化妆品、姜茶等精深产品加工能力，依靠科技创新增强大姜产品市场竞争力和附加值。

（五）推进品牌创建

鼓励引导新型经营主体开展商标注册和知名商标认证。扶持引导新型经营主体开展"三品"认证，积极争创农产品企业品牌、产品品牌。推广优渥有机汇、农商互联平台等电商模式，探索实施高端市场开拓计划。鼓励扶持相关生产加工合作社，积极争创国家级、省级、市级示范社；鼓励扶持相关生产加工企业积极争创省级、市级农业龙头企业，积极打造合作社品牌和企业品牌。加大品牌推介力度。挖掘大姜产业文化内涵，积极争创新品牌，通过组织招商会、推介会、发布会、展览展示会、电商平台、现场观摩会等形式加大品牌企业、品牌产品、品牌文化宣传推介力度，提高品牌知名度和市场竞争力。

（六）加大政策扶持力度

扎实落实国家各项惠农政策，整合涉农项目资金，用好农业"新六产"发展引导基金、乡村振兴基金，加大对大姜标准化园区、专业批发市场、新型经营主体、电子商务平台、秸秆资源化利用、存储设施及人才引进等的政策扶持力度。建议职能部门尽快出台资金筹措、技术引进、加工能力提升等方面的扶持措施，鼓励生姜加工企业满负荷收购、生产多种生姜制品，为生姜产业的长久发展谋求出路。

（七）强化服务体系建设

一是主动为合作社提供公共政策咨询。搜集和发布农资、农产品的价格信息、市场供求信息、科技信息等方面的服务。二是建立起必要的服务设施，努力实现各级、各类农民专业合作社联网，搭建公共服务信息和网络营销平台。帮助合作社建立自己的网站，逐步提高合作社的知名度和市场竞争能力。三是通过政府扶持和招商引资，建设2～3处大姜专业批发市场，及时解决当地农户的销售问题。为姜农提供销售场地等便利条件，减少或取消市场管理费等。四是多部门联合解决大姜产区沟渠排水问题，补贴资金建立标准化窖室，以延长生姜销售期，提升生姜存储的附加值。研究可否利用现有设施存放生姜。五是加大科技扶持力度，在大姜生产的产前、产中、产后形成"一条龙"服务，真正使农民增收、农业增效、农村发展，为全面建成小康社会打下坚实的基础。

山东省济南市章丘区大葱产业

周克华

（山东济南市章丘区农业局）

章丘大葱，因产于山东省济南市章丘区而得名，是山东省著名特产之一。章丘大葱"名""特""优"三字兼备，被誉为"葱中之王"。正宗章丘大葱产于山东省济南市章丘区绣惠街道、宁家埠街道、枣园街道、龙山街道等。章丘大葱是章丘区乃至全省的一张亮丽名片，栽培历史悠久，有"葱中之王"之称。截至 2018 年，全区大葱种植总面积达到 12 万亩，实现年产值 20 多亿元，成为拉动区域经济发展、带动农民增收致富的支柱产业，章丘大葱的品牌价值达到 140.44 亿元。如何利用品牌效应，发挥产品优势，打造章丘大葱产业发展"航空母舰"，是章丘区每一个农业工作者必须思考和面对的永恒主题。

一、大葱产业发展历史

（一）自然条件优越

章丘大葱的原始品种于公元前 681 年由中国西北传入齐鲁大地，已有三千多年的历史。早在公元 1552 年，其葱就被明世宗御封为"葱中之王"。明代，在女郎山西麓一带（今乔家、马家、石家、高家村等地）栽培已很普遍。章丘大葱有高、长、脆、甜的突出特点。高：章丘大葱的植株高大魁伟，是当今国内外所有大葱品种中的佼佼者；长：章丘大葱的葱白很长、很直，一般 50～60 厘米，最长 80 厘米左右，备受人们喜爱；脆：章丘大葱质地脆嫩，味美无比；甜：章丘大葱的葱白，甘芳可口，很少辛辣，最宜生食，熟食也佳。

章丘大葱之所以品质上乘、名扬海内外与其生产地自然条件密不可分。大葱产区地处中纬度，属暖温带季风区大陆性气候，四季分明，雨热同季，热量适宜，雨量次之。春季干旱多风，夏季雨量集中，秋季温和凉爽，冬季雨雪少干冷。年均气温 13℃，≥0℃积温为 4900℃～5000℃；年雨量为 600～625 毫米。产区地势平坦、气候适宜、土壤肥沃，土壤有机质含量 17.7 克/千克，全氮 1.27 克/千克，碱解氮 57 毫克/千克，有效磷 24.4 毫克/千克，速效钾 108 毫克/千克。因此，土质较好，肥力较高，十分适宜章丘大葱的种植和发展。

同时，项目区水资源丰富，并且水利设施完善，灌溉便利。

（二）地理区位优势突出

章丘是济南市重点打造的东部新城。胶济铁路、济青公路、济青高速公路、经十东路、章莱路、潘王路交错纵横，四通八达。济青高铁 2019 年 1 月 1 日正式开通，济南至青岛仅 1 小时车程，章丘境内在章丘大葱主产区的绣惠街道设有章丘北站。济南遥墙国际机场位于章丘区西北角，半小时车程可达京沪、京福高速公路，3 小时车程可达青岛港口。交通便利为章丘大葱走向全国，走向世界提供了强有力的交通支持。

（三）政策支持为章丘大葱发展打下了坚实基础

章丘区把发展特色品牌农业，作为农民增收的一项重要措施，以挖掘章丘大葱的品牌优势为突破，在做活大葱产业、推动区域经济发展上动脑筋、做文章。1999 年 7 月"章丘大葱"商标注册成功，成为中国蔬菜类第一件原产地证明商标。同时，加强对大葱生产规范化管理，建立生产示范区，在种子、土壤、灌溉、施肥等方面推行标准化生产技术，实行统一供种、统一施肥、统一收获、统一销售。这些举措，进一步提升了章丘大葱的内在质量，增强了市场竞争优势。靠着"金字招牌"和过硬的质量，章丘大葱销售价格连年翻番，葱农的经济收入成倍增长，章丘大葱已逐步实现了从"本地特产"向知名品牌转变。"章丘大葱"地理标志经过多年的使用、管理、培育和发展，基本实现了种植标准化、营销多元化、管理规范化的现代农业目标，同时还带动了运输、餐饮等相关产业的繁荣。

（四）"富硒大葱"将为章丘大葱插上腾飞的翅膀

章丘有富硒土壤 58.8 万亩，土壤硒平均含量 0.44 毫克/千克，占章丘区总面积的 22.80%，占全省 200 余万亩富硒土壤总面积的 25%。同时，拥有富锌土壤 15.79 万亩，国标Ⅱ级以上的土地面积占全区土地面积的 99.85%，其中符合绿色食品生产环境质量标准的耕地占总耕地面积的 98.03%。章丘大葱样品富硒率 87%，平均硒含量 0.018 毫克/千克，是富硒标准值的 1.8 倍，是省内其他地区大葱硒含量的数倍以上。

章丘土壤中氮、铁、锌、锰、钼、有机质等营养元素含量高，重金属元素含量低。章丘区土地质量状况良好、土地肥沃，具有生产绿色农产品的地域优势。章丘"一多"（富硒土壤资源多）"一少"（重金属离子少）独特的优质土壤资源条件，以及章丘大葱、明水香稻等众多特色名优农产品天然富硒的优势，将开启章丘发展富硒农业的新征程，有力助推章丘抢占品牌农业市场蓝海，促进现代农业提质增效、转型发展。以此为引爆点，将带动富硒康养小镇、富硒旅游等产业的快速发展，提升城市品位潜力，集聚更大发展动能。

二、大葱发展的问题与瓶颈

（一）章丘大葱科技含量不高，种植面积徘徊不前

优势产业无优势。章丘大葱"冠誉中外"，作为章丘区的优势农产品，其发展已落后于福建漳浦，甚至是山东省的安丘。章丘大葱作为大葱产区的主导产业，受多重因素的制约，种植面积多年来一直徘徊不前。存在3个方面的问题：一是品种混杂退化严重。章丘大葱包括传统意义上的"大梧桐""气煞风""鸡腿葱"，另外还包括后来选育出的介于"大梧桐""气煞风"之间的中间型品种"29系"，但以"大梧桐"为典型代表。"鸡腿葱"，在章丘已基本不见踪影，现在大田内整齐划一的"大梧桐"地块难觅踪迹，多为"大梧桐""气煞风"章丘"29系"混杂，甚至有些夹杂其他品种。即使是"大梧桐"由于一家一户自行留种，加之不重视选种，也造成种性退化。二是品质不精。几年来，章丘区一直推行无公害绿色生产标准，但由于连年重茬种植、病虫害发生严重等原因，品质难以保证。特别是要出口到国外的大葱，因为对外观和农药残留量有更严格的限制，我们的产品大多不合格，造成有订单而收不到货的尴尬局面。三是优质不优价。一些种葱大户及农户，按照农业部门制定的大葱标准化种植规程进行生产，然而市场价格却难以实现优质优价。这在一定程度上挫伤了葱农的种植积极性。

（二）大葱机械化生产相对滞后

章丘大葱生产过程主要有播种、育苗、开沟、移栽、培土、收获等环节，传统种植方式全部由人工完成，劳动强度大，生产效率低，作业质量得不到保证，生产成本居高不下，严重影响了章丘大葱的产业化进程。目前在大葱开沟、培土两个生产环节，已经有了成熟可靠的机具，并在章丘区大葱生产中得到广泛应用，基本实现了机械化。但在大葱播种、移栽、收获等环节，仍然缺乏适用的机具，需要人工作业。随着章丘区城镇化速度加快，种植业劳动力大幅减少，特别是大葱移栽环节，正值三夏大忙季节，劳动力紧缺的矛盾表现得尤为突出，葱农对大葱移栽机械化的需求越来越迫切，亟须改进当前的生产方式，促进章丘大葱的规模化、标准化种植，加快推动章丘大葱产业化进程。因此，实现大葱机械化移栽、收获是大势所趋，势在必行。

（三）产业链条不完备

这主要体现在停留在传统的种植上，缺乏完整的销售体系和深加工能力，主要依靠鲜葱销售，无鲜葱保质和深加工能力，一年一季鲜葱上市，无法满足四季供应。深加工企业少，规模小，产品竞争力不强，难以抵挡激烈的市场竞争和市场风险。

三、大葱产业发展的几点建议

（一）从政策层面看

（1）建立章丘大葱产业发展的多方投入机制。应建立政府财政投入、信贷投入、农户投入、社会广泛参与的多元化投资体系。加大财政投入和金融信贷的倾斜力度。设立财政专项资金，财政扶贫、农业综合开发、农业综合体建设、相关农业项目应尽量向特色大葱产业倾斜。

（2）大力实施科教兴农战略。"科技是第一生产力。"把科技、教育、兴农紧密结合起来，以科研为基础，科技转换为手段，以提高农业劳动者文化素质为目的，大力促进农业技术的推广与普及。不断加大品种改良及管理力度，培育壮大优势特色大葱产业，推进大葱标准化生产。大力培育新型农民，只有加强对现有农民的培训力度，着力提高农村劳动者素质，才能使其实现从经验型向知识型、职业型农民转变。

（3）加大农业龙头企业的扶持力度。章丘区大葱产业化发展水平总体偏低，缺乏大公司、大品牌，资金和人才等要素制约着农业产业化的进一步发展。应培育农业龙头企业，增加农民收入，推动和加快农业产业化发展，发挥龙头企业的导向作用。希望政府能从广大农民、农村及农业产业化龙头企业的切身利益出发，确保惠农政策落到实处，积极扶持农业龙头企业的发展壮大，加快全市农业产业化发展进程。

要积极争取上级资金和政策扶持，整合利用支农资金，支持龙头企业发展，由政府牵头，引导同类农业龙头企业组建行业协会，提高参与国际国内市场竞争的组织化程度。希望政府能够通过各种途径组织参加展会、举办文化节，向全国推广章丘大葱及其加工产品，树立章丘优质、绿色大葱新形象。

加大科技人才的扶持力度，促进农业龙头企业与大专院校、科研院所的结对共建，同时支持有条件、有实力的农业产业化龙头企业提高自身科技含量，建立企业自主技术研发机构，实现产学研结合，培育一批创新能力强、科技含量高的企业，研发一批附加值高的产品，带动上游农民、下游产业的共同快速发展。

（二）从技术层面看

（1）建立章丘大葱育、繁、推一体化技术中心。育：搞好大葱育种。建设章丘大葱组培中心，通过组培、系统选育等方式纯化章丘大葱良种种性、搞好脱毒大葱繁育，培育适应性更强的章丘大葱良种（品系）。建设葱类种质资源展示平台，汇世界葱类种质资源于一体，集大葱优良种性之大成，除增加观赏价值外，利用其他种质资源的优良种性与章丘大葱融合培育新的更好品种（品系）。繁：搞好大葱育种繁育。建设章丘大葱株选圃、原原种圃、原种圃和生产种制种田"三圃一田"，进行大葱良种繁育。推：推广纯正章丘大葱良种。大葱良种按原原种、原种、生产种分类包装，为不同层次、不同需求的群体提供优质大葱良种。

（2）建立大葱机械化推广中心。"农业的根本出路在于机械化。"章丘大葱产业化发展的终极目标也在于实现全程机械化。建设章丘大葱工厂化育苗中心。要实现大葱全程机械化生产，工厂化育苗是关键。搞好全程机械化生产设备的研发与推广。在区农业部门的大力倡导支持下，大葱机械化生产在培土等环节取得了一定成效，在机械化播种、移栽、收获等环节还有待研发。2017年7月19日全国农机流通协会，在章丘成功举办了"葱姜蒜全程机械化田间日活动"，演示了众多厂家的多款大葱播种、移栽、收获机械。现农机流通协会正在与全国各农机生产厂家密切联系，合力攻关，共同研发适合于章丘大葱播种、移栽、收获的机械，相信不日将研发成功并应用于生产。届时，将真正意义上实现大葱全程机械化生产。

（3）建立电子商务中心，拓宽大葱流通渠道。目前大葱销售渠道少，方式单一，一定程度上限制了大葱的发展。表现在包装形式不适合于现代物流运输，保鲜措施欠缺，运输过程损毁，造成不必要的麻烦。建设大葱仓储物流与生鲜商品大葱冷链配送中心。建设恒温库，配套购置恒温及相关设备，用于物流配送等。配备冷藏冷冻的混合配送车辆，以及冷藏周转箱及恒温设备。

建设电子商务中心。近年来随着农业产业化的发展，优质农产品需要寻求更广阔的市场。传统的农产品销售方式难以在消费者心中建立起安全信誉，也难以确证生态农业基地生产的优质农产品的价值，很多特色农产品局限在产地，无法进入大市场、大流通，致使生产与销售脱节，消费引导生产的功能不能实现，农业结构调整、农民增收困难重重。由此农产品电子商务交易平台应运而生，不仅引领了我国传统农业向"信息化""标准化""品牌化"的现代农业转变，并且还将促进特色农产品走向"高端"发展路线。实现统一为客户提供信息、质检、交易、结算、运输等全程电子商务服务。在配送和销售过程中，通过制定和实施符合现代物流要求的技术标准，对农产品在流通过程中的包装、搬运、库存等质量进行控制。形成"从田间地头到餐桌"的完整产业链，由市场有效需求带动农业产业化，提高农业生产区域化、专业化、规模化水平。

（4）搞好章丘大葱深加工。为进一步挖掘大葱的增收潜力，带动群众增收致富，努力探索大葱深加工，拉长产业链条，提振地方经济，搞好章丘大葱深加工势在必行。章丘大葱的产业发展，如果没有深加工下游产品，将是无本之木。搞好大葱深加工，带动葱农抓好生产搞好上游产品大葱生产，将使大葱生产形成一个闭环。随着现代生活节奏的加快，方便食品需求日渐升温，脱水大葱需求量激增，国内、国际两大市场，前景看好。如果与大型方便食品加工企业联姻，借助章丘大葱的名优特质和品牌效应，必将能形成强强联合，相得益彰。深加工项目可实现大葱四季栽培，同时也能促进大葱的全程机械化推广。

山东省济南市莱芜区、钢城区生姜产业

卓增全　陈　虹

（山东省济南市莱芜区农业局；山东省济南市钢城区农业局）

一、基本情况

莱芜区、钢城区位于山东省省会济南城市群经济圈，是省会副中心。自然风光优美，是国家卫生城市、国家园林城市和国家优秀旅游城市。

（一）资源禀赋适宜生姜生产和储藏

莱芜区、钢城区生态资源得天独厚，气候属于暖温带半湿润季风气候，年平均气温 11.0℃~13.0℃，降水量 760.9 毫米，无霜期 204 天。四季分明，冬季寒冷干燥，春季温暖多风，夏季炎热多雨，秋季凉爽晴朗。北、东、南三面环山，群山环抱和源头活水冲积形成的平原小盆地，最适宜种植生姜。生姜储存需要特殊环境条件，12℃恒温、90% 的空气湿度最适宜长期保存。莱芜区、钢城区平均海拔 200 米，地窖打到地下六七米仍不见水，能够提供 12℃左右的恒温、90% 的空气湿度的环境，恰好适宜生姜储存。

（二）积极规划农业转型升级

莱芜区、钢城区的生姜、白皮蒜、鸡腿葱和花椒等"三辣一麻"种植历史悠久，是全国出口农产品质量安全示范区，国家原产地注册的中国生姜之乡、中国花椒之乡。莱芜生姜、白花丹参荣获国家地理标志商标，生态农业撑起了省会"菜园子"的半壁江山。近年来，莱芜区、钢城区不断以新业态促进特色农业产业转型升级提质，加快培育农业农村发展新动能和打造发展升级版。大力推动农业发展产业化，培植壮大茶叶、中药材、食用菌等新兴产业，积极规划发展 10 万亩生姜、15 万亩大蒜、4 万亩大葱"三辣"产业基地。实现发展农产品加工流通企业 500 家，加工储藏能力达 100 万吨以上。以市场营销加快农产品走出去，促进农民增收步伐。加强产地批发市场建设，重点支持农产品加工企业与冷链物流企业加强项目合作或直接拓展冷链业务。同时挖掘农业品牌内涵，建设特色农业文化，提高企业"软实力"。2017 年，莱芜区农林牧渔业实现增加值 57.92 亿元，同比增长 5.2%；农村居民人均可支配收入达到 16144 元，同比增长 8.7%。

二、生姜产业发展现状

（一）产业规模大，加工企业聚集

生姜是莱芜区和钢城区的传统农产品和特色农产品，以其姜块肥大、皮薄丝少、辣浓味美、色泽金黄鲜润、耐储藏而著称。2018 年止，莱芜区生姜常年种植面积 10 万亩，总产量 30 万吨，产值 15 亿元以上。钢城区生姜常年种植面积 5 万亩，总产量 15 万吨，产值 8 亿元以上，是我国最大的商品姜生产、加工、出口基地。依托其"基础优势、产业优势、科研优势、贮藏优势、品牌优势"发展潜力巨大。"世界生姜看中国，中国生姜看莱芜"。2016 年 11 月，莱芜生姜进入全省首批知名农产品区域公共品牌目录，并在当年从全国 360 个农产品地标品牌综合竞争评比中脱颖而出，荣获全国果菜产业十大最具影响力地标品牌。生姜是两区主要农业经济收入来源之一，约占农民人均纯收入的 35% 左右，被誉为农民致富增收的"摇钱树"。

莱芜区、钢城区以生姜为主的农产品冷藏及加工企业达 100 多家，其中国家级农业产业化龙头企业 2 家，省级龙头企业 19 家，市级龙头企业 35 家。年加工能力 80 万吨，开发出"食、药、卫、健" 4 个字号 100 余种产品，姜制品率达到 30% 以上。注册了"姜老大""头道菜""泰山""孔之道""四季风""西留生姜"等产品商标。万兴公司的"姜老大"牌生姜成为 2008 北京奥运会全国唯一生姜专供产品和山东省首批百强企业产品品牌，连续 7 年蝉联全国生姜出口第一大户。加工链条不断延伸。加工产品已从以往的保鲜姜块、腌渍姜块（姜片）、姜芽，逐渐发展到脱水姜片、姜粉、姜油、姜酒、姜茶等附加值较高的品种，涵盖保鲜、腌渍、脱水、深加工四大系列。生姜系列产品先后通过 ISO9000、ISO22000 认证，GAP、BRC 及犹太食品认证，FDA（备案），QS 认证，HAC-CP、OU 认证，HALAL 认证等多项国内、国际认证，销售的产品均达到了"绿色食品"要求，备受外商青睐，远销欧美、日韩、中东等 100 多个国家和地区。

（二）建立质量安全追溯平台，提升产品竞争力

莱芜生姜品种主要有莱芜大姜和莱芜小姜，还有辐育 1 号、缅姜、山农 1 号及山农 2 号。栽培模式主要以露地地膜栽培为主，遮阳网或遮阳膜遮阴，采用地插方式遮阴，极个别采用高位遮阴方式。

莱芜区、钢城区土壤下层保水保肥性好，营养充足，富含各种微量元素，使得生姜生长后期根茎膨大快而充实，因而产量高，品质好。莱芜区、钢城区的生姜田均远离工业区，避免了三废污染，水质达到国家规定的农田灌溉水质标准，自然生态环境优美。建立农产品质量安全追溯平台。先后投资 230 多万元建立了农产品追溯平台。认真落实《山

东省到 2020 年农药使用量零增长行动方案》。通过在主产区举办生姜优质安全生产关键技术培训班、加强技术指导和执法巡查，培训了大批基层技术人员与农民，通过配置杀虫灯、粘虫板、防虫网等防控设施，采取光诱、色诱、性诱、食诱等技术，加大了生物防治、生态调控、物理防治等绿色控害技术推广力度，建立了绿色防控示范区。同时实施了统防统治和科学用药技术，推广了高效低残留农药化学防治，严禁高毒农药上市销售。

（三）科技引领生姜产业发展

莱芜生姜有上千年历史，种植生姜经验比较丰富。常年与济南市第二农科院、山东农业大学、青岛农业大学、省农科院等单位保持良好关系，同时依靠自身优势，建立健全了引进、研究、创新、推广一体化的科技服务机构，在生姜主产区建立了 6 个研究所，有 65 个企业设立了以生姜开发研究为主体的实验室，企业每年投入的科技研发经费不低于销售额的 3%。目前，生姜科技研发内容涵盖生姜产业链上的各个环节，主要集中在生姜育种、生姜栽培、生姜病虫害防治和生姜深加工技术等领域。一是进行生姜新品种引进及育种。狠抓生姜良种更新改良，品种从过去莱芜大姜、莱芜小姜，扩大到缅姜、山农 1 号及 2 号、金昌大姜等，立足生姜特色优势，建有江北最大的生姜种质资源基地，累计收集食用类、药用类、观赏类种质资源共 8 属 95 种 200 多个引种号，选育出高产优质品种 2 个，其中"辐育一号"大姜具有抗逆性强、单产高、商品性状好等优良特性，比传统品种增产 30% 以上。二是推广了生姜高产系列栽培技术。大力推广了有色地膜覆盖、强化富硒栽培、脱毒栽培、宽行稀植、测土配方施肥、"双膜一网"、秋延迟栽培和设施栽培等技术，亩产最高达到 25000 斤以上。三是开展了生姜病虫草害综合防治工作。推广振频式杀虫灯、诱捕器等绿色控害技术。同时，探索出建大型姜窖、沙埋生姜的储存方法，现有大型生姜地窖 29 处，规格不同的小型井窖 1 万多个，贮藏量保持在 80 万吨。四是生姜精深加工技术及产品开发取得新成果。相继开发出寿司姜、姜粉、姜油、姜酒等系列产品。新成立的葱姜蒜院士工作站、生姜工程技术研发中心和生姜产业技术创新战略联盟等 12 家科研机构，在功能性姜膏、功能性生姜调味料等新产品开发方面取得新突破。

（四）加工企业带动生姜产业化发展

目前，莱芜区、钢城区市级龙头企业发展到 138 家，省级龙头企业 18 家，国家级龙头企业 2 家。发展农民合作社 1866 家，联合社 21 家，发展家庭农场 597 家，其中，2018 年新发展合作社 60 家、农场 20 家；国家、省级、市级示范社分别达 11 家、47 家、247 家；省级、市级示范场 13 家、89 家。

加工企业聚集带动生姜产业发展。莱芜区、钢城区共有 80 家规模以上（销售收入 500 万元以上）加工企业，年销售收入过亿元的达到 12 家，加工能力是本地农产品产量的 2 倍以上。农产品由原来简单的粗加工拓展到现在的保鲜、腌渍、脱水、速冻等多种加工工艺，开发出姜片、姜汤、姜酒等精深加工产品 200 多种和 3 大系列特色畜禽产品。在加工业的带动下，土地实现规模化经营。到 2017 年底，莱芜区、钢城区共累计流转耕地

13.6 万亩，占总耕地（34.6 万亩）的 39.5%，流转涉及农户 7.5 万户，占总农户（22.1 万户）的 33.9%。

（五）注重品牌建设

树立实施品牌发展战略。积极引导企业实施品牌认证，"通海""赢牟""绿宝""汶源""一品""莱卓艳""鲜百汇""成地旺"牌生姜被认定为国家级无公害农产品；"鹏泉""姜宝""裕源""裕康""鲁莱明利""齐鲁植保堂""懒鹦鹉""绿野鲜荟"牌生姜被认定为绿色食品。"姜老大"和"泰山"牌生姜被认定为有机产品。1960 年，全国"八省二市姜蒜葱规划会议"在莱芜区召开，莱芜生姜被列为名贵产品。1985 年，莱芜生姜荣获农业部优质产品奖。1997 年、1999 年、2001 年，莱芜生姜连续三届在中国国际农业博览会上被评定为名牌产品。2003 年，莱芜生姜获得国家质检总局原产地标记注册。2008 年 2 月，莱芜生姜获得国家工商总局的地理标志证明商标。

（六）政府大力扶持

为促进生姜产业发展，近几年先后制定了《大宗农产品产业化发展规划及实施办法》《关于进一步实施农业产业化战略加快建设现代农业的意见》等 10 多个加快农业特色产业发展的工作意见。实行一名区级领导、一个发展规划、一套政策措施，采取"一扶一个产业、一扶一条龙"的办法，做大主导产业、做优新兴产业、做强优势产业，建设生姜产业"世界一流的生产基地、一流的加工基地、一流的集散基地和一流的研发基地"。以占全省不足 1% 的耕地，创造了占全省 10% 左右的蔬菜出口额。

三、生姜产业发展存在的问题与制约因素分析

（一）生姜种植过于分散，标准化普及困难

随着加工企业的发展壮大以及合作社的成立，近几年在寨里、大王庄、高庄、杨庄等主产区建立了许多生姜标准化基地，通过基地建设，促进了生姜标准化规范生产。但生姜主要是以一家一户分散种植，分散种植不利于新品种新技术的推广应用，限制了生姜产业科技水平和抗风险能力的提升。

（二）生姜生产储存质量安全存在隐患

由于生姜生产的特殊性，重茬连作会有病虫害的发生，所以整个生长期肥料、农药的使用较多。标准化生产尚未完全普及，个别生姜生产储存过程中存在质量安全隐患，不利于生姜出口加工的发展。

四、生姜产业发展的对策建议

（一）加快土地流转，促进生姜集约化经营

把土地流转和发展农村合作组织作为推动生姜产业发展的总抓手，鼓励企业建立自属生产基地。进一步制定出台一系列关于推进土地承包经营权流转的文件，建立健全政策引导体系和流转服务体系。总结推广万兴公司实行的"村委牵头、农户分租、企业承包"等7种土地流转模式，加快企业建立生产基地步伐，促进生姜产业集约化生产、产业化经营，延长产业链，加快农民增收步伐。

（二）推行标准化生产，引领全国生姜种植的发展方向

大力引进、推广实用新技术、新品种、新材料、新设备、新工艺，不断提高生产、流通、加工各环节及各产品的科技含量。加强同科研、教学机构的联系与合作，通过聘请技术顾问等形式寻求智力帮助。有计划、有步骤地对技术人员和姜农进行培训，在寨里、大王庄、高庄、杨庄、羊里等主产区建立生姜标准化基地，力争在2~3年内，使每个基地都有一批科技带头人，每户都有1名技术明白人。通过实行全过程的生产质量安全控制，使生姜种植水平上了一个大台阶。

在生姜标准化生产基地，依托龙头企业、专业合作社，推行与国际接轨的生产过程HACCP（危害分析与关键控制点）质量控制管理，建立生姜质量安全全程追溯制度。建立无公害、绿色、有机生姜产地标志上市制度。加快建立生姜生产经营企业自检、社会中介检验检测机构接受委托检验和执法机关监督抽检相结合的检验检测体系，建立生姜质量安全信息通报制度，确保居民知情权。政府鼓励企业和生产经营大户开展GMP（农业良好操作规范）、ISO9001、ISO14000、绿色和有机产品认证和产地认定。实行产地准出制度，经检测合格，方能上市销售。

（三）建立健全质量追溯体系，确保生姜质量安全

由政府牵头，科技、农业、供销社、市场监管、商务等部门骨干为成员，成立生姜产业安全生产管理办公室，同时为充实管理队伍，每镇根据需要设立生姜技术推广站，每行政村配备1名专职农民技术员。通过加强对生姜产业发展的服务与指导，制定完善配套政策和实施办法，确保各项工作落到实处，促进生姜产业持续快速健康发展。同时加强宣传培训。通过新闻媒体、科普宣传和农民实用技术培训等形式，广泛开展生姜标准化生产宣传，对全区农户的培训面和科技普及率要达到90%以上。统一生产资料供应，强化对农业投入品监管力度。加强对农药、化肥等主要农用生产资料的市场整治力度，严查违禁农药，切实把农资打假与质量监管工作纳入生姜质量安全管理工作中。对姜田所用农资，由莱芜区、钢城区农资配送中心统一配送，检测不合格的农资严禁使用。

山东省沂南县生姜产业

吕慎宝

（山东省沂南县蔬菜发展局）

沂南县位于山东东南低山丘陵区，是山东重要的蔬菜生产基地。常年生姜种植面积有4.4万亩，种植品种主要有本地小姜、莱芜大姜、安丘大姜等。近年来长期连作导致病虫害加剧，加之抵抗自然灾害能力弱，产量不稳定。市场价格波动，成本持续上涨，销售渠道单一，加工能力不足。生姜产业亟须政策扶持和产业转型。

一、社会经济及农业产业结构

沂南县位于山东省东南部，处东经 118°07′~118°44′、北纬 35°19′~35°46′，总面积1706 平方千米，辖 15 个乡镇（街道）、1 个省级经济开发区，296 个行政村（社区），95万人口，耕地面积 136 万亩。沂南县域属鲁东南低山丘陵区，地貌分区特征比较明显，自西向东依次为低山区、平原、丘陵。境内土壤分棕壤土、褐土、潮土、砂姜黑土、水稻土5 类。

（一）沂南县社会经济发展情况

2017 年，全县实现地区生产总值 262.69 亿元，增长 8.3%。其中，第一产业增加值38.07 亿元，增长 3.7%；第二产业增加值 103.16 亿元，增长 8.2%；第三产业增加值121.46 亿元，增长 10.0%。三次产业增加值占比为 14.49∶39.27∶46.24，第三产业所占比重同比提高 1.77 个百分点。2017 年完成公共预算收入 13.7 亿元，完成规模以上固定资产投资 260 亿元，实现社会消费品零售总额 140 亿元，进出口总额 24.5 亿元，城镇居民、农村居民人均可支配收入分别达到 32720 元、12100 元。

（二）沂南县农业产业结构

沂南境内沂、汶、蒙三河纵贯，土质肥沃、生态优良、光照充足，是山东省重要的蔬菜生产基地，全国设施蔬菜发展基地县、中国黄瓜之乡。2017 年全县蔬菜种植面积达到72 万亩，其中日光温室 24 万亩，大拱棚 8 万亩，小拱棚 6 万亩，露地蔬菜 34 万亩。蔬菜总产 54 亿千克，总产值 78 亿元。蔬菜品种主要有黄瓜、芹菜、白菜、生姜、韭菜、芸豆、西红柿、莴苣、马铃薯等。"三品一标"认证产品 269 个（其中无公害农产品认证 23 个、绿色食品认证 93 个、有机食品认证 147 个、国家地理标志登记 6 个），拥有国家级一村一品示范村镇 3 个、省级 4 个，培育山东省著名商标 5 件、市级以上知名品牌 30 件。朱家林成为全省唯一国家级田园综合体，马泉、林海花田、六棵树、物候园、鑫隆农场等一批科技含量高、发展空间大、示范带动强的农业产业园区，成为带动全县农民脱贫致富的典范。"沂南黄瓜""砖埠草莓""双堠西瓜""茶坡芹菜"获农业部地理标志农产品登记。沂南黄瓜种植面积已达 35 万亩，总产 40 亿千克，产值 64 亿元。2017 年"沂南黄瓜"品牌价值评估达 29.22 亿元，成为中国区域公用农产品百强品牌。

全县农业产业化龙头企业达到 130 家（其中省级 7 家、市级 81 家）、农民专业合作社 2502 家（其中市级以上示范社 210 家）、家庭农场 543 家（其中市级以上示范场 37 家）、种植大户 4334 户、农村经纪人 998 人、农村专业技术协会 40 家。其中蔬菜加工企业 35 家，山东青田食品公司主要从事脱水大蒜加工，年加工大蒜 8500 万吨，全部出口到美国、中东、欧洲等国家和地区，出口额 2.8 亿元，2017 年被评为农业产业化省级重点龙头企业。山东青果食品公司主要从事蔬菜速冻加工，品种有菠菜、毛豆、芦笋等，年加工 1.2 万吨，产值 2 亿元，出口 6500 吨，出口额 810 万美元。全县蔬菜腌渍厂有 24 家，加工量 8.798 万吨，产值 3519 万元，主要腌渍黄瓜、豆角、莴苣等。

全县有蔬菜批发市场 82 余处，占地面积 32 万平方米，从业人员 8000 余人。形成规模的有 18 家，其中，苏村蔬菜批发市场、鲁中（沂南）蔬菜批发市场、辛集房庄子蔬菜批发市场、依汶葛庄蔬菜批发市场、依汶西贯头蔬菜批发市场等年交易蔬菜都在 2 亿千克以上。

二、生姜产业发展现状

（一）沂南县生姜生产规模及布局

2018 年沂南县生姜种植面积 4.4 万亩，主要分布在铜井、苏村、马牧池、大庄等乡镇，其中，铜井镇 1.3 万亩、苏村镇 1.2 万亩、马牧池 0.7 万亩、大庄 0.4 万亩、其他乡镇 0.8 万亩。2018 年 8 月，沂南遭受两场强台风影响，带来大量雨水，很多生姜种植地排水不畅，生姜大面积受涝，诱发病害引起生姜大面积死亡，造成减产甚至绝产。2018 年全县生姜总产 1.48 亿千克，平均亩产 3364 千克。

（二）沂南县生姜的生产现状

沂南县生姜种植品种主要有本地小姜、莱芜大姜、安丘大姜等。种植模式以地膜覆盖为主，占到 95%，其他为露地种植，没有设施种植。生姜种植已杜绝高毒高残留农药的使用，防治病虫害采用高效低毒低残留农药，生姜质量安全有保障。

（三）沂南县生姜产业的科技水平

近几年，沂南县主要推广了生姜开沟机、培土机等小型机械，实现了深开沟浅培土种植，节省了劳动力，降低了人工成本，提高了劳动效率。山东农业大学徐坤教授研发的生姜专用绿膜覆盖轻简化栽培技术，推广面积达 1000 亩左右。配方施肥、病虫害绿色综合防控等新技术的推广应用，也在很大程度上提高了蔬菜的产量和品质。2018 年举办生姜培训班 4 期，培训菜农 200 多人，发放科技资料 500 多本。

（四）沂南县生姜产业组织的发展情况

沂南县现有生姜种植专业合作社 7 家，有社员 1200 多人，种植面积 4000 亩，有生姜种植大户 52 户，种植面积 2000 多亩。

（五）沂南县生姜产业市场建设情况

沂南县生姜销售以地头市场和洗姜厂为主，主要依靠沂水、莒南等外地商贩收购或卖到当地洗姜厂。现有洗姜厂 5 家，年洗生姜 480 万千克，主要销往广州、陕西、贵州、江苏、安徽、河南等地。2018 年大姜平均收购价格为 2.8 元/千克，小姜收购价格为 6.4 元/千克。

（六）生姜产业三产融合发展现状

沂南生姜储存以山洞、地窖为主，另外有少量冷库储存。全县有山洞、地窖约 1300 个，储存生姜 3000 多万千克。交良生姜种植合作社注册了"交良"牌商标，并于 2012 年 11 月取得绿色食品认证。全县现有生姜糖姜片加工厂 6 家，年加工量 450 万千克，产值 4500 万元，主要销往湖南、湖北、东三省等地。全县有生姜腌渍厂 4 家，年腌渍生姜 2400 吨，产值 1000 万元，主要出口俄罗斯、日本等国家。

三、生姜产业发展存在的问题与制约因素分析

生姜重茬种植病虫害严重。特别是姜瘟病、线虫病、茎基腐病等土传病害，没有很好的解决办法，对生姜产量影响较大。仅靠土壤熏蒸技术解决不了根本问题，熏蒸药剂控制也比较严格，而且成本高，每亩地约 1500 元。农户土地有限，轮作难度较大，近几年推广了生姜与芋头轮作，效果较好。

生姜价格不稳定，种植成本越来越高。生姜种植是劳动力高密集产业，从种到收费工费时，播种、收获机械化程度低。肥料、农药、人工费等逐年上涨，种姜收益不稳定，有的年份出现亏本，对农户种植积极性影响较大。

沂南县缺乏大型生姜批发市场，生姜贮存条件高，地下水位高的地方不能挖土窖。生姜的加工能力也比较弱。

四、生姜产业发展的对策建议

为生姜种植区改善基础设施条件，在水电路等方面优先考虑，为生姜种植区域打深水井、挖排水沟渠，埋好主管道，便于农户应用微滴灌技术。引进推广先进的开沟、播种、管理、收获机械，提高生姜种植机械化水平，降低劳动强度和人工成本，提高劳动效率。

推行标准化种植，沂南县蔬菜局制定生姜优质高产标准化种植技术，通过培训班、编印发放技术资料等加快推广应用，提高生姜产量和品质。农业部门在生姜生产关键时期、重要环节做好技术指导和服务工作，与省内外生姜专家合作，重点引进生姜土传病害绿色综合防控、水肥一体化、生姜绿膜、生姜设施提早种植等新技术，做好示范，加快推广。

大力扶持发展一批辐射带动能力强的生姜种植专业合作社，注册商标，开展认证，带动姜农进行标准化生产、品牌化销售。大力发展生姜深加工，提高生姜附加值。

十一、济宁综合试验站

山东省嘉祥县大蒜、辣椒产业

王桂丽　汪中民　薛现领

（山东省嘉祥县农业农村局）

一、社会经济及农业产业结构

嘉祥县位于山东省济宁市西部，总面积 820 平方千米，是农业大县，总人口 78 万人，其中农业人口 58.91 万人，农村总户数 19.3 万户。属暖温带季风区大陆性气候。

近年来，嘉祥县紧紧围绕实力嘉祥、活力嘉祥、生态嘉祥、文化嘉祥、幸福嘉祥"五大嘉祥"的建设目标，全面掀起"大发展大跨越"新热潮，经济持续快速健康发展。2017 年，完成地区生产总值 224.6 亿元，增长 8%；完成固定资产投资 184.6 亿元，增长 13.5%；社会消费品零售总额达到 131.2 亿元，增长 12%；城镇居民人均可支配收入 27349 元，增长 8.6%；农民人均纯收入 13996 元，增长 9.5%。

嘉祥县耕地面积 86 万亩，种植农作物 200 余种，复种指数 197%。主导作物是小麦、玉米、蔬菜、大豆。2017 年嘉祥县蔬菜播种面积为 18.62 万亩，总产量 34.14 万吨，产值 10.51 亿元。其中，大蒜 7.9 万亩，辣椒 4.7 万亩，占蔬菜种植面积的 67.67%。蔬菜产业产值占种植业产值比重达到 41.9%，占农民收入的 18.4%。2017 年农业总产值 33.9 亿元，种植业总产值 20.3 亿元，农民人均纯收入 11772 元。

二、特色蔬菜产业发展现状

（一）数量有优势

近年来，随着嘉祥县农业产业结构的调整，以大蒜和干椒为主的双辣蔬菜产业异军突起，成为嘉祥县特色农业产业中的一枝独秀。嘉祥县大蒜种植面积近五年稳定在 7 万亩左右，总产在 9 万吨左右；以制干椒为主的辣椒种植面积呈逐年增加趋势。2013 年大蒜播种面积 7 万亩，辣椒 1 万亩；2017 年大蒜播种 7.9 万亩，辣椒种植面积 4.7 万亩。

（二）产品有保障

嘉祥县高度重视农产品质量安全工作，近几年先后承担了省级农产品质量安全示范县、省级出口农产品质量安全示范区创建项目，农产品质量安全监督检验检测体系不断完善，建成 16 处农产品质量安全追溯点、32 处快速农残检测室，基本实现了大宗农产品生产记录可存储、产品流向可追踪、储运信息可查询、质量安全可追溯。

大力推进化肥减量提效、农药减量控害，积极探索产出高效、产品安全、资源节约、环境友好的现代农业发展之路。建设标准化蔬菜生产基地 50 余处，其中纳入省、市统一管理的基地 21 个。累计"三品一标"认证产品 42 个，认证面积达到 45 万余亩。20 万亩全国绿色食品小麦、玉米标准化生产基地创建顺利通过验收。推广应用水肥一体化、设施栽培生态消毒、氧化—生物双降解地膜生态栽培、秸秆生物反应堆设施栽培等技术，化学农药使用量减少 10%，氮肥使用量减少 8%，农作物秸秆利用率达 95% 以上。

嘉祥县农业局不断加大农业综合执法力度，畅通放心农资下乡进村渠道，保障农业投入品和农产品质量安全，从源头上确保"舌尖上的安全"。

（三）发展有规划

嘉祥县以建设高产、优质、生态、安全、高效的产业体系为核心，以提质增效为目的，以上级业务主管部门、科研院所和大专院校为技术依托，大力推进蔬菜产业经济增长方式由"数量效益型"向"质量效益型"转变，努力实现"数量、质量、效益"的同步发展，进一步加快绿色食品和有机食品生产步伐，促进农业增效、农民增收，为振兴嘉祥县域经济，促进农村社会和谐发展做出更大贡献。

（1）区域布局。以卧龙山街道、万张镇为主体，突出发展设施蔬菜种植，着力打造城市"菜篮子"供应基地；以嘉祥街道、卧龙山街道、马村镇、万张镇、近郊乡镇为主体，发展露地优质瓜菜，逐步建成嘉祥街道千亩精细蔬菜、卧龙山镇特菜种植、马村镇反季节蔬菜生产、万张镇万亩农业科技示范、细毛长山药种植和凤凰山休闲菜园体验基地；以满硐镇、纸坊镇、仲山镇等南部乡镇为主体，大力发展大蒜、辣椒、圆葱产业，建设 15 万亩大蒜基地、4 万亩辣椒基地、1 万亩圆葱种植区域带；以仲山镇为中心的万亩沙窝西瓜种植区域带，以金屯镇为中心的万亩甜瓜种植区域带。

（2）产业规划。围绕"蔬菜产业升级、提质增效、菜农增收"，通过强化技术服务体系、质量标准体系、采后贮藏加工体系、市场营销信息体系建设，逐步形成蔬菜生产标准化、产业化、规模化新格局。通过 5 年的努力，将嘉祥县建设成为山东省优质蔬菜生产基地。

（3）建设内容。一是卧龙山街道、万张镇、嘉祥街道万亩设施蔬菜基地建设；二是满硐镇、仲山镇、孟姑集镇、马村镇 15 万亩大蒜、圆葱无公害基地建设；三是满硐镇、孟姑集镇 3 万亩辣椒基地建设；四是仲山镇、金屯镇 3 万亩西甜瓜基地建设；五是卧龙山镇、孟姑集镇、纸坊镇、梁宝寺镇、大张楼镇 2 万亩马铃薯、花椰菜、黄秋葵等露地蔬菜基地建设。

三、特色蔬菜产业发展存在的问题与制约因素分析

（一）基础设施相对薄弱，抗灾害能力差

蔬菜生产受自然因素影响大，在突发性因素、灾害性天气等影响蔬菜供应的情况下，缺乏有效的调控手段。蔬菜种植基地建设资金匮乏，融资普遍困难，由于缺乏抵押物，农户和合作社通过银行贷款的困难较大，而农业发展银行的政策性贷款主要针对已有一定规模的农业龙头企业，在缺乏担保的条件下，融资和享受贴息贷款有较大困难，大多数蔬菜基地基础建设处于低水平，抗灾能力差。部分蔬菜基地水、电、沟、渠、路等基础设施建设不到位。新发展建设的基地土壤培肥、排灌设施等尚未没完善。

蔬菜种植销中间环节多。目前蔬菜流通所采取的传统流通方式，即经过农户（基地）—农业经纪人—产地批发市场—销地两级批发市场—农贸市场（菜贩）等诸多流通环节的蔬菜流通方式。菜农风险大，利润低，大部分利润被批发商和零售商挤占。多数蔬菜生产基地没有实现"农超对接"，蔬菜价格波动幅度大。"农超对接"对农产品质量和技术要求相对较高，但农业专业技术人才，特别是懂技术、懂市场、懂管理的综合性人才严重不足，成为合作社和地方政府普遍反映的问题。

（二）存在种植规模偏小、产品档次偏低、产业集中度偏低、中高端市场占有率低等问题

嘉祥县蔬菜生产存在"四多、四少"现象，即常规蔬菜面积多，名特优蔬菜面积小；蔬菜总产量多，商品量少；露地菜多，设施菜少；人均占有量多，人均消费量少。蔬菜的加工转化严重滞后，现有的蔬菜加工企业规模小，技术更新缓慢，新产品开发严重滞后，缺乏管理人员和技术人员，产品市场占有率低。

（三）科技水平低，整体效益差

农民文化素质低，缺乏学科技、用科技的主动性，对新技术接收慢、落实差，对印发的技术资料学习少、运用少，甚至不学不用，由此造成蔬菜产量少、品质差、销售难。菜农基本上依据上年度市场行情，凭经验、跟风走，常常造成同类蔬菜"一窝蜂"上市，形成季节性、结构性过剩。

（四）信息不畅，产销脱节

缺少信息、加工、经销等中介组织，在产供销环节中，缺乏宏观调控、技术指导、科技信息和市场信息等必要的服务，生产基地与销售市场严重脱节，销路不固定，销售无保障，致使生产上存在很大的盲目性、盲从性。突出表现是，农民不知道种什么赚钱，即便

知道种什么赚钱，又怕卖不出去，畏首畏尾。各家各户土地面积小，组织规模生产难度大，不能及时根据市场需求生产适销对路的优质产品，一无规模，二无批量，有的只是"提篮小卖"，蔬菜的经济效益和社会效益得不到正常发挥。缺乏龙头企业带动，致使富裕蔬菜加工少、质量差、销售难，蔬菜生产组织化程度低，产业化进程慢，严重阻碍着蔬菜产业的健康发展。

（五）农产品质量安全意识亟待加强

有些菜农存在"小农意识"，片面追求蔬菜的产量和经济效益，生产中滥用农药、重施化肥现象时有发生，导致农药和化肥利用率降低、土壤板结、酸化、盐渍化、面源污染严重、生态平衡被破坏等一系列问题，严重威胁双辣蔬菜产业的绿色发展。

四、特色蔬菜产业发展的对策建议

（一）加大蔬菜产业的奖补力度

蔬菜是仅次于粮食的第二重要农产品，与人们的生活息息相关。种植粮食的农民既有良种补贴，又有种粮补贴，建议对蔬菜种植户给予普惠制补贴，同时建议对具有一定种植规模的大户和质量达到绿色食品以上标准的蔬菜种植户进行奖补，提高其种菜积极性。

（二）用农业蔬菜保险保驾护航

蔬菜行情不稳，蔬菜种植技术含量高，风险大，建议把主要蔬菜价格指数保险列入农业政策性保险范畴。

（三）提高农民科学种菜水平

建议省农民培训资金设立蔬菜种植职业农民培训班，专门对蔬菜种植户进行市场营销、种植技术、农产品质量安全等内容的培训，切实提高菜农科学种植水平，提高菜农农产品安全意识，为生产优质、安全蔬菜提供技术支撑。

（四）加大投资力度，改善农业生产基础条件

建议各级政府加大对蔬菜产业基础设施投资力度，使蔬菜基地全部达到旱能浇、涝能排。积极引导菜农走一条科技含量高、效益高的蔬菜产业发展之路。

（五）培植农业龙头企业，拉长产业生产链条

集中培植大蒜、干椒加工龙头企业，形成"公司带基地，基地连农户"的产业化格局。充分拉长产业链条，带动双辣蔬菜基地发展，促进农民增收。

（六）培养蔬菜销售经纪人，大力发展民间购销组织

围绕蔬菜加工生产销售等，完善农副产品市场，大力发展双辣蔬菜民间购销组织，依托农业龙头企业和种植合作社组织实现蔬菜产销"一条龙"服务。

山东省兰陵县大蒜产业

李　霄　付成高　王红英　孙楠楠　赵文凤　刘洪杰

（山东省兰陵县农业农村局；山东省兰陵县蔬菜产业发展中心）

一、概　况

兰陵县位于山东省南部，与江苏省邳州市相邻，总面积 1724 平方千米，耕地面积 161.7 万亩，辖 16 个乡镇、1 个街道、1 个省级经济开发区，213 个社区、600 个行政村，142 万人。

兰陵县自然条件优越，农产品资源丰富，是全国蔬菜生产大县，是上海市蔬菜直供基地、北京市蔬菜外埠基地，被誉为"中国蔬菜之乡""中国大蒜之乡""中国牛蒡之乡""中国食用菌之乡"和"山东南菜园"，被授予"全国蔬菜产业十强县""中国果菜无公害十强县""全国无公害蔬菜出口生产示范基地县""国家级出口食品农产品质量安全示范区""全国休闲农业和乡村旅游示范县"和"山东省现代农业示范区"。全县常年蔬菜种植面积 110 万亩以上，总产量 450 万吨，总产值 86 亿元，蔬菜产业已成为全县经济社会事业发展的支柱产业。

二、大蒜产业发展情况

（一）历史渊源

兰陵县（2014 年 1 月，原苍山县更名为兰陵县，作为国家地理标志产品"苍山大蒜"沿用至今）大蒜种植历史悠久，据《古今注》和《农政全书》考证：公元前 119 年，西汉张骞两次出使西域，从西域引进一种"胡蒜"，因其形态比我国原栽培的卵蒜个头大，所以称为大蒜。据《后汉书》载，李恂原东汉章帝（公元 76～88 年）时代人士，由西北来山东任刺史，带进部分胡蒜种，后逐步向外扩种推广，进而引至苍山一带。据此推算，苍山大蒜栽培始于东汉初年，距今已有 1900 多年的栽培历史。

清朝乾隆《郯城县志》记载，明朝万历年间，神山镇和庄一带，就已形成了大蒜集中产区。由此可知，苍山大蒜起源于西域，并由东汉李恂从中原引入苍山，逐步形成蒜区。在蒜区的特定生态环境条件下，经过长期的自然选择和人工定向培育而形成了"苍山大蒜"。

（二）发展现状

据调查考证，1949 年前兰陵县大蒜种植面积接近万亩，1974 年达到 2.11 万亩，1980年达到 4 万亩，1993 年达到 18.89 万亩，2005 年突破 25 万亩，2016 年达到了 36 万亩。年产蒜头 29 万吨，蒜薹 21 万吨，全县形成了芦柞、卞庄、王庄、吴坦、石良等 8 处大蒜交易市场，年交易量达到了 25 万吨，真正做到有场有市，使兰陵县成为鲁南、苏北重要的大蒜集散地。

多年来，苍山大蒜作为苍山特色的支柱产业之一，历届县委、县政府都高度重视，特别是我国加入 WTO 以后，国内外大蒜市场竞争日趋激烈，为此县委、县政府采取了有力措施，出台了一系列激励政策，提供了优良的投资环境和优惠的招商条件，加大了资金、科技的投入，苍山大蒜的标准化生产和系列产品的深加工，得到迅速发展。

兰陵县被国家列为优质大蒜生产基地县、优质大蒜出口基地县。2014 年，"苍山大蒜"获批农业部农产品地理标志登记认证。苍山大蒜及加工产品在 1999 年昆明世博会上获银奖。

（三）独特产品特点

独特的地理环境，优良的品种，先进的栽培技术和先进的加工工艺，造就了苍山大蒜独特的品质。据食用苍山大蒜的消费者评价："用蒜臼捣蒜，捣锤能把蒜臼粘起来"，形象地表现出了苍山大蒜的黏辣的独特品质。

（1）苍山大蒜外观特征。苍山大蒜主要有糙蒜、蒲棵、高脚子 3 个主栽品种，是头、薹并重的品种，头、薹产量都较高，蒜头都具有头大瓣匀、皮薄洁白、黏辣郁香、营养丰富等特点。其中糙蒜为代表性品种，每头蒜 4~6 瓣，具有皮白、头大、瓣大、瓣少、瓣齐的特点；蒲棵为主栽品种，每头蒜一般 4~8 瓣，外皮薄、白色，瓣内皮稍呈紫红色；高脚子多为 6~8 瓣，瓣大、瓣高、瓣齐、皮白。

（2）苍山大蒜内在质量。苍山大蒜之所以品质优良，主要是富含维生素、氨基酸、蛋白质、大蒜素和碳水化合物。经农业部食品质量监督检验测试中心（济南）对苍山大蒜品质进行化验分析，其含有丰富的有机营养成分与矿物质营养元素，而且含量都比较高。

（3）苍山大蒜药用价值。苍山大蒜不仅有很高的食用价值，还有着重要的药用价值，俗称药用植物，为保健型蔬菜。苍山大蒜之所以药用价值高，主要是其含有的大蒜素、蒜制菌素、大蒜油、锗、硒等元素要高于其他同类产品，大蒜素、蒜制菌素等能降低人体内的亚硝酸盐，具有较强的抗肿瘤作用。据调查统计，兰陵是长江以北 10 万人口以上县中胃癌发病率最低的一个，常食大蒜是主要原因之一。目前利用苍山大蒜已研制出多种高档药品。

（4）苍山大蒜的质量特色与地理环境的关联性。苍山大蒜之所以品质优良，与其得天独厚的优越自然生态环境条件是分不开的，在其他地方引进苍山大蒜栽培的，无论是品质和色泽都比不上在苍山栽培的大蒜。

①气候特点。苍山大蒜产区气候属暖温带季风区半湿润大陆性气候，四季分明，光照充足，极利大蒜生长。苍山大蒜每年9月底至10月上旬播种，翌年6月收获，生育期240多天，经历秋、冬、春三个季节。苍山大蒜生长期平均气温为9.1℃，比全年平均气温13.2℃低4.1℃。降水量266毫米，占全年降水量的29.6%。光照时数为1696.8小时，为年日照时数2487.8小时的68.2%，日照率58.3%（全年日照率56%）。相对湿度平均65.8%，低于全年70%的4.2%。无霜期200多天，冻土日数69.7天。由于温度、雨量、光照、湿度等气候条件适宜，十分有利于大蒜的生长发育。

②土壤类型及土质特点。兰陵县大蒜主产区多为砂姜黑土。砂姜黑土物理性状良好，属偏碱性土壤，有机质丰富，含钾量高，含氮亦相对高，土壤的pH值为7.7~8.0，有机质含量1.2%，碱解氮1135.79ppm，速效磷31.18ppm，速效钾223.8ppm。微量元素中代换量钙、镁、钠、速效锰、铁、锌、铜等含量都较高。产区土壤有效养分的含量和微量元素的含量不仅高，而且养分全面，能够有效地供给大蒜的正常生长发育，直接影响到单位面积产量的提高，同时也影响到产品品质的改进。

③水质特点。经测试化验，重点蒜区地下水位高，打开土层1.5~2米就有水。还有很多"肥水井"。如神山镇和庄井水中，含盐量高者达1264.23毫克/升，水中还含较多的钙、镁等碳酸离子，特别含硝态氮较多，为36.55毫克/升。使用这些井水灌溉大蒜苗，有利于大蒜高产、优质。正如蒜农所说：碱水井种的蒜，产量高、蒜头大、品质好、黏度大、辣味重。

（5）苍山大蒜产品加工情况。全县拥有365家大蒜加工企业，345座恒温库，年储藏加工能力100多万吨。主要储藏保鲜蒜头、蒜薹，加工产品有蒜粉、蒜粒、蒜片、蒜油、黑蒜、蒜水饮料、蒜盐、蒜酱、蒜汁、白糖蒜、速冻蒜米、大蒜营养液、饲料添加剂预混剂等系列产品。

近年来，苍山县蒜米脱皮加工产业发展迅速，年生产能力1000吨以上的蒜米加工厂就有1000多家，全县年生产蒜米100多万吨，占全国蒜米生产总量的30%以上。由于苍山大蒜多用于深加工，大多数脱皮蒜米加工的大蒜来自金乡、射阳等其他大蒜产区，生产的蒜米部分用于出口，其他销往全国各大蔬菜市场，形成了一套独特的蒜米购销体系。

（6）苍山大蒜出口贸易情况。苍山大蒜及加工产品销往全国各地，并出口日本、韩国、欧美、东南亚、澳大利亚、中东等50多个国家和地区。2016年全县大蒜及加工产品出口12万多吨，出口金额1亿多美元。经过多年的发展，"苍山大蒜"已走上了产加销、贸工农一体化的道路，创造了良好的经济效益和社会效益。

三、发展存在的问题与制约因素分析

苍山大蒜品质优良主要是苍山大蒜产区气候适宜，加上土壤为砂姜黑土，水为碱性水，通过多年的驯化，形成了独具特色的苍山大蒜品牌。但是由于长期的连作和种植习惯，且大蒜又是无性繁殖，造成了品种退化，加之不合理的管理使苍山大蒜的产量、品质下降。

主要表现在：一是产量、品质下降。通过近几年的试验与调查，同样的施肥量与管理措施，大蒜产量比五年前下降 10% 左右，蒜头、蒜薹的品质也明显降低；二是抗病性降低。特别是叶枯病、菌核病的发生越来越严重；三是异常生长增加。二次生长、面包蒜等异常生长在严重的年份最显著的地块达到 50% 以上；四是抗寒性降低。近年来大蒜冻死率都非常高，严重的年份达到 15% 以上。

四、苍山大蒜产业发展采取的主要措施

（一）优化种植结构，加强标准化生产，为大蒜产业发展奠定基础

20 世纪 60 年代，兰陵县大蒜种植面积不足万亩，70 年代突破 2 万亩。改革开放以后，兰陵县开始大规模地调整优化种植结构，把发展经济作物特别是蔬菜产业提到了重要的议事日程，提出了"东蒜西菜，南棉北果"的农业发展思路，使大蒜的种植面积、产量逐年增长。兰陵县东部和南部的神山、磨山、长城、卞庄、芦柞、南桥、贾庄、大仲村等乡镇发展成为大蒜种植的主要区域。2018 年全县大蒜播种面积已达 31 万亩左右，年产蒜头 3.6 亿斤、蒜薹 3.4 亿斤。在大蒜品种上，对以蒲棵、糙蒜、高脚子为主的苍山大蒜进行提纯复壮、脱毒繁殖、合理密植，提高大蒜品质和产量，科学、适量地引进了部分外地名优品种蒜，增加了出口创汇率。

随着国内外对农产品质量的日益重视，特别是我国加入世界贸易组织后，市场竞争越来越激烈，苍山大蒜作为头薹兼用型、出口型产品，面临严格的"技术壁垒""绿色壁垒"。为此，兰陵县根据苍山大蒜产业发展的实际，以市场为导向，发挥优势，强化服务，在生产、流通、加工 3 个环节进一步增加科技含量，提高标准化水平，巩固和提升大蒜的支柱产业地位。为此，紧紧抓住兰陵县被确定为全国农业标准化示范区、全国无公害蔬菜生产示范基地县、全国无公害创汇菜生产基地县和山东省放心菜基地县的契机，制定了创建"一区三县"实施方案，按照产地环境质量、生产技术操作规程、产品质量"三达标"的要求，划定了标准化生产的区域。目前全县大蒜标准化生产基地达到 25 万亩，高标准示范田 20 余处。为了随时掌握大蒜产品质量情况，县里建起了农产品质量检测与监控中心，配备了具有国际先进水平的液相、气相、原子吸收等检测仪器设备，可进行药残留、肥残留、重金属含量等 50 多项指标的检测，保证了大蒜及其加工产品的质量安全。

在集中产区乡镇以及部分加工企业，建立了质量检测站（室），形成了以检测中心为龙头、以检测站（室）为基础、以抽检为补充的检测与监控网络体系，确保大蒜产品质量。

（二）培育市场流通体系，为大蒜产业化发展提供市场保证

发展大蒜生产，必须实行产、销、加工一体化，市场流通是关键环节。一是加强了县内市场配套建设。扩大市场规模。根据兰陵县的大蒜交易情况，县里出台了一系列的优惠政策，对全县大蒜市场进行综合改造，努力提升市场档次，提高服务水平，大力加强市场管理，吸引更多的国内外客户和蒜农到市场交易，真正做到有场有市，使兰陵县成为鲁南、苏北重要的大蒜集散地。目前芦柞、石良等大蒜批发市场年交易量达到了 5 亿斤。二是积极开拓销区市场。县里成立了运销联合会，在主销区市场设立了分会。近年来，兰陵县充分发挥运销联合会的作用，发动更多的农民、企业进入大蒜产品运销领域。国内，在巩固东北、华北、长三角等地市场的基础上，积极开拓了香港、广州、深圳等南方市场；国外，积极组织企业参加招商会及博览会等活动，扩大宣传，联系客户，在巩固韩国、日本等国外传统市场的同时，重点开拓了欧美市场。三是积极探索新的购销模式。以市场和加工储藏企业为龙头，组织蒜农成立农民专业合作组织，进行统一购进生产资料、统一销售产品，实现规模效益，降低成本费用，解决了一家一户办不了、办不好的问题。

（三）搞好大蒜储藏加工，加快大蒜产业化发展步伐

加工是大蒜产业链中重要的一环，搞好大蒜系列产品的加工，有利于把资源优势变成产业优势，不仅能实现增值增效，还能极大地促进生产。目前全县 360 多家蔬菜加工企业中，80% 的在从事大蒜、蒜薹的储藏以及加工生产，主要加工产品有糖蒜、蒜片、蒜粉、蒜油、蒜酱、蒜泥、饲料添加剂预混剂等系列产品，在销往国内市场的同时，远销欧美、日本、韩国、东南亚等 50 多个国家和地区，年出口创汇 6000 多万美元。对出口创汇龙头企业，县里积极为其创造良好的生产经营环境，在资金协调、新产品开发、市场开拓、生产规模的膨胀等方面给予重点扶持。对已具有速冻、保鲜、脱水、腌渍能力的企业，鼓励、支持他们积极开拓国内外市场，加强企业管理，提高产品质量，实现满负荷生产。同时，围绕大蒜营养和药用价值，积极与科研院校、大公司、大企业合作，引进国内外先进的技术、设备、资金，研制、开发、生产大蒜制药和保健产品，增加精深加工花色品种。

（四）加强服务，为大蒜产业化发展提供保障

一是搞好资金服务。蒜薹是一种特殊的商品，上市时间集中、易腐烂。为此，县委、县政府积极协调金融部门在坚持商业化运作的同时，为蒜薹收购提供及时的服务，保证蒜薹销售顺畅。同时，集中资金扶持信誉好、规模大的重点龙头企业，适时适度地增加有效资金的投入，不断优化新增贷款的带动效应，激活企业的发展，促进不良贷款、沉淀资金的盘活转化。县里每年还从"农发基金"中拿出一部分资金支持大蒜新品种、新技术的引进、传统品种改良，扶持示范大户和困难户。二是搞好生产技术服务。县里配备了技术

服务专用车，开通了技术服务热线，聘请国内外蔬菜专家担任科技顾问，定期开展技术指导与培训；编印了《苍山大蒜栽培技术手册》和《苍山蔬菜标准化生产手册》，制定了苍山大蒜栽培技术操作规程地方标准；涉农部门密切配合，积极搞好技术指导、新品种的试种、优良品种的调剂和化肥、农药的供应，保证了苍山大蒜的标准化生产。三是搞好流通服务。县委、县政府协调有关部门组织流通大军搞好大蒜、蒜薹购销，县内执法部门加强了市场管理，严厉打击不法行为，树立了兰陵文明形象。四是为加工企业搞好服务。县直各有关部门积极深入企业，帮助企业开拓市场，强化管理，深化改革，探讨开发精深加工项目。通过各级各部门的共同努力，为苍山大蒜产业发展提供了优质服务，推动了大蒜产业的健康发展。

山东省巨野县大蒜产业

王凤月

（山东省巨野县农业农村局）

一、社会经济及农业产业结构

巨野县地处菏泽市东大门，总面积 1302 平方千米，耕地面积 146.4 万亩，人口 108 万，是国家命名的中国麒麟之乡、中国农民绘画之乡、中国工笔画之乡。农副产品资源丰富，是全国优质棉生产基地、全国粮食生产基地，木材蓄积量 160 万立方米。2017 年实现地区生产总值 298.11 亿元，增长了 8.5%；三次产业比调整为 9.9∶52.9∶37.2；完成规模以上固定资产投资 127.45 亿元，增长 11.2%；实现社会消费品零售总额 165 亿元，增长了 10%；城乡居民人均可支配收入达到 24891 元、11926 元，分别增长 9.1%、10%；完成一般公共预算收入 23.7 亿元，同比增长 24.5%。

巨野县现代农业稳步推进，土地确权登记颁证工作已经完成，新增设施农业面积 5.4 万亩。陶庙镇和大义镇吴集村被命名为全国"一村一品"专业镇村。"三品一标"认证产品 101 个，居全市第一。规模以上农副产品加工企业发展到 132 家，新增 46 家。实施了 5 个批次小农水重点县项目，完成了中小河流治理工程，农业基础设施不断完善。

二、产业发展现状

（1）巨野县常年种植大蒜面积 30 万亩以上，年产大蒜超 36 万吨，大蒜种植区独山镇、大义镇的南部，大谢集镇，陶庙镇、营里镇的大部分，万丰镇和章缝镇的部分村，主要种植模式是大蒜/辣椒或大蒜/棉花两熟栽培。巨野县有一处特色种植产业示范园位于巨野县东南部，南部与成武县接壤，东部与金乡县接壤，核心区距离巨野城区 30 千米。特色种植产业示范园核心区位于大谢集镇和陶庙镇，以及大义镇和营里镇部分区域，规划面积 9.58 万亩，辐射带动区面积 8.85 万亩。园区以家庭农场和农民合作社为主体进行建设，围绕大蒜、辣椒和棉花生产、加工和冷链物流等环节，加强特色蔬菜生产链建设，重点建设新品种繁育区、特色作物生产示范区、冷链物流交易区和产品精深加工创新产业区。同时，围绕大蒜、辣椒和棉花特色产业，发展大蒜辣椒特色文化节庆活动。

（2）园区内气温比较适中，日照充分，光、热资源丰富，无霜期长，水资源丰沛，土地广阔、肥沃，现有基础设施和条件较好，特色农产品资源丰富，劳动力成本低，环境质量良好，抵御自然灾害的能力较强。陶庙镇被命名为全国"一村一品"专业镇，而且园区内的大蒜和辣椒产业，已经建立起健全的产销渠道，开拓了完整的产销市场，具有广泛的社会影响。在大谢集镇和陶庙镇等传统大蒜、辣椒种植区，栽培种植模式主要是在大蒜生长的后期（5月下旬）移植辣椒（基质育苗），大蒜品种主要是红皮蒜、白皮蒜，辣椒主要是三樱椒，已经形成组织规模大小不等的众多农业合作社，其中大谢集镇23家，陶庙镇186家。

园区以农民合作社和大蒜、辣椒物流加工企业等经营主体，采用订单农业方式，发展多种形式的适度规模经营，扩大和提升大蒜、辣椒和棉花产业的规模和质量。根据提升大蒜、辣椒品质和质量，促进种植技术的发展，延长大蒜、辣椒产业链条，园区规划分为以下几个部分：冷链物流交易区、产品精深加工创新产业区、新品种繁育区和特色作物生产示范区。

重点建设新品种繁育区和种植示范区，增强与有关农业科研院所合作，引进培育大蒜、辣椒优良新品种，探索应用与示范高效现代标准化生产技术，提高品质和产量，带来更多的生产效益，以新品种的种子繁育，辐射周边广大种植区域。在大谢集镇北部，建设新的大蒜、辣椒冷链物流交易区，形成区域性的大蒜物流交易中心，围绕交易中心，构建初步的服务和电子交易体系；在大谢集镇南部，建设大蒜、辣椒产品精深加工创新产业区，就近对大蒜、辣椒进行深加工，推出具有地方特色的大蒜、辣椒制品；在大蒜、辣椒收获季节，开展大蒜、辣椒节庆活动，举办大蒜、辣椒节，对大蒜、辣椒产业向社会积极推介宣传。

（3）巨野县农业局与山东农业大学等教学科研机构开展了广泛的技术合作，引进科技支撑，开发建设了龙美现代农业科技示范园和山东茂瑞农业发展有限公司等农业园区。整个巨野县的农业发展，已经在设施农业技术、农产品加工技术等农业高新技术领域形成了优势，可为产业园的建设和发展提供强大的技术基础。而且巨野县的大蒜和辣椒产业，已经建立起健全的产销渠道，开拓了完整的产销市场，具有了广泛的社会影响。

（4）巨野县已经积累了较为丰富的农业园区建设经验。现已建成的山东龙美农业开发有限公司、山东茂瑞农业发展有限公司，为现代农业产业园的建设奠定了基础。山东龙美农业开发有限公司已建成集科研、开发、示范、推广、培训、加工和信息服务于一体的精品蔬菜、林果（花卉）、畜牧示范园区，以及湿地旅游区。在大谢集镇和陶庙镇等传统大蒜、辣椒种植，已经形成组织规模大小不等的众多农业合作社，其中大谢集镇23家，陶庙镇186家。通过以上农业公司和农业合作社的生产经营探索，逐步摸索出一套初步的产业园建设的管理、运行机制，积累了较为丰富的产业园建设经验。

（5）巨野县现代农业产业园朝着现代化、市场化、国际化的方向迈进。目前巨野县大蒜产业已经初步形成国内外产销市场体系，融入国际化市场竞争环境，为当地农业开辟了新的发展道路。巨野县现有部级大蒜出口企业一个——山东佳农国际贸易有限公司，该公司已实现出口额连续 10 年位居菏泽第一位，初级农产品出口连续七年位居全省第一位，大蒜保鲜出口连续十年位居全国第一位。公司产品出口市场已扩展到欧洲、南美洲、非洲、大洋洲以及中东、南亚、东南亚等 100 多个国家和地区。"佳农"及"good farmer"已分别实现国内、国际注册，90% 以上的产品出口源于自主品牌，并连续 8 年被评为"山东省国际知名品牌"。主导经营品种大蒜、苹果、生姜、梨、蜜柚已连续 9 年通过"GLOBALGAP 全球良好农业操作规范""BRC 食品安全标准认证""ISO22000"食品安全管理体系认证及"BSCI"商业社会标准认证。省级出口企业——巨野恒丰果蔬有限公司，该公司拥有自营进出口权，境内外分别注册了"恒丰"与"hengfeng"商标。产品出口到欧洲的俄罗斯、乌克兰、荷兰、德国、法国、罗马尼亚，北美洲的加拿大、美国、墨西哥、洪都拉斯、巴拿马，南美洲的巴西、哥伦比亚、智利、厄瓜多尔、乌拉圭，中东的沙特阿拉伯、阿联酋等，亚洲的伊朗、土耳其、印度、马来西亚、泰国、斯里兰卡等国家。年销售收入突破 2000 万美元，取得了良好的经济效益和社会效益。公司 2010 年被山东省农业厅认定为省级农业产业化龙头企业，2012 年被菏泽市经信局认定为市级企业技术中心，2017 年被山东省经信委认定为省级企业技术中心。

目前，农业产业国际化分工日趋明确，生产销售渠道日趋成熟。国内农产品不仅要满足国内区域性农业消费需求，也要适应农业产业国际化的发展标准。建设现代农业产业园，有利于在更大范围上发挥政策优势和服务优势，为中高等院校毕业生、农民工等开展规模种养、农产品加工、电商物流等创业创新提供"演练场"和"大舞台"，为农民通过股份合作等方式参与分享二三产业增值收益，构建利益联结、共享机制提供有力保障。

三、大蒜产业发展存在的问题

（1）当前大蒜价格低，偏离了大蒜应有的价值，导致大蒜种植效益低，极大打击了大蒜种植户的积极性，不利于巨野县大蒜产业的发展。

（2）大蒜电子市场不规范，与金乡枣庄、徐州、河南中牟等地的大蒜电子交易市场相比不够活跃，监管手段缺失、管理不规范、易被人为操纵、违规交易、交易规则不规范等问题，对巨野县大蒜市场的销售仍造成很大影响。

（3）大蒜精深加工还远远不够，加工大蒜的途径仍然靠推销初、中级产品为主，一大批蒜干厂、蒜米厂因未解决污染问题而被关停，在一定程度上也削弱了大蒜深加工链条的延伸。

四、大蒜产业发展的建议

（一）加强大蒜深加工，努力提高大蒜的附加值

加强对大蒜精深加工产品的科技研发力度，聘请上级科研部门和高等院校科研专家来巨野县结对子、上项目。要积极引进外资和先进的科学技术，大力推进巨野县大蒜产业工业化进程。要抓紧向上申报农业科技项目，努力把大蒜精深加工的重要技术尽早列入国家和省重大产业技术开发专项和国家农产品加工示范工程项目。要聘请专家教授破解大蒜医药、大蒜保健、统一治污等科技难题，拉长大蒜产业链条，提高产品附加值。有关部门要对大蒜加工企业在入驻园区时土地征用等方面给予大力支持，提供优惠政策，以促使巨野县大蒜产业进一步做大做强。

（二）推行作物轮作，提高大蒜品质和产量

常年连续种植大蒜，会改变土壤理化性质，造成土壤板结、通透性差、营养失衡，导致大蒜长势变弱、抗逆性降低、病虫害严重、个头小、品质下降、产量减少、商品性变差等。推行大蒜和其他作物轮作，是调节大蒜面积、稳定大蒜产量、解决病虫害问题的有效途径，引导蒜农适时搞好作物轮作，确保巨野大蒜的优良品质以及农田有机化的可持续发展。

（三）逐步设立大蒜风险基金

可由政府、有关企业和农户各出资一部分，以争取上级更多储备基金，当大蒜价格下滑太大时，由政府出台保护价收购，以平抑蒜价，保护农民和消费者权益。现在在大蒜的主产乡镇已经出台了大蒜保险政策，保险范围应能涉及所有大蒜的种植户，保险的额度要有一定的提高，这样才能有利于大蒜产业的发展。

山东省微山县水生蔬菜产业

王　茜　朱耿建

（山东省微山县农业农村局）

一、基本情况

微山县位于山东省南部，淮海地区中心处，是淮海经济区的核心城市，辖 15 处乡镇（街道）、1 个经济开发区，人口 72.35 万人，总面积 1780 平方千米，其中微山湖面积 1266 平方千米，占全省淡水面积的 45%。微山湖是我国北方最大淡水湖，我国第六大淡水湖，贯穿微山县南北，承接东西北 3 面苏、鲁、豫、皖 4 省 32 县、市、区的客水，流域面积 31700 平方千米，入湖河流 53 条，其以秀丽的湖光山色，富饶的自然资源被誉为"鲁南明珠""齐鲁灵秀"。微山县历史悠久，文化底蕴厚重，伏羲文化、秦汉文化、运河文化、梁祝文化、微山湖文化源远流长。

微山县属暖温带季风性半湿润大陆性气候。四季分明，雨量适中，光照充足，积温较多，无霜期较长，光能生产潜力大。光能年辐射量 115 千卡/平方厘米左右，年日照时数 2530 小时，高于同类大型湖泊洪泽湖、太湖。年平均气温 13.7℃~14.2℃，≥10℃ 的年积温 4740℃，年降雨量 750 毫米左右，无霜期 215 天左右，湖水水温 >14℃ 的时间较长，达 209 天。光、热、降水的时间分布与动植物的繁殖生长同步，这在我国北方地区实属难得的气候资源优势。在滨海区，土层深厚，土壤有机质含量 1%~2.3%，潜在养分较高，土壤类型较多，分布相对集中，且水利条件较好。南四湖沿湖乡镇目前基本都有莲藕、菱角、芡实等水生蔬菜野生布局及人工种植。微山湖流域面积广，湖水内外源营养物质补给充足，营养盐含量较高，加之平坦的湖盆，较大的透明度和丰富的光热资源，十分有利于水生生物的繁殖和生长。目前，除了经济鱼类资源外，其他生物资源在全国同类型湖泊中相比，处于首位。这对增殖湖泊渔业资源和维持湖泊生态系统的良性循环，有着重要作用。其中沉水植物现存量达 20 万吨，可作为草食性鱼类饵料的资源量达 206 万吨；全湖底栖动物资源量为 98876 吨，年净增殖量为 45232 吨。微山湖发展渔业生产，有丰厚的饵料生物基础，据初步测算，单位面积渔产潜力可达每亩 21 千克以上，历年来，单位面积的水产品产量在我国大型湖泊中均居首位。

微山县响应国家号召，创建国家森林城市，有计划地推进造林工程，努力形成城乡一体、分布合理、植物多样、环境优美、总量适宜、功能完善、结构稳定的生态系统。大力实施廊道绿化、荒山绿化、农田林网建设等重点绿化工作，2018 年完成造林 0.9 万亩。除此之外，微山县集中力量打响荒山绿化攻坚战，在两城镇宜林荒山营造水土保持林和经济林，2018 年实现新增绿化荒山 3300 亩。最终推进建设南四湖生态带、泗河生态景观带、城区环城水系等水系生态廊道。为了持续提升生态环境质量，微山县美丽乡村标准化建设突飞猛进，微山岛杨村、西平庞庄、韩庄前性义等美丽乡村建设经验在全市推广。天然气"镇镇通"工程全面完成，依法清理取缔禁养区养殖场（户）133 个，白鹭湖生态水系、微山岛环岛湿地生态带、新薛河湿地生态修复基本建成，完成塌陷地治理 4600 亩，微山县纳入全国首批采煤塌陷区综合治理试点县。

二、莲藕及水生植物（水生蔬菜）产业发展现状及一二三产融合发展情况

（一）莲藕及水生植物（水生蔬菜）分布、规模

微山湖处于暖温带，是天然动植物物种基因库。南四湖资源量居全国大型湖泊之首，水生植物约有 74 种，水生蔬菜莲藕（白莲藕）、芡实、菱角（特别是南四湖小野菱）等远近闻名。微山县浅水藕种植面积 5 万亩、子莲 0.3 万亩、芋头（含水芋和旱芋）0.3 万亩、荸荠（含人工管理采集的自然生长面积）300 亩、菱角（含人工管理采集的自然生长面积）0.1 万亩、芡实 0.7 万亩、其他 300 亩。浅水藕种植 50% 面积为莲藕龙虾共生模式。微山县农业局近几年在水生蔬菜方面相继承担了国家科技部星火计划、山东省重点良种工程项目、山东省科技攻关计划、济宁市科技发展计划等，包括"浅水藕标准化种植技术开发"项目，"南四湖湿地植物种质资源保护和创新利用研究与示范""南四湖湿地功能植物菰茭草的生态恢复与培育技术研究"等科研课题，还承担了省种子工程"山东省微山县南四湖野菱原生境保护点"建设项目。

（二）加工及品牌创建情况

通过"三品认证"的企业和产品有山东微山利民现代渔业科技有限公司的莲藕，微山县红荷绿源果蔬有限公司的芡实，北京睿特环驻微山有机农业技术研究院的莲藕，微山县远华湖产食品有限公司的菱米、芡实和莲子。微山县微山湖经济开发促进会成功注册国家地理标志证明商标"微山湖莲藕""微山湖菱角""微山湖芡实"和"微山湖莲子"。微山县德道源食品有限公司生产"莲藕汁"，"微山县远华湖产食品有限公司""山东微山湖经贸实业有限公司""微山县对外贸易湖产品加工厂"等加工生产荷叶茶、菱米、莲子、芡实米，产品销往全国各地，鲜莲子主要销往安徽、广东、上海等南方城市，部分干

菱米、芡实产品出口到日本、韩国等国家。

（三）服务业实现新提升

微山县大力实施"文旅突破"战略，筹建微山湖旅游集团。微山湖国家5A级旅游景区创建工作扎实推进，主要景区景点基础配套和服务功能不断完善。微山湖国家湿地公园顺利运营，微山岛景区实现"一票通"。南阳古镇获批"中国历史文化名镇"，微山岛荣获"中国美丽田园"荣誉称号。乡村旅游"3311"工程深入实施，微山县被评为山东省休闲农业和乡村旅游示范县，创建省级旅游强乡镇2个、省级旅游特色村2个。两城镇、高楼乡被农业部评为全国"一村一品"示范村镇，南阳镇、王苏白村、留庄镇、欢城镇东村被评为省级"一村一品"示范村镇。区域经济特色明显。

微山县全年累计接待游客460万人次，实现旅游社会总收入36.2亿元。微山港、留庄港两大港口物流园区建设加快实施。微山湖建材装饰城二期、中农批农商交易城、四季青新农贸市场等一批专业市场加快建设。申报市级以上重点文化产业项目3个，中华剪纸文博园、微山岛名人创意园等一批文化产业项目建设完成。

三、莲藕及水生植物（水生蔬菜）产业发展潜力

南水北调工程和国家对环保的严格监控，给南四湖湿地生态功能恢复与保育提出了更高要求。通过水生植物群落的合理构建，培植高效益水生植物，南四湖形成了一个天然缓冲带和湖水自体净化区，符合农业可持续发展与环境治理兼顾的宗旨。

全县耕地面积46万亩，南四湖水域面积180万亩，其中适宜水生经济植物生长的水域、低洼地面积50万亩。在不影响行洪、航运及调水、养水的前提下，搞好南四湖水生经济植物的规划布局，发展水生经济植物（水生蔬菜）规模化种植、产业化经营，将成为微山县实现农业增效、农民增收、农村经济发展的重要途径之一。全县180万亩湖面除去深水域、常年禁渔区、河道、航道，适宜水生经济植物生长的区域面积可分为5类，包括入湖河口净化区、湖区浅水域、塌陷地水域、废弃池塘、涝洼地。

（一）入湖河口净化区

南四湖入湖河流共计53条，其中流域面积在1000平方千米以上的主要河流有11条（泗河、梁济运河、白马河、洙赵新河、老万福河、复兴河、城郭河、东鱼河、洸府河、新薛河、新万福河），这些入湖河口多地形平坦，河道宽阔，适宜多种水生蔬菜的生长，总面积约6万亩。

（二）湖区浅水域

沿湖乡镇均有湖区潜水域，一般指水深在0.8米以下的水域，这一区域原养殖面积占到了80%以上，水生蔬菜发展受限，随着圈围、网围的大力度清理，为水生蔬菜发展留

出了极大空间。

（三）塌陷地水域

塌陷地水域多分布于沿湖有煤矿的乡镇（街道），有付村、欢城、昭阳和留庄，现多荒置废弃，少部分为网箱养殖或莲、菱种植，利用率仅有 20%，总面积在 7 万亩左右。

（四）废弃池塘

废弃池塘沿湖乡镇均有分布，面积较大。早在 80 年代沿湖农民占湖圈地成风，开挖鱼塘，除个别种植莲、芡、菱外，一些地区由于养殖技术不佳，湖水位不稳定，导致了养殖的负经营而荒置，利用率低，经济效益不高。

（五）涝洼地

对于涝洼地，除马坡乡外，其他乡镇均有分布，多种植浅水藕、杞柳，地势较高的地域种植大田作物小麦、玉米等。由于地势低洼而不保收，这一区域是农业生产的重点改选区。目前，随着对湖区进行大力度的湿地生态修复、湖泊富营养化阻控及污水治理，关停了污染企业，退渔还湿，这使得南四湖的水质完全达到了调水要求的Ⅲ类标准，水生蔬菜净化水质效果显著，相关措施对人工湿地水质净化及生态修复、采煤塌陷地生态修复利用均有重大意义。

山东省金乡县蒜套辣椒产业

王乃建

（山东省金乡县农业农村局）

近年来，在县委、县政府的正确领导下，按照"区域化布局、标准化生产、产业化经营、市场化运作"的发展思路，大力调整种植业结构，在做强大蒜主导产业的同时，注重培育辣椒后续产业。目前，蒜套辣椒发展迅速，辣椒产业已成为金乡县又一项主导产业。

一、发展现状

（一）我国辣椒产业发展现状

在市场需求不断增长的推动下，我国辣椒产业发展快速，并呈现基地化、规模化、区域化等特点。目前，辣椒已发展成为我国仅次于大白菜的第二大蔬菜作物，产值和效益则雄居蔬菜作物之首。

当前，我国辣椒加工企业发展迅速，规模较大的有 200 多家，开发的油辣椒、剁辣椒、辣椒酱、辣椒油等制品 200 多个，发展势头强劲，成为食品行业中增幅最快的门类之一，有力地促进了我国辣椒产业的发展，涌现出了不少国内外知名的辣椒品牌，如"老干妈"产品畅销国内 20 多个省区市，并出口美国、墨西哥、日本、俄罗斯等 40 多个国家和地区，年产值超过 15 亿元。

（二）金乡县辣椒产业发展现状

（1）种植面积不断扩大。2011 年，金乡县种植辣椒面积 12000 余亩，主要集中在鸡黍镇张寨村、刘楼村、李古堆村、李庄村等地。2012 年，由于种植优势突出和效益明显，全县 13 个乡镇均有种植，面积迅速扩大到 6.8 万亩；2013 年，随着产业化水平的提高，辣椒面积发展迅速，种植规模达 12.3 万亩；2014 年，由于棉花行情的低迷，辣椒种植规模扩大到 27.8 万亩；2015 年，由于辣椒行情的推动以及种植模式的成熟，种植规模发展到 42.0 万亩；2016～2018 年，这 3 年种植面积基本稳定在 45 万亩左右。

（2）辣椒专业合作社和专业协会应运而生。随着金乡县辣椒产业的发展，辣椒专业合作社和专业协会应运而生，为广大椒农提供产、供、销一条龙服务，既解决了广大椒农生产中的技术难题，也克服了他们在种植过程中普遍存在的买难、卖难问题，为金乡蒜套辣椒产业发展起到保驾护航作用。

（3）储藏、加工企业蓬勃发展。储藏、加工企业是产业化经营的关键，不仅能够延伸产业链条，增加产品附加值，而且能够聚集分散的小农生产，提高核心竞争力。金乡县宏大辣椒专业合作社、临沂斯米达食品有限公司等相继入驻济宁市食品工业园区，卜集镇辣椒烘干企业、鸡黍镇盐渍垛椒企业蓬勃发展。

二、发展辣椒产业的有利条件

（一）优越的自然资源

金乡县境内属暖温带季风性大陆性气候，四季分明，光照充足，为典型的中国北方气候。年平均气温为 13.8℃，年平均地温 16.3℃，10 度以上积温 4359.4℃，相对湿度年平均为 68%，光照时间年平均为 2384.4 小时，年日照率 54.4%。年平均降水量为 780 毫米，降水较为充沛。无霜期长，全年无霜期 210 天左右，非常有利于辣椒的生长。

（二）雄厚的物质基础

金乡县常年种植大蒜面积 65 万亩，冷库 1400 多座，库容量 150 万吨，全县 22 个大蒜专业批发市场和数百个金乡大蒜批发点，形成一个庞大的金乡大蒜销售网。其中金乡最大的大蒜批发市场——金乡国际大蒜商贸城，总营业面积 50 多万平方米，为金乡县辣椒的储藏和交易提供了非常有力的平台。金乡境内公路纵横，河道成网，交通极为便利。105 国道贯穿南北，枣曹、东丰公路横贯东西；菏枣环省高速、济徐高速穿境而过，可直接与京沪、京福、日东高速公路相连；济宁至金乡铁路支线即将开工，金乡经济开发区距济宁机场 20 千米。便利的交通条件为金乡辣椒产业走向国内和国际市场提供了有力保障。

（三）良好的种植传统

朝天椒，俗称"望天猴"，金乡县自古就有零星种植，主要以农家食用为主，少有农贸市场交易。自 20 世纪 90 年代初，逐渐成规模种植，90 年代末，全县种植面积 2000 亩左右，品种主要有子弹头和三樱椒，产量一般为 300～400 斤，价格在 3 元左右，亩效益与同季作物棉花差不多，高于玉米。2008 年以后，随着天宇三号、新一代三樱椒的推广和种植技术的提高，金乡县朝天椒产量有了大幅度提高，亩产干椒达 300～400 千克，加之国内和国际市场需求越来越大，市场价格逐年提高，种植面积逐年扩大。

（四）明显的种植优势

①接茬好。金乡县蒜茬辣椒是 2 月下旬育苗，4 月下旬移栽，9 月下旬拔柴，移栽与

棉花差不多，收获比棉花早，是接茬大蒜、替代棉花、潜力最大、前景最好的后续产业。②病害轻。大蒜分泌的二硫基丙烯气体能够有效抑制辣椒病害发生。③上市早。育苗早，间作期大蒜矮，不影响辣椒生长，基本相当于春椒，所以上市早。④品质好。大蒜茬土壤营养丰富、地力基础好，辣椒重茬时间短，所以产量高、品质好。⑤风险小。色素辣椒为订单辣椒，销售有保证；朝天椒可以烘干、晾晒，进行干储，能够规避市场风险，非常适合大面积种植。

三、发展辣椒产业存在的问题

（一）组织化程度较低

辣椒产业大发展与农户种植规模小、农民经营分散的矛盾较为突出，组织化程度比较低，营销等专业合作组织的作用发挥不够强，目前辣椒销售还多以农户自发组织为主，驾驭市场风险的能力较弱。

（二）市场基础建设滞后

由于资金紧缺，金乡辣椒产地市场建设滞后，现有设施简陋，辣椒销售以马路销售为主，多为本地商贩为外地客商代购。

（三）农田排水设施落后

辣椒根系弱，不耐涝，淹水数小时就会造成沤根、烂根、死棵现象，特别是辣椒生育前期。金乡县辣椒种植区排水设施不健全，严重制约着辣椒产业的规模发展。

（四）储藏、加工企业带动乏力

金乡辣椒产业发展迅猛，然而销售依赖于外地客商，本地大蒜冷藏企业目光还没有往辣椒上转移；辣椒烘干厂多处于小作坊式经营，加工、出口企业较少。

四、对策及建议

（1）加强辣椒示范园建设，推行标准化生产。建立现代经营模式，完善配套服务体系，实行统一整地施肥、统一播种、统一田间管理、统一技术培训、统一收获"五统一"管理模式，推行标准化生产。

（2）强化基础设施建设，扩大辣椒种植规模。要立足自身优势，整体推进，连片发展。为防止辣椒受淹，统一挖标准台田，抬高土壤表面，降低地下水位。加强排水设施建设，打造蒜椒双辣专业村和特色乡镇。

（3）建立专业批发市场，推进规模化经营。规范后戴楼、周集、张寨辣椒销售市场，建立专业批发市场，同时综合利用国际大蒜市场，使之夏秋有大蒜、冬春有辣椒，成为鲁西南最大的辣味品市场。

（4）培育贮藏、加工企业，延伸产业链条。发展辣椒储藏加工，延伸辣椒产业链条，增加产品附加值，是提升辣椒产业化水平、增强市场竞争力的根本途径。为此，一方面要引导和支持辣椒加工企业入区进园聚集发展，另一方面积极培育符合国家节能减排政策要求、规模大、技术含量高、市场竞争力强的新型辣椒加工企业。

（5）强化技术支撑，提升科技服务水平。设立辣椒专业机构，健全辣椒技术服务体系，为椒农提供可靠的技术保障。加强农业技术人员培训，促进辣椒新品种、新技术、新模式的引进、创新与成果转化，为辣椒产业发展提供技术支撑。

（6）加强农产品质量安全建设，提高农产品的市场竞争力。制定蒜套辣椒生产技术操作规程，规范农业投入品使用，完善"产地准出和市场准入"制度，强化辣椒全程质量控制。

（7）加大宣传推介力度，叫响金乡辣椒品牌。目前，金乡的辣椒品牌，还只是流于坊间口碑相传，在国际甚至国内市场还听不到金乡辣椒品牌，如果能拿出宣传金乡大蒜的力度，金乡辣椒产业会有大的飞跃。

（8）加大政策扶持力度，促进辣椒产业快速发展。争取国家、省、市财政资金，制定县级扶持政策，吸引外来资金投入，多方面、多渠道筹集资金；整合农业项目，实行捆绑使用，使有限的资金发挥更大作用。

山东省金乡县大蒜产业

王乃建

（山东省金乡县农业农村局）

金乡县是中国大蒜之乡，大蒜产业是金乡县的支柱产业。金乡大蒜经过多年努力，现已实现种植规模化、生产标准化、经营产业化、产品外向化、服务网络化，成为了世界独一无二的大蒜经济。常年种植大蒜60万亩，并带动其周边地区常年种植大蒜200万亩。金乡县大蒜出口量占全国的70%以上，年创汇3亿多美元，现已成为全球大蒜种植加工中心、流通出口中心和价格形成中心。

一、概况

（一）基本情况

金乡县地处鲁西南，是闻名遐迩的孔孟之乡、礼仪之邦，并流传着"鸡黍之约"的千古佳话。境内平原广阔，水域纵横，资源丰富，气候宜农，物产富庶，堪称诚信之都、生态水城。

金乡县辖10镇2个街道办事处和1个省级经济开发区，总面积886平方千米，人口63万，其中农业人口53万，耕地面积94.45万亩，是典型的农业大县。主要种植模式为：大蒜/菠菜（芫荽）/西瓜（甜瓜）/棉花（辣椒）四种四收，大蒜/菠菜（芫荽）/棉花（辣椒）、大蒜/西瓜（甜瓜）/棉花（辣椒）三种三收，大蒜/棉花（辣椒）两种两收，复种指数达260以上。

（二）自然条件

金乡县属温暖带半湿润、半干旱季风型大陆性气候，具有冬夏季风气候特点，四季分明，雨与热同期，风与寒双至，光照充足，雨量充沛。太阳辐射总量平均126.3千卡/平方厘米，日照总时数平均2377.7小时，降水量平均694.5毫米，绝对湿度平均13.2毫巴，气温平均13.8℃，最冷1月份平均气温−1.2℃，最热7月份平均气温27.7℃，无霜期平均212天。金乡县的气候特征造就了金乡大蒜生育期长、干物质积累多、产量高、品质好。

金乡县属黄泛平原，成土母质以冲积物为主，土壤类型为潮土，土壤质地为壤土，土层深厚，质地疏松，沙黏适中，养分协调，富含钾钙；并属淮河流域，南四湖水系，境内大小河流24条，县内总长度306.47千米，总流域面积790平方千米，全年蓄积量1421万立方米，地下水可供开发量约1.1亿立方米，常年地下水位不到5米。金乡县的地域特征非常有利于大蒜的生长和膨大，是世界最佳大蒜优生区之一。

（三）大蒜品质特征

（1）外观特征。一是个头大，金乡大蒜一般直径5.5厘米以上，单头重60克以上，亩产1200千克以上，出口合格率90%以上，目前创造的吉尼斯纪录是直径10厘米、重320克。二是外形美，金乡大蒜外观扁圆，皮厚，有光泽，瓣与瓣之间无明显沟。

（2）品质特征。一是口感好，汁鲜味浓，辣味纯正、适中，口感嫩脆。金乡大蒜纤维含量低，一般0.7毫克/100克。二是营养高，金乡大蒜的蛋白质含量4.0%以上，维生素C 3.0毫克/100克以上，硒0.01毫克/千克以上，铁2.0毫克/千克以上，钙5.0毫克/千克以上，磷60毫克/100克以上。

金乡大蒜以营养丰富、肉黏味香、辣味适中、蒜头大、瓣匀、不破碎、耐贮藏等优点而享誉中外。金乡大蒜富含人体所需的硒、铁、钾等20多种微量元素，其中硒元素在全国大蒜产品中含量最高，被专家称为最好的天然抗生素食品和抗癌食品，广泛应用于食品、饮料、制药、日用化工等领域。

二、大蒜产业发展历程

1978年中共十一届三中全会以来，金乡大蒜产业得到了快速发展，中间虽出现了波动起伏，但也呈现出明显的阶段性特征。以促进产业发展的政策因素、种植面积及生产技术、冷藏加工与市场销售为阶段划分依据，金乡大蒜经济大体经历了三个阶段。

（一）初级发展阶段

1978～1992年，这一阶段为以商品经济为主的初级发展阶段，金乡大蒜的发展优势明显，与中牟大蒜、苍山大蒜形成了三足鼎立的局面。

（1）政策因素。十一届三中全会后，党和政府工作重心向经济建设转移，农村实行家庭联产承包责任制，建立了以土地集体所有为基础的农户家庭经济、联合经营体、乡镇企业等，扩大了农民生产经营自主权，打破了长期实行的封闭的农产品流通体制，促进产品经济向商品经济转变。

（2）种植面积及生产技术。种植面积由1978年的8000亩发展到1992年的9.5万亩。1985年开始应用地膜覆盖，大蒜单产由以前500千克增加到800千克左右。1991年开始除草剂应用试验，单产达到1000千克。由于种植技术的进步，单产提高的同时面积也大幅度增加。

（3）冷藏加工与市场销售。冷藏加工、出口创汇处于空白。1988 年开始实行钴 - 60
辐射，以延长大蒜的储藏期。销售以马路市场为主，1990 年占地 200 亩的金乡县南店子
大蒜批发市场开始自发形成，不收取管理费用。

（二）跨越发展阶段

1993~2002 年，这一阶段为以市场经济为主的跨越发展阶段，"世界大蒜看中国，中
国大蒜看金乡"逐渐成为人们的共识。

（1）政策因素。1992 年，邓小平提出了"农业两个飞跃"的思想，一方面强调家庭
联产承包为主的责任制要长期坚持不变，另一方面指出要适应科学种田和生产社会化的需
要，发展适度规模经营和集体经济。2006 年，农业特产税、农业税被取消，蔬菜、水果
等"菜篮子"产品的生产、经营和价格全面放开，社会主义市场经济已经形成。

（2）种植面积及生产技术。大蒜播种面积由 1993 年的 17.8 万亩发展到 2002 年的
44.9 万亩，总产也由 1993 年的 18.6 万吨发展到 2002 年的 51.3 万吨，这期间推广应用了
化学除草剂、测土配方施肥，覆膜放苗技术日益成熟，大蒜种植面积稳步增加，总产逐步
提升。

（3）冷藏加工与市场销售。冷藏加工业开始兴起，冷藏库容量不断增加，加工研发
不断创新，大蒜由季节销售变为常年销售，由原料产品变为深加工产品，成为金乡县大蒜
产业历史性的跨越。金乡县国际大蒜商贸城、南店子大蒜专业批发市场、鱼山农副产品专
业批发市场、苏河桥大蒜市场等日益成熟，国际大蒜商贸城、南店子大蒜专业批发市场先
后被命名为国家级鲜活农产品批发市场。国际市场实行高关税、许可证管理，金乡大蒜要
先中转第三国，再进入最终进口国。

（三）稳定发展阶段

2003 年至今，这一阶段为以全球经济为主的稳定发展阶段，金乡县逐渐成为全球大
蒜种植加工中心、流通出口中心和价格形成中心，"买中国、卖世界"的格局已经形成。

（1）政策因素。2001 年 11 月，中国正式加入了世界贸易组织（WTO）。2002 年，国
家确立和实施统筹城乡经济社会发展、促进城乡一体化发展、工业反哺农业政策，积极推
进社会主义新农村建设。

（2）种植面积及生产技术。2003 年金乡县大蒜面积是 52.7 万亩，到 2017 年金乡大
蒜面积是 61.6 万亩。这期间大蒜面积虽有起伏（2009 年最低 48.4 万亩，2011 年最高
72.8 万亩），但基本稳定在 60 万亩左右。大蒜标准化生产技术日益成熟，配套集成技术
日趋完善。

（3）冷藏加工与市场销售。冷藏能力达到 200 万吨，研制开发的蒜油、蒜粉、蒜蓉、
硒蒜胶囊等深加工产品达 40 多种，年加工能力达到 50 万吨以上，金乡县被命名为"国家
级农副产品加工示范基地"，从大蒜农业成功转型为大蒜工业。该阶段，建成大型农产品

专业批发市场 13 个，其中国家级市场 2 个，年交易 200 多万吨；有自营进出口权的大蒜食品类企业 170 多家，产品销往 200 多个国家和地区，年出口创汇 3 亿多美元。

三、具体做法

（一）先进的生产方式

（1）产地选择。选择土地平整、排灌方便、环境优越，土层深厚、质地疏松、营养丰富、富含钾钙的地块。

（2）品种选择。选择具有金乡大蒜品种特性，个大、颜色一致、蒜瓣数适中、无虫源、无病菌、无刀伤、无霉烂的蒜头做蒜种。

（3）播种。金乡大蒜的适宜播期为 10 月 1~15 日，种植密度为 22000~26000 株/亩，播种深度（蒜瓣顶部距地表）为 1~2 厘米，蒜瓣的腹背连线与播种行平行。

（4）田间管理。全面推行科学覆膜、适时放苗、化学除草、合理运筹肥水、绿色防控病虫草害等关键技术，严格按照《金乡大蒜标准化生产操作规程》进行生产。

（5）收获、晾晒。大蒜要适时收获。蒜头收获时，要将蒜叶盖住蒜头，成行排放，以免糖化，待蒜叶半干后剪秆、削胡、分级、晾晒。

坚持绿色发展理念，大力推行大蒜标准化生产，是适应国内外市场需求、提高大蒜产业核心竞争力的必然选择和根本举措。

（二）完善的市场体系

（1）市场主体建设。围绕以大蒜为主的农副产品市场销售，金乡县委、县政府确定以现代物流理念为指导，以信息技术为手段，加大对市场的改造建设力度，培育大市场，搞活大流通，发展大贸易。在鱼山农副产品专业批发市场（号称"缗西商埠"）、南店子大蒜专业批发市场（号称"大蒜华尔街"）的基础上，又相继建成了国际大蒜商贸城、金乡国际大蒜交易市场以及山东金乡大蒜电子交易市场等，使之相互依存、互为补充、相互促进。市场的建设发展，使四面八方的客商云集金乡，也使金乡大蒜由过去的"大路货"变成了漂洋过海、享誉世界的"硬通货"。

（2）购销组织建设。大蒜购销组织主要包括蒜贩子、储存商、代理商、出口商、加工商和经纪人，尤其是蒜贩子群体庞大，既收购又传播信息，还有的身兼数职，形成了一支开拓国内外市场的民间购销大军。目前，全县农民自主组建的农产品销售公司达 4000 多家，并且在全国各大城市设立了大蒜直供点，在印度尼西亚、日本、新加坡、加拿大、德国、阿联酋、俄罗斯等国家和地区设立了驻外办事处，每年经销金乡及周边地区大蒜 260 多万吨。

（3）服务组织建设。农产品市场开拓、国际营销、预警监测、技术推广和咨询培训等方面的公共服务体系健全，服务功能完善。为防止无序恶性竞争、共同应对国外技术壁垄等问题，行业协会统一协调，加强引导，充分发挥职能作用。为破解大蒜信息不对称、价格不稳定等问题，县政府建设了"中国·金乡大蒜指数"平台，定期发布"大蒜价格指数"，稳定了大蒜市场行情。为解决企业融资难问题，县政府积极搭建政银企合作平台，努力探索多种形式的抵押担保机制，鼓励和引导工商资本进入利于一二三产业融合互动的领域。

（三）完整的产业链条

（1）规模化种植。为发挥规模效益，提高产品影响力和知名度，金乡县委、县政府确定大蒜为金乡主导产品，扩大种植规模，打造标准化生产基地。一是制修订与国家、行业标准相适应配套的地方大蒜生产技术规程，做到生产有标可依。二是坚持绿色生产理念，大力推广质量控制技术，积极推进有机肥替代化肥、水肥一体化、配方施肥、统防统治、绿色防控、农药减量控害、品种繁育、降解地膜应用等工作。三是推行农产品质量安全认证，健全认证补贴奖励机制，提升"三品一标"品牌社会公信力。目前，全县常年种植大蒜面积 60 万亩，大蒜"三品"认证面积 52 万亩，大蒜地理标志面积 60 万亩。

（2）精深化加工。发展大蒜冷藏加工，延伸大蒜产业链条，增加产品附加值，是提升大蒜产业档次水平、增强市场竞争力的根本途径。为此，金乡县委、县政府把做大做强大蒜冷藏加工作为重中之重。鼓励经营业主大力发展大蒜冷藏加工业；支持现有大蒜冷藏加工企业入区进园聚集发展、入股合作共同发展、实施升级技术改造科学发展；积极培育规模大、技术含量高、市场竞争力强的新型大蒜冷藏加工企业，向精深加工跨越，提高产品附加值，提升品牌影响力。

（3）科技化服务。为促进金乡大蒜科学创新发展，充分发挥科技效力，金乡县委、县政府搭建了科技化服务平台。相继成立了山东省大蒜产业技术创新战略联盟、山东省大蒜工程技术研究中心、大蒜科研院士工作站和中国大蒜研究院，先后建成院士工作站 5 家，市级以上工程技术研究中心 37 家，国家级高新技术企业 14 家，并与中国农科院、中国农业大学等十余家大专院校和科研机构建立了长期战略合作关系。以培育加工型龙头企业为重点，以大蒜品种选育和连作障碍治理、大蒜精深加工及生物医药研发、大蒜机械化创新发展等为主攻方向，研发出更多的大蒜食品、大蒜制药、大蒜保健品等精深加工产品，使"小蒜头"插上了科技的翅膀，实现了大蒜从调味品到食品到保健品再到医药的全产业链发展格局。

（四）高瞻的产业政策

（1）制定产业政策。20 世纪 90 年代初，为改变封闭落后的局面，金乡县确定实施"农贸带动战略"，把市场建设和贸易流通作为突破口，及时调整产业结构，促进农业经济发展。为发展个体经济，金乡县委、县政府制定了一系列优惠政策，鼓励个体、私营、合资、股份制企业兴办以大蒜加工、冷藏、销售为主的企业；为扶持中小企业发展，县财政设立企业还贷周转金，缓解大蒜经营企业的资金压力；为提升大蒜种植业应对灾害风险的能力，推行大蒜种植保险，减少大蒜种植户损失。21世纪，为推动现代农业发展，金乡县委、县政府相继出台了《金乡县关于扶持现代农业的奖励规定》《金乡县关于促进全县经济创新赶超争先进位的三十六条规定》等政策文件，对符合条件的主体进行扶持奖励，逐步形成了政府扶持、市场运作、资本跟进的大蒜产业投入格局。

（2）优化交易环境。在"农贸带动战略"的指导下，为"诚招天下客"，金乡县委、县政府制定了更加优惠的政策。规定：凡经营大蒜、蒜薹的客户，住宿一律优先安排，饮食一律优惠20%，植物检疫费一律免收，蒜薹税费一律免收，大蒜交易管理费优惠，对外省运输车辆免征货源运输管理费，并由济宁市政府颁发"绿色交通证书"；公安、工商等部门严厉打击欺行霸市、缺斤短两行为，为交易活动"保驾护航"；金融部门延长营业时间，保证客商存取款自由方便；县政府专设"金乡大蒜、蒜薹咨询服务处"，为国内外客商服务。

（3）加强宣传推介。为加大宣传推介力度，金乡县委、县政府每年定期组织召开中国大蒜节，并相继举办了"WTO与中国大蒜产业化论坛首届年会暨大蒜科技成果博览会""中国大蒜产销协调会""国际葱蒜类学术研讨会"等。每年还组织参加"中国国际有机食品博览会""中国绿色食品博览会""中国农产品交易博览会"等全国性各类博览会，宣传展示金乡大蒜。县委宣传部还创办了《金乡大众信息网》，网站开辟有大蒜产业、大蒜专题、大蒜文化、大蒜新闻集锦等23个专题栏目，极大地提高了金乡大蒜的知名度。在国际互联网和外经贸部国际网站上开通了"中华蒜都——山东金乡"等专门网页。

四、下一步措施

（一）坚定不移地走标准化种植之路

以强有力的措施，引导农户和企业实现标准化生产，集中优势资源开发技术含量高、附加值高的精深加工产品，破解精深加工难题，使金乡大蒜走上产业升级、可持续发展之路，增强市场竞争力。

（二）积极占领国内市场

在国家倡导积极扩大内需的大环境下，引导全县企业采取有效的措施积极占领国内市场，促进金乡县大蒜市场与国内的各个农产品批发市场建立长期合作机制，为金乡大蒜建立国内市场销售绿色通道，并组织企业扩大精品小包装大蒜在各大城市超市的销售量。

（三）进一步开拓国际市场

充分利用国家各种政策，发挥金乡大蒜龙头企业国际市场的基础优势，加强与国家土畜产商会、商检、海关等部门的联系，为金乡大蒜出口建立便捷快速通道。鼓励各出口企业扩大外销，并牵头组织出口企业参加相关国际展会，到国际市场上找销路，进一步增加金乡大蒜在国际市场的覆盖面和占有率。

（四）强化信息发布管理

加强与中国蔬菜流通协会的联系，加强与各大蒜产区的信息联络，多渠道、多领域搜集国际、国内大蒜行情，及时掌握国际、国内大蒜价格行情动态，积极在各大批发市场及相关网站发布金乡大蒜价格、库存信息，通过各种媒体向外界推介金乡大蒜。

（五）加速推进食品工业园区建设

站在全国大蒜集散中心、流通中心、贮藏中心、加工中心及大蒜价格形成中心的制高点，高标准规划设计食品工业园区，主要实现大蒜产品的换代升级，由大蒜精深加工产品向大蒜制药、大蒜保健等高科技附加值产品过渡，同时，建设大蒜科技研发中心，促进大蒜科技的发展，使食品加工园成为融大蒜深加工、科技研发为一体的高科技园区。

（六）完善冷链物流体系

加快建设区域性蔬菜、果品等产地专业批发市场，重点建设鲜销农产品冷链物流配送中心。支持龙头企业在全国大中城市建立采购中心，发展连锁店、直销店和电子商务。大力发展农产品冷链物流，推进主城冷链集散中心、区县冷链配节点、产地冷冻库及集配中心建设，打造鲁西南农产品冷链物流中心。

十二、郑州综合试验站

河南省中牟县大蒜产业

邵秀丽[1]　张慎璞[1]　姚秋菊[2]　张　涛[2]

(1. 河南农业职业技术学院；2. 河南省农业科学院园艺研究所)

河南地处中原，有着得天独厚的大蒜种植资源优势，大蒜种植面积、产量仅次于山东省，位居全国第 2 位。中牟县、开封杞县种植面积稳定，是河南大蒜的主产区。自 2013 年 6 月至 2018 年 11 月上旬，本研究组成员对中牟县的大孟、刘集、韩寺、姚家、官渡 5 个乡镇 18 个村百余名蒜农、农业经纪人及经销商进行了追踪调研。调查发现，大蒜种植中存在重茬连作严重；大蒜无公害、标准化程度低；大蒜种植盲目性大、机械化程度低；销售信息渠道不畅，收益落差太大等问题，造成大蒜价格不同年份波动较大，蒜农增产不增收。针对以上问题，提出相应的建议及改进措施，以期改善中牟大蒜种植的整体水平，同时对大蒜生产及政府决策提供参考。

一、社会经济及农业产业结构

中牟县是郑州近郊卫星城，是以汽车工业、农副产品加工业和住宅产业为主的生态园林城市，规划 2020 年，县城人口规模为 22 万人，城市建设用地规模为 26 平方千米。目前，中牟已形成了以郑州日产、红宇机械、康立制药等为龙头的一大批工业群体，中牟工业正向科技型、外向型、集团化方向发展。

中牟县是典型的农业大县，主要农业经济指标多年稳居郑州市第一位，位于全省前列。先后被评定为国家级无公害农产品生产示范基地县、园艺产品出口创汇基地县、平原绿化高级达标先进县、北京市"场地挂钩"蔬菜生产基地县和河南省农业标准化生产示范县、农业"十强县"之一。

"县南林果牧、县中瓜蒜菜、县北水面种植和水产养殖"的产业布局已经形成，设施农业、精品农业、标准化农业、无公害农业、生态农业相继形成规模效应。种植业以培育特色产业为重点，24 万亩蔬菜、12 万亩西瓜、10 万亩水稻、30 万亩花生等无公害农产品生产基地日益巩固，农作物复种指数达到 258%。4 个高效农业示范园带动 1 万座日光温室生产的反季节蔬菜丰富了北方大中城市居民冬春季餐桌。4 万亩日光温室早熟西瓜和 9

万亩露地西瓜基本保障了省会郑州及周边大中城市的市场供应。

二、大蒜产业发展现状

（一）产业基础雄厚、环境条件适宜

中牟县历年来就有种植商品蒜的习惯，规模化种植已有近30年的历史，该地气候条件适宜，种植面积较大，农户种植经验丰富，栽培技术成熟，大蒜冷藏加工企业较大，当地政府重视加扶持，已成为中牟农业的主导产业，在提升农村经济实力、农民增收等方面起到较大作用。全县18个乡镇、办事处均有大蒜种植，政府农技部门设有大蒜技术服务点，其中大孟、官渡、刘集、韩寺、姚家、万滩、雁鸣湖、狼城岗、刁家、郑庵等乡镇已形成规模化种植，种植面积及年收益均较大（见表1）。

表1　中牟县近几年大蒜面积及总产量

年份	总面积（亩）	总产量（吨）
2010	1333.33	33000
2011	1166.67	43000
2012	1333.33	36000
2013	1422.2	35000
2014	1333.33	33000
2015	1097.07	35000
2016	1257.78	31360
2017	1457.78	35060

数据来源：中牟县农委。

（二）种植技术规范、基础设施配套

（1）品种布局合理、选种、换种意识较强。中牟县早熟大蒜面积占20%~35%，中熟大蒜面积占5%左右，晚熟大蒜面积占65%~75%。调查发现韩寺镇、官渡镇及大孟镇传统种植春早熟蔬菜，易于和早熟大蒜间套作，早熟大蒜种植集中；晚熟大蒜主要集中在下茬作物为草莓及秋延后辣椒等与大蒜生育期错开的刁家、刘集、韩寺、姚家、万滩等乡镇。调查还发现农户均选种播种，选用鳞茎横径在5厘米以上的大蒜留种种植，增产效果显著。

近年来多是暖冬天气，季节推迟，加上连作障碍严重，大蒜病虫危害逐年加重。为了避免病虫害，农户适当推迟播期，早熟大蒜9月中下旬播种，晚熟大蒜10月中下旬播种。为了克服连作障碍，蒜农多采取大蒜异地换种，生产中2~3年更换1次。

（2）品种优良、品牌竞争力强。中牟白蒜是1980年开始由河南省科学院生物研究所

与河南中牟县外贸公司联合培育的，具有个大、皮白、味鲜、营养丰富、表皮紧裹、弹性好、耐贮运之特点，广受国内外客商的青睐。内销全国各省市，远销世界五大洲 16 个国家和地区，出口量约占全国大蒜出口量的 1/3，是河南省农业的名牌产品，曾获得马来西亚国际食品博览会金奖。多年的大蒜购销实践也证明，在激烈的市场竞争中，中牟大白蒜在比山东金乡大蒜每千克售价高出 0.2 元的情况下，仍为抢手货。由于中牟大蒜质地优良，加工成产品后，具有迅速抢占市场的优势。"中牟大白蒜"被注册为河南省名牌农产品和全国"三绿"畅销农产品。

凭借大蒜产业优势，河南中牟县于 1993 年被确定为河南省"菜篮子"生产基地县，2001 年被农业部认定为全国园艺产品出口示范区，2003 年被农业部认定为全国无公害农产品生产示范基地县，同年，被北京市农业局认定为"场地挂钩"蔬菜进京基地县。

（3）政府支持、保障购销。有关政府部门通过引进外资或引入外地加工企业到中牟投资或办厂，地方政府应积极引导和扶持大蒜加工企业的发展，培育龙头企业，科研部门与企业密切结合，注重大蒜后期加工研发，加大大蒜生产及后期加工的科研投入，研发一些大蒜深加工产品，集中力量开发经济附加值高的大蒜医药品、大蒜保健品等高端产品，促使大蒜加工向深加工转变，最大限度实现大蒜实用价值。

1997 年创建河南中牟县大蒜批发市场，如今日销售大蒜 1000 多吨，年成交量 30 多万吨，交易额 3.5 亿元。收购、销售网络辐射全国各地，产品远销日、美、韩、西欧等20 多个国家和地区。市场建立以来，一直坚持以农为主，立足河南，面向全国，农产品交易业务辐射周边 400 千米范围，逐步形成了"买全国，卖全国"的流通格局，现已发展成为集大蒜、蔬菜、西瓜、粮油等主要农产品交易于一体的大型农产品交易市场。

随着市场交易量的不断扩大，河南中牟县大蒜批发市场计划建设包括农情信息发布和咨询服务、农产品销售推广中心、农业信息服务呼叫中心、市场信息管理、物流管理等在内的综合信息系统。通过该系统的建设，进一步发挥河南中牟县大蒜批发市场的龙头作用，为中牟农业走向产业化提供信息服务支持。

（4）产业化程度高、带动其他产业共飞。市场建立以来，极大地推动了中牟大蒜产业和二三产业的快速发展。在市场的引导带动下，目前，全县农产品加工企业发展到 34家，其中年加工能力 3000 吨以上的企业 8 家，保鲜库容 15 万吨。商贸饮食服务门店 50多家，吸引省内外常住租户 340 多家，整个市场从业人员 5000 多人，年人均收入 8000 元以上，已成为带动区域经济发展的龙头。

三、大蒜产业发展存在的问题与制约因素分析

（一）大蒜地块的重茬连作严重

中牟县常用耕地面积逾 100.05 万亩，其中大蒜年均种植面积约 30 万亩。土地面积有限，大蒜的重茬连作导致土壤中同一种营养元素消耗较多，病菌逐年增加。同时，过量施

用化肥造成土壤物理性质恶化，土地板结、碱化、盐渍化加重，严重影响大蒜生长。

（二）播期不当、肥水管理不到位

蒜农为了追求高价，希望早收、高价、高产，盲目提早播期，加大种植密度，部分农户9月初就开始播种，选用蒜种蒜瓣过大，密度过高，使得大蒜二次生长、二次分化严重。调查还发现，大部分种植户基肥不施有机肥，25%左右种植户不灌越冬水，80%以上农户返青水浇水过早，2月底就已开始，造成地温过低，易引发叶片褪绿，株型松散，病害加重。

（三）病虫害防治技术缺乏、大蒜产量较低

由于中牟大蒜生产以农户分散种植为主，在大蒜病虫害防治用药方面得不到有效监控，蒜农不能正确识别病害和虫害，不能做到对症用药和适时用药，更做不到综合防治病虫害等，造成病虫害防治效果较差，病虫发生严重，产量降低。调查发现，60%以上大蒜种植户，大蒜每亩产量为850~1100千克，韩寺镇早熟大蒜平均每亩产量仅在750~830千克，与大蒜每亩产量的理论值1200~1300千克差距较大。

（四）大蒜种植盲目性大、价格不稳

2010年9月大蒜价格高至12元/千克，"蒜你狠"成了普通老百姓的口头禅。2011年上半年大蒜价格又一路狂降，7月时降到2元/千克。2013年更低，部分地区收购价仅0.8元/千克，收入不够用工费，部分蒜农直接旋耕。之后大蒜价格走势基本保持平稳上升的趋势，2016年价格又回升幅度过大，市场价格为15元/千克。2017年、2018年价格持续走低，回归2013年。大蒜价格波动使农户大蒜种植面积也忽上忽下，市场风险较大。此外，由于种植大蒜用工过大，中牟县虽然大蒜种植面积很大，但大蒜种植类合作社较少，90%以上蒜农都是自发性种植，自主承担大蒜种植风险（见图1）。

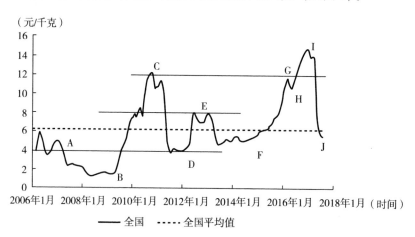

图1　2006年1月至2018年1月国内大蒜价格走势

资料来源：布瑞克农业数据库。

（五）机械化程度低，用工费用过高

中牟大蒜生产机械化程度过低，大部分机具适用性差，如在沙壤地作业效果较好，而在黏重土壤地作业效果较差，甚至不能作业。性价比低，机具价格高，作业效率低，机手劳动强度大，有的机具价格每台高达 8000 ~ 9000 元，作业效率低（每亩需要 1 ~ 2 小时），机具需机手扶持步行前进作业，种植模式与机具作业不协调。由于 90% 以上大蒜种植为一家一户且人工种植，其种植模式和种植方式各不相同，如大蒜行距、株距、栽种深度及筑畦畦面宽度不规范，千差万别，造成机械化推广难，机械化进程慢，多采用人工播种，人工收获的传统模式。每亩播种价格为 400 ~ 500 元，收获价格为 700 ~ 800 元，严重影响了大蒜种植及产后经济效益。

四、大蒜产业发展的对策建议

（一）实施规范化和标准化种植，增施生物菌肥克服连作障碍

虽然实施倒茬轮作、水旱轮作等模式能减轻一些土壤的连作障碍问题，但要从根本上解决问题，必须从改进种植方式上来寻找出路。政府部门应引导农民采用标准化种植模式，规范大蒜生产。在播种、施肥、管理、收获等方面进行正确科学的指导，为农民提供知识讲座和技能培训，如改旋耕为深耕以改善土地肥力，异地换种，引进并培育优良品种，采用高畦栽培和起垄栽培等方式，科学施肥，增施有机肥、生物菌肥、绿肥等，改善蒜田土壤环境。

（二）创新大蒜种植，发展机械化采收

政府倡导并加大对农用机具创新研发的力度，和有关农机部门共同出台一些区域化统一种植的地方标准和行业标准，农技研发人员认真研究制定本地大蒜收获机械化发展规划。通过大蒜机械化采收，正确引导蒜农统一种植模式或标准种植，建立标准化的种植体系，引导规模化生产，为机械化收获作业创造先决条件，以减轻蒜农劳动强度，降低大蒜播种和收获的用工成本，提高大蒜生产经济效益。

（三）推行完善的农业保险，保障蒜农的利益

农民种植大蒜主要面临自然灾害造成的减产风险和价格波动形成的市场风险，部分地区试行过"政府+保险公司+农民"的大蒜种植保险模式。但该模式处于初始阶段，问题较多，政府应给予保险公司相应的政策扶持和一定的财政补贴，继续完善并确保该保险政策的严格执行。

（四）加强大蒜市场信息监测，扩展销售渠道

政府有关部门可利用网络、网站等信息平台，强化大蒜生产和销售市场信息监测，给大蒜个体生产者、种植合作社等提供可靠的市场信息。利用中牟的地理区域优势，依托当地大蒜资源优势，紧抓中原经济区建设的有利时机，积极展开招商引资，尽力拔擢冷藏、加工等龙头公司，经过外引、内联和拔擢等方法，加速大蒜贮藏、保鲜和深加工公司的发展，拉长大蒜产业的链条，构建"公司＋基地＋农户""产、加、销"一条龙、"科、工、贸"一体化的农业工业化的链条，降低种植风险，提升农民的种植利益。

（五）加大科技投入，加强大蒜深加工

有关政府部门通过引进外资或引入外地加工企业到中牟投资或办厂，地方政府应积极引导和扶持大蒜加工企业的发展，培育龙头企业。科研部门与企业密切结合，注重大蒜后期加工研发，加大大蒜产后加工的科研投入，研发一些大蒜深加工产品，集中力量开发经济附加值高的大蒜医药品、大蒜保健品等高端产品，促使大蒜加工向深加工转变，最大限度地实现大蒜实用价值，进而提高蒜农的种植效益。

河南省新野县大葱产业

王付勇[1]　姚秋菊[2]　艾瑞璞[3]　张　涛[2]

（1. 河南省新野县农业局；2. 河南省农业科学院园艺研究所；

3. 河南省新野县农业技术推广中心）

新野县位于河南省西南部，现有耕地 105 万亩，人口 85 万人。农业支柱产业主要是蔬菜、肉牛和花生。2018 年底，全县蔬菜面积 35 万亩，蔬菜年产量达 170 多万吨，实现产值 15 亿元，占农业总产值的 35% 以上，农民来自蔬菜的人均纯收入达 1000 元以上。目前认证地理标志产品 1 个，绿色产品 3 个，有机产品 15 个。新野县已成为全国现代农业示范县、全国无公害蔬菜生产基地示范县、全国蔬菜标准化生产基地示范县，全国露地蔬菜标准园创建示范县。

一、大葱产业发展现状

（一）基本情况和茬口安排

新野历史上种植的大葱以本地分葱为主，面积较小，不成规模，在全国没有影响力，2002 年开始引进日本钢葱种植，经过十几年的发展，面积已达到 6 万亩左右，在全国的影响力也逐渐加大。大葱在新野能实现周年生产、周年供应，但大葱的优势茬口是：4 月上中旬播种育苗，6 月上中旬定植，10 月下旬以后可以陆续上市，一直可持续到翌年 3 月底。这茬大葱的主要优势：一是可以露地安全越冬，随买随挖，而且刚收获的葱经初加工后，葱白含水充分，富有光泽，具 3~4 片青叶（市场称之为"湿葱"），与北方的冬贮大葱（市场称之为"干葱"，葱白干燥、无光泽、无青叶）相比具有很大优势；二是也存在距离销售市场较近的优势，新野所产大葱主要销往西南、西北市场，和山东章丘相比，运输距离和运输时间较短，相应节约了运输成本。

（二）市场销售情况

新野大葱主要销往西南地区的重庆、成都等大中城市，约占新野大葱销售总量的60%，其他销往武汉、郑州、洛阳等地。销售方式主要是本地经纪人联系外地客商，再由外地客商将菜运至目的地市场，然后进行批发销售。大葱的销售大部分是将葱剥净后，打捆，装尼龙网袋销售，这种方式约占销售比例的80%，其余是毛葱销售（地里拔出后扎捆直接销售），毛葱主要销往周边地级市以下的农贸市场。大葱近3年的销售价格为2015年3.6元/千克、2016年0.8元/千克、2017年0.6元/千克、2018年0.6元/千克。

（三）种植成本和菜农收益

大葱每亩种植成本如下：种子600元，化肥400元，犁地开沟和生长期培土380元，农药、浇水300元，合计1680元。以上是农户物资投入成本，如果是种地大户或农业公司，还需要增加租地成本500元，人工成本1000元，加上物资成本1680元，合计3180元。在新野，大葱平均亩产量3500千克左右，按平均销售价格1元/千克计算，每亩销售收入3500元，农户净收益1820元，种地大户或农业公司净收益320元。

（四）加工情况

大葱目前没有深加工处理，仅在地头进行剥皮去叶的简单整理工作。

（五）存在问题

一是大葱病虫害，特别是地下害虫较多，导致用药较多，农产品质量安全工作对各级职能部门压力较大。二是生产投入较大，而市场价格起伏不定，菜贱伤农事件时有发生。三是种植主体主要是分散的小农户和农业公司，合作社不多。

（六）对策建议

一是进一步加大宣传力度和执法力度，杜绝违禁农药在大葱上使用，确保大葱质量安全。二是大力发展绿色、有机大葱，提高产品市场竞争力。三是拓宽销售渠道，提高农超对接、订单农业销售比例，大力开展电子商务销售。四是鼓励新型农业主体发展，扶持合作社、家庭农场、农业公司、种地大户发展壮大。

二、洋葱生产情况

（一）基本情况和茬口安排

历史上，红皮洋葱在新野县有一定的种植面积，在20世纪七八十年代以"洋葱套棉花"模式闻名。自2000年开始从江苏丰县引进黄皮洋葱种植，经过十几年的培育，面积逐步扩大，至2018年，黄皮洋葱种植面积3万亩，主要用于出口日韩及俄罗斯，红皮洋葱1.2万亩，主要用于内销，合计4.2万亩。新野洋葱已成为全国供应链上的重要一环。它的主要优势表现在：一是填补了4月下旬至5月中旬出口供应空档。我国出口洋葱上市供应情况为，3月云南元谋、建水洋葱上市，4月四川西昌洋葱上市，然后，4月下旬至5月中旬新野洋葱上市，5月中下旬至6月上中旬江苏丰县洋葱上市，7~8月，山东洋葱上市，宁夏洋葱 8 月下旬上市并贮存至翌年 2 月。二是与云南、四川相比，距离山东、江苏口岸较近，可以减少运输成本。三是新野雨水较云南、四川少，洋葱含水量小，适合贮存。

（二）市场销售情况

黄皮洋葱主要用于出口，直径 8 厘米以上的洋葱通过山东、江苏的加工厂出口日本、韩国，约占黄皮洋葱销售总量的 70%，直径 5~7 厘米的洋葱不加工直接出口俄罗斯，约占销售总量的 20%，直径 5 厘米以下的洋葱不加工直接出口越南等东南亚国家，约占销售总量的 10%。红皮洋葱主要销往新野周边、信阳、平顶山、洛阳、三门峡等地区。红皮洋葱销售方式主要是本地经纪人联系外地客商，再由外地客商将菜运至目的地市场，然后进行批发销售。包装基本全部是塑料编织袋，每袋 32.5 千克左右。近 4 年销售价格：2015 年 0.8 元/千克，2016 年 1.1 元/千克，2017 年 0.4 元/千克，2018 年 0.5 元/千克。

（三）种植成本和菜农收益

洋葱每亩种植成本如下：种子 450 元，化肥 500 元，犁地作畦 80 元，地膜 40 元，农药、浇水 220 元，合计 1290 元。以上是农户物资投入成本，如果是种地大户或农业公司，还需要增加租地成本 300 元，人工成本 840 元，加上物资成本 1290 元，合计 2430 元。在新野，洋葱平均产量 4000 千克左右，按平均销售价格 0.8 元/千克计算，每亩销售收入 3200 元，农户净收益 1910 元，种地大户或农业公司净收益 770 元。

（四）存在问题

一是产品上市比较集中，黄皮洋葱一般在 4 月 25 日至 5 月 15 日上市，红皮洋葱一般在 5 月 5~25 日上市，都是 20 天左右，上市集中容易导致价格忽高忽低。二是种植主体主要是分散的小农户，农业公司、合作社较少。

（五）对策建议

一是适当扩大中晚熟品种种植面积，延长上市时间；二是大力发展绿色、有机蔬菜，提高产品质量和市场竞争力；三是拓宽销售渠道，提高农超对接、订单农业销售比例，大力开展电子商务销售；四是鼓励新型农业主体发展，扶持合作社、家庭农场、农业公司、种地大户发展壮大；五是制定优惠政策，引进加工出口企业。

河南省柘城县辣椒产业

陈传亮[1]　姚秋菊[2]　司素琴[1]

（1. 河南省柘城县经济作物技术推广中心；2. 河南省农业科学院园艺研究所）

柘城县是中国三樱椒之乡，全国辣椒生产百强县。辣椒作为柘城传统的农业经济作物，资源禀赋优越，产业基础良好。经过半个世纪的发展历程，辣椒种植面积常年稳定在40万亩，年产干椒12万吨，形成了种植规模化、品质标准化、产业链条化、交易全球化的格局。为构建现代农业生产体系、产业体系和经营体系，促进资源要素的集中集聚，加快产业整体发展水平和一二三产业融合发展，特制定本规划。

一、辣椒产业发展现状

（一）种植历史悠久，资源禀赋优越，产业基础良好

柘城地处豫东平原，地势平坦、土层深厚、土壤肥沃，为淤沙两合土质，营养元素丰富。属温带季风气候，年平均气温14.3℃，年降水量为720.7毫米，无霜期217天。气候和土壤条件都非常适合辣椒生长。辣椒也是柘城人历来习惯种植的主要经济作物之一，种植历史悠久，品种资源丰富。柘城辣椒品质好，产量高，农民种植收益高。全县常年从事辣椒种植人口15万人，辣椒购销商经纪人2500多人，购销网点遍布全国各地。柘城辣椒种子品种多样，高产抗病，适应广泛，实现了三樱椒优质种子本地化、自主化。种子市场占全国朝天椒市场的70%，全国各主要辣椒种植区都有三樱椒种植，年推广种植260万亩左右。全县辣椒初加工作坊主上万户，加工企业120多家，辣椒制品销往大江南北，出口国外。

（二）种植实现了规模化

柘城辣椒以其椒形正、着色好、辣味浓、皮肉厚、产量高、品质优、耐储运、耐旱高产、经济效益好的突出优点，而深受广大农民群众的喜爱和八方椒商的青睐。自20世纪70年代以来，县委、县政府积极推进产业化发展，狠抓种植业结构调整，大力引导推广三樱椒种植，着力做好以椒富民，以椒兴县大文章。通过采取优化品种、区域布局、基地

带动、龙头牵引、拓展市场、做大品牌等有力措施，柘城辣椒种植迅猛发展。到 2017 年，全县建成了 25 万亩以三樱椒为主的国家级出口食品农产品质量安全生产示范区，辣椒良种繁育田 2 万亩。发展辣椒种植专业村 106 个，种植专业户 2.8 万户。辣椒万亩高产示范方 10 个，千亩以上示范田 20 个。通过多年的产业发展，柘城县辣椒种植面积常年稳定在 40 万亩左右，占全县耕地面积的 40%，年产干椒 12 万吨，产值 20 亿元，形成了区域化、规模化种植局面。

（三）交易实现了全球化

柘城辣椒市场是长江以北最大的辣椒交易市场，同时在 18 个重点产椒乡镇建有占地 50～100 亩乡镇级交易市场 18 个，以及遍布全国各地许许多多的柘城辣椒购销网点，形成了上下连接、纵横交错、出口国外的购销交易网络。柘城辣椒大市场占地 300 余亩，经营客商 300 余家，市场年干椒交易量 50 多万吨，交易额突破 60 亿元。市场辐射山东、河北、新疆、重庆、四川、贵州、广西、浙江、湖南、湖北、内蒙古等 30 多个省市自治区。同时产品出口到美国、加拿大、俄罗斯、韩国、日本、东南亚等 20 多个国家和地区。庞大的市场营销网，渠道通畅、信息灵敏、市场覆盖面广、产品消化力强，使柘城成为全国重要的辣椒交易集散地和价格形成中心。

（四）产业实现了链条化

目前，全县拥有白师傅清真食品厂、辣德鲜食品有限公司、吨椒食品有限公司、韩邦辣椒制品有限公司、春海辣椒制品有限公司、恒星辣椒食品进出口有限公司、宇淇辣椒冷藏有限公司等 20 多家大型辣椒制品深加工企业，中小型加工作坊摊点近万家。全县每年辣椒制品加工量 10 万吨以上，加工年产值 15 亿元，辣椒及其辣椒制品出口量 1 万多吨，出口创汇 3000 万美元。全县培育出北科种业、传奇种业、椒都种业、红满天种业等良种繁育企业 16 家，种子繁育田 1 万多亩。柘城辣椒种子不仅供应河南本地，还销往山东、安徽、河北、内蒙古、新疆、吉林等省份辣椒种植区。成立有亚东农民专业合作社、跃国农民专业合作社等省市级合作社 35 家。30 家冷藏企业共建成 60 座冷藏库，冷藏量达 10 多万吨。

全县辣椒产业发展链条逐步形成，产品深加工能力和规模不断提高，并且带动了二三产业联动发展。为产业扶贫，农民增收奠定了良好的产业基础。

（五）产品实现了品牌化

柘城县坚持走品牌化发展道路，着力打造柘城辣椒品牌，提高产品质量，进行标准化生产，推进品种改良和技术创新。柘城县制定了河南省首个《三樱椒生产种植技术标准化体系》，申请建立了省级辣椒及其制品检验检测中心。同时注重深化与农业科学院所的合作，成立了中国农科院全国特色蔬菜技术体系综合实验站（柘城分站），与中国科学技术协会合作建立了全国辣椒生产与加工技术交流中心，建立了河南省农科院朝天椒创新基地等。加强品种研发和品种改良，科学改良土壤，配方施肥，合理喷施农药，严格质量技术标准，进行无公害辣椒种植管理。2016～2017年，柘城县三樱椒先后通过"国家无公害农产品""国家地理标志保护产品""国家地理标志证明商标""国家级出口食品农产品质量安全示范区"认证。同时，2016年荣获"全国辣椒产业发展功勋县"，获评全国最具影响力"中国辣椒之乡网络评选第一名""全国辣椒产业化发展示范县"等荣誉称号。第二届中国蔬菜品牌大会又获得了"2017全国蔬菜产业扶贫突出贡献奖"。柘城县辣德鲜食品有限公司鲜剁椒系列产品在第十一届辣椒产业大会辣椒产品评比中获得第一名，荣获金奖。如今，"世界辣椒看中国，中国辣椒看河南，河南辣椒看柘城，柘城辣椒香世界"，已成为国内辣椒行业的一致共识。

（六）产业脱贫攻坚，成效显著

柘城县是传统农业大县，大别山片区连片扶贫开发重点县。总人口102万人，耕地面积106万亩，贫困人口10.5万人。近年来，在省委、省政府和商丘市委、市政府坚强领导下，柘城县坚持以脱贫攻坚统揽经济社会发展全局，牢牢牵住产业扶贫"牛鼻子"，着力做大做强辣椒"红色"产业，加快脱贫致富步伐。探索推行了"辣椒股份"模式、"协会＋冷库＋订单"模式、"企业＋扶贫车间＋贫困户"模式、"合作社＋支部＋农户"模式和"社会力量＋农户"模式，形成了社联农户、利益共享、风险共担、抱团经营的格局。截至2019年，全县成立辣椒专业合作社123家，入社椒农3675户，组织企业与农户常年签订辣椒订单30万亩，从事辣椒收购、运输、经销的贫困人员达到4000多人，长期在辣椒企业就业的贫困人员达到5000多人。依托辣椒产业链，共带动贫困户1.26万户，贫困人口2.86万人实现稳定脱贫，占全县产业扶贫人口的近30%，为柘城县打赢脱贫攻坚战提供了重要战略支撑。

二、当前辣椒产业面临的形势和机遇

（一）辣椒产业发展前景广阔，市场潜力巨大

随着人们生活水平的提高，健康产业兴起，及都市快节奏生活消费的需求，人们对辣椒食品及辣椒深加工产品消费需求还在不断上升，对有机无公害农产品需求要求不断提高，辣椒食品如辣椒酱、辣椒丝、辣椒面、辣椒类调味品等初加工制品，市场需求空间仍在扩大。辣椒色素、辣味素、辣椒碱等，一些高端辣椒深加工产品国内外市场需求量正在持续上升，辣椒及辣椒制品出口交易量逐步加大。

（二）柘城辣椒产业基础好，产业发展优势明显

我国辣椒每年种植面积超过2000万亩，占世界辣椒种植面积的30%以上。全国每年辣椒平均产量大约2800万吨，占世界辣椒总产量的45%以上。在蔬菜类当中，仅辣椒每

年就能创造 700 亿元的产值，接近世界蔬菜总产值的 20% ，辣椒产业大有作为。目前，全国 28 个省份都有辣椒种植。柘城县在干椒类种植大县中辣椒产业化发展水平居于全国前列。在产业基础、种植规模、市场购销及出口贸易、产品深加工、品牌知名度等多方面都有很明显的比较优势。

（三）产业政策环境日益宽松，优惠扶持政策密集出台

随着国家脱贫攻坚工作的深入开展和农业供给侧结构性改革政策的深入推进，国家对农业发展特别是特色优势农业发展密集出台了一系列的优惠政策和扶持措施。一是制定出台了《柘城县三樱椒产业发展实施意见》，将三樱椒种植纳入综合目标管理。对完成下达种植任务的乡镇给予 20 万元的经费奖励，对组织不力、完不成任务的扣减工作经费；加大财政奖励力度，对种椒面积超过耕地面积 60% 的专业村，给予 3 万元奖励；对流转土地种植三樱椒面积超过 300 亩的新型农业经营主体，给予每亩 100 元的补贴；对贫困户种植三樱椒的，给予每亩 300 元的资金补贴。二是建立省级辣椒质量检测中心，制定并发布省级《柘城县三樱椒生产种植技术标准化体系》。积极组织申报"三品一标"认证，"吨椒""北科""骄都"牌商标先后被评为河南省著名商标，三樱椒先后通过"国家无公害农产品""国家地理标志产品"认证。三是制定出台《柘城县资本市场融资奖励办法》，支持符合条件的企业挂牌上市，白师傅清真食品、春海辣椒、北科种业、宇淇食品冷藏等 12 家辣椒企业在中原股权交易中心集中挂牌和展示，借力资本市场助推产业发展。四是积极推进辣椒期货市场建设，提高保值增值，目前郑州商品交易所已经基本确立将三樱椒作为期货场外交易的首批上市试点品种，为柘城县的辣椒产业发展，提供了强有力的政策支持和组织领导保障。

三、今后发展思路

产业由注重数量、规模化发展向注重质量、品牌化、标准化发展转变；由传统农业种植向现代农业种植转变；由国内市场营销向加大出口创汇转变；由分散个体型、作坊式产品初加工向企业化、品牌化产品深加工转变；建立高标准生产种植基地，推广新技术新品种；建立现代化市场营销体系，打造全国一流辣椒市场交易中心；引导企业走品牌化产品深加工道路，扩大出口创汇。建成 10 个万亩示范方，培育 100 个千亩专业村，建立 25 万亩的辣椒出口示范基地。设立 5 亿元的辣椒产业发展基金，支持龙头企业发展壮大，鼓励企业挂牌上市。加快建设辣椒市场物流园区，高标准建设辣椒交割仓库，推进辣椒期货场外交易。申报并发布《河南省三樱椒生产标准体系》，积极创建国家有机产品示范区，支持企业申报驰名商标、名牌产品。积极申报国家级农业（三樱椒）科技园区。继续办好第十三届全国辣椒产业大会，让"中国三樱椒之乡"品牌全球叫响。同时坚持产业发展与产业扶贫相衔接原则，持续增加农民收入，着力促进农民就业创业，拓宽增收渠道，构建现代农业生产体系、产业体系和经营体系，推动农村产业兴旺，助推"美丽乡村"和

"美丽中国"建设。

四、2019~2021年辣椒产业规划

（一）指导思想

全面贯彻落实党的十九大精神，以习近平新时代中国特色社会主义思想为指导，依托优越的资源禀赋，现有的产业化发展基础，以经济效益为中心，以农民增收为目的，坚持市场导向和绿色发展理念，进一步完善延伸产业链条，完善标准体系，强化技术支撑，改进基础设施，提升产品质量，加强品牌建设和经营主体培育。推广新技术，全面加强辣椒产业现代化体系建设水平。着力促进农村一二三产业融合发展，把柘城县建设成为特色鲜明、优势产业突出、产业融合、市场竞争力强的全国较大的辣椒生产基地、加工基地、出口交易基地。

（二）发展目标

到2021年，全县辣椒种植面积稳定在40万亩，其中国家级出口食品质量安全示范区面积达到30万亩；辣椒交易额突破70亿元，出口创汇2亿美元；辣椒深加工能力达到20万吨，总产值达到40亿元，实现利税6亿元；带动就业20万人，其中贫困人口6万人。努力将柘城县打造成全国知名的绿色有机无公害辣椒生产基地。将柘城县建设成为全国较大的辣椒交易集散地、加工基地、出口基地、辣椒期货交易仓储交割中心和价格形成中心，辣椒产业品牌知名度和市场竞争力跻身全国前列。

（三）重点工作

1. 抓高标准生产基地建设

坚持质量先行，绿色发展理念，建设全国知名的绿色有机无公害辣椒生产基地。积极推进辣椒期货市场建设，实现场外挂牌交易。支持北科种业、恒星食品、宇淇冷藏、春海辣椒等12家辣椒企业在中原股权交易所挂牌展示，力争3年内有1~2家企业在新三板上市，30家以上企业实现挂牌。重点抓好以下工作：

（1）建设30万亩高标准规范化辣椒种植基地。一是重新规划布局，调整农业种植结构，重点规划辣椒种植区域。在辣椒种植区，建立高标准规范化辣椒种植农田。搞好农田基础设施改造和完善，整修农田路桥沟渠，配套水井及农电配套设施，解决农田浇水困难和雨季排涝不畅问题，提高辣椒生产抗风险能力，确保辣椒种植稳产高产。二是通过政策支持，鼓励引导村镇农户合并零星地块，通过土地流转、合并、交换、农户自由组合等方式，将小块田地合并成大块田地，便于统一规范化、标准化生产，和农业新技术应用及机械化耕作。三是鼓励引导农业经营主体如家庭农场、示范园区、合作社、龙头企业等建立高标准辣椒种植示范区。四是巩固传统辣椒种植专业村面积，搞好生产销售服务。同时通

过辐射带动，示范种植，带动新区发展种植，建立一批土壤条件好，种植积极性高的新辣椒生产专业村。

（2）提升辣椒产品质量。一是按照辣椒种植标准化技术规程，科学种植，规范管理。合理施用农药化肥，综合防治田间病虫害。测土配方施肥，推广有机无公害种植。通过媒体，技术培训，印发技术资料等，对全县辣椒种植户开展辣椒标准化生产技术知识培训宣传，利用辣椒产业协会会员、种地能人等，做好示范带动。选派技术人员对示范园区、种植专业村、种植大户进行专门跟踪培训，技术示范指导等，确保技术标准执行到位。二是做好良种繁育、品种改良、提纯复壮工作。依托辣椒育种企业，建立多个高标准良种繁育田，新品种示范展示田。与农业科研院所合作，积极研发新品种，筛选并重点推广一批品质好、产量高、抗病强的辣椒新品种。解决柘城县当前品种退化、品种混乱、辣椒品种竞争力不强的问题，提升辣椒产品质量。

（3）推广农业新技术，提升辣椒种植水平。一是积极推广机械化栽培、节水滴灌、无土基质育苗、生物防治病虫害等辣椒种植新技术，提高劳动效率，节省农业种植成本，提高产品质量和农业种植效益。同时，探索开发一些适合机械化操作的辣椒间套作栽培模式，进行扩大推广。二是建立现代化千亩育苗工厂，推广实行辣椒种植工厂化育苗，减轻农户育苗劳动量，提高种苗质量。通过政府扶持，辣椒育种企业、龙头企业、家庭农场、个体企业主参与方式实施完成。

2. 加强现代化市场营销体系建设，打造全国一流的市场交易基地

规划投资建设现代化物流（辣椒）交易市场，规划市场占地面积800亩，市场内设立贸易区、冷藏区、生产加工区、质量检测中心、多功能服务区等，新市场建成后，可承载更多产业服务功能。建立大型辣椒保税仓库群，具备承担储量达50万吨左右的辣椒场外期货交割基地功能。创建辣椒信息大数据平台，建立供求及价格信息公共发布平台，及时发布国内外辣椒市场价格和供求信息。通过以上措施，市场交易容量大大提高，年交易承载量可突破80万吨以上，实现年交易额90亿元左右，市场带动力和影响力将会明显加强。

鼓励引导商贸流通企业、辣椒龙头企业、农民专业合作社、农村种植大户、经纪人和农村电商等积极从事辣椒产品流通，多渠道建立营销窗口和营销网络。积极引导发展辣椒及其制品电商营销。借助各类农产品专题会议和商贸活动开展农产品产销对接，商贸合作交流等。针对不同辣椒品种特点和供求情况，积极推进农超对接、定点直销、网上营销等业务。引导大型连锁超市、批发市场、农产品流通企业直接与种植基地、农民专业合作社，发展订单生产，建立货源供应基地等。积极培育辣椒出口创汇企业，引导企业走出去，积极参加国内外大型农产品展销会，寻找更多农产品交易渠道，增加出口交易量。在本规划年度内实现辣椒出口创汇企业10家以上，出口创汇额突破1亿美元。同时，对全县从事辣椒及其制品购销交易商、经纪人等进行宣传培训，树立柘城辣椒商业品牌意识，遵守商业道德，诚信经营，做柘城辣椒品牌良好形象代言人。

3. 大力发展辣椒产品深加工业，拉长产业链条，打造全国较大的辣椒产业加工基地

农业产业化的关键环节是农产品的加工增值。辣椒产业必须以辣椒深加工为着力点和突破口，延长产业链条，拉动二三产业发展，搞活地方经济。目前柘城县辣椒产品加工业还处在初级阶段，产业规模小，深加工产品少，没有规模较大的龙头企业和市场竞争力强的拳头产品。辣椒深加工产业一直是柘城县这些年来辣椒产业化发展中的薄弱环节。为此，重点推动辣椒深加工业发展将是本规划发展期内一项重要任务。按照规划要求，重点抓好以下几方面工作：

（1）制定优惠政策，提供宽松创业环境，鼓励个人积极从事辣椒产品加工创业。对市场销路广，市场竞争力强，销量稳定的加工产品业主给予政策和资金扶持，鼓励创业，扩大经营规模。进一步拓宽引资渠道，争取各类投资商投资兴办农副产品加工企业，使更多的辣椒加工企业和经销公司落户柘城，特别是要引进高科技大型辣椒加工企业，提高辣椒高附加值深加工能力，拉长产业链，逐步打造辣椒产业集群。

（2）培育辣椒深加工龙头企业，积极实施龙头带动。以白师傅清真食品、春海辣椒食品、吨椒食品、辣德鲜食品等企业为重点，加大对骨干企业财政、税收、融资、用地、用电等方面的扶持，鼓励支持企业多进行市场调研，多与大企业交流合作，与农业院校、省辣椒研究所、省农科院等科研机构合作，不断开发辣椒深加工产品，培育出具有自主知识产权、市场竞争力强的新产品、新包装等，增强自主创新能力和核心竞争力，提升产品精深加工水平和产品档次。积极组织辣椒企业参加国内外辣椒产品展销会、洽谈会、博览会、订货会等，加强产品宣传推介，开展学习交流与合作，拓宽营销渠道，提高产品和企业知名度。

（3）加大招商引资力度。将国内外农副产品加工产业中的大集团、大企业作为重点招商引资对象，争取在本规划期内引进一批有实力的辣椒深加工企业。加快与中国供销农产品批发有限公司、香港李锦记食品有限公司等企业洽谈对接，跟踪了解投资意向，尽快促成这些企业有大投入、大项目落户柘城。

（4）引导企业树立品牌意识，注重品牌宣传。品牌建设是推进辣椒产业化十分重要的措施。全县各级部门尤其是龙头企业一定要围绕"质量塑造品牌，品牌开拓市场"的思路，工商质监局检测中心等相关部门加大对龙头企业产品质量和品牌建设服务力度，引导企业建立和采取与国际接轨的质量管理体系和企业产品标准，强化产品质量意识和品牌意识，走质量兴企、品牌兴企之路。推进重点龙头企业以品牌开拓市场，提高市场竞争力，将企业不断做大做强。

4. 继续努力抓好产业扶贫，帮助贫困户脱贫致富

继续巩固之前的产业扶贫成果，在完善之前扶贫措施的基础上，向贫困户出台更多优惠措施，帮助贫困人员搞好资金帮扶、技术帮扶等，开展辣椒种植与加工业务。鼓励企业给予贫困人口用工优惠待遇，提供更多就业岗位，加大贫困人口帮扶力度，提高扶贫质量，扩大扶贫范围，让更多的人从产业发展中受益。

河南省开封市祥符区大蒜产业

董海英[1]　李大勇[1]　姚秋菊[2]　吴晓辉[1]　邢百梅[1]　段新华[1]

（1. 河南省开封市祥符区农林畜牧局；2. 河南省农业科学院园艺研究所）

一、社会经济及产业结构

祥符区是开封市市辖区，古称祥符县，自秦置县以来，已有两千多年的历史，农耕文化底蕴深厚。祥符区有着独特地理位置、独特区位优势，是一个交通便利、适合多种农作物生长、适合农业生产、适合三产融合的所在。

（一）地理位置优越，区位优势明显，便于商品交易和物品流通

祥符区介于东经 114°07′ ~ 114°43′、北纬 34°30 ~ 34°56′，北临黄河，与开封市紧紧相邻，从东、南两面环抱开封市，城区距开封市中心仅 7 千米。西距省会郑州 70 千米，距郑州国际航空港新郑机场 64 千米。祥符区交通便利，连霍高速公路、大广高速公路、郑民高速公路及 310、220、106 国道穿境而过，开封黄河大桥横跨南北，与呈辐射状的开封至商丘、许昌、周口、山东菏泽的开郑、开周、开商、开许、开兰等省级公路相互连接，构成了四通八达的交通网络。区域内乡乡通公路，村村通公路。

（二）自然资源丰富，宜种宜牧

祥符区气候条件属暖温带大陆性季风气候，年平均气温 14℃，年降水量为 628 毫米，无霜期 214 天。耕地面积 125.7 万亩，土壤类型多样，有砂土、两合土、淤土、灌淤土、盐化潮土等，适合种植多种农作物。祥符区水资源丰富，潜水量大。境内大小河流 32 条，黄河水质好，引黄开发工程已建成柳园口、赵口两大自流灌区，其干支都能延伸至各乡。浅层地下水埋深平均 3 米，水层厚度 15 米左右，淡水面积占总面积的 98.6%。多样的土壤、四季分明的气候、丰富的水资源，有利于农业与水产、畜牧养殖业的发展。

（三）文化底蕴深厚，宜文宜商、宜业宜游、宜行宜居

祥符区文化积淀深厚，历史文化遗存丰富，是豫剧祥符调的发祥地。朱仙镇木版年画

为中华民族民间艺术瑰宝，被列入中国非物质文化遗产名录，被外交部指定为"国礼"，朱仙镇被国家命名为"历史文化古镇"。祥符区半坡店乡桃花洞是蔡邕的故乡，村内有其墓，现墓碑尚存；区东北部国道220与S213的交叉处，有历史驰名的穆桂英北伐的招讨营村；祥符区北部、黄河南岸，有古代传说的仓颉造字台和仓颉墓。祥符区曾产生过269个文武进士，144个文武举人。商朝开国名相伊尹，明代文学家高叔嗣、明熹宗懿安皇后张嫣、明末抗清名将史可法、豫剧皇后陈素真大师均生长于祥符……众多的文化符号为全区发展现代农业，特别为推动一二三产深度融合发展奠定了坚实的文化基础。

（四）种植业呈现区域化、规模化、集约化格局，初具产业化发展雏形

祥符区是一个农业大区，辖15个乡镇、1个工业园区，有土地面积1291平方千米，耕地面积125.7万亩，土壤类型多样，适宜种植多种农作物。2016年末，全区人口76.7万人，其中乡村人口71.2万人，乡村农业劳动力47.7万人。常年农作物种植面积250余万亩，作物类型多样，蔬菜种植面积在30万亩左右，主要有大蒜、胡萝卜、大葱、豆角、菜花、辣椒、洋葱、白菜、黄瓜、萝卜等。蔬菜产业是农民的重要经济支柱产业之一。

二、特色蔬菜产业发展现状

（一）祥符区大蒜生产规模及布局

祥符区特色蔬菜有大蒜、大葱、洋葱、辣椒等。其中大蒜规模发展较快，近几年种植规模在徘徊中逐渐扩大，目前已呈现区域化、规模化种植格局。大蒜主要集中在仇楼镇、半坡店乡、西姜寨乡3个乡镇，辐射带动陈留、范村、万隆、朱仙镇、罗王、袁坊、刘店、兴隆甚至八里湾、曲兴、杜良、城关等乡镇，换言之，目前全区到处都有大蒜的种植区。祥符区大蒜种植可以形象描述为"遍地开花，重点区域集中"。

据统计资料显示，2017年大蒜种植面积达14.2万亩，占全年蔬菜种植总面积的近50%，是2010年的2.3倍，大蒜面积在2010~2015年一直变化不大，2016年面积突增至13.9万亩，2017年持续走高至14.2万亩。

当年市场价格、种植效益决定次年大蒜的种植面积。正常年份，仇楼、半坡店、西姜寨等大蒜主产区，大蒜面积年际间变化幅度不是太大，呈现曲线形向高态势。而主产区辐射区、带动区，大蒜面积年际间变化幅度较大，会根据大蒜价格的高低而在次年出现大小不同的变化，表现为忽高忽低的不稳定势头。2016年（2015~2016年，2015年种植，2016年收获）大蒜面积之所以突增，是因为2015年的高价格刺激的结果。

"一亩园十亩田。"对于祥符区来说，在过去20多年里，大蒜是农民种植的一个比较重要的经济作物。而2014年、2015年大蒜的高价位，"蒜你狠"成为大家发家致富的希望，也成为主产区许多贫困村、贫困户脱贫的期望所在。2010~2014年，大蒜由农民自己种植；2014~2017年，一些有一定经济实力的青年农民、社会力量注入资金流转土地种植大蒜（见表1）；2017～2018年，社会资金退出大蒜种植，农民自己仍保持旺盛的种植热情；2018～2019年，非主产区大蒜面积萎缩，主产区大蒜面积也有所下降但降幅不大。

大蒜种植的发展促进了地方经济的发展，也带动了冷藏、饮食、服务、运输等相关产业的发展，同时给农村走不出去的劳动力提供了打工赚钱的机遇。每到大蒜播种、蒜薹采摘、蒜头收获的时候，一些妇女、老人到大蒜主产区帮助收获大蒜，每种一亩地大概300元，每采摘一亩蒜薹大概150元，每收一亩地蒜头大概1000～1200元。

表1　2010～2017年大蒜种植情况

年份	2010	2011	2012	2013	2014	2015	2016	2017
面积（万亩）	6.1	7.6	7.0	6.7	6.2	6.5	13.9	14.2

（二）祥符区大蒜的生产现状

祥符区土壤类型多样，50%以上的土地都适宜种植大蒜。种植的品种主要是宋城白蒜及外引的金乡紫皮蒜，还有苍山大蒜及中牟早蒜等。目前形成了早蒜、中晚熟蒜并进发展势头，早茬蒜占到10%强，中晚熟蒜占到近90%。祥符区大蒜主要采取秋季地膜覆盖栽培，2000年前主要采用起垄覆膜种植，后改成大平畦覆膜栽培的方式，与大蒜主产区中牟县接壤的西姜寨乡多采取大蒜出苗后再覆膜的方式，其他地方主要采取大蒜种植后立即覆膜法。

2002年以来，农业部门、技术监督部门致力于推广农业标准化生产、无公害农产品生产，宣传培训和监管结合起来，建立无公害农产品生产基地。2017年以来，在大蒜主产区推广绿色生产技术，菜农逐渐了解了农产品质量安全的重要性，在管理上比较用心，农产品质量安全有了一定的保障。

（三）祥符区特色蔬菜产业的科技水平

由于特殊的地理位置、农业技术人员的付出，以及大蒜经纪人、农资经销商及农民对大蒜提质增效的追求，使得大蒜新品种、脱毒大蒜、新技术、新肥料、新机械的推广应用速度较快。地膜覆盖应用技术面积达100%，化学除草技术应用面积达到100%，种瓣包衣或拌种技术应用面积达15%以上，土壤药剂处理技术应用面积达到10%以上，病虫草害综合防治技术应用面积达60%以上，商品有机肥、有机肥施用面积达到60%以上，氮磷钾化肥平衡施用面积达到100%，叶面追肥应用面积达到100%，水溶性肥料应用面积达到40%以上，水、肥一体化应用（浇水、追肥同时）面积达到100%，机械播种、机械收获也正在示范推广（速度慢的原因：大蒜播种机播种容易出现蒜尖朝下、蒜踵朝上的现象；大蒜收获时容易出现蒜头破损现象）。

祥符区农林畜牧局对大蒜产业发展高度重视，60余名技术人员包乡包村包户，采取

"保姆式"的全程化跟踪技术服务模式，确保技术进村入户到田。一是做好新品种、新技术、新农药、新的种植管理模式的推广、推介；二是做好生产、销售信息的引导；三是做好技术培训，通过各种平台，每年都要对蒜农进行技术培训200余场次；四是做好田间技术指导、技术服务，技术人员常态化深入田间地头，了解大蒜生长情况、病虫草害发生发展情况，及时制定管理意见或建议，通过田间面对面指导，通过印发技术明白纸、发微信、短信、打电话、和电视台三农服务社栏目联合制作电视专题、祥符手机台、祥符网、开封市农林信息网等各种途径、媒介传递给农民，指导农民科学及时地管理；五是做好成本收益与调查，每年都要对大蒜的投入产出情况进行调研并且形成书面报告，给各级领导指导生产提供依据。

（四）祥符区大蒜产业组织的发展情况

通过多年的发展，祥符区大蒜呈现区域化、规模化种植格局，已成为当地农业经济支柱产业。目前，全区有农业合作社2000多家，家庭农场80余个，种植大户100余家。这些合作社、家庭农产、种植大户都和大蒜种植有一定的关联，另外还有从事大蒜购销的大蒜经纪人300多个。

（五）祥符区大蒜产业市场建设情况

据了解，祥符区西姜寨、仇楼、半坡店等大蒜主产区有大大小小的大蒜批发市场、地头市场60多个。大蒜主产区销售服务体系逐渐健全，已形成多级销售链，外地或当地的收购商在批发市场、地头市场收购，农民可以自主到批发市场销售，也可以在地头市场销售，也可以在家等着小收购商上门收购，也可以在地头等着蒜商"指地承包"。收购的大蒜一部分直接销到外地，一部分就地进入冷库待价而沽，个别通过电子商务进行销售。

2018年大蒜价格较低，产地开秤湿蒜价格每千克0.8～1.0元，后干蒜价格一度跌至每千克0.7～0.8元，后期涨到1.0～1.4元。大蒜干蒜产量在1000～1500千克，而大蒜的物质成本不低于1200元，人工成本不低于1200元，租地成本折合不低于500元。2018年大蒜，农民自己的土地、自己种植、自己管理、自己收获，投入产出基本平衡，部分卖价高的有盈余；雇人播种、收获的亏本。大蒜价格持续低迷的现状与2016年每千克10～12元的产地收购价形成强烈反差。

（六）大蒜三产融合发展现状

据调查了解，目前，全区冷库库容8万余吨，但没有规模大蒜深加工企业，大蒜产品基本以原产品形式外销，大蒜三产融合略显滞后。

（七）祥符区大蒜产业扶持政策

祥符区区委、区政府对大蒜产业的发展非常重视，整合各种资金用于支持大蒜主产区市场建设、冷藏能力建设、大蒜标准化生产进程的推进及龙头加工企业的培育。

三、大蒜产业发展存在的问题与制约因素分析

（1）连年重茬，病虫种类多，危害加重，特别是韭蛆（迟眼蕈蚊）比较严重，影响大蒜的产量和品质。近几年大蒜产量一直徘徊。

（2）大蒜生产机械化程度低，劳动力价格攀升，种植成本增加，播种、蒜薹采摘、蒜头收获等环节人工成本高。

（3）大蒜规模深加工能力滞后，大蒜产品销售只能依赖外部市场，受阶段性市场变化制约。

（4）缺乏知名品牌。截至目前，祥符区没有真正叫得响的公用品牌、企业品牌、产品品牌。

四、大蒜产业发展的对策建议

（1）加大信息引导，规避盲目种植。通过各种有效媒介，及时公布各地种植情况、销售情况、价格变动情况，提醒蒜农理性种植。

（2）着力推广标准化生产技术、绿色生产技术，积极打造"三品一标"，确保大蒜的外观品质、内在品质，确保大蒜质量安全和市场竞争力。

（3）加强市场体系建设，一方面拓宽销售渠道，另一方面架起质量可追溯桥梁，实现"市场需求"倒逼"生产质量"，从而实现大蒜种植高质量、销售高价格、生产高效益的目的。

（4）积极发展电子商务，实现网络销售，进一步拓宽大蒜销售渠道。利用网络把高质量的大蒜及其副产品——蒜薹直接销售出去，降低销售成本，实现生产者和消费者共享丰收之目的。

（5）积极发展定制农业。政府搭台企业唱戏消费者参与，根据加工、消费需求，生产出符合市场需求、加工需求的大蒜及其副产品，找准生产者、加工者、消费者的切合点，适销对路，确保产得出、销得掉，确保种植效益。

（6）积极培育大蒜深加工企业。在政策、资金、税收等方面给予优惠，创造良好的机制环境，"栽下梧桐树引得凤凰来"，引进、培育深加工企业，将大蒜加工成大蒜产品，像江苏邳州那样，把"一头蒜"做成"一头蒜的保健"，拉长产业链条，实现产后增值。

（7）积极打造品牌，充分发挥品牌带动效应，实现大蒜全产业发展壮大。在生产能力强大的今天，品牌的作用显得尤为重要。搭乘"吃饭农业向品牌农业发展"的快车，鼓励家庭农场、合作社、种植大户注册自己的商标，或打造区域公用品牌，同时做好品牌保护。充分发挥品牌的高端引领和拉动作用，把大蒜产业做大做强。

（8）提高大蒜机械化水平。推广农艺、农机技术的有效结合，降低人工费用，降低成本，提高种植效益。

（9）推广良种良法配套技术，推广高产高效栽培模式。在大蒜主产区发展大蒜—辣椒、大蒜—豆角、大蒜—地膜花生、大蒜—红薯等一年两熟高产高效栽培模式，提高综合效益；推广病虫草害综合防治技术，将农业、物理、化学、生物技术有机结合起来，对病虫草害进行有效的防控与治疗。大力推广生物菌肥，改良土壤理化性状，培肥地力，降低病虫的危害。

河南省西华县韭菜产业

王洪庆[1]　姚秋菊[2]　张伟民[1]

（1. 河南省西华县农业科学研究所；2. 河南省农业科学院园艺研究所）

河南省西华县是全国粮食生产大县、畜牧业大县。目前，西华县发展无公害农产品生产基地 25 个、无公害农产品认证 39 个，建设省（市）级农产品标准化基地 12 个，成功创建省级农产品质量安全县。同时，积极推进农业适度规模经营，全县农民专业合作社（家庭农场）发展到 1090 家，省市级农业产业化龙头企业达到 31 家，土地流转面积 27.7 万亩。按照"四优四化"要求，深入推进农业结构调整，发展高效农业 3.8 万亩，新增造林面积 9860 亩，畜牧业总产值达到 23.7 亿元，粮食总产达到 74.7 万吨。从种植业结构看，西华县粮经比例为 48∶52，复种指数 270%，全县常年农作物种植面积 297 万亩次，其中粮食作物 139.6 万亩次，经济作物 157.4 万亩次；麦辣椒套、麦瓜菜套、农枣间作等套种面积 97 万亩；以蔬菜为主要品种的日光温室、塑料大棚等保护地栽培面积 15.9 万亩；食用菌面积 300 万平方米，栽培达到 2 亿袋。

一、韭菜产业发展现状

（一）种植规模及布局

西华县历来有种植韭菜的传统，1995 年以前主要栽培西华当地窄叶、紫根品种，种植方式以农户分散露地种植为主，全县种植面积不足 2000 亩，供应期为每年 3 月上旬到 10 月下旬，在西华当地销售。1997 年引进宽叶白根韭菜新品种平韭 791，该品种产量高、口感好、种植效益好，迅速在西华县大王庄乡推广种植，改变了韭菜只在村头地边种植的传统习惯，部分农户在种植粮食、棉花的责任田内开始规模种植。2000 年后个别农户开始租赁土地种植韭菜。截至 2018 年，西华县韭菜种植面积 6.5 万亩，种植区域主要分布在以大王庄乡柳草楼行政村为中心的方圆 15 千米的大王庄、迟营、东王营、田口、李大庄、皮营等乡镇，规模达到 50 亩以上的种植农户有 426 户，韭菜种植成为农民致富的主要渠道（见表 1）。

表 1　西华县韭菜分布情况

乡镇	种植韭菜行政村数量（个）	50 亩以上种植户数（个）	种植面积（亩）
大王庄	10	59	10500
迟营	9	46	7500
东王营	9	72	10000
田口	6	56	9000
李大庄	7	43	8200
皮营	8	62	8300
其他	15	88	11500
合计	64	426	65000

（二）栽培模式及效益

目前西华县韭菜种植为 4 月上旬做畦育苗，7 月中旬整地做畦、移栽定植，畦宽 1.8 米（其中畦埂 60 厘米），韭菜行距 20 厘米，穴距 15 厘米，每穴 5 ~ 7 株，定植一次采收 4 ~ 6 年，然后换地倒茬。产品有秋延后和冬季、早春鲜韭菜和韭菜籽 2 种。韭菜栽培模式有"露地 + 小拱棚""露地 + 小拱棚 + 大棚"和露地栽培 3 种模式，根据示范县选择监测的定点示范户 2016 ~ 2017 年调查问卷，不同模式栽种和收割时间不同，单价和效益也不同，其中"露地 + 小拱棚 + 大棚"模式，由于单产和单价都高于其他两种模式，收益也高出 2000 ~ 4000 元/亩。新鲜的韭菜 80% 销售到郑州、北京、天津等外地市场，20%供应周口市场，亩产值 9000 ~ 12000 元。韭菜籽第二年产量最高，以后 20% 递减，95% 以上销往外地，部分做种子，部分用作药材和药材原料，亩产值 4000 ~ 5000 元。韭菜采收 5 年后由于分蘖节上移、养分消耗过大、韭菜长势变弱，韭菜籽产量下降，种植户无法换地倒茬时开始粗放管理（见表 2）。

表 2　栽培模式及效益

模式	收割时间	鲜韭		韭菜籽		投资	投工	亩效益
		单产（千克）	单价（元/千克）	单产（千克）	单价（元/千克）	（元/亩）	（个）	（元）
露地 + 小拱棚	11 月 30 日 ~ 12 月 15 日	1800 ~ 2500	3.6 ~ 4.0	40 ~ 120	60 ~ 70	3000 ~ 4000	15 ~ 20	6000 ~ 10000
	2 月 25 日 ~ 3 月 5 日	1400 ~ 1800	3.5 ~ 3.8					
露地 + 小拱棚 + 大棚	12 月 20 日 ~ 2 月 10 日	2000 ~ 2500	5.0 ~ 6.0	60 ~ 100	50 ~ 60	4000 ~ 5000	12 ~ 15	8000 ~ 12000
露地	3 月 25 日 ~ 4 月 5 日	2000 ~ 2200	2.0 ~ 3.0			1000 ~ 2000	12 ~ 15	3000 ~ 4000

（三）产业组织及市场建设情况

截至 2018 年，西华县共有韭菜种植专业合作社 2 个、家庭农场 12 家、种植大户 426 户，由于韭菜种植 6 年后要倒茬换地，受种植户土地面积和经营权限制，倒茬后继续种植的占 30%～40%，每年新增种植面积 15%～20%。西华县韭菜专业销售市场主要集中在 S102 省道沿线，以大王庄刘草楼市场最大，专业收购销售韭菜，年销售量在 3 万吨以上，部分种植大户直接与城市蔬菜批发市场对接，客商到园区基地收购。

二、韭菜产业发展存在的问题

西华县充分利用当地气候条件和市场需求发展韭菜种植，摸索出了反季节供应鲜韭菜—夏秋生产韭菜籽的高效种植模式，成为主产区农民增收的支柱产业，为农民脱贫致富、奔小康发挥了重大作用。但是产业发展还存在诸多问题和制约因素。

（一）缺乏统一规划和技术支持

西华县韭菜种植模式是大王庄乡刘草楼村农民学习山东经验后结合西华实践探索出来的，发展区域也是以该村为中心向四周乡村辐射，发展较慢，没有成规模、上档次的示范园区和生产基地。农技推广部门没有精通韭菜的专业技术人员，很少开展技术服务、培训指导。新加入种植户所需品种多是从老种植户手中购买的自留种子，品种更新换代慢。

（二）质量安全和品牌意识缺乏

西华县韭菜生产还未实现标准化种植，小农户分散生产导致质量安全无法得到保证，部分种植户超量使用杀虫剂、违规使用禁用杀虫剂，存在食品安全隐患；同时，韭菜生产品牌意识缺乏，截至 2018 年，西华县获得无公害认证的韭菜生产基地只有 2 个，拥有商标的 1 家。

（三）销售渠道单一，产业链短

西华县韭菜销售主渠道是外地客商委托收购，产品不能直接进超市、学校、城市社区，没有价格自主权。出售鲜韭菜和干韭菜籽等初级产品，没有深加工制品，附加值低。

（四）机械化程度低，人工高成本高

韭菜不同于其他蔬菜，生产过程中定植和收获需要大量的人工，西华韭菜种植除整地、播种、浇水环节使用机械外，移栽、收割、盖膜、采收全靠人工，用工量大，效率低。特别是收获，需要经过收割、去杂、捆绑、装袋、装车等多个环节，而且每个环节都需要精工细作，否则严重影响韭菜的商品品质，在韭菜主产区存在"用工荒"、人工成本不断攀升现象，加上韭菜价格不稳，生产风险高，韭菜的种植比较效益逐渐下降。

三、韭菜产业发展的对策建议

西华县韭菜产业要做大做强，为主产区脱贫致富、乡村振兴提供产业支撑必须走标准化生产、规模化经营、品牌化营销道路。积极引进新品种，提高品质和种植效益；加快保鲜、储运、深加工技术的研发，提高产品附加值和减少产地损失。为此需要政府部门在土地流转、农业保险、品牌培育、市场建设方面给予政策优惠；农技部门在质量安全、产品认证、新品种引进、标准化生产规范制定等方面提供全方位服务；种植户要提高产品安全意识、品牌意识，成立协会组织，强化对会员生产全过程农资投入品监督，提高西华县韭菜的知名度和市场占有率。

（一）强化科技支撑，引进优良品种，推广先进技术

科研、企业、新型农业经营主体紧密对接，加快高产、优质、抗病虫、抗涝新品种引进和选育，加速新品种示范推广应用，提高品质和种植效益，推动韭菜"育繁推"一体化发展。

按照生产标准化要求，大力推广集约化育苗技术、测土配方施肥、水肥一体化、绿色植保技术、机械化轻简化管理等技术的示范应用，节本增效。加强对农技人员和种植户的技术培训，提高韭菜的科学种植水平。

（二）加强政府引导和监督，强化品牌意识，保证产品质量安全

政府积极介入，按照《河南省高效种养业转型升级行动方案（2017—2020 年)》和《河南省绿色食品业转型升级行动方案（2017—2020 年)》要求，发展好韭菜特色优势区，建立韭菜标准化生产技术体系和完善的标准推广实施体系，目标任务细化到县区、乡村，优化到具体品种，显现到规模成片，形成真正的产业优势。充分调动各级农技人员的积极性，加强技术标准的示范和辐射，加大标准的宣传和培训力度，强化品牌意识，引导种植户改变生产观念，广泛使用低毒农药和标准化生产技术。鼓励已成规模的韭菜主产区做大做强，形成特色农产品优势区，把地方土特产和小品种做成带动农民增收的大产业。同时加强韭菜生产流通全过程的质量监管，保证产品质量安全。

（三）拉长产业链条，促进西华韭菜产业化发展

发展产业链是提升韭菜产品竞争力的有效途径，随着韭菜功能的不断拓展，韭菜主产区要立足资源优势，创新组织模式、栽培模式，积极培育龙头企业和产业联合体，加大对韭菜深加工产品，如韭菜薹、韭菜花、牛肉韭菜花罐头等产品的开发利用力度，把韭菜上下游结合起来，以满足国内市场对韭菜深加工产品日益增长的需求，提升产品附加值。建立完善韭菜加工制品的产品质量标准体系，提高产品竞争力和影响力。构建政府推动、龙头带动、创新驱动相结合的联动机制，合力推动西华韭菜行业向高端绿色智能融合转型升级。

十三、南昌综合试验站

江西省瑞昌市水生蔬菜产业

余国庆 范回桥 洪芸 周自璇

（江西省瑞昌市农业农村局）

瑞昌市地处长江中下游南岸，国土总面积 1423 平方千米，总人口 46 万，下辖 21 个乡（镇、场、街道）。境内水系发达，大小河流纵横，水源充沛，水质优良。其属大陆温湿性气候，气候温和，四季分明，年平均气温 17.5℃，年降雨量 1700 毫米左右，无霜期240～260 天。优越的地理位置，充沛的雨量，温暖的气候，为水生蔬菜产业发展提供了良好的自然条件。

一、基本情况

瑞昌市蔬菜产业有着悠久的栽培历史，其中和平山、横立山辣椒产业蓬勃发展，成为当时农民增收致富的重要途径。其后，随着市场变化和种植地病虫害防治难度加大等原因，这些蔬菜产业发展转入低谷。近年来，随着九江市"菜篮子"工程的实施以及城郊蔬菜基地建设政策的出台，瑞昌市蔬菜产业又迎来了新的发展机遇。特别是瑞昌市充分利用水源充足、水域较广的良好条件，积极推进水生蔬菜种植。目前，全市形成了以莲藕和茭白为两个当家品种的大格局，深水田和烂泥田等以种植莲藕为主，排灌条件好和土壤肥沃的田块以种植茭白为主。茭白种植面积常年稳定在 3000 亩左右，总产量达到 1.35 万吨；莲藕种植面积在 5000 亩左右，总产量达到 0.75 万吨。

（一）产业布局

根据各地资源禀赋条件的不同和种植习惯的差异，瑞昌市大力支持各地选择不同的水生蔬菜品种。目前，茭白产业种植区域主要分布在范镇良田村、东山村、源源村，横港镇清溢村，桂林办事处光明村，高丰镇高丰村和乐丰村，种植总面积为 3000 亩，年总产量1.35 万吨，总产值 3000 多万元。莲藕产业种植区域主要是湖滨地区，分布在范镇源源村、东山村，桂林办事处光明村，赛湖农场三分场，白杨镇白杨村、连山村、赤丰村，武蛟乡上湖村、灌湖村，南阳乡上畈村、严畈村，夏畈镇南林村，高丰镇乐丰村、高丰村；花园乡南山村、南下村、肇陈镇八门村，黄金乡下巢湖村等地，种植总面积约 5000 亩，总产量在 0.75 万吨，总产值 2000 多万元。

（二）种植品种

一是在双季茭白优良品种中，主要种植浙江大学园艺系经十余年选育的茭白新品种浙茭 2 号、浙茭 991 号，两品种分别于 1993 年、1997 年获农业部科技进步奖。其次，推荐选用地方品种如纤子茭、中介茭、蚂蚁茭及四季茭等，抗性强、产量高、品质优、外观形状好。二是种植的莲藕品种有鄂莲二号、鄂莲四号、武莲二号等早熟品种；莲子的品种以太空 36 号、太空 3 号为主。

（三）种植技术

茭白种植主要选择土层深厚、灌溉方便的中低产田，或高海拔、排灌条件好、土层肥沃、保水抗旱能力强的田块种植。定植前将田翻耕、平整，达到田平泥烂，以利根深扎。栽培季节：秋、夏栽于 6～7 月定植。莲藕种植宜选择水源、日照充足，排灌方便，水流缓慢、涨落和缓、水深不超过 1.2～1.5 米，土壤有机质丰富的黏壤土为好，可利用水塘、沟渠、湖泊、河湾、洼地、烂泥田或稻田栽植。

（四）种植模式

一是茭白栽培模式：以露地栽培为主，占总种植面积的 90%。在设施栽培方面，瑞昌市兴隆蔬菜茭白种植专业合作社在范镇良田村基地应用了移动喷灌栽培模式，在孕茭期通过喷淋洁净地下水，创造出 25℃～30℃、适宜黑粉菌繁殖的气候条件，利用茭白的膨大，缩短膨大时间，达到优质高产高效的目标。九江市辉祥有机果蔬专业合作社在横港镇清溢村基地建立了 100 亩大棚茭白种植基地，主要用途是冬季利于茭墩越冬，春季能提高孕茭期的田间温度，利于黑粉菌的繁殖，提早茭白上市时间 10～15 天。二是莲藕栽培模式：全部为露地栽培，瑞昌市鑫莲鑫莲子专业合作社正在实施莲田中套养泥鳅的模式，预计年每亩可收获泥鳅 600 斤，可增收 5000 元左右。

二、主要做法

（一）加强政策扶持

瑞昌市市政府出台了"瑞昌市蔬菜、茶叶、山药三大产业发展规划"，并纳入"十三五"规划，每年本级财政安排专项资金 100 万元，专项用于蔬菜基地与交易市场建设，生产和物流企业扶持，新品种、新技术、新材料的引进、试验、示范推广，科技培训和年终考核奖励，促进蔬菜产业发展。瑞昌市积极整合现代农业示范园区、城郊蔬菜基地建设等方面的资金，对水生蔬菜产业发展给予扶持。同时，市政府加大了"财政惠农信贷通"落实力度，对蔬菜产业经营主体给予了重点照顾，为蔬菜产业的发展提供了资金保障。完善土地流转机制，建立土地流转服务平台，推进土地有序、规范流转，特别是充分发挥村委会作用，以村组集体为单位统一成规模地流转，为建设集中规模化的水生蔬菜基地打好基础。

（二）培育发展主体

瑞昌市成立了蔬菜产业专业合作社，以完善土地流转机制，促进规模化商品蔬菜基地建设：一是龙头带动型。通过招商引资兴建蔬菜基地，以"企业 + 基地 + 农户"的开发模式示范带动全市设施化基地建设。二是农超对接型。鼓励标准连锁超市自建蔬菜基地，实行净菜上市。三是能人带动型。支持引导回乡创业农民和种植大户创办蔬菜基地，发展规模种植。四是农户联建型，成立蔬菜生产专业合作社。引导城郊农民调整产业结构，扩种蔬菜，拓展蔬菜发展空间。在茭白产业发展方面，2013 年引进浙江外商，注册 820 万元成立瑞昌市兴隆蔬菜茭白种植专业合作社，着力建设一个种植、包装和销售为一体的现代农业生态园。合作社在生产管理上大胆创新，科学管理，以种植茭白为主。做到"五统一"，即统一营销式、统一种子种植及生产资源资料供应、统一专业农技人员服务指导、统一农产品标准、统一商标使用。实行"五化"，即劳动用工合同化、组织生产标准化、项目管理规范化、流通安全制度化、营销管理市场化。在经营模式上，用"公司 + 合作社 + 农户"的发展思路，帮助带动周边农民共同致富，达到一个互利双赢的局面，最终实现一个科学性、知识性的发展新格局。在莲藕产业发展方面，形成以瑞昌市鑫莲鑫莲子专业合作社为主导的发展主体，引领产业发展。

（三）促进融合发展

为了推进茭白种植加工销售一体化，瑞昌市兴隆蔬菜茭白种植专业合作社以种植基地为基础，建设了 1000 立方米的预冷池、500 立方米的冷库、2000 平方米的分拣分级车间，实现了茭白产品田头预冷、产品分级、标准化包装、冷藏、冷链物流、电子商务等一条龙的生产加工物流平台。在销售上与江西省毅恒现代农业科技发展有限公司合作，签订了销售协议，同时在北京、上海、广州、南京、深圳、合肥、南昌等大城市设立了自己的销售部门，并配有成熟的销售配套措施，能保证茭白地头收购价格稳定在 1.20 ~ 1.50 元/斤，使产品销售过程中也能有效地抗拒市场风险。在全国的茭白市场销售份额中，瑞昌市茭白销售份额约占总量的 60% ~ 70%，引领着茭白的市场销售。瑞昌市鑫莲鑫莲子专业合作社建立莲子初加工厂，开展莲藕初加工，对收获的莲子进行分级分拣、分类包装。同时，注册了"馨卓"商标，并于 2014 年申报了"绿色食品"，且在"生态鄱阳湖、绿色农产品"2014 年（上海）展示展销会上荣获"最佳畅销奖"。

（四）强化质量安全

瑞昌市推行水生蔬菜标准化生产，认真贯彻《农产品质量安全法》，严格执行蔬菜品种的无公害生产技术和操作规程。在种植基地选址时，要求周边无工矿企业、无城市垃圾、生活垃圾，河流或上游水库有灌溉用水等。在水生种植过程，为加强农产品质量安全管理，严格执行了《九江市城郊蔬菜基地蔬菜产品标准化生产技术规程》，建立了质量管理和产品质量追溯制度、产品准出制度、仓库管理制度和农药使用管理制度等。完善农产品质量安全检测体系建设，开展安全生产宣传培训，加强蔬菜质量安全检测，建立安全生产档案，推行产品市场准入制度和质量安全追溯制度。主要种植专业合作社配备了农药残留速测仪等设备，确保果蔬产品质量安全。扶持各生产企业无公害蔬菜、绿色食品蔬菜、有机蔬菜的认证，推进无公害技术规程和产品质量标准的落实，加快无公害蔬菜生产标准化进程。

（五）抓好科技应用

瑞昌市加强了科技创新，加大了标准化技术推广力度。为使农药减量使用，该市在水生蔬菜种植基地推广安装太阳能杀虫灯 200 多台，绿色防控技术、科学用药减量技术、生物农药应用技术使用面积达到 3 万亩次。瑞昌市推进化肥减量使用，实现水生蔬菜产业发展测土配方施肥技术全覆盖，推广应用配方施肥应用面积 1.5 万亩次，有机肥应用面积 1 万余亩次，化肥用量减少了 30% 以上。同时，开展技术培训，组织水生蔬菜种植大户、家庭农场、合作社的主要成员统一参加市农业局组织的新型职业农民培训工作，安排水生蔬菜种植的骨干人员，每年参加新型职业农民素质提升培训班。把范镇良田茭白基地、南阳莲藕种植基地，作为瑞昌市新型职业农民培训工作的实训基地，每年实训人数超过 200 人次。通过培训，切实提高水生蔬菜种植水平，同时起到了引导种植示范基地周边农户从事水生蔬菜种植的带动作用。

三、存在的问题

（一）产业规模偏小

目前，瑞昌市水生蔬菜生产主要集中在茭白、莲藕两个主要品种上，种植面积在 1 万亩左右，总体种植规模偏小。据调查，该市适宜莲藕生长的区域共有 5 万亩，目前的使用率只有 10%；适宜茭白种植的水田面积有 3 万亩，茭白的种植面积只占其中的 10%。水生蔬菜的发展面临扩大种植规模的迫切问题。

（二）市场风险较大

茭白属于低端初级产品，且鲜销为主，货架期短，严重制约了离产地较远地区的茭白消费市场的开发和利用。不同月份、年份上市量的影响，有较大的价格波动，增产不增收，特别是秋茭上市期集中，品质一般，价格较低。

（三）品牌意识不强

目前，茭白生产还没有创立品牌，主要通过农贸市场等渠道销售。由于没有品牌，难以体现出与其他地域生产的相同农产品的差异，对于促进茭白走入高端蔬菜产品市场带来困难。在莲藕产业发展方面，虽然创立了品牌，但在品牌宣传推广、产品展示展销等方面做得还不够，品牌市场影响力弱。

（四）部分地方土地流转难

土地流转的责任主体不合理，合作社一般和农户签订流转协议，商谈的对象为几百家农户，因附带条件过多，土地集中的难度过大；在生产过程中，农户稍不如意就坐地抬价，合作社疲于应对，严重影响运转；基础设施投入过重，多由合作社自身投入，极不利于进一步发展。

（五）人力费用较高

种植过程中需要大量的劳动力，人力成本较高。如范镇良田茭白种植基地年用工量在2万人次，常年务工者收入不低于3万元。此外，由于基地相对集中连片，附近的劳动力较难满足生产需求，激发了用工的无序竞争，最终导致劳动力价格虚高。

四、对策建议

（一）进一步扩大产业发展规模

要坚持以龙头企业或合作社为引领，带动周边农户共同进入产业发展中来，扩大产业种植规模，进一步形成产业发展规模效应。要创新机制，推动龙头企业或合作社注重产品开发、品牌发展以及销售渠道建设，通过开展订单种植等形式，统一种植品种、生产标准、产品销售、品牌包装，带动农户共同发展。

（二）进一步拓展产业链条

要大力发展乡村旅游业，利用水生蔬菜种植区域内独特的气候条件和秀美的自然风光，吸引外商投资兴建休闲山庄或避暑山庄，把水生蔬菜的生产和乡村旅游业有机结合起来，促进产业健康发展。要继续开展荷花节等节庆活动，吸引城镇居民前来赏花休闲，发展摘花、农庄旅游等服务活动，增加产业发展附加值。

（三）进一步加强项目政策支持

要进一步整合资金投入，多渠道积极争取各级农业发展项目资金，加强农田基本建设、贮藏冷库建设和品牌建设。特别是通过建立相应产业协会的形式，统一品牌生产，形成品牌合力。支持各类市场主体参加各级农产品展示展销活动，提高产品市场美誉度和影响力。

（四）进一步强化农产品质量安全监管

建立安全生产机制，推行标准化生产，严格执行无公害生产技术操作规程，加强产品的安全检测，推行产品市场准入制度和质量安全追溯制度。加快冷库、储藏、物流、加工建设，使产品能旺季入库冷藏保鲜，淡季上市供应。

江西省高安市辣椒、大蒜、芥菜产业

黄国东　易海荣

（高安市农业农村局）

一、基本情况

高安市土地总面积 2439.33 平方千米。其中：耕地 105.25 万亩，占 28.8%；山地 139.04 万亩，占 38%；水域 38.15 万亩，占 10.4%；城镇、村庄、道路等其他用地 83.46 万亩，占 22.8%，所谓"四山一水三分田，还有二分道路与庄园"。土地结构是一个完整的生态体系，土壤质地肥沃，土层疏松，对蔬菜的生产非常有利。高安气候温和湿润，雨量充沛，全年平均雨量为 1560 毫米，光照充足，四季分明，属中亚热带湿润季风气候，自然条件较好。高安市有便捷的铁路和公路立体交通网络，紧邻省会南昌，高速铁路可直达各地，昌栗、赣粤等高速公路拉近了与周边城市的距离。高安市是物流大市，全市拥有运营货车 1 万多辆，货车拥有量居全国第一位，蔬菜产品借助便捷的物流，远销浙、闽、粤及省内各地。

二、蔬菜产业基本情况

高安市是全国首批无公害蔬菜基地县、全国蔬菜标准园创建县，蔬菜产业是高安市农业支柱产业，被列入《全国蔬菜优势产业规划》和《江西省优质蔬菜产业发展规划》，高安市人民政府高度重视蔬菜产业的发展，积极探讨全市蔬菜产业发展现状和潜力，制定高安市"十三五"蔬菜产业规划，促进全市新一轮"菜篮子"工程建设工作持续、稳定、健康、快速发展。

2018 年全市蔬菜种植面积 21 万亩，复种面积 35 万亩，蔬菜总产量 70 万吨，全市蔬菜产值达到 28 亿元。蔬菜产值占全市种植业产值的 40% 以上，成为高安第二大特色产业。全市主要大宗外调蔬菜品种有早辣椒（10 万亩）、萝卜（2 万亩）、芥菜头（2.5 万亩）、大白菜和甘蓝（2.5 万亩）、大蒜（2 万亩）以及豇豆（2 万亩）等。高安市蔬菜产业的特点有：

（一）面积规模化

以上湖乡为中心的辣椒、芥菜头基地，面积达到 3 万多亩；以石脑镇、龙潭镇为中心的豇豆基地，规模 2 万余亩；以新街镇、独城镇、大城镇为中心的无籽西瓜基地，规模 2 万余亩；以筠阳街办、祥符镇为中心的大蒜、叶菜等精细蔬菜基地，规模 4 万多亩；以田南镇、大城、建山镇、灰埠镇、村前镇、杨圩镇等为中心的设施蔬菜开发基地，面积均达到 5 万多亩。

（二）品种区域化

高安市上湖乡有民谣："南坪的辣椒走四方，岗上的苦瓜透心凉，汉溪的大蒜喷喷香，卢家的茭白水汪汪。"而且所用品种统一，辣椒 95% 是"辛香 2 号"和"满分 107"，秋豇豆基地全部使用之豇 282 系列良种，无籽西瓜全部使用中国果树所的郑抗系列良种，大蒜品种是由四川调入的二水早，茭白全部是改良双季茭白。形成了"一村一品"的种植格局。

（三）栽培无公害化

高安市上湖乡辣椒基地有 20 多年的辣椒栽培历史，为克服轮作障碍，全市大力推广水旱轮作和设施避雨栽培技术，在辣椒收获后推广水稻种植，实行水旱轮作，有效避免和控制了病毒性病害和土传病害的发生和流行，并改善了土壤的理化性状，保障了农产品的质量安全。

（四）收益高效化

2018 年，我们对蔬菜示范点"春提早辣椒—晚稻—芥菜"栽培模式进行了粗略效益分析。①平均亩产值：每亩产青椒 1200 千克，红椒 1500 千克，产值 7000 元；水稻产量 500 千克，产值 1280 元；芥菜头产量（菜头和菜梗）4000 千克，产值 4000 元；每亩辣椒育苗平均外调 15000 株左右，产值 2000 元，全年亩产值 14280 元。②平均物化成本投入：年每亩肥料投入 500 元，农药投入 300 元，大棚投入 800 元，种子投入 100 元，合计 1700 元。③投入产出比：1700:14200≈1:8.4。④纯收入：根据调查，示范点每户 1.5 个劳动力种植 4 亩，每年约需人工 200 个左右，平均每亩需人工 50 个左右，按平均劳动力价格 50 元/天计算，每亩人工成本 2500 元左右。按亩产值 - 物化成本 - 劳动力成本 = 纯收入计算，高安市早辣椒—水稻—芥菜头栽培模式亩纯收入 10080 元。

三、主要举措

（一）强化"菜篮子"市长负责制

在市政府主要领导重视下，近年来高安市核心蔬菜区发展迅速。市领导经常到各基地召开技术人员、合作社、菜农代表现场办公会，及时梳理问题、解决问题、整合项目和技术力量、强化责任管理，保证了蔬菜基地各项措施到位，充分发挥行政推动的作用。

（二）大力扶持蔬菜专业合作社，组织种植散户加入合作社抱团发展

现已形成"六统一"种植模式：统一品种、统一购药、统一标准、统一检测、统一标识、统一销售。既提高了农产品质量，又降低了农民生产经营成本，直接增加了农户的收益。高安市上湖乡从事蔬菜种植、销售的专业合作社有 15 家，全市 145 余家，形成了一条较为完善的蔬菜产业化发展道路。高安蔬菜远销全国 10 多个大中小城市。

（三）整合资金，着力打造核心蔬菜基地

近年来高安市着力打造上湖、巴夫洛、建山、田南等蔬菜核心区，积极整合财政支农项目，争取各方面资金，按照"渠道不变、管理不乱、各负其责、各记其绩"的原则，集聚分散于农业、财政、农业开发、企业等资金 1.5 亿元，集中投入蔬菜核心区建设中。

（四）以现有优势，推进品牌建设

以农民增收为出发点，围绕市场抓发展，围绕特色抓突破，打造高安蔬菜品牌。高安市双惠蔬菜专业合作社注册了"上湖"牌商标，其生产的辣椒、芥菜头、甘蓝等蔬菜产品被评为国家级无公害农产品和"江西省优质农产品""江西省著名商标"，其生产的辣椒"高安尖椒"抢占了省城南昌 60％的市场。

（五）技术示范，促进标准化生产

一是制定标准，根据高安市实际情况，制定了《江西省春提早辣椒避雨栽培技术规程》，由江西省技术监督局发布，并作为江西省春提早辣椒避雨栽培技术规程向全省推广。二是重新组装整合栽培技术，把新品种示范、水旱轮作、避雨栽培、棚内降湿、物理防虫、无公害农药推广等各项技术整合，应用于种植园区。再充分利用蔬菜标准园作为高安市蔬菜产业的示范、培训基地，带动全市蔬菜产品标准化生产。"做给农民看，领着农民干"，把生产技术普及到每个农户。

（六）建立严厉的蔬菜监管机制，打造高度安全的蔬菜产业

一是改革农产品安全监管体系，组建独立的农产品检测中心，实行"检管分离"，承担全市蔬菜安全检测工作。二是坚持从源头抓起，关口前移，把蔬菜产品检测关口重点放在各乡镇和基地各个蔬菜收购点；全市每个乡镇、每个蔬菜基地全部建立了农产品安全检测站，再由农业部门培训检测人员，配发速测仪器和药品；坚持速测到田，随机抽查。2018 年全市检测蔬菜样品 4860 个，确保进入市场的蔬菜达到无公害蔬菜标准。三是建设无公害蔬菜质量追溯平台，确保基地每一批产品可网络查询，接受社会监督。

四、特色蔬菜产业发展存在的问题

（一）缺乏名优产品，无公害蔬菜产量小

设施栽培品种要求既能耐低温、弱光，又能耐高温、强光，还要耐高湿，露地品种进入设施内，适应性差，病害重，效益低。农户在日光温室中普遍使用化肥、农药的情况十分突出，设施农业产品中药物残留令人担忧，直接影响了农产品的品质和质量，同时一家一户分散经营为主的销售方式，影响了农产品的销路和经济效益的提高。

（二）专业化水平低，农民组织化程度不高

菜农科技素质普遍不高，缺乏懂技术善管理的青年农民。农民将蔬菜成苗定植后，即按照普通的露地栽培方式对设施蔬菜进行管理，对温度、湿度等自然条件变化缺乏了解和掌控能力。

（三）服务体系不健全，专业技术人才不足

设施蔬菜具有较高的生产效率，较低的资源消耗率。目前，高安市设施蔬菜产业基础设施还相对落后，许多蔬菜新区和设施蔬菜产区技术匮乏，生产水平低，产后加工和市场拓展能力弱，效益比较低，严重影响了农民蔬菜产业发展的积极性。产业链延伸难，高投入高产出的固定大棚、温室等成本和科技含量较高的生产方式较少。蔬菜产业规模化、专业化、集约化程度低。抵御市场风险能力不强，与现代蔬菜产业发展很不适应。

（四）技术发展不平衡，市场竞争力不强

许多地方设施蔬菜种类繁多，蔬菜生产不能形成规模。栽培技术的集成创新不够，新成果入户率和转化率低，栽培管理、贮运保鲜技术水平不高，距标准化、指标化、措施化的现代农业要求还相差甚远，蔬菜单产低、产品质量差、档次低，市场竞争力不强。

（五）投入严重不足，产业发展后劲不足

大部分菜田水、电、路基础设施不完善、不配套，抵御自然灾害能力弱，综合生产能力不强；设施蔬菜一次性投资大，大部分农户资金不足，但财政资金补助标准低，金融部门贷款难，发展严重受阻；没有形成保障产业持续发展的长效投入机制。

五、今后发展思路和发展目标

（一）发展思路

在稳定现有蔬菜播种面积的基础上，逐步扩大冬闲田利用规模，充分发挥稻菜轮作耕

作模式，逐步扩大蔬菜种植面积。通过改善品种结构，强化基础设施建设，完善科技支撑体系，提高蔬菜品质和单产。鼓励龙头企业、加工企业发展，创立生态、安全、绿色高安优质蔬菜品牌，加强市场流通体系建设，完善农产品安全检验检测体系建设，推动高安市优质蔬菜产业的发展。

（二）发展目标

力争到 2020 年，蔬菜播种面积由 2018 年的 35 万亩增加到 45 万亩，产量由 2018 年的 70 万吨达到 90 万吨以上；蔬菜加工能力达到 10%～15%；蔬菜销售量省外市场达到 60 万吨以上，通过升级和新建现代化的批发市场，提高蔬菜的流通效率，蔬菜在流通过程中的损失率从 25%～30% 降低到 10%～15%；产值由 28 亿元达到 40 亿元以上。

（三）建设重点

一是建设集约化种苗中心。根据高安市蔬菜生产规模化程度和区域化蔬菜种植面积，组装育苗设施设计和施工技术、种子处理技术、精量播种技术、快速催芽技术、育苗发育调控技术、苗期病虫害综合防治技术等，建设 3 个年出苗 500 万株的育苗中心，为全市优质蔬菜种植提供优良商品苗。

二是提升菜田基础设施。根据优质蔬菜生产的要求，对菜田基础设施进行改造或开发，主要包括土地平整、土地改良和种植区内路渠、排灌系统、农电系统等提档升级，以及附属设施和配套设施的完善，如滴灌、肥料池、蓄水池、沼气池、冷链系统等。

六、今后蔬菜产业发展的主要措施

（一）加强组织领导

高安市委、市政府将全力推进高安市蔬菜产业发展摆到重要位置，纳入高安市经济和社会发展规划。市委、市政府进一步完善"菜篮子"市长负责制，建立完善高安市菜篮子工作领导小组，统筹协调产业发展中的重大问题，提出战略目标和实施计划。从政策、资金、技术、市场等方面为全市蔬菜产业发展提供全方位服务。

（二）加大扶持力度

加大政府投入力度，抓住国家投入不断向"三农"倾斜的战略机遇，将现有各渠道项目、资金、技术等资源进行全面整合；完善招商引资机制，全方位、多形式、宽领域进行招商引资。

（三）继续推进品牌建设

树立品牌意识，大力实施品牌战略，提升产品品种和品质结构。坚持以市场为导向，以农民增收为出发点，以现有优势为基础，围绕市场抓发展，围绕特色抓突破，不断提高高安市优质蔬菜经济效益和社会效益。

（四）加快科技创新

不断完善技术创新体系，建立以规模化基地、龙头企业和专业合作社为主体的技术创新体系，以项目为载体，采取"请进来""送出去"的办法，培训县、乡、村（合作社）蔬菜技术骨干，建立蔬菜技术推广体系；加快新品种示范推广步伐，积极引进蔬菜新品种，加快品种更新步伐，创新栽培模式，推广生态栽培配套技术，增加生产茬口，提高复种指数，提升生产效益。

（五）继续加大农产品安全监管力度

用最合格的标准、最严格的监管、最严厉的处罚、最严肃的问责，统一领导与属地管理原则，努力构建政府监管，基地及菜农自律的长效机制。继续完善建设市级农产品安全检测中心，健全市乡两级监管机构，确保高安市蔬菜产品不发生重大质量安全事故，维护人民群众"舌尖上的安全"。

江西省南昌县荸荠、薤菜、辣椒、大蒜产业

何建平

（江西省南昌县农业农村局）

南昌县地属亚热带湿润气候地带，气候温和，四季分明，雨水充沛，日照充足。适宜的气候为荸荠等特色蔬菜产业发展提供了有利的条件。全县总面积 1713 平方千米，下辖 16 个乡镇和 1 个银三角新区，主管一个小蓝经济技术开发区，263 个行政村。简称"四个一百"：即耕地 100 万亩，水面 100 万亩，粮食年产 100 万吨，人口 100 万。2018 年全县蔬菜播种面积 22.95 万亩，产量 68.04 万吨；特色蔬菜播种面积 2.66 万亩，产量 4.66 万吨。

一、发展现状

（一）荸荠的种植情况

南昌县荸荠的种植品种为广西荔浦引种，近几年也有少量组培苗试种，种植面积 5100 亩，产量 1.28 万吨，主要分布在三江、黄马、广福、冈上、向塘、武阳、幽兰等乡镇，周边的丰城、进贤、新建也有辐射，种植面积约 2 万亩。每年 6 月开始栽种，11 月上旬开始采收，一直可以持续到来年的 4 月。采收大多半机械化，先是把茎秆割除，然后一排翻一排捡，集中装袋后用拖拉机运到场地。采收工大多为周边六七十岁的老人，工资大多为日结。采收期主要集中在 12 月前后，在全县及周边县市采收的荸荠集中在广三公路三江镇段进行处理，分级、清洗、装袋后发往全国各地。通过近几年发展，初步形成了"公司＋基地＋种植大户＋农户"产供销一条龙的产业化形态。种植规模较大的有南昌县基平种植专业合作社等。对于病虫害，主要为枯萎病和螟虫，这两种病虫害如果防治不力，会造成严重危害。

（二）薤菜的种植情况

南昌县的薤菜主产区在三江镇，周边乡镇也有少量种植，种植面积 1200 亩左右，产

量 4800 吨，它的原种从抚州引种，俗语叫"抚州金边"。一般 4 月上旬种植，采收可以持续到 9 月底，蕹菜喜温喜湿，生长快，需要纯手工摘取适中茎秆部，然后码放在专用大筐内运输到市场。南昌县种植以大户为主，蔬菜基地一般种植旱蕹，因为可以机械采收。由于采收间隔时间短，病虫害危害轻。在未来发展中，秀挹三江农业公司尝试把它作为原料腌制做成罐装腌菜推向市场。

（三）辣椒的种植情况

2018 年南昌县辣椒种植面积 900 亩左右，产量 3100 吨，一般为蔬菜基地种植。品种为江西农望种业辛香二号等品种，亩产在 5000 斤左右。病虫害为炭疽病和白粉病及地老虎等。农户也有种植朝天椒、尖椒、线椒等品种，销售一般由经纪人在地头收购，价格随行就市。

（四）大蒜的种植情况

南昌县大蒜以紫皮大蒜为主，种植面积 4600 亩，产量 1.76 万吨。蔬菜基地和农户都有种植，全县各乡镇都有分布，大多采用高畦栽培轮作方式，有"稻—蒜"和"菜—蒜"两种轮作方式；种植时段分上半年和下半年两个时段；产品为鲜食品为主，一般不留种。

二、存在的问题及制约因素

（一）采收成本高、强度大，集约化程度低

近几年南昌县特色蔬菜产业发展较快，经济效益较高，但产业规模化、集约化程度较低。目前从事农业生产的这部分人年龄偏大，文化素质参差不齐，接受新技术的能力较弱，导致栽培新技术的推广与落实难度大。企业直接经营比重低，主要以农户为主，种植时间安排随意而分散，主导产品不突出，采收都是利用人工完成，成本高、强度大，且受气候和人工不足的限制，延长了采收时间，降低了产品的商品价值，直接影响产业规模化种植和经济效益的提高。

（二）病虫害防治水平滞后

随着产业化进程的加快和种植面积的不断扩大，常年种植引起主产区土壤酸化、病菌增加、病虫害发生率高，而种植户对主要病虫害的防治水平还相对滞后，且种植户存在防治能力、防治技术、责任意识上的差异。因此，一旦病虫害大面积发生，在防治时就出现了消极防治、被动防治，甚至不防治的现象，造成病虫害发展蔓延。

（三）以初级产品为主，深加工产品较少

南昌县特色蔬菜加工企业以腌制、烘干等初级产品加工为主，加工工艺简单、科技含

量低、经济附加值低，目前还没有大型加工产业化龙头企业；南昌县荸荠初加工主要以削皮后作为鲜食品供货超市。经了解大蒜可以开发出蒜油、硒蒜胶囊、大蒜多糖等深加工产品40多种，然而南昌县全部以鲜食售卖，市场很容易滥价。

三、发展建议

（一）加强引进新品种和配套栽培技术

采用引进性状稳定、品质优良的新品种。不断加强栽培配套技术研究和示范推广力度，增加对病虫害防治经费的投入，重点开展危重、主要病虫害的防治研究，加大监测和防治力度，积极为农民提供防治技术指导，选择防治药剂，提高病虫害防治水平。尽快开展引进特色蔬菜采收机械化和配套设施项目工作。

（二）健全市场流通体系，加快新产品推广

要健全市场流通体系，切实做好市场营销。根据现代人的生活方式，开发健康、环保、方便的产品，加大新产品的宣传力度，对外开展产销衔接，推广直销配送、连锁经营等现代流通方式，提升市场竞争力。加快扶持和改造一批农产品专业批发市场，加强产品保鲜、贮藏的体系建设财政扶持力度。

（三）强化科技服务体系，建立成果转化平台

围绕产业发展的关键技术和环节，着力强化科技服务支撑体系，充分发挥科研院所、大专院校、专业合作组织和协会的作用，健全和完善县、乡产业技术推广服务体系。加强科技示范户的培训工作，把示范基地建设成为新技术、新品种的成果转化平台，积极探索和创新新技术推广，推进新品种、新技术、新产品、新工艺的研发、集成示范和配套应用，切实推动农业优势特色产业提质增效。建立蔬菜新技术网络服务，定期发布阶段性关键技术信息。

（四）加快扶持龙头企业，促进产业集群发展

加快培育扶持龙头企业，整合资源，聚集优势，增强其带动和辐射作用，积极推广以"龙头企业＋合作社＋基地＋农户"为主的经营组织模式，建立完善利益联结机制。通过提高龙头企业核心竞争力，推动龙头企业集团化、集群化发展，带动产业大县建设。按照优质、高产、高效、生态、安全的要求，进一步优化区域布局，发挥资源优势，增强南昌县在生产发展中产业大县的主导地位。

江西省信丰县辣椒产业

袁青云

（江西省信丰县农业农村局）

一、特色产业（辣椒）发展现状

作为信丰特色产业的辣椒产业势头不减，2019 年信丰县辣椒种植面积 6.3 万余亩，青椒种植面积 3.3 万余亩，同比略有增加，产量 6 万余吨；2019 年朝天野山椒种植 3 万余亩，产量约 3.1 万吨，与 2018 年基本持平。20 世纪 90 年代末至 2000 年初期，辣椒呈现出了热火朝天的景象，大塘埠镇青椒市场在收获期，每天近 20 辆大车陆续满载出发至各地，大塘埠镇也成为江南第一辣椒大镇。朝天野山椒果小味辣、颜色亮丽、香味浓郁，是辣王中的辣王，特别适宜火锅、水煮鱼的配料。朝天野山椒新品种满足了不同市场的需求，销售市场由原来的九江、南昌、萍乡等省内市场为主，拓展到广东、青岛、北京、浙江、湖南、内蒙古等省市区。生产基地重点布局在小河镇和正平镇及大塘埠镇中部、大阿镇西部等。主要栽培方式有露地栽培和大棚设施栽培。

二、发展蔬菜产业的特点

信丰县咬定"把蔬菜打造成农业支柱富民产业，把信丰打造成江南重要的蔬菜集散地"，把蔬菜打造成继脐橙产业后的第二大产业定位，县委刘勇书记多次亲自调度，蔬菜产业领导小组组长黄蕙县长经常亲临一线，实地解决问题，制定了蔬菜产业发展规划，下发了蔬菜产业奖补工作意见及农业产业扶贫工作意见，县本级财政拿出 3 亿元对蔬菜产业进行扶持。

充分发挥高标准蔬菜基地龙头带动作用，以品种引领、品质提升、品牌打造为主攻方向，实施标准化、品质化蔬菜产业发展计划。统筹蔬菜品种、种植区域规划布局，其中辣椒是信丰县的主打品种，重点在乡（镇）建立一批生产规模适度、紧密联系菜农、助力脱贫攻坚的大棚设施蔬菜基地，发挥辐射带动和示范引领作用，推动产业规模扩张、结构优化、质量提档、效益提升。

山东寿光蔬菜产业集团建立七彩庄园蔬菜基地，总规划面积 10000 亩以上，总投资 8 亿元以上，其中设施农业计划建设钢架大棚 5600 亩；引进信丰大塘埠镇惠洋蔬菜基地，流转土地 1100 余亩，其中新龙村片面积约 500 亩，仓前村片 600 亩，新龙片以大棚种植为主，总投资 6000 万元，种植蔬菜 600 余亩，2018 年新建连体钢架大棚和育苗中心及蔬菜钢架大棚 500 亩；信丰县农伯乐蔬菜专业合作社以古陂镇阳光村为核心，辐射周边十几个村，带动农户 300 多户，发展面积 3000 多亩，辣椒是主打品种，常年种植上市。

三、投资经营模式

经过多年来的摸索发展，结合精准扶贫，信丰县辣椒产业逐渐形成了 4 种带动模式。

（一）"公司 + 基地 + 雇工"模式

这种模式主要体现在大阿永青蔬菜基地，主要特点是经营公司化、基地规模化、生产标准化、销售定向化。由公司投资兴建基地，聘请当地或外地农民种菜，采取公司化经营管理模式。

（二）"村党支部 + 合作社 + 基地 + 农户"模式

这种模式主要体现在西牛镇曾屋村现代农业示范基地，主要特点是组织化程度高、种植高效、产品高端、农业和观光旅游同步发展。如曾屋村由村党支部牵头，成立了曾屋村憨农田园合作社，并加入寿光的七彩庄园，以每股 1 万元的股份吸纳了 81 名社员，吸收股份资金 400 多万元，走现代高效农业的发展道路，采用现代化的设施、技术，投资 180 万元建成智能温控大棚 6500 平方米，无土栽培设施 4000 平方米，取得良好的经济效益。

（三）"能人 + 基地 + 农户"模式

采用这种模式的主要有古陂农伯乐蔬菜基地，特点是能人带动、种销分工、诚信合作。蔬菜生产能人赖焕华负责为种植户提供菜苗、农资，免费提供技术指导，收回并销售产品。农户则利用自家的土地和流转过来的土地种植。菜价随行就市，"售后定价，月结菜款"。这种模式有效激活了技术、销售信息、土地和劳动力等生产要素，实现能人和农户双赢。特别是农户不直接与市场打交道，有效避开了农户分散生产的市场风险，增收与扶贫成效明显。目前，基地带动农户 300 多户，种植蔬菜 3000 亩，带动了 30 多户贫困户真正脱贫。

（四）"大户 + 雇工"模式

这种模式较为普遍，主要特点是自发生产、自主经营、自负盈亏。菜地由大户个人投资，自主集中流转土地，每天以 50～60 元的工价雇请当地农民做工，产品主要在本乡圩镇零售以及县城超市、桥北菜市场批发。目前，全县 50 亩以上的种植大户共有 16 户，主要分布在嘉定、西牛、铁石口等 8 个乡镇。

四、面临的发展瓶颈

（1）农田基础设施落后、农业机械化程度低。农田渠系、机耕道配套功能差，有效水源供给不足，抗御自然灾害和机械化操作能力差，不能充分发挥土地的生产效益。

（2）规模化种植程度还不高。现代农业都提倡规模效应，没有规模就没有效益，而信丰县蔬菜种植大都是一家一户，区域规划不专业，规模化、专业化生产程度低，基础设施不完善，"一村一品""一乡一业"不明显，规模化、产业化的蔬菜种植企业不多，究其原因是农民对土地流转持观望态度，总是认为土地租金太低而不愿将土地租赁出去，土地流转难导致无法形成规模化种植。另外，农村劳动力外出务工，使蔬菜基地招工难度加大，规模难以扩大。

（3）科技种菜水平低，科技意识、标准意识、品质意识都不强，新品种、新技术引进推广应用面小，蔬菜生产科技贡献效率低。信丰县 90% 以上都是传统蔬菜，反季节蔬菜、优质蔬菜比例低，每到冬季，信丰县消费的蔬菜大部分都要从外调入。

（4）市场体系不完善，市场信息不畅通。没有真正意义的蔬菜交易批发市场，销售组织化程度不高，蔬菜经纪人少，销售半径短，抗市场风险能力弱。

（5）蔬菜加工龙头企业少，几乎没有什么蔬菜订单生产等问题。总体来说，全县蔬菜生产基本处于一种政府放任、群众自发、老板自主，组织化程度不高，技术水平不高，粗放经营的状况。

五、面临的发展机遇

（1）农业部对口支援信丰县，期限 8 年，为信丰农业争资争项以及国家级的技术指导提供了很大帮助和机遇。

（2）山东寿光产业集团入驻信丰县，作为中国蔬菜产业的龙头企业，对信丰县蔬菜产业设施升级起主要带动作用，引进新式冬暖大棚、新品种、新技术等，推动信丰县农业发展。

（3）赣州市提出实施乡（镇）蔬菜技术人员定向培养、原乡（镇）"三定向"农技人员提升、种植能手及基地技术员培育 3 个充实人才队伍计划，积极响应、培育新型农业人才，充实农业技术服务队伍，解决人员老化、断层现象。

六、发展的对策建议

（一）结合精准扶贫，进一步加强科技培训与指导，不断提高菜农的技术水平

为了配合新品种、新技术的推广工作，大力推广塑料大棚、遮阴网、地膜覆盖以及立

体栽培等种植技术，切实提高蔬菜的产量和品质，增强蔬菜产品的竞争力。认真抓科技培训与指导工作，开展全县蔬菜种植大户技术培训。

（二）突出规模种植，发展蔬菜专业村（组）

在发展中心城区商品蔬菜建设的基础上，进一步加大力度，发挥规模效应，抓好规模种植，逐步形成规模化、基地化、效益化发展。并进一步完善基地的各项基础设施，提升品位。建设一批规模蔬菜基地，带动周边农户参与，发展蔬菜专业村（组）。

（三）提升种植水平

积极发展统防统治、机械化作业等社会化服务组织。集成推广绿色防控、测土配方施肥、立体栽培、水肥一体化和物联网应用等技术，提高土地产出率和商品率，提高种植效益。

（四）努力做好新品种的引进示范工作

为了做大做强信丰县蔬菜产业，宣传和展示新品种的增产增效作用，加快信丰县良种普及率及品种更新换代步伐，增强科学、合理化品种引进及布局意识，选出适合信丰县种植、品质好、产量高、抗性优的辣椒新品种进行试验、示范。

（五）抓好规模蔬菜建设，鼓励集中育苗

发挥蔬菜专业合作社优势，按照合理区域布局的原则，支持七彩庄园、古陂镇阳光村农伯乐基地和大塘埠镇新龙村惠洋等蔬菜生产集中规模优势区内，建设工厂化育苗中心，发展专业村（组）育苗大户。鼓励育苗大户向周边基地和菜农提供优质商品种苗。引导专业村（组）农户扩大蔬菜种植规模，提高蔬菜良种普及率。

（六）加大政策扶持力度

加大蔬菜生产扶贫政策力度，对蔬菜生产、经营、加工专业户在信贷、税费等方面给予倾斜，对规模种植和设施蔬菜基地进行资金扶持。

（七）谋划蔬菜种植户与销售网络平台对接

召开对接会，支持蔬菜基地和蔬菜合作社发展产销直接对接，推行"农超对接""农校对接""农企对接""农社对接"等直供直销模式，引导企业、学校、酒店、社区居民与蔬菜生产合作社、蔬菜基地开展直供直销试点，谋划生产与销售无缝对接。

江西省永丰县辣椒产业

涂年生　帅寿根

（江西省永丰县蔬菜管理局）

一、辣椒产业发展现状

唐宋八大家之一的欧阳修故里——永丰县，地处江西省中部，吉安市东北部，辖 21 个乡镇，3 个国营林（垦殖）场。全县耕地面积 50 万亩，人口 46 万，是农业大县。

蔬菜是永丰的传统产业。商品蔬菜生产起于 20 世纪 80 年代初，经过 30 多年的发展壮大，形成了早春大棚蔬菜、秋延后蔬菜、常规特色蔬菜、高山蔬菜以及食用菌五大生产类型。年种植面积 26 万余亩，产量 52 万余吨，产值 12 亿元以上。是首批全国无公害蔬菜生产示范基地县、全国绿色食品原料（蔬菜）标准化生产基地，早辣椒套种果蔬项目为国家农业标准化示范区、国家农业标准化综合示范县、江西省“一村一品”示范基地、江西省引智示范基地，素有“生态蔬菜之乡”称号。全县鲜蔬菜统一注册了“永丰”牌地理标志商标，“永丰蔬菜”区域品牌价值 7.49 亿元，纳入全省重点农业产业集群。早辣椒、苦瓜、豆角等 16 个品种获“无公害农产品标志证书”，永丰辣椒通过 ISO22000 食品安全体系认证，还通过国家良好农业规范“GAP”论证，“永丰早辣椒”获得“江西省名牌产品”称号。

永丰蔬菜已销往湖南、广东等十多个省份的 100 多个大中城市，并远销韩国、中国台湾、中国香港等地市场。蔬菜生产的大发展，形成了蔬菜的加工企业集群，县内建有永叔府、绿源、燕平、桂香婆、正达、圣达等蔬菜加工企业，年加工蔬菜能力达到 30000 吨，从而大大提高了蔬菜的附加值。

商品辣椒种植面积：2015 年 3.5 万亩，产量 8.8 万吨；2016 年 3.3 万亩，产量 8.5 万吨；2017 年 3.1 万亩，产量 7.8 万吨；2018 年 3.1 万亩，产量 7.8 万吨。面积和产量呈下降状态。常规辣椒面积 1 万亩左右，基本保持稳定。

永丰辣椒包括早春、秋延和常规栽培。早春辣椒从 20 世纪 80 年代初开始种植，至今有 30 余年历史，秋延后辣椒从 20 世纪 90 年代末开始种植有 20 余年历史。

早春辣椒种植面积3万亩左右，小棚双膜覆盖生产，多以散户为主，品种以尖椒、线椒为主，品种较多，主要品种为辛香2号、早红41、优胜105；秋延辣椒种植面积0.3万亩左右，多以专业大户、家庭农场生产为主，以单体钢架大棚为主，品种较为单一，即辛香2号尖椒、长龙1号线椒；常规辣椒种植面积1万亩左右，多以散户零星生产为主，品种以本地品种（藤田辣椒）为主，露地栽培。

早春辣椒、秋延辣椒以外销为主。早春辣椒4月底至7月上旬上市，前期采青椒，后期采红椒，曾经销往广东、福建、上海、浙江、江苏、安徽、河南、湖南、湖北及江西各地，近年来，随着规模减小和品种结构改变，销售市场以广东、湖南及本省为主。秋延辣椒10月至春节前后上市，前期采青椒，后期采红椒，主要销往周边县市。常规辣椒7月至11月上市，满足本地市场和周边县市市场为主，以鲜食为主，同时后期晒干食用。

永丰县早春辣椒曾经辉煌过，2003年前后，面积达6万亩以上，而后几年受农资价格上涨和劳动力成本上涨等因素影响，种植的可比效益和面积均有所下降。2008年受冰冻天气影响，早春辣椒生产受到毁灭性打击，规模大幅度减少，而后继续受可比效益低的影响，生产规模无法恢复。

二、存在的问题和制约因素

（一）存在的问题

（1）品种结构混乱，效益不稳定。最突出的表现是品种多而杂，良莠不齐，没有形成一两个有特色、市场竞争力强的主导品种。这导致永丰辣椒在市场竞争中总体处于劣势，市场拓展空间较小，特别是高端市场占有率低，价格偏低，效益不稳定。

（2）包装落后，品牌效应不明显。永丰在蔬菜产业发展上虽然取得了较多的荣誉与称号，有"永丰"牌地理商标，但辣椒产品多年来不分级不包装，或粗糙包装，没有形成"精品包装，拓展市场"的意识，导致品质虽优、档次却低、市场竞争力低的局面。

（3）劳动力减少，成本提高，可比效益低，挫伤了菜农积极性，导致早春辣椒面积不断萎缩。

（4）辣椒生产种植大户逐年减少。20世纪初的专业大户高龄化，工作能力下降，不适于继续种植。其子女成家立业，且大部分在外工作，子承父业的意愿不高。种植户甚至以村为单位在逐年减少。

（二）制约因素

（1）早春生产受气候影响。永丰县辣椒生产主要是冬春季节，育苗期间在10月到次年2月，整个时期都处在冬季，容易受到低温雨雪霜冻等不利气候影响。而大田生长期前期早春低温雨水多，所以整个生育期的生长环境容易受气候影响，从而影响效益的稳定。

（2）设施条件落后，抵御自然灾害能力弱。永丰县辣椒生产栽培设施大都为中小棚或小拱棚，栽培设施总体落后，技术含量不高，抵御自然灾害能力弱。2003 年前后，永丰早辣椒面积一度达到 6 万亩，2008 年受冰冻天气影响，大部分辣椒秧苗冻死，辣椒苗受损率达 60% 以上，很多菜农无苗可栽，栽培面积一度减少到 2 万 ~3 万亩。

（3）缺乏龙头企业带动产业发展。目前永丰县没有一家真正的蔬菜生产加工型龙头企业，蔬菜产业规模做不强扩不大，品牌也就无法培育。

三、产业发展的对策建议

（一）提升设施化水平

设施是制约永丰辣椒生产的首要因素，辣椒早春和秋延后栽培都需要保护设施。一直以来，永丰的早春蔬菜生产以大棚套小棚育苗，小拱棚种植，至清明前后揭掉小棚变成露地，到五六月受雨水影响，病害多，辣椒产量和品质都受到很大影响。推广大棚避雨栽培，是减少病害提高产品质量和产量的最有效手段。同时，应该建立集约化育苗场，既抵御如 2008 年那样的自然灾害，保证秧苗供应，又提高辣椒秧苗质量，为辣椒标准化生产提供可能。

（二）培育龙头树品牌

品牌运作是永丰蔬菜产业发展的突破口，要品牌运作，关键是要一个龙头企业来运作。而永丰蔬菜产业没有一个真正的产业化龙头企业。作为蔬菜产业发达的山东寿光，蔬菜加工、配送、营销、产业服务的公司比比皆是，而永丰县的食品加工企业寥寥无几。且蔬菜加工只占其中的少部分，加工本地蔬菜的更是没有。另外，进行蔬菜营销的只是一些中介，没有进行品牌营销的企业。这种状况，怎么能把一个产业做大做强？因此，引进、扶持、培育农业产业化龙头企业迫在眉睫。一方面，可以从培育家庭农场或合作社起，逐步培训产业带动人，再把他们培育成本地化的龙头企业；另一方面，可以引进一些有实力的企业来永丰县进行农业开发，带动产业的发展。

（三）科技兴菜、科技兴椒

一是加大科技投入，提高科研水平，大力引进新技术、新品种，提高辣椒种植科技水平，提高产品产量和质量，提高种植效益；二是建立科技推广网络，加大健全推广体系，特别是要建立村级科技示范户（每个乡 2 ~3 个村，每村 3 ~4 户），加快"三新"引进推广力度。一定要预算一定的科技示范户经费，保障科技示范工作能正常开展。只有科技推广网络建立了，科技兴菜才有可能，对于辣椒品种单一，或者推广适合市场的品种才有可能。

（四）挖掘地方特色品种

永丰县的藤田辣椒，品质和风味都很好，深受消费者喜爱，是一个很有地方特色的优良品种，还有一些品质好的本地品种。要把这些品种收集起来，进行对比研究筛选，把表现好的优良株系进行提纯复壮，最后选定最具代表性的品种。再进行规模化、标准化生产，品牌化经营，打造真正的"永丰牌"辣椒。

十四、广昌综合试验站

江西省广昌县白莲产业

杨良波

（江西省广昌县白莲科学研究所）

　　广昌县地处江西省东部边境，辖 11 个乡镇 1 个垦殖场，总人口 25 万人，其中农业人口 18 万，是典型的山区农业县。全县农业以白莲、水稻、烟叶为主，其中白莲比较优势突出。广昌县是我国著名的"中国白莲之乡"，是广昌白莲的原产地和全国通芯白莲的主产区。广昌白莲栽培历史悠久，因色白、粒大、味甘清香、营养丰富等特点而驰名中外，自宋代以来便为"贡莲"，被誉为莲中珍品。2004 年被列入国家地理标志产品保护名录，2006 年颁布实施了《广昌白莲》国家标准，2008 年获中国名牌农产品称号，2017 年被列入全国重要农业文化遗产，2017 年被评为我国最受消费者喜爱的区域农产品公用品牌。

　　近些年来，广昌县依托区域资源优势，大力实施创新驱动发展战略，广昌白莲呈现快速发展态势：2017 年全县白莲种植面积达 11.3 万亩，白莲总产量 9000 吨，总产值 7 亿元。其中贫困户种植面积 1.2 万亩，覆盖贫困村 47 个，带动贫困户 2682 户 10728 人，户均增收 1.9 万元，广昌白莲产业已成为广昌县脱贫致富的重要途径。

一、注重思路创新，超前谋划白莲产业全局

　　广昌白莲产业健康快速发展的关键是超前谋划、超前布局。县莲科所成立之初，白莲产业发展最迫切的任务是培育高产优质品种，太空莲培育成功后，广昌县把工作重心转向太空莲良种推广普及和标准化栽培。目前，广昌县白莲产业进入全新的发展阶段，在"十三五"规划提出的三大产业都围绕白莲展开，在工业、农业、旅游业三大产业中，都强调了发展白莲产业。特别提出把食品工业作为广昌重点发展的两大工业产业（食品和纺织服装）之一，规划建设 2000 亩规模的食品产业园。要充分发挥广昌特产白莲的种植优势，做大做强白莲等特色优势产业；完善农产品流通体系建设，进一步健全白莲专业批发市场功能。大力发展旅游业，依托莲文化资源、红色资源、绿色生态资源优势，重点打造观光休闲度假旅游，加快"点、块、线"景区建设，提高旅游收入。在规划的四个建

设领域都重点支持白莲产业。工业发展项目：做大做强白莲及副产品深加工项目。农业发展项目：白莲地理性标志绿色产品、广昌白莲标准化基地建设等项目。旅游开发项目：驿前红色旅游经典景区开发及中国莲花"第一村"旅游开发、莲花科技博览园旅游功能基地等项目建设。科技创新项目：创建省级莲产品工程技术研究开发中心，开展航天搭载繁育白莲新品种等白莲科研。

2011 年，广昌县聘请中国农科院农业资源和农业区划研究所专门编制了《广昌县白莲产业发展规划》，对广昌白莲产业的机遇与挑战进行了深入分析，明确到 2030 年广昌白莲产业发展的总体思路、原则、目标与任务、总体方案、重点项目以及保障措施，成为广昌县白莲产业二十年发展的重要依据。

二、注重科技创新，打造白莲产业发展核心竞争力

科技是白莲产业发展的第一动力，是广昌白莲的核心竞争力，广昌县一直十分重视白莲产业的科技创新。

（一）超前建好科研机构

1984 年广昌成立了莲科所，是全国最早的白莲专门科研机构。2006 年，广昌在莲科所基础上成立了县白莲局。2008 年广昌建设了莲花科技博览园，占地面积 140 亩，工程总投资 1500 万元，是目前全国最大、设施最先进的子莲科研专业展示机构。园区集子莲科研实验、良种繁育、科普培训、莲文化展示、休闲观光等多种功能于一身，促进了广昌白莲产业的发展。

（二）积极培育创新人才

努力营造良好的人才成长环境，在分配机制、用人制度、奖励、培训等方面予以大力倾斜，对自愿到广昌从事白莲科研的硕士、博士一次性分别补贴 20 万、30 万元安家费，吸引高级人才。积极创造环境和条件，给科研人员创造好的条件，把他们推到生产科研一线，让他们在生产科研的实践中提升业务素质和创新能力。

（三）大力开展借脑引智

积极和中国科学院、江西省科学院、北京大学、北京师范大学、中国农业大学、中山大学、南昌大学、江西农业大学、武汉菜科所等高等院校、科研院所建立科研合作关系，借助外部资源，合作开展科研项目，取得了良好成效。2012 年，广昌莲科所获准组建江西省莲产业工程技术中心，与江西省科学院、江西省农科院、南昌大学、江西农业大学、江西中医学院等组成战略同盟，从莲的栽培、贮藏、加工各个环节对莲进行深度研究。积极筹划莲产业协同创新中心，致力引领广昌乃至全国的莲产业步入新的发展阶段。

（四）切实抓好科技推广

近年来广昌县白莲产业取得了一系列的科技成果。2002 年，"航天白莲 1 号、2 号、3 号新品种选育"项目获江西省科技进步二等奖、抚州市科技进步一等奖。"太空莲推广"项目获 2002 年度江西省农科教突出贡献二等奖。2008 年制定的《广昌白莲》国家标准（GB/T 20356 - 2006）获抚州市科技进步一等奖。2012 年，广昌白莲科研所"京广 1 号白莲新品种区域试验与示范"项目获抚州市科技进步一等奖，等等。广昌县以白莲标准化生产为重点，以广昌白莲标准的制定和颁布实施为依托，切实抓好白莲栽培技术推广，大力实施白莲无公害生产、绿色食品标准化生产。逐步建立完善的标准化管理体系，实行"统一优良品种、统一生产操作规程、统一投入品供应和使用、统一田间管理、统一收获"的"五统一"生产管理制度等，切实将科研成果转化为生产力。

三、创新运行机制，强化白莲产业发展的保障

合理的制度安排是推动产业发展的首要条件。广昌县注重整合相关资源，激活创新潜能，构建有利于白莲产业发展的制度框架，努力营造有利于白莲产业发展的良好氛围和环境，主要理顺了以下四个方面的机制。

（一）产业管理机制

政府层面上，县政府于 2006 年成立了白莲产业发展局，整体研究规划和管理协调白莲产业发展，逐步改变以前农业部门抓生产，工业部门抓加工，工商部门抓流通的条块分割管理方式。引导农民和组织组成紧密联系的利益共同体，引导白莲专业协会提高层次、规范运行。发展各种形式的白莲专业合作组织，将单个莲农联合起来，实现自我管理、自主经营、自负盈亏，共同参与市场经营，利益共享、风险共担。目前全县已组建莲农合作社 40 多家，联系全县近万户莲农。

（二）生产运行机制

主要抓好产业化经营。坚持"政府推进，产业化经营"，坚持集中连片，规模发展，全面执行广昌白莲标准化生产。成立县莲农协会，对全县白莲生产实行全生产过程的质量控制和经营管理。依托龙头企业，大力推行"公司＋基地＋农户"生产管理模式，实行订单生产，促进农产品的区域化布局、产业化经营、标准化生产和市场化发展。

（三）利益分配机制

政府部门立足做好裁判，建立合理的利益分配机制，维护和协调白莲产业从业人员的利益，最大限度调动各方的积极性。引导龙头企业建立合理的利益返还机制，如莲香食品、成启公司等企业大力推行订单生产、入股经营等方式组织生产，提高莲农地位，保障

莲农利益。积极减轻白莲流通税负，切实做好信息、金融、运输等服务，降低白莲产品交易综合成本，带旺白莲流通。

（四）投入机制

加大政府对白莲产业的直接投入，政府资金投入重点向白莲生产领域倾斜，县财政每年安排 100 万元白莲产业发展基金，同时积极整合财政、发改委、农业综合开发、扶贫等上级项目资金投入白莲产业。通过以奖代补，对龙头企业申报绿色食品标志、开展技术改造、申报名牌产品、参加相关展会，符合条件经审批都予以补贴。为尽快做大白莲加工产业，形成产业集群，广昌县规划了以白莲深加工为主的食品工业园，占地面积达 2000 亩。通过税收优惠支持企业加大投入，逐步由以政府投入为主转变到以企业投入为主，逐步建立以政府投入为导向、基地农户投入为主体、龙头企业和社会投入为补充的多元化投入制度。

四、强化结构创新，拓展白莲产业发展的新领域

结构创新对于构筑理想的产业经济结构框架，拉动和促进整个产业的发展至关重要。广昌白莲产业的结构创新，可以分为以下三个层次：

（一）产业结构创新

在抓好广昌白莲生产环节的同时，积极推进白莲加工业、流通业，以及依托白莲资源开发的旅游、文化等衍生产业的发展。改变广昌白莲以提供初级产品为主的现状，切实提高白莲的附加值。目前广昌白莲加工已初具规模，莲花旅游也呈现良好的发展局面。积极研究市场需求变化情况，引导企业及时开发满足人们消费需求的食用、药用、化妆品用等各种白莲加工产品。大力培植流通龙头，积极完善县乡白莲产地专业批发市场体系，发展壮大昌顺公司等实力雄厚的白莲流通企业，促使一批小型流通企业做大做强，大力拓展电子商务等现代化营销渠道。

（二）产品结构创新

促进产品加快升级换代，大力发展了绿色健康、市场前景好的产品，逐步限制淘汰或禁止市场接近饱和、经过不合规范加工处理、有损广昌白莲声誉的低劣产品。近年来除传统干莲外，速冻鲜莲、真空冻干鲜莲等品种发展较为迅速；白莲饮料，如鲜莲汁、莲藕汁产品投入市场后，颇受青睐；一些企业积极利用莲子开发即食食品、罐头食品，如奶香蜂蜜莲子、冰糖莲子、鲜莲罐头等。

（三）企业结构创新

加快白莲产业龙头企业发展，通过招商引资，积极引入香港成启等大型企业从事白莲

加工。积极引导扶持中、小企业向"专、精、特、新"方向发展，建立小、中、大型企业合作的分工协作关系，提高生产的专业化和社会化水平。通过企业结构调整，形成各类企业合作互补、分工合理、配套科学的白莲产业集群。加快劣势企业退出市场，关闭一批"五小"企业和污染企业。目前，全县已有莲香、连胜等7家白莲生产企业获食品生产许可，拥有自有商标近二十个，白莲产业集群初显雏形。

江西省莲花县莲产业

彭兴龙

（江西省莲花县莲业科研所）

莲产业是现代特色农业产业，近六年莲花县围绕打造"莲花之乡"的发展战略，将莲产业作为最大的品牌和特色来打造。六年间种莲面积从少到多，呈现跨越式、井喷型发展态势，产业规模迅速壮大。分析借鉴莲花县的成功经验，对各地发展现代农业具有重要意义。

一、莲产业发展概况

莲花县是全国唯一以花卉命名的行政县。根据史料记载，首次出现以"莲花"命名的地名是唐代贺贡甫的《思祖录》："唐咸通末，砻西士民追念先令公德政，因于莲花市建贺侯祠祀之。"因金城寨一带水塘里遍生瑞莲，繁花似锦，香气馥郁，人们便把这里称作了"莲花市"。《爱莲编》载："莲花桥在古厅城小西门外跨琴水，其地旧为莲花市，后于市上建桥渡水，颜曰：'莲花'，并称其街里曰：'莲花桥'。"宋代出现了莲花村、莲花峰等地名。元朝以后，便衍生出了很多与"莲花"两字相关联的地名，如花塘村、花田村、莲塘村、荷塘村、莲花塘、荷叶塘等。莲花建镇迄今已有两千余年的历史，历经宋、元、明、清等朝代，直到清乾隆八年（1743），割永新县砻西乡 20 都、安福县上西乡 12 都，正式设立莲花厅，民国二年（1913）改厅为县，称莲花县。

概括莲花县的莲产业发展历程，大致经历了三个阶段，即自然发展阶段，起步发展阶段和大力发展阶段。

（1）自然发展阶段。2006 年以前，莲子产量低，品种单一，缺乏专业机构和技术人员指导。科技落后，管理粗放，经济效益较低，农民种莲积极性不高。

（2）起步发展阶段。2007 年起，湖南湘潭客商在莲花村租地，试种湘莲 200 亩获得成功，逐步发展到 2010 年的 600 余亩。主要种植湘莲品种，亩产壳莲子 115 千克，平均每千克售价 28 元，亩产值 3200 余元，亩纯收入 2000 元，经济效益较高。

（3）大力发展阶段。2011 年莲子市场价格回升，加上政府合理引导，当年全县种植面积达 5000 亩。2012 年 2 月，县委、县政府出台《关于扶持莲产业种植加工的实施意见》，全县种莲热情高涨，种植面积迅速增加到近 2 万亩。2013 年 2 月，县政府又出台了《莲花县 2013 年莲产业发展实施意见》，激励全县新增莲子种植面积 5000 亩，总面积达到 2.5 万亩，2017 年，全县莲子种植面积 3.3 万亩，品种以太空莲 36 号和建选 17 号为主。在县委、县政府的推动下，莲花县莲产业快速发展。2012 年开始，投资 1.2 亿元，建设"荷花博览园"，连片种植荷花 5000 亩，堪称"荷海"，在城区内连片种植规模上属全国前列；2013 年，江西省花卉协会荷花分会舍弃繁华的省会，选在一个县级市——莲花县挂牌成立。7 月成功举办第 27 届全国荷花展暨国际荷花学术研讨会，这是全国荷花展首次走进江西。莲花村被农业部列为全国休闲农业与乡村旅游示范点；2014 年，"荷花博览园"被国家旅游局授予 4A 级景区称号；2015 年，莲花县被中国花卉协会命名为"中国莲花之乡"。

二、发展莲产业的成功经验和做法

（一）政府高度重视，政策引导有力

首先，提供坚强的组织保障。莲花县于 2012 年成立了莲产业发展工作领导小组，由分管副县长任组长，相关政府部门和乡镇主要负责人为成员，每季度定期召开会议，研究解决莲产业发展过程中遇到的各种问题。在全国率先成立莲产业发展局，专门负责莲产业的发展。其次，县委、县政府制定了一系列扶持和奖励政策。一是由县财政安排资金建立莲产业发展基金，用于科研、技术推广、人才引进、产业管理、品牌建设、市场培育。二是安排专项资金用于奖励种植大户、龙头企业和专业合作社。对新增连片 30 亩以上的子莲每亩补助 300 元，巩固原有基地每亩补助 100 元，新增花莲每亩补助 500 元。对荷花博览园内的子莲种植补贴，2016 年起，每亩补贴标准提高到 500~800 元。三是整合涉农项目资金，将扶贫开发、农业综合开发、休闲农业、科技等部门的涉农资金整合使用，用于打造莲产业品牌。2012 年，省扶贫资金 1000 万元全部用于莲产业发展，2013~2018 年，每年安排 300 万~400 万元扶贫资金用于扶持莲产业发展。最后，强化服务，为莲产业发展营造良好环境。一是促进土地有序流转。以大企业为龙头，引导和鼓励农民以出租方式或入股形式将分散的土地向企业或专业合作社、专业大户流转，通过"公司 + 合作社 + 农民"的运作模式，让广大农民参与其中，土地的租金、租期和利益分配方式严格按合同执行，禁止单方面终止合同。二是保障莲田用水需求，各乡镇和村委在用水季节合理调剂稻田和莲田用水，积极调解用水纠纷。三是制定乡规民约，加大对偷盗莲子的处罚力度，保护好莲农和企业的利益。四是加大莲产品开发力度，目前已开发手工白莲、磨皮白莲、红莲、莲心粉（条）、莲子酥、莲芯茶、荷花粉、莲藕粉、莲叶茶、莲子酒等系列产品，其中春满园公司生产的"莲花莲子"牌通心白莲 2014 年获得农业部无公害农产品证书，品牌效益大大提升。

（二）合理规划，打造标准化产业基地

该县根据交通区位特点，因地制宜，合理规划，从"点上提升、线上延伸、面上扩大"三个角度扩大莲子种植面积。①点上提升：在巩固现有荷花博览园莲子基地的基础上进一步扩大种植面积，在可视范围内全部种植莲子，总面积达到 5000 亩，堪称"荷花之海"，在城区内连片种植规模上属全国第一，2013 年 10 月，莲花村被农业部列为全国休闲农业与乡村旅游示范点；2014 年 3 月，荷博园被国家旅游局评定为 4A 级旅游景区；2015 年 2 月，莲花县获得"中国莲花之乡"称号。②线上延伸：即打造 319 国道、吉莲公路、吉莲高速公路三条莲产业带，在公路两旁 100 米范围内全部种植莲子，打造百里荷花长廊。③面上扩大：以该县琴亭镇、良坊镇、神泉乡、升坊镇为核心种植区，其他乡镇积极跟进，在三条莲产业带的新农村建设村和扶贫挂点村全面布局，规划到 2020 年，全县莲产业种植面积达到 5 万亩，占全县水田面积的 1/4。引进龙头企业，实行良种良法，打造标准化莲产业基地，推广莲田套种和莲子—油菜轮作等模式，提高单位面积的经济效益，亩产鲜莲 400 千克或壳莲 150 千克，加工后亩产值达到 5000 元。

（三）注重良种引进，强化科技创新与推广

莲花县在荷花博览园内兴建了占地面积 25 亩的荷花种质资源圃，按照"一花一世界，一叶一如来"的设计理念，规划建设了 366 个品种池，目前已从中国荷花研究中心、南京艺莲苑、宁波莲苑、广东三水荷花世界等地引进 366 个花莲品种，这些品种涵盖了花型、株型、花色、花期的各个类型，成为一个完善的荷花基因库。另外引进了四十余种睡莲、王莲品种，种植在周边水塘中。2016 年 3 月，成立了江西省莲华莲业有限公司和莲花县莲业科研所，先后与中国荷花研究中心、江西农科院、江西农业大学等科研单位建立了合作关系，在荷花种质资源、品种选育、栽培技术和观光农业等方面开展合作研究。2013～2014 年，该县萍乡市春满园农业发展有限公司与广昌县白莲科研所合作，承担了科技部星火计划"京广 2 号良种繁育及配套高产技术集成与示范"项目，获得成功。2017～2018 年，莲花县莲业科研所承担"国家特色蔬菜广昌综合站"项目，推广莲子新品种核心基地 200 亩、模式化栽培、子莲—油菜轮作 800 亩。强化技术推广体系建设，在全县建立了县有示范基地、乡镇有示范村、村有示范户的技术示范推广网络体系，增加科技对产业的支撑作用，促进莲产业可持续健康发展。

（四）提炼莲花内涵，创建特色莲文化

莲花是中国十大传统名花之一，被誉为花中君子，中国莲文化源远流长，文化内涵非常深厚。自古以来，中国人便喜爱莲花，认为它是洁身自好、不同流合污的高尚品德的象征，北宋文学家周敦颐的《爱莲说》中有"出淤泥而不染，濯清涟而不妖"之赞。文化是一座城市的生命，把莲荷文化打造成独具地方特色的莲文化品牌已成为全县共识，2013 年 4 月，莲花被正式确定为该县县花。莲花县借助第 27 届全国荷花展在莲花县举办的时

机，正加速推进莲文化创建进程，开展了莲花文学、莲花美术、莲花摄影、廉政文化等一系列莲文化活动，编印了"相约莲花""留莲忘返"等丛书和画册，以莲文化引领和支撑全县"两个文明"建设，促进经济社会发展。

（五）打造荷花主题生态景观，发展观光旅游

莲花县以现有的 5000 亩荷花博览园为中心，利用流经全县的生态河流——莲江打造国家级莲江湿地公园，以水乡湿地风貌和荷文化凸显江南湿地花园魅力。对荷博园进行提升改造工程，使其成为集湿地保护、生态旅游、休闲观光、婚纱摄影、科普教育、农家乐为一体的全国一流的荷花观光地和中国荷花摄影首选地。

该县充分借助节庆会展等形式，大力宣传荷花主题旅游。2012 年成功举办了首届中国莲花·莲文化旅游节，先后开展了"莲花君子"评选大赛、"莲花宝典"语录征集、"东西南北中"摄影大赛、"福地莲花"诗词书法大赛、乡村美食节、莲产业发展报告会等一系列活动，引来游人如织。2013 年第 27 届全国荷花展暨国际荷花学术研讨会在莲花县顺利举办，来自全国 26 个省、区、市共 105 家莲产业有关单位的 200 余名代表，以及澳大利亚、俄罗斯、日本、泰国等 4 个国家和中国港澳台地区的代表参加了展会，充分展现了秀美莲花、活力莲花和魅力莲花，极大地提升了莲花县的影响力和知名度。2014 ~ 2018 年分别举办莲文化旅游节活动，每年 6 ~ 8 月来莲花县观赏莲花的游客达 30 万人次，带动地方旅游收入累计达 3 亿元。

三、存在的主要问题

市场价格波动较大，壳莲子最高时价格可达 25 元/千克，最低时只有 12 元/千克，收益不稳定。

栽培新技术推广不力，大多数采用传统栽培模式，连年栽种易造成土壤退化，产量较低，一般亩产在 130 千克以下。

加工技术相对落后，大多是初级加工，缺少深加工龙头企业，缺乏创新产品。

四、莲产业发展经验的启示

莲花县莲产业的发展模式，是现代特色农业的成功典范，总结其成功经验，对于其他地区发展现代农业应具有借鉴意义。

启示之一，因地制宜，实事求是。在选择农业产业的发展方向时，应综合分析当地的自然条件、历史传统和现实经济社会因素，因地制宜，选择符合当地实际的特色产业。这样的产业才有优势、有后劲，这样的发展道路才能走得快、走得稳。

启示之二，政府主导，整合资源。政府引导在一项产业起步阶段往往起到关键作用。政府要整合行政资源，成立专门的组织机构负责，整合财力资金，专项投入，制定扶持政

策和激励机制，精心培育。待产业发展到一定程度后，再逐步转为以市场为主体。莲花县荷花博览园的建设，就是由政府投资 3000 多万元，撬动市场投资 1 亿元合力建设的。

启示之三，农业与观光旅游相结合，发展观光农业旅游经济。在综合利用当地的自然资源基础上发展起来的特色农业，应把旅游、餐饮等服务融入其中，通过与民俗文化、观光农园相结合，大力发展生态旅游，开展综合经营，提高社会经济效益。

启示之四，发掘文化内涵，提升产业层次。当前，文化与经济相互交融，文化生产力在现代经济总体格局中的作用越来越突出，是经济发展的动力源泉。要深度发掘特色农业的文化内涵，以文学、艺术、民俗等方式加以承载，加大对文化的保护和传播力度，提升产业层次，助推产业发展。

江西省南丰县白莲产业

封国林

（江西省南丰县农业技术推广中心）

南丰县毗邻"白莲之乡"广昌县，特别是白舍镇和付坊乡与广昌接壤，白莲在南丰县种植历史悠久。近年来南丰县白莲产业在种植、加工及综合利用、商贸流通等各个领域有了较快发展，白莲产业已成为南丰县农民增收致富的重要途径。

一、产业发展现状

近几年来，南丰县积极调整农业产业结构，按照"因地制宜、宜种适种"原则，把发展白莲生产作为引导农民脱贫致富、助推乡村振兴之路。白莲种植面积从2013年的7420亩逐步发展到如今的2.95万亩，年总产量230万千克，年产值1.3亿元，农民从白莲产业获得收入人均逾千元。

南丰县白莲种植品种主要为太空莲36号等系列品种，产量高、颗粒大、品质优良，为全县子莲种植的主推品种。

二、产业发展存在的问题

生产销售组织化程度较低。目前南丰县白莲种植面积虽有一定规模，但大多数仍停留在一家一户分散生产经营状态，全县仅有光祥、同心等少数几家莲子种植及销售专业合作社。

种植面积扩展缓慢。一是产业结构方面，南丰县是蜜橘主产区域，产业重心主要在南丰蜜橘上，莲子发展过程中与蜜橘、粮食作物争地、争时、争劳的情况比较突出。二是外出务工农民增加，白莲采收高峰季节加工受到影响。三是烟叶生产异军突起，付坊、东坪、太源、白舍等乡镇烟叶面积大幅度增长，导致白莲可种面积减少。四是白莲腐败病防治技术瓶颈难以突破，由于白莲连作时间长，容易发病，目前无理想的防治办法，致使产量和品质下降，管理难度大，导致很多田块不能继续种莲。

产业定位方面。南丰县白莲生产主要是以子莲为主，很少或基本上无藕莲、花莲等产品的生产和开发，产品附加值低，今后可考虑引进藕莲、花莲等品种，促进产业多元化发展，增加种植效益。

良种繁育方面。南丰县尚无专业良种繁育基地脱毒组培快繁工厂化育苗基地，全县白莲种藕主要来自广昌等周边县或农户自留种，种质资源参差不齐。

三、产业发展对策建议

（一）适度扩大种植规模，提高白莲生产水平与经济效益

推广应用"莲—稻""莲—烟""莲—菜"等套种轮作技术，逐步缓解莲粮争地、莲烟争地矛盾。大力推广"太空莲"系列品种等高产、优质、抗病白莲新品种，推广"良种＋良法"的配套高产栽培技术，逐步提高白莲单产水平，提高农民种莲经济效益。

（二）培植白莲生产加工企业，促进白莲加工业与产业化发展

大力推行"公司＋基地＋农户"生产管理模式，实行订单生产，促进白莲生产区域化布局、产业化经营和市场化发展。引导和鼓励企业采取多种形式，与农户形成利益共享、风险共担的经营机制。培育一批规模较大、起点较高、带动能力强的白莲加工企业，提高白莲加工转化率和附加值，打造具有较强竞争力的品牌产品，增加后续效益，促进白莲产业化经营健康发展。

（三）推行绿色生产，提升白莲品质与市场竞争力

注重提高白莲质量，确保白莲产品质量安全。大力推广白莲标准化生产技术，实施白莲标准化生产，提高白莲品质。同时农业执法部门要加大对白莲生产投入品的监管力度，坚持全过程质量控制，保障白莲质量安全，促进白莲品质迈上新台阶，进一步提高白莲产品市场竞争力。

（四）加强基础建设，增强科技创新能力

以提高农产品质量、安全水平为目标，加强白莲产业化基础建设，有计划建设白莲标准化生产综合示范区及产业化经营示范区，打造一批专业化、较大规模的白莲生产、流通和加工基地，加强科技开发建设，提高科技创新能力。同时加快建立健全农产品质量标准体系，建立健全白莲质量监督检测检验体系、白莲质量认证及质量安全执法体系。

江西省石城县白莲产业

温祖明

（江西省石城县农业农村局）

白莲是江西省石城县的传统特产，近年来全县大力挖掘白莲产业内在潜力，打造白莲生态观光，白莲产业已成为县域经济支柱产业。石城县是江西省最大的白莲生产县，1996年被国务院农业发展研究中心命名为"中国白莲之乡"。2018年全县白莲及其系列产品年产值超过10亿元，农民人均从白莲产业获得的纯收入近3000元，占人均总收入的40%以上。

一、白莲产业发展现状和优势

（一）种植规模大

江西省白莲主要分布在抚州市广昌县和赣州市石城县两地，其周边的宁都、南城、宜黄、黎川、会昌、瑞金等地也有一定规模的种植。2000年以来，石城县通过太空莲等系列良种引种和优质高产栽培技术的推广，白莲生产快速发展，种植面积稳定在3000～4000公顷，2018年达6666.7公顷，约占全省白莲种植面积的1/3。年产通心白莲8000～8500吨，约占全省白莲总产量的40%，白莲种植覆盖了全县11个乡镇、35%以上的耕地、95%的农户。

（二）经济效益高

白莲全身都是宝，莲子是多功能高疗效膳食、药用商品；莲芯、莲须可入药和制作莲芯茶；莲藕可加工藕粉；莲花粉是极好的保健品和化妆品原料；莲叶可制茶及用于多种菜肴包装；莲秆莲子壳是极好的食用菌原料。近年来，随着经济发展和出口拉动，白莲市场需求增长，价格一路走高，从1997～1998年低谷期的每千克45～50元，稳步提升到2003～2004年的55～60元。2018年，白莲每千克售价一路攀升到65～70元，最高达到90元，种莲收益显著增长。据对24户莲农的调查，平均每667平方米干莲产量81.3千克

（最高 135 千克，最低 52 千克），收入 5691 元（含部分副产品，最高 8785 元，最低 3502 元），扣除成本 2002.7 元，纯效益 3688.3 元（最高 6545 元，最低 1875 元），是种植水稻纯收益的 5～7 倍。白莲产业成为石城农民的致富产业。

（三）产品品质优

一是生态环境优越。石城地处千里赣江源头，全县森林覆盖率达 71.5%，具有白莲产业发展得天独厚的自然条件，确保了白莲产品环保无公害品质。二是推行无害化防治病虫害。通过严把进种关，药剂浸种、土壤消毒除菌、合理轮作抑菌等措施，全县 4333.3 公顷的白莲全部达到无公害生产标准。三是选用优良品种。石城县先后引进赣莲 61 号、赣莲 62 号、建选 71 号、建选 35 号和太空 3 号、太空 63 号等多个新品种，单产高，莲子色白粒大、味甘清香，外观品相和内在品质均可同广昌白莲媲美。四是推崇诚信经营。对白莲经销商实行持证上岗，严把白莲"出口"关，严厉打击掺杂使假的不法商贩，有力地维护了石城白莲的市场形象和产品质量，石城"通芯白莲"畅销浙江、山东、广东、福建、上海等大中城市和港、澳、台地区及东南亚市场，产品供不应求。

（四）发展前景好

2009 年石城县委、县政府审时度势，提出打造"中国最美莲乡"的休闲旅游产业，2010 年邀请国内外知名人士成功举办了赣江源江西石城第一届生态旅游文化节，建成石城县莲花观光园及百里荷花带两个景点。目前计划投资 3000 万元改造提升莲文化馆和扩建莲花观光园，打造通天寨 5A 级景区。同时，在品牌建设产品开发市场营销等方面加大了投入力度，白莲产业链条不断延伸，产业功能不断拓展，白莲生产焕发出新的活力和生机。

二、白莲产业发展中存在的问题

（一）水利基础条件较差

石城以丘陵低山为主，非全省粮食优势产区，农田水利等基建投资少、基础设施条件差，难以满足白莲生长需水量大和轮作换茬的要求。同时，白莲虽是喜水植物，但并不耐大渍大涝。选用低洼肥沃的水田种植白莲时，同样需要加强排涝设施建设，否则极易造成减产减收。

（二）生产科技含量不足

一是缺乏具有自主知识产权的品种。目前石城县没有自己育成的白莲品种，主要品种是从广昌引进的太空 3 号、太空 36 号，经过近十年的栽培，已出现不同程度的退化，制约了单产水平的提高。二是莲藕腐败病发生较重。由于多年种植，白莲病虫害特别是莲藕腐败病加重。莲藕腐败病缺乏理想的防治办法，增加了农户种植成本。三是标准化程度低。石城白莲种植面积虽然大，但一家一户分散经营，技术标准难统一，产品质量参差不齐，未获得国家无公害绿色有机等农产品质量安全认证。

（三）产品品牌优势不强

石城白莲一直被闻名遐迩的广昌白莲所掩盖。近年来，石城县以打造白莲生态观光为突破口，通过生态旅游节平台，积极唱响石城白莲品牌，但在石城白莲通用标志和原产地域产品保护、全国绿色食品标准化生产基地创建、国家省市名牌产品和中国驰名商标申报等方面还远远落后于其他两大中国白莲之乡（福建建宁和江西广昌）。

（四）产品加工深度不够

石城白莲目前还处于卖原料、初加工阶段，以"通心白莲"销售为主，年外销量约3000吨，占总销量的70%~80%。经营单位有江西省雄达食品有限公司、石城县清心食品有限公司、石城县珍珍食品有限公司、个体商贩及县城的白莲城、小松镇两个集散地。鲜莲及莲蓬年外销量达5000吨，占总销量的20%~30%，销售单位主要有江西十八度莲业有限公司、石城县冷冻食品厂及龙岗鲜莲协会。产品深加工刚刚起步，开发的系列产品品种少、规模小、档次低，缺乏市场竞争力。

三、白莲产业发展的对策和建议

（一）完善技术提单产

把握好"良种、良法、克腐、传粉"四个环节是关键。一是选用良种。积极引进适宜当地种植的优质高产良种，坚决淘汰严重退化的品种，并对主栽品种太空3号、太空36号和建选17号、建选35号等进行提纯复壮。二是模式化栽培。推行莲田选择，良种选用，土壤、种藕消毒，合理密植，测土配方施肥，病虫草害综防为主要内容的白莲标准化高产栽培模式。三是克治腐败病。此病是制约白莲单产的顽症，损失率高达10%~20%。在病区要采取土壤冬犁垅、石灰浸泡、种藕消毒、合理轮作以及化学防治等措施，来消除、控制和减少损失。四是放蜂传粉。白莲属异花传粉作物，一般投放1箱蜜蜂，可使2000平方米的白莲增产20%~30%，蜂农还可增收，一举两得。

（二）强化基础增后劲

一是积极整合各类项目资金，加强农田基础设施改造，逐步提高莲田质量，高标准创建白莲良种繁育基地和绿色食品发展基地。二是建立完善白莲生产技术体系。积极发挥县乡两级农技人员作为白莲标准化推广的主力军作用，大力开展技能培训，造就一批熟练掌握白莲生产技术的能手。在全县建立县有示范乡镇、乡镇有示范村、村有示范户的网络体系。三是走产学研联合之路。依托荷花研究院项目建设，筑巢引凤，借脑借智，建立起与省内外科研院所紧密合作的关系，对白莲良种选育、高产栽培、腐败病防治等技术进行联合攻关，争取培育拥有自主知识产权的新品种，提高白莲生产科技含量。

（三）创新结构提效益

一是创新产品结构。关键要加大龙头企业引进力度，充分运用高新技术和适用技术改造白莲产品，促进产品升级换代。子莲方面，除传统干莲外，应突出发展速冻鲜莲、真空冻干鲜莲等品种。在推进莲产品深加工方面，可开发白莲饮料、罐头食品等。推进莲芯、莲叶、莲花、莲花粉等副产品开发进程，延伸白莲产业链。二是创新产业结构。近几年，石城县建设莲花观光园、百里荷花带以及举办每年一届以莲为主题的生态旅游文化节，大力发展莲花旅游的内外部条件已逐步成熟。当前要积极整合资源，把荷花旅游与体验农家生活相结合，把荷花旅游与独特的客家文化旅游和红色旅游资源相结合，打造莲花生态文化精品旅游，积极拓展白莲产业功能。三是创新种植结构。积极推行"莲—稻"套种，大力推广"莲—泽泻""莲—水芹"套种、"莲—烟"轮作技术，试验莲田特色水产养殖，缓解莲粮争地、莲烟争地矛盾，提高白莲综合经济效益。

（四）唱响品牌促流通

一是加大掺杂使假的打击力度，成立白莲综合执法办公室，规范白莲生产和加工，严厉打击白莲违法经营现象。二是规范石城白莲名称标志及包装使用。制定出台《石城白莲名称标识使用管理办法》，要求商家无自有商标的出县白莲小包装产品使用统一包装，纳入质量监管，杜绝标识不规范、质量不合格产品上市。三是加大品牌建设扶持力度。鼓励白莲生产和流通企业规范生产销售，对取得白莲产品自营出口权的企业给予税收优惠；扶持白莲生产和流通企业，组团参加国内外相关展示展销活动，开拓市场，提高知名度；努力提升品牌效应，对申报并取得绿色食品、有机食品标志的产品和取得国家及省级"驰名商标""著名商标""名牌产品"的企业分别给予奖励。

（五）理顺机制强保障

一是理顺生产运行机制。坚持政府推进，产业化经营，坚持集中连片规模发展，全面执行"统一优良品种、统一操作规程、统一投入品使用、统一田间管理、统一收获"的"五统一"白莲标准化生产。大力组建专业合作社，对白莲生产实行全过程质量控制和经营管理。积极完善龙头企业利益返还机制，大力推行"公司＋基地＋农户"或"公司＋合作社＋基地＋农户"的生产管理模式，大力推行订单生产、入股经营等方式组织生产，积极发挥莲农协会作用，努力提高莲农地位，切实保障莲农利益。二是理顺财政投入机制。在白莲产业建设原有的基础上，加大政府对自主创新的直接投入，设立白莲产业发展专项，将农业开发扶贫资金科技等项目捆绑使用，项目资金重点向白莲生产领域倾斜，对白莲深加工企业进行重点扶持，同时改进资金使用方式，采取以奖代补，财政贴息保费补贴（开展白莲种植保险试点）等方式，提高资金使用效率。

十五、杭州综合试验站

浙江省余姚市茭白产业

符长焕[1]　翁丽青[1]　郑春龙[2]　陈建明[3]

(1. 浙江省余姚市农业科学研究所；2. 浙江省余姚市河姆渡镇现代
农业公共服务中心；3. 浙江省农业科学院植物保护与微生物研究所)

浙江省余姚市地处浙东沿海，下辖 6 个街道、14 个镇、1 个乡，区域总面积 1526.86 平方千米，现有耕地 3.9 公顷，全市人口 85 万。南部低山丘陵，中部水网平原，北部滨海平原。属亚热带季风气候，温暖湿润，四季分明，阳光充足，雨量丰沛。年平均气温 17.9℃、雨量 1665 毫米、日照 1941 小时、无霜期 259 天、平均相对湿度 78% 以上。

中部水网平原，河道交错，湖泊众多，水资源丰富，土壤肥沃，耕作层深。近十年来随着市场经济的确立与种植业结构调整，余姚市中部姚江两岸的河姆渡、三七市、陆埠 3 个镇茭白种植面积发展迅猛，并逐步形成了区域化、特色化、专业化的产业格局，成为中国茭白之乡。至 2018 年，余姚市茭白复种面积达到 2000 余公顷，壳茭产量 4 万吨，产值逾亿元。茭白产品远销国内 34 个农批市场，辐射至长三角、京津唐与渤海湾等地区，并少量出口日本、意大利。茭白产业为余姚市发展现代都市型农业，促进农业增效、农民增收，以及在"五水共治"、改善生态环境等方面发挥着重要作用。

一、茭白产业生产现状

(一) 茭白栽培历史悠久，区域化发展态势明显

余姚市茭白早在 20 世纪 50 年代初期，首先在河姆渡镇内罗江、江中村农户在沟、河边与低洼地开始零星种植。经过 60 余年的发展，特别是改革开放以来，茭白种植面积迅速扩大。主要种植区域集中在以河姆渡镇为中心及邻近的三七市镇胜利村、祝家渡村、二六市村、胜联村、云山村、魏家桥村和陆埠镇的沿江村，现在余姚市茭白复种面积稳定在 2000 余公顷，成为余姚市重要农产品之一。

（二）主栽品种多，上市季节长

本市双季茭主栽品种三只，单季茭二类共四只品种。4 月上旬到 12 月上旬基本都有茭白上市供应（7 月 20 日到 8 月 25 日高温季节由冷藏保鲜茭白供应）。①余茭 4 号。产茭时间：夏茭 5 月 25 日到 6 月 25 日；秋茭 10 月 30 日到 12 月 5 日。②浙茭 2 号。产茭时间：夏茭 5 月 23 日到 6 月 23 日，秋茭 10 月 5 日到 10 月 30 日，设施栽培夏茭 4 月 15 日到 5 月 23 日。③河姆渡双季茭。产茭时间：梅茭 6 月 25 日到 7 月 20 日；秋茭 8 月 25 日到 9 月 20 日；夏茭：4 月 30 日到 5 月 20 日。④单季八月茭（本地八月茭、回山茭）。产茭时间：9 月 15 日到 30 日。⑤单季十月茭（本地十月茭、温岭十月茭）。产茭时间：10 月 1 日到 20 日。

（三）栽培模式和技术多样化

随着农业科技的进步和对茭白生长习性的深入研究，当地引进了一系列形式多样的栽培技术，形成了特有的栽培模式。比如河姆渡镇罗江村采用单季茭二茬生产模式，通过创新育苗技术，2018 年单季茭夏茭在 6 月下旬至 7 月上旬上市，最高亩产值 1.43 万元。三七市镇胜利村采用双季茭品种改单季茭栽培模式，主攻 8 月下旬至 9 月上旬茭白产量，最高亩产值 1.2 万元。河姆渡镇江中村采用夏茭双膜覆盖技术，茭白上市时间提早到 4 月上旬，显著地提高了茭白亩产效益。

（四）茭白田套养中华鳖起步早、面积大、效益好

2004 年茭白田套养中华鳖开始试验，当时只有 1 户农户、0.52 公顷茭白田。2005 年发展到农户 6 户、面积 4 公顷。至 2018 年，余姚市共有 5 个农民专业合作社、6 个家庭农场（庄）及 50 余户农户参与，共发展套养模式 107 公顷。茭白田套养中华鳖能有效控制福寿螺危害的发生，显著提高单位面积茭白田的经济效益。2018 年，未发现福寿螺群集危害茭白事件，茭白田每亩增收 0.5 万~1 万元。尤其近年来由于禁养鸭子、冬季气温升高，极有利于福寿螺的发生，通过茭白田套养中华鳖，有效控制了福寿螺的发生，该模式的成功推广具有重要、深远意义。

（五）新品种与新技术加快推广，茭白品质与效益逐年提升

河姆渡镇农技站与余姚市农业科学研究所先后育成认定了河姆渡双季茭与余茭 4 号二只茭白新品种，现在已成为余姚市的主栽品种，占茭白总种植面积的 60%。另有三只新品种正在试验示范，准备通过省级认定。通过推广与应用茭白田套养中华鳖标准化生产技术、茭白促早栽培技术、茭白水稻轮作技术、茭白品种提纯复壮技术、茭白草就地还田技术、单季茭二茬生产模式高产育苗新技术及茭白冷藏保鲜技术，2017 年双季茭每亩年产值达 11770 元。

二、茭白产业制约因素

（一）茭白品种种性严重退化

生产茭白是茭白植株与黑粉菌相互作用的结果，任何一方的改变都会造成茭白种性退化，因此茭白必须年年选留种，才能保持其优良种性。在余姚市农业科学研究所的种苗基地，浙茭 2 号自然变异率为 5.07%，其中雄茭率 1.01%、灰茭率 0.34%、变异株 3.72%；余茭 4 号自然变异率为 4.6%，其中雄茭率 0.4%、灰茭率 2.3%、变异株 1.9%。而现在不少茭农种苗选育不规范，采用比较原始的种植和选种方法，即春季或夏季无论好苗还是坏苗，全部掘去，一部分作为种苗，这样年复一年，茭白的种性退化严重。

（二）病虫害的严重发生与危害

茭白较易感染病虫害，常年发生的主要病虫害有二化螟、大螟、长绿飞虱和锈病、胡麻斑病、纹枯病等，其中二化螟、大螟和茭白锈病等病虫害在茭白上发生十分严重，如二化螟与大螟造成的直接经济损失可达 50% 以上，茭白锈病流行年份的叶发病率在 90% 以上，导致茭白产量与品质下降甚至绝收。同时，由于茭白生长季节都需在淹水条件下，极适宜外来侵入生物福寿螺的生长和繁殖，据余姚市农业科学研究所调查：余姚市在茭白田的福寿螺发生面积已由 1998 年的 0.1 公顷扩大到 2008 年（最严重年份）的 3000 公顷，严重受害面积超过 400 公顷。

（三）茭白田土壤肥力逐年衰退

土壤有机质含量是衡量土壤肥力的主要指标，它能提供作物生长所必需的各种营养元素，对土壤团粒结构的形成及调节土壤水、肥、气、温协调具有重要作用。由于现在化肥的大范围使用，茭白田使用的有机肥越来越少，大量的茭白草、稻草等农业废弃物，以火烧还田为主，全市茭区冬季绿肥播种面积几乎为零。俗话说"人补桂圆枣子，田补河泥草子"，但现在大量江河淤积，用河泥浆草壅田的良好习惯已经丢失，致使茭白田土壤肥力呈逐步衰退趋势。据余姚农科所 2016 年测查，中部平原茭区土壤有机质含量为 3.89%，比 1984 年土壤普查时相同区域土壤有机质含量 4.56% 减少了 0.67%。同时长期使用过量化肥，有可能因肥料流失严重造成江河水体富营养化。

（四）茭白草残体环境污染

一季茭白常年产出的生物产量约 3300 千克/亩，其中茭白草产量约占 55%，双季茭地区每年每亩产生的鲜茭白草约 3.6 吨左右。由于单位面积茭白草的生物量巨大，同时因茭白草的特殊结构组成，在农田中的分解速度较慢，常规的茭白草还田无法解决其出路问题。茭白上市季节,大量的茭白草堆积在路边、沟渠与河道附近等,影响村镇的道路交通与美观整洁,茭白草堆腐过程产生的恶臭对环境造成严重污染,腐解后产生的有机质、氮、磷等养分元素随雨水流入河湖,造成了严重的"视觉污染"和水质污染,也成了一些病虫害滋生和传播的场所。

(五)缺乏轮作而使茭白病害加重与品质下降

由于茭区的茭白成片种植,茭农很少对茭白进行轮作。在同一块田中连续种植茭白会导致病源菌种类和数量的累积,加重病害的发生。据 2017 年秋茭胡麻斑病发生情况调查,连作茭白胡麻斑病的叶发率达到 86%,而新种茭白田块很少有胡麻斑病的发生。同时,一直连作的茭白,由于长期淹水导致土壤理化性质变差,也可能造成茭白某些营养元素的缺乏,一般连作田的茭白生长势较差、分蘖减弱、叶色变淡、单果重有下降趋势。

三、茭白产业发展对策

(一)强化茭白新品种的选育与繁种基地建设

茭白是无性繁殖作物,目前茭白育种单位仍是空白,新品种的选育主要依靠自然突变选种或远地引种驯化育种。余姚市农业科学研究所已建成占地 5670 平方米的茭白种质资源库,可以保存利用茭白新品种 175 个,并建立茭白原种繁育基地 6.7 公顷。目前已从全国各地引进试验茭白新品种 50 余只、保存 40 只,经过连续多年的单季茭与双季茭新品种选育与品种比较和区试,已选育出产量高、品质优、熟期早或迟、抗性好的双季茭品种四只:河姆渡双季茭、余茭 4 号、河早 2 号和余茭 4 号 - 2;单季茭品种三只:浙农 7 号、浙农 5 号、早熟八月茭。但选育的茭白新品种,必须按照科学程序年年选育才能保持茭白的优良种性。为达到茭白种植农户种苗两季一更新目标,每年需提供 667 公顷以上的茭白一级种苗,因此在全市需要建立 67 公顷的一级茭白种苗繁育基地,培育 100 户左右茭白种苗繁育专业户。种苗繁育专业户繁育茭白一级种苗,原种种苗由市农业科学研究所茭白原种繁育基地繁育供给,所需经费申请上级财政专项补助。

(二)大力推广病虫草害的生物与物理防治技术

病虫草害的生物与物理防治技术在三个方面取得了成功,可以在全市茭白产区推广与应用。

1. 茭白田套养中华鳖防治福寿螺技术

福寿螺是较难防治的外来入侵物种,余姚市农业科学研究所利用本地生物中华鳖套养在茭白田中吃食外来入侵有害物种福寿螺,能有效控制茭白田中福寿螺对茭白的危害。从3 月底至 10 月下旬,在茭白田中每亩套养 50～70 只中华鳖,不但有效遏制了套养田块发生的福寿螺,而且每亩套养田可以消化周边 20 亩种植田块的福寿螺,控害比达到 1:21,

同时又使茭白田每亩增收3000元以上。利用中华鳖吃食福寿螺不影响茭白的生长，一举多得。

2. 茭鸭共育技术

茭白田养鸭可明显降低肥料和农药使用量，茭白田为鸭子提供食料，茭白为鸭子遮阴，利用鸭子取食杂草和害虫，增施了有机肥，鸭子活动能增加土壤土表通透性，促进茭白新根生长。一般每亩鸭子放养密度为10~12羽，茭白苗2万株左右。一年可放养鸭子两季，每季可减少化肥（国产复合肥）使用量50千克。由于鸭子喜食茭白田中的二化螟、大螟及长绿飞虱的若虫，减轻其对茭白的危害，在茭鸭共育的3个月时间里，试验田常规防虫减少1次。鸭子放养后茭白田中杂草明显减少，经调查杂草抑制率达到99%，减少人工耘田除草2次。

3. 性诱剂防治茭白田二化螟技术

利用性诱剂防治农作物害虫是近年来兴起的新一代害虫防治方法，既减轻害虫对茭白的危害，又减少农药的使用量，也节省了生产成本。据2016年余姚市农业科学研究所试验示范，在5~8月二化螟发生危害季节，每亩插放一只性诱剂诱捕器，平均每只性诱剂诱捕器累计诱到二化螟雄成虫117只，基本控制了二化螟对茭白的危害，减少农药防治5次，每亩节约防治工本55元，并且无毒、无害、无污染，专一性强，无任何负作用。

（三）大力推广茭白测土配方施肥技术与提倡使用复混型茭白专用有机肥

为实现茭白科学施肥，提高肥料的利用率，浙江省农科院环土所在茭白测土配方施肥技术的基础上，研发与推广应用复混型茭白专用有机肥。茭白测土配方施肥技术是针对茭白田土壤肥力状况与保肥供肥能力、茭白需肥规律提出的施肥方案，余姚市茭白产区浙茭2号品种的最佳施肥方案为 N : P$_2$O$_5$: K$_2$O 为 1.00 : 0.48 : 0.60。复混型茭白专用有机肥是针对茭白需肥要求与土壤营养元素丰缺状况专门为茭白产区配制生产的专用肥，一般茭白田每亩使用量为60千克，作为基肥施入。茭白测土配方施肥后，大区示范产量比对照每亩增加178千克，增产率11.5%。施用复混型茭白专用有机肥后，使茭白分蘖增加12.5%、植株增高10.5厘米、茎基粗增加0.26厘米、产量增加6.9%、茭白维生素C增加13.2毫克/千克、硝酸盐含量下降1.8毫克/千克。

（四）大力推广茭白促早栽培技术

茭白促早栽培的技术原理是在冬季与早春茭白搭棚覆膜保温增温，提前满足茭白生长对温度的需求，加快茭白生长进程，提早产茭季节。一般采用两种方式：一是大棚栽培，其设施与标准蔬菜大棚相同；二是中小拱棚栽培，其材料采用竹片，搭成小拱棚，长度可随田块而调节。茭白通过中小拱棚促早栽培，可提早茭白上市时间15~17天，每亩增产425~478千克；茭白通过大棚促早栽培，可提早茭白上市时间40天，每亩增产150~652千克。由于茭白提早上市，错开了病虫害的发生危害期，在茭白促早栽培的条件下，整个茭白生产季节，不需要用任何农药防治病虫害，茭白品质得到了改善与提高。由于茭白促早栽培需用的材料投入成本较高，一般农户不能承受该项经济负担，余姚市茭白促早栽培面积连续 3 年在 46.7 公顷徘徊，建议财政安排专项政策资金给予支持。

（五）科学利用茭白草资源

按三种方法科学利用茭白草资源：一是茭白草掺混适量氮肥进行堆制发酵，1 个月后进行机械造粒生产茭白专用复混肥，据余姚市农业科学研究所近年试验，以 N、P、K 为 8∶4∶8 配制的复混肥对茭白增产最为显著，平均每亩增产 135 千克，增产 7.5%；二是茭白草残体晒干熟化后作为食用菌的培养基质直接栽培食用菌，食用菌采后还田。余姚市农业科学研究所近年采用大棚培养食用菌方法，一年可生产两季蘑菇，平均每季每平方米产菇 4.5 千克，采菇后废渣料还田培肥茭白田地力；三是茭白干草经粉碎作为獭兔青粗饲料，替代需东北调运的苜蓿，全市 10 万只獭兔存栏量，年可以消化利用 467 公顷茭白草残体，兔粪又是很好的有机肥料。

此外，也可用茭白草就地壅田增肥技术。收获茭白时随带采茭用的小刀及盛放茭白的塑料箱，用小刀割收茭白，即刻割除附带在茭白中多余的茎叶就近放在茭白行里，把采收好的成品茭白放入随带的塑料箱中。成品茭白用塑料箱移出直接装袋，所产生的茭白茎叶就地深耕壅入茭白田。改变用手掰采茭、用肩背出茭白和茎叶的传统做法。

（六）实现茭白—水稻轮作

茭白适宜栽培区域一般也宜种水稻，采取一季茭白一季水稻的种植模式，实现茭白—水稻轮作，克服茭白连作障碍，减轻病虫草的发生与危害，提高和改善茭白品质。基本方法有三种：一是早稻—双季茭—晚稻。当年 5 月初种植早稻，7 月 25 日左右早稻收获后，7 月底种植浙茭 2 号或余茭 4 号（如果早稻是迟熟品种、季节较晚，茭白需经二段育秧，移植时间可以推迟到 8 月 10 日前），次年夏茭收获后种植晚稻；二是河姆渡双季茭—晚稻。当年 3 月下旬种植河姆渡双季茭，次年夏茭收获后种植晚稻；三是单季茭—单季稻（早稻）。当年 3 月下旬至 4 月初种植单季茭，9 月中旬至 10 月中旬收获，次年种植单季稻或早稻。由于茭白田施肥多、肥力足，在茭白—水稻轮作时，为防止水稻倒伏，作为后作的水稻一般不能施用纯氮肥，且肥料使用总量要比常规减少 30%～50%。

浙江省桐乡市茭白产业

沈学根[1]　冯明慧[1]　陈建明[2]

（1. 浙江省桐乡市农业技术推广服务中心；

2. 浙江省农业科学院植物保护与微生物研究所）

茭白营养丰富，是目前国内市场上畅销的水生蔬菜之一。董家村凭借其优良品种、先进的种植模式和优良的品质成为远近闻名的茭白专业村。从起初零星种植，总面积不足3000亩迅速发展至15000亩，成为产值超亿元的大产业。"董家"茭白先后通过无公害和绿色食品认证、浙江省名牌农产品以及浙江省著名商标称号，2017年董家茭白合作社专业型益农信息社入选为农业部全国益农信息社百佳案例，同时"董家"茭白被评为"舌尖上的浙江"推介食材，茭白产业已经成为桐乡市的特色优势产业。

作为全市重点发展的特色优势产业之一，桐乡茭白产业发展中面临商品同质化严重、农民增收难、劳动力短缺等多方面的挑战。随着乡村振兴战略的实施和桐乡市现代农业产业发展的布局，茭白产业也将从高速发展阶段迈向高质量、高效益的发展阶段，因此，如何提升茭白产业质量效益显得尤为重要。

一、产业现状

（一）基本情况

桐乡茭白产业从20世纪80年代末期，龙翔街道董家村村民张永根引种双季茭白获得成功开始。根据农业结构调整需要，在董家茭白专业合作社带领下，种植技术和种植模式不断创新，种植效益稳步提升，茭白种植面积不断扩大（见表1），特别是2000年后种植面积发展迅速。2017年全市茭白种植面积1.5万亩，产值1.32亿元，形成了以龙翔街道董家村为中心，向周边的乌镇、濮院等乡镇辐射的生产格局。其中龙翔街道种植面积11500亩，董家村成为远近闻名的茭白专业村；2010年以来"双季茭"平均亩产量4000千克以上，亩产值约8000元，茭白产业使龙翔街道及董家村成为一镇一品和一村一品示范村。2015年茭白产值约占龙翔街道农业总产值的45%。"董家"茭白2006年和2010年分别获嘉兴市著名商标和浙江省名牌农产品称号，目前茭白产业已成为桐乡市的特色优势农产品。

表 1　桐乡市茭白种植面积与产量统计表

年份	种植面积（亩）	露地栽培产量（千克/亩）	大棚栽培产量（千克/亩）
2006	8720	4117	—
2007	9250	3988.4	—
2008	11000	4388.2	—
2009	13020	4823	3843
2010	13400	4912	3729
2011	14200	4061.3	4335
2012	14700	3799.9	3971.2
2013	15042	5443	4728
2014	15510	3818	3823
2015	15120	4266.3	3745.8
2016	15245	3569	3124
2017	15650	3916.5	3754.7

数据来源：《桐乡市农业经济局年度统计报告》。

桐乡茭白以"双季茭"为主。20 世纪主要种植本地传统的"梭子茭"品种；到了 2000 年前后先后引进了"浙茭 911""浙茭 2 号""浙茭 3 号""四九茭"等品种；2002 年从"梭子茭"中选育出"龙茭 2 号"新品系，2008 年通过新品种审定，该品种具有优质、高产、生长势强、抗性好、特晚熟等优良特性。2013 年"龙茭 2 号"种植面积达 10500 亩，占全市茭白总面积的 72%。"浙茭 911"约 2500 亩，其他还有少量的"一点红"单季茭等。通过多品种多模式搭配种植，茭白采收期达 8 个，加上冷藏期，全年茭白供应期达 10 个月以上，有效地缓解了因集中上市引起的市场大起大落，实现了茭白均衡上市，稳定市场价格。

（二）主要栽培模式

目前最主要的栽培模式是双季茭白种植模式。选择抗性强、高丰产性好的"龙茭 2 号"和"浙茭 911"。"龙茭 2 号"属低温型品种，长势强、茭白个体大、丰产性好，其夏茭早熟性较好，秋茭耐低温，比其他品种推迟 25 天左右。两个品种搭配可错峰上市，延长采收期。

主要栽培技术特点：3 月上中旬，培育健康种苗，7 月上旬有 5 ~ 6 个分蘖株，分苗后单株定植，进入 8 月，分期分批施肥，10 月上中旬进入孕茭期后，以浅水（3 ~ 5 厘米），10 月底 11 月初进入采收期。

（1）双季茭白促早熟栽培模式。

从 2001 年开始尝试茭白大棚栽培，经过多年摸索，管理技术日趋成熟。上半年夏茭 4 月中旬上市，比露地栽培提早近一个月，平均亩产量在 2200 ~ 2500 千克，产值超万元，比露地茭白增效 40%（见表 2）。大棚栽培减轻了旺季所带来的销售和用工压力，效益高，为后期露地茭白占领了市场，增加了销量。2017年大棚茭白栽培面积达到3754.7亩，仍有扩大的趋势。

表2　桐乡市茭白露地栽培与大棚栽培模式对比

单位：千克/亩，元/千克，元/亩

年份	露地栽培			大棚栽培		
	产量	价格	产值	产量	价格	产值
2006	4117	1.03	4228.3			
2007	3988.4	1.92	7650.1			
2008	4388.2	1.69	7407			
2009	4823	1.38	6642.2	3843	2.21	8508
2010	4912	1.32	6480	3729	2.98	11111
2011	4061.3	2	8117	4335	2.9	12591
2012	3799.9	2.31	8789.4	3971.2	2.94	11657
2013	5443	1.54	8359	4728	2.38	11256
2014	3818	1.91	7303.5	3823	2.89	11054
2015	4266.3	2.25	9600.8	3745.8	3.39	12708
2016	3569	3.08	11002.5	3124	4.34	13554.5
2017	3916.5	1.99	7832	3754.7	3.99	14995

数据来源：《桐乡市农业经济局年度统计报告》。

主要栽培技术要点：选择生长势中强、抗性好、丰产稳产的"龙茭2号""浙茭911"；12月底1月初扣棚，灌薄水保持土壤湿润，以提高土壤温度，促进早出苗。浅水为主，分期分批施肥，以生物有机肥及进口复合肥为主，做到总量控制、薄肥勤施，3月上旬前结束施肥。施肥后注意天气变化，要进行通风换气、防治烧苗。2月中下旬定苗，每墩保留秧苗18~20株壮苗，4月上旬揭膜；注意锈病防治，当50%~70%孕茭时，用进口复合肥20千克/亩，并进行根外追肥，以促进茭白迅速膨大，增加单茭重量，棚内保持浅水。

（2）双季茭白"单改双"模式。

单季茭品种通过一系列技术措施后达到一年收获两次模式，是近年来借鉴丽水经验的一种新的栽培技术。2016年种植面积500多亩，其主要特点有：一是夏茭在双季茭采收后的6月下旬开始上市，避开了与其他茭白品种高峰期；二是品质较好；三是秋茭为割叶再生，其生长速度快，在9月底即能上市，秋淡期间价格较高，效益好，并且省工节本，比常规双季茭增效30%以上。

其主要栽培技术要点：选用一点红单季茭品种，9月下旬臺管育苗，10月中旬高密度定植，行株距100厘米×30厘米，霜打前割叶灌水越冬，开春后早施出苗肥，以有机肥及复合肥为主，夏茭采收期在6月中旬至7月初，采收结束后择晴天割叶留15厘米，加强秋茭秧苗培养，待新叶萌生至 20 厘米以上时，施提苗肥，秋茭秧苗属再生苗，其生长速度较快，做到薄肥勤施，9 月中旬到 10 月初上市，略早于双季茭品种上市期。

（3）双季茭白"一种三收"模式。

在"单改双"一种双收基础上，通过改变育苗方式、提前种植及肥水管理措施上的改进，创造了"一种三收"模式。

其主要栽培要点：常规单季茭采收后通过薹管育苗法，在翌年 6 月上中旬定植大田，9 月下旬采收秋茭，第二年管理与普通双季茭模式基本一致，分别在 6 月下旬和 9 月下旬采收夏茭和秋茭，一年半时间内采收三次。其亩产量分别达到 1250 千克、1750 千克和 1250 千克，三季总产值在 2 万元以上，达到了省工节本增收的效果。

（三）保鲜储藏技术

茭白成熟多在高温期间，采收期集中，产量较高，保质期较短；目前桐乡市茭白种植面积已达 1.45 万亩，单日最大交易量达 800 余吨，价格起伏较大。2006 年秋茭收购价格不足 0.3 元/千克，严重打击了茭农种植积极性。为延长茭白上市时间，确实保障茭农利益，从 2000 年起在合作社、营销人员及种植大户陆续建造茭白保鲜库。茭白经冷藏后保鲜期可达 2~2.5 个月，截至 2017 年底，桐乡境内保鲜库已建 34 座，容量 8000 吨，在茭白上市高峰期，许多运销大户及客商租用周边嘉兴、嘉善、桐乡、海宁等地保鲜库，总库容量达到 1.5 万吨。长途运输客户采用整车预冷方法，提高茭白保鲜质量。

（四）品牌化建设

合作社坚持以市场为导向研究市场需求特点，对内则加强技术辅导和技术服务，通过深入了解其他省市的茭白产销状况，引导茭农种植品种与模式；对外积极开拓市场，由合作社统一收购，指导茭农严格采摘标准，实行优质优价，达标产品统一使用"董家牌"商标，以提高市场竞争力。同时加强基地管理，健全田间档案制度，建立了农产品质量安全全程追溯系统，每个茭农生产的产品对应一个二维码，可获知产品的生产记录、检测结果，把"董家茭白"的质量优势、品牌优势转化为市场竞争优势。

二、存在的主要问题

（一）种性退化严重

茭白属无性繁殖作物，传统种植模式，品种的种性表现不稳定，易产生变异，即使同一品种的不同种群其生长势、孕茭期、产量和质量差异也很大。目前茭白产业从业人员年龄老化，标准化程度低，部分农户新技术接受程度不强，仍按老的传统方法开展种苗的选种，致使茭白品种退化严重，田间植株长势不一，茭白形状和孕茭时间差异较大，甚至产生不能孕茭的"雄茭"及"灰茭"。

（二）连作障碍突出

以"董家茭白"为中心，主产区集中，近年来由于茭白效益较好，农户普遍不愿开展轮作，同时，近年来养禽养畜减少，有机肥投入不足，偏施化学肥料，致使土壤理化性状变差、地力逐年下降，茭白产量和质量明显下降。

（三）成本上涨明显

茭白从业人员减少，特别是采收期矛盾较为突出，用工成本上涨过快是茭白规模化经营的重要制约因素。据调查，目前茭白采收期间平均人工工资在 150 元/天，最高时超过 300 元/天，按夏秋两季亩产 4 吨计，采收用工成本 0.9 元/千克，采收人工工资达 3000 元/亩以上，占茭白产值近 40%。同时土地租种、肥料、农膜等农业投入品价格及运输费用等均有不同程度上涨，增加了茭白产销成本。

（四）安全监管更严

桐乡市茭白基地先后通过了无公害农产品认证，其中董家茭白合作社的 1500 亩基地通过了绿色食品认证，按照标准进行农业投入品管理。茭白生产长期以散户形式经营，茭农生产过程中实际掌握能力不同，组织化程度不高。部分农户盲目追求早孕茭、暂无登记在茭白上的农药品种及农药的隐性添加成分，农产品质量安全存在一定的隐患。

（五）产业延伸急迫

产业发展尚处在初级阶段，农业产业功能单一，特别是农产品精深加工和新型业态发展不足，农业与二三产业融合程度低，产业链短、产业体系不够健全，传统产业与新兴产业之间缺乏良性协调和互动，新产品、新服务缺乏创新和创意。

三、发展对策与建议

（一）重视科技创新，扩大示范带动

对已有茭白品种圃的品种进行优株筛选，加强茭白主栽品种的提纯复壮，培育优质高产、适应性强的优良品种。在薹管育苗基础上继续优化种苗繁育技术，加大双膜覆盖促早栽培模式的推广应用。同时，围绕茭白产业发展的关键环节，加强产学研紧密结合，重点开展品种选育、标准化栽培、精深加工与综合利用等关键技术研究，加快引进外来智力与技术，构建新型科技推广服务与创新体系，提升茭白产业科技创新能力，为产业持续、高效、科学发展提供科技支撑。

全面推广茭白标准化生产栽培技术，利用薹管平铺育苗法，引导主体规模种植（20~50 亩），发展一批高质量示范基地。与科研机构及农技推广部门合作，大力推广与示范新

技术，如"大棚+地膜浮面覆盖栽培""单改双"及"一种三收"等技术。注重种植户的知识更新，定期开展技术培训，加强茭白专业种植人才队伍建设，提高标准化生产水平。

（二）突出竞争优势，注重品牌建设

茭白产业在基地规模化、生产标准化、产品精品化等方面尚有提升空间，特别是产业市场竞争中的弱势环节应加以改善，结合科技创新提高市场竞争力，构建高质量的核心示范区，突出产品优势。

加快现有品牌资源整合，强化品牌宣传，注重产品生产标准化，统一产品包装，运用互联网思维，通过"互联网+茭白"，努力提高品牌的知名度与竞争力，整合品牌优势驱动市场，拓宽茭白产销范围，赢得高端市场占有率，以良好的质量、服务、信誉维护"董家"茭白品牌形象，进一步提升市场知名度和影响力。

（三）坚持绿色理念，推动产业融合发展

坚持绿色发展理念，按照绿色食品安全生产操作规程，继续推进化肥、农药双减行动，定期开展农产品安全培训，完善农产品质量追溯制度，探索推广"茭—羊—果"生态循环模式。

以茭白为特色，突出抓好科技创新、产业带动、功能完善等工作，打造"一乡一业"发展模式，调动合作社、农企、农户各方积极性，整合产业、空间资源，深入挖掘茭白的食用、文化、休闲等潜在价值，做好茭白精深加工、延伸产业的文章，打造万亩茭白基地。同时，以消费者需求为导向，尝试建设茭白博物馆、农耕体验区、游步道等基础设施，加强产业协调和互动，推进产业融合发展。

浙江省嘉兴市秀洲区莲藕产业

倪龙凤[1] 周志明[2] 陶顺法[3] 怀海华[4] 严冬晖[1] 陈建明[4]

（1. 浙江省嘉兴市秀洲区经济作物技术推广站；2. 浙江省嘉兴市秀洲区农业技术推广基金会；3. 浙江省嘉兴市秀洲区王江泾镇农业技术服务中心；4. 浙江省农业科学院植物保护与微生物研究所）

秀洲区是浙江省嘉兴市辖区，位于浙江省杭嘉湖平原，东邻上海、西靠杭州、南濒杭州湾、北接苏州，是上海经济区的黄金腹地，也是浦东开发区的理想延伸地。秀洲区是"中国现代民间绘画画乡""中国青鱼之乡"和"中国田藕之乡"。秀洲区属东亚季风区，冬夏季风交替显著，四季分明，气候温和，雨水丰沛，日照充足，常年平均气温15.9℃；地势平坦，平原面积占88.1%；水面占10.7%。

近年来湿地农业一直到受到省市区各级政府、相关部门及农业技术推广基金会的高度重视。针对嘉兴市北部16万亩农田地势低洼、种粮不高产的状况，积极创新农作制度，结合当地条件，开发湿地农业，发展莲藕、鱼类养殖及莲藕套养鱼类的种养结合模式，破解嘉兴市北部农业发展瓶颈，化"水患"为"水利"，产业快速发展，农民增收显著。

一、莲藕产业发展现状

（一）莲藕产业稳步发展

2009年以来，秀洲区莲藕呈现稳步发展的态势，莲藕种植面积从2009年的2798亩发展到2017年的3.78万多亩，总产量从2009年的4197吨提高到2017年的5.67万吨，总产值从2009年的1091万元上升到2017年的1.93亿元，利润从2009年的531万元增加到2017年的7371万元（见表1）。目前，秀洲区有莲藕加工企业1家，年加工莲藕2000吨；莲藕专业合作社3家。莲藕种植主要品种从用途上分为三种：菜藕、子莲、花莲，菜藕有早熟的漂花、鄂莲3号，中晚熟的鄂莲5号、鄂莲6吨、红山荞，晚熟的花奇莲藕、雪莲藕，子莲主要为太空子莲，花莲为泡茶用的香水莲花黄花种、紫花种、粉红花种及纯观赏型的花莲和黄莲等。

表1　2009~2017年北部三镇莲藕种植面积和效益分析

年份	面积（亩）	产量（吨）	产值（万元）	利润（万元）
2009	2798	4197	1091.22	531.62
2010	3405	5107.5	1327.95	646.95
2011	8305	12457.5	3238.95	1577.95
2012	15900	23850	6201	3021
2013	22541.9	35812.8	9791.33	4282.96
2014	27724.2	41586.3	14139.3	5406.22
2015	27253.5	51606	16500	5450.7
2016	30419	57428.50	15513.64	11198.56
2017	37800	56700.00	19277.94	7371.00

数据来源：《嘉兴市秀洲区农业经济局年度统计报告》。

（二）种养结合模式日趋丰富、效益明显增加

2010年以来通过种养结合模式的试验示范推广，莲藕套养甲鱼、莲藕套养龙虾显著提高了农民收入。莲藕套养甲鱼、泥鳅等鱼类等种养结合模式，一是鱼类的排泄物是一种很好的有机肥，可促进莲藕的生长；二是莲藕有利于鱼类的生长，莲藕可净化水质，天热时可为鱼类创造天然的遮阴；三是莲藕有利于阻隔鱼类（特别是甲鱼、龙虾等好斗性鱼类）之间争斗，减少鱼类受伤；四是莲藕可为鱼类提供氧气和部分饵料，两者相得益彰。

目前，秀洲区建成了十个示范园区，包括王江泾镇太平、洪典核心示范区，王江泾镇栋梁村和油车港镇上睦村两个主园区及七个副园区，种养结合面积逐年扩大。种养结合不仅有效提高了土地利用率，而且经济效益十分明显。通过对莲藕田套养水生生物的试验结果调查，发现莲藕—鳖种养模式的经济效益最高，亩收益达8254.3元，其次是莲藕—小龙虾种养模式，亩收益7118元。

表2　莲藕产业种养结合效益分析汇总表

莲藕田种养模式	莲藕、水生生物种类	经济效益	
		亩收益（元）	二者合计亩收益（元）
莲藕—鳖	莲藕	1550	8254.3
	甲鱼	6704.3	
莲藕—泥鳅	莲藕	1482.1	3728.6
	泥鳅	2246.5	
莲藕—黑鱼	莲藕	1550	1966.9
	黑鱼	416.9	
莲藕—彩鲤	莲藕	1550	2516.8
	彩鲤	966.8	
莲藕—小龙虾	莲藕	1550	7118
	龙虾	5568	

（三）主栽品种日益突出

以鄂莲 3 号为主的菜藕，引进鄂莲 5 号、鄂莲 6 号、鄂莲 7 号（武汉）、花奇莲藕（山东引进）、太空子莲、观赏花莲等 200 多个品种。莲藕品种不断丰富，注重观赏、旅游等农业多功能性开发，经济生态效益明显提高。王江泾镇太平村建设 100 亩莲藕休闲观光基地，引进宜观赏的花莲、宜采摘的子莲、藕莲等新品种，建造曲桥长廊、凉亭垂钓等景点；王江泾镇莲泗荡公园引进盆栽观赏藕 200 盆，颇具特色。

（四）促进农村土地的集中流转，有效提高农民收入和村集体经济

据对王江泾镇栋梁村调查，栋梁村人均耕地面积 1.47 亩，通过整村流转土地面积 2147 亩，引进主体 21 户，发包租金 750 元/亩，收取保证金 500 元/亩，种植莲藕 961 亩，种养结合 765 亩。通过流转农户增加租金收入 750 元/亩，总租金收入 161 万元，节约因种植水稻用水泵排灌引起的电费 10.7 万元（以 50 元/亩计算），为村集体经济增加保证金的利息收入达 5.4 万元，土地流转奖励 10 万元，通过土地流转可为村民及村集体节支增收 187.1 万元。与栋梁村相似北部三镇集中流转土地 18500 亩，用于发展湿地农业，发包租金 750～850 元/亩，可实现租金收入 1387.5 万～1572.5 万元。

（五）促进一家一户小规模向集约规模化生产转变

栋梁村通过土地流转，引进投资主体，平均每个主体规模面积 102 亩，有利于种植作物的整体规划。部分农户在土地流转后从传统的水稻种植户转变成农业工人，在湿地农业这个急需劳动力的产业中发挥着主要作用。据调查，一个 60～70 岁的农民在农业主体打工，日工资在 80 元左右，年收入可达 2 万元以上，一些有技术的农民年收入可达到 3 万～5 万元。

（六）改善了秀洲区北部的生态环境，有效推动农村旅游业的发展

秀洲区依托陶家荡、莲三荡、莲泗荡 3500 亩河荡，与莲泗荡风景区连接起来，建立湿地生态旅游区，依托种植业、渔业、湿地植物景观，发展休闲、度假、观光、餐饮、休闲和钓鱼等旅游项目。构建景观带：公路两旁全长 13 千米、宽 50 米的莲藕观赏带；北部湾 100 多个水生植物多品种展示区；100 多亩种养结合示范区。藕田里色彩斑斓的瓯江彩鲤悠然自得，夏季荷香阵阵，吸引不少游客。建设湿地农业特色示范村，王江泾镇以洪典村和太平村为核心，相继投入 1020 万元建设迎宾湿地公园，建设"生态三道"（荷叶绿道、森林水道、林荫车道）。通过科学规划、合理布局，打造人在画中游的优美景观。区镇两级还整合多渠道资金对进排水沟渠、生产河道等基础设施采取夯实、疏通、清淤、外荡珍珠退养、增殖放流等措施，使河水流动起来、水体生物多样化，水质环境较以往得到有效改善；通过水生种养结合模式，充分发挥水体多样性生物品种间的互惠互利关系，实现物质间的循环利用，使得水体自净能力得到最大化发挥。

二、莲藕产业发展中存在的主要问题

(一) 基础设施比较薄弱

近年来，由于当地政府在莲藕产业发展上的扶持资金逐年减少，造成莲藕产业基础设施投入长期低下，尤其是一些莲藕产业发展重点村大部分是经济薄弱村，本来就存在基础设施差问题，农业用电和生产管理用房在一定程度上制约了莲藕产业的稳健发展。

(二) 机械化程度低，季节性劳动力短缺问题突出

由于机械化程度不高，人工成本不断增加，特别是挖藕季节，劳动力短缺造成鲜藕不能及时采收上市。目前已有的潜水泵挖藕机械挖藕速度快，但存在漏电安全隐患。刚刚研发改进的消防泵挖藕机挖藕速度快，但机器价格较高，操作上需一定的专业技术水平，小规模农户难以承受。机械化水平低，人工成本逐年上升，经济效益明显下滑。

(三) 莲藕加工企业少、加工产品低端

莲藕产量一般在 2000 千克/亩左右，市场对莲藕质量要求较高，优质商品藕只有 1500 千克左右，损耗在 500 千克左右，损耗率接近 25%。莲藕营养丰富，具有养生保健功能。由于科技投入及相关产业发展不足，缺乏莲藕加工产品开发。莲藕产品以鲜销为主，只有部分初级加工销售，经济附加值低，不能打入精品化、优质化产品市场，造成莲藕产值低。目前全区只有 1 家莲藕加工企业，主要加工成藕粉，缺少其他加工产品种类。

三、莲藕产业发展建议

通过近几年的实践，为使莲藕产业得到可持续发展，必须按照优布局、建基地、重引导、强素质、拓市场的思路，在增强动力激励、消除阻力障碍上下功夫。

(一) 加强规划促流转，优化区域布局

立足资源优势，坚持统筹规划，促进莲藕及种养结合产业集聚发展，有助于节约土地与建设资金，便于统一技术服务与指导，实现区域化布局、规模化经营。一是要按照因地制宜、合理布局、集中发展的原则，确定莲藕发展的区域地块，形成地域优势与规模效应。二是加强莲藕加工企业培育，延长产业链，增加附加值。

(二) 强化基础抓质量，创建示范基地

基地建设是产业发展壮大的载体。加强基地建设，以提高综合生产能力、经济效益为目标，打造一批设施完善、功能齐全、管理高效的示范基地，提升基地的质量档次，带动

莲藕及种养结合产业的发展。一是要完善生产条件重点抓好路、渠、网等基础设施建设，实行环境控制，提高建设质量，保证莲藕稳产高产、节本增效。二是按照规模化、专业化、标准化的要求，集中力量狠抓基地示范带动性，增强辐射作用，以点带面，促进莲藕开发上档次、上水平、上规模。三是充分利用莲藕基地，把设施蔬菜与旅游、文化有机结合起来，使休闲观光成为莲藕发展新的亮点，实现功能的拓展与效益的增值。

（三）完善政策重引导，增加资金投入

为实现莲藕农业功能拓展及产业优化升级，必须建立多元化的投入机制，加大对莲藕的投入力度，推动莲藕产业发展。一是要加大政策扶持。莲藕产品加工业刚刚起步，产销对接不够完善。通过项目的扶持或专项资金的设立，发挥财政资金"四两拨千斤"的作用。二是要创新金融支农。鼓励金融机构加大对水生蔬菜产业的支持，增加信贷资金投入，设立莲藕及种养结合贷款品种，切实解决农民贷款难、融资难的问题。三是在莲藕加工业和农旅结合方面，要引导工商企业投资。工商企业有资金、有实力、有市场，投资农业的项目起点高、规模大，与项目实施有机结合起来，解决自筹资金的问题；并引入工业的生产方式、管理经验、营销手段，推动莲藕产业发展。

（四）培育主体强素质、提升科技水平

产业发展必须坚持硬件与软件建设并进，推进主体的培养，强化莲藕科技支撑，实现增长方式的根本转变。一是要培养乡土人才。加强生产技术培训，提高农民科技素质与生产技能，重点抓好乡土人才、种植能手的培养。着力打造一支有学识、懂技能、善经营的莲藕带头人队伍，引领人们科学发展莲藕产业。二是要推广先进技术。实施种子种苗工程，加大先进适用技术的应用，加强莲藕标准化生产技术操作规程的推广，确保产品质量安全。三是强化指导服务。根据产业发展的需要，调整充实乡镇农技力量，使乡镇农技人员承担起项目建设的监督、各项技术培训与推广任务，努力做到科技工作者人员直接到户、良种良法直接到田、技术要领直接到人。

（五）围绕增收活流通，促进产销对接

莲藕发展壮大的动力是市场，在抓好生产的同时，必须开拓外部市场、拓宽流通渠道，推进莲藕产业化经营。一是加强专业合作。引导组建农民专业合作社，提升合作社的运行质量，促进从生产领域合作向品牌、流通、加工领域的发展。形成合作社（公司）+基地+农户的生产经营模式。二是要健全市场网络。按照布局合理、产销结合、功能齐全、运行高效的要求，加强莲藕产地市场建设，增强对产区产品的吸收与集散能力。加强购销队伍建设，建立固定销售渠道，积极发展订单农业。三是要强化品牌建设。树立品牌创建，大力实施品牌战略，建立品牌创建激励机制，加大品牌资源的整合力度，力争把秀洲北部的莲藕品牌创响、规模做大，增强秀洲北部莲藕产业的市场知名度与竞争力。

浙江省缙云县茭白产业

王来亮[1]　邓曹仁[2]　马雅敏[2]　陈建明[3]

（1. 浙江省丽水市农业科学研究院；2. 浙江省缙云县农业局；
3. 浙江省农业科学院植物保护与微生物研究所）

缙云简称缙，隶属于浙江省丽水市，是"革命老区县""中国麻鸭之乡"。位于浙南腹地、中南部丘陵山区，丽水东北部，距杭州 175 千米。由于地势起伏升降大，气温差异明显，具有"一山四季，山前分明，山后不同天"的垂直立体气候特征。全县大部属亚热带气候，四季分明，温暖湿润，日照充足。缙云县是浙江省最主要的茭白种植基地，种植茭白已成为缙云县农村一项重要支柱产业和当地农民创收的最主要途径。近年来，缙云利用丰富的山地资源优势，综合应用品种、技术、设施，发展中高海拔地区单季茭、低海拔地区单季茭一年收两茬、双季茭露地栽培和大棚栽培 4 种种植模式，使缙云县的茭白种植范围从高山到平地单季茭到双季茭，露地到设施栽培，逐步形成现阶段多种模式相互补充、协调共进的产业发展格局，基本实现了周年供应茭白的目标。但缙云茭白产业也存在一些薄弱环节和亟待解决的问题。

一、茭白产业基本情况

缙云茭白产业自 20 世纪 90 年代开始蓬勃发展，经过 20 余年的不断努力，已经成为缙云农业主导产业和农民增收致富的重要来源。县政府一直高度重视茭白产业的发展，把做强、做优、作美茭白产业作为践行乡村振兴战略的切入点，抱团式发展、生态化提质、效益最大化，全面开启"茭白＋"式的缙云传统农产品振兴之路，重构农业生态产业链，实现生态、经济、社会三重叠加效应。缙云县茭白产业标准化生产水平不断提高，产品质量安全状况持续改善，有效促进了全县农业农村经济的和谐发展。缙云享有"浙江茭白之乡""中国茭白之乡"称号。缙云茭白栽培体系于 2016 年入选全国农业文化遗产普查名录。

（一）基地生产

1. 本土基地情况

2017 年，全县茭白种植面积 6.5 万亩，产量 10.7 万吨，产值 3.7 亿元，全产业链产值 12.5 亿元，种植面积全省第一。全县 18 个乡镇街道均有茭白种植。大洋镇、大源镇以种植高山单季茭种植模式为主；壶镇镇、前路乡以单季茭一种两收种植模式为主；新建镇、新碧街道、东方镇、东渡镇以双季茭种植模式和设施茭白种植模式为主，缙云县现已成为全国最大的茭白生产基地，茭白种植面积占全国总面积的 8%。从事茭白产业的人员达 3.5 万人，占缙云县常住人口的 1/10。

2. 县外基地情况

缙云县茭白产业呈现"外扩式"发展趋势。一批"缙云茭白师傅"带着技术将茭白产业发展至全国各地，通过技术的推广带动全国茭白产业的发展。2017 年，缙云茭农在全国发展 5.8 万亩茭白基地，产值 4.6 亿元。茭白师傅杜兴龙在云南、江西等地发展茭白基地 8000 多亩，在全国各大城市建立销售网络，年销售额超 2 亿元。

3. 扶贫协作情况

缙南茭白试验示范基地建设项目是新一轮浙川东西部扶贫协作中第一个启动的项目。第一个落地的项目，也是第一个出产品的项目。2018 年 1 月开始启动，4 月项目落地南江，建立 64 亩试验示范基地，9 月喜获丰收，亩均收入 8000 多元，带动茭白种植户 37 户 150 人脱贫致富。下一步，茭白种植产业向南江全县辐射，形成地域支柱产业，建成"缙南千亩茭白产业园"，助力南江脱贫攻坚。

（二）产品销售

缙云县茭白产品主要销往外地市场，省内主要销往杭州、宁波、温州、台州等城市，省外主要销往广州、福建、湖南、江西、四川、安徽、湖北、上海、南京等城市。经统计，省外市场销量占 50% 以上。缙云县五羊湾果蔬专业合作社、缙云县昊禾茭白专业合作社年销售额均超 7000 万元。除农贸市场批发销售外，合作社与宁波、台州等地的大型连锁超市实现"农超"对接，建立直销基地，基地产品直接进超市。缙云县五羊湾果蔬专业合作社积极开拓海外销售渠道，将产品外销至西班牙等欧盟国家，2017 年出口 250 余吨，该合作社还作为浙江富阳富春江食品有限公司的茭白加工原料供应商，茭白加工品出口美国市场，2017 年销量 150 吨。

（三）产业特色

缙云利用丰富的山地资源优势，综合应用品种、技术、设施等条件推进茭白多种模式协同发展，在大洋镇、大源乡越陈村和壶镇镇南田冷水发展中高海拔地区单季茭基地 1.3 万亩；壶镇镇、前路乡等低海拔地区单季茭一种两收基地 1.85 万亩；在新建镇、新碧镇和东渡镇等发展双季茭露地栽培和大棚栽培等种植模式基地 0.75 万亩。缙云茭白种植从高山到平地，从单季茭到双季茭，从露地到设施，逐步形成现阶段多种模式协调共进、产品有序上市的良好局面，配合冷库储放调节，实现茭白产品周年供应。缙云茭白多模式应用的产业发展方式，充分发挥茭白产品错时上市的优势，既有利于缓减因茭白集中上市的市场销售压力，也有利于调配劳动力，在全省乃至全国都处在领先水平。

（四）品牌建设

缙云县积极实施品牌带动战略，大力推广使用"缙云茭白"公共品牌。缙云茭白曾连续 6 年获省农博会金奖。缙云县分别在 2013 年和 2017 年举办了第三届、第四届浙江·丽水茭白节，2011 年至 2017 年，累计获得茭白节质量评比 12 个金奖。多次获省蔬菜精品展销会金奖。建成茭白绿色食品认证基地 2 个，无公害农产品基地 5 个。缙云县先后被认定为"浙江茭白之乡""中国茭白之乡"，缙云县茭白栽培体系录入全国农业文化遗产普查名录。2018 年 12 月 28 日，"缙云茭白"通过农业农村部农产品地理标志登记评审。为保证缙云县茭白产品质量，于 2002 年制定和发布了"仙都"高山茭白系列地方标准，同时大洋镇制定和发布了"山啦"高山茭白系列企业标准，大洋高山茭白基地获浙江省首批绿色产品认证。

二、茭白产业存在的问题

（一）茭白产业发展进入瓶颈

1. 面积难增长

茭白生长对土壤要求高，用于种植茭白的都是最好的水田。缙云县是一个九山半水半分田的山区县，水田面积少。缙云县茭白面积难以大规模扩大。

2. 劳动力需求难满足

一是全县茭白上市时间段，集中用工，造成茭白采收用工紧张，难以满足缙云县采收茭白需求。目前，缙云县茭白采收工 180 元/天，采收茭白成本高达 0.5 元/斤。二是茭白采用工老龄化严重。茭白相关工作辛苦，年轻人不愿从事。目前，缙云县茭白采收工主力军是 40～70 岁的农村妇女。

（二）农药、化肥等投入品安全问题

茭白与其他蔬菜、水稻等作物相比，病虫害发生较多，农药、化肥等投入品使用相对较多。同时，茭白产品价格高，种植效益好，茭农为追求高产，往往盲目过量施用化肥农药。据统计，茭白一个生长周期需施用农药 3～7 次，亩用复合肥约 300 斤。部分茭农为达到提早结茭的目的，施用敌磺钠（杀菌剂），且多次叶面施肥。另外，在杀虫剂的使用上，部分茭农安全意识不足，忽视农药使用安全间隔期，存在农药残留超标隐患。多种因素叠加，加上宣传不够，致使社会上对茭白的安全性存在一些误解。

（三）对生态环境影响大

1. 连作障碍凸显

缙云县茭白近 20 年商品化种植，茭白秸秆直接还田，造成缙云县茭白田机质含量。同

时大型机器多年翻耕，造成土壤耕作层不断加深，茭农进入田块下陷半人多高，难以劳作。

2. 水体富营养化

一是茭农为追求高产，容易过量施肥，主要使用氮、磷、钾肥，造成氮、磷超标。二是茭白秸秆直接还田，未经充分腐熟的茭白叶直接过多还田会导致茭白叶间腐烂不充分，造成茭田灌溉水有机质过剩。茭白田未处理直接流入河流，造成河道污染，影响河流水质。

3. 茭白叶乱堆放

茭白秸秆在采收期，随处堆放在田边、马路边、交易市场等地方，严重影响乡村美观。

（四）茭白秸秆处理难度大

（1）茭白秸秆集中处理成本高。茭白秸秆出田用工量大，每亩2吨茭白秸秆计算，需要投入3个人工（费用540元）才能将茭白秸秆出田。而茭白秸秆的售价低，运输费用高，综合效益较低。

（2）资金投入不足。政府相应的补贴滞后，财政扶持力度不够，资金投入不足，农民和企业的积极性没有调动起来，制约了秸秆综合利用。

（3）现有的秸秆处理模式推广难度大。其一是秸秆直接还田十分方便，农民意识里还认为可以增加有机肥，不愿出田。其二是现有秸秆综合利用模式过程繁琐、效益低。

（五）茭田水利设施落后

缙云县茭田大部分田埂质量差、高度低、不牢固、蓄水能力差。农田所施肥料中的氮、磷随着大量雨水漫出农田，流入河道，引起水体富营养化，造成水体污染，破坏水生生物生物链。

缙云县大部分茭白田存在水渠基础设施标准低、老化失修严重等问题，茭白田抗旱排涝能力弱。

（六）品牌建设不足

除了个别合作社外，缙云县销售到市场的茭白用印有"缙云茭白"简易编织袋包装，低级、简陋的包装无法体现出缙云茭白鲜嫩脆口、质优味美的名优特色。"缙云茭白"品牌没有真正打响。

三、今后工作重点

（一）科学规划，促进产业有序发展。

1. 合理布局

充分考虑环境承载量，坚持产业有序有限发展，合理布局，划定产业发展适宜种植区、禁止种植区、限制种植区。将缙云县一级、二级水源保护地，国家级重点旅游景区内等划定为茭白禁止种植区；将准水源保护区，水源敏感地等划分为限制种植区。

2. 调整产业结构

按照"提产能、调结构、转方式、增效益"的思路，不断加大科技推广力度，全面优化升级种植业结构，在茭白禁止种植区域积极探索替代种植作物，在茭白限制种植区域开展茭白与旱地作物轮作，促进"调优调绿"，进一步优化茭白产业结构布局。

（二）推广化肥农药双控技术

1. 推广茭白配方肥

根据不同茭白种植区域土壤条件和养分无害化管理要求，合理制定茭白单位面积施肥限量标准；大力推广茭白配方肥。

2. 推进农药施用减量控害

加强茭白病虫害监测预警和发布平台建设，制定茭白绿色防控技术规程，重点推广理化诱杀等病虫害绿色防控技术，持续推进高效安全药剂应用、优化敌磺钠的使用技术，推进病虫害专业化统防统治与绿色防控融合工作。

（三）多措并举，有效控制面源污染

1. 推广生态种养模式

（1）推广"茭白—芥菜轮作"等模式。在东方镇、新建镇、壶镇镇、前路乡、大洋镇等乡镇，利用单季茭冬闲田推广单季茭—芥菜轮作模式，既满足不断增长的芥菜市场需求，又能够减少面源污染、提升地力、增加经济效益，试验推广茭白与芋头、生姜等作物轮作模式，为不同茭白产区提供多样性的模式选择。

（2）推广"茭鸭共育"等生态种养模式。茭白田为鸭提供活动空间，利用鸭控制茭白田杂草、害虫，排泄物转化为有机肥，形成种养结合的生态循环模式。

（3）"茭白沟栽"模式试验示范。茭白沟栽后形成种植沟与旱畦交替排列，可以大幅度减少茭白田用水量，旱畦还可间作其他作物，茭白秸秆覆盖旱畦进行利用，减少直接还田污染。

2. 支持茭白秸秆多样化利用

结合规模畜产养殖和食用菌种植，研究推广茭白叶青贮、微生物发酵、基质化栽培技术，将茭白叶转化为猪、牛、羊等畜饲料和食用菌基料，旱地覆盖材料，扩大茭白叶制作工艺品应用规模，探索推广茭白叶多元化利用途径。

3. 扶持社会化服务组织

开展茭白叶粉碎、收贮等社会化服务组织试点工作，出台扶持政策、培育服务主体，促进建立茭白叶多元化利用的市场机制。

4. 提升茭田水利基础设施

整合财政资金，统筹规划茭白田沟渠设施建设，提升缙云县茭田沟渠排涝抗旱能力。

鼓励农民加固修整提高茭白田田埂，减少田水从田埂漫出的现象。

5. 实施茭白尾水处理

（1）建立沟渠生态拦截带，进行沿途拦截，拦截作物可以选用能有效吸收尾水营养物质、经济效益较好的空心菜、茭白。

（2）建立人工湿地，水体中选择培育去氮磷能力强的浮游生物，同时还可考虑水产养殖业，在湿地中可适当投入体积较小的鱼、虾、泥鳅等进行养殖。

（四）引育结合，强化科技支撑

加大科技投入，与有关科研院校开展科技合作，加快产业绿色生产技术的研发创新。组建缙云茭白产业专家团队，着力培养本地专家和技术能手，建设技能型、创新型、三爱型的农业技术推广队伍。

（五）品牌引领，提升产业影响力

建设"缙云茭白"区域公共品牌，开展地理标志认证、地理认证商标等工作。组织参加各类农产品评奖、产品推介、展示、节庆等活动，加大新闻媒体宣传力度，不断提升缙云茭白的知名度和影响力。

浙江省台州市黄岩区茭白产业

陈可可[1]　何　杰[1]　何圣米[2]　陈建明[2]

（1. 浙江省台州市黄岩区蔬菜办公室；2. 浙江省农业科学院）

茭白是黄岩的特色优势农产品，2018 年全区茭白种植面积 2.7 万亩，总产量 9 万吨左右，总产值 2.5 亿元，占全区农业总产值的 10% 左右，90% 以上的产品远销江苏、上海、山东、湖南、湖北等国内 20 多个省、市、自治区的主要大中城市，茭白产业是当地农村的主要农业支柱产业之一，社会、经济效益均十分显著。2010 年黄岩被命名为"中国茭白之乡"称号，黄岩也成为全国最大的设施茭白生产基地。

一、茭白产业发展概况

（一）布局规模化、区域化

随着茭白产业的不断优化发展，茭白种植区域逐步向长潭水库下游的水、土地、劳动力等生产要素资源丰富的区域集中。目前，已形成了以头陀、新前和澄江三大茭白基地为代表的茭白产业，基地茭白集中成片，产业布局优势明显，形成了规模化、区域化生产新格局。三大基地茭白种植面积已达 15000 多亩，其中头陀镇茭白种植面积达 9000 亩，成为黄岩茭白种植面积最大的一个乡镇。

（二）技术特色明显

全面普及应用了以农膜覆盖栽培、培土护茭、带胎苗种植为技术核心的"三改二优化"（改设施栽培、改培土护茭、改带胎苗种植、优化施肥、优化病虫害防治）。目前夏季茭白全部采用设施农膜覆盖栽培和培土护茭生产技术，其中大中棚茭白面积占棚栽茭白总面积的 90% 以上。棚栽茭白一般在 3 月上旬即开始小批量上市，4 月份进入收期旺季，比周边茭白产区提早了 30 ~ 45 天，比露地茭白提早上市 40 多天，占据了市场空挡。培土护茭的茭白肉质白嫩皮色鲜亮，商品性特好。带胎苗种植确保了品种的优良种性。同时优化了施肥、病虫防治技术，使黄岩棚栽茭白具有了上市早、品质好、产量高等特点，市场竞争力更强，在国内享有较高知名度和美誉度。

（三）种植模式逐步优化

黄岩种植的茭白为双季茭白品种，但过去一直以采收夏季茭为主，秋季茭白因品种、效益等问题大多疏于管理，放弃商品化生产。现在随着品种优化和效益意识的提高，茭白生产已从过去仅以夏茭生产为主改为现在的以夏茭为主，兼顾秋茭生产。秋茭的效益比重不断提高。在种植品种上，已从种植黄岩双季茭白（夏茭为主型早熟品种）为主改变为种植浙茭3号（夏秋茭兼收型品种）等系列品种为主，浙茭3号等品种面积达90%左右。棚式类型从过去以小棚栽培为主，改为现在以大中棚栽培为主，方便了田间操作管理，种植产量、效益更加稳定。在种养模式上，开展了茭田养河蟹、养鱼（红鲤鱼），茭白田套种丝瓜等试验示范，取得了良好效果。茭白秸秆堆肥等肥料化利用技术已进行示范推广。在种植规模上，多个茭白种植大户种植面积超百亩。

（四）销售网络基本形成

茭白作为鲜活农产品，货架期短，尤其是夏茭产品，上市量大，产品必须及时运销到各地市场才能转化为效益。目前已形成以本地人为主的70多班次400人左右的茭白运销队伍，一般3~6人自成一组，分布在各个茭白基地设点收购，下联基地，上连市场，在国内各大中城市形成了较为固定的销售网络。黄岩棚栽茭白（夏茭）年产量达8万吨，其中95%以上的产品远销江苏、上海、湖北、安徽、湖南等20多个省（市、自治区）的主要大中城市，产品还直销省内外的世纪联华、华联、乐购等大中型超市，在国内4月茭白市场上占据主导地位，社会、经济效益十分明显。

（五）采后冷链环节发展迅速

茭白作为鲜活农产品，自然状态下贮运期很短，如不及时运销或运销环节不科学，容易老化变质或腐烂，失去食用和商品价值。为此，当地茭白运销大户积极探索并采用了茭白采后冷链处理技术，对当天长距离外运的茭白，先进行预冷处理，再用隔热泡沫塑料包装箱加冰块加被褥进行保鲜包装，晚上运输，以提高外运茭白的保鲜度。茭白冷贮技术发展迅速，目前茭白冷贮时间可达4个多月，并可保证产品鲜质度。当前，本地运销大户或通过自建小型冷库，或是通过租赁当地冷库的方式，冷贮低价期收购的夏秋季茭白。充分发挥冷贮技术，储旺补淡，拾遗补阙。利用市场价格差价，在端午、国庆、元旦等节日价格较高时供应市场，获取高额利润。据初步统计，目前黄岩区内茭白年冷储量已达5000吨。

二、茭白产业主要制约因素

（一）种植规模偏小

茭白属水生蔬菜，是季节性劳动密集型产业，因茭白自身生长发育的特殊性，其生产过程仍以传统的人工操作方式为主，生产环节机械化程度较低，单户种植规模难以扩展。黄山区茭白鲜有工商资本或农业创业人员关注并加入茭白生产环节，现仍以散户小面积种植为主，茭白种植规模偏小。另外，由于农村劳动力就业转移难度大，许多种植户没有好的就业机会，不愿放弃土地经营权，造成想搞连片规模经营的农户难以流转到土地使用权。

（二）废茎叶综合利用滞后

茭白采收后余留的废茎叶数量大。据统计，夏季茭白 1 千克壳茭约有 0.52 千克茭白根叶，夏茭亩产量按 2500 千克计，可产生鲜秸秆 1300 千克；秋茭 1 千克壳茭有 0.33 千克茭叶，亩产量按 750 千克计，亩可产生鲜秸秆 248 千克，亩茭白年可产生鲜秸秆 1548 千克。秋季茭白采收后有大量残留茎叶被遗留在田里，等到 12 月下旬盖棚时才进行清除。多数农户通过直接在地面焚烧这些枯黄茎叶，达到消灭病菌和虫源目的。因茭白废茎叶粗纤维含量高，其适口性和营养性差，一般不能直接当作动物饲料使用。尽管现有技术可进行饲料化利用，但设备场地投资较大，加上本地没有养殖湖羊等家畜产业基础，需求量有限，废茎叶饲料化经济效益差缺乏动机。目前，黄山区茭白茎叶除少部分翻耕还田和堆肥外，大部分废茎叶用于果园、花卉苗木基地浮面辅放，以减少地面杂草和土壤培肥。

（三）茭田面源污染仍局部存在

近年来，黄山区已开始实施化肥减量行动，重点推广有机肥替代化肥和测土配方施肥技术。大多数种植户开始接受新技术并逐步推广应用，但仍有部分种植户以追求高产为最高目标，茭田化肥乱施、多施现象仍然存在。在有机肥替代化肥过程中，追肥技术不够完善，产量存在一定波动；有机肥（含堆肥）施肥量大，水田施肥不便捷，不如化肥施用轻便且见效快。另外，头陀、新前等茭白基地都有 30 多年的种植历史，茭白连年在同一田块种植，会出现肥料惰性现象，施肥量也会增加。

（四）市场、自然风险加大

黄岩设施栽培的夏茭大量上市时间集中在 4 月，以鲜销为主。但随着周边地区设施茭白的发展，尤其是近年南部省份福建漳州地区茭白大量发展，他们利用冬季气温较高的特点，在上市时间、生产成本（露地生产）上都具优势，市场竞争加剧。而且近年极端天气比较频繁，冬暖天气、冰雹、极端寒流、上市期高温逼熟等天气时有出现，对茭白生产影响很大。市场、自然的双重风险加大了茭白的价格波动，影响茭白产业的增产增收能力。

三、发展对策

（一）进一步调整产业结构，优化区域布局

优化品种结构，加强夏、秋双季均高产优质品种的引进推广，发挥秋季茭白的增产增

效潜力。集聚产业优势发展的资源要素，优化种植区域，重点在长潭水库下游的头陀、澄江、新前、北洋等乡镇街道提升发展茭白产业。

（二）加快技术更新，推进产业绿色发展

坚持病虫害绿色综合防控策略，加快普及杀虫灯、性诱剂、诱虫植物、蜜源植物、天敌治虫、安全用药、秸秆循环化还田、有机肥替代、测土配方施肥等肥药双控技术，提升产品质量安全和生产环境安全。重点推广应用新型的有机无机缓释肥料，提高肥料利用率，减少化肥施用量。积极示范推广茭田套种丝瓜、套养河蟹（锦鲤）等间套种养模式，修补田间生态平衡，提高土地利用率和产出率。引进推广省力化技术，提高劳动效率，降低生产成本。加强突发性灾害天气的应对，降低灾害损失。

（三）推进规模经营，做强产业品牌

目前，黄岩茭白产业存在着组织松散、规模偏小、品牌多而不亮等现状，不利于茭白产业做强做大。为此，政府应加大引导扶持力度，着力培育家庭农场、龙头企业等新型农业经营主体，整合壮大专业合作社，实施跨区域发展，走强强联合或兼并发展之路。吸引更多工商资本进入茭白产业组织建设，增加经营主体实力。创新区域公用品牌建设，走区域公用品牌＋经营主体品牌的"双商标制"发展之路。普及标准化产销，强化安全管理，提升产品品质，维护品牌形象。积极营销推介品牌，提高品牌价值，将品牌优势转化为市场优势，实现品牌效益。

（四）做深做强产业链，提升产业效益

加强产品销售队伍培育和销售渠道拓展，完善销售网络，做强产业链。大力发展采后冷链加工体系建设，一要建立规范化的远途冷链运输机制，扶持发展现代冷链物流体系。各收购点加快配备冷藏室，用于收购茭白预冷或短期贮存。配备冷藏运输车等物流设备，扩大产品销售范围。二要发展茭白产品冷库贮藏能力，发挥冷库的贮旺补淡功能。三要延伸开发茭白副产品，延长产业链，增加附加值。

（五）推进废茎叶循环综合利用，提升产业发展层次

据初步估算，黄岩每年在茭白产品采收后遗留的废茎叶达4万多吨。这些废茎叶大多被农户就地废弃在田埂、沟渠、路边，或就地焚烧，严重影响了乡村生态环境。因此，政府应加大引导扶持力度，推动茭白叶肥料化、饲料化、基质化（菇类种植）利用。从绿色、经济的角度来看，最好通过引进或培育有机肥生产厂家，推进茭白秸秆及其他作物秸秆的堆肥资源化利用。同时，进一步推进茭白秸秆在桂花、枇杷、杨梅等苗木和水果园地上的浮面覆盖等生态循环模式。加强同农机厂家的联系，推进秋茭留田秸秆收割机械的研发与推广应用，减少秸秆焚烧现象。通过对茭白废茎叶的循环综合利用，促使废弃的茭白茎叶变废为宝，助推"五水共治"和美丽黄岩建设，推进产业可持续发展。

十六、福州综合试验站

福建省安溪县茭白产业

李月珍[1] 易志杰[2] 谢宝林[1] 郑靖雅[1]

（1. 安溪县农业农村局；2. 龙门镇农业服务中心）

安溪县位于福建省东南沿海，厦门、漳州、泉州闽南金三角西北部，隶属泉州市。全县土地面积 3057.28 平方千米，辖区有 24 个乡镇 472 个村居，总人口 120 万人。2017 年，全县完成地区生产总值 515.33 亿元，居民人均可支配收入 2.02 万元。

龙门镇位于安溪县南部的东岭北麓，北纬 24°57′、东经 118°05′，地属南亚热带气候；四季分明，冬无严寒，夏无酷暑，年平均温度 18℃~20.9℃；水资源丰富，雨量充沛，年降雨量 1700~2188 毫米；无霜期约 260 天，自然气候条件非常适合茭白生长，种植茭白成为龙门镇的特色产业之一。茭白种植区主要分布于龙门镇的桂林、桂瑶、龙美、翠坑、溪内、观山 6 个村，全镇茭白种植面积常年基本稳定在 3500 亩，产量 1.225 万吨，产值 3675 万元。

一、茭白产业发展现状

（一）茭白种植历史记载

根据对龙门镇茭白种植区域的产业调研得知，茭白在龙门镇的种植历史较长。但查阅《安溪县志》等史记资料中文字记载很少，只有在 1989 年编纂的《安溪县农业志》的菜类作物查到记载"茭白，俗称茭白笋，我县桂窑盛产，誉名厦门市"。桂窑即是现在的桂瑶村。《安溪县统计年鉴》在 2013 年之后才开始统计茭白的种植面积、产量等，在此之前没有数据记载。可见，茭白作为蔬菜类作物，长期以来因种植面积较小，未被列入统计范围。

（二）茭白种植面积与产量

据农业部门统计，茭白在龙门镇的种植面积 3500 亩。其中，桂林村、桂瑶村各 1100 亩；龙美村、翠坑村各 550 亩；观山村 100 亩（桂瑶村一个家庭农场以租赁方式承租种植）；溪内村有农户零星种植。《安溪县统计年鉴》记载的茭白种植面积比实际面积少（见表1）。

表1 2013～2017年安溪县茭白种植面积与产量

年份	面积（亩）	亩产（千克）	总产量（吨）
2013	1004	1044	1048
2014	1004	1121	1125
2015	1004	1099	1103
2016	802	1175	942
2017	1453	1251	1817

资料来源：《安溪县统计年鉴》。

（三）茭白品种选育

"桂瑶早茭白"为安溪县龙门镇的主要栽培品种，该品种由安溪县龙门桂瑶蔬菜专业合作社从当地种植的地方品种"安溪早茭白"变异株系中选育而成。2013年通过福建省农作物品种审（认）定委员会的品种认定，编号：闽认菜2013019。

该品种表现植株生长势较强，分蘖力强，单株分蘖9～20个，株型紧凑；株高180～210厘米，叶鞘长50～70厘米，叶片长100～120厘米，叶宽4.0～5.0厘米；壳茭绿色，单个壳茭重113～130克，净茭重90～100克；每亩可收壳茭3500千克，产值1万元左右。

（四）茭白保鲜与销售现状

龙门镇"桂瑶早茭白"为主栽品种，采收期一般从4月下旬开始，10月上旬初结束，持续时间长。采收过程工作量大。在常温条件下，茭白的保鲜期短，茭笋容易老化变绿，降低商品性。为此，通常采用浸水方法，将装袋后待售的茭白整袋浸泡在水池里，避免装袋堆垛发热茭笋老化变绿。

由于茭白是鲜销品，安溪县的茭白以销售到邻近县市批发市场为主，种植户的收益与茭白销售单价、总产量及周边省市茭白种植面积、气候影响息息相关。如2016年9月16日受超强台风"莫兰蒂"影响，龙门镇茭白产区正处于采摘旺季，大面积茭白植株被大风刮倒折断，无法采取扶正补救措施，只能翻耕种植蔬菜等农作物，茭农损失较大。2018年，同样受台风影响，浙江省茭白种植区减产，供应到周边蔬菜批发市场的茭白减少，安溪县的茭白种植户销售价格相应提高，收入比往年增加。

（五）产业经营状况

2007年以来，龙门镇茭白种植区陆续注册成立了6个蔬菜专业合作社，家庭农场由

2015 年的 1 家发展到 2018 年的 7 家。其中桂林村、桂瑶村、翠坑村生产的茭白已通过农业部无公害农产品认证，认证规模 2700 亩，认证数量达 1.1 万吨。2011 年桂林村、桂瑶村的无公害蔬菜基地被福建省经贸委评为省级城市副食品调控（蔬菜）基地，对保障"菜篮子"产品的长期稳定供应，推动"菜篮子"工程建设起到积极的重要作用。2013 年桂瑶村蔬菜专业合作社被评为市级示范合作社；2016 年龙门进元家庭农场被评为安溪县级示范农场。

（六）新品种引进

龙门镇种植的茭白品种比较单一，大面积以双季茭白"桂瑶早茭白"为主，采收期集中，抵抗自然风险能力低。近年来，安溪县农业部门高度重视茭白品种引进工作，加强与福建省农科院及省外院所联系，引进多个茭白品种在龙门镇桂瑶、观山村进行试种。

（1）2015 年 4 月上旬，安溪县农业局委托浙江省金华农科院蔬菜研究所张尚法所长，从金华引进龙茭二号、918、余杭茭白（崇茭一号）3 个茭白品种到龙门镇观山村种植。由于茭白种苗地物流不便，路上滞留时间较长，到达时茭白苗已枯黄，种植到大田后慢慢枯死。

（2）2017 年 2 月，龙门镇桂瑶村种植大户叶进元从浙江省苍南县引进"美人茭"在龙美村试种 20 亩，4 月移栽，8 月下旬初开始采摘，9 月 26 日采收结束，亩产 1250 千克。2017 年 5 月从浦城引进"浙茭 2 号"，6 月 1 日移栽，10 月 10 日开始采摘茭白，11 月下旬末采收结束，亩产 1500 千克。由于茭白上市期与当地栽培种"桂瑶早茭白"采收期错开，平均销售单价 4 元/千克以上，获得较好的收益。

（3）2017～2018 年，国家特色蔬菜产业体系福州综合试验站薛珠政站长从浙江省金华水生蔬菜研究所茭白岗位专家张尚法处引进了浙茭 4 号、浙茭 6 号、浙茭 7 号、单季茭白十月、余茭 4 号、龙茭 2 号、北京茭白品种 7 个，经对引进的茭白种进行田间形态特征观测及测产考种等综合分析，淘汰单季茭十月、北京茭白两个品种，其他品种于 2019 年进一步示范试验，将筛选抗病性较好、产量高的品种，在种植区推广种植。

二、茭白产业发展中存在的问题

（一）茭白地块重茬连作

龙门镇村庄由于人均耕地面积少，种植结构比较单一，几乎每家每户都种植茭白。每年 2 月下旬开始移栽，9 月底茭白基本采收结束。部分茭农对田块进行翻耕种植大蒜，种大蒜时采用茭白叶片覆盖畦面，造成茭白病菌残留或将病菌二次带入田间，导致病菌逐年累积。在气候条件适宜情况下，容易造成茭白锈病、叶斑病等病害发生流行，导致茭白减产减收。重茬连作单一作物，对土壤中同一种营养元素消耗较多，同时，多次过量施用化肥造成土壤物理性质恶化，土地板结，影响茭白生长。

（二）价格不稳定

从近年来龙门镇茭白市场运行情况看，生产的茭白以批发到县外邻近地市批发市场为主，销售价格呈季节性波动，集中上市期价格下降至每千克 1.2 元左右。同时，本地批发市场茭白需求量经常受外省茭白的冲击，销售价格不稳定。

（三）初级产品保鲜期短

茭白为水生蔬菜，以壳茭的形式鲜收鲜销，采收期较集中，产量高、数量大。若不能及时销售完，会很快出现变青、变老、变灰、糠心或腐烂等现象，失去商品性。在常温下，茭白仅可保存 2～3 天。经有关专家调研，冷库贮藏可以让茭白保鲜期延长，帮助茭农实现产值增加。桂林、桂瑶村的村干部曾经向相关部门申请资金支持拟建设冷藏库。

（四）弃耕现象明显

在农村，年轻劳动力大多外出务工，实际从事农活的主要是中老年人和妇女，弃耕现象日益突出。据 2018 年对特色蔬菜（茭白）产业体系示范基地问卷调查的反馈，其种植田块为村民弃耕田。

三、对策建议

（一）加大新品种引种力度

依托企业，联合科研部门，加强新品种试验示范基地建设，加快品种的更新更换速度，优化品种结构。通过采用优新蔬菜品种和规模化批量生产，改变传统单一的、零散的种植方式，提高品质，提高劳动生产率和单位土地产出率，改善劳动条件、降低劳动强度，有利于提高茭白生产整体水平。

（二）大力发展订单农业，实行"公司＋基地＋农户"的组织形式

促进农业产业化发展，增加农民收入，解决蔬菜"小生产与大市场"矛盾。建立蔬菜无公害生产基地。通过"公司＋基地＋农户"的组织形式，可共同抵抗市场风险，增强抵御能力，有利于农民收入的增加。

（三）建立质量安全追溯体系，完善质量控制体系

依托企业或村合作经济组织，推行农产品生产经营档案管理制度，逐步形成产、销一体化的产品质量安全追溯信息网络；建立内部监督管理制度，落实各项标准的落实、投入品的使用等动态监督；开展农产品质量安全诚信活动，提高质量安全意识和诚信水平，提高农产品附加值。

福建省龙岩市新罗区芥菜产业

李建生[1]　薛珠政[2]　王　彬[2]　李永平[2]

（1. 福建省龙岩市农业技术推广站；2. 福建省农业科学院作物研究所）

一、社会经济及农业产业结构

新罗区位于福建西南部，地处龙岩中心城市，面积2678平方千米，常住人口73.4万人，户籍人口53.4万人。新罗区群山环抱，市区平均海拔342米，当地属亚热带季风气候，年平均气温19.8℃，年平均降雨量1742毫米，多年平均无霜期291天，森林覆盖率79.4%，被誉为"北回归线荒漠带上的绿色翡翠"。2017年，实现地区生产总值795.9亿元，财政总收入32.3亿元，农村居民人均可支配收入18919元。2017年新罗区农作物总播种面积31.4万亩，其中，谷物13.2万亩，薯类1.67万亩，油料1.2万亩，蔬菜面积12.9万亩，产量21.8万吨，蔬菜种植面积接近谷物种植面积，产值超过谷物产值。

二、特色蔬菜产业发展现状

（一）特色蔬菜生产规模及布局

新罗区特色蔬菜主要有芥菜、红芽芋、状元豆（菜豆）、莲藕等，种植面积1.6万亩左右，其中芥菜面积9447亩、产量1.56万吨，是除白菜、甘蓝外种植面积最大的品种。新罗区种植的芥菜品种以茎叶两用芥菜为主，还有宽柄芥菜、包心芥菜等类型。茎叶两用芥菜适合鲜食和加工，而且可以炒、煲、煮汤、炖汤等食用方式，叶片可干制、腌制泡菜和酸菜，肉质茎可干制，茎皮是很好的泡菜原料。

（二）产业发展优势

主要体现在气候优势、区位优势、技术和销售渠道优势、生态环境优势等方面。

（1）气候优势。新罗区地处南亚热带北缘和中亚热带南缘，光热资源丰富，雨量充沛，具有南亚热带和中亚热带等多种气候类型，适合多种蔬菜作物特别是芥菜类蔬菜的生长。区内中高海拔山区，夏秋季气候凉爽，适宜发展夏秋高山反季节蔬菜；低海拔地区冬季气候暖和，适宜进行冬季蔬菜生产和春提前秋延后上市瓜菜生产。

（2）区位优势。新罗区毗邻闽南，到潮汕地区、珠三角经济区以及长三角经济区等大中城市的距离，比云南、江西、湖南及广西部分地区等蔬菜产区运输距离都短。国道205线、319线从境内经过，交通便利。随着厦蓉高速、长深高速等高速公路的贯通，交通更加便捷。在蔬菜应市销售上具有较强的主动性和竞争力。

（3）技术和销售渠道优势。新罗区种子站等单位从地方品种中筛选育成了茎叶两用芥菜新品种"龙芥1号"，为产业发展奠定了品种基础。同时，从开始发展夏、秋高山反季节蔬菜至今，近30年间涌现了许多高效的乡镇、村和农民典型，农业科研、推广部门的技术人员也不断增加，栽培技术水平不断提高，并培养了一批农民技术员。伴随生产发展应运而生的农业企业、农民专业合作社、家庭农场和销售人员队伍不断发展壮大，蔬菜销售渠道基本畅通，为蔬菜产业的进一步发展奠定了基础。

（4）生态环境优势。龙岩市工业基础相对较弱，森林覆盖率高，农田受工业、城市等污染小，适合发展无公害、绿色农产品，有利于特色蔬菜产业的发展。

三、特色蔬菜产业发展存在的问题与制约因素分析

（1）销售流通体系建设不健全，保鲜、加工能力滞后。目前，蔬菜销售主要靠农民、个体户收购调运，其他单位、实体销售不多，规模较大的产业化龙头企业尚未形成，许多乡村全乡、全村没有一个销售小组，市场信息流通困难，导致销售价格低、卖菜难的问题时常出现。蔬菜保鲜、加工能力不强，影响了芥菜的供应期及加工增值的效益。

（2）农民市场保护意识较差。主要表现在农药施用和产品采后分级、保鲜、加工处理及包装上。部分农民未掌握病虫防治技术，出于方便或节约成本，使用禁用农药现象时有发生，产品质量安全难以保障，进而影响到龙岩市芥菜等蔬菜市场的整体形象。

（3）政府对特色蔬菜产业发展扶持政策少。与国内其他芥菜主产区如涪陵、华容等地相比，与大宗农作物相比，政府出台的用于扶持芥菜产业发展的政策性项目较少，具体倾斜优惠政策不多，影响到芥菜产业链的进一步延伸发展。

四、特色蔬菜产业发展的对策建议

（1）政府有关部门要真正把发展以茎叶两用芥菜为主的特色蔬菜产业作为新罗区发展农村经济、增加农民收入的一个重要产业。做到机构健全、职责明确、政策落实，同时要在项目资金安排上适当倾斜。要按农业产业化的要求切实抓好蔬菜生产的产前、产中、产后服务，注重培植龙头企业，真正做到在政府扶持下，依靠有关部门和经济实体的力量，建立较为完善的市场销售体系和社会化服务体系，带动全市蔬菜向出口型、加工型、

休闲观光型等多层次、高效益方向发展。

（2）狠抓特色蔬菜标准化生产，积极发展绿色、有机蔬菜。加强无公害蔬菜生产意义的宣传、技术措施落实、农残检测、市场管理、消费指导等工作，不断提高蔬菜品质，保证特色蔬菜产品达到国家无公害、绿色食品标准，有条件的应注册商标，申请无公害、绿色食品、有机食品认证，从而提高特色蔬菜及其加工品的知名度和市场占有率，提高特色蔬菜产业整体经济效益。

（3）扩大销售渠道，建立保鲜、加工企业。要在引导农民建立自己的销售队伍和发挥农业部门、龙头公司作用的同时，大力宣传新罗区特色蔬菜生产情况，拓展直销、出口等各类市场；采取与外地客商合作联营、代购代销等各种销售方式，扩大产地直销、网络销售等渠道。按市场或合同要求，逐步做好特色蔬菜的分级、包装、保鲜、速冻、干制、腌制及其他深加工开发，实现优质优价，增加附加值。

（4）提高农民的市场保护意识。各级政府和有关部门采取技术培训、行政干预和制订乡规民约等措施，提高农民整体的市场保护意识，杜绝蔬菜禁用农药的使用现象等发生，树立"重合同、守信用"的观念，实现特色蔬菜产业长期稳步发展。

福建省建宁县建莲产业

魏英辉[1]　吴景栋[1]　薛珠政[2]　李永平[2]

（1. 福建省建宁县莲籽科学研究所；2. 福建省农业科学院作物研究所）

一、社会经济及农业产业结构

建宁县位于福建省西北部，北纬 26°32′~27°06′、东经 116°30′~117°03′，总面积 1718 平方千米，其中耕地面积 1.53 万公顷，山地面积 14.14 万公顷，是一个有着千年历史的古邑，为福建省母亲河闽江的正源头所在地。建宁县年降水量 1822 毫米，年均气温 16.8℃，森林覆盖率 77.5%。建宁人口 15 万多人，其中农业人口占 80.2%，是典型的农业县，盛产莲子、稻谷（种子）、南方落叶早熟梨、食用菌及笋干等特产。适合种莲水田区域达 10 万亩，素有"中国建莲之乡"的美誉。

2017 年建宁地区生产总值 97 亿元，规模以上工业企业增加值 30 亿元，农林牧渔业总产值 33 亿元，地方公共财政收入 3.18 亿元，固定资产投资 133 亿元，城镇居民人均可支配收入 26469 元，农村居民人均可支配收入 14083 元。

二、建莲产业现状

建莲素有"天下第一莲"的美誉，是历代皇家贡品，已有千年种植历史。建莲属睡莲科多年生水生草本植物，系金铙山红花莲与白花莲的天然杂交种，经建宁世代莲农人工栽培、精心选育保存下来的优良品种，历史上建莲被誉为"莲中极品"。建莲外观粒大饱满，圆润洁白，色如凝脂，具有补脾、养心益肾、壮阳、固精等功效，主治脾虚泄泻、多梦遗精、崩漏带下等症。

建莲产业已成为建宁特色农业的"金牌"和农民致富的支柱产业。建宁县常年种植莲子面积达 5 万亩左右，年产量 3500 吨以上，为福建省最大的建莲生产出口基地。

（1）建莲品种优良，技术成熟。建宁县莲子科学研究所培育的建莲新品种建选 17 号和建选 35 号，是目前建宁种植的主打品种，莲子产量高品质优，大量扩种到省内外。先后开展了"建莲专用肥的配制与推广""莲田冬播紫云英""烟后莲栽培模式""莲子病虫害综合防治"等多项新技术的试验示范,并成功推广,逐渐实现建莲无公害标准化生产。

(2) 建莲营销网络发达,产品丰富。莲子龙头企业不断扩大,全县从事莲子加工、流通且具有一定规模的企业有 54 家,省级农业产业化重点龙头企业 4 家。合作经济组织不断发展,全县培育出莲子类农民专业合作经济组织 55 个,全国农民专业合作社示范社和农业部农民专业合作社示范社 1 家,省级示范社 1 家,市级示范社 3 家。以加工、运输、经营建莲为主的企业、公司、经营部、购销点、营销大户遍布城乡。产品有"速冻鲜莲""莲子糊""婴幼儿莲子米粉""莲芯雪茶""鲜莲汁""莲心含片"等建莲系列深加工产品,有近万人的营销队伍,形成了完整的建莲"产、供、销"网络,建莲产品辐射国内外广大地区,建莲已成为福建省外贸出口创汇主要商品之一。

(3) 建莲品牌持续升温。建宁通心白莲先后获农业部"全国优质名优特农产品"、国家工商总局"证明商标"、国家地理标志保护产品、中国驰名商标、GAP(良好农业规范)认证、福建省政府"名牌农产品"称号、福建省非物质文化遗产(传统加工工艺)。2018 年 2 月 12 日,建宁通心白莲获得农业部农产品地理标志登记;"建宁莲子"5 月 31 日获得福建特色农产品优势区认定(闽农综〔2018〕102 号,道地药材类);8 月,"建宁通心白莲"地理标志商标被省工商局评为 2017 年度优秀地理标志商标注册人;"建宁通心白莲"入选《中欧地理标志双边合作协定》的第一批中欧 100 + 100 地理标志产品互认互保项目。

(4) 农旅结合,效益凸显。"十里荷塘莲叶田田,万亩荷花竞相斗艳"已成建宁县休闲农业和乡村旅游的一大亮点,修竹荷苑、西门莲塘、坪上莲海等莲子休闲景点基本建成,发挥效益。持续开展的"为荷而来"中国建莲文化旅游嘉年华系列活动,做旺了三产。

(5) 政策优惠。在县委、县政府的高度重视下,2017~2018 年出台了《建宁县加快农业"五子"优势特色产业转型升级发展意见》(建委发〔2017〕8 号)、《建宁县2018—2020 年建莲产业发展实施方案》(建委发〔2018〕2 号)、《2018 年建莲种植工作实施方案》(建委农〔2017〕5 号)、《建宁县 2018 年扶持建莲发展五条措施》(建委农〔2018〕1 号)等系列涉莲政策文件。以上政策有力地推进了建莲产业的发展。

三、建莲产业发展存在的主要问题与原因分析

虽然建莲产业取得了一系列成绩,但目前仍存在着种植面积不稳定、种莲比较效益低、干莲价低难销、种莲积极性不高等问题。

(一) 建莲初加工产品价低难销与原因分析

近年来,建莲初加工产品建宁通心白莲(统货)收购价幅度为 30~42 元/斤,2018

年为 35～42 元/斤左右，总体表现为价低难销的状况，究其原因：一是近年来建宁县周边的广昌、石城、南丰、宁都、瑞金、莲花等地大面积发展莲子产业，市场呈现供大于求的状况；二是赣莲因气候条件好（气温更高、前后可多采收半个月）、种植田块好（阳面田为主，光照条件好）、用工价格较低，因此赣莲亩产更高、生产成本更低，江西莲农对赣莲售价的心理预期在 30 元/斤左右，而建宁莲农心理预期在 40 元/斤以上，大量赣莲低价抛售挤占了建莲的销售市场；三是赣莲冒充建莲的现象严重，造成市场上鱼目混珠、消费者难以区分，建莲市场竞争力弱化、难以实现优质优价；四是价格跌破莲农心理预期和成本线后，莲农不愿贱卖而大量囤积难以销出。

（二）建莲亩产下降与原因分析

建莲在大元、高峰等地区的亩产分布：少量高产区可达 150～200 斤，而其他大部分在 100～120 斤，低产的仅 60～100 斤，呈现下降趋势。主要原因：一是品种混杂退化。由于莲的遗传特性，铁莲落泥后将长成杂株，品种在多年种植后难免因漏采产生混杂，造成种群退化。二是种莲田块总体较差。莲是水生作物，具有喜温、喜光、喜肥等特性，光、温、水、肥等立地条件对产量影响大，由于建宁县特色经济作物种类丰富，如杂交水稻制种、烤烟、芋头、大棚果蔬等，这些作物都需要阳面田或好田种植，且效益较种莲好，在争地矛盾非常突出的情况下，莲子种植只好转到山垅田中或较差的田块种植。三是投入不足。莲具有喜肥耐肥的特性，要想取得高产就必须要有高水肥，由于近年建莲价低难销，不少莲农产生了"惜本"心态而肥料投入不足；加之莲农对标准化栽培管理技术执行不到位，存在管理粗放、广种薄收的现象。这些都直接影响了建莲生产产量。

（三）种植面积萎缩与原因分析

近年来，建莲种植面积出现一定程度的萎缩，主要原因：一是莲产品价低难销，种莲大多赚不到钱，严重影响了种莲积极性；二是与杂交水稻制种、烤烟相比，种莲的比较效益偏低；三是莲子的初加工繁多且多以手工操作为主，耗费劳动力多，难以实现规模化种植；四是涉莲企业带动力不强、莲子深加工产品不够丰富，建莲产品以初加工产品为主；五是莲副产品没有得到充分的开发利用，莲田综合开发水平不高，种莲综合效益还有待提升；六是建莲公共品牌没有发挥最大效益。

四、推进建莲产业发展的对策

根据目前建莲产业发展存在的主要问题，按照"稳定面积、延伸链条、拓展功能、农旅互促"的发展思路，需抓住基地建设、科技应用、精深加工、文化旅游、品牌推广等关键环节，促进产业转型升级；需加强建莲产业科技研发，突破产业发展瓶颈，优化产业布局，规范种植模式；加快富硒富锌莲子开发，开展莲子精深加工和副产品综合利用，加强莲子文化创意产业设计和营销。将建宁建设成集莲子科技研发基地、绿色莲子生态示范基地、莲子精深加工基地、莲子出口创汇基地、建莲休闲观光与文化传承基地"五位一体"的"中国建莲之乡"及农村产业融合发展的试验示范区。为确保建莲种植面积稳定在5万亩、总产量4000吨以上，"村级组织+公司+基地+农户"经营模式覆盖率达到90%以上，莲子产业全产业链总产值20亿元以上，年均产值增长超过10%，建莲带动的立体种养、休闲观光等多产业融合的产值超过10亿元，现提出以下对策：

（一）巩固基地，优化布局，稳定面积

（1）划定重点种植区域。综合考虑全县产业布局、产业基础、耕作模式、区域条件，结合莲旅融合发展与赏花地建设，优化种莲的区域布局，在全县划定种莲区域5万亩。重点实施"百千万"工程，按照百亩点、千亩片、万亩带的建设要求，推进规模化种植；建立一批百亩点和千亩片，打造好大元—高峰—圳头—水南—长吉—黄岭—修竹—均口—隆下—龙头的万亩带和濉溪大元—高峰—圳头、均口龙头—隆下—均口、里心上黎—花排—靖安、黄埠贤河—大余—陈余—桂阳、客坊里元—客坊—严田5个千亩片，带动全县种莲面积5万亩。

（2）培育一批种莲专业村。以濉溪镇的大元、高峰、圳头、器村、斗埕，均口镇的黄岭、修竹、均口、隆下，溪口镇的溪口、枫元、高圳、渠村、杉溪、桐源、艾阳，里心镇的花排、靖安、上黎、代家、新圩、双溪、汪家、滩角，黄埠乡的黄埠、贤河、陈余、大余、桂阳、友兰、竹薮，客坊乡的严田、张溪、客坊、里元、龙溪、水尾、中畲，伊家乡的澜溪、沙洲、伊家、双坑、陈家、东风、隘上，黄坊乡的武调、仍田、将上、安营，溪源乡的溪源、都团、上坪村为重点，各村分别建立1个以上百亩点，从项目、资金、政策、技术、培训、信贷等方面加大支持力度，制定相关激励政策，使种莲成为当地农民的职业，通过3年的培育，将以上50多个村打造成建莲种植的专业村。

（3）做实做优种植基地。大力推行"村级组织+公司+基地+农户"的经营模式，组织企业与种植农户签订合同，实行订单生产和保护价收购，推进村企合作共建基地，市级以上龙头企业或新型经营主体需在本县建立1个以上的百亩种植基地，同时鼓励和支持外地企业在建宁建设莲子种植基地；根据建基地数量和带动建莲种植情况，在项目、资金、信贷等方面给予配套支持。

（二）创新驱动，三品同步，提质增效

（1）强化科研创新，注重人才队伍建设和科研合作攻关。强化县莲科所的科研人员队伍建设，充实、培养或引进科研创新的专业人才和技术力量，增加1~2名专业科研人员；精心组织和大力支持专业科研人才进行科研攻关，要在莲子新品种选育、种养新技术、新模式试验研究方面取得实质性的突破，努力破解莲产业发展的技术难题；要强化与中科研、中农大、省农科院、省农林大等高等科研院校的纵向合作，重点对莲子新品种选育、莲子精深加工及产品研发等方面进行合作攻关，强化与湖北省武汉市蔬菜研究所、湖南省农科院植保所、江西省广昌县莲科所等相关部门的横向合作，重点对莲子病虫害综合防治、莲子种养新技术、新模式等方面进行合作攻关；鼓励和扶持龙头企业建立博士专家工作站，与相关科研院校合作进行涉莲系列高值化深加工产品的研发，强化莲子加工机械、副产品综合利用技术和富硒富锌产品的研发，努力提升莲产品的附加值和种莲比较效益，提高莲农收入和种莲积极性，努力实现"品种、品质、品牌"同步发展和产量、质量、效益共同提升。

（2）创新推广服务体系，促进科技成果转化应用。创新推广服务体系建设，充实和培养技术推广力量，加强对种莲专业村和种植基地的规划指导；强化优良品种的选育引进、繁殖推广、提纯复壮一体化技术，建立优质种藕基地 3000 亩，加强新品种示范推广力度；普及和推广五新技术和标准化生产，做到规范种植、增施有机肥、科学追肥、合理用药、科学烘烤等，保证建莲产品质量和安全水平；创新立体生态种养的绿色生产模式，加强莲田综合利用，采用立体种养、合理轮作模式，实现每亩莲田平均年产值 1 万元，采用莲—烟、莲—绿肥、莲—菜等水旱轮作模式，防控病虫害和提高土壤肥力，采用莲下养鱼（泥鳅、大闸蟹）等立体种养模式，建立莲渔共生立体种养示范基地 2000 亩，示范带动莲田综合效益的提高；推广莲子剥壳、去膜等加工工艺和加工设备，提高加工效率，克服劳动力瓶颈。

（3）注重品牌宣传保护，不断提高建莲知名度和美誉度。建莲自 20 世纪 90 年代以来，先后创建了"中国建莲之乡""国家地理标志产品保护""中国驰名商标"等国家级公共品牌和众多省市级品牌；莲系列产品中，获得福建省名牌农产品称号 5 个，有机食品认证 4 个、绿色食品认证 8 个、无公害农产品 2 个；加大品牌宣传保护力度，加强溯源体系建设和防伪标志的使用管理；发挥建莲产业协会的作用，充实人员保障经费，加强公共品牌的授权使用管理等工作，强化产地环境和产品检验平台建设，大力开展富硒高锌等特色莲产品的开发和品牌创建宣传，鼓励支持建莲区域品牌建设，不断提高建莲产品的影响力和市场占有率，充分发挥品牌的价值和效益，不断提高建莲知名度和美誉度。

（三）创新营销，稳定市场，优质优价

（1）营销思路创新。以"高端产品、高端市场"为营销思路，发展建莲专卖旗舰店，瞄准和建立欧美、东南亚等地稳定的出口市场，挖掘利用莲的药食两用价值、发挥建莲"福九味"首位优势，让建莲在同仁堂等知名药店作为保健品销售，在机场、动车站和大型知名超市等高端市场进行销售，在县域内规划布局授权建立 10 家品牌专卖店，让消费者能放心购买到正宗建莲，充分发挥商务局、建莲产业联盟等销售力量的作用，促进营销思路和方式的创新。

（2）营销模式创新。建立紧密的产供销一体化的建莲"统购统销"营销模式，充分发挥县供销合作社联合社优势作用，依托莲蓉绿色食品（集团）有限公司为建莲销售主体或销售联盟，借鉴烟草或种子产业发展模式，实行订单生产、保护价收购，形成下连基地农户上连国内外市场的"统一品牌、统一标准、统一包装、统一价格"的规范化建莲购销市场，以解决目前建莲产业发展中存在产品价低难解、购销混乱无序、标准价格无法统一、假冒现象严重、难以实现优质优价等问题，从而充分调动莲农种莲积极性，保障莲农利益，推进莲子产业稳定发展。

（3）净化和稳定建莲市场。针对赣莲冒充建莲严重的现象，相关职能部门要强化市场监管和打假力度，对假冒伪劣要保持高压态势、形成常态化监管工作机制和联动机制、从严从重惩处假冒伪劣案件，维持良好的市场秩序，努力净化和稳定建莲市场；优化选址，统一规划设计和装修，建设建莲专业市场和展销中心，形成"统一品牌、统一标准、统一包装、统一价格"的规范化建莲交易市场。

（四）融合发展，延伸链条，转型升级

（1）推进莲子产业园的融合发展。以濉溪、均口为重点，推进挖掘建莲文化，发展观莲、赏莲、品莲、用莲的全方位莲主题休闲体验游，以旅游提升建莲产品知名度和认可度。重点开发以西门莲塘为核心的野生莲保护观光与红色游，以修竹荷苑为核心的建莲科普文化游，以将屯大观园为核心的美食舌尖游，以大元、高峰村为代表的采风写生观光游，以桂阳小区莲子示范基地为代表的农耕体验游，以莲子龙头企业为主体的建莲加工工业游，各相关单位要加强与旅游部门的沟通对接，注重规划设计资金整合，实现高水平、高品质标准化建设。

（2）整合和延伸产业链。按照建莲全产业链建设路径，整合和延伸产业链，促进农业上下游产业、前后环节相连接；以打造建宁贡莲小镇、均口田园综合体为主，建设具有生产、观赏、体验、游乐等功能配套的特色集聚区。

（3）推进建莲产业与旅游、教育、文化、康养等产业深度融合。促进观光农业、森林人家、农家乐、水乡渔村、花海公园等乡村旅游业态快速发展，创建一批休闲农业示范点，打造一批最美休闲乡村。强化创业创新扶持，支持返乡人员创办农业生产经营组织和社会化服务组织等经营实体，结合建莲产业特点，因地制宜发展产品加工、乡村旅游等农村二三产业，让建莲发展惠及千家万户。

（4）互联网融合发展。大力发展与消费者需求相适应的新型业态和营销方式，实行线上线下融合、企业电商与专业电商相结合的"互联网＋建莲"的发展模式，搭建"绿色、高效、现代"的新型莲产品品牌推广、产品营销平台，不断拓展建莲市场营销渠道，提升建产品的市场占有率。

福建省福安市生姜产业

李锋[1]　王道平[2]　薛珠政[3]　王彬[3]　叶新如[3]

(1. 福建省宁德市农业科学研究所；2. 福建省福安市农业局经济作物站；

3. 福建省农业科学院作物研究所)

福安市位于福建省东北部，地处鹫峰山脉东南坡，太姥山脉西南部、洞宫山脉东南延伸部分，在北纬26°41′~27°24′、东经119°23′~119°52′。总面积1880.1平方千米，其中基本农田保护面积129.14平方千米。气候温暖湿润，属中亚热带海洋性季风气候。

据2017年《福安市国民经济和社会发展统计公报》，2017年末户籍人口66.83万人，其中城镇人口25.85万人，农村人口40.98万人，男性35.14万人，女性31.67万人；2017年全市生产总值419.9亿元，比上年增长7.0%；第一产业实现增加值86.9亿元，比上年增长3.5%；公共财政总收入34.3亿元，比上年增长17.2%；地方公共财政收入19.9亿元，比上年增长7.0%；农村居民人均可支配收入15348元，比上年增长8.8%；城镇居民人均可支配收入32491元，比上年增长8.2%。

一、农业产业发展情况

种植结构进一步优化。"十二五"期间，福安市农业区域布局进一步优化，沿海蓝色农业产业带、山区绿色农业产业带和城郊平原高优农业示范区初具规模。农作物品种结构进一步优化，农业产品多元且特色鲜明。全市现有茶叶30万亩、葡萄5.5万亩、刺葡萄1.5万亩、水蜜桃2万亩、特晚熟龙眼2.5万亩、东魁杨梅7000亩、芙蓉李4.5万亩、柑橘和脐橙1万多亩、蔬菜25万亩、中药材面积2万亩。

产业化程度进一步提升。现有各类农业龙头企业129家，其中省级23家、宁德市级65家，福安本级41家。开展合作社提质工程，拥有农民合作社1656家，其中55家列入全省规范化名录管理，全国示范社4家，省级示范社17家，宁德市级示范社44家。全市家庭承包耕地流转总面积为7.3万亩，流转率24.93%，有效促进农业适度规模经营。

农业品牌进一步增强。现拥有农业领域中国驰名商标1件、省著名商标18件、省名牌产品14件。获绿色食品企业15家，20个产品，面积1万多亩；无公害企业20家，29个产品，面积1.3万多亩；拥有"福安巨峰葡萄""穆阳水蜜桃""福安刺葡萄""福安芙蓉李""福安绿竹笋""穆阳线面""福安油茶油"等国家农产品地理标志和地理标志证明商标。"福安巨峰"品牌荣获2012年最具影响力中国农产品区域公用品牌,央视发布福安巨峰葡萄品牌价值70.82亿元。

二、蔬菜产业发展概况

蔬菜产量不断提高。"十二五"以来,随着种植业结构调整,蔬菜产业进入健康发展快车道。2017年蔬菜产量32.04万吨,比2012年的26.26万吨增加5.78万吨,年均增长3.7%。蔬菜产业成为继茶叶、水果之后的第三大农业主导产业,成为农业和农村经济发展的重要支柱产业,是农民增收的重要来源。

设施面积不断扩大。2013年以来,新建高标准蔬菜钢架大棚2000多亩,建造鸟巢形智能球体生态温室大棚6座,蔬菜育苗温室大棚12800平方米,促进了现代蔬菜产业的发展。

花色品种不断丰富。随着农业"五新"集成应用,大批蔬菜新品种得到推广应用。"十二五"以来,引进推广"黄秋葵""奶油南瓜""紫色小白菜"等新奇特蔬菜品种20多个,蔬菜花色品种日益丰富,满足了蔬菜产业结构和消费者需求的变化。

三、生姜产业发展现状

(一)生产规模迅速增长

生姜是福安市的特色蔬菜,种植历史悠久,以生产嫩姜为主。随着农业种植结构的调整和设施栽培等新技术的推广应用,种植面积逐年扩大,由2001年的0.3万亩迅速发展到2018年的1.0万亩,占蔬菜种植面积的14%,年产量1.7万吨,亩产1.5吨,亩产值1.2万~1.5万元,亩纯收入0.5万~0.7万元,从事生姜种植约10000人。涌现出了一大批生姜种植专业村,如溪潭镇下庄村、洋头村,康厝乡高台村,甘棠镇观里村等。

(二)栽培模式多元化发展

福安市所处地理纬度低,属中亚热带海洋性季风气候,气候温暖湿润。光照充足,无霜期长。目前有露地嫩姜栽培、早春大棚嫩姜促成栽培、加锅炉供热栽培芽姜、大棚三层覆盖栽培芽姜四种栽培模式。种植品种因栽培模式而异,露地嫩姜栽培和早春大棚嫩姜促成栽培以福安竹姜和四川白口姜为主,加锅炉供热栽培芽姜、大棚三层覆盖栽培芽姜以贵州小黄姜和广西大肉姜为主。为确保农产品质量安全,各乡镇成立了农产品质量监管中心,农业执法部门加大对禁用农药销售的查处力度,大力推广使用生物农药或高效、低毒、低残留农药,确保生姜产业持续健康发展。

（三）注重科技推广及应用

提高生姜生产科技含量和效益，促进姜农增收。一是重视新品种、新技术研发与推广。宁德市农科所、福安市种子管理站等单位相继承担了"生姜产业化关键配套栽培技术研究""四川白口姜的引种与推广"等项目，以上项目研究成果的转化应用基本实现了全年供应，助推了生姜产业的发展。二是重视姜农素质的提升。据不完全统计，2010年以来由福安市农业局、宁德市农科所等部门举办的实用技术培训班、科普讲座和科技下乡等活动，培训姜农6000多人次，提高了姜农科技意识和技术水平。

（四）大力拓展流通渠道

自《农民专业合作社法》实施以来，福安市农民专业合作社从无到有，各类农民专业合作社达到1656家（其中蔬菜种植专业合作社60多家，农机服务专业合作社14家）。为了拓展农产品的流通渠道，解决农产品销售难的问题。一是加强本地农贸批发市场建设。在增设农民自产自销摊位的同时，加强蔬菜专业批发市场的建设和大型超市的引进，全市现有蔬菜批发市场1个，农贸市场28个，大型超市4家。二是加强农业电子商务平台建设。2014年成立了福安市电子商务协会，2016年启动阿里巴巴农村淘宝项目，2017年建立了市、镇、乡三级民富中心网络，搭建便民服务、农村电商、金融服务和乡村教育等功能于一体的综合服务平台，有力地促进了生姜、芋头等特色果蔬产品的网络销售。

（五）发展订单农业

福安生姜以生产嫩姜为主，嫩姜用于鲜食和加工腌制品，母姜用于做佐料和加工红糖姜茶。福安市把强化基地建设、发展订单农业作为生姜产业的重要环节来抓。宁德市现有生姜加工企业3家（福安2家，蕉城1家），通过农业推广等部门积极引导，促成了加工企业与姜农达成订单合同。企业为姜农预付部分生产资金，姜农按照企业加工需求生产优质加工原料，形成"公司＋农户"的生产经营模式。加工用姜占生姜产量的20%左右，80%产品通过合作社、销售能手或自销形式销往本地或周边县市。

（六）超前规划，加大政策扶持力度

近年来福安市以工业化理念发展特色现代农业，建成赛湾万亩现代设施葡萄产业园、松罗千亩高优葡萄示范园、溪柄千亩蔬菜示范园区等。相继出台了《发展高效设施农业资金补助》《支持现代农业良种补贴、农机具补贴》《关于进一步加快推进现代农业发展的实施意见》《福安市扶持和促进电子商务发展四条措施》等一系列扶持农业特色优势产业和现代高效设施农业发展的优惠政策，并组织编制了《2015—2020年福安市现代农业产业发展规划》。

四、生姜产业发展存在的问题与制约因素分析

（一）种性退化、病害严重

在生产上生姜长期采用无性繁殖，选留种方法不当将导致抗逆能力较弱、单产低而不稳定、种性退化。近年来生姜的栽培面积逐年扩大，老姜区由于留种不当和连年重茬，姜瘟病危害严重。不少新姜区盲目引种，引进带菌种姜，病害发生严重，产量和品质均不理想。调查获知，感染姜瘟病，轻者减产 10%～20%，重者达 50% 以上，甚至绝收。病害隐患打击了姜农的生产积极性，严重制约着生姜产业的健康发展。

（二）产业技术水平差，单产、品质有待提高

部分姜农沿袭传统的方法，栽培管理较为粗放。基础设施落后，抵抗自然风险能力弱，受 2018 年 7～9 月高温、干旱等不良气候的影响，产品产量和品质均不理想。据统计，全国生姜种植的平均产量在 1500 千克/亩左右，山东的单产最高达 3000 千克/亩，福安市平均单产 1500 千克/亩左右，与全国平均水平持平。

（三）组织化程度低

经过十多年的发展，蔬菜种植专业合作社注册数虽达到 60 多家，但合作社规模偏小、人才匮乏、资金缺乏、运行不规范。部分合作社是"空壳社""僵尸社"。合作社与农户利益联结不紧密，合作社生产服务不到位，农户分散经营、盲目种植。生姜生产抵御自然灾害和市场风险的能力弱，外地市场尚未打开，销售依赖本地市场，市场价格波动幅度大，姜农收入不稳定。

（四）标准化体系建设滞后

农业标准化是现代农业的重要标志，是实现农业规模化种植、产业化管理、品牌化销售、商品化处理的迫切需要。生姜作为福安市特色产业，标准化体系建设明显滞后，目前尚未制定出台生姜的质量标准和栽培技术规程，难以规范姜农的栽培管理和保证产品质量安全，极大地制约了生姜产业的发展。

（五）品牌创建意识不强

品牌是产品质量、价值、声誉的载体，农产品市场竞争已从价格竞争逐步走向品质、品牌竞争。目前福安市仅 2 家生姜加工企业注册有"爱妻""圣丰"商标，由于企业规模偏小，市场宣传推广力度不足，市场知名度不高。受传统农业生产经营观念的影响，农业生产者品牌创建意识不强，至今生姜种植专业社既没有注册统一商标，也没有对产品进行"三品"认证和包装。

五、生姜产业发展的对策建议

（一）加大科技投入，提高技术水平

在科技投入方面，加大对高品质生姜生产环境、病虫害防治、生产技术的研究。加大设施种植、无公害栽培技术、脱毒种苗的推广应用；加大对姜农的科技培训，尤其是绿色无公害病虫害防治技术。政府主管部门应调拨专项资金，组织科研、教学单位对姜农开展技术培训，不断提高生姜生产技术水平，促进生姜产业可持续发展。

（二）建立繁育体系，推广优良姜种

在康厝乡界竹村、范坑乡山岫宅等地建立姜种繁育基地2~3个，繁育单位建立生姜繁殖用种与生产用种两级繁育制度，保证原种与生产用种的质量。原种采用母系提纯法生产，即通过单株选择、株系比较、优系混合留种繁殖等方法生产原种。建立生姜两级种子田，第一年用原种的第2代或上一年大田株选良种建一级种子田，从中筛选优良单株供下一年一级种子田用种，其余去杂去劣后供下年二级种子田用种，二级种子田再经片选作为大田用种，如此逐年选择留种，不断提高种姜质量，实现品种提纯复壮。

（三）推行标准种植，提高产品质量

加快制定生姜的质量标准和栽培技术规程，规范催芽、整地、筑垄、移植、施肥、培土、采收、病虫害防治等环节，建立一批生姜标准化种植示范基地。农业部门在生姜生产关键时期、重要环节做好技术指导和技术服务工作，重点抓好质量提升、测土配方施肥、病虫害绿色防控等技术的推广，健全生姜质量安全管理制度和追溯制度。引导姜农科学种植，不断提高福安生姜的产量、品质及质量安全水平，促进姜农增收。

（四）加大扶持力度，发展规模生产

在福安市西北部发展生姜面积3万亩，政府应采取积极措施，对现有的合作社进行规范管理和扶持，扶持专业合作社流转土地进行规模生产，在组织、经营等方面给予相应的指导和资金扶持。在生姜产业发展中，要按照良种化、科学化、规模化的发展模式和"五统一"的经营模式，依托生姜种植专业合作社，统一品种、统一规划、统一种植、统一技术指导、统一收购，积极为姜农提供产前、产中、产后一条龙服务，解决姜瘟病等制约生姜生产的技术难题，充分调动农户的种姜积极性，带动当地农民种植生姜致富。

（五）推进品牌创建，做强特色产业

福安生姜是福安市特色蔬菜，有着悠久的栽培历史，已成为农民增收致富的支柱产业之一。政府要充分挖掘优势资源，积极申报"福安竹姜"国家地理标志保护产品、国家地理标志证明商标和国家农产品地理标志；积极引导生姜加工企业、专业合作社等新型农业经营主体开展"三品"认证和商标注册，加快推进生姜品牌创建；积极打造以品牌价值为核心的生姜产业，提高福安生姜的知名度和影响力，做大做强生姜特色产业。

福建省厦门市翔安区葱蒜类产业

叶明鑫

（福建省厦门市翔安区农林水技术推广中心）

翔安区位于厦门市东北部，东北与泉州市交界，西面与同安区接壤，南部隔海与金门岛相望，居厦漳泉闽南"金三角"中心地带，是重要的侨乡和台胞祖籍地，也是大陆距离金门最近的地区，地处海峡西岸经济区最前沿。翔安区是 2003 年成立的新区，是厦门市最大的农业生产区。2017 年全区户籍人口 32.9 万人，其中农业人口近 25 万人，占全区总人口的 75% 以上。2017 年农民人均可支配收入 16991 元。

辖区面积 412.09 平方千米，海域面积 107.06 平方千米，海岸线长 75 千米，其中耕地面积 12.8 万亩，全区 88% 的土地分布在农村。其中耕地面积 11 万亩。翔安地处南亚热带，属海洋性季风气候区，区大部分为低丘台地，地面高程在 14.2 ~ 35 米，坡度相对平缓，土壤多属红壤土，尤其适合种植葱蒜类蔬菜。

一、葱蒜类蔬菜产业发展现状

翔安区气候条件适合葱蒜类蔬菜生产，翔安区葱蒜类生产基本实现周年栽培，每年 1 ~ 4 月冬春季节为生产旺季。主栽品种是古宅大蒜和小葱。古宅大蒜是厦门市翔安区名特优蔬菜品种之一，也是厦门市主要的出口创汇蔬菜之一。古宅大蒜于 19 世纪从广东引种至新圩镇古宅村种植，至今已有一百多年的栽培历史。2002 年 5 月，国家科技部和农业部组团赴意大利参加第 19 届切塞纳国际果蔬博览会，古宅大蒜备受欢迎。古宅大蒜主要种植品种是历史悠久的竹蒜，近年来种植面积不断扩大，每年种植面积上万亩，年产量 3 万 ~ 4 万吨。翔安区小葱种植种类主要有土葱和胡葱。以葱头繁殖为主的土葱主要种植在新圩镇，除夏季较少种植外基本实现周年生产，年种植面积 2 万亩，产量 6 万吨，其中新圩乌山小葱获得农业部一村一品称号。以种子播种为主的胡葱，主要是夏季在新店、内厝种植 1 ~ 2 季，和胡萝卜轮作；年种植面积 1 万亩，产量 3.5 万吨。

加工、出口快速发展。青蒜主要出口日本、韩国、东南亚各国等，小葱主要面向国内市场，产品销往全国各大市场。进口国对农残和农产品品质的标准提高以及绿色壁垒的限制，促使农民接受新品种和新技术，为龙头企业出口创汇提供了有利条件。2007 年发起成立厦门市翔安区蔬菜协会，目前会员单位 43 家，覆盖全区所有蔬菜加工、出口及销售农业企业、专业合作社。目前以蔬菜协会会员单位为主的蔬菜加工业共完成投资总额超过 4 亿元，建有加工生产线 80 条，冷库 8 万平方米，日加工能力 8000 吨以上，年出口 8 万吨以上，加工、出口带动翔安区蔬菜产业快速发展。

产业组织化发展。翔安区人民政府高度重视民生问题，特别重视农民增收渠道的拓展、农业生产的稳定，将"三农"工作摆在第一位。翔安区近几年持续扶大、扶强农业龙头企业，大力发展订单农业，推行"龙头企业＋基地，基地带农户，科技服务一体化"生产经营模式，形成农业基地化、规模化、集约化格局，走向管理规范化、科技服务一体化的生产模式。

二、葱蒜类蔬菜产业发展存在的问题

（一）基础设施薄弱

翔安是严重缺水区。近几年建设节水型微喷灌设施，至 2017 年建设节水喷灌设施 3.75 万亩，但普及率低，不具备抗自然灾害的能力。

（二）资金投入不足

各级政府对农业的投入还不能满足农业的资金需求。投入资金来源主要是项目专项经费，只能用于新品种的引进试验示范。

三、发展思路

（一）加大资金投入，完善基础设施建设

建立标准化示范区，提高厦门市蔬菜生产水平。企业可利用资金、技术、人才、信息等方面的优势，采用优新蔬菜品种，完善技术设施建设，规模化生产，提高产品品质，提高劳动生产率和单位土地产出率，提高厦门市蔬菜生产整体水平。

（二）大力发展订单农业

促进农业产业化发展，解决蔬菜"小生产与大市场"的矛盾，增加农民收入。建立无公害蔬菜生产基地，通过"公司＋基地＋农户"的组织形式，蔬菜生产者与加工者建立利益共同体，共担风险，增强抗风险能力。

（三）规范农业投入品管理

依托企业和合作经济组织规范农业投入品管理，拟订生产计划，实行投入品定点销

售。按照商检要求设立产地基本情况、农药使用情况、肥料使用情况登记制度，建立生产档案制度。通过与区行政综合执法局、工商等部门配合，依法规范农业投入品市场秩序，坚决打击销售和使用假冒伪劣农业投入品行为，杜绝违禁药物的使用。

（四）建立质量安全追溯体系

引进速测仪器设备，在每个项目区行政村各配备一台速测仪器。依托企业和合作经济组织推行农产品生产经营档案管理制度，逐步形成产、销一体化的产品质量安全追溯信息网络；建立内部监督管理制度，落实各项标准的落实、投入品的使用等动态监督；开展农产品质量安全诚信活动，提高质量安全意识和诚信水平，提高农产品附加值。

十七、合肥综合试验站

安徽省池州市水生蔬菜产业

杨凯文

（安徽省池州市菜篮子工程办公室）

池州市北临长江，沿江地区水资源丰富，是传统的莲藕、芡实、水芹等水生蔬菜种植区，常年水生蔬菜种植面积约 4 万亩，近年来，随着农业结构的调整，以莲藕（子莲）为主的水生蔬菜产业快速发展，现对池州市水生蔬菜的发展优势、生产现状、存在问题等进行分析，并结合合当地水生蔬菜产业发展情况提出切实有效的发展对策。

一、水生蔬菜产业发展现状

（一）优势条件

（1）自然优势。池州市北临长江，长江流经池州 145 千米，岸线长 162 千米，境内有三大水系十条河流，江河湖水面 348.4 平方千米，水源总量为 10305 亿立方米，河道纵横贯通，水资源丰富，水生蔬菜产业发展具有得天独厚的自然条件，发展空间巨大，优势明显。

（2）气候优势。池州市属亚热带季风气候区，气候温和，雨量充沛，光照充足，四季分明，无霜期长，年平均气温 16.5℃，年平均降水量为 1500 毫米，平均日照率约 45%，年均无霜期达 227 天，十分有利于水生蔬菜生产。

（3）交通优势。池州靠近长三角，拥有滨江港口，通航四通八达。沿江高速、宁安铁路穿境而过，是连接长三角经济圈、中原经济圈、武汉经济圈、泛珠三角经济圈的交会带，交通运输便捷，为水生蔬菜的销售运输提供了优越的条件。

（二）生产基本情况

池州市水生蔬菜种类主要有莲藕（子莲）、芡实、水芹、茭白、荸荠、菱角等，常年水生蔬菜种植面积约 4 万亩，其中莲藕种植面积 3 万多亩，芡实 0.3 万亩，水芹 0.1 万亩，荸荠、菱角等品种零星种植，莲藕、子莲、芡实等品种的种植面积会因为市场行情的波动而调整。

1. 莲藕

莲藕在池州市有着悠久的种植历史，常年种植面积约1万亩，目前主栽品种以鄂莲1号、鄂莲2号、鄂莲6号等鄂莲系列为主，露天栽培，4月底种植，栽培密度视早、晚熟品种在300～500穴/亩。7月开始采藕，直至第二年3月，莲藕销售以鲜藕上市，本地市场零散直销或整批量销往江浙地区，亩产2000～3000千克，平均销售价格为2元/千克，产值5000～6000元/亩。

为提早上市提高效益，池州市红庄蔬菜专业合作社开展了大棚覆盖栽培莲藕，面积为47亩，品种为早熟品种花香藕，2月种植，5月开始上市，上市时间比露天栽培提早一个半月，亩产量1000千克左右，产值8000～10000元。

2. 子莲

子莲不但能生产莲子，还具有很强的观赏性。随着莲子市场行情上涨和休闲农业的发展，从2016年开始，池州市子莲种植面积迅猛扩大，种植面积达2万多亩，种植品种以湘莲2号和太空莲36号为主，亩产150千克左右。莲子产品有以莲蓬鲜销也有加工干子销售，但随着种植面积的扩大，市场行情大幅下跌，2016年干子价格为24元/千克，2017年、2018年干子销售价格为12元/千克，亩产值2000元左右。

子莲的大面积种植，在池州市形成了一道亮丽的风景线，也给部分种植企业增加了收入。对从事莲子生产的大多数种植户来说，只增加了新鲜莲蓬的现场采摘销售，对农旅结合密切的企业，收效明显，远远超过生产产值。如池州市广福农业发展有限公司，位于九华山风景区老田村，九华山是四大佛教圣地之一，素称"莲花佛国"，广福农业发展有限公司充分发挥独特的地理区位优势，种植子莲1000亩，吸引了大批的游客，发展了数百名会员，亩产值超万元。

3. 芡实

池州市芡实种植面积约3000亩，主栽品种为紫花南芡，露天栽培，新发展的地方4月育苗，6月定植，连续种植池塘自然留种，一般11月采收，亩产带壳子200千克左右，2017年销售价格为12元/千克，2018年价格下跌到8元/千克，亩产值2000元左右。

4. 其他品种

池州市水生蔬菜还有水芹、茭白等品种，种植面积不大，水芹和茭白种植面积都是0.1万亩，水芹品种主要为本地尖叶，露天栽培，9月种植，12月至春节采收，亩产5000千克左右，产值万元。茭白品种主要为浙大茭白，露天栽培，一年两季，亩产4000千克左右，产值万元。

二、存在问题

（一）品种退化严重，更新速度极慢

水生蔬菜多为营养体无性繁殖、农户自行留种、选种不严格，多数未进行提纯复壮而直接进行连年种植；农户种植水生蔬菜时引种较混乱，良种覆盖率不高；存在长期连作情况等。这些传统的栽培与留种方式易导致种性退化、产量降低，产品品质下降。水生蔬菜面积不大，还没有引起各级政府足够的关注，缺乏财政资金扶持，农业部门从事水生蔬菜的科技人员力量薄弱，因此没有自主品种，新品种引进、示范和对农户的引导等存在不足，池州市水生蔬菜普遍管理粗放，新品种更新速度和栽培技术发展缓慢。

（二）生产规模小，面积不稳定

虽然池州市有着优越的水生蔬菜种植自然条件和悠久的栽培历史，近年来也迅猛发展，但总体规模不大。农户自发种植，布局散乱，缺乏规划引领，水生蔬菜基地周边沟渠道路等基础设施不配套，大多交通不便。种植面积随着市场价格、种植效益而变化，种植品种也随之调整，各种水生蔬菜种植面积并不稳定。例如 2015～2016 年，莲子销售价格为 24 元 / 千克，池州市子莲种植面积迅速扩大，而 2018 年已经降到 12 元 / 千克，势必导致子莲种植面积缩减。

（三）采后处理薄弱，产业化程度低

池州市水生蔬菜多以鲜销为主，冷库及加工设备方面投入不足，如遇上市集中，抗市场风险能力弱。目前池州市还没有一家种植企业创建知名品牌，建立稳定的销售渠道，发挥龙头带动作用，也没有一家水生蔬菜产品加工企业，商品化程度低，附加值没有得到有效开发，产业效益不高，严重制约了水生蔬菜产业健康快速发展。

三、发展对策

（一）编制产业规划，加强政策扶持

池州市临江环湖，河流水网纵横，水资源十分丰富，据粗略估算，适合种植水生蔬菜的田地、水面超过 40 万亩，而且生态环境优越、水质优良，发展优质水生蔬菜具有巨大的发展空间和优越的条件。政府部门要提高认识，把水生蔬菜作为农业结构调整、促进农民增收的重要产业来抓，精心编制产业发展规划，合理布局，建立优质水生蔬菜产品原料生产基地区域、水生蔬菜产业融合休闲观光区域。各级财政安排一定的产业扶持资金，各部门整合项目，对池塘、湖田等莲产区沟渠道路基础设施进行改造，加强引导和服务，为水生蔬菜产业快速稳定发展创造条件。

（二）强化技术服务，为产业发展提供支撑

农业部门要积极开展水生蔬菜新品种的引进、筛选和培育，加强与省高等院校的产、学、研合作，开发拥有自主品牌的特色品种，开展种植技术研究，制定适合本地生产的配套高产栽培技术，为水生蔬菜产业发展提供强有力的技术支撑。

（三）大力培育龙头企业，招引加工企业

加大对有规模、有实力企业的扶持力度，培育水生蔬菜龙头企业，成立合作经济组织，发挥龙头带动作用，统一品种、统一种植技术、统一销售加工，逐渐取代一家一户零星种植销售的模式，创建品牌，开拓市场。加强招商引资，引进水生蔬菜产品加工龙头企业，为种植户提供一个稳定的销售渠道，增加产品的附加值。

（四）产业融合，推动产业发展

水生蔬菜大多兼有多种价值，如药用功效、观赏价值等，可发展相关产业，推动地方经济。例如池州市有"第一个生态经济示范区"、"莲花佛国"、九华山等生态和文化优势，可以结合当地民俗文化，开发乡村休闲旅游项目，大力发展旅游业。

安徽省肥东县水生蔬菜产业

刘 红 梁英波

（中央农业广播学校肥东分校）

肥东县地处江淮之间，是合肥市的东大门，全县总人口108.66万，总面积2181.6平方千米，辖18个乡镇、2个开发区、335个村（社区）。

一、社会经济及农业产业结构

2017年，肥东县全年生产总值596.1亿元，其中，第一产业65.4亿元，第二产业389.6亿元，第三产业141.2亿元，三产结构为12.2∶65.0∶22.8。全年财政收入56.6亿元，农民人均可支配收入19410元。

全年农牧渔业总产值118.6亿元，其中农业产值54亿元，林业产值3.9亿元，牧业产值38.0亿元，渔业产值17.9亿元，农林牧渔业产值2.4亿元。

种植业中，粮食播种面积11.9万公顷，总产73万吨，其中稻谷54.4万吨，小麦11.5万吨；油料4.2万公顷，总产12.2万吨；蔬菜2.5万公顷，总产58.7万吨；瓜果0.5万公顷，总产13.4万吨；棉花0.6万吨。

近年来，肥东县利用区位优势，围绕发展生态农业、休闲农业，因地制宜，大力发展水生蔬菜莲藕生产，撮镇镇、长临河等圩畈区的莲藕初具规模，其他地区的莲藕等水生蔬菜也有不同程度的发展。2017年，全县水生蔬菜（主要为莲藕）面积达到1.82万亩，总产2.73万吨。

二、水生蔬菜产业发展现状

（一）水生蔬菜生产规模及布局

全县水生蔬菜（主要品种为莲藕）面积逐年壮大，由2013年的1.12万亩扩大到2017年的1.82万亩，总产由16800吨增加到27300吨（见表1）。

表1 2013～2017年肥东县水生蔬菜（莲藕）生产情况

年份	面积（万亩）	总产（吨）	单产（千克/亩）
2013	1.120	16800	1500
2014	1.225	18375	1500
2015	1.453	21795	1500
2016	1.602	24030	1500
2017	1.820	27300	1500

资料来源：《肥东县农委2017年农业统计年报》。

肥东水生蔬菜主要品种为莲藕，零星种植有茭白、菱角、水芹等。水生蔬菜莲藕主要集中在撮镇、长临河等圩畈区，约占全县水生蔬菜种植面积的80%，其他乡镇呈点片零星分布，主要分布在水库、塘坝等水源条件好、地势低洼的地方。撮镇镇水生莲藕主要集中在2814渔场、赵光村、建华村、华光村、龙集村等地；长临镇莲藕主要集中在以2814渔场、姚埠圩区域的东红、团结、洪葛等村。莲藕主要销售地区为合肥、南京、芜湖等地。一般亩产鲜藕1500千克左右，均以鲜藕形式销售，均价2.0元/千克，亩投入生产资料和人工成本约1650元，亩均效益1350元，较一季水稻亩增收800多元。

（二）水生蔬菜生产的现状

肥东县位于安徽中部，江淮分水岭两侧，属亚热带湿润季风气候，雨量适中，光照充足。年平均气温15.5℃，年无霜期235天，年日照总数2081.22小时，年平均降雨量940毫米。肥东县南部濒临巢湖的圩畈区和其他水源条件较好的地区，均适宜莲藕等水生蔬菜生产，主要品种有鄂莲1号、包公无丝藕等。栽培方式一般是春季定植，夏秋季采收。为了提高莲藕质量安全水平，肥东县建立健全农产品质量安全检测体系，建立农产品质量安全检测中心，18个乡镇均成立农产品质量安全监测站并建立检测室，在12个蔬菜规模种植基地建立农残检测室，做到定期检测和不定期抽查相结合。所有水生蔬菜莲藕基地做到挂牌种植，在使用投入品时，做到生产有记录，严禁使用国家明令禁止的农药，严格执行农药使用安全间隔期。莲藕规模生产基地，县、乡镇检测做到全覆盖。县农业执法部门对规模生产基地挂牌服务，不定期对基地投入品使用进行检查，提出指导或整改意见。县农业部门积极帮助生产基地开展"三品"认证，努力提高莲藕生产的质量安全水平。

（三）水生蔬菜生产的科技水平

注重对新品种、新技术的引进、试验示范和推广，先后引进适宜于肥东县种植的莲藕新品种有鄂莲1号、鄂莲5号、9217莲藕、武籽1号等。建华合作社与省农科院合作，培育和推广了包公无丝藕。利用水枪开展莲藕采收，省工、省力，节约了生产成本，提高了生产效益。此外，肥东县以新型职业农民培训为抓手，每年都要对莲藕种植基地的农民进行培训，年培训30多名莲藕种植能手，不断提高其种植和经营管理水平。肥东县蔬菜办公室、肥东县农业技术综合服务中心、各乡镇农业技术推广站等部门，在肥料和农药的使用、农药残留检测等方面，对莲藕生产基地进行生产和管理的指导，提高莲藕生产的科技水平。

（四）水生蔬菜产业组织发展情况

随着莲藕种植规模的不断扩大，肥东县莲藕产业组织化程度逐步提高。全县现有莲藕200亩以上规模种植基地50多个，其中撮镇镇、长临河连片莲藕基地达到万亩以上，涉及全县18个乡镇40多个村、5个市级以上龙头企业、22个家庭农场和种植大户。撮镇镇建华农业合作社充分发挥作用，在品种选择、栽培管理、产品包装和销售等环节，为广大莲藕种植户做好产前、产中、产后服务，推动了本地莲藕产业的持续健康发展。

（五）水生蔬菜产业市场建设

肥东县莲藕生产首先主要是大户直销或合作组织集中收购销售，他们首先通过与城市批发市场、超市联系，提供莲藕产品。其次部分莲藕种植大户在合肥、南京等周边城市蔬菜市场设有窗口，批发或直销莲藕。最后通过电子商务、利用物流渠道等销往周边大中城市，在市场上享有较高的知名度和美誉度。

（六）水生蔬菜三产融合发展情况

肥东县莲藕生产已形成较大规模，集生产、销售、观赏、采摘于一体的产业化格局初步形成，但莲藕加工、储藏尚处于起步阶段。莲藕生产的组织化程度正逐步提升，撮镇镇建华村成立了"肥东县建华农业专业合作社"，长临镇东红村成立了"田丰农业专业合作社"，主营水生蔬菜净菜保鲜、包装等。2008年投产运营，为莲藕生产增添了后劲，有力地带动了周边莲藕生产的发展。撮镇镇建华合作社、长临河田丰合作社认证无公害莲藕6000多亩。撮镇镇建华村将连片1000多亩的莲藕基地开发成旅游观光点。自2008年起，每年举办"肥东建华生态湿地荷花节"，吸引了大批观光游客，为肥东县打造了一张亮丽的名片，在市场竞争中赢得了声誉，取得了良好的经济效益和社会效益，促进了莲藕产业的发展。

（七）水生蔬菜产业的扶持政策

为进一步加快肥东县蔬菜产业发展，促进全县蔬菜产业向集约化、设施化、规模化、标准化方向发展，着力建设全省蔬菜生产大县，2015年，肥东县政府出台《肥东县2015—2020年蔬菜产业发展规划》，提出了发展目标任务、重点区域、工作重点和保障措施。近年来，县政府每年都要出台蔬菜奖补政策，对包括莲藕在内的水生蔬菜、水肥一体化、"三品"认证、产品追溯等环节进行奖补，每年投入资金2000多万元，累计投入资金2.2亿元，有力地推动了蔬菜产业发展，同样也推动了水生蔬菜产业发展。

三、水生蔬菜产业发展存在的问题与制约因素

肥东县水生蔬菜产业发展存在的主要问题和制约因素：一是水生蔬菜生产组织化、集约化程度不高，生产和销售缺乏宏观掌握和调度；二是品牌意识不强，各个生产基地分散经营且品牌较多，缺乏统一的对外品牌，导致品牌不响，市场影响力不强；三是莲藕精深加工尚处于空白，观赏旅游开发不足；四是莲藕生产基地面积有待进一步扩大，栽培管理水平有待进一步提高；五是农村人口老龄化，劳动力资源不足，成为莲藕产业发展的瓶颈；六是莲藕批发交易市场尚未建立，健全的市场价格机制尚未形成，抵御市场风险的能力较弱；七是技术贮备明显不足，缺乏科技支撑，生产技术含量低，品种更新慢，管理粗放，栽培模式简单，单产不高，亩均效益较低。

四、水生蔬菜产业发展的对策建议

（一）发展思路

以振兴乡村为指导，以实现农业增效、农民增收为目的，利用肥东县区位优势，发挥现有莲藕生产基地的示范带头作用，狠抓科技推动、品牌带动、项目牵动，扩大莲藕种植规模，推进"一村一品"；大力发展莲藕标准化生产，实施优质品牌战略，提高莲藕市场占有率；大力发展莲藕精深加工，提高莲藕产业附加值；发挥莲的观赏价值，大力发展观光农业、休闲农业，不断延伸莲藕产业链条，带动产业增值。

（二）目标任务

预计到 2020 年，全县水生蔬菜（莲藕）种植面积将达到 3 万亩，总产达到 4.5 万吨。建成莲藕育种基地 1 个以上，创建以莲藕栽培为主的"一村一品"示范村 10 个以上，建成莲藕加工企业 1~2 家，净菜包装企业 3~5 个，建成具有一定规模的莲藕批发市场 1~2 个。整合资源，积极创建肥东莲藕品牌，宣传品牌，打响品牌。

（三）区域布局

（1）培育优势区域。在现有基础上，在沿巢湖撮镇镇、长临河圩畈区建立 2.5 万亩莲藕基地，其中撮镇 1.5 万亩，长临河 1.0 万亩。撮镇镇以店埠河沿岸及宣小圩、三合圩、赵竹圩等地为重点发展区域，长临河以 2814 渔场改造及姚埠、秀才、施口等地为重点发展区域。加强莲藕基地基础设施建设，配套沟、渠、路及道路绿化。主要品种为莲藕、水芹菜等。推进水生蔬菜优质、高效、规模化生产。

（2）因地制宜推广辐射区域。在店埠、古城、马湖、张集、包公、石塘、八斗、梁园、响导、牌坊、白龙、元疃、陈集、杨店等乡镇，依托区位、技术、市场、人才等优

势，在地势低洼、水源条件较好的水库、塘坝附近区域，因地制宜地发展水生蔬菜。到2020年种植面积达到1万亩以上。

（四）实施种子种苗工程

（1）加快优势良种选育。通过企业与科研院所合作，加快水生蔬菜品种的选育与推广。力争到2020年，自主育成（或参与育成）水生蔬菜新品种1~2个，并得到推广。

（2）加强种质资源保护与利用。依托科研院所和生产企业，加强对现存及新收集的水生蔬菜种质资源进行系统整理分类、保存和性状鉴定，加强优势水生蔬菜种质资源保护和有序开发利用。

（3）积极引进推广新品种、新技术。开展新品种、新技术试验示范，充分展示新品种优良品性，筛选适合本地种植的新品种、新技术并加以推广，有效降低新品种推广风险，为确定本地区主导品种提供依据，提高水生蔬菜科技水平。

（五）推进"一村一品"

发挥现有莲藕"一村一品"示范村规模优势，扩大辐射带动，尽快做大做强。按照"公司＋协会"或"合作社＋农户"方式，开展订单生产，实行品牌化运作，开展"三品"认证。通过加大政策引导和技术推广等措施，促进全县水生蔬菜产业"一村一品"再上新台阶。集中力量抓好撮镇镇建华、瑶岗、赵光、仙临、长临河东红、洪葛等村（社区）的莲藕规模种植，带动周边地区农户发展，扩大生产规模，形成优势特色产业"一村一品"示范村。到2020年，使全县水生蔬菜市级以上"一村一品"示范村达到10个以上。

（六）加快建立集散市场和电商化营销步伐

拟在撮镇镇建立水生蔬菜批发市场1个，配套保鲜仓储设施设备、净菜包装设施、质量检测中心，构建城市直销配送体系。建设水生蔬菜市场信息平台和电子化交易系统，实现实体市场和网络市场融合发展。

（七）扶持精深加工

以水生蔬菜基地和产业协会（合作经济组织）为基础，扶持建设莲藕精深加工企业1~2个，按照统一质量，统一品牌，设施一流，经营水准一流的高标准进行建设。

（八）发展休闲观光

以肥东县每年的建华"荷花节"为平台，以肥东县撮镇建华莲藕休闲观光旅游区为中心，结合观莲、赏莲、采莲，大力发展休闲农业、观光农业，大力推进莲藕产业延伸，提高莲藕产业附加值。

五、保障措施

（1）加强领导。按照县委、县政府立足发展蔬菜产业打造全省蔬菜大县不动摇的战略部署，把发展水生蔬菜生产作为调整农业产业结构、发展都市型农业的重要抓手，在全县上下营造推进水生蔬菜和休闲观光农业发展、增加农民收入的良好氛围。

（2）建立科技创新体系。大力引进、推广实用新技术、新品种、新材料、新设备，不断提高生产、流通、加工各环节及产品的科技含量。结合新型职业农民培育和农村实用技术人才认定项目，有计划、有步骤地加大对水生蔬菜生产人员的培训，提高生产经营管理水平。

（3）加强质量监管。依托水生蔬菜生产企业、专业生产大户，推行利用物联网生产和质量控制管理，建立质量安全可追溯制度。建立绿色、有机水生蔬菜产品产地标识上市制度。加快建立水生蔬菜产品生产经营企业自检、社会中介检验检测机构接受委托检验和执法机关监督抽检相结合的检验检测体系。鼓励和支持企业和生产经营大户开展"三品"认证，提高品牌意识和质量安全水平。

（4）加大政策扶持力度。整合农业产业化、农业综合开发、扶贫开发、千亿斤增粮工程、土地整治、江淮分水岭综合治理、特色种植业扶贫、美好乡村建设、乡村振兴资金，支持水生蔬菜产业发展。按照《合肥市促进现代农业发展实施细则》要求，用足用活蔬菜发展资金；同时出台《肥东县蔬菜产业发展奖补办法》，围绕肥东县《政府工作报告》中提出的加快建设蔬菜大县目标，扶持水生蔬菜基地建设，在基础设施建设、规模生产、质量监管、"三品"认证、地理标志、物联网及水肥一体化等方面给予奖补和扶持。同时，加大招商引资力度，吸引社会资本和农业龙头企业共同参与水生蔬菜生产、加工、经营及休闲农业开发等。

安徽省舒城县水生蔬菜及葱姜蒜产业

葛自兵

（安徽省舒城县农业科学研究所）

一、产业现状

（一）产业规模

　　舒城县位于大别山东麓，巢湖西滨，紧邻合肥市，是合肥市一线蔬菜生产供应基地，实现每天供应合肥市各类蔬菜产品 400 多吨。近年来随着农业结构调整，特色蔬菜种植规模逐年扩大，全县各类特色蔬菜年播种面积达到 65550 多亩，总产量 97600 多吨，总产值 1.9 亿元。主要有莲藕、水芹、荸荠、芡实、菱角、舒城黄姜、舒城白蒜等。其中规模最大为舒城白蒜，年种植面积达到 28000 亩，年总产量 11000 多吨；其次是莲藕，年种植面积达到 15000 亩，年总产量 24000 多吨。莲藕等水生蔬菜品种主要分布于桃溪、千人桥、杭埠等圩畈区乡镇，葱姜蒜等特色蔬菜主要分布于城郊区、干汊河等沿杭埠河两岸乡镇。近年来，舒城县委县政府高度重视特色蔬菜产业发展，在桃溪省级现代农业示范区内由舒城县农科所牵头，新建 16000 多亩绿色蔬菜生产示范基地，组建了安徽省水生蔬菜工程技术研究中心，以省蔬菜产业技术体系首席专家张其安为首的专家团队作为技术依托，重点开展野生水生蔬菜资源搜集、新品种培育、生态栽培技术集成和技术培训等工作，目前储备了大量水生蔬菜等特色蔬菜品种资源，探索出多种绿色蔬菜生态栽培模式，为特色蔬菜产业发展提供了丰富的品种和技术支撑。

（二）栽培方式与病虫害情况

　　舒城县特色蔬菜栽培方式主要以露地栽培方式为主，莲藕一般于当年 4 月播种，10 月至次年 1 月可连续收获，每亩产量达到 1600 千克以上；水芹于当年 9 月种植，11 月至次年 3 月可连续采收，亩产量 1500 千克；荸荠于当年 6 月中下旬定植，11 月中下旬开始收获，亩产量 1200 千克；菱角于当年 4 月种植，9 月下旬开始采收，亩产量 1000 千克；

少数特色品种也有采取保护地栽培模式，例如舒城白蒜，于当年 8 月上旬开始排种，10月初开始采收青蒜，亩收青蒜 1500 千克。莲藕大规模种植主要发生的病害为莲藕多年种植形成的腐败病、锈斑病等，防治措施主要采用定期轮作方式，舒城黄姜主要病害为姜瘟病，防治措施主要为水旱轮作。

（三）产销情况

当前特色蔬菜产品重点以鲜活产品直接上市销售为主，主要销售到合肥周谷堆市场，莲藕因规模较大，面向全国市场均有销售，莲藕约 20% 用于加工藕粉等产品。

（四）组织化程度

全县目前蔬菜类专业合作社 60 多家，莲藕等规模化特色蔬菜种植基地组织化程度已达到 70% 以上，只有种植规模较小的葱类品种的种植户，当前仍然以一家一户自产自销方式为主。

二、存在问题

（一）品种方面

目前特色蔬菜种植过程中，除了莲藕和舒城白蒜等规模化种植有专用品种外，其他特色蔬菜种类在种植过程中，有很多是农民自己留种，农民自己有时也不清楚是什么品种，或者统称为地方品种，长时间种植，退化严重，抗性降低，产量下降，品质降低。

（二）技术方面

栽培方式多为露天种植，专业大户种植大量使用化学肥料，一家一户种植仍然以传统方式生产为主，标准化栽培技术在特色蔬菜种植上推广应用率较为低下。病虫害生态植保防治技术未达到统一推广应用，农民多数采取不同品种轮作、水旱轮作等方式预防病虫害发生。采后处理技术几乎为零，多数以鲜活产品直接销售，产品附加值较低，受市场价格影响较大。

三、发展趋势

（一）品种选育

随着市场多样化保健功能型蔬菜品种的需求，特色蔬菜品种选育工作将会受到科研育种人员的重视，舒城县农科所创建的安徽省水生蔬菜工程技术研究中心，目前已搜集野生水生蔬菜资源 35 份，引进国内优良特色水生蔬菜品种 20 多个，下一步将会加强地方优良品种提纯复壮工作，例如舒城黄姜、舒城白蒜、舒城水芹、舒城荸荠等特色优良地方品种的选育、保护、推广。同时根据市场需求，有针对性地开发一些鲜食型、加工型、设施栽培型、水培型等专用品种，满足市场多元化需求。

（二）栽培方式

以当前露天栽培为主向设施栽培方向转变，例如莲藕设施大棚春提前栽培，青蒜秋提前栽培；水培工厂化将会得到进一步发展，例如水芹浮床栽培的产业化发展，舒城已有500 多亩水芹浮床产业化栽培基地。

（三）生产的标准化

舒城桃溪示范区省级水生蔬菜工程技术研究中心针对全县当前水生蔬菜发展现状，正在对莲藕、水芹、荸荠等品种进行绿色蔬菜标准化栽培技术探索总结，以促进全县水生蔬菜标准化生产技术的推广。舒城白蒜、舒城黄姜等特色蔬菜品种已获得国家绿色食品标志认证，一直按照绿色蔬菜生产技术标准进行生产。

（四）产品质量安全

随着农产品质量安全工作的推进，特色蔬菜产品将会整体达到无公害标准以上水平，在国家级标准园内，产品将会达到绿色食品标准以上水平。

（五）组织化程度

随着特色蔬菜基地规模生产的扩大，必然会推动组织化程度的提高，例如当前舒城莲藕产业组织化程度已达到70% 以上，而且会进一步提高，其他产品同样。只有在组织化程度提高的基础上，才会带动某一类产品的快速发展。

四、想法与建议

（一）创建特色蔬菜品种展示基地

依托舒城县农科所科研创新基地现有条件，建成特色蔬菜品种展示园，引进省内外优良特色蔬菜品种集中进行栽培示范，在省蔬菜产业技术体系专家的指导下，探索总结多种新型栽培模式，为特色蔬菜产业发展储备品种和技术。

（二）加强产后深加工技术研发，延伸产业链

随着产业规模的扩大。例如莲藕生产，主要以鲜活产品销售为主，受市场季节性变化非常强，价格不稳定。开展莲藕等特色蔬菜产品深加工，加大订单生产基地的建设，才能进一步推动特色蔬菜产品的可持续发展。

安徽省铜陵市白姜产业

姚继贵

（安徽省铜陵市农业科学研究所）

一、社会经济及农业产业结构

铜陵市位于长江中下游平原与皖南山区的交接地带，介于东经117°04′~118°09′、北纬30°38′~31°09′，南北最长约56千米，东西最宽约103.9千米，总面积3008平方千米，耕地面积94000公顷，全市常住人口160.8万人。境内南部低山、丘陵纵横交接，呈北东向展布，大都由灰岩、页岩和砂岩组成。海拔300~500米，多褶皱型山、丘，少数为断层山，一般坡度在25°~30°，山体比较完整，山势由西南向东北逐渐下降。中部丘陵、岗地起伏，也呈北东向展布，丘陵的组成物质与南部丘陵相似。地面切割比较破碎，发育了一系列冲、坳谷地。其中以董店—朱村河谷平原为最宽广。北部平原地势低下坦荡，由长江及其支流的冲积作用发育而成。地面海拔小于15米，大部为8~10米，地面坡降多小于1/5000，水网密度高，河沟纵横，湖沼广布。

铜陵市属于北亚热带湿润季风气候，特点是季风明显，四季分明，全年气候温暖湿润，雨量丰沛，湿度较大，日照充足，雨热同季，无霜期长。冬夏温差比较显著，冷暖气团交锋频繁，气候多变，降水年际变化大，冬季天气晴朗、寒冷、干燥，夏季天气炎热，春季南北气流交锋频繁，锋面进退不定，造成雨水偏多，天气多变，常出现低温连绵阴雨天气。秋季天气晴朗少雨，出现秋季干旱。

2017年地区生产总值（GDP）1163.9亿元。全年农、林、牧、渔业总产值82.97亿元。其中，农业产值33.68亿元。

全市农业生产经营人员258524人，其中女性137242人。在农业生产经营人员中，年龄35岁及以下的15564人，36~54岁的125122人，55岁及以上的117838人。地方财政收入77.3亿元，农村常住居民人均可支配收入13145元。

全年农作物种植面积17.55万公顷。其中，粮食作物种植面积12.53万公顷，棉花种植面积0.66万公顷，油料作物种植面积2.78万公顷，蔬菜种植播种面积1.15万公顷。

二、产业发展现状

（一）铜陵白姜生产规模及布局

铜陵白姜是铜陵最具特色的地方农产品，因块大皮薄、汁多渣少、肉质脆嫩、香味浓郁闻名遐迩，享受"中华白姜"之美誉，曾荣获新加坡、泰国等国际食品博览会的重要奖项，至今已有两千多年的栽培历史。2008 年被列入安徽省非物质文化遗产名录，2009 年荣获中国国家地理标志保护产品，2012 年获注中国国家地理标志证明商标，2017 年被农业部授予第四批中国重要农业文化遗产。

铜陵白姜主要产地为铜陵市义安区天门镇和郊区大通镇，是当地农民收入的主要来源，全市常年种植面积 6000 亩左右，总产量 750 万千克，姜农亩纯收入 10000 元以上。2018 年主产区种植面积 4700 多亩，从事种植的农户 2792 户，其中，种植大户 252 户，合作社 9 家，家庭农场 7 家，龙头企业 3 家，姜贩 300 余名。全市有一定规模白姜加工企业达 20 余家，腌制白姜小作坊 500 余家，涉及白姜销售的企业 1000 余家，铜陵白姜年产值 10 亿元。白姜加工产品有 4 大类 30 多种，白姜龙头企业已和农户建立"企业 + 农户"利益连接模式，白姜龙头企业带动姜农达 1000 余户，实现姜农户均增收 3000 元左右，创造就业岗位 1000 余个。铜陵市 7 个白姜产品通过国家绿色食品发展中心的认证，5 个产品获得了"安徽省名牌农产品"称号，铜陵白姜地方标准成为省级地方标准。

（二）铜陵白姜的生产现状

铜陵白姜种植主要区域以董店朱村河谷的冲、坳谷地平原为主。该地海拔适中，土壤肥沃，灌溉方便，水质优良。姜农千百年来一直采用高畦高垅、搭棚遮阴、姜阁孵种的独特技艺，种植铜陵白姜这一独具特色的地方品种。进入 21 世纪，市委市政府高度重视铜陵白姜产业的发展，2000 年建成面积 200 亩的铜陵白姜科技示范园。2008 年市委、市政府决定，由一名市政协副主席出任铜陵生姜协会（铜陵白姜研究会）会长，加大推动铜陵白姜产业发展的力度。2009 年投资 1200 万元建设中华白姜文化园，2010 年建成投入使用，主要开展铜陵白姜的文化民俗和品牌的展示、交流，农民培训，企业孵化等活动。2010 年成立铜陵市白姜研究所，开展铜陵白姜品种提纯复壮、病虫害绿色综合防治、铜陵白姜标准化种植、有机肥种植等研究和技术推广。2012 年将白姜纳入农业政策性保险，市财政承担 80% 保费。2015 年起市财政每年拿出 50 万元专项资金用于补贴姜农有机肥种植。

在产业市场建设方面，2012 年起每年白姜上市期间在全市设立 6 个直销市场，各大农贸市场设立直销摊位，方便市民买到正宗铜陵白姜。2015 年开展"铜陵白姜进合肥"活动。鼓励企业发展电子商务，进行网上销售，目前有电商 10 余家。

（三）铜陵白姜产业文化传承情况

一是连续举办了 6 届铜陵白姜"姜王"评选活动和铜陵白姜开市活动，并在 2017 年升级为铜陵白姜旅游文化节，连续 3 年举行铜陵白姜"下姜阁"活动，提升铜陵白姜影响，加大品牌宣传力度，扩大了铜陵白姜的社会影响力。二是以铜陵白姜成功申报省级非物质文化遗产和国家地理标志保护产品为契机，进一步挖掘铜陵白姜深厚的文化底蕴，丰富铜陵白姜文化内涵。编辑出版了铜陵白姜文史资料专辑《文说铜陵白姜》。专辑全面系统地介绍了铜陵白姜史话、典故传说、文学欣赏、中华白姜文化园、烹调美食、养身保健、科技创造等白姜文化内容。组织制作了三集广播剧《白姜传奇》，开展了广播剧《白姜传奇》开播宣传活动，广播剧《白姜传奇》在中央、部分省、市广播电台进行了播放，并获得了国家广播剧银奖。组织编排了黄梅戏《佛手姜》。三是组织媒体集中宣传报道铜陵白姜。《经济日报》品牌经济版在显要位置刊发报道《铜陵白姜：培育龙头企业放大品牌效益》。报道分名品档案、乡土名牌，以图文并茂的形式报道了铜陵市近几年通过扶持龙头企业，打造特色农产品，放大白姜品牌效益宣传白姜文化的做法。积极组织社会资源在高速公路与市主干道两侧建设中华白姜文化园高架广告宣传牌，安徽省著名品牌期刊《清明》杂志，在铜陵市中华白姜文化园举行了文学创作基地挂牌仪式等宣传铜陵白姜活动，提高铜陵白姜知名度，达到全国闻名、蜚声世界的影响。四是资助非物质文化传承。每年每个姜阁安排资金 2000 元，资助非物质文化传承人授徒、交流、技艺传承。

三、产业发展存在的问题与制约因素分析

目前铜陵白姜已成为生姜产地农民收入的主要经济来源。虽然铜陵市生姜产业得到了一定发展，但也存在着明显的不足，主要表现在以下几个方面：

（1）基地标准化程度较低。基地建设布局分散、规模小，基础设施不配套。基地缺乏必要的水利、交通、用电等基础条件，产业基地抵抗自然灾害的能力弱，"靠天收"的现象比较突出。

（2）种植规模化，技术标准化有待提高。由于机械化程度低，种植成本高，导致规模化的种植少。种植区域主要集中在义安区天门镇、郊区大通镇等传统生姜种植区域，且以家庭为单位，小面积种植，呈零星分布，没有形成规模化白姜种植基地。集约化程度不高，统一的标准化和规范化种植技术推进慢。

（3）良种繁育严重滞后。铜陵白姜已种植两千多年，由于长期的无性繁殖，种性退化严重，影响了产量的提高和品质的提升。虽然近几年进行了提纯复壮技术的推广，但力度较小，提纯复壮良种的覆盖率较低。

（4）姜瘟病防治难，保险保额过低。姜瘟病每年都不同程度地发生，白姜种植成本高，一旦发生姜瘟病，姜农损失巨大，尤其是种植面积较大的企业，每亩 2000 元的保额也是杯水车薪，可能因此倒闭。种植风险大，制约了铜陵白姜规模化种植和产业化发展。

（5）产品档次较低，缺乏文化创意和包装。传统分散的作坊经营仍是主流。产加销、贸工农等环节是条块分割、联结松散，规模化、集约化、产业化程度不高；龙头企业规模总体偏小，研发能力弱，加工层次低，科技含量低，文化创意少；市场和流通仍然是制约产业加快发展的瓶颈。产品产业链条不长、转化率低，企业重数量、轻管理、轻投入，广种薄收现象比较突出。品牌意识不强，由于资金短缺等因素，对产品未能精心打造、包装和宣传，市场竞争力不强。精加工或系列开发未形成。产业基本停留在卖原料和初级加工状态，不能进行深加工和系列开发。全市白姜产品仍主要是以糖醋姜、糖冰姜、酱汁姜等初级加工产品为主，虽然也开发出如姜汁饮料、姜脯、抗氧化剂、口腔清新剂等精深加工产品，但未形成规模化生产，并缺乏文化创业和文化新意，暂时无法成为铜陵的旅游产品。

（6）生姜文化保护和传承力度不足。铜陵境内保留最为久远的姜阁已超百年之久，至今仍在使用，并没有采取有效的措施进行保护。据统计，目前境内保留完整姜阁50多座，但还是姜阁技艺传承人年龄却呈现老龄化趋势，70岁以上的人占大部分，年轻的也有50多岁，而且一人管理多座姜阁的现象十分普遍，传统技艺濒临传承危机。与此同时，对白姜传统文化史料的搜集、整理工作发展也比较缓慢，传统白姜文化的传承与发展面临重大的挑战。

（7）白姜文化与乡村旅游文化融合不足。铜陵白姜文化延伸至与旅游相结合，关键在于文化创意产业发展的融合和建设，而不仅是外部生态环境的美化。因此，白姜文化与乡村旅游应当承担起乡村物质和精神空间存续的重任，追求与自然、生态、文化的共融。白姜文化旅游应该更多地以体验为主，这样的旅游产品才能与城市交换，才能为游人所钟情，因此文化创意在白姜文化旅游的发展中应当起到至关重要的作用；必须沿着与文化创意紧密结合的方向发展，明确这一发展方向是使之规范化、健康、高速发展的根本保证。

四、产业发展的对策建议

党的十九大报告指出："构建现代农业产业体系、生产体系、经营体系，完善农业支持保护制度""加强文物保护利用和文化遗产保护传承。健全现代文化产业体系和市场体系，创新生产经营机制，完善文化经济政策，培育新型文化业态。"加快铜陵白姜产业发展和白姜文化传承，需要全市各级党委政府的大力支持，企业、协会和广大市民等方方面面的配合，只有这样铜陵白姜才能实现大跨越、新突破。

（一）提升白姜品质，推进白姜产业基地建设

抓好铜陵白姜标准化基地建设，一方面坚持以集中连片为重点、以千家万户为基础、以规模开发为目标的原则，制定出台产业基地建设标准，注重适度规模发展。另一方面积极探索土地流转的新途径，在不违背国家土地政策的前提下，按照"依法、自愿、有偿"的原则，完善土地流转政策，使土地能多途径合理流转，集中土地资源，投资兴建生产基

地和加工企业，扩大规模生产，发展贸易和外向型农业，提高产业层次。

（二）加大良种繁育、推广力度

建立铜陵白姜原种繁育基地，并由财政安排专门经费保障基地正常运转，为大户和企业免费提供原种。推广提纯复壮技术，指导企业、姜农繁殖生产良种，扩大良种覆盖率，提高产量和品质。

（三）加大种植技术推广力度，提高保险保额

应每年安排资金加大铜陵白姜病虫害绿色综合防治、标准化栽培、有机肥种植等技术推广力度。同时，提高保险赔付额度，保障企业和姜农遇到自然灾害、姜瘟病危害时能安全应对，快速恢复生产。

（四）强化政策扶持，提升品牌影响力

一是要借鉴"涪陵榨菜"的经验和模式，重点加大"铜陵白姜"这一大品牌的推介和宣传力度，提高铜陵白姜的知名度，力争在"铜陵白姜"品牌影响力上有所突破。二是要加快建立、完善特色标准化体系，把发展无公害农产品、绿色和有机白姜作为标准化的方向，加强标准的制订和实施，龙头企业树立品牌意识，加大品牌投入，积极参与各类农展会、评奖、评优，提高产品知名度。三是进一步加强政策对铜陵白姜发展的引领、统筹协调。用足用活各项支农政策和资金。充分利用特色农业发展项目，整合各类惠农支农资金，集中打捆使用，加大对白姜产业发展的投入。调整财政资金的投入方向。把有限的财政资金投入龙头企业发展、产品安全检测和名牌产品打造上。四是协调金融部门和财政担保中心、中小企业担保机构，加大对白姜产业发展的信贷支持力度。

（五）深挖文化内涵，传承白姜文化精神

习近平总书记指出，农耕文化是我国农业的宝贵财富，是中华文化的重要组成部分，不仅不能丢，而且要不断发扬光大，强调要让文化遗产活起来。铜陵白姜独特的栽培技艺历史悠久，文化丰厚，世代相传，是铜陵姜农历代先辈奋斗和创新的结果。因此，保护好、传承好、发展好这一非物质文化遗产，既有历史价值，更有现实意义。要深入贯彻落实党中央要求，加强对铜陵白姜文化遗产的保护和传承，形成发掘、保护、传承农业文化遗产的社会氛围。一方面，要结合铜陵市特色，制作铜陵白姜旅游纪念品、手工艺品等，并策划出旅游纪念品的系列故事；另一方面，引导支持企业对旅游产品进行文化创意升级，包括产品包装、产品文化、品牌故事等方面进行包装，形成种类丰富、档次适中的乡村旅游产品体系，推进铜陵市乡村旅游实现消费大众化、产品特色化、发展产业化、服务规范化、效益多元化发展，为繁荣生姜文化、推进产业化发展、促进姜农就业增收做出积极的贡献。

（六）统筹协调发展，与乡村旅游有效结合

文化是旅游根基，没有文化的乡村旅游，很容易出现趋同化。文化更是产品的基础，没有文化很难出高质量的文创产品，没有高质量的文创产品，很难做出有价值的带动。必须深入挖掘铜陵白姜历史传承的特色文化，作为开发设计文创产品的第一手资料。同时，还要有重塑铜陵白姜文化和培育文化的意识，加强乡村文化和铜陵白姜遗产的保护和开发，建立起乡村旅游发展和文化建设的良性互动机制，实现旅游产业发展和农民增收致富的"双赢"。

安徽省岳西县高山茭白产业

储海峰

（安徽省岳西县农业农村局）

岳西县位于皖西南边陲、大别山腹地，是一个集革命老区、贫困地区、纯山区、生态示范区、生态功能区"五区"于一体的县份。境内群山兀立，川谷纵横，全县平均海拔在600米以上，山区夏季温凉的气候资源，为高山茭白生产创造了有利条件。近年来，岳西县高山茭白产业发展较快，已成为该县农民脱贫致富的主导产业之一。

一、产业发展现状

（一）基地规模逐年扩大，并日趋稳定。

岳西县高山茭白发展大体分为三个阶段，即2001～2005年为试验示范推广阶段，2006～2012年为快速发展推进阶段，2013年到现在为稳定发展提高阶段（见表1）。2018年全县种植茭白5.8万亩，产量6.35万吨，产值2.45亿元。产业涉及17个乡镇88个行政村，其中专业乡镇2个，专业村21个，初步实现了区域化布局，规模化生产。

表1　2013～2018年岳西县高山茭白生产情况

年份	面积（万亩）	面积增长率（%）	产量（万吨）	产量增长率（%）	产值（亿元）	产值增长率（%）
2013	5.5	0	4.8	-12.58	2	-10.00
2014	5.5	0	6.2	29.17	2.2	10.00
2015	5.67	3.10	6.3	1.61	2.3	4.55
2016	5.72	0.88	5.76	-8.57	2.1	-8.70
2017	5.76	0.70	6.35	10.24	2.32	10.48
2018	5.80	0.69	6.35	0	2.45	5.6

（二）栽培技术逐步提高，并日趋规范

安徽省农科院、安徽农业大学、武汉水生蔬菜研究所等科研单位围绕该县高山茭白产业建立了1个科技服务"双百行动"基地、2个产学研基地和1个专家大院。由岳西县完成的"高山反季节茭白栽培技术研究与推广"项目获安徽省科技进步三等奖；"高山茭白专用型系列新品种选育及标准化生产技术研究与示范"项目通过安徽省科技成果鉴定；起草的两份《高山茭白》《高山茭白生产技术操作规程》地方标准通过审定并予以实施；成功创建国家级蔬菜（茭白）标准园2个，省级蔬菜（茭白）标准园1个。

（三）经营主体快速发展，并日趋壮大

岳西县高度重视茭白新型农业经营主体培育工作，制定了促进茭白新型农业经营主体发展奖补政策。目前全县已有各类茭白新型经营主体65家，其中龙头企业5家、合作社25家、家庭农场22家。岳西县原生态果菜专业合作社获国家示范社称号。

（四）销售市场快速拓展，并日趋宽阔

岳西高山茭白产品个大、色白、口味纯正、安全放心，集中在7~9月上市，正好填补市场的"伏缺"与"秋淡"空白，深受市场与消费者的欢迎。目前，产品已进入合肥、武汉、南京、南昌、苏州、无锡、九江等蔬菜市场，并与这些市场的部分负责人建立了较为稳定的合作关系，销售顺畅、市场宽阔。

（五）产品品牌已经树立，并日趋响亮

岳西县注册了"大别山"牌商标，4.05万亩的高山茭白通过无公害农产品认证，102亩通过有机认证。岳西高山茭白成功申报国家地理标志保护产品，岳西县先后荣获"全国蔬菜产业重点县""全国高山茭白之乡"等称号。央视《焦点访谈》《新闻联播》等栏目和凤凰卫视先后聚焦岳西，全方位报道高山茭白产业发展和助推精准扶贫的经验和做法，大大提高了岳西高山茭白的知名度。

二、存在的主要问题

（一）种性退化，种苗混杂严重

茭白为多年生水生蔬菜，岳西县传统的种植模式采用老墩分苗进行留种，茭农不注重茭白品种的提纯复壮，造成种性退化。同时，由于茭白基地品种互相引种试种频繁，多年后自留种相互混杂，造成上市时间、植株特征特性、茭肉性状均较为混乱。

（二）病虫害发生有加重趋势

由于规模化种植和年年连作，近年来高山茭白的锈病、胡麻叶斑病、椎实螺等病虫害

有加重发生趋势。2018 年锈病的发生比往年整整提前 1 个月，局部地方发生普遍且严重，对茭白生产产生较大影响。

（三）采后冷处理设施滞后

采后冷处理设施在延长茭白供应期、缓解集中上市压力、保障茭农利益等方面发挥着重要作用。目前该县茭白产地保鲜库库容不到 1000 立方米，与茭白产量不相匹配，影响了当地高山茭白产业的可持续发展。

（四）废茎叶未得到有效利用

茭白采收后废弃的茎叶数量很大，因茭白废茎叶粗纤维含量高，抑制了家畜瘤胃微生物和消化酶对细胞壁内溶物的消化作用，导致其适口性和营养性差，一般不能直接当饲料使用。所以在茭白采收期，废茎叶被茭农随意废弃在田埂、河渠与沟道，造成沟渠堵塞，环境污染，严重影响人居生态环境。

三、对策

（一）建设种苗繁育基地，推广提纯复壮技术

鼓励支持大户或合作社在专业乡镇或专业村建设茭白种苗繁育基地，统一供苗，保障茭白的优良种性。同时，农业推广机构要加大宣传培训力度，不遗余力地推广提纯复壮技术，让茭农自己选种留种。

（二）应用综合防控措施，减轻病虫害的发生

逐步推行水生蔬菜与旱地蔬菜轮作，有效缓解连作障碍、改善土壤的理化性质；因地制宜推广茭田养鸭、养鳖等生态立体种养模式，通过互利共生，改善田间环境，抑制病虫害的发生；大力应用绿色防控措施，在茭白基地安装太阳能杀虫灯、性诱捕器、色板等；大力提倡茭白病虫害统防统治，提高防治效果。

（三）加大冷链设施建设，提高稳收保供能力

在用地和资金等方面大力支持茭白产地保鲜库建设，充分发挥冷藏的"储旺补淡"功能，提高茭农稳产增收能力，并获取冷贮链的高附加值。扶持发展冷链物流体系，如发展冷藏运输车等设备，突破鲜活茭白不耐贮运这一技术瓶颈，扩大销售半径，拓宽销售范围。

（四）培育流通龙头企业，确保产品销售顺畅

茭白上市集中，茭农的利益很大程度上依托于活跃在流通市场的经纪人，政府要加大

对流通企业、经纪人的培育与支持力度，鼓励他们保收购、闯市场。举办各种推介会、展会、茭白节等，为流通企业与市民搭建平台；支持让流通企业规范地使用"大别山"商标、无公害标志、地理标志产品标识等公共品牌；支持流通企业网上、超市、社区、机关食堂等多元销售模式，拓宽销售渠道。

（五）推进茎叶综合利用，优化人居生态环境

一是利用茎叶编制卡通精灵和工艺纪念品，丰富该县正在发展全域旅游的旅游产品；二是与有关企业合作，编制草帘和草垫销售；三是将比较嫩的叶片通过技术处理成为饲养牛羊的优质饲料；四是通过加入专用发酵菌堆积发酵，作有机肥施用。当地要多措并举，变废为宝。

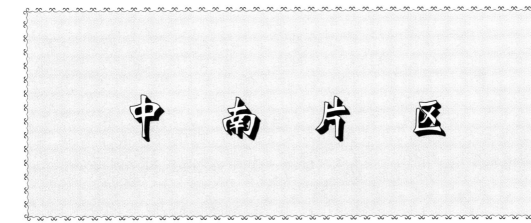

十八、贺州综合试验站

广西壮族自治区贺州市八步区特色蔬菜产业

何青石[1]　赖松新[1]　江文[2]

(1. 广西壮族自治区贺州市八步农科所;

2. 广西壮族自治区农业科学院生物技术研究所)

一、社会经济及农业产业结构

八步是贺州市八步区的简称,是贺州市委、市政府所在地,是贺州市的政治、经济、文化和信息中心。全区总人口 72.92 万人,辖 12 个镇、1 个瑶族乡和 3 个街道办事处,共有 201 个村/社区,其中 185 个行政村。全区农业人口 57.65 万人,占总人口的 77.68%,耕地面积 461205 亩,其中水田面积 308400 亩,旱地面积 152805 亩。有"桂东大粮仓"之称,年生产粮食 19.38 万吨;盛产蔬菜、马蹄、香芋、水果、红瓜子、花生等大宗农产品,是珠江三角洲农产品供应基地和菜篮子基地。2017 年八步区地区生产总值达到 167.51 亿元;财政收入 9.758 亿元;2017 年城镇居民人均可支配收入 30704 元;农民人均可支配收入 11145 元。

农业独具特色。八步区是"中国李子之乡",有"广西名牌产品"三华李,"广西著名商标""芬芳"果品。八步是闻名珠三角地区的"百年菜乡"。信都红瓜子(2011 年)、信都三黄鸡(2012 年)、贺街淮山(2013 年)、开山白毛茶(2014 年)、三华李(2017 年)、南乡鸭(2017 年)通过国家农业部农产品地理标志认证。是全国粮食生产先进县(区),连续 11 年获全国生猪调出大县奖励(2007 ~ 2017 年),2013 年成功创建全国出口食品农产品质量安全示范区和"广西第二批现代农业产业(蔬菜类)科技示范县(区)",2015 年荣获国家级(蔬菜、粮食及其制品类)出口食品农产品质量安全示范区。贺州满天下李子产业示范区获评"广西现代特色农业(核心)示范区(四星级)",创建了市级示范区 1 个、县级 2 个、乡级 2 个。

二、特色蔬菜产业发展现状

（一）八步区特色蔬菜生产规模及布局

八步区特色蔬菜产业主要品种有芥菜、马蹄、莲藕、芋头、生姜、辣椒及葱蒜，面积合计约 7.663 万亩，其中芥菜主要以秋季栽培为主，种植面积约 2.4 万亩，产量约 9.6 万吨，产值约 9600 万元；马蹄主要以果蹄为主，种植面积约 1.8 万亩，产量约 3.6 万吨，产值约 10800 万元；芋头以贺州槟榔芋为主，种植面积约 1.023 万亩，产量约 1.5 万吨，产值约 6138 万元；莲藕及生姜、辣椒及葱蒜面积较少。芋头、马蹄是贺州市主要出口创汇农产品，具有产业竞争优势。

（二）八步区特色蔬菜的生产现状

八步区地处亚热带，气候温和，属亚热带季风气候，光照充足，雨量充沛，无霜期长。年平均气温 19.9℃，日照 1587.3 小时，降雨量 1550.3 毫米，无霜期 299 天。八步区属南岭山地丘陵区，在总面积中，中山（800 米以上）占 41.67%；低山（400～800 米）占 31.76%；丘陵占 5.2%；台地占 5.2%；石山地占 1.47%；平地占 15.16%；河流面积占 1.78%。

八步区特色蔬菜产业主要品种有芥菜、马蹄、莲藕、芋头、生姜、辣椒及葱蒜，栽培模式以露地农法栽培为主，没有设施栽培。经过农业部门多年宣传，农民都能按照无公害模式进行栽培，没有出现产品质量安全问题。

（三）八步区特色蔬菜产业的科技水平

八步区现有贺州学院、贺州市农科院、八步区农科所参与特色蔬菜研究，目前特色蔬菜产业主要品种资源来源于广西农科院及广州农科院。经多年研究，八步已经有马蹄无公害栽培技术规程，马蹄组培苗采用防虫网繁育技术，芋头组培苗采用浅水育苗技术，使马蹄桂蹄 2 号、马蹄桂蹄 3 号、芋头桂芋 2 号、大铺包心芥菜在八步区占主栽品种主导地位；在八步区铺门镇建设有土工膜高效栽培莲藕基地 600 亩，引进有鄂莲 5 号、鄂莲 7 号等；每年积极与广西农科院、八步区农业局农广校等单位开展农民培训 2～3 期，100 多人次，有县乡完善的农业科技推广服务体系。

（四）八步区特色蔬菜产业组织的发展情况

八步区主导特色蔬菜专业合作社 12 家，其中马蹄、芋头的生产加工规模较大的有 3 家，每年出口芋头、马蹄至中国台湾及东南亚地区，产值达 2000 万～3000 万元，有莲藕种植龙头企业 1 家，在八步区铺门镇建设有土工膜高效栽培莲藕基地 600 亩；马蹄、芋头种植主要以大户种植为主，规模以 50～600 亩为主。

（五）八步区特色蔬菜产业市场建设情况

八步区马蹄、芋头主要以地头市场为主，批发市场为辅，有电子商务阿里巴巴农村淘宝产业园，冷链物流以广西贺州市正丰现代农业股份有限公司、八步区丰收农产品种植专业合作社、贺州市天顺农产品购销专业合作社为流通渠道，销售市场主要以长三角、珠三角市场为主，产地价格芥菜1.2元/千克、莲藕3.0元/千克、芋头4.0元/千克、马蹄3.0元/千克，基地产品价格浮动较大。

（六）特色产业三产融合发展现状

马蹄以农户储藏为主，大果外销，次果削皮加工销往贺州市嘉宝公司，嘉宝公司加工后以罐头出口为主；芋头主要以八步区丰收农产品种植专业合作社、贺州市天顺农产品购销专业合作社收购、销售到上海、台湾地区。

（七）八步区特色蔬菜产业扶持政策

特色蔬菜政策主要以扶贫政策为主，没有其他扶持政策。

三、特色蔬菜产业发展存在问题与制约因素分析

（1）八步区特色蔬菜价格浮动较大，影响农户种植积极性。

（2）政府帮扶产业政策较少，没有较知名的品牌。

（3）农户种植技术落后，农产品商品性差。

四、特色蔬菜产业发展的对策建议

（1）政府加大特色蔬菜产业扶持力度。

（2）加强农民培训，提高种植水平。

（3）特色蔬菜产业要加强科研投入，增加产品竞争力。

广西壮族自治区贵港市覃塘区莲藕产业

韦建兵[1]　张绍强[1]　覃彩英[1]　江文[2]　黄诗宇[2]　蒋慧萍[2]

（1. 广西贵港市覃塘区农业局；2. 广西壮族自治区农业科学院生物技术研究所）

一、社会经济及农业产业结构

2003 年 3 月，经国务院批准，覃塘区设立县级行政区，是贵港市的一个市辖区。覃塘区位于贵港市西北部，全区共辖 8 镇 2 乡：覃塘镇、东龙镇、三里镇、黄练镇、石卡镇、五里镇、山北乡、樟木镇、蒙公镇、大岭乡，138 个行政村 7 个街道居委会，2018 年末人口 57.27 万。2010 年末覃塘区农业人口 550165 人，占总人口的 96.07%。具有充足的劳动力资源，全区现有劳动力人口 26.8 万人，其中富余劳动力 15.6 万人。总面积 1352 平方千米，耕地面积 470670 亩，其中水田 239763 亩，旱地 230907 亩。覃塘区地处广西东南部，属热带季风气候，年平均气温南部 26℃，北部 21.8℃，山区 17.8℃~19℃，常年有效积温为 7913℃，常年无霜期为 306 天，年降水量南部地区 1640~2100 毫米，北部地区 1500~1900 毫米，常年降雨量为 1650 毫米。

（一）社会经济

2003 年建区以来，覃塘区坚定不移地实施"工业强区"战略，全力推进工业化、城镇化和农业现代化进程，城区经济社会发展不断迈上新的台阶。2017 年城区地区生产总值 140.2 亿元，增长 11.6%；固定资产投资 125 亿元，增长 25%；财政收入 8.9 亿元，增长 28.1%；（年主营业务收入 2000 万元以上）规模以上工业增加值 58.4 亿元，增长 16.5%；社会消费品零售总额 46.5 亿元，增长 12%；居民人均可支配收入 20454 元，增长 9.5%，其中农村居民人均可支配收入 13213 元，增长 7.8%。

（二）农业经济

2017 年，覃塘区农林牧渔业增加值 28.02 亿元，比 2016 年增长了 4.5%。其中，农业增加值 15.83 亿元，增长 4.0%；林业增加值 2.23 亿元，增长 26.5%；牧业增加值

6.67 亿元，增长 0.4%；渔业增加值 1.68 亿元，增长 5.1%；农林牧渔服务业增加值 1.61 亿元，增长 5.1%。创建现代特色农业示范项目区 11 个，荷美覃塘莲藕产业（核心）示范区获自治区认定为五星级示范区，覃塘林业生态循环经济（核心）示范区、覃塘毛尖茶产业（核心）示范区获自治区认定为三星级示范区。莲藕、茶叶、百香果、桑蚕、生猪等特色产业规模不断扩大。新获认证"无公害"农产品 3 个、富硒农产品 2 个。覃塘毛尖入选全国名特优新农产品目录，"壮园"牌天然富硒黑米荣获"中国名优（特色）硒产品"称号。覃塘镇龙凤村（覃塘莲藕）获认定为第七批全国一村一品示范村镇。全年新增自治区农业产业化重点龙头企业 1 家、市级农业龙头企业 2 家、市级示范农民专业合作社 6 家，新增注册家庭农场 15 家，培训新型职业农民 221 人。

（三）服务业经济

在现代服务业方面，永泰粮糖物流园等项目较快推进，永泰跨境电子商务产业园、富硒百香果电商物流园、九州通医药物流等项目投入运营，新建成"邮乐购"电子商务服务站 26 个。完成覃塘区"十三五"旅游业发展规划，启动创建广西全域旅游示范区工作，九凌湖旅游风景区获评为国家 AAA 级旅游景区，龙泉水上世界等休闲旅游区配套设施进一步完善。成功举办第四届"荷美覃塘"系列活动，参加 2017 年中国—东盟旅游博览会等一系列旅游博览会和展销会，"荷美覃塘"品牌影响力不断提升。

二、莲藕产业发展现状

（一）特色蔬菜生产规模及布局

目前，覃塘莲藕种植面积 4.5 万亩，分布于区内各乡镇，其中以覃塘镇种植面积最大，全区莲藕产量超过 10 万吨，产值为 2 亿元；覃塘莲藕种植基地采取了"公司 + 基地 + 农户"的经营模式，以合同契约的形式，在莲藕栽培、销售、加工等各环节严格把关，带动了周边 2600 户农户共同致富，推动了覃塘区农村经济发展的同时，从整体上提升了产品质量和品牌价值。从 2014 年开始，覃塘莲藕产业化发展被覃塘区政府作为农业发展的重大内容和规模化发展项目。

1. 覃塘区莲藕的生产现状

覃塘区地处广西的桂东南方向，为南亚热带湿润季风气候，光温雨资源非常丰富。年平均日照时数为 1613 小时，年太阳总辐射量为 10.7 万卡/厘米，年平均气温在 23.9℃ 以上，大于或等于 10℃ 的年积温为 7313℃，年平均无霜期长达 306 天以上，年平均相对湿度 79.5%，年降雨量在 1500～2100 毫米，平均降雨量 1650 毫米。降雨主要集中在夏季，冬季雨量减少。温度、光照、降雨等条件都十分适宜莲藕的生长。覃塘莲藕种植河流均属珠江流域西江水系，区境内主要河流 6 条，其中郁江为最大河流，其他主要河 5 条，河道总长 148.13 千米，集水面积 1092.1 平方千米。全区地表水总量 11.11 亿立方米，地下水总量 1.45 亿立方米，地表水可利用量 11.11 亿立方米。水力资源蕴藏丰富，水质符合国家有关标准，未发现人为污染，工业污染较少，是理想的工农业生产和生活用水源。

覃塘莲藕种植区主要在覃塘区中部，多属平原。全区宜莲藕种植的微酸性水田有 18 万亩，土壤 pH 值在 5.5 左右，主产区多保水良田，机质含量大于 3%，全氮大于 0.1%，平均 pH 值 5.1，土层深厚、肥沃、疏松、湿润。这样的环境造就了覃塘莲藕的高产优质。覃塘区种植莲藕的品种有贵县藕、鄂莲 9 号、鄂莲 6 号、鄂莲 5 号、太空 36 等 1000 多个品种，其中最适合覃塘区栽培环境的优质、高产、抗病品种，主要是该区藕种。覃塘区栽培模式主要以大田栽培为主，有部分水池栽培模式。

2. 覃塘区莲藕产业的科技水平

2015 年，广西科技厅下达了广西科学研究与技术开发计划项目"广西覃塘区农业科技园区科技创新能力建设"（桂科计字〔2015〕98 号），该项目由贵港市覃塘区科学技术局、贵港市覃塘区龙凤江现代农业专业合作社、广西贵港市覃塘富伟茶业有限公司、广西金荷田生态农业有限公司、广西壮族自治区农业科学院生物技术研究所共同完成。围绕覃塘区莲藕、茶叶、休闲生态观光旅游等产业，通过建设完善园区技术创新体系（3 家企业研发中心、1 家良种繁育中心）、成果转化体系（3 个农业标准化生产示范基地 9000 亩）、产业服务体系（1 个园区服务与科技培训中心）。开展莲藕、荷花、茶叶等产业化关键技术的研究与示范，建立集生态农业观光、现代农业示范、教育、休闲旅游、生产经营等多功能于一体的现代农业科技园区（核心区 3000 亩），形成产业特色鲜明、生态农业典型，高效益的生态休闲观光带，成为贵港市农业科技创新成果转化示范基地，现代农业新兴产业孵化基地，农村科技特派员创业基地和现代农业科技示范推广基地，为推进向城一体化发展提供有效模式和科技支撑。

（1）项目创建实施以来，区政府及项目承担单位高度重视、全力推进，各项工作按照预期目标扎实推进，取得良好的成效。在项目实施期限内完成建设莲藕标准化种植基地（莲藕示范片）3850 亩、覃塘毛尖茶标准化示范种植基地 2350 亩；带动五里、三里、山北、黄练、蒙公、大岭等覃塘乡镇莲藕种植 11065 亩和带动覃塘区覃塘镇的龙凤村、龙岭村、蒙公乡定布村、黄岭村及山北乡横罗村、双岩村等 20 多个村种植毛尖茶 5320 亩；目前，园区亩产莲藕 2700 多千克，总产值达 4000 多万元、毛尖茶亩产干茶 120 千克，产值约 1.8 亿元，茶叶已成为覃塘区农民脱贫致富的一张生态名片。

（2）在园区内建设和完善广西农科院水生作物研究中心、工程技术研究中心和莲藕良种繁育中心，以加快品种更新换代，提高优良品种覆盖率。形成科研院校、政府和农业龙头企业相结合的模式，引进国内外优良品种和先进技术设备，开展良种良法的研究推广，同时调整优化园区周边地区农业产业结构，促进产业的健康发展。在项目实施期间，集莲藕种植技术、藕田立体循环技术、水肥一体化滴灌技术等新技术 4 项。

（3）莲藕高效种植技术。通过选地、选种、栽种、水肥管理、病虫害防治、采收与留种、建立生产档案等技术措施，深入浅出地指导莲藕的种植及管理，为覃塘莲藕的高产、增产保驾护航。

（4）藕田立体循环技术。首先选择集中成片的区域，同时交通便利、水源充足、保水性好的稻田（藕田）。其次修筑田埂，田内四周开挖"回"字形深沟，沟宽 3～4 米，深 1～1.5 米；内埂高 0.5 米，宽 0.5 米；外埂高 1.5 米，宽 2 米，以灌足鱼类生长的水体环境，在与鱼配养的同时，莲藕还可与水稻、水生蔬菜接茬，以提高经济效益。

（5）加工方面，截至 2016 年，覃塘区仅有"金荷田"一家以莲藕产品加工为主的注册企业，其余的都是辖区内以生产荷叶茶、莲藕糖等自主经营的个体户或小作坊。企业规模小，限制了覃塘区莲藕产业的发展速度。贵港市金荷田生态农业有限公司成立于 2014 年 9 月，注册资金为 500 万元，是一家从事莲藕产品预包装兼散装莲藕食品批发零售，莲藕、原生中草药种植销售（具备合法的种植场地后方可开展经营活动）以及莲藕产品研发等农业技术研发与推广的公司。公司在 2015 年 10 月就成功注册了"金荷田"品牌商标，运用于本公司生产的莲藕糖、茶、糕点、调味品等产品包装，同时，申请了莲藕粉包装盒的专利，专用于其莲藕粉的产品外包装。可以说，"金荷田"公司的成立，使得覃塘区莲藕产业发展取得了阶段性的进展，也让其成为覃塘区莲藕龙头企业的发展可能。

（二）覃塘区莲藕产业组织的发展情况

主导特色蔬菜的规模化、组织化、产业化程度，规模化园区（基地）、龙头企业、合作社、家庭农场、种植大户、社会化服务体系等新型经营主体情况。覃塘区有着莲藕种植的悠久传统，覃塘莲藕享有"藕中之王"的美誉。2014 年以来，在莲藕产业（核心）示范区的带动下，覃塘莲藕产业不断做大做强。全区莲藕常年种植面积在 2 万亩，其中连片种植 6000 多亩，年产商品藕 6 万吨。近几年来，覃塘区大力推进农民专业合作社发展，积极培育龙头企业，农业产业化规模经营成效显著，覃塘区农户以土地流转、劳动力输出等方式参与投入，入股分红，形成"公司 + 合作社 + 基地 + 农户"的发展模式，实现集约化生产、产业化经营。目前，项目区农业企业主要有荷韵旅游投资有限公司、金河田有限公司、和顺食品有限公司、富伟茶叶有限公司、龙凤覃建禄茶场等 5 家；主要合作社有龙凤蔬菜专业合作社、龙凤富利莲藕专业合作社、龙凤村村民合作社等 15 家。

近年来，通过与广西农科院生物技术研究所、武汉市水生蔬菜研究所等单位合作、协作，引进莲藕高产栽培技术，推进"菜篮子"产品生产向集约化、规模化、产业化方向发展，有效保障覃塘区及贵港蔬菜产品的供应和价格基本稳定，同时倾力打造以"荷文化"为主题发展农业休闲观光产业。目前，示范区已投资 5000 多万元，在休闲观光项目上，结合当地环境，聘请覃塘区高端园林设计部门设计休闲观光布局和设施。建设 3000 亩莲藕生产观光基地，配套有机械化采收设备、配送设施、产品检测及生产办公设施等，实现了边建设、边生产、边完善。2016 年贵港市覃塘区覃塘镇龙凤富利莲藕专业合作社创建了 1200 亩莲藕标准化生产基地，从而实现了：①产量基本稳定；②推广应用生态技术除草、黄板、诱虫灯等绿色植保防控技术等生态循环农业技术，全部施用生物有机肥，化肥、农药节本增效 20% 以上；③全部实行五统一，即统一生产技术、统一管理措施、统一用药方案、统一产品标准、统一监测方法。

（三）覃塘区莲藕产业市场建设情况

覃塘莲藕因其知名度高、品质好，深受消费者青睐，远销南宁、广州、香港等。莲藕的销售以公司地头收购为主，政府通过打造覃塘莲藕品牌，引进加工企业，提高莲藕附加价值。近几年，政府实施补助政策，引导企业发展冷链物流和电子商务，减少销售环节，促进莲藕产业的发展，以增加农民收入。覃塘莲藕磨成的藕粉以"清凉、降火、滋补"而漂洋过海，远销东南亚，是海外华侨心目中的家乡美食。

（四）覃塘区莲藕产业三产融合发展现状

根据覃塘莲藕产业、富硒稻产业发展现状和市场需求，加快发展农产品加工业，促进农产品加工转化、增值增效。支持农户和农民合作社改善储藏、保鲜、烘干、清选分级、包装等设施装备条件，促进商品化处理，推动农产品初加工水平整体提升。鼓励企业开展精深加工项目，利用农产品深加工，提升产品价值。一是引导企业研发和推广莲子、藕粉、荷叶茶、藕糖等覃塘莲藕品牌系列加工产品，并进行富硒产品研发，延伸荷美覃塘产品产业链；二是利用电子商务开展网络营销；三是依托万亩荷田景观，发展"荷主题"的休闲农业与乡村旅游，连续举办四届荷文化旅游节，打响了"荷美覃塘"品牌。覃塘莲藕特色产业已初步实现了一二三产业融合发展。

覃塘区素有"莲藕之乡"的美誉，莲藕特产闻名遐迩。"覃塘莲藕"产品驰名广西区内外，覃塘主产区，于2014年11月荣获国家农业部农产品地理标志认定，形成了品牌效应，成为覃塘区优势农业产业。2015年被评为广西现代特色农业（核心）示范区，同年被农业部评为全国休闲农业与乡村旅游示范点。

（五）覃塘区莲藕产业扶持政策

1. 建设用地支持政策

落实城乡建设用地增减挂钩政策，实施城乡建设用地增减挂钩示范工程，积极推进废弃、闲置农村建设用地拆旧复垦，将腾退的农村建设用地节余指标用于城镇建设，所获土地增值和指标流转收益主要用于农村基础设施和公共服务设施建设。出台改进占补平衡工作的有关政策，将村庄整治增加耕地获得的占补平衡指标收益通过支出预算统筹，安排支持项目区综合体建设。支持利用村集体建设用地，开展农村环境整治项目、休闲农业设施建设等。鼓励农村集体经济组织通过依法盘活集体经营性建设用地、空闲农房及宅基地等途径，增加经营收入，多渠道筹措项目区建设资金。

2. 财政扶持政策

用足用好自治区财政专项资金，要以创建自治区级田园综合体试点为契机，最大化地争取中央、自治区各相关部门的支持，进一步整合资金用于试点项目区建设。政府主动担负整治资金筹措的主体责任，每年优先安排用于项目区创建的专项资金预算，统筹整合相关渠道资金，保障试点建设的经费支出。创新政府支持方式，采取以奖代补、先建后补、以工代赈等多种方式，积极推广 PPP 模式，充分发挥政府投资撬动作用，提高资金使用效率。

3. 金融服务支持政策

充分发挥农业政策性银行及开发性金融职能作用，积极申请农业发展银行和国家开发银行改善项目区试点建设贷款及相关金融机构优惠贷款资金。采用其他创新融资方式，包括地方产业引导基金，发行地方债券或采用资产证券化等，鼓励和引导社会资本参与投资、建设、运营和管理。

4. 创业创新支持政策

以市场为导向，以企业为龙头，以合作社为纽带，以农户为基础，以"荷美覃塘"田园综合体创建为平台，通过体制机制创新，使农户经营、合作经营、企业经营三大制度优势得以充分发挥和有机整合，形成农户、合作社、基地、企业共赢的农业产业化经营机制。鼓励"企业＋合作社＋示范基地＋农户"模式发展，带动项目区农户开展统一农资供应、统一技术规程、统一生产标准、统一产品质量、统一品牌销售"五统一"的产业化经营。制定促进项目区发展的经营政策，规范行政行为，优化农业招商引资环境，着力解决影响项目区发展的短板，努力营造良好的投资氛围、社会氛围，充分调动项目区内的龙头企业、种植大户、农家乐经营业主、新型职业农民等经营主体的积极性，促进示范项目区良性发展。探索多元化土地流转形式，按照依法、自愿、有偿原则，在保护广大农民土地承包经营权和土地流转权的基础上，建立健全土地承包经营权流转市场，培育发展多种形式适度规模经营的市场环境。探索以龙头企业为核心带动力的多种土地流转形式，探索农户土地入股"底薪＋分红＋劳务收入"方式，农户土地合作"公司＋家庭农场"方式，代耕代种代管多种土地流转方式和服务方式。

三、莲藕产业发展存在问题与制约因素分析

覃塘区莲藕产业也存在一些问题亟待解决。一是主导产业现代化程度还不够高，莲藕产业规模化生产程度有待提高，精深加工和品牌效果不够明显，种植业独大和劳动强度高已成为产业发展的严重制约因素。二是农村基础公共服务有待加强，村屯的公共服务配套已不能满足人们日益发展的需求。三是建设资金短缺，田园综合体建设资金需求大，要积极探索性引入更多投资平台和争取到政府及金融机构在资金方面的更多支持，才能更进一步夯实项目规划区域的建设根基。

四、莲藕产业发展的对策建议

下一步，覃塘区将学习贯彻自治区党委书记鹿心社5月3日考察"荷美覃塘"时的重要指示精神，举全区之力创建"荷美覃塘"田园综合体，打造现代特色农业升级版。一是进一步完善工作机制，研究出台年度实施方案。二是研究落实具体支持政策。结合本

地实际，出台建设用地支持政策，确保"荷美覃塘"田园综合体建设用地合法合规。三是探索推广政府和社会资本合作模式。综合运用先建后补、贴息、以奖代补、担保补贴、风险补偿等方式，撬动金融和社会资本投向覃塘区莲藕产业的发展。四是结合"荷美覃塘"田园综合体规划内容，全力做好做强覃塘区莲藕产业。

广西壮族自治区荔浦市芋头产业

邱祖杨[1]　叶国春[2]　江文[3]　董伟清[2]

（1. 广西壮族自治区桂林荔浦市农业局；2. 广西壮族自治区桂林荔浦市龙怀乡；
3. 广西壮族自治区农业科学院生物技术研究所）

一、社会经济及农业产业结构

荔浦市为广西壮族自治区下辖县级市，由桂林市代管，位于广西东北部、桂林市南部，居柳州、桂林、梧州、贺州 4 市之间。东连平乐，西接金秀、鹿寨，南与蒙山、昭平交界，北与永福、阳朔毗邻。地势自西向东倾斜，周高中低，市西北接架桥岭山脉，东面连大瑶山余脉。321 国道、323 国道贯穿境内；阳朔至鹿寨、荔浦至玉林、贺州至巴马 3 条高速公路正在建设。全市总面积 1758.62 平方千米，辖 10 镇 3 乡。

荔浦市地处北回归线北侧，属中亚热带湿润气候区，四季分明，夏长冬短，春、秋为过渡季节。按气候学自然季节划分指标：五日滑动平均气温稳定高于 10℃ 为春季，高于 22℃ 为夏季，10℃ ~22℃ 为秋季，低于 10℃ 为冬季。市境春季始于 3 月 9 日，夏季始于 5 月 14 日，秋季始于 10 月 4 日，冬季始于 12 月 7 日。以农历节气划分，春季始于惊蛰，夏季始于立夏，秋季始于寒露，冬季始于大雪。荔浦市境热量丰富，1956 ~1985 年年平均气温 19.6℃，平均年总积温 7181.5℃，平均≥10℃ 积温 6296.8℃。光照充足，平均日照时数 1472.4 小时，平均太阳辐射 96.21 千卡/平方厘米。水汽充沛，年平均降水量 1442 毫米。无霜期为 316 天。县境季风明显，冬半年多偏北风，夏半年以偏南风为主。各季气候各具特色。

2017 年，荔浦市实现地区生产总值（GDP）166.94 亿元，比 2016 年增长 6.8%。其中，第一产业增加值 34.21 亿元，增长 5.2%；第二产业增加值 76.78 亿元，增长 4.9%；第三产业增加值 55.94 亿元，增长 10.8%。第一、第二、第三产业增加值占地区生产总值的比重分别为 20.5%、46.0% 和 33.5%，对经济增长的贡献率分别为 15.8%、34.0% 和 50.2%。按常住人口计算，全年人均地区生产总值 46327 元。2017 年，荔浦市农林牧渔业总产值 55.48 亿元，比 2016 年增长 5.3%。其中，农业产值 39.61 亿元，增长 7.7%；林业产值 1.85 亿元，下降 8.8%；牧业产值 11.47 亿元，增长 1.1%；渔业产值

0.80 亿元，增长 0.4%。2017 年，荔浦市农田有效灌溉面积 1.56 万公顷。年末拥有农业机械总动力 44.26 万千瓦。农用化肥使用量（按实物量计）5.36 万吨；农用塑料薄膜使用量 0.03 万吨；农药使用量 0.12 万吨。

2017 年，荔浦市农作物播种面积 5.41 万公顷，与 2016 年持平。其中粮食种植面积 2.32 万公顷，比 2016 年下降 2.0%；经济作物播种面积 0.53 万公顷，比 2016 年增长 2.2%；蔬菜种植面积 1.59 万公顷，比 2016 年增长 1.5%。果园面积 1.96 万公顷，比 2016 年增长 10.1%。2017 年，荔浦市粮食产量 12.44 万吨，比 2016 年下降 2.9%。其中，夏收粮食产量 7.73 万吨，比 2016 年下降 5.9%；秋粮产 4.52 万吨，比 2016 年增长 2.3%。蔬菜产量（含食用菌）33.83 万吨，比 2016 年增长 2.5%。

二、特色蔬菜产业发展现状

（一）荔浦市特色蔬菜生产规模及布局

荔浦市最具代表的特色蔬菜为荔浦芋，目前种植范围遍及全县各个乡、镇、村，常年种植面积 1334 公顷，最多时发展到 3335 公顷。单位产量平均 2000～3000 千克/亩。

（二）荔浦市特色蔬菜的生产现状

经过历年的生产发展及经验总结，形成了荔浦市特有的荔浦芋生产模式。

1. 初步形成区域化布局，规模化生产

荔浦 80% 的芋头种植面积集中在七大产区，即以新坪、东昌、杜莫、荔城、花篢、双江、修仁为核心的地膜栽培种植区。新坪、东昌套种大白菜种植区；杜莫套种糯玉米种植区；修仁砍伐砂糖橘荒废果园种植区。2018 年荔浦市荔浦芋高标准的示范基地有 8 个，面积 133 多公顷，有力地带动了全县荔浦芋的生产和发展。

2. 新品种、新技术的推广应用

近年来，荔浦县农业、科技部门十分重视荔浦芋的生产技术的开发和研究，以广西农科院生物所为技术依托，对荔浦芋的提纯复壮以及栽培技术进行了深入的研究。应用生物工程技术，精心挑选，采用了尖端技术培育脱毒组培苗——桂芋 2 号，改善了荔浦芋的品质，达到"质"和"量"的统一。管理上广大农民和农业科技人员在生产实践中努力探索，总结推广荔浦芋无公害生产技术，地膜覆盖栽培技术，推广使用生物有机肥、测土配方施肥技术，严格控制化肥使用量，不用高毒高残农药，大力推广物理防治和生物防治病虫害，使荔浦芋的产量、品质能够长期稳定发展。

3. 品牌化建设

多年来，荔浦市荔浦芋由于推广了无公害标准化栽培技术，无公害生产已取得一定的成果，2000 年荔浦芋获得了国家工商总局批准《荔浦芋产品证明商标》注册；2001 年获"中国国际农业博览会名牌产品"；2005 年获得了国家质检总局地理标志产品的保护；

2010 年荔浦芋质量安全标准体系建设与推广应用获农业部科技成果二等奖。2014 年荔浦芋获国家农业部批准的地理标志产品。截至目前，荔浦市有 5 个企业生产的荔浦芋获国家农业部农产品质量安全中心"无公害农产品认证证书"。2017 年，荔浦芋又入选中国名特优新农产品目录及 2017 年中国百强农产品区域公用品牌。荔浦芋品质好、知名度高，加上政府的宣传和品牌的打造，其价值也提升不少。以芋头的销售为例，荔浦芋的价格常年每千克在 6 ~ 10 元，同期均比周边县市高 30% ~ 50% 。

（三）荔浦市特色蔬菜产业的科技水平

荔浦芋属槟榔芋，因盛产于荔浦县而得名，故称荔浦芋，是广西久负盛名的特产，种植的历史悠久。据文字记载始于清康熙四十八年，至今已有 340 多年的历史。民国三年《荔浦志》载："旧志云：有大至十余斤者，今实无，但以城外关帝庙前所出者为佳。剖之，现槟榔纹，谓之槟榔芋。""纹棕色致密，粉松而不黏，气香、他处有移种者、仅形似耳，无纹，谓之椰芋。"从古至今，荔浦都是种植荔浦芋生产最理想的区域，古往今来，无数有志之士曾把荔浦芋引种到邻近省县种植，广东、福建也大量栽培槟榔芋，虽外观相似，品质却与荔浦芋大相径庭。

由于荔浦市具备独特的自然条件和土壤优势，加上荔浦农业科技人员数百年的栽培、改进、存优去劣，形成了一整套独特的栽培管理方法。产出的荔浦芋呈球茎纺锤形，叶柄生节间隔较密，一般有 1.5 ~ 3.0 千克。横切面呈灰白色，且有明显棕红色槟榔花纹，肉质细粉软酥松，富含多种营养元素。荔浦芋现已成为荔浦市经济发展的支柱产业。荔浦市农业部门以广西农科院生物所、广西师大生物系为技术依托，应用生物工程技术，精心挑选，采用了茎尖组织培养技术培育脱毒组培苗，改善了荔浦芋的品质，达到"质"和"量"的统一；推广了地膜覆盖栽培技术并取得理想效果，2002 年完成 133 公顷"荔浦芋地膜覆盖技术应用推广"，该项目获农业厅丰收奖一等奖、农业部丰收奖二等奖；制定了《荔浦芋无公害生产技术规程》广西地方标准，2010 年参加"荔浦芋标准化栽培技术应用推广"获农业部丰收奖二等奖，推广使用生物有机肥，严格控制化肥用量，大力提倡使用生物和物理方法防治病虫害，编写出版了 10 万字的《荔浦芋优质高产栽培技术》科普书籍以及《荔浦芋管理月历》等技术资料，使荔浦芋的产量和品质能够长期稳定发展。

2014 年由广西农业厅和广西农科院共建的特色作物试验站——广西荔浦芋试验站，把荔浦芋的研究与技术应用紧密结合。以广西农业科学院生物所为技术依托单位，成立专家组进行指导，在荔浦芋试验站开展荔浦芋相关的试验及技术攻关，目前已进行了荔浦芋高山旱作栽培试验、杂交芋新品种品比等试验，获得了一些科研成果。通过生物技术手段筛选的荔浦芋优质品种"桂芋二号"及红芽芋优良变异单株培育新品种"桂子芋 1 号"通过了自治区农作物品种审定。为荔浦芋良种筛选、繁育、种植、管理、采收、采后商品化处理、加工等环节提供了技术保障。

（四）荔浦市特色蔬菜产业组织的发展情况

荔浦芋已形成了种植—流通—储藏—加工等一系列分工明确、紧密有序的产业链。全县有 103 个生产流通专业合作社，有以桂林爱明生态农业开发有限公司、荔浦市罐头食品有限公司为代表的 17 家大型食品加工企业参与荔浦芋的生产、流通，其中桂林爱明生态农业开发有限公司成立于 2008 年，注册资本 800 万元，厂区占地约 10 公顷，公司自营基地 200 公顷。公司员工近 600 多人，其中管理人员和工程技术人员 80 人，销售人员 150 人，工人 350 人。公司具备强大的产业链优势，依托农业科研院所、大专院校专业科研实力，引进国内外先进的设备及自动化生产线；以荔浦市作为标准化农产品基地，构建了一个全国性的原生态农业产业化经营体系，力求打造广西乃至全国的农产品加工品牌企业。爱明公司的荔浦芋和马蹄产业化项目总投资 2.5 亿元，主要是利用荔浦市及当地特有的农副产品如马蹄、荔浦芋等资源优势，将农副产品进行深加工，提高农副产品的附加值。目前公司共有 4 条生产线：全粉生产线、冲调生产线、罐头生产线和速冻生产线。

公司生产的全粉食品是用荔浦芋头、马铃薯、马蹄、紫甘薯等农副产品为原料，运用现代化生物工程技术和爱明公司独特的生产化工艺以及国内先进的自动化生产线提纯的原粉，有效地保留产品中的营养成分和保健功效，是一种高度浓缩的天然、营养、健康的"粗粮"食品和食品原料，公司可年产 5000 吨各类全粉。其中紫薯粉居国内先进水平。供应雀巢、杭州小王子等知名公司。

速冻产品主要以荔浦芋、马蹄、玉米笋、甜玉米、芒果、荔枝为主，生产线产量为 5 吨/小时，拥有 7000 平方米的低温冷藏库和先进的制冷系统，年产各类速冻产品 20000 吨。

罐头食品以国内先进的自动化生产线设备生产，日产荔浦芋扣肉罐头等各类果蔬罐头 100 多吨，拥有 8000 多平方米的仓库，年产各种罐头食品 30000 吨。罐头产品挤进世界 500 强的销售企业，出口日本、美国、英国、中国台湾等国家和地区。

爱明公司坚持走质量效益型发展道路，技术力量雄厚，有健全的质量管理与控制体系，已先后通过 QS、HACCP、ISO22000、各国 FDA 注册、欧洲 IFS 认证、ICOSHER 认证体系。公司生产的荔浦马蹄系列产品入选《2015 年度全国名特优新农产品目录》。公司坚持走绿色环保、质量效益型发展道路，恪守业规，勤勉敬业，力求打造广西乃至全国的农产品深加工品牌企业。

2017 年以来，爱明公司在全县 2016 年度工业发展考评中荣获"重点企业重大项目投资奖"，与广西农投集团农业发展有限公司达成战略合作协议，成为荔浦首家与自治区大型国有投资集团进行合作的企业，公司将立足广西、奉献广西，专注于广西特色农业资源的现代化开发，力争打造广西第一家混合所有制经济的典范，争当"富民强桂"的企业标杆。

（五）荔浦市特色蔬菜产业市场建设情况

（1）培育新型经营主体和经营模式。积极推广"新型经营主体＋基地＋农户"等订单农业模式，提高规范化、组织化、集约化程度，打造一批如"田田圈"之类的优质服务品牌。目前，全县共培育农业经营主体 490 家，其中合作社 445 家（市级以上示范社 18 家），家庭农场 45 家，行政村覆盖率达 100%。各类农民合作社入社农户 5 万多户，社员 10 万余人。2017 年经合作社初加工后外销的农产品达 100 多万吨，辐射带动 3 万多农户增收。

（2）培育电商优质发展平台。依托农产品代发中心、冷链物流中心、电子商务公共服务中心等"互联网＋电商平台"，创建淘宝、京东和苏宁易购荔浦特色馆，培育电商企业、网店达 650 多家，实现了电子商务行政村全覆盖。全年电商销售额约 15 亿元，通过电商平台卖出的特色农产品价格平均提高 30%~40%。

（六）荔浦市特色产业三产融合发展现状

荔浦芋作为荔浦市的著名特产，自 2000 年在国家工商总局注册《荔浦芋产品证明商标》之后，2005 年，在国家质监总局申请了地理标志产品；2015 年又在国家农业部申请到地理标志产品。2017 年，荔浦芋又入选中国名特优新农产品目录及 2017 年、2018 年中国百强农产品区域公用品牌，在国家质量监督检验检疫总局开展的 2016 年区域品牌价值评估工作中，中国质量认证中心评估荔浦芋品牌价值为 10.68 亿元人民币。

从电视剧《宰相刘罗锅》开始，又先后通过中央电视台 7 台的《旅行家》《金土地》《农广天地》《走遍中国》等栏目对荔浦芋进行大力宣传，提高了荔浦芋的知名度。2017 年，广西电视台的《桂学故事——荔浦芋》也为荔浦芋拍了专题片，2018 年，中央电视台大型纪录片《中国影像方志——荔浦篇》正式开机，其中《芋头记》将对荔浦芋展开深入的挖掘报道。还通过各种展销会或专场推介会等多种途径和方式宣传推介荔浦芋，荔浦芋品牌知名度和影响力不断提高。县政府于 2018 年出台了《荔浦市地理标志农产品保护管理办法》，进一步规范了荔浦芋的生产、销售管理；地标的使用、保护和监督，正式开启了"限量牌"地标农产品的规范化生产，充分发挥专业服务职能作用，采用"合作社＋基地＋农户"的模式，实行"五统一管理"（统一农资配送、统一标准、统一检测、统一标识、统一销售），做好生产记录，实行农产品质量案例追溯。地标产品从登记种植、产品认证到身份证（商标标志）的发放都得到了精准的控制。县农业局与质监局成立联合执法组，不定期例行检查，2017 年底，联合执法组到重庆市处理了一批假冒"荔浦芋"商标的行为，维护了"荔浦芋"的声誉。

（七）荔浦市特色蔬菜产业扶持政策

2014 年，荔浦市委、市政府为了保持和发展荔浦芋这一传统产业，印发《关于进一步加快农业发展的决定》（荔发〔2014〕5 号）。2017 年，为推进荔浦市农业供给侧改革，进一步发展壮大特色产业，加大优势主导产业培育力度，推进农业产业化进程，促进农业持续增收，实施了荔浦市特色产业扶持"以奖代补"项目，相应制定了荔浦芋发展奖励办法，奖励标准为：连片种植 100 亩以上荔浦芋，每亩补助 1000 元，鼓励集中连片规模种植，引导、动员有技术有经验的种植大户、农民专业合作社、农业龙头企业和农村电商参与企业与荔浦芋示范基地的建设，鼓励单户分散种植向经营主体聚拢规模化发展。扩大了荔浦芋种植规模化水平。设农业产品质量突出贡献奖项，首次获得中国名牌农产品的企业奖励 30 万元；首次获得广西优质农产品的企业奖励 5 万元；首次获得绿色食品认证、有机农产品认证、农产品地理标志保护的企业或专业合作社奖励 1 万元，获得国家或自治区级农业标准化示范区（点）的企业奖励 5000 元。

三、特色蔬菜产业发展存在问题与制约因素分析

（一）荔浦芋的产业发展速度与荔浦芋品牌的名气不匹配

究其原因：一是市场对荔浦芋的认知度不够；二是荔浦芋的特性限制了产业的规模。

荔浦芋对土地的严格要求既是独特之处也是硬伤，而荔浦县本来土地有限，适合种植荔浦芋的良田更少，并不能大量种植荔浦芋，按理论每年只能利用 1/3 的土地，荔浦芋的这一特性，既彰显荔浦芋的珍贵，也是制约荔浦芋产业发展的瓶颈。

（二）缺乏一整套质量管理体系及相关配套设施

一是尚未建立健全集生产过程控制、质量检验、清理筛选、分级包装、冷藏保鲜等环节的一整套质量管理体系。二是地头冷库及冷链物流体系有待完善。三是有待加强技术人才支持。四是会生产善经营懂销售的新型农业人才缺乏。

四、特色蔬菜产业发展的对策建议

（1）增加科技投入，攻克技术难题。开展技术攻关，试验研究，示范、技术培训和技术指导工作，促进产业可持续发展。

（2）加强技术创新，强化市场监管。通过技术创新来解决荔浦芋产业的品种及质量问题；通过推广多项技术措施来提高荔浦芋的品质和产量；通过加强市场监管、规范荔浦芋品牌的使用条件来打击假冒伪劣行为保证荔浦芋的品牌可信度；通过加强荔浦芋加工产品特别是深加工产品的研发工作，为荔浦芋产业提供更有深度的途径。

（3）向精优化转型，延伸产业链条。一是继续推广和应用无公害生产技术，加强力度监管果品质量安全关；二是加大宣传力度，积极打造荔浦芋知名品牌；三是延伸产业链条，形成全产业链发展模式。

（4）建立健全整套质量管理体系及强化要素支撑。

广西壮族自治区柳州市柳江区
莲藕、慈姑产业

喻忠刚[1] 农吉[2] 蒙日业[2] 江文[3] 黄诗宇[2]

（1. 广西壮族自治区柳州市柳江区农业局；

2. 广西壮族自治区柳州市柳江区百朋镇农业技术推广站；

3. 广西农业科学院生物技术研究所）

一、社会经济及农业产业结构

广西柳州市柳江区位于桂中盆地东南部，地处北纬 23°54′30″ ~ 24°29′00″、东经 108°54′40″ ~ 109°44′45″。2018 年，柳江区辖 8 个镇 99 个村 987 个自然屯。辖区面积 2149 平方千米，耕地面积 97.85 万亩，其中水田面积 26.27 万亩，旱地面积 71.27 万亩。人口 51 万人，其中农业人口 38.1 万人，农村劳动力 22.6 万人，外出务工 9.3 万人。国民生产总值 293.5 亿元，财政收入 24.2 亿元，社会消费品零售总额 56.1 亿元，农林牧渔总产值 86.14 亿元，城镇居民人均可支配收入 35133 元，农村居民人均可支配收入 13706 元。蔬菜播种面积（含复种）54.11 万亩，蔬菜产量 98.29 万吨。

二、特色蔬菜莲藕、慈姑产业发展现状

（一）特色蔬菜莲藕、慈姑生产规模及布局

柳江区是全国最大的双季莲藕基地，双季莲藕套种慈姑基地，全国水生蔬菜示范县，主产区百朋镇被农业部授予全国"双季莲藕之乡"。2017 年，主产区"荷塘月色"获广西现代农业五星级核心示范区，"柳江莲藕"获国家地理标志产品。2018 年，双季莲藕种植面积 6.52 万亩，其中春藕 4.22 万亩；秋藕 2.3 万亩，秋藕套种慈姑面积 0.86 万亩。双季莲藕总产量 9090 吨，其中春藕产量 6330 吨；秋藕产量 2760 吨，慈姑总产量 387 吨。双季莲藕总产值 47806 万元，其中春藕产值 35110 万元；秋藕产值 12696 万元。慈姑总产值 1935 万元。柳江区双季莲藕 60% 的面积分布在百朋镇，而百朋镇双季莲藕种植又集中

在百朋、五九、里团、怀洪4个村委，规模达1.25万亩的"百—五—里—怀"双季莲藕主产区。每年3~9月，呈现出蔚为壮观的万亩藕海。全区双季莲藕生产基本实现区域化布局、规模化生产，已经成了当地的支柱性产业。

（二）特色蔬菜特色蔬菜莲藕、慈姑的生产现状

1. 自然条件

柳江气候属亚热带季风气候，年平均气温20.4℃，平均降雨量1400毫米，年平均日照1600小时，无霜期332天，日照充足，雨量充沛，温度适宜。具备莲藕生长所需的自然条件。柳江区水田面积26.27万亩，主要分布在海拔100米左右的石峰间开阔谷地，地势平坦，低洼处（溶）井泉较多，土地、水资源丰富；土壤质地主要是中壤、沙壤，适合种植莲藕；境内无大型的工矿企业，三废排放量少，空气洁净，生态环境良好，有利于无公害乃是绿色莲藕生产；交通便利，拥有完备的水、陆、空交通网络；南近广东省，距离东南亚国家较近，区位优势明显。在蔬菜生产中，利用水泡田、低畦田发展种植双季莲藕是农业种植结构调整良策。

2. 种植品种

柳江莲藕主栽品为：自主选育的"柳白玉藕"面积3.5万亩，占柳江的53.68%；其次是嘉鱼藕面积2万亩，占30.67%。这两个品种属浅水藕，叶表面光滑，藕茎横断面呈圆形，藕外观好，坐藕深30厘米左右，宜在水深约15厘米的浅水田中栽培。表现为投资小，见效快，抗自然灾害能力强，综合效益高；其他的为鄂莲6号、鄂莲9号，各占9%~10%。

3. 栽培模式

柳江莲藕的优势，一是一年春秋双季种植，称"双季莲藕"；二是柳江莲藕上市季节是全国莲藕市场的空档，上市时间与湖北等莲藕产区的上市时间错开且提前，赢得了市场时间差，生产上取得了较好的经济效益。因此，柳江双季莲藕栽培的关键在于"二早"，即：春藕早收，秋藕早发。根据柳江的气候特点和双季莲藕生产的成果和经验，春藕种植时间为3月下旬，春藕一般在6月下旬即可收获，延续采收到7月中旬结束；即随挖随种，7月中旬前秋藕种植结束。

慈姑栽培模式为秋藕套种慈姑，最适宜套种时期在9月中下旬，即20%的秋藕叶开始枯萎；套种密度为株距厘米，行距50厘米、株距45厘米。

4. 质量安全情况

柳江莲藕、慈姑生产实行基地无公害、绿色认定；生产过程建档；基地无线远程视频监控生产全程；农药残留监测检测；建立产品生产、标识信息数据库；追溯条码标识编码；产品条形码标识销售；平台追溯。

（三）特色蔬菜产业的科技水平

柳江依托广西农业科学院建立广西柳江特色水生蔬菜试验站，组建成专业团队。主导

新品种、新技术研发与推广应用，负责技术培训，指导、咨询。促进科技水平的提高和成果转化：一是在新品种方面，自主选育出适宜本地种植的莲藕和慈姑新品种各1个：分别是柳白玉藕，柳香慈姑，并且通过广西农作物品种审定委员会审定；二是在新技术推广方面，制定并实施《秋季莲藕套种慈姑生产技术规程》《慈姑顶芽繁殖技术规程》《无公害农产品 三季莲藕生产技术规程》等地方标准；三是在科普方面，编制《双季莲藕套种慈姑标准化生产技术流程图》。

（四）特色蔬菜产业组织、市场建设情况

据统计，近几年，柳江区从事莲藕销售经纪人200多人，从事莲藕出口加工的企业有3家，莲藕专业合作社6家，莲藕协会1个，农超对接企业2家，莲藕出口加工专用冷库4个，莲藕加工场10个，年从事莲藕收购、初加工2000多人。莲藕深加工产品有莲藕酸、莲藕糖、莲藕饼、莲藕糕4种。藕农种出莲藕—经纪人、加工企业到田头抢购莲藕—经纪人贩运到区内外城市销售（企业深加工后再销售），产、供、销（加工）链条衔接较好，形成较为完整的产业链，产业化生产雏形初步形成。十几年来，全区莲藕产品均未出现难卖现象，双季莲藕产业得到持续稳定发展。

（五）特色产业三产融合发展现状

每年，柳江区均在莲藕主产区百朋镇怀洪村下伦屯举办荷花节，常年吸引约40万人次到柳江莲藕基地参观游览，为当地的农业生态旅游打下了良好的产业基础，项目区柳江区双季莲藕主产区百朋镇怀洪村下伦屯先后获得首届"全国生态农业旅游示范点"、广西"十大魅力乡村"、首届"柳州市十大最美丽乡村"等荣誉称号。

三、存在的主要问题

（一）上市时间集中

种植时间相对一致，造成柳江区鲜藕上市相对集中，不利于平稳供应市场，导致莲藕销售价格跌得过快。这几年每年都是开始上市卖价较高，产地收购价每千克8～10元。采收上市5～10天后，收购价迅速降到每千克4～6元，跌幅达50%，这主要是上市时间过于集中，形成暂时供过于求状态造成的。理想的品种结构是早熟、中熟、晚熟品种分别占25%、50%、25%左右，延长产品上市周期。

（二）个别品种严重退化

柳江莲藕品种更新速度慢，有些品种（如嘉鱼藕）引到柳江区种植已将近20年，现仍然是当家品种。莲藕种植老区连续多年种植，加上不注意选种、育种，品种产生变异退化。尤其是鄂莲5号，连续种植3年后，种性退化严重，藕茎变小，产量低、品质差、品

种亟待更新。因此，要加强莲藕的选种、引种、良种繁育工作。

（三）施肥技术不够规范

菜用莲藕收获的是营养器官——根状茎，不像水稻、玉米等作物是以生殖器官——籽粒作为收获品，藕农认为莲藕施肥多少、迟早都有收，施肥随意性大，不讲究科学施肥。主要表现在：部分农户存在施肥量不足或过量现象；对微量元素肥料的施用重视不足；有的农户施肥次数过多，春藕种植后每 10～15 天施一次肥，追肥 4～5 次；不少农户只重视春藕施肥，秋藕施肥量严重不足等。这些盲目施肥既不利于夺取莲藕高产，也不利于保护生态环境，影响到双季莲藕产业的持续发展。因此，科学的施肥技术如测土配方施肥技术有待进一步推广普及，提高藕农施肥水平，做到施肥的合理化、科学化。

（四）缺少深加工龙头企业

境内的柳州市明辉食品厂及柳州市的两家食品生产企业均用柳江区产莲藕作为原料，属小型企业，生产规模小，而且都不是以莲藕作主要原料，年消耗莲藕约 3500 吨，不到柳江区莲藕产量的 5%，远未达到龙头企业标准，对双季莲藕产业发展推动不足。目前，柳江区乃是柳州市尚未有一家莲藕深加工龙头企业，莲藕深加工量少，深加工是全区双季莲藕产业的短板。

（五）没有自营出口企业

柳江区双季莲藕品质好，远销美国、加拿大、新加坡等国，年出口量约 14900 吨，占总产量的 20.8%，但都是通过广东省的一些农副产品进出公司出口。县内农业企业仅仅是代工，出口权受制于人，不利于进一步开拓国际市场，扩大销路。

四、发展展望

（一）加强对莲藕新品种的引进及良种繁育工作

建设柳江县双季莲藕良种繁育基地，是加快品种更新进程，保持双季莲藕产业持续发展的关键。重点做好三项工作：一是对当家种——嘉鱼藕进行选种、繁育和改良。二是从区外科研院所引进一些优良品种（特别是组培苗新品种），试种并鉴定筛选适合当地种植的新优良品种。三是加强与区内外有关科研单位合作，选用柳江县的当家种——嘉鱼藕到科研院所进行组培苗繁育，力争 5 年内完成一次品种更新。

（二）有机莲藕是未来双季莲发展方向

随着经济社会的不断发展，人们生活水平的不断提高，人们对安全食品的需求日益强烈，有机蔬菜市场空间越来越大。柳江县双季莲藕病虫害发生较少，且产区不受工厂

"三废"污染，灌溉水水质好，只要有机肥充足，改进现行的病虫防治方法，如用茶麸杀灭福寿螺，频振式杀虫灯来诱杀斜纹夜蛾、用黄板粘杀蚜虫等，可以进行试验、示范，以点带面，推进有机莲藕的发展。

（三）综合开发双季莲藕产业，提高藕田经济效益

莲藕生长过程中病虫害发生较少，为套养泥鳅、青蛙创造条件。藕田泥土肥沃，微生物丰富，非常适合泥鳅、青蛙生长，只要加以改造莲藕田基，并适当改进莲藕施肥、病虫害防治技术就可以进行套养泥鳅、青蛙。以莲藕田套养泥鳅为例，泥鳅年亩产400千克左右，按市场价格40元/千克算，套养总收入16000元，亩套养纯收入也超过10000元，藕田套养经济效益十分可观，是实现藕农倍增计划的好项目，是柳江县综合开发莲藕产业链的方向之一。

（四）充分挖掘莲藕副产品利用价值，增加经济效益

莲藕浑身是宝，开发利用好莲藕副产品，是延长双季莲藕产业链、增加藕农收入的好办法。藕叶可用来生产荷叶茶，藕节可用于生产保健品，莲须、莲梗可用来制药，藕鞭（藕带）可开发食用菜，藕杷可用来酿酒，还可以用藕叶来制作工艺品……只要开发利用好莲藕副产品，一定能增加莲藕产业的经济效益。

（五）通过发展旅游业壮大双季莲藕产业

柳江县双季莲藕种植面积有限，产量提升的空间也不多，要进一步发展壮大双季莲藕产业，除在藕田套种、套养做文章外，还要利用百朋镇接天莲叶美丽壮景、山清水秀资源，结合当地民俗文化，开发乡村休闲旅游项目，吸引市民到藕区游玩、消费。部分藕农可通过开办农家乐、餐饮服务、游客自采莲藕等项目增加收入，同时可面向游客出售自产莲藕、莲蓬、藕叶等产品，提高莲藕的附加值，发展壮大双季莲藕产业。

广西壮族自治区平乐县芋头、慈姑、荸荠产业

张驰[1]　江文[2]　高美萍[2]

(1. 广西壮族自治区桂林市平乐县农业局；

2. 广西壮族自治区农业科学院生物技术研究所)

一、农业基本概况

平乐为桂林市辖县，位于广西东北部，桂林市东南部，古称昭州，县治距今有 1700 多年历史。总面积 1919.34 平方千米，辖 6 镇 4 乡，居住着汉、瑶、壮、回等 13 个民族，总人口 46 万，其中农村人口 41 万，耕地面积 31 万亩，其中水田面积 20 万亩，2017 年全县地区生产总值 111.02 亿元，财政收入 5.26 亿元，农民人均纯收入 1.27 万元。境内地处中亚热带季风气候区，光照充足，雨量充沛，气候宜人，适宜亚热带作物生长。平乐是广西农业大县，2017 年农业总产值 67.2 亿元，其中种植业占 53.5 亿元，水果、蔬菜、粮食的产值位于前三位，水果以沙田柚、柑橘、柿子为主，蔬菜以水生类蔬菜、茎类蔬菜、茄果类较具特色，经济作物甜茶、石崖茶在国内闻名遐迩，全县拥有市级以上农业龙头企业 18 家，建成 16 个标准化生产特色农产品规模种植和养殖示范基地、2 个现代特色农业核心示范区。在蔬菜产业中，全县 2017 年播种面积 35.83 万亩，产量 60.27 万吨，产值 22.46 亿元，槟榔芋、荸荠、慈姑是平乐县特色蔬菜农产品，2015 年"平乐慈姑"获得农业部"地标"登记证书。

二、特色蔬菜发展现状

目前，平乐县特色蔬菜主要以平乐香芋（槟榔芋）、荸荠和慈姑最具优势。平乐香芋又称"平西香芋"，是平乐县传统优质农产品，以青龙乡"平西村"槟榔芋地方品种而得名，煮熟后香气袭人，疏松粉糯，味道鲜美，口感优于全国闻名的荔浦芋、贺州香芋和湖南桃川香芋，受到江浙、上海、广东客商的高度赞誉。近年种植面积 1.8 万亩，产量 4.3 万吨，主产区是青龙乡。2 月种植，10 月开始陆续采收上市，产品销往江浙、广东大中城

市，地头采购价格约 6 元/千克左右，产品供不应求。

平乐县是全国闻名的"桂林白慈姑"主产区，慈姑产品质地细、松、粉、略带板栗的香甜味，品质优良、球茎大、白皮白肉、商品性好，在国内外享有盛誉，多年来一直是广西最大的慈姑生产基地和慈姑产品出口基地。近年种植面积 2 万亩左右，产量 2.5 万吨，各乡镇均有种植，以桥亭乡面积最大，品质最优。8 月种植，11 月下旬开始采收上市，80% 的产品出口销往东南亚、北美市场。

平乐县是广西荸荠主产区之一，近年种植面积约 4 万亩，总产量约 10 万吨，球茎个大、多汁、品质好、耐贮耐运，产品主要销往我国华南、西南地区，并大量出口外销东南亚、北美多个国家。7 月种植，12 月至翌年 3 月采收，带泥贮藏可周年供应市场，主产区分布在二塘镇、张家镇、阳安乡。初步形成了荸荠销售、流通、加工产业链，其中以荸荠粉加工较为突出。如平乐县宏源农业发展有限公司，位于广西桂林市平乐县源头镇，是广西区内唯一一家集种植、加工、销售、出口于一身的工农贸一体化发展的马蹄粉加工企业。宏源有限公司是全国最大的粉马蹄种植、加工、销售企业，现有 6 个粉马蹄种植基地，占地面积 15000 多亩，带动农户 6000 多户，马蹄粉年产量为 2500 多吨。2013 年宏源有限公司利用马蹄渣发酵养殖牛肉，形成了"马蹄—肉牛"循环产业发展模式。公司拥有进出口经营自主权，先后通过了 ISO9001：2008 质量管理体系认证及 ISO22000：2005 食品安全管理体系认证。并获得了"广西农业产业化重点龙头企业""广西现代特色农业核心示范区""桂林市农业产业化重点龙头企业""广西 3A 级标准化良好行为企业""广西重合同守信用企业""行业十佳诚信单位""出口植物源性食品原料种植基地检验检疫备案证书""出口食品生产企业备案证明""平乐县工业发展重点企业""平乐县先进农业产业化龙头企业"等多项荣誉。产品荣获中国绿色食品 A 级产品认证，无公害食品认证、广西著名商标、广西名牌产品等荣誉。

多年来，平乐县在农业结构调整中注重发展市场力竞争强、经济效益高的特色蔬菜产业，把香芋、慈姑、荸荠列入优先发展重点培育的优势产业。一方面在项目资金支持、重点示范区建设、发展专业合作组织、产品宣传推介发挥积极推动作用；另一方面加大科技投入力度，大力推广新品种新技术，与广西农科院生物技术研究所合作，先后大面积推广"桂蹄 1 号""桂蹄 2 号""桂蹄 3 号""桂粉蹄 1 号""桂芋 2 号""桂慈 1 号"等优良新品种及配套栽培技术，促进了特色蔬菜产业发展和农民增收，取得了很好的经济效益和社会效益。

三、特色产业发展存在的问题与制约因素

（一）农业科技投入不足

近年来，农业科技投入资金不足，县、乡两级专业技术人员老化，断层严重，新进的技术人员很少，乡镇农业技术推广人员只有 1～2 人，导致新品种新技术推广滞后，良种

与良法应用缓慢，生产以传统栽培方式为主，管理上较为粗放，加上从业者技术水平低，导致种植经济效益不高，严重影响特色蔬菜产业可持续发展。

（二）种植面积大幅减少

近几年来，广西全境兴起的砂糖橘、沃柑种植热潮来势凶猛，平乐县已有过半数水田改种水果，冲击了粮食和蔬菜产业，荸荠、香芋、慈姑种植面积也受到严重影响，减少约1/5。

（三）生产成本不断上升

农业生产的地租、农资和人工成本上升幅度较快，2015～2018年地租由500元/亩涨至800元/亩，人工50元/天涨至80元/天，农资成本也涨30%以上。

（四）农村劳动力紧缺

目前，农村青壮年劳动力基本已外出务工，从事农业生产人员70%～80%是60岁左右的老年人，而种植蔬菜机械化程度低，人工花费多、劳动强度大，普遍较苦、较累，以散户小面积种植为主，难以形成种植规模。对特色蔬菜产业持续发展影响较大。

（五）"菜贱伤农"现象依然存在

近年来，农业生产成本大幅上升，农产品销售价格并没上相应上涨，平乐县近几年来荸荠、慈姑、香芋价格基本平稳，但是种植经济相对下降了，2018年还出现了荸荠和香芋难卖的现象，挫伤农民来年种植的积极性。

四、特色产业发展的对策和建议

（一）政府加大扶持力度

县政府尽快制定各项发展特色蔬菜产业的优惠政策，鼓励农民发展特色蔬菜种植业，扶持企业开展特色蔬菜产品加工业，延长特色蔬菜产业链；加大对特色蔬菜产业发展的科技资金投入力度，与国内农业大学、科研院所建立科技战略合作，在新品种新技术研发、新产品开发方面取得突破；加强农民专业合作社建设和资金扶持，提高特色蔬菜种植产量和质量，拓宽特色蔬菜产品销售市场；积极争取各项农业项目，提升特色蔬菜产业科技水平，引领特色蔬菜产业发展。

（二）调整优化产业布局

特色蔬菜产业发展必须以市场为导向，根据农产品消费需求结构变化而优化布局，全县推行"一乡一品"战略，积极调整优化"荸荠、慈姑、香芋"产业布局，紧紧依靠科技创新，采用"人无我有""人有我优"战略，以提高品质优先，发展精品农业，增强市场竞争力，才能立于不败之地。开发 3～5 个具有集生产、展示、休闲功能为一体的现代特色蔬菜生产核心示范区，辐射带动特色蔬菜产业健康发展。

（三）大力发展特色蔬菜加工业

平乐县特色蔬菜产品营养丰富，加工产品潜力巨大，大力培育壮大特色蔬菜加工龙头企业，引进外地和培育本地的农产品加工企业 3～5 家，鼓励农产品加工企业与科研机构、大专院校开展技术协作和技术攻关，在加工产品研发、科技创新、人才引进等方面给予每个企业充足的财政资金扶持。通过大力发展农产品加工业，延长产业链，增加产业附加值，有效缓解产品销售期过于集中，价格波动较大，产品销售难等问题。充分利用加工龙头企业辐射带动能力，实现企业、种植户双赢，促进特色蔬菜产业良性发展。

（四）提高产品科技含量

加强基层农技推广体系改革与建设，及时补充农业技术推广人员，全面提升技术服务能力，加强特色蔬菜科学种植技术培训，努力提高广大蔬菜种植户科技素质，搞好技术服务工作，提高良种化率和新技术覆盖率，特色蔬菜生产达到高产优质安全要求，在激烈的市场竞争中立于不败之地。

（五）抓好品牌农业建设

以农业龙头企业、农民专业合作社、家庭农场为主体，抓好一批"三品一标"认证工作，利用农展会、多媒体等各种平台加大平乐县特色蔬菜产品的宣传推介力度，提高特色蔬菜产品知名度，鼓励农业企业、专业合作社创建特色农产品品牌，形成品牌效应，促进产品销售，推动特色蔬菜产业发展。

十九、武汉综合试验站

湖北省五峰县加工型小香葱产业

黄晓斌[2]　周强[3]　吴金平[1]　郭凤领[1]

（1. 湖北省农业科学院经济作物研究所；2. 湖北省五峰土家族
自治县农业局；3. 湖北省五峰土家族自治县五峰新桥农业有限公司）

五峰土家族自治县地处湖北省西南部，是一个典型的少数民族山区县。2017 年，全县农林牧渔业总产值 39.89 亿元，农作物总播种面积 72.32 万亩，其中粮食作物播种面积 43.99 万亩，经济作物播种面积 28.33 万亩。五峰县山地立体气候显著，极适宜高山无公害反季节蔬菜生长，主产辣椒、西红柿、土豆、欧芹、葱蒜、萝卜、白菜、四季豆等产品，深受江苏、福建、广东、上海、武汉等地消费者青睐。五峰被定为上海世博会时期蔬菜供应基地县，五峰蔬菜已被端上世博会的餐桌。

一、特色蔬菜产业发展现状

（一）特色蔬菜生产规模

五峰特色蔬菜主要品种有香葱、生姜、大蒜、韭菜，总面积 12500 亩（含野生采集面积 4000 亩），产量 1.8 万吨，产值 3600 万元，带动 1.5 万农户平均增加收入 1500 元，为五峰农民增收及精准脱贫起到了重要推动作用。五峰山地立体气候显著，极适宜高山无公害反季节蔬菜生长，在海拔 1500 米以上的高山地区还分布有 4000 亩以上的野生香葱、天蒜资源，由此可见，五峰是特别适于特色葱蒜类蔬菜种植的区域。

（二）特色蔬菜主要品种

全县特色蔬菜香葱品种主要由湖北省农科院指导引进及选育的德国全德香葱，同时还有少量笔杆香葱（火葱）、四季香葱（分葱），均采用设施育苗，露地栽培。生姜主要品种为本地品种小黄姜，主要采用传统露地栽培。五峰特色蔬菜种植全部达到无公害标准，2018 年香葱原料农药残留检测 8 次，全部同时达到日本及欧盟标准；生姜抽检 2 次，农药残留未检出。

（三）特色主导产品突出

五峰有高山特色蔬菜种植的传统，其中"五峰香葱"取得了国家地理标志认证。五峰香葱加工出口已有 18 年历史，2014～2017 年，香葱产业受经济发展大环境影响有一些波动。经过调整，目前生产加工出口已逐步恢复正常，经过市场"特别洗礼"后的五峰香葱产业迎来了新一轮的产销两旺的喜人局面，2019 年高山小香葱出口销售收入预计可以突破 1000 万元。多年积累的技术、管理及客户资源与五峰高山地理特色深度融合，形成了独具特色的高山小香葱产业，优良产品与服务已得到欧洲和日本客户的高度认可，所有产品按同时达到欧盟及日本标准进行极为严格的农药残留、微生物、异物指标控制，到目前为止出口的各项检验指标均达标，市场供不应求。香葱加工企业抢抓机遇全力投入，通过技术创新和资金投入全方位扩大产能，目前已进入高速发展期：未来 4 年时间内，计划销售收入按每年翻一番的速度发展，到 2023 年，实现销售收入过亿元，财政收入过千万元，出口创汇过 1000 万美元，带动农户增收 5000 万元的目标。

（四）特色蔬菜市场建设情况

五峰特色蔬菜主要市场模式有：

（1）由企业或合作社与农户签订合同，实行订单农业。

（2）由专业合作社与农户实行松散合作，价格随行就市购销，市场风险由合作社与农户共担。这一模式灵活引导农户发展特色蔬菜，有其必要的作用，今后必将长期存在，但抵御市场风险的能力不强，不是发展重点。

（3）专业合作社、家庭农场或种植大户流转农户土地，雇用农户做工，将分散的农户组织起来，规模化标准化生产产品直销给市场或龙头加工企业。这一模式由于能够整合应用先进的机械化及现代化农业技术，可以大幅度提升单产及品质，全面提升收益，是今后的重点发展方向。

五峰香葱龙头加工企业五峰新桥农业有限公司已把小香葱产品市场拓展到了欧盟、日本，以品质优异取得了良好的国外市场口碑，产品供不应求。五峰高山特色香葱出口正抓住这一轮机遇快速发展。达到出口标准的香葱原料收购价格稳定在 3000～4000 元/吨。由龙头企业或合作社与农户签订合同的订单产品质量有保障，农户收益有保障。

在稳定发展传统出口市场的同时，五峰香葱鲜切菜产品研发及市场调研完成，初步完成了上市前的准确工作，即将进入市场。优良的产品质量，方便的使用方式，将在国内市场具有较强的竞争力。

二、产业发展的主要做法

（一）不断推出产业扶持政策

为了扶持特色蔬菜产业的快速发展，五峰县政府出台了文件，提出了关于培育壮大新型农业经营主体促进适度规模经营的八条意见，对特色蔬菜产业组织的壮大起到了积极的推动作用。其次，实施了农产品加工政策，争取了产地初加工设施建设补助项目，促进了特色蔬菜产业加工业的进一步发展。

（二）重视加工业发展

五峰以高山优质香葱原料基地为基础的香葱深加工项目已有 18 年历史。五峰新桥农业有限责任公司按照出口食品标准生产的真空冻干脱水蔬菜系列和天葱、天韭、香椿等"野山珍"系列地方特产，品质优异、特色鲜明，为"宜昌市名牌产品""三峡十大特产"。极具发展潜力，市场供不应求。2018 年，该公司加工产品在过去出口欧盟的基础上，全面打开了日本市场，出口创汇 207 万美元；香葱加工出口拳头产品同时达到欧盟、日本及国内三个标准，取得了行业内领先的质量及技术优势。

（三）坚持提升产业科技水平

五峰县建立了以农技服务中心、企业及合作社多元主体的技术推广服务体系。由县农业局聘请专家规划设计、骨干技术培训，被培训的技术骨干服务到田间地头。全年共进行各类特色蔬菜技术培训 300 场次，被培训者达 8000 人次，发放资料 12000 份。

主导特色蔬菜五峰香葱，在湖北省农科院多年支持下，引进选育了适合五峰高山地区生产的加工型细香葱品种，适应性强，加工性能好，已成为高山香葱种植的主栽品种。同时，在湖北省农科院的指导及支持下，五峰在原有香葱种植技术的基础上，重点开展了小香葱的旱浮式育苗技术、香葱原料基地配方施肥及水肥一体化、机械化采收等试验示范工作，在五峰的湾潭镇、采花乡建设水肥一体化种植试验基地 100 亩，攻克了香葱水肥一体化的一些关键性技术难题。结果表明：香葱亩增加投入 1500 元（水肥一体化设施），产量翻倍，质量大幅度提升，收入增加 3000 元以上，高山香葱栽培水肥一体化技术取得了重要进展。

三、特色蔬菜产业发展存在的问题

（一）品种多而杂，规模偏小

特色蔬菜品种在五峰全境广泛分布，有香葱、生姜、大蒜、韭菜、辣椒（加工型）等。但普遍规模不大，商品化不够。从全国行业竞争力角度分析，五峰加工型香葱具有独特的竞争力，应该突出重点，把五峰香葱这一品牌打响，上档次上规模。

（二）生产技术水平参差不齐

实践表明，现代农业综合技术的高水平基地是绿色优质高效的根本保证，因此必须走以现代农业技术为支撑的高效农业模式上来。五峰香葱今后将稳步发展与推广以水肥一体化、机械化轻简化种植技术为核心的高山香葱基地，其减肥、减药，增产、增效极其显著。但五峰存在高山土地、水源、交通等诸多限制因素，要针对五峰地区特点，选择一些有条件的地方稳步实施进行示范推广。

（三）产品市场品牌宣传力度不够

五峰香葱已成为欧盟、日本市场上的优质产品，行业美誉度甚高，但五峰高山香葱在国内市场处于默默无闻的状态，主要是相关宣传及市场拓展力度不够，应该以高山、出口品控的优质产品为重点，大力提升五峰香葱国内市场的知名度及占有率。

四、特色蔬菜产业发展的对策建议

（一）大力发展主导特色产业

五峰特色蔬菜产业在今后 5 年的发展中，将突出重点，聚焦五峰香葱，以高山优势香葱原料为基础，以五峰新桥农业有限公司为龙头，整合县内蔬菜合作社、家庭农场及种植大户，全面发展特色高山香葱产业。

（二）继续加强相关技术研发与示范应用

五峰香葱在湖北省农科院多年的支持下，在品种、栽培技术、加工技术、绿色防控等方面取得了一批技术成果，今后香葱产业发展的技术路线已基本明确：以水肥一体化为核心，应用优良品种，配套机械种植及采收，应用现代化高效加工工艺设备技术，生产优质特色蔬菜加工产品供应国际及国内市场。

（三）积极拓宽市场渠道

除了已有基础的出口市场，应该大力拓展国内市场。高山香葱的国内市场容量巨大，但必须有配套技术、配套产品的支撑。目前，五峰香葱鲜切菜产品生产技术已成熟，小范围试用得到了餐饮业市场的全面认可，市场潜力巨大，今后应该在五峰香葱鲜切菜产品的市场拓展上加大力度。

湖北省孝感市孝南区小香葱产业

黄俊[2] 吴金平[1] 周洁[1] 符家平[1] 郭凤领[1]

（1. 湖北省农业科学院经济作物研究所；2. 湖北省孝感市孝南区农业技术推广中心）

一、农村经济发展概况

（一）社会背景

孝南区地处江汉平原北部，居武汉城市圈核心圈层，是孝感市唯一的市辖区和全国"两型社会"建设先行区。全区总面积1035公顷，人口83.78万，其中农村人口56.78万，农村从业人数30.53万。辖16个乡镇（场、街道）和1个省级经济开发区。孝南区位优越，107国道、316国道、京港澳高速公路、福银高速公路、京广铁路、武西高铁均在孝南交会，交通优势明显。

（二）经济发展

孝南区现代农业基础较好，是国家现代农业示范区和"两高一优"农业示范区。2017年，全区地区生产总值237.7亿元，农林牧渔业总产值63.66亿元，种植业产值24亿元。全区城镇常住居民人均可支配收入32384元，农村常住居民人均可支配收入16829元。

1. 乡村建设

按照产业兴旺、生态宜居、乡风文明、治理有效、生活富裕的总要求，2017年加大了20个"美丽乡村"试点村基础设施建设力度。共实施项目55个、完成各类投资7051万元，新解决安全饮水人口1万人，改造通村公路18.05千米，安装路灯646盏。加快推进农旅融合，依托庭瑞春风桃李度假区、卓尔桃花驿小镇、鲁能美丽乡村等项目，引导发掘农村人文景观和历史文化底蕴，探索建成循环农业、创意农业、农事体验于一体的田园综合体。

2. 农业产业发展

自2015年孝南区被认定为国家现代农业示范区以来，围绕"两核两区三带"的发展战略，坚持以生态农业、旅游观光农业作为现代农业发展方向，着力发展绿色高产高效农业种植业，深化农艺农机农信融合，推动绿色农业、特色农业和品牌农业创建，不断探索符合区域发展的现代农业发展道路，取得了一定成效。2017 年，全区香稻种植 1.07 万公顷、糯稻 0.67 万公顷，油菜 1.33 万公顷、蔬菜 1.34 万公顷，林果茶 0.21 万公顷。以伟业春晖米业为龙头发展粮油饲料加工；以爽露爽、楚特、生龙等麻糖米酒公司为龙头发展食品加工；以新力食品和三蜂蜜业公司为龙头发展畜禽产品加工；以福良山茶场、浐川茶场为基础发展名优茶、绿色茶、有机茶生产加工；不断延伸小香葱等特色农产品产业链条，农业产业效益不断增加。

3. 蔬菜产业发展概况

自 1993 年孝南市改区以来，蔬菜种植总体呈增长趋势，1993～2017 年蔬菜播面由 0.75 万公顷增长到 1.34 万公顷，增长 78.7%，产量由 24.64 万吨增长到 64.72 万吨，增长 154%。小香葱增长最快，其次是蕹菜、芹菜、菠菜、小白菜、青蒜。1993 年小香葱 290 公顷、2017 年 1726 公顷，增长了近 6 倍；产量由 0.87 万吨增长到 5.6 万吨，增长了 6.4 倍。2010 年后，孝南区蔬菜产业格局特色明显：一是府澴河沿线的藜蒿、莲藕水生蔬菜种植区，包括卧龙、毛陈、朱湖等乡镇；二是界河沿线的速生叶菜种植区，主要在祝站镇，蔬菜有蕹菜、苋菜、芹菜、菠菜、青蒜等；三是老澴河沿线葱蒜种植区，包括肖港、陡岗、朋兴等乡镇，蔬菜有小香葱、韭菜、青蒜、芫荽、白菜、菠菜、丝瓜等；四是近郊蔬菜种植区，品种多样，随市场需求而变化，以时令蔬菜种植为主。

二、小香葱发展现状

（一）小香葱产业发展历程

孝南区栽培小香葱的历史可以追溯到明朝，据《孝感地方志》记载，明洪武元年（1368），朱元璋为了"长治久安"，对国民实行让步政策，并采取了一系列发展农业生产的措施，其中之一就是向江北移民，开垦荒地。江汉平原孝感一带的居民多是从江西麻城迁移而来，据说小香葱就是此时随着人们的大迁徙由江南传入本地。据清修《孝感县志》记载：三汊港集镇（今肖港镇），建镇已有 300 多年的历史，至清末已形成 800 多人居住的集镇，各类工商业户 156 户，其中从事小香葱交易的行栈 19 家，从事人员近 80 人，是远近闻名的小香葱集散地。1909 年，满清政府修建平汉铁路时，在此建有火车站，给小香葱的外销带来了便利。新中国成立初期的 1953 年，武汉市合作社联社与肖港区签订了小香葱代购合同。自此，肖港成为了武汉市民的小香葱生产基地。

20 世纪 90 年代，孝南区乡镇经济不发达，农村经济还是以农业为主，农业产业结构调整被区委区政府当作头等大事来抓，在 80 年代出现卖粮难后，果茶菜等经济作物是各乡镇纷纷调整的首选项目，由于肖港镇人多地少，人均占有耕地只有半亩。在棉产区率先调整为棉套菜高效栽培模式后，由于小香葱是肖港镇传统优势农产品，农民有丰富的栽培经验，在众多的经济作物中脱颖而出。短短几年间面积迅速扩大到近 2000 公顷，形成了以万里、艾湖、保二等十多个村为中心的小香葱集中种植区，产品俏销全国。

（二）产业发展现状

1. 小香葱产业规模较大，区域特色明显

虽然小香葱是个蔬菜小品种，居民需求量不大，但在孝南区已经形成了集中连片的种植基地，全省享有盛名。2017 年，全区小香葱种植面积 1817 公顷，分布在肖港、卧龙、朋兴、陡岗、祝站、杨店等，其中肖港镇栽培面积最大，占全区小香葱面积的 80% 以上。肖港镇是孝南区最大的蔬菜生产乡镇，全镇耕地 4215 公顷，户数 23012 户，乡村人口 93882 人，辖 64 个行政村、1 个居委会，全镇 47 个村种植小香葱，小香葱种植面积 1726 公顷，产量 5.7 万吨，平均单产 3.25 万千克/公顷，产值 14.6 万元/公顷，小香葱从业人员超过 1.2 万人。

种植小香葱具有较高的经济效益。2012 ~ 2018 年，小香葱产地批发年均价普遍高于全区蔬菜年均价，小香葱 6 年均价 3.87 元/千克，高于全区蔬菜年均价的 53.7%，在孝南区所有蔬菜中处于高价位水平，如图 1 所示。近 3 年来，小香葱的高效益带动了陡岗、杨店、卧龙、祝站等其他乡镇小香葱产业发展。

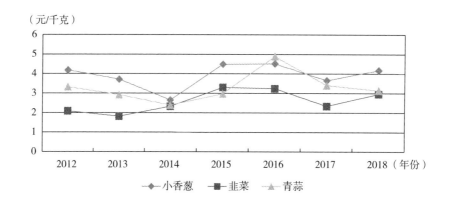

图 1　2012 ~ 2018 年孝南区蔬菜年均价

数据来源：孝感市孝南区农业局统计。

2. 自然条件优越

（1）土地资源肥沃。全区耕地资源面积 4.65 万公顷，其中水田 2.9 万公顷，旱地 1.75 万公顷。孝南区蔬菜集中产区多为近代河流冲积物形成的潮沙土，土层深厚肥沃，通透性好，pH 值适中，土壤有机质含量 7% ~ 12%，碱解氮 80 ~ 130ppm，有效磷 50 ~ 120ppm，速效钾 70 ~ 150ppm，pH 值 5.5 ~ 6.5，适合各类蔬菜生长。

（2）气候四季分明。孝南区属于亚热带季风气候，四季分明。全年日照时数 1894 小时左右，平均气温 16.68℃，全年最低为 1 月，月平均气温 2.1℃，最高是 7 月，月平均

气温 29.5℃，≥0℃的积温 6093℃，无霜期 253 天左右，全年降雨量 1100 毫米左右，有利于多种蔬菜的多茬次栽培。

（3）水利资源充沛。全区地表径流量 p＝50% 的典型年为 21300 万立方米；p＝75% 典型年为 16530 万立方米；p＝95% 的典型年为 8410 万立方米。区内水系主要有府河、澴河、沦河三大水系，水资源充足，地下水储藏量大，水质好，可实现蔬菜生产的旱涝保收。

3. 产业发展水平较高

孝南区小香葱种植规模处于湖北省领先地位，肖港镇是湖北省小香葱第一镇，肖港小香葱是国家地理保护标志产品、国家绿色食品和首届湖北蔬菜"十大名菜"之一。2010年就制定了《肖港小香葱》和《肖港小香葱生产技术规程》地方标准，实行了标准化种植。小香葱实现了周年生产，突破了夏季高温不能生产的界限。栽培品种实现了系列化，孝南区既有喜凉耐寒的铁干葱（分浅绿色和墨绿色两种）、四季葱、杂交葱，又有耐热杂交葱、火葱，单产 3500 ~ 4000 千克，比十年前增产 60% 以上。小香葱与小白菜、大白菜（秧）、萝卜（秧）、芫荽、芹菜、菠菜、青蒜等作物轮作栽培，一般年份，全年蔬菜亩产值在 2 万元左右。

4. 社会化服务运行良好

小香葱产业的健康发展得益于完善的社会化服务体系。一是村级示范户带动。依托新型农民培育工程、特色蔬菜（小香葱）示范县创建、"五个一"科技示范活动、科技入户工程、标准园创建、基地建设项目、配方施肥项目等农业科技项目，在每个村湾培育科技示范户，通过课堂培训现场指导、发放技术手册和示范片的带动作用，示范推广蔬菜"三新"技术，把小香葱标准化栽培知识普及到千家万户。二是扶持新型经营主体。孝感市万里小香葱专业合作社是一家专门从事"肖港牌小香葱"为主蔬菜生产种植、技术服务、加工销售的综合服务型组织，拥有单位和个人 600 多名会员，是 2010 ~ 2011 年国家级农民专业合作社示范社和湖北省十强蔬菜专业合作社，每年对外销售蔬菜 20 万吨以上。三是开展与科研院所技术协作。在新技术应用与推广上，与华农大、省农科院、湖北工程学院、市农科院和山东寿光等省外的蔬菜科研机构有密切的合作关系，蔬菜水肥一体化技术、病虫害绿色防控技术和新品种应用推广等处于全市前列。四是网络信息服务。充分利用互联网、手机智能终端把菜农与科研机构、企业、合作社、市场终端紧密联系在一起，及时发布生产、市场需求信息，满足菜农各项需求。目前，已初步形成了纵横交错、多元化结构信息网络，正确指导农民有效开展蔬菜生产购销活动。

三、存在的问题与制约因素

（一）存在的问题

1. 农业基础设施不完善

近年来虽然孝南区通过整合涉农项目资金，改善了部分乡镇村组的农田水利基础设施，但还普遍存在着标准不高、质量不一、使用效益不大等问题。尤其是与高标准的、符合现代农业发展的农业基础设施还有较大的差距。阴雨时间长和降雨量大，就容易造成渍害，减产严重。

2. 价格波动大，市场风险高

2017年小香葱最高价6.79元/千克（8月31日），最低价1.6元/千克（1月10日），相差4.2倍；2018年最高价6.54元/千克（10月11日）、最低价1.2元/千克（3月21日），相差5.45倍（见图2）。价格波幅大的主要原因是不良气候。气候适宜时产量高，价格下滑，在高温或长期降雨时价格上扬。肖港镇销售网络健全，如遇外地小香葱丰收，葱贩子就从外地（如广西、云南等）调入大量的鲜葱进入孝南区经清洗包装后分销到全国，对孝南小香葱种植户影响较大。

图2 2017年、2018年孝南区小葱价格变化

数据来源：孝感市孝南区农业局统计。

3. 土壤退化，成本增加，效率下降

由于菜农长期较为固定的茬口模式和施肥习惯，造成了土壤结构恶化和营养状况不良，种植小香葱的投入产出比下降。2010~2017年，单茬纯收入增42.4%，而生产成本上涨了120.1%，其中工价上涨150%，雇工成本上涨185.7%，而产值和纯收入只上涨了54.8%和42.4%（见表1）。

4. 农业新型经营主体整体实力不强

"肖港小香葱"区域公共品牌开发不够，缺乏深加工生产能力。孝南区蔬菜产业经营主体多而散，综合能力不强，种植户与合作社利益联系不紧密，甚至有损伤菜农利益的现象。

表1 单茬小香葱成本与效益

单位：元/亩·茬，元/个，元/千克

| | 肥料 | 农药 | 其他 | 雇工 | | 成本合计 | 效益 | | | 纯收入 |
				工价	费用		年均价	平均单产	产值	
2010年	445	175	60	40	350	1030	2.72	2375	6460	5430
2017年	820	267	180	100	1000	2267	3.65	2750	10000	7733
增减数	375	92	120	60	650	1237	0.93	375	3540	2303
增幅（%）	84.3	52.6	200.0	150.0	185.7	120.1	34.2	15.8	54.8	42.4

数据来源：孝感市孝南区农业局统计。

（二）制约因素

（1）规模生产与散户的种植信息不对称。虽然规模生产有利于品牌的打造和产品的销售，但当孝南小香葱生产达到一定规模时，由于对市场总容量和外地现有种植面积的调研不足，容易造成小香葱效益下滑。当地葱农在选择上存在盲目性，一旦大范围的丰收，葱农利益难以保障，限制了葱产业的发展。

（2）专业合作社或经销组织与葱农利益不对称。目前，合作社与广大蔬菜种植户联系不紧密，远远没有达到产供销一体化的经营格局。一方面，蔬菜市场价格高时菜农不一定守信销售给订单合作社；另一方面，外地蔬菜价格明显低于当地时，菜贩子也会直接从外地调运抢占本地市场，当地菜农利益难以保证，订单生产流于形式。

（3）消费者对蔬菜产品要求的提高与现有技术应用水平不对称。农业污染问题影响着农产品的质量，消费者对绿色食品的需求越来越大，而菜农在生产上仍然以经验为主导，测土配肥、对症下药应用远远不够。超量用肥、过度用药不仅增加了生产者的成本，也导致了消费者对生产者信任度的降低。

（4）基地的基础生产条件与现代农业要求不对称。孝南小香葱基地设施栽培水平低，在自动化、机械化、智能化和信息化应用上还存在着相当大的距离。孝南属于典型的近郊都市农业大区，多种形式的农业经营主体纷纷呈现，各种产品的需求越来越大，小香葱这种原始种植模式越来越难以满足现代农业产业发展的需求，因而制约着小香葱产业的做大做强。

四、对策建议

（一）加大基础设施投入力度，着力培育农业新型经营主体

加强农业基础设施建设，营造良好的生产环境，加强对农业的支持与保护，为农业新型经营主体提供及时有效的服务，是政府的重要职责。一要加大基础设施投入力度。二要

大力培育新型经营主体和新型职业农民。三要积极发展示范农民合作社。构建新型为农服务合作联社，完善新型农业经营体系。以发挥适度规模经营的引领作用为重点，支持发展土地流转、土地托管、土地入股等多种形式的适度规模经营，培育农业社会化服务组织，发展生产性服务业，重点推介土地托管方式，让分散农户搭上规模经营的"快车"。

（二）依靠科技创新，加快提升农业质量效益和竞争力

一要加大对农业科技的投入。二要建设结构合理、业务素质高、爱岗敬业的农业科技创新队伍和基层农技推广队伍。三要改善要素使用，推进科技创新。四要实施科技创新战略，尽快推动农业发展，由依靠物质要素投入驱动向依靠科技进步驱动转变，提高农业全要素生产率。五要强化农业科技创新，推进农业机械化、信息化，发展现代种业，加快农业科技推广应用。当前重点是推广节本增效技术，集成节肥、节药、节水、节种、节油等适用技术，提高农业投入品利用效率，降低生产成本，提高经营效益。

（三）强化服务功能，为蔬菜产业发展提供技术支撑

一要完善市场服务体系。政府部门要加强对农业投入品市场的监管和产品质量安全的监测。结合各级职能部门和国家财政项目建设，逐步充实健全农产品质量安全、农业环境监测、农业技术推广、植物保护等技术队伍和技术手段，加强对种子、肥料、农药等农业投入品的监管，确保农业生产安全。二要充分调动社会服务组织的积极性。发挥新型经营主体、种植大户的示范带动作用，逐步推广农业机械化、测土配方施肥，绿色防控，轻型栽培等适用技术，提高农业生产效率，降低生产成本。三要加强与科研院所和先进地区的协作联系，能及时地把蔬菜产业最新的科研成果和先进管理经验、经营模式引进到孝南来示范推广。

（四）加强产业融合，促进全产业链发展

围绕补短板、强弱项、完善产业链条，做大做强特色优势主导产业要求。一是促进绿色"农旅"融合。拓展"农业＋"功能，积极推进蔬菜生产与旅游、观光、采摘深度融合，开发多种类产品，增加产品附加值。二是促进生态种养结合。打通种养循环通道，积极推广农作物秸秆、畜禽粪便等农业废弃物种植综合利用技术，实现蔬菜产业三减三增（减肥减药减工、增产增质增效）和副产品对环境污染。三是促进高效农机农艺结合。在蔬菜生产上大力推广全程机械化，发展多种形式的蔬菜农机社会化配套服务，提高蔬菜机械化作业水平。四是促进信息化与产业深度融合。创新"互联网＋蔬菜"新模式，加大物联网技术在蔬菜智能管控、订单直销、连锁配送、电子商务、质量追溯等环节的示范应用，完善物流配送体系，不断拓宽农产品销售渠道和市场空间。

湖北省来凤县生姜产业

唐纯[2]　吴金平[1]　田延富[3]　周洁[1]　郭凤领[1]

（1. 湖北省农业科学院经济作物研究所；
2. 湖北省来凤县农业技术推广中心；3. 湖北省来凤县湖北凤头食品有限公司）

来凤县种植生姜有 500 多年的悠久历史。来凤生姜无筋脆嫩、富硒多汁、品质独特，在全国生姜种质资源中占有重要地位，在同类产品中具有明显的比较优势，是来凤县独有的特色资源。来凤凤头姜历史悠久，其生产加工历史可追溯到清同治年间，据同治五年《来凤县志》记载："邑人每食，不去辣子、姜，盖丛岩幽谷中，水泉冷冽，非辛热不足以温胃和脾也……邑人多以盐渍晒干，白者甚佳，名冰姜。"来凤县在秋分前收获的生姜，形状酷似"凤凰头"得名为凤头姜。凤头姜表皮黄白、光滑、纤维少、肉质脆嫩、辛辣味浓、香味纯正、多汁，鲜食作蔬菜外，大量用作加工成风味独特的腌姜，远销各地。凤头姜的生产工艺蕴含了来凤当地土家族苗族居民丰富的土著文化，由当地传统的泡菜工艺经漫长的历史演变而形成的，是土家族苗族多年传统泡菜工艺的结晶，具有浓郁的地方特色。1999 年，县委、县政府将生姜纳入全县七大主导产业进行开发，并且得到国家农业部、省农业厅的大力支持，经过近二十年的扶持和开发，产业基地发展迅猛，涌现了一批加工营销大户和龙头企业，产业链基本形成，生姜产业初具规模。

一、社会经济及农业产业结构

来凤县地跨东经 109°00′~109°27′、北纬 29°06′~29°40′，总面积 1342 平方千米。下辖翔凤镇、绿水镇、百福司镇、大河镇、旧司镇、革勒车镇、三胡乡、漫水乡六镇二乡一个省管开发区，4 个社区 185 个行政村，总人口约 32 万。全县最高海拔 1621 米，最低海拔 339 米，平均海拔 680 米，县城海拔 458 米。海拔 800 米以下的低山平坝占全县总面积的 78%，居住人口占总人口的 87%。来凤气候属典型的中亚热带季风湿润型山地气候，四季分明，气候暖和，年平均气温为 15.9℃~16.3℃，≥10℃ 的积温在 4900℃~5130℃，无霜期 280~290 天。水量充沛雾多湿重，年降雨量为 1300~1900 毫米，受季风环流的影响，具有"雨热同步"的特点。土壤肥沃理化性好，土壤有机质含量≥2%，以壤土、沙壤土为主，这些都为来凤生姜产业的发展创造了良好的自然条件。

多年来，政府十分重视"凤头姜"这一土家族传统特色产业的开发。1998 年，来凤县把生姜产业作为农业支柱产业列入规划，逐步实行产业化生产，组建加工厂。同年来凤生姜原姜率先通过绿色食品认证，成为全国"绿色食品第一姜"。2000 年以来，县委、县政府及质检局、农业局、科技局等职能部门高度关注和支持生姜产业的发展，对其进行有力地扶持、开发和宣传。2003 年来凤"凤头姜"获得绿色食品认证，2006 年又获得了恩施州知名商标和湖北省著名商标，2007 年 12 月来凤"凤头姜"由国家质检总局认定为国家地理标志保护产品，2011 年 10 月来凤"凤头姜"获得"湖北十大名菜"称号。

二、产业发展现状

（一）生产规模及布局

适宜生姜栽培区域的土壤一般为沙壤土，其 pH 值一般为 5.7~7。全生育期需 15℃以上的有效积温不少于 1300℃，降雨量 800~1000 毫米。来凤县大部分区域能达到生姜栽培的立地条件，全县适宜生姜种植面积达 8 万亩。目前实际种植面积约有 3 万亩，占适宜种植面积的 37.5%，主要分布在酉水河及其支流沿岸，海拔 750 米以下中低山及平坝地区，包括来凤县的翔凤、绿水、百福司、旧司、大河、革勒等乡镇，周边县市包括宣恩的沙道镇、高罗乡、李家河乡及湖南龙山县大部分地区也有种植。种植地块分布零散，规模化种植程度低，是生姜资源分布的重要特点。来凤县生姜历年种植面积及加工情况如表 1 所示。

表 1　来凤县生姜历年种植面积及加工情况

年份	种植面积（万亩）	加工数量（万吨）	产值（万元）	销售收入（万元）
2012	1.5	0.5	6500	4000
2013	1.8	0.65	9000	5500
2014	2.1	0.8	11000	7800
2015	2.3	0.85	13000	8300
2016	2.6	0.9	15000	9800
2017	2.9	1.1	17000	10900
2018	3.1	1.2	18000	11300

数据来源：来凤县农业局及湖北凤头食品有限公司调研。

（二）种植规模及加工现状

来凤县及周边地区适宜种植面积约 30 万亩，年种植规模约 5 万亩。来凤县常年生姜种植面积约 3 万亩，年产量 4.5 万吨以上，是来凤县农村经济的重要支柱产业。姜瘟病危害是种植上的技术难题，每年受姜瘟影响的地区平均减产达 30% 以上，个别地区甚至高达 50%，严重制约了生姜产业的可持续发展。目前农户只能采用轮作、换茬等农业措施防治，一定程度上限制了种植规模的发展。

加工上来凤县有生产糟姜的传统。在农业部门的支持下，先后投资 1500 多万元修建厂房、引进加工设备，建立了龙头企业湖北凤头食品有限公司，该公司年生产能力为 5000 吨。在龙头企业的带动下，一批小型私营加工企业相继出现。县内从事生姜加工的企业 10 多家，加工作坊 50 多家，规模大小不一，主导产品都是糟姜、糖醋姜。目前，全县生姜加工能力 3 万吨左右，实际加工量约 1.2 万吨。开发的产品有糟姜、糖醋姜、糖姜片、速溶姜汤、姜粉等系列产品 10 多个。

（三）生姜产业科技研发水平

1. 种植模式不断创新

由于凤头生姜种植水平较低，生姜产量有大年小年的区分，对生姜的经济效益产生了极大的影响，直接影响了姜农的利益和生产积极性。近两年来，乡、村两级引导群众转变观念，利用果园空隙地用大棚种植生姜，不仅姜嫩价高，连水果也较往年甜美，尝到甜头的姜农在果园大面积实施"果—姜"立体套种。

随着设施农业的发展，用大棚种姜，周期短，见效快，3 个多月后就可以卖仔姜，能保证新姜在端午节前上市。嫩姜上市每千克可卖到 12 元，亩均收入可达 6000 元以上。新姜卖完后，还可以利用大棚种反季节蔬菜，进一步提高土地的使用率，效益可观。来凤根据县里的产业发展政策，积极争取上级有关部门的支持，一方面筹建大棚生姜进行科技示范，引导姜农"种早姜、早卖姜"，促进姜农增收；另一方面捆绑基础设施建设项目，改善"凤头姜"生产重点村的农田水利设施，提高姜农的生产积极性。

县科技部门推广的"三深两覆盖"技术。即通过深耕、深种、深覆土和地膜、稻草覆盖，解决低温对凤头生姜的种植影响。这种新的种植技术不仅能保证凤头生姜的品质、提高亩产量，还能让村民种植的生姜提早上市。

开展以"公司 + 基地 + 农户 + 合作社"的模式，改变了以前农民单家独户的分散经营和小规模经营模式，促进了农业生产结构的调整与优化，进一步增强了农民抗市场风险的能力，让该县农民走上了一条合作共赢之路。

为了有效防治姜瘟病的发生，姜农采取"半姜半稻""稻菜轮作""姜菜轮作"的土地耕作模式，有效地解决了姜瘟病的危害。

2. 加工产品形态多样化

凤头生姜加工在产销协会积极引导和带动下，通过会员的集体努力，成功发展了民间加工作坊 100 多户，凤头姜加工龙头企业 1 个（湖北凤头食品有限公司）。每年进行加工消耗的原姜达到了 5000 吨，为生姜深加工奠定了良好的基础，同时也为当地农民增加了 8000 多万元的收入。在产销协会和龙头企业的带动下，凤头生姜已基本摆脱传统作坊式加工，逐步走向现代食品加工技术与传统工艺相结合，实现生姜整株综合利用的发展道路，走综合加工技术路线，利用一套综合加工工艺达到完全利用生姜及茎叶的目标，形成系列化姜产品，提高了原姜利用率，充分挖掘了凤头生姜的附加值。产品开发上，在产销协会的引导下，成立了凤头生姜开发研究所，生姜研究所积极与高等院校及科研院所的技术合作，已成功开发了凤头生姜系列产品（糟姜、姜汁、姜粉、姜茶、姜酱、仔姜剁椒、盐渍姜、糖醋姜、干姜片等），其中凤头糟姜是独具地方特色的土家族传统特产。

（四）生姜产业组织发展情况

目前来凤县全县有 1 家来凤姜产业发展管理协会，5 家生姜产销专业合作社，10 多家加工龙头企业。生姜产销协会于 2013 年 10 月成立。生姜管理协会工作自开展以来，制定了全县生姜产业发展总体规划，规范和协调生姜种植、加工、服务等产业化运作，还注册了"来凤姜地理商标"，全县已有 9 家企业加入来凤姜产业发展管理协会，获准使用"来凤姜地理商标"。

（五）生姜产业市场建设情况

凤头姜主要市场交易为原姜销售，约 80% 的原姜销往恩施周边县市及湖南、重庆、四川、广东等省市蔬菜批发市场，年交易量约 3 万吨。加工主导产品凤头糟姜、糖醋姜年销量约 1 万吨，主要销往恩施、宜昌、武汉、重庆、张家界、常德、吉首等周边城市，市场定位为居民中高端消费。

（六）生姜产业三产融合发展现状

来凤县生姜产业三产融合发展还处于起步阶段，种植上基本是以农户分散种植为主，大户和规模化种植较少。加工业虽然初具规模，但行业竞争激烈，各自为政，开展一二产业融合的企业少。餐饮、农家乐等以生姜特色产品为主导的服务业还处在发展初期。凤头姜全产业链三产融合发展有待进一步推进。今后将以生姜产业振兴为目标，围绕发展现代农业、农村一二三产业融合发展，构建生姜产业体系，打造"凤头"生姜品牌。通过发展"农户＋企业＋餐饮服务"等新模式，"品牌化＋产业化＋农家乐"等方式，实现生姜产业振兴。同时，下一步还将延伸产业链、拓展生姜功能，做好三产融合发展的整体规划，推进生姜产业同养生、文化、健康等产业深度融合，推进一二三产业融合发展。

（七）生姜产业扶持政策

自 2014 年全县启动精准扶贫以来，生姜种植就一直深受贫困户青睐，来凤县扶贫办和农业局每年投入专项扶持资金，为农村贫困家庭从事种植生姜提供生产资料和技术支持，出台精准扶贫优惠政策，为种植生姜的贫困户建档立卡，每亩可获得 1000 元产业扶贫补助，大大降低了贫困户种植生姜的风险，提高了他们的积极性。据扶贫办统计，每年用于贫困户发展生姜产业的资金在 300 多万元，带动 500 多户贫困户发展生姜种植 3000 多亩，为贫困户增收 2500 多万元。

三、生姜产业发展存在的问题与制约因素

目前来凤县的生姜产业得到了一定程度的发展，但要其整体规模发展壮大，实现跨越式发展，还需继续努力，当前产业发展突出的困难和制约因素主要表现为：

（一）新品种引进与新技术示范应用发展缓慢，制约了产业的快速发展

一是生产上姜瘟病危害。生姜在栽培过程中易感染以青枯菌为代表的多种病害，发病地块轻者减产 20% ~ 30%，重者可达 80% 以上，且一旦大面积发病，很难采取补救措施，给姜农带来巨额损失。目前还没有找到非常有效的解决办法和防治手段，主要解决方法是旱地三年轮作，水田一年轮作。由于生姜有性杂交困难，所以人工选育品种很少。我国各地大量应用的主栽品种都是地方品种，有 30 ~ 40 个，产量、抗性、品质、风味等各有特点。在湖北省农业科学院的技术指导下，引进了成都、四川、重庆、安徽等各地不同小姜资源，筛选抗病品种有效减轻病害的发生。

二是品种退化。由于生姜无性繁殖，农户都是采取将上年姜留作第二年种姜，品种退化较为严重，表现产量降低，品质变劣，抗性减弱等。通过与湖北省农业科学院合作，利用生姜茎尖进行脱毒种姜生产，实习种姜的提纯复壮和脱毒，从而快速恢复种性特征。

三是种植的机械化程度低。生姜适宜生长在疏松的土壤中，种植前，姜农需对 40 ~ 50 厘米厚的地表土壤进行翻土作业，还需再开出长宽约 30 厘米 × 20 厘米的深沟后栽种，且在每次施用农家肥后都需要培土。所有程序几乎全部要靠人工。随着近些年越来越多的农村劳动力外出打工，种姜的人也越来越少。这就需要加快适宜鄂西山区小型机械化的研发和引进，从而减轻劳动强度。

四是生姜专用膜的应用。生姜专用膜主要依据生姜健康苗壮生长对光线的需求，通过添加转光滤光剂，有效滤除了抑制大姜生长的光线，并增加了生姜生长所需的光线成分比例。可以显著提高生姜对光能的利用效率，增强光合作用，促进植株的生长，平均增产 15% 左右。因此，可以通过引进新的种植模式，提高生姜产量。

（二）产业整体规模小，加工产业发展滞后

目前来凤县生姜种植面积约 3 万亩，规模化种植是生姜产业发展的基础，是推动整个产业发展的原动力。来凤县及周边地区酉水河沿岸都十分适合来凤凤头生姜的种植，其适种面积约 30 万亩，每年宜种面积约 10 万亩，生姜产业带潜在发展空间极大。

来凤县生姜大多以原姜或初加工成品销售，其深加工附加值没有得到充分的开发和利用，从而制约了产业的纵深发展。每年生姜加工不到 10%，60% 以原姜形式外销，30% 左右内部消化或留种。产品结构中高技术、高附加值产品比例低、份额小。新产品开发缺乏人才、资金支撑。

（三）加工企业间存在无序竞争，企业发展融资困难

无序竞争主要体现在厂家多、品牌杂、规模小、市场乱、冒牌产品多、生产质量标准不统一。来凤县从事生姜加工的企业规模大小不一，主导产品以糟姜、糖醋姜为主，但品牌杂乱，现有凤头、酉源、盛大姐、龙根香、大姐、齐老东、宗味等多个品牌，加工业主"自唱独家戏，各自为政"，品牌侵权时有发生。加工产品质量参差不齐，有的产品辣椒过多，有的产品老姜多嫩姜少，缺乏统一的产品质量标准。在市场竞争日渐激烈的情况下，各企业要取得新的发展需要从相互合作着手，协调一致才能实现共赢。

另外，生姜产品多为一次性收购，季节性加工，资金占用量大，产品销售期长，资金周转缓慢，投资回收期长，利润率很低，难以吸引投资者，其融资难度极大，这也是制约生姜产业做大做强的一道屏障。

四、生姜产业发展对策建议

（一）产业发展目标

坚持以"科学发展"重要思想和党的十九大精神为指导，以农业增效、农民增收、财政增税为目的，积极调整产品结构，优化区域布局，发展精深加工，开拓国际国内市场，促进产业结构升级，实现产业由粗放型向集约型，数量型向质量效益型转移，带动来凤县生姜产业可持续发展。计划到2020年来凤县生姜种植规模达到8万亩，全县生姜总产值突破3亿元。以地方特色产品凤头糟姜，保健饮品速溶姜汤系列产品为主，姜汁、姜粉、姜酱系列调味品，以及糖姜片、姜糖、姜脯旅游休闲食品为辅的几大产品系列产量达到10000吨，加工产值突破2亿元。

（二）实施内容

1. 调整产业结构，扩大种植规模

在翔凤镇、绿水、漫水、百福司、大河等酉水河流域沿岸乡镇，每年分片区建立生姜核心示范基地5000亩，逐步带动全县生姜种植，示范生姜标准化种植模式，不断完善种植结构，扩大种植规模，到2020年全县生姜种植规模达到8万亩，逐步形成酉水河沿岸生姜产业带。按照"因地制宜，科学规划，规模经营，标准生产"的原则，加强生姜基地建设，重点加强以水利、道路和机械化为重点的农业基础设施建设。通过承包、转让、租赁等多种土地流转形式，使土地向种植大户聚集，形成规模化，专业化生产，向"一村一品""一乡一业"方向发展。

2. 加强农业技术推广体系建设，促进生姜产业大发展

生姜姜瘟病是制约生姜产业发展的主要因素，生姜旺盛生长期正处于高温高湿天气，利于各种病虫害大发生。加强农业技术推广体系建设，积极为姜农搞好技术服务，重点抓

好生姜病虫害防治，实行标准化种植，规范化管理。印发《无公害生姜栽培技术》等各种技术资料。各乡镇必须有相关技术人员跟踪服务，就地解决农户生产中出现的实际问题。各乡镇技术人员分别在生姜播种期、旺盛生长期及收获期，结合生姜标准化种植及病虫害防治技术以屋场会、现场会等形式，组织培训和专题讲座，使每家每户都有一个科技明白人，并分发相关技术资料，真正让科技知识走进百姓家中。

3. 整合资源优势，构建良性竞争环境，实施品牌战略

一是联合县内一批有实力的龙头企业，通过 1~2 年时间，统一品牌实现产业整合，对外统一使用"来凤凤头姜"这一地理标志商标，对内实现"四统一"，即统一种植技术规范、统一采收技术标准、统一加工技术标准和统一产品质量标准，规范生姜产品市场，营造良好的竞争环境，共同做大做强来凤生姜产业，实现多赢。二是实施品牌战略，着力打造凤头文化。整合县内品牌资源，打响来凤凤头姜品牌。政府及各职能部门加大对品牌建设和扶持力度，利用报刊、广播、电视、网络等多种媒体，对来凤凤头姜加以广泛宣传，弘扬凤头文化，提高品牌知名度。三是充分发挥凤头姜行业协会的作用，以监督成员企业严格实施标准化生产，约束不正当竞争，带动来凤凤头姜进入国内、国际市场，已成为产业发展的迫切需要。

4. 着力推进生姜系列产品生产线建设，提高产业精深加工能力

提高精深加工能力是促进产业发展的根本途径，来凤县精深加工产品中，具有一定生产规模的主要是传统糟姜、糖醋姜生产，其他产品如姜汤、姜粉、糖姜片等生产能力小，规模十分有限。将进一步扩大生产厂房，强化基础设施建设，着重在出口盐渍姜、速溶姜汤、姜粉、酱制品、糖姜片、姜糖等产品上扩大生产规模，同时利用低盐低酸生产技术改造传统糟姜生产工艺。逐步形成以地方特色产品凤头糟姜，保健饮品速溶姜汤系列产品为主，姜汁、姜粉、姜酱系列调味品以及糖姜片、姜糖旅游休闲食品为辅的几大产品系列。从而提升整个产业的精深加工能力。

5. 加大新产品开发与技术创新力度，提升产业核心竞争力

紧紧围绕原姜的综合利用，下大力气研制开发附加值高的系列产品。一是与湖北省农业科学院、湖北民院等院校合作，共同开发新产品，开发或引进皂素，双烯等激素原药的提取工艺技术，研发姜精油，姜油树脂提取工艺；二是聘请国内食品行业的专家、教授为常年技术经济顾问，形成互动机制；三是出资购买国际国内生姜先进成熟的技术专利，为我所用；四是夯实生姜技术研究机构，充实科研队伍，落实科研经费，从事产品开发的科研人员达到 30~50 人，科研费用每年落实 40 万~60 万元。并派出专业技术人员到相关高校学习，注重对民间传统工艺的收集，整理和试制，适时开发适销对路的产品，使产品自我更新能力增强，从而提升整个产业的核心竞争力。

6. 拓宽融资渠道，加大融资力度，扩大产业规模

打破传统观念束缚，坚持"走出去，请进来"的融资理念，改善自身软硬投资环境，加大招商引资力度，实行弱强联合；抢抓各种政策机遇，多渠道、多层次、多方式积极争取大的项目支持；争取金融机构信贷投入，通过财政贴息等多种方式增加信贷规模，充分

吸纳民间资金投入。

7. 开拓国际国内市场，构建营销网络

坚持全方面深领域参与市场竞争，从而实现由小到大，由弱到强的销售网络。市场激励机制建设方面，实施阳光营销，利益向一线倾斜。通过业绩末位淘汰制度，形成一支竞争有序，搭配合理，素质较高的营销人员队伍。国内国际重点销售网络建设方面，利用现有基础，夯实现有销售网络，增设销售网点，力争到 2020 年销售网点遍布全国各大中城市，零售网点数达到 400 ~ 500 个。同时进一步拓展国际市场，与日本、韩国、东南亚、西欧等经济组织及客商合作，设立联络网点，建立客户信息资源，逐步有序形成国内销售产品占比 40%，出口外销产品占比 60%。

湖北省汉川市莲藕产业

黄齐奎[2] 吴金平[1] 符家平[1] 周洁[1] 郭凤领[1]

（1. 湖北省农业科学院经济作物研究所；2. 湖北省汉川市农业技术推广中心）

一、社会经济及农业产业结构

（一）社会经济情况

汉川市位于湖北省中部偏东、汉江下游、江汉平原腹地。全市现辖 26 个乡镇场、办事处，总面积 1658.56 平方千米，耕地面积 98.58 万亩，林园地 24.9 万亩，水域 34.05 万亩，其中湖泊 11.18 万亩、塘堰 1.67 万亩，具有"三分地一分水"的平原湖乡特点，特别适宜莲藕等水生蔬菜种植。2017 年全市人口 111.7 万，其中农业人口 89.15 万，农业劳动力 53.6 万。2017 年全市实现地区生产总值 500.12 亿元，财政总收入 35.76 亿元，地方公共预算收入 22.32 亿元，农村居民人均可支配收入 1710 元。汉川市被评为"全国最具投资潜力中小城市百强""全省县域经济工作成绩突出单位""孝感市目标考核先进县市"。

（二）农业产业结构

汉川市是农业生产大市，农业生产形成了粮食、蔬菜、畜禽、水产等主导产业。2017 年全市农业总产值 127.50 亿元，粮食总产量 50.87 万吨，油料总产量 2.94 万吨，蔬菜总产量 95.4 万吨。汉川是全国 580 个蔬菜产业发展重点县市、全国第二批无公害蔬菜生产示范基地县、全国绿色食品原料（莲藕）标准化生产基地县。2017 年，全市蔬菜瓜果播种 40.61 万亩，总产量 100.24 万吨，产值 25.03 亿元。蔬菜播种面积占农作物总播种面积的 21.1%，产值占种植业产值的 55.0%。

二、莲藕特色产业发展现状

（一）莲藕生产规模及布局

汉川市是全省水生蔬菜产业发展重点区域，汉川莲藕被纳入农业部《特色农产品区域布局规划（2013—2020 年）》。"十二五"以来，汉川市立足农业生产实际，依托丰富的湖泊、湿地资源，以莲藕为重点，强化特色产业经营理念，着力推行特色产业发展模式，促进了水生蔬菜特色产业的快速发展，取得了较好的成绩。汉川莲藕面积、总产量位居全省前列，是湖北省生产条件较好、面积最大、加工能力较强的莲藕产业县市。2012年，汈汊湖、刘家隔、麻河镇 4.6 万亩莲藕基地被农业部认定为全国绿色食品原料（莲藕）标准化生产基地。2017 年，汉川市莲藕基地被认定为全国第一批区域性良种（莲藕）繁育基地。全市莲藕产业保持平稳较快发展，生产总量逐年增加，产品种类日益丰富，品牌质量不断提升，产业体系逐步完善，呈现出快速发展的良好态势。

（1）生产规模。全市莲藕种植面积 15.8 万亩，其中耕地莲藕 8.5 万亩、低湖塘堰莲藕 7.3 万亩，亩均单产量 1980 千克，总产量 31.3 万吨，产值 8.6 亿元，莲藕产值占种植业产值的 60.8%。莲藕种植是广大藕农增收致富的产业，汉川莲藕种植产量高，品质优，在全国市场有较大的影响力。正常价格年份，莲藕亩均产量 2000 千克左右，亩产值 5000元以上，可实现亩纯收入 1500 元以上，与水稻种植相比，亩平均增加收入 1000 元以上。全市专业从事莲藕种植的农户有 2000 余户，带动莲藕采挖、运销 400 余人。

（2）生产布局。汉江、汉北河、汈汊湖纵贯全境，适宜于莲藕等水生蔬菜种植。全市莲藕基地以沉湖、汉北河流域的汈汊湖、新堰、刘家隔为核心，以马鞍黄龙湖、西江刘家湖区域为次中心，建设高标准的绿色莲藕生产基地。万亩以上连片种植基地有刘家隔、汈汊湖、沉湖、新堰等。该区域湖泊塘堰密布，水资源丰富，地下水位低，是莲藕的传统种植区域，也是绿色食品莲藕种植区域，品质优、效益高。

（二）莲藕生产现状

（1）自然条件。汉川属汉江平原湖区，汉江、汉北河横贯全境，气候湿润，雨量充沛，水网密布；加之汉川市属亚热带季风气候，光照充足，雨热同季，四季分明，全市年平均气温 16.4℃，年平均日照时数 1609 小时，全年无霜期 272 天，年平均降雨量 1239 毫米，发展水生蔬菜有着得天独厚的自然条件。全市境内有大小湖泊 13 个，塘堰 1253 个，水域总面积 40.4 万亩。位于市中部的汈汊湖，是全市最大的内陆封闭性湖泊，面积 14 万亩。湖泊、耕地土壤疏松，养分高，特别适于莲藕种植，所生产的莲藕品质优良，适于生食、炒食、加工等。

（2）种植品种。汉川市莲藕种植主要品种为鄂莲系列，藕莲品种包括有"鄂莲 5 号""鄂莲 6 号""鄂莲 7 号""鄂莲 8 号""鄂莲 9 号"，子莲品种主要有"太空莲 36 号"。

藕莲品种实现了早中晚熟搭配，周年采挖。近年来，早熟鲜食产品青荷藕、藕带、鲜子莲发展较多，效益较高，丰富了市场供应。

（3）栽培方式。全市莲藕种植以露地为主，设施栽培没有发展。主要种植模式有："藕带—子莲""藕带—莲藕""早藕—藜蒿""早荷藕—枯荷藕""藕鱼共生""莲藕周年生产采挖"等。莲藕高效实行了一藕多收，亩平均增加效益1000元以上。

（4）质量安全。汉川莲藕品质优良，质量安全。汉川是全国首批绿色食品原料（莲藕）标准化生产基地，全市通过"三品一标"认证莲藕产品有10个，认证面积11.6万亩，占莲藕总面积的73.4%。近年来，汉川莲藕种植大力推行"两减"（减肥、减药）健康栽培，增施有机肥，推广使用太阳能杀虫灯、性诱剂、生物农药，开展病虫害绿色综合防控，合理轮作，较好地控制病虫害发生，保障了莲藕质量安全。

（三）莲藕产业的科技水平

（1）种源引进与繁育。汉川是全国区域性蔬菜（莲藕）良种繁育基地县。汉川市在发展莲藕种植的同时，注重优良种苗的引进、更新和繁育工作，莲藕种苗品种丰富，品质优良，产量较高，占领了全国莲藕种苗销售的主要市场。莲藕品种主要来源于武汉市农科院蔬菜研究所水生蔬菜研究室。引进繁育的"鄂莲"系列莲藕品种产量高、品质好、抗性强，早中迟熟配套，品种优势居全国之首。

全市莲藕种苗繁育逐渐实现了专业化、规模化、市场化运作，种苗销售实现了互联网销售，主要销往周边有关省市。莲藕种苗繁育一方面保障了本地莲藕品种更新换代和新增面积的藕苗供应；另一方面也提高莲藕种植产量和品质，增加了藕农的收入，莲藕优良种苗繁育已成为保障莲藕持续发展的重要环节。汉川市莲藕优良种苗良繁面积在3万亩以上，莲藕种苗繁育产量可达7000万千克以上，每年外销量1200万千克以上，莲藕种苗销往江西、陕西、山西、安徽等地，深受莲藕种植户的欢迎。每年春季，优质莲藕种苗供不应求。汉川市成为全国莲藕种苗重点供应地。

（2）"三新"技术应用。汉川市大力推广莲藕新品种、新技术和新模式"三新"技术，主要推广品种为"鄂莲6号""鄂莲7号""鄂莲9号""太空莲36号"等新品种，主要技术有莲藕周年生产、标准化健康栽培、早熟与延后采收等新技术，主要高效模式有"早藕—藜蒿""藕鱼共生""藕带—老荷藕""子莲虾鳝套养"等新模式。全市莲藕"三新"技术推广应用面积达11.7万亩，占74.1%。

（3）农技服务体系建设。按照"农科院所+农技信息服务站+示范基地+合作社"的模式，构建莲藕特色产业新型技术服务体系。在汉川莲藕特色生产基地建立科技创新、成果转化与推广服务三位一体的莲藕产业技术和信息集散中心，大力推进农业科研院所参与农技推广服务工作，加快农科教紧密结合，进一步发挥科研院所的技术优势、人才优势和服务优势，推进农业科研成果转化，服务于莲藕特色产业。进一步夯实基层农技推广服务队伍，建立农技信息服务站，结合"互联网+"技术，依托莲藕专业合作社和龙头企业，在科研院所与产业基地间形成上报下传产业技术的纽带。

（四）莲藕产业组织的发展情况

（1）专业化种植。全市莲藕规模化种植程度较高，莲藕种植集中连片，全市有莲藕专业合作社、藕行60余家，50亩以上种植大户达到了2000户左右，规模化种植面积占基地的85%以上。莲藕种植基本实现了专业化，以安徽无为县和本地藕农为主，周年专业种植莲藕，形成了莲藕种植基地、种植模式和种植技术专业化。

（2）社会化服务。莲藕特色产业发展，推动了莲藕专业服务队伍的发展壮大，形成了从种到收的服务队伍。莲藕社会化服务主要体现在四个方面：一是专业挖藕队伍，长年从事莲藕采挖，水田浅泥藕大多采用水枪冲泥取藕。二是专业种苗繁育供应基地，全市有藕御、志成、长吴等合作社，从事莲藕种苗繁育，满足本地和外地引种需要。三是专业植保机防队伍，利用植保无人机进行莲藕病虫害防治。四是专业销售队伍，对本地莲藕进行清洗、包装后集中外销。

（3）产业化发展。全市莲藕产业以生产基地为基础，形成了集种植、收购、加工、销售、餐饮、旅游于一体的产业化发展格局，真正建立起种植规模化、购销专业化、加工现代化、产业多元化的较为完善的产业发展体系。全市现有各类藕行和莲藕专业合作社60多个，有莲藕产地市场17个，21个莲藕运销服务队，32个莲藕收购点，近200名莲藕销售老板，开辟了南到广州、深圳，北达北京、兰州，西通乌鲁木齐的30多个销售窗口。汉川莲藕远销各地，名扬全国。志成公司、宏发农业、长吴莲藕等莲藕专业合作社每年外销莲藕达16万吨左右，占莲藕总量的70%以上。

（五）莲藕产业市场建设情况

（1）市场建设情况。汉川市莲藕市场主要以地头批发市场为主，以藕行、莲藕合作社为主体，进行鲜藕收购、整理、清洗、包装和销售。全市莲藕产地批发市场分布于刘家隔、汈汊湖、新河、新堰、沉湖等地，有产地市场17个，以批发为主。汉川市志成公司、宏发农业发展莲藕冷链物流，以净藕包装后销往"两广"等南方市场，净藕销售只占鲜藕销售量的20%左右。以藕御莲藕、黄小毛等为代表的莲藕电商得到发展，以莲藕种苗、湖藕销售为主，逐步得到发展。

（2）流通销售情况。全市莲藕销售渠道以合作社、龙头企业自营销售为主，主要市场销售往广东、广西、福建、湖南等南方地区，也有少量部分销往北方市场。鲜藕大批量销售一般以"产地市场—目的地批发市场—零售终端"三级销售网络为主，电商销售可直接从产地市场直达购买客户，减少了中间环节。莲藕产地市场受市场供需关系，年际间波动较大，一般遵循3~5年一个波动周期。2015年以前，莲藕产地平均价格基本稳定在2.2~3.0元/千克，最高年份达到了均价3.6~4.0元/千克，藕农种植效益较高。2016年至2018年上半年，莲藕价格直线下跌，平均价格在2.0元/千克，2018年4月，价格跌到了1.0元/千克。2016~2018年连续两年多时间，莲藕种植整体效益下滑，大部分藕农处于亏损状态。从2018年9月起，莲藕价格开始回升，平均价格保持在2.5元/千克上下。全年莲藕价格以6~7月早荷藕、春节前后藕价格最高，新藕上市后的9~11月价格呈走低趋势。

（六）莲藕产业三产融合发展现状

（1）加工出口情况。全市现有湖北惠致农贸食品、麻河百信藕业、湖北东湖藕业、湖水湖藕业4家规模化莲藕加工企业。惠致农贸食品主要以生产调味藕带、保鲜藕片、腌渍藕条等为主，年产藕带、藕片400万包。百信藕业、东湖藕业、湖水湖藕业以藕粉生产为主，年生产藕粉1000吨，产量居全国之首。莲藕出口以代理出口为主，主要产品为鲜藕，主要出口到中国香港、新加坡、日本等地，年出口量2000吨。

（2）新型业态发展。汉川市依托湖乡资源，在汈汊湖湿地公司、百禾生态园、田水湾等地发展莲藕观光休闲采摘，推进莲藕农旅融合，建立莲藕优良品种展示区、赏荷采摘游乐带、科普实践体验园、农耕文明宣传基地。推进"互联网＋"莲藕产业发展，藕御莲藕、黄小毛等依托大型电商平台，建立汉川莲藕网络销售平台，开展莲藕及其加工产品的网络销售，推介宣传汉川莲藕产品。

（3）莲藕文化传承。汉川莲藕种植历史悠久，人文底蕴深厚，文化积沉厚重。汉川莲藕相传在唐代已开始大面积种植。据《同治汉川县志物产》记载："水蔬则宜菱茨实藕，或蔓生于湖野，或种植于池塘，可食可货，亦称佳品。"晚清著名诗人曾希天赋诗盛赞："小憩晴天倦眼开，菱荷香里雨声催，湖气百里澄如镜，唯见渔舟自往来。"当年湖北才子汉川人黄良辉为感谢张之洞的知遇之恩，曾将本地莲子和藕等特产送予张之洞品尝，留下了"驼背桃树倒开花，蜜蜂仰采；疲脚莲蓬歪结籽，白鹭斜理"的趣联。红三军领导的汈汊湖游击队以广袤的汈汊湖区莲藕、芦苇为掩护，开展声势浩大的革命斗争，上演了一出轰轰烈烈的《汈汊湖风暴》。湖乡人民种藕、吃藕，以莲藕为原料做出达百余种的全藕宴。汉川莲藕的湖乡文化、饮食文化、红色文化，千百年来深深地浸润于汉川莲藕产业之中，成为汉川人民宝贵的莲藕文化资源。

（4）莲藕品牌建设。全市莲藕现有"汉川莲藕"区域公用品牌，2014年"汉川莲藕"被认定为国家地理标志保护产品，授予2014"质量之光"年度地理标志产品。"汉川莲藕""汈莲"入选国家地理标志商标目录。"汈汊湖莲藕""汈莲"在全国范围也有一定的知名度。企业品牌有志成公司"楚荷香"、百信藕业"德春"藕粉、汈汊湖"黄小毛"等，汉川志成绿色农产品开发有限公司"楚荷香"莲藕被评为"湖北名藕"。2009年，组织开展了全国绿色食品原料（莲藕）标准化生产示范基地建设，全市有"汈汊湖"莲藕、麻河"德春"纯藕粉、旅游藕粉、刘家隔"东湖"纯藕粉等5个产品获得绿色食品认证，5个产品通过无公害农产品认证，基本覆盖了全市主要莲藕基地和产品。

（七）莲藕产业扶持政策

莲藕特色产业是汉川农业的主导产业、富民产业，汉川市委、市政府历来高度重视发展莲藕特色产业，制定并实施了《汉川市"一县一特"莲藕产业发展规划》，组织实施莲藕特优区创建，开展"汉川莲藕"区域公用品牌宣传，举办汉川莲藕文化节，扶持莲藕新型经营主体，发展莲藕精深加工，实行项目倾斜、资金融合、科技支撑，推进了汉川莲藕特色产业。

三、莲藕特色产业发展存在问题与制约因素分析

（一）存在的主要问题

（1）莲藕"三新"（新品种、新技术、新模式）应用还有待加强。新品种引进示范和优良种苗繁育更新需要进一步推广，"两减"绿色高质高效栽培技术和模式还有很大的提升空间。

（2）莲藕轻简化、机械化发展滞后，社会化服务不够健全，与专业化、规模化生产不适应，用工成本高，种植效益波动大。

（3）莲藕新业态、产业融合发展较慢，产业转型升级缺乏新的支撑点。

（二）制约因素分析

（1）投入不够。资金投入不足，基地建设标准不高，基础设施薄弱，标准化生产水平较低。

（2）加工滞后。龙头企业不强，保鲜加工发展滞后，产业链条短，缺乏在全省有一定影响力的水生蔬菜加工龙头企业，这与汉川水生蔬菜种植大市地位不相符。

（3）体系不健全。社会化服务体系不完善，农民专业合作社作用发挥不够，带动能力不强，服务功能较弱。

（4）品牌不强。地方特色品牌不响，品牌挖掘与宣传不够，市场知名度不高，仍处于低档次产品销售阶段。

四、莲藕特色产业发展的对策建议

（一）优化布局，建设莲藕优势产区

（1）优化基地布局。按照标准化生产基地要求，加强基地基础设施建设，完善水、电、路、渠等基础设施，建设高标准的绿色莲藕生产基地。重点建设沉湖万亩绿色莲藕标准化生产基地、新堰莲藕千亩"两减"栽培示范基地、马鞍子莲绿色高效示范基地、田二河莲藕良种繁育基地，沉湖柳柯百亩子莲"两减"栽培示范基地等。

（2）优化种植模式。推行莲藕标准化生产，以藕莲种植为主，推广深水湖区藕莲一年播种，多年收获，浅水藕实施莲藕保护地栽培、鱼塘种藕、双季藕、藕带—鲜藕、莲藕—泥蒿、莲藕—荸荠等高效间套模式。

（3）优化产品布局。开展莲藕综合加工利用，以莲藕、藕带、子莲、荷叶等产品的

综合深加工为主，重点发展保鲜藕、水煮藕片、香卤藕片、腌渍藕、保鲜藕带、泡椒藕带、藕粉、通心莲、荷叶茶、莲芯茶等精深加工产品。

（二）提升品质，推行绿色发展模式

（1）调整品种结构。重点推进莲藕及其加工产品品质优化调整，开展莲藕优良品种更新换代，示范种植"鄂莲"系列优良品种。依托市场需求，推进以品种、质量为核心的莲藕供给侧结构性改革，提升莲藕产业核心竞争力。大力发展莲藕早熟栽培、延迟采挖等周年供应模式，提高莲藕种植效益。加强与科研院所合作，推进莲藕精深加工产品的研发，生产出风味独特、市场俏销的莲藕休闲食品或特色食品。

（2）推进绿色发展。推行莲藕种植绿色增效发展新方式。以"两减"（减肥、减药）示范工程为切入点，试验推广增施有机肥、培肥地力，推广病虫害绿色防控，减少化学农药使用量，保护农业生态环境，实现农业土壤、水资源质量提升和可持续利用。推广应用莲藕标准化健康栽培技术、莲藕早熟与延后栽培技术、莲藕轻简化栽培与采挖技术、"藕—鱼"生态种养模式、莲藕保鲜储运技术等综合配套绿色增效增产技术；加强莲藕加工环保绿色治理，推行废弃物综合利用。通过示范，减少化学肥料和化学农药用量20%以上。发展绿色、有机莲藕产业，创建绿色有机莲藕基地，扩大基地规模，创建质量品牌，推动莲藕质量安全水平提升。

（三）搞好宣传，打造地方特色品牌

按照"区域公用品牌 + 企业产品品牌"的"母子品牌"发展模式，以"汉川莲藕"为母品牌，以"汈汊湖""楚荷香""德春""东湖"等企业商标和产品商标为子品牌，推进"汉川莲藕"母子品牌的共创共建。开展"汉川莲藕"品牌宣传，是打造"汉川莲藕"品牌的重要手段。举办汉川莲藕主题节会，召开莲藕专题研讨会和论坛。组织行业协会和莲藕生产经营主体参加全国各类展销会和博览会，推进"汉川莲藕"品牌，积极争创展会荣誉。通过新闻媒体、网络平台、专题宣传片、宣传画册、广告标牌等形式，开展"汉川莲藕"品牌宣传，形成品牌宣传的长期化、全覆盖。完善"汉川莲藕"品牌产业体系，推进生产体系、加工体系和农旅融合体系建设，全方位发展"汉川莲藕"品牌文化和企业莲藕文化。推进品牌认证，开展"中国莲藕之乡""湖北名牌产品"。"湖北著名商标""中国驰名商标""地理标志品牌""绿色食品"等品牌申报活动，逐步扩大"汉川莲藕"品牌影响。

（四）加快融合，延伸产业发展链条

（1）推进产业融合和资源综合利用。依托田水湾现代休闲农业、百禾生态农业、藕御莲藕、志成公司等莲藕专业合作社和产业化龙头企业，推进莲藕种植、加工、销售一二三产业深度融合，大力发展莲藕保鲜与加工业，实现产业无缝对接，推进产业体系内人员、资金自由流动和有序组合。开展莲藕产业资源综合利用循环发展，发展莲藕种植加工

循环产业，以惠致农贸、百信藕业等为重点，试验"藕节、小藕加工藕粉—藕渣生产有机肥—有机肥还田种植莲藕"的循环利用模式，推进莲藕资源综合利用，发展循环经济产业，减少环境污染。

（2）发展生产性服务组织。开展莲藕代耕代种代收、大田托管、统防统治、冷藏保鲜等市场化和专业化服务。

（3）加快冷链物流体系建设，在莲藕优势主产区建设产地批发市场，推进市场流通体系与储运加工布局有机衔接。

（4）广拓外销出口渠道。紧紧围绕"一带一路"和湖北自贸区国家战略的实施，利用汉川市莲藕现有的出口市场和品质优势，实施莲藕产业"走出去"的发展战略。积极发展莲藕产品自营出口，进一步稳固扩大东南亚市场，开拓欧美市场，走莲藕外向发展的创新之路。

（五）拓展业态，发展新型产业模式

（1）拓展莲藕产业新型业态。推进莲藕产业与旅游、教育、文化、健康养老等产业深度融合，在福星现代农业、百禾生态农业、田水湾等莲藕基地建立莲藕优良品种展示区、赏荷采摘游乐带、科普实践体验园、农耕文明宣传基地等。

（2）推进"互联网＋"产业发展。实施"互联网＋莲藕"行动，推进现代信息技术应用于莲藕生产、经营、管理和服务。依托莲藕特色产业，开展信息进村入户工程建设，建设莲藕益农信息站。建立"汉川莲藕信息网"和企业互联网专有网站，集中发布汉川莲藕信息，开展莲藕技术推广、产品展示、销售服务、信息交流等活动，推动汉川莲藕信息网络平台建设。

（3）试行莲藕智能物联网新技术。开展莲藕种植、收购、加工、销售于一体的全产业智能物联网体系建设。以湖北百禾公司绿色莲藕基地为试点，实时采集莲藕生长阶段中的温度、光照、虫情、雨情有关技术参数，监控基地管理现场，建立莲藕生长监控系统软件平台，进行人工智能生产过程控制和远程技术服务，发展莲藕智慧农业。建立莲藕基地、仓储物流、加工销售全产业链的产品信息追溯体系，实行商品流、资金流和信息流的全程联结和集中处理。建立莲藕产品质量安全二维码信息追溯系统，实现从基地到车间到市场的全程质量记录和监控，做到二维码信息可查询，质量安全有保障。

（六）强化主体，创新利益联结机制

以"公司＋合作社＋基地＋农户"为莲藕产业发展的基本模式，进一步创新发展订单农业，改革利益联结与分配机制，提高农民在产业发展中的合理利益分配，促进产业协调发展。推行股份合作，发展众筹模式，探索形成以农户承包土地经营权入股的股份合作社、股份合作制企业利润分配机制，采取"保底收益＋按股分红"等形式，将公司、合作社作为股份改造合作的主体，将国家项目资金投入转变为合作社和农民股份，龙头企业共同参股入股，将企业产品外销、加工利润按股份进行适当分配，让农户在分享加工、销售环节受益，推进利益分配创新试验。

二十、十堰综合试验站

湖北省竹山县莲藕产业

肖 飞 刘 辉

（湖北省竹山县蔬菜产业发展中心）

竹山县位于鄂西北山区、秦巴山区腹地，东经 109°32′~110°25′、北纬 31°30′~32°37′，总面积 3587.8 平方千米，其中山地占总面积的 80% 以上，耕地 85.10 万亩，水田 13.22 万亩。辖 9 个镇 8 个乡 254 个行政村，总人口 47 万人。2017 年，全县农业总产值 464157 万元，其中农业产值 290291 万元。农作物播种面积 115.28 万亩，其中粮食播种面积 59.03 万亩。

一、莲藕产业基本情况

（一）气候条件

竹山县虽为副热带季风性大陆性气候，属北温带，但地处汉江最大支流堵河流域低洼盆地，堵河盆地又为高温区，热量充足，有效积温高，全县水资源丰富，大部分水田位于半山腰或山脚下，灌溉条件好，土壤肥沃，有机质含量高，适合种植莲藕，因此当地百姓有种植莲藕的传统习惯。

（二）蔬菜产业发展带来的机遇

近年来，县委、县政府坚持把蔬菜产业建设作为全县"三大三特"农业特色产业之一，连续 3 年把蔬菜产业发展纳入县政府十件实事之一，纳入对乡镇、县直单位年度综合目标考核的重要内容。采取整合项目投入、基地建设综合配套、大力培育市场主体、统一规范标准生产、突破发展加工增值的办法，全县发展设施蔬菜基地约 0.16 万亩、专业蔬菜基地 0.68 万亩。蔬菜播种面积达到 25 万亩，产量 75 万吨，产值 7.5 亿元。累计培植 10 个蔬菜专业村、组建 23 家蔬菜专业合作社、发展蔬菜种植大户 102 户。县政府每亩给予 300 元的种苗补贴。近五年在全市蔬菜产业发展综合考评中连续位居第一。

（三）莲藕产业基本情况

1. 麻家渡镇莲藕产业园

竹山县麻家渡镇莲藕产业园位于麻家渡镇，辖罗家坡村、柿树坪村两个村，该园区种植莲藕面积最高年份达到 1256 亩，最少年份也有 300 多亩，一般亩产约为 0.3 吨，产值 1.2 万元，纯利润 0.4 万元。目前园区可带动 200 人务工增收。基地的路、渠、电全部配套和完善。其中机耕路硬化 2.50 千米，排灌渠 1 万米，田埂防漏建设 2 万米。

该园区严格按照莲藕操作规程种植莲藕，从品种、施肥、病虫害防治等方面均以标准化生产进行提档升级：一是引进优良栽培品种。基地内推广优良品种、保留部分当地优质品种。引进"鄂莲 5 号""鄂莲 6 号""鄂莲 7 号"等中早熟品种，同时引进少量子莲品种。当地品种选取具有较长栽培历史，且品质优、口感好的老品种，进行提纯复壮；逐步少量引入藕带品种，填补鄂西北市场。二是使用优质农家肥。基地内主要使用沼液、饼肥等优质农家肥，少量使用高档优质无氯复合肥。三是病虫害统防统治。以生物治虫为主，基地内全部安装杀虫灯；病害以防为主，从无污染水源控制开始，增加田间通透，减少病害发生；使用高效低毒农药，尽量减少农药使用量。四是抓好技术培训。在莲藕播种、生长期举办培训班 2 期，培训藕农学习《莲藕标准化种植技术操作规程》等种植标准，学习者达到 1000 人次，印发技术资料，编印生产档案，同时组织种植户深入田间实地指导，严格按照生产标准进行莲藕种植，提高莲藕产量和品质。五是有加工车间，加工荷叶茶、藕粉和无菌包装藕片等。六是注重品牌，园区注册"圣域香莲"牌商标，同时获得绿色食品产地认证。七是抓住农旅结合，前后召开了 3 次荷花旅游节，约 1500 人次来园区采风。

2. 溢水莲藕基地

竹山县溢水莲藕基地在溢水镇溢水街村，是一个家庭农场，农场主叫李贤军，从事莲藕种植已有 20 多年，基地面积最大年份有 150 亩，最少年份也有 50 多亩。他主要采取以下措施确保效益：一是及时更新品种，先后从省农科院水生蔬菜研究所引进莲藕品种 11 个，根据市场需求确定种植面积，通过品比试验，目前有早中晚品种各 2 个以上；二是坚持使用有机肥，基本不用化肥，每亩使用腐熟的农家肥 3 吨以上；三是坚决统防统治，以物理防治为主，农药防治为辅，把根腐病、霜霉病、蚜虫等基本消灭在萌芽状态；四是及时换茬，流转水田 100 多亩，主要采用水稻—藕进行轮作换茬，确保稳产；五是利用藕尖繁殖藕种，进行品种的提纯复壮，同时用藕尖做种，加大种量，提高产量。该农场通过以上技术措施，使莲藕平均亩产达到 0.25 吨，其中早熟莲藕 0.15 吨以上、晚熟莲藕达到 0.35 吨，亩产值 1.5 万元，纯利 0.5 万元以上（竹山县主要以人工挖藕为主，人工成本高）。

3. 城郊莲藕基地

竹山县城郊莲藕基地主要分布在县城周边，城关镇的桥二沟村、明清村、迎丰村、高家庄村和潘口乡的魏沟村、小漩村、潘口河村等。以菜农种植为主，每户 0.5~5 亩，品种多为农家自留种，部分农户更替了新品种，早熟系列较少，大多为中晚熟品种，亩产在0.20吨左右。销售在城镇直销市场，价格3~5元/千克。

二、莲藕产业发展存在的主要问题

（一）市场行情下跌

近几年莲藕市场行情下跌影响莲藕发展，面积逐年下降。外地莲藕在年关批发价每千克0.75~1.00元，低于本地成本，极大地影响了本地菜农种植莲藕的积极性。同时该地莲藕销售主要在春节期间，而春节期间蔬菜种类花样繁多、市场供应充足，也影响到莲藕销售。

（二）本地品种退化

竹山县具有悠久的种藕历史，本地品种竹山长白莲生食口感脆甜、入口无渣、可作水果食用，熟食切片、炖汤更是妙不可言，卖价为外地藕的2~3倍，且供不应求。但本地品种存在品种退化这一弱点，致使亩产量不断降低，尽管单价高，但效益并不高，又因无专业人员对本地品种进行提纯复壮，同时人们追求种植效益最大化，本地品种竹山长白莲种植面积日益萎缩。

（三）藕田重茬

由于前几年莲藕市场行情较好、种植效益高，农民种植莲藕的积极性高，种植面快速扩大，但由于水田面积有限，轮作换茬水田面积不足，导致连作问题日益严重，表现为莲藕长势差、产量低，病虫害日趋严重，直接制约了莲藕的产量和品质。

（四）新引进品种不符合本地人口味

"鄂莲5号""鄂莲6号"不符合本地人的口味，导致销量不断下滑，从而引起藕价下跌，种植效益降低。

（五）保鲜不当影响销售

竹山县位于湖北西北部，交通不便利，外地藕进入竹山由于运距远，运输时间长，莲藕变黑，卖相变差，商家为追求销量，使用柠檬酸处理，影响了莲藕原有口感，销量不断降低。

（六）种植莲藕人工成本较高

莲藕种植成本较高，种植大户无法对市场进行掌控，一旦失败血本无归。留守在农村以老弱者居多，无法负担种藕的成本投入，实际调查发现，大多数藕农对莲藕的投入不够，导致产量低。尤其是收获莲藕的工作异常辛苦，其劳动力成本甚至占销售价的80%，且挖藕需要娴熟的技术和较强的责任心，如果出现挖藕不彻底现象，会导致亏本发生。

（七）莲藕主产区劳动力不足

由于近些年绿松石产业的兴起，导致宝丰镇、麻家渡镇、溢水镇这些莲藕主产区青壮年劳动力多转向绿松石贸易，少有人再从事莲藕生产，全县莲藕面积由以前的0.6万亩骤降至0.2万亩。

三、莲藕产业发展对策

（一）对本地老品种"竹山长白莲"进行提纯与复壮

成立专门技术攻关小组拨付经费，通过2~3年时间将老品种"竹山长白莲"恢复到原有的产量潜力和品质等级，提高消费需求的同时增加生产面积，提高生产效益，让竹山县莲藕产业成为脱贫致富的一个重要产业。

（二）实施轮作换茬模式

通过水稻—莲藕轮作、芋—藕轮作、水旱轮作等轮作方式，解决莲藕因重茬而减产的问题。通过轮茬可减轻甚至避免莲藕病虫害的发生。溢水镇藕农李贤军每年通过流转不同农户稻田种藕，产量增高，病虫害较少，防治费用每亩每年能节约100元。

（三）增加投入，提高效益

1. 改善水利设施，提高生产条件

莲藕是水生蔬菜，满足水的供给是莲藕生长的前提条件，目前竹山县大多数藕田还是依靠自然雨水为水源，因缺水影响定植和生长的情况时有发生。因此，需要政府部门投入资金修缮莲藕基地水利设施，做到旱能灌、涝能排，提高莲藕产量为莲藕产业发展提供有力保障。

2. 加大藕种的投入数量，提高亩产量

经过对种植户的调查发现，亩藕种定植量为1250千克的亩产能达3000千克左右，亩定植藕种1000千克，亩产莲藕在2500千克左右，亩定植藕种在500千克的亩产在1500千克左右。由此看出，定植藕种数量与产量关系密切。同时可以试验用藕尖做种和莲子繁种，加大用种量，提高产量。

3. 优化肥料配比，提高莲藕产量与品质

实际调查发现，大多数藕农除了使用化学肥料，农家肥使用量极少，化学肥料使用量也不足，基本不追肥。调查发现农家肥和化肥配合用，可使莲藕在品质、产量及抗虫抗病方面均优于单施化肥。在一定范围内较好的肥料条件对提高莲藕产量有益。

（四）搞好莲藕种植技术培训

农技部门要在莲藕不同的生长季节到来前开展相应的技术培训，提高藕农的种植和管理水平，可采取高产藕农现身讲解的方式，让其他藕农充分掌握莲藕种植的高产技术。

（五）给予政策性补贴，提高藕农种植积极性

莲藕是一个高投入的产业，为了提高种植面积，政府可给予藕农一定的物质或资金补贴，从而一定程度上减轻藕农的经济负担，提高藕农的种植积极性。另外，对于种植大户，还可给予一定的贴息贷款。

（六）加大病虫害防治力度

竹山县莲藕的病虫害主要是莲藕腐烂病、褐斑病、莲蚜，病虫害虽然不多，但防治难度大。尤其是藕蚜，每年4~5月呈爆发趋势，藕叶和叶柄一片黑色，蚜虫不但吸食藕叶汁液，还传播病毒，其排泄物还易引起霉污病的发生。莲藕腐病是一种传染性很强的病害，病菌可随水传播，莲藕发病后会丢失食用价值，甚至"全军覆没"。调查发现，藕农在防治病虫害时缺乏系统性，防治效果不好，因此统防统治显得尤为重要。成立一个专业的防治队伍，对集中连片的田块进行统防统治，提前预防是防治莲藕病虫害的关键，农业部门应加大莲藕病虫害的预报，随时发布病虫信息，脚踏实地地指导藕农防好病虫害。

（七）实施莲藕深加工，提高产品附加值

莲藕全身是宝，藕叶可加工成荷叶茶；尾藕可用来加工藕粉；藕渣可做猪饲料；藕尖可用来生产藕带。目前竹山县已有一家莲藕加工企业，但由于种植面积萎缩，导致产量下降从而影响收购，迫使工厂停产，增加种植面积或可使其恢复生产。

（八）把莲藕生产和观光旅游结合在一起

在集镇附近增加花莲、子莲面积，供市民观花、采莲，在莲藕基地边搞农家乐，利用莲藕基地的景色吸引市民消费，从而增加藕农收入。

湖北省襄阳市襄州区根用芥菜产业

万德慧

（湖北省十堰市农业科学院）

根用芥菜（以下简称芥菜），又叫大头菜，襄阳种植历史有两千多年，其种植时间为每年 8 ~ 9 月，在夏收之后、冬播之前的空闲期。为了准确及时掌握 2018 年芥菜种植生产成本与收益情况，襄州区农业部门对全区 11 个农调户的芥菜生产成本及收益情况进行了调查。调查结果显示：亩均产量大幅下降，出售价格大幅增加，种植总成本小幅增加，种植收益继续下降。分析如下：

一、产量和产值双下降

调查结果显示，2018 年襄州区芥菜亩均产量为 2484.62 千克，同比减少 431 千克，减幅为 14.78%；亩均产值为 1500.25 元，同比减少 50.16 元，减幅为 3.24%。

全区芥菜亩产量最高可达 4500 千克。若执行"品质高、绿色环保、精细加工"线路，完全不使用化肥、仅使用有机肥种植的无公害芥菜亩产可达到 2000 千克左右。但绿色无公害种植造成的销售价格上涨，并受本地市场供求及饮食习惯制约，无法全面实现。本地芥菜产量连续 2 年下降，累计亩均产量下降 529 千克。

二、价格大幅上涨

2018 年襄州区芥菜每 50 千克平均出售价格为 34.8 元，同比上涨 3.35 元，涨幅为 10.65%。销售价格上涨的主要原因是 2018 年全区芥菜总体种植面积下滑，而芥菜区域种植性较强，襄州区几个乡镇芥菜种植面积减少直接影响襄阳市芥菜供求关系的变化，造成价格上涨。

从连续 3 年的芥菜价格走势看，呈现逐渐上涨态势。多年来，从市场供求和消费情况看，襄州区芥菜生产已经逐步形成一套固定的种植模式。在实际种植过程中，适当减少化肥用量，增加有机肥用量，最终形成了每亩 2900 千克左右的产量，价格在 0.6 元/千克左右。2018 年的种植面积减少带来的价格上涨可能会对下一年的种植结构调整和种植模式改变带来一定的影响。当前的市场供求关系被打破，价格上涨，为芥菜普及无公害绿色种植带来机遇，减少以降低单产为代价和在优势区域范围内控制种植面积、减小供给量带来绿色环保的高价格。

三、种植总成本小幅增加

2018 年襄州区芥菜亩均总成本为 829.43 元，同比增加 11.25 元，增幅为 1.37%。其中，亩均生产成本为 783.39 元，同比增加 12.56 元，增幅为 1.63%。种植总成本变化值较小，基本趋于稳定，主要是人工成本的增加带来的总成本小幅增加。具体成本分析如下：

（一）物质与服务费小幅下降

2018 年芥菜亩均物质与服务费用为 513.32 元，同比减少 2.18 元，减幅 0.42%。物质与服务费的下降主要是种子费、化肥费、农药费的下降所致。

1. 种子费下降

2018 年亩均种子费 25.66 元，同比减少 1.23 元，减幅 4.57%。种子费的减少主要是 2018 年全区芥菜种植面积下降，造成种子供求关系变化导致种子价格下降所致。

2. 化肥费下降

2018 年亩均化肥费 189.32 元，同比减少 3.58 元，减幅 1.86%。

3. 农家肥费增加

2018 年亩均农家肥费 178.35 元，同比增加 2.54 元，增幅 1.44%。

4. 农药费下降

2018 年亩均农药费 34.28 元，同比减少 1.05 元，减幅 2.97%。2018 年病虫害情况不严重，虽然也发生了青虫、蚜虫现象，但是没有往年发生的规模大，所以农药费有所下降。

（二）人工成本上涨明显

2018 年芥菜亩均人工成本为 316.11 元，同比上涨 30.47 元，涨幅 10.67%。

四、种植面积减少，收益额仍可观

2018 年襄州区芥菜亩均现金收益为 1180.33 元，同比增加 176.54 元，增幅 17.59%。芥菜种植与粮食作物和经济作物相比，呈现出"高产量、高产值、高现金收益、高净利润"的特点。

2018 年襄州区芥菜种植亩均成本利润率为 42.3%，高于 2018 年中稻的成本利润率 25.65%，可谓"低成本高产出"。因此，尽管芥菜全区种植面积减少，但因其具有高成本利润率和高收益，为芥菜继续走高品质和绿色环保种植路线奠定了基础，农户种植可以继续加强品质成本投入，从而实现更大的利润。

五、芥菜生产特征

芥菜当前的种植模式给襄州区区域种植范围内的农户带来了实实在在的实惠，并呈现出几个明显的特征：

（一）巧用芥菜种植时间段特点，为农户在农闲时创收

芥菜种植时间为每年8~9月，为夏收之后、冬播之前的空闲期。襄州区几个特色优势区域内芥菜已经实现连片种植，在合作社的带领下，采用"土豆—西瓜—芥菜"轮作模式，成功实现一年三季高产种植模式。每年12月底采用地膜覆盖方式种植土豆，预留西瓜行，来年5月10日前后土豆上市；土豆收获后西瓜开始生长结果，6~7月上市；9月西瓜收获后接种芥菜，芥菜生长周期仅为两个多月，刚好处于夏收和冬播的农闲时期，增加农户额外收益，实现一亩地一年获利三次。

（二）芥菜种植形成产业化格局，为农户收益提供保障

目前襄州区芥菜产业从种子培育、种植、收购、加工全过程已经形成了成熟的模式，农户和企业按标准化的相关操作规程组织生产。同时襄阳孔明菜食品有限公司等龙头企业有了自己的"湖北名牌"，带来了一定的品牌效益。另外，政府加大了对"襄阳芥菜"标志的使用和相应的质量监管，维护了"襄阳芥菜"的品牌形象及合法权益。一系列行之有效的措施，极大地促进了芥菜产业化格局的形成，也为农户芥菜种植提供了保障。

（三）品牌增值效应显现，为农户长期效益提供保障

通过实施品牌战略，襄阳芥菜的市场占有率及名牌产品占有率不断提升，"孔明""隆中"等一批芥菜品牌知名度不断扩大，其中"孔明芥菜"被东方航空公司选为指定产品；2007年5月30日，襄阳芥菜又喜获国家地理标志保护产品称号。品牌增值效应显现，使得芥菜成为襄阳招牌，从长远角度看农户长期种植收益有了保障，为农户扩大生产增加了干劲。

六、意见及建议

（1）提升芥菜种植的标准化水平，夯实规模化发展基础。首先是做好芥菜的标准修订工作，重点修订芥菜的新品种及深度加工品种标准，芥菜无公害或绿色种植技术规范、芥菜产品质量及分等分级标准，把芥菜产品的产前、产中、产后全过程纳入标准化管理。

（2）借农业供给侧改革东风，走绿色环保无公害种植路线。根据襄州区的资源优势，

确定自己的芥菜骨干品种和原料绿色品牌商标，在全区范围内选取最适合芥菜种植的优势区域，建立一批高标准、具有一定规模的芥菜种植基地，进行标准化种植，并做好标准化示范区建设工作，提高芥菜原料的质量。示范性的发展精品、绿色无公害种植，慢慢带动全区普通农户改变当前的种植结构和种植模式，走精品、低产量、高价格、绿色环保无公害种植线路。

（3）实施种植原料品牌和深加工品牌融合发展战略，提高产品市场竞争力。实施襄阳芥菜双名牌发展战略，不仅在种植环节树立品牌和商标，而且在深加工环节树立品牌和商标，把创名牌工作作为推进芥菜产业化的重要内容来抓。

湖北省谷城县莲藕产业

李 慧 陶光斌

（湖北省十堰市农业科学院；湖北省房县野人谷镇农业技术推广服务中心）

谷城县地处鄂西北，武当山东南麓，汉江中游西南岸，东邻襄樊，西偎十堰，北与国家南水北调中线工程源头——丹江口水库接壤。全县版图面积 2553 平方千米，自然概貌"八山半水分半田"，人口 60 万，其中农村人口 38 万人，现辖 9 个镇 1 个乡 3 个开发区。莲藕是谷城县重要的特色农产品，莲藕种植历史悠久、优势明显，对缓解蔬菜市场"春淡""秋淡"矛盾，为保障蔬菜市场周年均衡供应发挥着重要的作用。近年来全县深化蔬菜供给侧改革，推动谷城县莲藕特色产业发展，有力增强了"菜篮子"产品供给结构的适应性和灵活性，促进了农业增效、农民增收、农村增绿。

一、莲藕产业发展现状

近年来，随着谷城县农业产业结构的不断调整，莲藕产业飞速发展，并逐步形成种、挖、销一条龙的莲藕产业链。

（一）生产规模稳步发展

谷城县水生蔬菜品种以莲藕为主，生产规模最大。近年来全县莲藕产业实现稳步发展，种植面积保持稳定，2018 年全县莲藕种植面积 2.5 万亩（不含子莲），产量近 4250 吨，产值 1.06 亿元。全县莲藕主产区包括庙滩镇、城关镇、冷集、石花等乡镇，其他乡镇亦有零散种植。随着莲藕种植规模逐年扩大，莲藕产业化进程也在不断加快，截至 2018 年，谷城县共有莲藕种植县级以上"一村一品"专业示范村 3 个、专业合作社和家庭农场 6 家；从事莲藕营销、种植人员约 2000 人。莲藕产业在这些主产区域成带连片发展，已形成一方特色，产业规模和市场影响力逐年扩大，有力地促进了农业增效、农民增收。

（二）科技推广支撑有力

谷城县紧紧依靠省农科院和十堰市农科院技术优势，加大新技术示范推广，种植推广的莲藕主导品种有"鄂莲5号""鄂莲6号"等鄂莲系列优良品种，示范推广了莲藕标准化栽培技术、莲藕提早与延后栽培技术、莲藕轻简化栽培与采挖技术、莲藕保鲜储运技术等先进实用技术；推广应用了藕—虾、莲—鱼共生等多种高效模式。全县莲藕模式化栽培面积达到70%以上，生产效益明显提高。

（三）种植效益随市场波动较大

谷城县种植莲藕多为浅水藕，根据销售产品类型主要分为三大类：一是以食用藕为销售产品，产量1.7吨/亩，售价约2.5元/千克；二是以种藕作为销售产品，产量约1.5吨/亩，售价约5.5元/千克；三是以莲蓬、莲子为销售产品，产通心白莲0.075吨/亩，常年市场价格约为38元/千克。同时通过莲藕—小龙虾种养模式，可增收1200元/亩。由于受市场价格影响，莲藕种植效益起伏较大（见表1）。

表1　谷城县莲藕种植面积与价格

年份	面积（万亩）	单价（元/千克）
2015	1.8	2.7
2016	2	2.2
2017	2.2	2
2018	2.5	2.5

二、存在的问题

（一）种植效益不稳定

莲藕作为谷城县传统种植作物之一，多依据区域自然环境，由农户自主发展种植，虽然近年来种植规模不断扩大，但资金投入不足，农田基础设施落后，遭遇特殊气候时排灌能力较差，规模化种植管理难度较大；同时存在耕作方式粗放、连作与留种方式不当等问题，加速了品种退化，加之受市场价格波动影响，导致种植效益不稳定。

（二）产品开发深度不够

藕产品销售主要以藕段销售为主，早熟品种、专用品种、优质特色产品不多；同时县域内无藕产品加工企业，产品开发力度不够，产业链条短，附加值低，经济效益不高。

（三）从业者科技素质有待提高

近几年来，农村青壮年劳动力尤其是有文化的中青年农民普遍外出务工，莲藕种植从业者年龄普遍较大，种植和管理水平较差，对莲藕产业的发展难以发挥支撑作用，制约着莲藕产业的可持续发展。

（四）采收人工成本大

目前，莲藕采收主要靠人工采挖，一般人工成本约为 1500 元/亩，费工费力，已逐渐不适应大规模种植莲藕的发展趋势。

三、发展思路与建议

（一）产业发展思路

谷城县围绕现有莲藕种植产业布局，重点打造三大莲藕产业生产基地和一个莲藕交易市场。以庙滩镇、冷集镇、石花镇为中心发展优质莲藕生产基地。扩大莲藕种植面积，在适宜地区建立一个食用藕生产基地；在莲藕种植核心区域建立一个莲子生产基地，充分发挥莲藕食用和观赏并重的作用；加快一二三产业融合，以城关镇为中心建设一个莲藕产品交易市场，并逐步建立健全配套物流配送链条，通过招商引资等方式，加大藕产品后续加工产业，延伸产业链条。同时将莲藕产业与发展"休闲观光农业""一村一品"相结合，全力推进莲藕产业规模化、产业化发展，使其在促进农业增效、带动农民增收的同时带动乡村旅游的发展。

（二）产业发展建议

1. 加大政策扶持

结合产业发展的实际和相关政策，重点在基础设施建设以及科技示范、新品种推广、莲藕产品加工、旅游业开发、龙头企业贴息、无公害认证、农产品营销和配套产业化经营基础设施建设等方面给予政策扶持。

2. 强化科技支撑

邀请大中专院校、科研院所有关专家开展科研攻关，筛选适合当地种植的高产、高效莲藕品种，制定配套栽培技术和高效种植模式，修订和完善莲藕标准化生产技术规程；组织基地负责人、种植大户到莲藕产业发展较好的产区考察学习，逐步培养本地专业技术骨干，组织科技服务人员进行现场技术指导，把先进实用技术带到生产一线，同时加大莲藕新品种的引进、试验、示范、推广力度，创新科技推广机制。

3. 培育市场主体

通过政府引导、龙头企业牵头，组建莲藕产业协会，培育营销组织和经纪人，引导广大农民及农产品中介服务组织参与到莲藕产业化经营中，畅通莲藕销售渠道，利用"互联网＋现代农业"模式，实现与农产品批发市场、龙头企业、农民经纪人、种植基地的互联互通，实行订单农业，推动规模化生产。

4. 加快产业化进程

引进或培育莲藕加工企业，逐步研发适应市场销路的莲藕加工产业，延伸产品链条，提升莲藕产品的附加值，开发生产保鲜藕、保鲜莲子、盐渍藕、莲馅月饼、泡藕带、排骨藕汤、莲藕面条、藕粉、荷叶茶、野藕汁等系列产品。通过发展莲藕精深加工，市场化运作，社会化服务，形成企业带基地，企业连市场的发展局面，促进产业链条进一步延长和加粗。为增强品牌效应与市场竞争力，重视莲藕品牌建设，通过项目引导和政策扶持，大力推进莲藕"三品一标"认证、区域公用品牌和企业品牌创建，培育一批有代表性的名牌产品和驰名商标，有效提升莲藕品牌知名度、市场占有率和市场竞争力。组织并参加各类农产品展销会，拓展销售市场。

湖北省十堰市郧阳区大叶芥菜产业

黄　进[1]　韩兴涛[2]

（1. 湖北省十堰市农业科学院；2. 湖北省郧阳区农业农村局）

一、经济及农业结构

十堰市郧阳区地处湖北省西北部，汉江上游，位于秦岭、大巴山余脉之间，镶嵌在鄂豫陕三省结合部，历史有"鄂之屏障，豫之门户，陕之咽喉，蜀之外局"之称。辖区面积 3835.25 平方千米，耕地面积 56.6 万亩，蔬菜面积 9.4 万亩，占耕地面积的 17%，常年复种面积 28.4 万亩。郧阳区作为南水北调汉江取水源头，境内生态优越，光热充足，四季分明，土质肥沃，有悠久的种菜历史。2002 年，郧阳区申报通过了全国第一批"无公害蔬菜生产示范基地县"，2018 年省食品安全委员会授牌郧阳区为"省级农产品质量安全县"。2018 年蔬菜播种面积 28.4 万亩，产量 39.6 万吨，实现产值 12 亿元，常年蔬菜基地种植面积达到 9.7 万亩，蔬菜产品质量安全抽检合格率稳定在 99% 以上。蔬菜产业已成为全区群众脱贫增收的重要产业，效益日趋显现。

二、大叶芥菜产业发展现状

（一）大叶芥菜生产规模及布局

大叶芥菜在郧阳区种植历史悠久，但最初种植的目的仅供本地消费食用。2007 年引进外地食品加工企业后，种植面积由 0.2 万亩扩大到 0.5 万亩，产量由 6000 吨提高到 7000 吨，面积的扩大并未带来产量的明显提高，原因是播期过晚，导致单株过小，大叶芥菜不耐霜冻的特点造成大面积种植的失败。后经过 3 年标准化试种，2011 年再行推广种植，大多数农户由于茬口安排，腾茬过晚，造成了苗龄过长，生长期间抽薹率占 30% ~ 40%;种植面积 0.5 万亩，经测算亩产量达到 3000 千克的田块不到半数。2012 年大叶芥菜种植从茬口安排着手，深入种植农户调研，结果显示全区种植商品大叶芥菜 0.21

万亩，收获产量 0.6 万吨，平均亩产 2570 千克，高产田块达 5000 千克。2013 ~ 2014 年种植面积为 0.45 万 ~ 0.50 万亩，总产量达 1.2 万吨至 1.8 万吨；2015 年因企业改制而限制了种植面积的扩大，加之秋季育苗期天气干旱，移栽面积不足 0.1 万亩，总产量 0.25 万吨；2017 年企业改制重组后，生产能力扩大，全区发展面积 0.6 万亩，但移栽时因连续降雨，造成适时移栽面积不足 0.15 万亩，产量按企业收购、个体收购、自由市场交易计算，总产量约为 0.3 万吨；2018 年在大叶芥菜整个种植过程中 8 ~ 11 月降雨量为 80 厘米，因高温干旱，直播和育苗移栽面积约为 0.5 万亩，按标准能收获面积约有 0.15 万亩，产量为 0.38 万吨。从标准化种植过程中，调查显示，只要季节恰当，大水大肥供给满足芥菜的生长条件，个别单株重可达 5 千克以上，一般亩产水平为 4 ~ 5 吨。从大叶芥菜种植情况分析，郧阳区种植已形成规模，产业效益十分明显，一年两季的"玉米—芥菜"模式：玉米收入 800 元；芥菜亩产 3250 千克，按市场交易每千克 0.5 元，收入 1625 元，两季共收入 2425 元，比"小麦—玉米（稻谷）"多收入 1025 元。芥菜产业规模化种植所产生的效益对农业生产起到了积极的推动作用。

（二）大叶芥菜的生产现状

郧阳区的自然环境条件概括为七分山、二分水、一分田的格局，平均海拔高度为 347 米，北纬 32°、东经 112°。全区人口 63 万，耕地面积 60 万亩，其中水田坪地为 35 万亩。年平均气温 15℃ ~ 16℃，8 ~ 11 月平均气温值为 21.72℃，年降雨量 3338 毫米，8 ~ 11 月平均降雨量为 8345 毫米，非常适合大叶芥菜的生长种植。

种植品种上，郧阳区的大叶芥菜有地方传统的品种"腊（辣）菜"，各家各户种植，常年食用，由于是小片种植，未形成规模。另一个品种为三叶芥菜，来源于四川，主要用于企业泡菜加工，需求量大，近些年来进行了规模化种植，在种植过程中，经过对播期、播量、苗龄、施肥、种植密度、病虫害防治、适时收获等技术环节的探讨摸索，形成了一整套较为完善的标准化栽培规程，为郧阳区的大叶芥菜发展奠定了基础。大叶芥菜的生产种植时间为秋冬季，气温由高到低，病虫害的防治除苗期外，后期基本上没有，这对大叶芥菜的食用安全非常有利，从每年抽查样品进行的检测数据来看，合格率均为 97% 以上。大叶芥菜的发展潜力巨大，目前的加工企业年需大叶芥菜产量在 3 万吨以上。

大叶芥菜是十堰市郧阳区的特色蔬菜，种植历史悠久，种源独特，郧阳人食用芥菜一般的加工方式是先煮半熟，经发酵变酸，去掉辣味，便可食用，发酵后的芥菜密封存放，存放时间可达半年以上。发酵后的芥菜也可以春季晾晒，晾晒好的干芥菜可随食随用。

企业对大叶芥菜进行加工，要求的质量标准为农药化肥残留量不超标，单株重 0.8 千克左右，收获时要去掉黄叶、烂叶、削平根茎，然后送企业进行盐水泡制、发酵后密封保存，半年后加工启用。大叶芥菜的加工产品，主要有方便面的调味品、酸菜鱼佐料包等。

三、芥菜产业发展存在的问题与制约因素

（一）基础设施薄弱

郧阳区大叶芥菜种植90%以上靠天收。一般耕地在山上，河水在山下，大面积种植田由于基础设施薄弱，山水、河水不能充分利用，干旱频发。在整个芥菜的生长期间，天旱和雨涝的发生严重影响芥菜的生产。如果在芥菜的育苗期8月下旬至9月上旬遭遇高温干旱，育苗工作将会非常困难；如果在生长中期10月间没有1~2次的透水雨，芥菜就会难以达到高产。导致郧阳区芥菜产量时高时低现象频发。

（二）收购价格和企业效益之间的矛盾

在郧阳区范围内，芥菜是居民日常生活必需品，常年需求量比较大，小范围种植价格比企业大面积规模化种植的收购价格要高出40%~50%。若企业收购价格过高，加工产品成本随之上升，削弱芥菜产品在国内市场的竞争力。种植农户要求价格提升，企业要求价格下降，价格目前是农户和企业的主要矛盾。另外，郧阳区属于二高山地区，坡地多，平地少，不利于机械化操作和种植大户对土地的集体流转承包，不利于规模化种植，这也是造成种植成本过高、价格上升的主要原因之一。

（三）劳动力缺乏，群众对芥菜种植重视程度不高

郧阳区人多地少，土地贫瘠、旱涝保收面积少是郧阳区农业发展的现状，农村青壮年劳动力外出打工居多，在城镇安家落户现象非常普遍。中老年人留守居多，对政府出台的政策、项目补贴缺乏认识，制约了芥菜产业的进一步发展。

总之，郧阳区芥菜价格与外地相比一直是居高不下，主要原因是供不应求。若全区芥菜种植旱涝保收面积达到1.2万~1.5万亩，总产4万~4.5万吨，亩收入稳定在1500~2000元，供需达到平衡，价格将会按市场规律进行运作，则收购价格有望降至0.36~0.4元/千克。扩大种植面积和产量，将给芥菜产业带来新的商机，而经销商、种植大户的积极参与，反过来会促进芥菜种植规模加大，土地流转承包方式也会多元化。

四、芥菜产业发展的对策建议

郧阳区芥菜特色产业要发展壮大，首先要扶持壮大当地的芥菜加工龙头企业，企业的发展不仅能解决本地区劳动力外出打工问题，同时也可带动特色产业提档升级。而企业的发展需要源源不断的原材料供给，原材料供给应该以自给为主，外调只能作为调节方式来进行补充，不能作为一种基本手段。因此对郧阳区芥菜产业发展提出以下建议：

（一）合理选择生产基地

要发展大叶芥菜，必须要抓好基地建设，牵住重点乡镇这只"牛鼻子"，实现大叶芥菜的突破性发展。近年来，郧阳区内以大叶芥菜作为原料的加工企业年需求量为 3.5 万～4 万吨，以亩产量 3.5～4 吨计算，仅需 1 万～1.2 万亩的旱涝保收种植田即可，因此只要重点抓好安阳、南化塘两个乡镇就可以解决发展难问题。安阳镇耕地面积 5 万多亩，恢复基础设施渠道建设后，芥菜面积可发展到 3 万亩；南化塘镇现有水田面积 2 万亩，水浇地面积 2 万亩左右，仅这两个乡镇就可以发展大叶芥菜种植面积 5 万亩以上。但目前来看，首先要提高乡镇、村、组干部对种植大叶芥菜的认识程度，调动种植积极性。为此，政府可在短时间内出台优惠价格补贴政策，每千克商品菜补贴 0.1 元，3 万吨补贴 300 万元，使大叶芥菜每千克收购价提高到 0.5 元（与 2018 年外地芥菜到郧阳的价格持平），实现每亩收入 1750 元，减去装、卸、运费等 0.08 元/千克的成本，农民收入也可以得到保证。

（二）加强基础设施配套建设

包括渠道和田间作业道的测量、规划、施工及土壤肥力培育等项工作，争取在 2～3 年完成基础设施配套建设，保证重点乡镇发展稳产、高产、旱涝保收的大叶芥菜种植面积达到或超过 3 万亩。

（三）建立育种基地

大叶芥菜经田间选择提纯复壮后可使品质保持纯正，单产也可提高 10%～15%，因此新品种引进试种是一项行之有效的增产措施。引进新品种，一定要遵循先试种、再推广的原则，没有推广价值和特色的品种，坚决不予推广，农业部门要为农村、农业、农民做好服务保障。

（四）提高产品品质

大叶芥菜在郧阳区已经过十多年的大面积推广种植，当地农户已基本熟悉掌握其生长特点和规律，栽培技术规程比较完善，为进一步提高大叶芥菜产品质量，区政府在 2013 年向国家成功申报郧阳区大叶芥菜为"绿色食品加工原料"农产品。下一步，要充分利用好绿色食品加工原料这一品牌，做大做强郧阳区大叶芥菜这一特色蔬菜产业。搞好测土配方，在病虫害防治上加强农药品种选择和农药安全间隔期使用原则，严格落实收获前对芥菜的抽查检测工作，切实做到不合标准的产品不收，努力打造郧阳区品牌，做放心产品，真正使大叶芥菜成为郧阳区知名度较高的一个特色优势农产品。

（五）加大扶持力度

（1）稳定价格。政府要协调处理好企业、农户之间的利益关系，在种植前签订种植面积和收购价格合同，稳定收购价格在一个适当的水平。

（2）加强服务指导。由区农业局负责组织懂技术、善服务人员组建技术指导小组，加强技术指导服务；各乡镇要督促本乡镇农业服务中心做好技术指导工作，明确专人，确保大叶芥菜生产技术指导到位；技术人员要组织培训，深入到农户田间地头现场指导，提高技术指导服务。

（3）继续加强资金保障。免费向种植农户提供种子，积极争取郧阳区蔬菜专项资金和政府财政预算资金的筹措工作，确保大叶芥菜运输仓储及土地流转补助费用及时兑现。

（4）加大对大叶芥菜加工企业的培植，用财政贷款贴息的方式，解决企业融资难的问题。

二十一、湘西综合试验站

湖南省凤凰县小黄姜、辣椒产业

田时良　熊绍军　田仁广

（湖南省凤凰县农业局）

　　凤凰县地处湖南省西部湘西自治州西南角，云贵高原东侧，湘、黔要冲，属国家武陵山生态旅游协作区。史有"西托云贵，东控辰沅，北制川鄂，南扼桂边"，是国家扶贫开发重点县、国家旅游强县。全县国土总面积 1745 平方千米，总人口 43.25 万人，地区生产总值 779273 万元。2017 年，全县特色农业产值达到 13.7 亿元，基本形成了以优质水稻、猕猴桃、特色蔬菜、养殖、烟叶、中药材为主导的特色产业发展格局。

一、蔬菜产业发展现状

　　凤凰县蔬菜产业发展大概经过了三个阶段：一是 20 世纪 80 年代以前，蔬菜产品采取计划供给制，全县蔬菜品种单一，季节性强，城镇人口少，蔬菜产品供不应求，蔬菜基地少，规模小，品种不全是这一阶段主要特征。二是 80 年代分产到户后，到 1992 年前后，这一时期，蔬菜不仅仅是满足城镇生活需要的"菜篮子"，由政府规划认定一大批城镇蔬菜基地，部分富余蔬菜品种开始在市场交易，催生了具有凤凰特色的辣椒、生姜两大特色蔬菜产业。凤凰红线椒、凤凰牛角椒享誉周边市场，生姜产业成为吉信、竿子坪等乡镇农民农副产品经济的支柱产业。三是 20 世纪 90 年代至今，凤凰蔬菜经过了大发展、大起落阶段，特别是凤凰 2000 年把文化旅游产业作为全县支柱产业后，一大批城镇蔬菜基地随着城市扩容迅速锐减，而按照"占补平衡"的新蔬菜基地没有及时补充上来，凤凰人吃麻阳菜、"怀化菜"成为当前尴尬局面，长期得不到改观。在 20 世纪 90 年代末期，阿拉、茶田、新场辣椒产业迅速发展壮大，仅茶田砂萝村辣椒产业就达 1000 亩，每天怀化、益阳、邵阳、常德、重庆客商来村抢收辣椒，场面非常壮观。2000 年后，随着常德、岳阳等省内一大批蔬菜基地的建立，凤凰辣椒产业逐渐淡出了人们的视线。最近几年凤凰鱼腥草、凤凰小黄姜、腊尔山高山蔬菜的兴起重新为凤凰特色蔬菜产业的发展焕发了生机和活力。2017 年全县稳定发展蔬菜面积 12 万亩，其中商品蔬菜面积 7 万亩，主要特色商品菜品种有凤凰小黄姜 3 万亩、辣椒 2 万亩、鱼腥草 8000 亩、其他高山蔬菜 1.2 万亩。商品菜产量14万吨，产值5.6亿元。蔬菜产业已经成为凤凰县实现农民增收，促进精准扶贫的重要支柱产业。通过发展特色蔬菜可带动全县贫困户1万户以上实现产业脱贫。

二、当前制约凤凰县蔬菜产业发展的瓶颈

（一）基地布局没有真正建立，发展空间越来越小

随着全国蔬菜产业的大发展，云南、广西、海南、山东、河南、湖北等一大批蔬菜大省的出现，省内益阳、常德、岳阳等湖区平原蔬菜基地崛起，已全面实现了单一蔬菜品种全年供应，部分产品常年供过于求的过剩产业阶段，加上全国交通运输的高速便捷，物流加工技术的不断改进，凤凰县蔬菜产业发展的空间越来越小，辣椒、生姜两大传统优势产业最近几年呈现递减趋势。辣椒产业已由90年代的最高峰5万亩降至现在的2万亩，生姜由原来最高5万亩降至3万亩，随着土地退化，种植规模还将减少。

（二）新品种新技术科研投入少

"优质、高效、生态、安全"的高端蔬菜产品少，难以满足消费者日益多元化的消费需求。一方面，凤凰县一些基地生产的产品由于缺乏技术支撑，许多人奔着"种菜投资赚钱"的投机心理开发蔬菜基地，甚至有些投资者不搞市场调查，盲目投入，造成"生产即卖不出去"的现状，浪费了大量人力、财力、物力；另一方面，人们需求的高品质"放心、安全"的品种又非常少，难以满足消费者多元化的需求。

（三）政策产业投入严重不足

《湖南省城镇保障蔬菜基地管理条例》规定，按照人均0.5亩的城镇蔬菜基地面积严重不足，按全县常住城镇人口10万计算，需保障蔬菜基地5000亩，目前城郊仅剩基地1000亩左右，尚缺保障基地面积4000亩。2015年国家机构改革，县蔬菜局合并到农业局后，蔬菜职能进一步弱化，蔬菜产业投入更加不足，严重阻碍了凤凰县蔬菜产业发展。

（四）物流加工流通体系基础薄弱

当前凤凰县蔬菜加工物流设施规模小，零星分散，难以适应市场"大流通"新形势的发展，制约了蔬菜产业做大做强。而蔬菜产业规模偏小又制约了物流加工体系的建设，由于企业投资担心蔬菜产业规模不大，产品供应断链而不敢大胆投资。

（五）特色蔬菜品牌不多

凤凰县蔬菜品种多达30种，但真正有规模的只有辣椒、生姜、鱼腥草、高山反季节蔬菜，而且规模不大，标准化生产水平低，制约了特色蔬菜品牌的打造。

三、关于凤凰县特色蔬菜产业发展的规划和建议

（一）努力建立"低、中、高"三个不同海拔布局的蔬菜基地产业区

重点抓好沱江流域、万溶江流域、白泥江流域低海拔（200～300 米）城镇蔬菜产业圈建设，包括沱江镇杜田、三里湾、小黄土、大黄土，林峰明星，廖家桥木根井，千工坪通板、建塘、牛岩、新坪，吉信高坡营、满家，竿子坪盘瓠、拉吾、阳光、洞脚 16 个村，抓好新场合水、先锋、枫木林、长田、寸金、大岔，阿拉营镇川岩、新岩、新寨、金沙、西牛，落潮井镇龙塘河、大田垅、板帕 14 个中海拔（300～500 米）蔬菜产业区建设；抓好腊尔山镇苏马河、板拉、忍务、追高来、所德、追高鲁、夯卡、骆驼山、叭苟、科茸、的贺、流滚、两林乡高果、吾斗、两林、禾当、板如，禾库龙角、早齐、帮增、天星寨、崇寨，山江镇稼贤等 23 个中高海拔（500～900 米）高山生态有机蔬菜产业区建设。每个产业集中区规划面积 1 万亩，共计 3 万亩，其中每个产业区打造核心区面积 1000 亩，低海拔区以三里湾、高坡营、小黄土、大黄土重点打造 209 国道千亩特色蔬菜长廊，阿拉川岩、新寨、金沙、新岩打造中海拔全国越夏菜示范基地，腊尔山苏马河、板拉、流滚、忍务、追高来、叭苟、所德、夯卡千亩高山蔬菜示范园。低海拔蔬菜品种以辣椒、生姜、芹菜、大蒜为主；中海拔区以辣椒、大头菜品种为主。栽种模式有"辣椒—白菜""长豆角—大头菜"等"一年两熟"栽培模式。

（二）加大蔬菜产业科研经费投入

借助国家特色蔬菜产业技术体系示范县建设，建议从县蔬菜产业发展资金中切块由县农业局蔬菜技术人员在每个千亩核心区基地建立 100 亩科技示范基地，借助科技特派员平台，鼓励想创业的技术干部采取"技术入股"的方式激发创新活力和工作积极性，并在办点工作中切块资金中每个点的安排一定资金用于新品种、新技术的示范推广支持。

（三）重点加大核心产业基地支撑力度

按照"重点打造核心区，鼓励支持面上区"思路，统筹用好产业发展资金。在核心蔬菜示范园区对种植、经营者给予种子、肥料投入适当支持外，重点加大育苗大棚、喷滴灌设施、机耕道、质量检测、加工物流等环节给予项目资金支持。

（四）大力支持品牌创建

大力支持"三品一标"的蔬菜产品申报和奖励，重点搞好"凤凰小黄姜""腊尔山高山蔬菜""凤凰牛角椒""凤凰酸菜"等商标的注册和"三品一标"的认证。

（五）大力加强特色蔬菜检测监管体系建设

建议把农产品安全检测监管资金纳入县财政预算，按照 17 个乡镇每个乡镇 5 万元的标准，全县预算县、乡农产品质量安全检测监管经费 120 万元。县农业局负责对全县蔬菜质量安全、质量安全体系建设，落实日常工作。

（六）认真研究特色蔬菜产业带动贫困户利益联结机制

结合当前工作重点，树立"一手抓蔬菜产业壮大，一手抓新型经营主体带动贫困户蔬菜产业脱贫、利益联结机制的建立"。要改变单纯送钱送物向产业支持、技术支持、市场支持相结合转变，通过支持科研示范带动贫困户脱贫转变，从而激发贫困户自我脱贫意愿，实现长富久富。

湖南省华容县芥菜产业

杨建国　张昭宇

（湖南省华容县农业局）

一、芥菜产业发展现状

2018年湖南省芥菜播种面积28.55万亩，同比减少11.25%，华容芥菜种植面积达22万亩，已有18万亩通过了无公害产地认证。总产量110多万吨，成为全国最大的芥菜集中生产区；以芥菜为主的加工企业39家，有插旗菜业、喜多多、云龙菜业、宏绿食品等省级龙头企业4家，市级龙头企业5家，从业人员达13万人。

华容县为台湾统一、康师傅两家知名方便面企业提供了60%的风味酸菜包。华容芥菜加工后色泽淡黄，微酸爽口，生津开胃，系列产品还远销东南亚和欧美部分国家，农产品加工销售总产值达43亿元，实现了种植、加工、销售融合发展。华容芥菜已获得国家地理标志产品保护认证，拥有1个中国驰名商标、9个湖南省著名商标，2015年全国农产品区域公用品牌价值评估为8.77亿元，居全国蔬菜类第9位，湖南省第1位。2016年获评湖南十大农业品牌，2017年获评中国百强农产品区域公用品牌，华容芥菜生产区域2017年获评中国特色农产品优势区，湖南省现代农业十大产业聚集区。

2017年，全县芥菜产业吸纳从事生产加工、销售、运输的农民达到6.8万人，其中建档立卡贫困户近万人。一般菜农平均亩收入3000元；建档立卡贫困户平均亩收入3000元以上。围绕芥菜产业扶贫，建立了"企业＋基地＋农户"的帮扶模式，对贫困户实行了"三包一优先"，即包免费提供种子、包免费技术培训、包产品市价收购，实行贫困户劳动力优先进厂务工。以华容县梅田湖镇华顺蔬菜专业合作社为例，公司现有产业基地5000余亩，入社贫困户58户210人。2017年，仅芥菜种植一项，就为贫困农户人均增收800多元。

2017年6月22日，中央电视台七套用26分钟时长，题为《农田餐桌——当坛子菜遇到洞庭鱼》，宣传华容芥菜的制作工艺、食用价值、美食味道。近几年，还有新华社、中新社、湖南卫视、湖南经视、《湖南日报》等多家中央、省级主流媒体宣传推介华容芥菜，华容芥菜品牌价值和市场前景再次被肯定；华容芥菜绿色、无公害、富含营养元素的功能再次被认可；华容芥菜所蕴含的乡味、乡愁再次被激活。华容县果断抓住这一契机，将芥菜作为富民强县的大产业来打造。

2018年3月，华容县人民政府成功举办了中国华容芥菜大会。出台了《关于加快华容芥菜产业园建设的意见》，建设了芥菜标准化基地，制定了《华容芥菜栽培技术规程》，还在全省首创产业引导基金，撬动社会资本投资优质芥菜企业，降低企业融资成本，规范企业管理，让华容芥菜产业发展迎来了新的历史机遇。

华容大叶芥菜主要栽培模式有两种："芥菜＋豆角＋棉花"套种高效栽培模式；"芥菜＋水稻"轮作高效栽培模式。

二、芥菜发展中存在的问题

近年来，华容在推进芥菜产业发展方面取得了很大进展，但也面临一些困难和问题。一是科技创新能力不足，是最大、最根本的困难和制约瓶颈；二是产业转型升级不快；三是品牌效应发挥不够。

三、芥菜产业发展措施

（1）突出人才培养。坚持"内培外养"并举，制定实施好名校优生引进计划和本县大学生返乡创业、就业扶持计划，鼓励企业探索建立现代学徒培养机制；同时，整合资源，创新方式，培育新型职业农民，以现代产业工人和现代农民支撑和推动芥菜产业发展。

（2）突出科研投入。建立稳定增长的财政投入机制，通过各级主体多渠道投入来保障科技经费投入力度，以市场拉动科技创新的投入。

（3）突出平台建设。坚持把"产学研"结合作为发力点，强化企业科技创新主体地位，支持企业建好平台，承担共性技术研发任务。加强与高校、科研机构的战略合作，已与湖南农大等院校合作，加紧建立芥菜产业研发中心、检测中心、数字中心，大力引进成熟技术。

（4）坚持优势优先。"华容芥菜"品牌以其悠久的种植历史、独特的地域特征、坚实的产业基础、良好的品牌效应，成为富民产业名片。坚持优势优先，把芥菜产业放在优先发展的位置，进一步优化顶层设计，整合各项要素资源，加大投入，乘势而上。

（5）坚持创新驱动。一是创新发展模式。坚持"政府引导、龙头带动、多元参与、分步实施"的总体原则，推行"基础设施政府建设，重点项目招商引资，生产发展农民为主"的可持续发展模式。二是创新发展动力。坚持科技引领、创新驱动，加强创新创业，突出科研成果共享，全面提升产品质量和产业发展的科技含量。三是创新发展方式。坚持品牌推动、规模发展。实施创新型品牌战略，扩大生产规模，扶持企业做大做强。提高华容芥菜产业的发展水平。

（6）坚持统筹推进。芥菜产业发展的六个主要环节是科学规划、基地建设、集中腌制、加工升级、品牌建设、要素保障。其中，科学规划起着引领的关键作用。已制定《华容县芥菜业发展规划（2017—2021年)》，并将逐年制定年度实施细则，不断实现新的发展。

（7）加强园区建设。按照国家级现代农业产业园的标准和要求，建设集种植、加工、流通、科研、服务于一体的现代芥菜产业园区，现已初具规模。党的十九大报告提出，实施乡村振兴战略，可以说华容芥菜产业发展正当其时。力争通过5年的努力，全县芥菜种植面积扩大到30万亩（其中标准化生产基地达到5万亩以上），规模以上加工企业达到50家，带动整个食品加工企业发展，总产值达到300亿元。

（8）提升品牌知名度，切实加强三大体系建设。一是加强质量体系建设。加强种植、加工、销售等全环节和全产业链的监控，建立质量可追溯体系，从源头上把好关；同时，建立数字农业体系和产品检测中心，用现代科技和制度，织牢、加密产品质量保障网。二是加强管理体系建设。着力提升"华容芥菜"公共品牌形象，制定和实施好《华容芥菜国家地理标志保护与使用实施方案》和《华容芥菜生产技术标准》《华容芥菜加工质量标准》；大力培育企业品牌，建立、完善鼓励企业争创龙头企业和上市企业专项奖励促进办法；积极打造产品品牌，鼓励企业争创"三品一标"，同步将企业品牌、产品品牌一并纳入监管的体系，实行跟踪扶持和监督，确保健康发展。三是加强品牌宣传推介体系建设。将按照"县里出大头、企业出小头"的原则，筹集资金，多渠道、多途径搞好品牌宣传，实行传统媒体与新型媒体并重、线上线下互动。

湖南省泸溪县辣椒产业

吴三林　　陈怀民

（湖南省泸溪县农业局）

2018 年，泸溪县蔬菜产业按照保供、增收、惠民的工作目标，围绕"保供给，扩基地，兴科技，提品质"的总体思路，蔬菜基地建设、特色产业建设、科技服务及后续服务进程明显加快，全县蔬菜基本实现供求平衡。

一、辣椒蔬菜产业发展现状

（一）辣椒蔬菜生产稳步推进

全年完成蔬菜种植面积 12.17 万亩，其中春夏季蔬菜 7 万亩，秋冬季蔬菜 5.17 万亩，总产量达到 14 万余吨，产值近 3 亿元，其中辣椒栽培面积 5.2 万亩，鲜椒产量 7.2 万吨，产值 1.3 亿元。

（二）资金投入逐步加大

2018 年以来加大财政扶贫资金整合力度，共整合财政扶贫发展辣椒产业资金 200 余万元。主要用于统一购买种子补贴、种苗补助、统一覆膜地膜补贴等生产资料物化补贴，推进了蔬菜持续发展。采购农膜 700 卷、地膜 4000 卷、肥料 380 包、竹片 86000 片，集中育苗 9203512 株，全部发放给辣椒种植户。带动全县贫困户 1360 户 5846 人脱贫。

（三）基地建设稳步发展

抓好武溪、浦市、洗溪、兴隆场四镇蔬菜基地建设；抓好辣椒育苗基地建设，在兴隆场镇、小章乡推行以辣椒为主的集中育苗模式，全年共建辣椒集中育苗基地 80 亩，集中培育辣椒苗 900 多万株，确保了全县早辣椒用苗、为泸溪县辣椒产业的发展及椒农增产增收提供了保障。在兴隆场社区做好了泸溪县玻璃椒提纯复壮试验。

（四）新技术引进、科技服务稳步增长

辣椒提早栽培实行全县推广，2018 年辣椒提早栽培 5000 亩，在全县 11 个乡镇栽培获得成功。在 3 月底至 4 月上中旬采取地膜覆盖栽培，5 月上、中旬出新鲜辣椒上市，提高了辣椒生产的商品价值，增加了农民收入。引进了蔬菜新品种 10 个，主要有辣椒、黄瓜、茄子等，推广膜下滴灌、喷灌、吊蔓等新技术、新材料 3 项。全年全县蔬菜基地良种覆盖率达 80% 以上，农区商品菜基地的良种覆盖率达 50% 以上。

（五）后续服务稳步提升

积极引导蔬菜基地和合作社对接，以减少流通环节降低市场价格和保障蔬菜质量。积极培育营销大户和蔬菜经纪人，采取"引进来、走出去"的方式，扩大营销渠道，增加蔬菜产值，协助企业做好生姜、辣椒等系列产品的销售工作。同时加大了对喜农辣椒加工厂和盛世生姜农民专业合作社等蔬菜企业、合作社的指导和服务，帮助解决在蔬菜生产、管理、运行和销售中存在的问题，大力推进企业（合作社）＋基地＋农户的经营模式。

（六）产品质量稳步提高

全面推行城镇蔬菜基地蔬菜质量安全两级承诺制和产销登记制度；落实蔬菜大棚"一棚一卡"管理制度，加强蔬菜农作物投入品的监管力度。完成蔬菜基地农残检测样品 550 个，合格率 98% 以上，确保辣椒、生姜、西红柿、茄子等蔬菜安全，切实保障居民"菜篮子"安全。

（七）依托院县共建，优化服务到位

建立技术服务体系，充分发挥"院县共建"的优势。建立了以省农科院为依托的省、州、县、乡的四级技术服务体系，确保每个合作社有一名技术专家，每个村有一名技术人员，培训农民 10000 人次，实现"一户一产业工人"，推进辣椒产业标准化绿色生产。

（八）创新发展模式，惠泽民生到位

一是注重基地建设，标准化生产稳步推进。重点在兴隆场、小章等乡镇创建辣椒无公害标准化示范基地 1 万亩，其中早熟优质辣椒标准化示范基地 1000 亩，依靠"合作社＋基地＋农户"产业化运作模式，统一品种、统一育苗、统一技术指导，通过新型经营主体示范引领，带动了辣椒规模化种植、标准化生产、科学化管理、产业化经营，提高了椒农的经济效益。二是推行"订单生产"模式，产后服务稳步提升。引导 4 家辣椒农民专业合作社成立联合专业合作社，探索生产、销售、加工一体化模式。通过土地流转、打零工、委托帮扶等方式，引领贫困群众脱贫致富，有效激发了贫困农户发展产业内生动力。积极培育营销大户和辣椒经纪人，采取"引进来、走出去"的方式，扩大营销渠道，增加辣椒产值。

二、蔬菜产业发展存在的困难和问题

通过采取以上措施，全县蔬菜工作取得了一定的成效，但仍然面临一些困难和问题，主要体现在以下几个方面：

（一）基础设施较差，抗灾能力薄弱

由于受山区自然条件限制，生产基地相对分散，排灌沟渠及机耕道路等基础设施不配套，抵御自然灾害的能力较弱。若遇到旱涝灾害，蔬菜基地灌排就成了一个突出问题，致使蔬菜产量不稳，质量不高，干旱严重时甚至会造成绝收，直接影响了蔬菜生产的效益。

（二）产业投入不足、后续发展乏力

近年来，县委、县政府加大了对蔬菜（特别是辣椒）产业的资金投入，但总的来说，泸溪县对蔬菜产业的投入仍显不足，特别是在基地水、电、路等基础配套设施建设及工厂化育苗设施上缺乏资金投入，导致基地规模偏小，整体档次不高，抵御自然灾害能力较差。

（三）龙头企业乏力，带动能力不强

首先是辣椒加工企业起步晚，发展较快、但规模小、实力不强、只是粗加工、加工附加值较低、产品带动能力弱，抵御市场风险能力较低。其次是辣椒加工企业与椒农之间缺乏有效的协调与合作，相互牵制，无序竞争，形成不了有效联合，实现不了应有效益。

（四）科技应用不高、种植效益偏低

菜农的科技素质依然偏低，对商品化、市场化和组织化的认识不足，难以与大市场接轨，与蔬菜生产的产业化发展要求不相适应，蔬菜种植效益较低，同时也影响了蔬菜产业的发展。

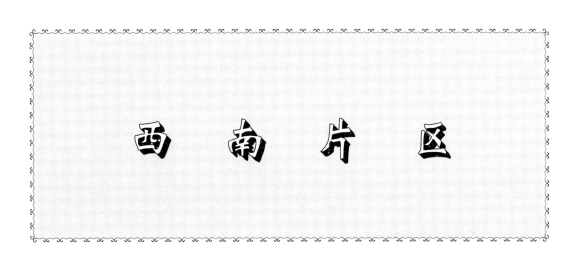

西 南 片 区

二十二、成都综合试验站

四川省眉山市东坡区芥菜产业

罗红萍[1]　彭悦溪[2]　李　革[2]　刘独臣[2]　常　伟[2]

（1. 四川省眉山市东坡区农业局；2. 四川省农业科学院园艺研究所）

眉山市东坡区是国家现代农业示范区、全国蔬菜产业重点县，同时也是"中国泡菜之乡"、全国绿色食品原料（豇豆、榨菜、萝卜、辣椒）标准化生产基地、中国调味品原辅料（青菜）种植基地、四川省现代农业蔬菜产业基地强县。芥菜作为泡菜原料蔬菜之一，在以"东坡泡菜"为特色支柱产业的东坡区已成为一大特色蔬菜产业。

一、社会经济及农业产业结构

（一）自然条件

东坡区居东经 103°30′~103°59′、北纬 29°51′~30°16′，属亚热带湿润季风气候，冬无严寒，夏无酷暑，霜雪少见，四季分明。区内年平均气温 17.2℃，历年极端最高气温 38.1℃（出现在 8 月），历年极端最低气温 -3.3℃（出现在 1 月），气温年内变化较小；年平均降雨量 1039.5 毫米，雨量充沛；多年平均蒸发量 965 毫米；多年平均风速 1.4 米/秒，主导风向为北风；无霜期 318 天，年平均日照时数 1005.5 小时，光温资源丰富（数据来源为常年气象观测数据）。区内交通便捷，地形地貌简单，以平坝和阶地为主，其余为浅丘、深丘和低山。土种土类多样，主要为水稻土、紫色土、黄壤土等，土地肥沃、酸碱度适中、保水保肥性好；江河来水和地下水资源丰富，农田集中成片，水利设施完善，生态环境良好，是传统的蔬菜和泡菜原料主产区域。

（二）区位优势

东坡区地处成都平原西南，位于岷江中游，距省会成都市仅 58 千米，成昆铁路、成乐高速公路、省道 103 线、成乐绵城际铁路纵贯全境，遂资眉高速公路、省道 106 线横跨东西，是成渝经济区、天府新区的重要组成部分，是连通川南、川西的重要枢纽和物资集散地。辖区面积 1330 平方千米，辖 23 个乡镇和 3 个街道办事处，2017 年耕地总面积 84

万亩，总人口 87.27 万人，其中乡村人口 60.7 万人，是眉山市政治、经济、文化、商贸中心和对外开放的窗口（数据来源为 2018 年东坡统计年鉴）。

（三）产业状况

东坡区是中国泡菜之乡、国家绿色食品标准化生产基地县（区）、全国调味品原辅料种植基地县（区）、全省优质特色效益蔬菜基地、全省现代农业（蔬菜）产业基地强县、全省农业产业化龙头企业集群发展试点县（区）、2008 年北京奥运会全省唯一蔬菜供应基地县（区）、全省农业产业化经营先进区，"东坡泡菜"获国家地理标志产品保护。2017 年全区农业总产值 81.36 亿元，农民人均可支配收入 16814 元。

二、芥菜产业发展现状

（一）东坡区芥菜生产规模及布局

自 2006 年荣获"中国泡菜之乡"称号以来，东坡区依托得天独厚的自然条件、丰富多样的蔬菜原料和独特深厚的东坡文化，以加快构建现代农业产业体系、生产体系、经营体系为核心，坚持一二三产业融合发展，全力推进以泡菜加工为特色的蔬菜产业化发展，打造全省一流现代农业蔬菜产业基地和全国一流泡菜产业，将"小泡菜"做成了"大产业"。目前，"东坡泡菜"获得国家地理标志保护产品认证，以"东坡泡菜"为品牌的泡菜产业迅猛发展，泡菜产业已成为东坡区特色支柱产业之一。全区现有泡菜调味品食品企业 60 余家，其中，规模以上泡菜企业 36 家。2017 年，全区泡菜食品企业完成泡菜原料加工量 160.2 万吨，产值 157.6 亿元，市场份额占全国 1/3、全省 1/2，产品远销欧美、日韩等 70 多个国家和地区，形成了"中国泡菜看四川、四川泡菜看东坡"的产业发展格局。

2018 年项目组调研得出，全区完成芥菜播种面积 15.2 万亩（其中叶用芥菜播种面积 11.1 万亩、榨菜播种面积 4.1 万亩），实现总产量 53.3 万吨、总产值 2.37 亿元，分别较 2017 年减少了 1.7%、3.8%、6.3%。近年来虽受水果、中药材（川芎、泽泻）行情渐好等因素影响，部分菜地改种水果、中药材或其他经济作物，全区芥菜播种面积较往年略有减少，但总体规模基本处于稳定状态。

（二）东坡区芥菜生产现状

全区芥菜产业基地主要沿成乐高速公路、省道 106 线、省道 103 线分布在东坡区平坝和丘陵区域，平坝以"稻—菜""菜—稻—菜"轮作模式为主，通过水旱轮作优势互补、减少病虫危害，提升种植效益，既保障了粮食安全，又增加了泡菜原料供给，避免了"粮经争地"之弊；丘陵以"果—菜"等间作模式为主，通过空间优势互补提高土地利用率，充分利用光、温、水等自然资源，增加种植收益，较好地促进了农业增效、农民增收和产业可持续发展。目前，全区已推广"稻—菜""菜—稻—菜"轮作模式 10 万亩左右，

"果—菜""桑—菜"间作模式 5 万亩左右（数据来源为调研所得）。近年来，东坡区依托泡菜产业，坚持绿色发展，积极构建"三片三带、三纵三横"现代农业产业体系，全力推进全区芥菜产业基地建设，为泡菜食品企业提供稳定的青菜、榨菜等优质泡菜原料保障。

（三）芥菜产业的科技水平

近年来，东坡区与中国农业大学、四川农业大学、西南农业大学、四川省农业科学院、成都市农林科学研究院等高等院校、科研院所紧密合作，并依托四川省蔬菜创新团队和东坡区农技推广服务体系，大力开展芥菜新品种、新技术的引进、试验、示范和推广，先后进行了上百个品种的评比试验，筛选出适合东坡区自然生态条件的优良品种，如"油叶子砂锅底"青菜、"优选宽叶青 1 号"青菜、"永安小叶"榨菜，并总结提炼出"青菜—豇豆—无筋四季豆"轮作、"菜—稻—菜"高效轮作、"果—菜"间作、"桑—菜"间作等高效种植模式；2018 年以来全区已累计培训种植户、新型经营主体等 4000 余人次，发放技术资料 2 万余份（数据来源为调研所得）。

（四）芥菜产业组织的发展情况

区内泡菜食品企业通过"订单"模式，与种植户直接对接，按生产需求量签订泡菜原料最低保护价收购协议，以销定产，实现小生产与大市场的有效对接，缓解农产品供需结构性矛盾，避免"烂市"和"抢购"，并通过最低保护价收购，切实保障种植户的经济利益。初步建立健全了"企业 + 基地（农户）"或"企业 + 新型经营主体 + 基地（农户）"产业联结机制，订单率达 90% 左右，形成了"市场牵龙头、龙头带基地、基地连农户"的利益联结格局，联结带动全区 12 万农户发展芥菜种植 15.2 万亩，年种植收入 2.37 亿元，实现了产业发展、企业增效、农民增收。

（五）芥菜产业市场建设情况

从源头上强化芥菜产业基地投入品质量控制，强化农资销售监管，禁止高毒高残留农药在东坡区的经销和使用；强化生产环节控制，大力宣传推广生物农药、"三诱"技术、秸秆还田、增施有机肥等无害化生产技术，全面推行基地绿色化发展，并落实专人、配备检测设备对各基地进行抽检，初步建立从农田到工厂（市场）的全程控制机制；实施蔬菜原料入厂检测制度，要求所有泡菜食品企业在收购原料时对农药残留等进行检测。东坡区已通过了省级无公害农产品生产基地县整体认定面积 76.46 万亩（数据来源为无公害农产品产地认定证书），建成了全国绿色食品原料（豇豆、榨菜、萝卜、辣椒）标准化生产基地 18.4 万亩（数据来源农绿基地〔2017〕3 号文件），成功创建了"四川省农产品质量安全监管示范县"。

（六）产业扶持政策

为增强产业发展动力，提高泡菜食品龙头企业产业带动能力，充分发挥专业大户、家庭农场、农民合作社的示范带动、桥梁纽带作用，强化泡菜食品企业与种植户之间形成的稳定产业带动关系和利益联结关系，将种植户嵌入到产业链条上，成为链条中稳定的一部分。东坡区先后出台系列文件政策，鼓励和支持新型经营主体发展，提高农民组织化程度，促进适度规模经营。设立专项资金鼓励龙头企业创新管理机制、开发高端产品、打造知名品牌，并对重点培育和扶持的企业予以大力支持：每年对取得国家和省市级农业产业化龙头企业、创建中国驰名商标或四川省著名商标、取得有机食品认证的企业给予奖励；对带动作用明显、成效显著的专业合作组织给予融资担保、贷款贴息等扶持，并予以表彰奖励。通过项目调研，截至目前，全区拥有泡菜食品企业 60 余家，其中规模以上企业 36 家，创建国家、省、市级农业产业化重点龙头企业 28 家，共培育扶持蔬菜专业合作社 226 个、蔬菜家庭农场 140 个。

为有效抵御自然灾害风险，自 2013 年起，东坡区在传统政策性农业保险的基础上，率先在全市开展蔬菜特色保险试点，并持续拓展保险覆盖区域、农户和蔬菜品种，承保范围从最初 8 个乡镇逐步扩大到覆盖全区，至今累计完成投保 37.57 万亩次，累计缴纳保费 1942.61 万元（其中财政承担保费的 80%，补贴 1554.04 万元），为包括芥菜在内的 7 大类 42 种蔬菜及棚膜、棚架设施提供了 38001.77 万元的保险额度；累计完成受灾理赔 31401.78 亩次，赔付金额 944.03 万元。

（七）三产融合发展现状

东坡区通过发展订单农业，以订单为纽带，将一二产业紧密融合，形成利益共同体和产业链条，实现利益共享、互惠互利，实现芥菜产业基地长效发展、可持续发展。同时，积极推进泡菜产业集聚发展，通过建设"中国泡菜城"，全面打造"东坡泡菜"品牌。2017 年 6 月，"中国泡菜城"成功入围第一批国家现代农业产业园创建名单。"东坡泡菜"品牌获"国家地理标志保护产品""产地证明商标"认证，2018 年调研统计，东坡区共拥有中国驰名商标 5 个、国家绿色食品 74 个、有机产品 19 个、四川省著名商标 11 个、四川名牌 12 个，全国农副产品加工示范企业 2 家，国家、省、市级农业产业化重点龙头企业 28 家。2018 年，"东坡泡菜"荣登中国品牌价值评价信息发布榜单，排名 33〔数据来源为 2018 中国品牌价值评价信息发布名单区域品牌（地理标志产品）类〕。同时，为提升"东坡泡菜"品牌知名度和市场竞争力，东坡区已连续十年在眉山举办了泡菜国际盛会，邀请了国内外嘉宾和企业参会，展示了以"东坡泡菜"为代表的四川泡菜产业盛况，并每年组织区内泡菜食品龙头企业参加各类展示展销会。

三、产业发展存在问题与制约因素

（一）芥菜连作障碍日益明显

通过 2017～2018 年调研发现，由于东坡区常年连片种植青菜、榨菜等十字花科泡菜原料蔬菜，同科蔬菜长期连作，导致"十字花科根肿病"这一"蔬菜中的癌症"越来越重，成为阻碍东坡区芥菜产业和泡菜产业发展的一大技术难题。如 2016 年部分专业大户、农户种植的芥菜，因根肿病发生严重，减产 20%～50%（如青菜亩产仅 2～3 吨）。虽近年来东坡区与四川省农科院、四川省蔬菜创新团队合作持续开展根肿病防控攻关，并依托国家特色蔬菜产业技术体系成都综合试验站眉山市东坡区示范基地（芥菜）建设开展根肿病防治试验示范，但目前尚未取得突破性进展。

（二）芥菜种植效益总体不高

调研结果表明：芥菜作为泡菜原料蔬菜，收购价格和种植效益总体不高，在种植业内部缺乏竞争力。以青菜、榨菜为例，在风调雨顺、生长正常的情况下，青菜一般亩产 4 吨左右，收购价 380～400 元/吨，亩产值 1520～1600 元；榨菜亩产 2 吨左右，收购价 700～780 元/吨，亩产值 1400～1560 元，扣除种子种苗、肥料农药、土地翻耕、产品运输等直接成本 500～600 元，在不计土地租金和人工成本的前提下，每亩可获纯收入 900～1000元，与传统种植油菜、小麦相比只是稍强一点，而种植大户在扣除土地租金和人工成本后基本没有利润。因此，农户更愿种植水果、中药材（川芎、泽泻）等其他经济效益更高的作物。

（三）基地基础设施仍显滞后

虽然近年来东坡区通过整合高标准农田建设、新农村成片推进示范县建设、财政"一事一议"奖补、制种大县财政奖励、现代农业等各类涉农项目资金，按照"田成方，土成型，渠成网，路相通，沟相连，旱能灌，涝能排，土壤肥，无污染"的高标准农田建设标准，不断开展田型调整和田间道路、排灌渠系建设，补齐农田基础设施建设短板，提高芥菜产业基地标准化程度，但部分基地基础设施仍然滞后，制约着芥菜产业基地向标准化、现代化发展。

（四）订单主体履约意识不强

虽大部分区内泡菜食品企业都与种植户签订了泡菜原料最低保护价收购协议，但一些种植户诚信意识不强，当泡菜原料市场价格高于最低保护价时，随意违约，私下把订单芥菜出售给价格更高的市场或其他收购方，损害了企业的正当利益；当市场价格下跌时，一些企业则以产品质量不符合要求、扣除水分杂质等理由随意压级压价，损害了种植户的经济利益。订单合同履约率不高，在一定程度上挫伤了产销双方发展订单农业的积极性，制约了芥菜产业的良性发展。

四、产业发展的对策建议

（一）探索根肿病防控措施，确保产业可持续发展

进一步加强与四川省农科院、四川省蔬菜创新团队合作，依托国家特色蔬菜产业技术体系，成都综合试验站眉山市东坡区示范基地（芥菜）建设，持续开展以药剂综合防治试验、耐根肿病品种比较试验为主的根肿病防治课题研究，积极探索十字花科根肿病防控措施，确保芥菜产业的可持续发展。

（二）坚持"两单"生产，降低市场风险和自然风险

继续推动订单农业发展，鼓励区内泡菜食品企业全面实行订单生产，并将订单直接签到种植户，以订单方式明确双方责、权、利，以销定产，有效抵御市场经营风险，确保农民增收、企业增效；继续推进保单农业发展，广泛宣传引导种植户积极参加蔬菜特色保险，有效抵御自然灾害风险，切实帮助种植户减损增收，消除种植户后顾之忧，推动全区芥菜产业良性发展。

（三）加大政府扶持，助推产业健康发展

完善财政支持政策，加大芥菜产业基地的种植补贴力度，发挥区级政府在项目和资金统筹中的作用，统筹整合各级财政涉农资金，优先用于芥菜产业基地基础设施、产业发展、品牌培育等方面，不断提高产业基地建设水平，并通过完善融资担保、贷款贴息等金融服务政策，充分调动社会资本投资积极性，促进发展适度规模经营，助推芥菜产业健康发展。

四川省彭州市大蒜产业

李金刚　游　敏　易图碧　苗明军　常　伟　李　菊　杨　亮　李　志

（四川省彭州市农业农村局；四川省农业科学院园艺研究所）

彭州市是全国五大商品蔬菜生产基地和首批无公害蔬菜生产示范基地之一，更是享誉全国的"蔬菜之乡"。蔬菜产业是彭州农业一张亮丽的名片，对彭州市农民增收具有突出的贡献，也是彭州市主导产业之一。

一、社会经济及农业产业结构

彭州市位于成都平原与龙门山脉过渡地带，距成都市区25千米，全市辖区面积1421平方千米，辖1个街道、19个镇，355个村（社区），人口80.5万，其中农业人口58万。拥有耕地面积51.2万亩，人均耕地面积0.9亩。自然格局为"六山一水三分坝"，年均气温15.7℃，无霜期278天，年降雨量960毫米，年日照时数1180小时，素有"天府金彭""蜀汉名区"的美称，是成都平原重要的粮仓和副食品生产基地，全国著名的蔬菜之乡，四川省现代农业、畜牧业重点县，国家级现代农业示范区。2018年，全市实现增加值411.6亿元，三次产业比为13∶53∶34，实现农业增加值53.9亿元，同比增长3.8%；农民人均可支配收入21386元，同比增长9.4%。

彭州市是全国五大商品蔬菜生产基地和首批无公害蔬菜生产示范基地之一，2017年彭州市统计年鉴数据显示，全市常年蔬菜种植面积达82万亩，2018年总产量233万吨，产值35亿元；常年栽培蔬菜有14大类200多个品种；从事蔬菜生产、加工、流通的家庭农场和专业合作社有1500余家，流转土地约20万亩。彭州市蔬菜及其加工产品销售遍及全国30多个省、区、市，并远销日本、韩国、俄罗斯及东南亚等国家和地区。

二、特色蔬菜产业发展现状

（一）特色蔬菜生产规模及布局

彭州市作为全国商品蔬菜生产基地、全国首批无公害蔬菜生产基地和中国蔬菜之乡，调研得到数据显示，常年蔬菜种植面积 82 万亩，其中大蒜种植面积约 18 万亩，主要分布于隆丰镇、濛阳镇、军乐镇、九尺镇、丹景山镇、葛仙山镇等平坝地区，年产大蒜约 13 万吨，年产值约 8 亿元，占蔬菜总产值的 25% 左右。

（二）特色蔬菜的生产现状

"彭州大蒜"获得国家农产品地理标志保护产品，是彭州市蔬菜一张重要的名片，主要产品有蒜苗、蒜薹和蒜头，彭州大蒜产业具有生产水平高、规模大等特点，在四川大蒜市场中占有重要的地位。彭州大蒜栽培面积约 18 万亩，主要栽培品种为地方性品种"正月早""二季早"和"彭州迟蒜"，主要栽培方式为开沟起厢、人工点播、稻草覆盖，大蒜生产仍以传统人工模式为主，机械化水平极低。为保护好"彭州大蒜"这张蔬菜金字招牌，彭州市构建了市、镇、村三级农产品质量安全监管服务体系，对大蒜生产开展全程质量检测和指导，确保大蒜质量安全，并完成 10 万亩大蒜绿色食品生产基地建设和产品认证。

（三）特色蔬菜产业组织的发展情况

近年来，彭州市大蒜产业的规模化、组织化程度越来越高，并逐步走上全产业链的产业化发展之路。彭州市从事大蒜生产、加工、流通的家庭农场和专业合作社有千余家，流转土地约 15 万亩。通过先后引进"广乐""永辉""民福记"等蔬菜加工龙头企业，全市现已发展蔬菜加工企业 53 家，年综合加工能力达 50 万吨，主要生产大蒜、莴笋、青菜、茶树菇、金针菇等系列共 100 多个产品，建成各类冷藏库容量 14 万吨。培育了国家农产品地理标志产品"彭州大蒜"、彭州蔬菜区域公共品牌"龙门山"牌，以及"广乐""民福记""宣源"等企业品牌。2018 年，彭州市以龙门山区域品牌和企业（合作社）品牌包装销售蔬菜达 100 万吨。

（四）特色蔬菜产业市场建设情况

彭州蔬菜销售主要依托 3 大市场，即四川国际农产品交易中心、彭州市白庙农副产品综合批发市场、彭州市隆丰镇大蒜交易市场。其中，四川国际农产品交易中心属于集散地农产品批发市场，货源以四川及西南地区为主，承担成都周边及省内外蔬菜大批量购销流通任务，覆盖全国 23 个省（市、自治区）以及部分东盟国家；彭州市白庙农副产品综合批发市场和彭州市隆丰镇大蒜交易市场属于产地农产品批发市场，经营户以彭州市蔬菜产销协会会员和省内外部分蔬菜客商为主，货源以彭州本地蔬菜为主，承担产地蔬菜分销及外销流通，覆盖北京、上海、西藏、青海、甘肃等地。

（五）特色蔬菜产业扶持政策

为支持农业农村发展，彭州市先后出台了《促进乡村振兴优化提升现代都市农业的若干政策措施》《彭州市蔬香路及湔江路延伸段蔬菜产业发展扶持资金管理暂行办法》等农业产业发展政策，促进彭州蔬菜产业发展壮大。

三、特色蔬菜产业发展存在问题与制约因素

（一）机械化生产水平较低

根据大蒜的生长特性，栽培大蒜时要确保大蒜芽端朝上，才能使大蒜基部茎竖直，以保证大蒜苗和大蒜头的商品性，加上蒜瓣大小不一等因素，导致大蒜栽培机械化配套设备和技术研发难度大，大蒜机械化栽培水平低。目前仍以传统的人工栽培模式为主，严重制约了大蒜的生产效率和效益。

（二）抗市场风险能力较弱

大蒜产业同其他农业产业一样，易受市场价格波动影响，抗市场风险能力弱，价格下挫时往往会给种植户造成巨大损失。大蒜种植具有准入门槛低、栽培技术难度小等特点，导致大蒜行情好时，在缺乏科学规划和市场调研的情况下，各地农户一拥而上，扩大大蒜种植规模，以致大蒜市场供需失衡，价格下跌，农户遭受巨大损失。

（三）产品附加值挖掘不足

彭州大蒜产出主要为蒜苗、蒜薹和蒜头，在产品加工方面，以初加工为主，产业整体加工水平较低、生产成本较高，缺乏精深加工产品，大蒜产品附加值挖掘不足，产业效益整体偏低，不利于产业链的延长和产业做大做强。

四、特色蔬菜产业发展对策与建议

（一）提升大蒜种植机械化水平

积极同四川省农业科学院、四川农业大学等科研单位开展广泛合作，创建大蒜机械化、标准化生产基地；研发和引进大蒜机械化种植技术和机械设备，开展大蒜机械化种植技术试验和示范推广，提高大蒜机械化种植水平，提升大蒜的综合生产力。

（二）统筹规划，科学发展

大蒜作为传统特色产业，政府要根据市场需要，统筹规划，处理好发展特色产业与经济结构调整的关系，避免出现盲目扩张、产业雷同的情况，要保护好特色产业，实现大蒜产业的健康发展。

（三）加强价格保险机制

建立大蒜产业管控机制，确保市场价格稳定，促进大蒜产业健康稳定科学发展。实行

蒜头和蒜薹目标价格保险，鼓励蒜农积极投保，分散和化解生产经营风险，保障蒜农利益。

（四）促进大蒜产业链延伸

鼓励大蒜企业发展，对大蒜加工企业在电力、天然气、路网等基础设施建设等方面予以支持。加强大蒜加工产业的发展，生产蒜粉、蒜片、蒜泥、糖醋蒜、盐渍蒜等以大蒜为主体的加工产品，以及大蒜素、蒜油、蒜氨酸等以大蒜中功能物质为主体的二次加工产品，开发方便即食的大蒜产品，如小包装蒜粉、蒜泥、保鲜蒜米、蒜油等，增加人们的消费选择，扩大消费市场，提高产品附加值，拉长产业链，规避市场风险。

四川省遂宁市船山区莲藕产业

顾　刚　邓园丽　苗明军　常　伟　李　菊

（四川省遂宁市船山区农业农村局　四川省农业科学院园艺研究所）

一、社会经济及农业产业结构

遂宁市船山区是 2003 年经国务院批准设立的县级行政区，辖 4 个乡 6 个镇 13 个街道办事处，辖区面积 616 平方千米，耕地面积 23.09 万亩，总人口 72.02 万人（其中农业人口 32.7 万人，农业人口占比 45.4%）。船山区位于四川盆地中部，涪江中游，南北狭长，涪江穿境而过，属四川盆地亚热带湿润季风气候区，气候温和，雨量充沛，四季分明，季风气候显著，具有冬暖春早、夏热秋凉、云雾多、日照少、无霜期长等特点。区内年平均降水量 1123.4 毫米，年平均气温 18.2℃，年平均日照时数 1116.5 小时。

船山区是遂宁市的政治、经济、文化中心，是东进重庆、西入四川的第一门户，是川渝交汇的交通枢纽，具有承东启西，南连北进的区位优势。船山南距重庆 146 千米，西距成都 147 千米，与成渝两市成等距三角关系，处于成渝一小时经济圈交汇的中心。已建成"一环九射"高速公路网和"七向 21 线"铁路网，涪江复航和遂宁新机场投入运营，"公、铁、水、空"立体化交通网络即将建成，区位交通优势明显。随着区域经济的快速发展，船山已成为川中和川东地区的重要枢纽，成渝经济区带上中心节点城市，起着重要的承接作用，具备进一步跨越发展的基础。

2017 年，全年生产总值 322.09 亿元，公共财政预算收入 16.99 亿元，城镇居民人均可支配收入 32496 元，农村居民人均可支配收入 14015 元。从产业结构来看，第一产业增加值 24.96 亿元，第二产业增加值 157.03 亿元，第三产业增加值 140.1 亿元，三次产业结构为 7.7∶48.88∶43.5。船山农业坚持以农业供给侧结构性改革为主线，按照"基地建设园区化、农业投入集约化、经营主体集中化、产业链条绿色化、拓展市场品牌化、农民增收持续化"思路，坚持"错位发展、特色发展"，着力打造永河、龙老复、唐桂 3 个农业大园区，建设西宁乡"兰泥湾"等 10 个乡镇特色小园区，初步形成"3 + 10"全域农业园区化体系。

目前已建成绿色蔬菜基地 14 万亩。农业产业发展势头强劲，市级以上农业产业化龙头企业达到 36 家（其中国家级 3 家、省级 10 家、市级 23 家），全区工商登记注册家庭农场 96 个，农民专业合作社 269 个，其中部省认定的示范社 20 个。2017 年，船山区被省委省政府评为"'三农'工作先进县（区）"、"农民增收先进县（区）"、全国休闲农业与乡村旅游示范区、全省农业产业化龙头企业集群发展试点区等。

二、莲藕产业发展现状

（一）船山区莲藕生产规模及布局

近年来，全区大力发展保障性蔬菜基地和绿色蔬菜基地，目前产业基地初具规模，产业效益初步显现。莲藕作为四川遂宁船山区的特色蔬菜产业，种植历史悠久，现已成为船山区农村经济的重要支柱产业。莲藕种植业发展迅速，形成了一定的产业规模，近年来种植面积达到 3 万亩，平均每亩产量基本稳定在 1500 千克左右。并成功纳入《四川省优势特色效益农业发展规划》川西加工外销蔬菜区的核心区域。

船山区种植莲藕历史悠久、地域特色显著、具备一定的生产规模。其中，船山区河沙镇种植莲藕产业优势明显，河沙镇位于船山区东部的浅丘水土保持农业区，水质好，无工业污染，适合种植莲藕产业，截至目前已发展到 0.4 万亩。据测算，莲藕每亩产量在 1500 千克左右，按照平均每千克 4 元计算，亩产值达 6000 元。"河沙牌"莲藕知名度越来越高，吸引了不少藕商前来订购，更是获得了农业部农产品质量安全中心颁发的"无公害农产品证书"，莲藕热销成都、重庆等周边地区，莲藕已成为该镇农民增收致富的主要经济来源之一。

（二）船山区莲藕生产现状

船山区属四川盆地中部丘陵低山地区，土质肥沃、土层较厚、土地资源丰富、气候温和、雨量充沛、四季分明、季风气候显著，具有冬暖春早、夏热秋凉、云雾多、日照少、无霜期长等特点。区内年平均降水量 1123.4 毫米，年平均气温 18.2℃，年平均日照时数 1116.5 小时，适宜种植莲藕。由于船山区莲藕种植历史悠久，类型和品种丰富，按熟性分，主要有早熟、中熟、晚熟三种类型，品种主要为"鄂莲 5 号""鄂莲 6 号""泰国花旗莲""美国雪莲"等白莲品种和"美人红""大紫红"等红莲品种，以及睡莲、花莲等观赏品种。在栽培上严格按照绿色栽培模式。近年来，船山区改革传统的泥池莲藕栽培模式，引进示范"无公害浅水莲藕泥鳅混养高效栽培技术"获得成功，种植莲藕效益提高 1 倍以上，推广应用前景十分广阔。该栽种模式一般亩产莲藕为 2500～3500 千克，亩产值 7000～8000 元，亩产泥鳅 100～150 千克，亩产值 2000 元。其主要特点是：池浅、水浅、土浅，可以有效提高水温、地温，有利于莲藕生长；水里大量的水生物可作为泥鳅饲料，不需要再投放其他饲料，同时泥鳅粪便又可以作为莲藕的肥料，提高资源利用率，减少投入，增加效益。

（三）船山区莲藕产业的科技水平

近年来，船山区为了持续提高农业科技在莲藕增收、莲藕产业增效中的先导作用，累计引进示范了鄂莲系列莲藕新品种，主要为"鄂莲1号"：极早熟，7月上旬可收青藕，亩产1000千克；9～10月后可收老熟藕，亩产2000～2500千克。"鄂莲2号"：晚熟，亩产2000～2500千克。"鄂莲3号"：早中熟，亩产2200千克。"鄂莲4号"：早中熟，亩产2500～3000千克。"鄂莲5号"：中早熟，亩产2500千克。示范推广了莲藕标准化生产技术、测土配方施肥技术、物理诱杀技术、生态栽培技术等新技术。同时借助新型农民技术培训等项目，加大了对莲藕科技示范户的培训、引导，调整种植结构，积极应用新技术，年培训莲藕科技示范户100户以上，辐射带动农户超过1000户。

（四）船山区莲藕产业组织的发展情况

目前，船山区尚没有专门的蔬菜合作组织统计资料，截至2018年底，船山区共有各类农村合作组织269个，吸纳社员5万户。船山区规模化园区以永河现代农业园万亩莲藕种植基地、龙老复现代农业园莲藕种植基地、唐桂省级新农村建设示范片莲藕种植基地等3个莲藕基地为主，其中船山区惠丰莲藕种植农民专业合作社位于永河现代农业园区的十里荷画景区莲藕种植基地，种植面积达1195亩，采用"一心五园"的总体总局，打造现代农业高新科技综合服务中心、莲藕种植资源保存园、西南（四川）莲藕良种生育生产园、莲藕标准化生产示范园、莲藕立体种养高效生产示范园和水生蔬菜观光科普教育示范园。按照"生态绿色、立体种养、农旅互动、科技带动"的基本思路，通过标准化建设、园区化发展、品牌化引领、体系化服务，建成融合种植业、养殖业、农产品初加工、旅游业、文化产业等为一体的莲藕特色小镇，全力打造农区变景区、田园变公园、产品变商品、一二三产业融合发展的乡村振兴现代农业样板园区。

（五）船山区特色蔬菜市场建设情况

依托四川顺意通物流有限公司，采取"电商＋城乡共同配送"的方式，在船山区建立农村电商服务中心及乡村服务站（点）77个，实现了贫困村站点全覆盖。助推莲藕上线销售，通过互联网平台进入社区超市、大型卖场和部分企事业单位，确保了莲藕不积压、不滞销。

（六）船山区莲藕产业三产融合发展现状

船山区以荷莲种植为基础，发展特色莲藕食品加工业、中药材深加工、产学研基地。围绕农耕文化，发展休闲农业，加入小作坊、挖田藕、采摘等休闲娱乐项目，充分利用当地农户莲藕种植传统，结合丘陵冲积沟地形的水资源优势，规划省内最大的莲藕种植基地。按照依山就势、保留民俗文化特色的要求，配套民俗山庄、望荷亭、五彩栈道等旅游服务设施。实现了农旅结合、产村相融的良好格局。近年来，河沙镇梓桐村通过土地流转合作社集中管理、集中流转农民承包土地经营权的方式，按照"一村一品"发展思路，打造生态旅游田藕产业，创立"河梓"田藕品牌，并被国家农业部认定为无公害农产品。

三、船山区莲藕产业发展存在的问题与制约因素分析

（一）价格波动大

莲藕一般每年9月开挖，最迟第2年3月前挖完。在很多藕农看来，随着莲藕种植面积扩大，莲藕销售渠道和市场单一，一定程度上影响了2018年莲藕的价格。莲藕价格偏低，挖藕成本又高，很多藕农不愿意挖藕，或推迟挖藕时间。

（二）劳动力短缺

农村外出务工人员较多，制约了莲藕产业发展。

（三）生产方式粗放，规模化、标准化生产少

莲藕栽培历史悠久，但生产方式粗放，特别是规模化、标准化生产少，种植水平低，产值也低，没有得到充分的发展。

（四）加工业相对滞后

目前船山区莲藕主要以鲜销为主，加工产品比较少且还处于初级阶段，近年来莲藕种植面积不断增大，造成莲藕价格受市场波动较大，加工业的相对滞后，严重制约了莲藕产业发展。

四川省犍为县生姜产业

杨玉国　彭　英　李　志　常　伟

（四川省犍为县农业农村局　四川省农业科学院园艺研究所）

一、社会经济及农业产业结构

（一）犍为县经济社会发展情况

犍为县域面积 1375.4 平方千米，辖 12 个镇、18 个乡，共计 347 个行政村、42 个社区。山区丘陵平坝占比 18∶76∶6。人口 57 万，农业人口占 79.6%，常住人口城镇化率 39%。2017 年地区生产总值（GDP）161.6 亿元，完成全社会固定资产投资 121.2 亿元，社会消费品零售总额 75.6 亿元，地方一般公共预算收入 5.9 亿元，主要经济指标增长率全部进入全市前 3 位。一二三产比例为 17.2∶40.3∶42.5，传统农业占比 75%。城镇居民人均可支配收入 31360 元，农村居民人均可支配收入 13615 元，居民收入比为 2.3∶1。

（二）犍为县农业产业发展情况

犍为县是乐山市农业第一大县，犍为县域土地总面积 205.3 万亩，其中耕地面积 75 万亩，林地面积 50 万亩，水域面积 10.5 万亩。2016 年，耕地面积约 81.78 万亩，农林牧渔总产值 46.17 亿元，粮食总产量 24.74 万吨，均居全市第一。犍为县特色农产品优势明显，有茉莉花、茶叶和犍为姜三大特色主导产业，以及中药材、林竹、水果、养殖等优势产业。犍为姜 2010 年荣获"全国地理标志保护产品"称号。2017 年，种植茉莉花 8.3 万亩、茶叶 25.2 万亩、犍为姜 5 万亩，实现粮食总产量 25 万吨，成为全市唯一获得省政府"丰收杯"殊荣的县，成功创建国家茶叶综合标准化示范区、四川省知名品牌示范区，新认证"三品一标"农产品 5 个，获得四川十强绿色有机产业示范县称号。2017 年耕地流转比例不足 35%。

（三）犍为县蔬菜产业发展概况

2018 年全县露地蔬菜播种面积累计 12.72 万亩、产量 25.2 万吨。其中特色蔬菜（生姜）3万亩，其中，孝姑镇0.2万亩、榨鼓乡0.6万亩、九井乡0.3万亩、铁炉乡0.4万亩、新民镇0.4万亩、龙孔镇0.4万亩、大兴乡0.4万亩、其他乡0.2万亩。露地蔬菜共计可创产值近10亿元（其中：生姜3亿元）。

犍为"麻柳"牌生姜曾被评为四川省优质农产品、四川省知名农产品品牌、农产品地理标志认证产品、四川省著名商标称号。作为乐山特色品种，犍为姜产业科技水平较高，完成多项技术成果转化，如"稻田种姜、沟深高厢、专用抱钳打深孔、蜂窝式栽培、地膜覆盖"等配套集成技术，姜瘟的综合防治技术，生姜的"控水"高产栽培技术，紫色丘陵区优质嫩姜生产技术等。带动周边发展，逐步扩大种植面积；姜种、药用干姜、菜（嫩）姜"三姜"并重，产业链条长。

二、特色蔬菜产业发展现状

（一）犍为县特色蔬菜生产规模及布局

犍为县生姜常年种植面积5万亩，产量12.5万吨，生姜年产值约3亿元。种植区域主要分布在孝姑镇、榨鼓乡、九井乡、铁炉乡、新民镇、龙孔镇、大兴乡等10余个乡、镇。犍为县生姜种植历史悠久，1998年榨鼓生姜协会注册"麻柳"牌商标，2002年获四川省首批无公害基地和产品"双认证"，同年获"中国—四川西博会名优农产品"称号，2006年"麻柳"牌生姜获乐山市知名商标称号，2007年获"四川省知名农产品品牌"称号，2010年4月获"国家地理标志产品保护"，2012年获四川省著名商标，2018年获国家工商系统地理标志。犍为姜种植面积和产量综合排位在四川省县级同类蔬菜中名列第2。犍为姜生产上主要以采收嫩姜商品为主，每年销售价格基本稳定，种植户亩产经济效益一般在2万元左右，高者可达3万元，经济效益好，农户种植积极性高，促进农户增收效果明显，农村经济发展带动作用显著，在县域农村经济中产业地位突出。

（二）犍为县特色蔬菜的生产现状

1. 犍为县自然条件

（1）地理位置。

犍为县地处岷江中下游，位于四川省乐山市东南部，东经103°43′35″～104°11′48″，北纬29°1′2″～29°27′47″。犍为县东北与荣县交界，东南与宜宾县为邻，西南与沐川县相交，西北与五通桥区、井研县毗连。县城玉津镇在岷江下游西岸，距乐山市58千米，距成都市183千米，由国道213线连接。江水环流其东北面、城南为平坝，城西为丘陵。

（2）地形地貌。

犍为县境内地形地貌多样，坝、丘、山皆具，以丘陵为主，浅丘居多，西部边界一带为低山区，境内河流密布，沿江多有平坝。地势东北、西南高，东、南低，最高海拔1047米，最低海拔308米。

（3）气候。

犍为县属于亚热带湿润性气候区。年平均气温为 17.5℃，无霜期 333 天，年平均降水量 1141.3 毫米，年平均日照 957.9 小时。

（4）水文。

犍为县境河流多属岷江水系，共有大小河流溪沟 26 条，其中汇水面积 10 平方千米的有 17 条。岷江、马边河、浏沧河、百支溪、新桥河较大，属常年性河流，其他是源短水少的季节性河溪。

2. 种植品种

犍为县生姜种植品种主要为犍为白姜、小黄姜。

3. 栽培模式

犍为姜栽培模式有两种：一是蜂窝式菜姜丰产优质栽培，该栽培模式主要特点是采取年度"水稻—生姜"轮作方式，重施底肥，高厢深孔，机械打深孔方式栽培；二是小黄姜、老姜高产栽培，主要特点是重施底肥，"生姜 + 玉米"套种，打窝、长季节栽培。

4. 栽培设施质量安全等情况

犍为姜主要为露地春季覆膜栽培，所需设施简单。送样至国家农业部农产品质量检测中心（成都）监测结果：犍为生姜品质优，重金属含量、农残量均不超标，可达无公害食品标准。

（三）犍为县特色蔬菜产业的科技水平

犍为白姜种源来自本县境内及周边县山区农户自留种，形成了相对独特的本地区域种植和消费习惯，该种源辐射乐山、泸州、自贡、内江等地。犍为县内农业技术力量主要由农业局以及下属县、乡两级农业技术服务中心的农技人员负责新品种、新技术推广与培训和服务，近年来在生姜特色产业上，主要依托四川省农业科学院、四川农业大学等科研院所的科研力量开展新品种、新技术的引进与研发，形成了较为完备的技术推广与服务体系。通过定期举办重点栽培区域的特色蔬菜生姜高效生产技术、病虫害预防技术培训，新型农民、职业经理人培训等，提高农户的整体科技水平。

（四）犍为县特色蔬菜产业组织的发展情况

犍为县蔬菜龙头企业 10 家，其中产值 1000 万元以上的 1 家，500 万元以上的 2 家。生姜和姜黄加工企业有 5 家，产品是加工干姜和姜黄，产量 1500 吨/年。全县蔬菜专业合作社 36 家，其中生姜专业合作社 6 家，会员 3350 户，带动农户数达 5000 余户，分布在榨鼓、铁炉、九井、新民、龙孔、大兴 6 个乡镇，其中榨鼓生姜专业合作社 2009 年获四川省农村专业技术协会百强协会。50 亩以上的蔬菜种植大户 300 户，20 亩以上的家庭农场 30 户。

（五）犍为县特色蔬菜产业市场建设情况

犍为县内有大型蔬菜批发市场 1 个，具有比较完备的冷链物流、电子商务系统。该批发市场主要面向县内人们日常消费，部分商品面向成都、川南片区、重庆等目标市场，年销蔬菜总量22.5万吨。

（六）特色产业三产融合发展现状

生姜储藏方面主要是姜种，大多数采用土窖储藏，年储藏量1600万吨。犍为生姜加工方面主要是干姜加工，涉及6家干姜加工企业，年加工量1500吨。2018年犍为姜核心区榨鼓乡举办了"犍为姜—保健康"为主题的四川犍为首届生姜文化节及犍为姜产业论坛，吸引了大量周边游客。

（七）犍为县特色蔬菜产业扶持政策

犍为县出台的涉及生姜产业内容的发展规划有《犍为县国民经济和社会发展第十三个五年规划纲要》《犍为县乡村产业振兴规划》。

三、犍为县特色蔬菜产业发展存在问题与制约因素分析

（一）产业扶持力度不足

在生姜产业发展方面，尽管各级政府给予了一定的政策扶持和资金投入，但由于财政困难，投入资金仍有限，产业发展质量不高，品牌影响力有限。

（二）田间基础设施投入不足，建设滞后

生姜产业基地的排灌沟渠、产业道路、提灌站等基础设施投入不足，建设滞后，干旱、暴雨等自然灾害频发时期，减产严重，生产方式粗放，大面积种植难以做到稳产增收，直接影响生姜产业发展后劲。

（三）品种退化快，产量下降严重

调研发现产区农户姜种来源不同，种植水平有差异，产量差别很大，高产田块产量达0.4吨/亩，低产仅有0.05吨/亩。长期以来，姜种一般采用无性繁殖，容易感染病菌病毒，且逐年积累，导致植株变矮、变小，品种严重退化，影响产量。因此，加强姜种选种和提纯复壮工作，为生产提供优良种源，是解决姜种性退化、产量下降的关键。

（四）姜瘟病发生频繁，危害严重

犍为白姜品质优良，但抗病性差。犍为产区调查发现，生姜姜瘟病发病面积约占总面积的25%，在发病田块中，有10%田块毁灭性绝收，20%左右田块发病率高达40%以上，平均损失0.2吨/亩以上，严重制约了生姜产业发展。

（五）市场波动、恶劣天气，加剧姜农种植风险

近年来，生姜市场价格忽高忽低，生姜价格波动更是有"高三年、低三年、平三年"之说，加之种姜成本投入大，一旦发生暴雨、持续低温等恶劣天气，会导致产量下降，菜农损失巨大。

（六）农村人才短缺，劳动力不足

犍为县人口多，劳动力资源相对丰富，高于全省平均水平，但外出务工占比达50%，乡村劳动力大量转移，本土劳动力日益缺乏。生姜种植过程中劳动力需求量较大，劳动力短缺成为制约生姜产业的一大因素。

四、特色蔬菜产业发展的对策建议

（一）加强政策扶持

成立由县级领导牵头，由县农工委、农业局、财政局、科技局、交通局、水务局为组成成员的生姜产业推进工作小组，具体协调推进生姜产业发展重大问题，制定鼓励、扶持、奖励政策，积极引导回乡成功人士、退伍军人、农民创新创业，引进专业企业，大户发展生姜产业。

（二）加大基础设施投入力度

积极争取国家省市等上级部门的各口来源产业资金，调增本级财政支持产业重点发展区域的排灌沟渠、土壤整理、肥力提升、产业道路、提灌站、山坪塘、堰等建设和修缮改造。改善农业基础条件，为产业发展搭建好平台。

（三）加大科技研发投入，改良品种

专列出财政资金，支持引智的科研院所，以专家大院、专家工作站为主体形式，支持生姜新品种、新技术、新设备的持续研发，为产业发展注入强有力的科技驱动力。

四川省简阳市辣椒产业

吴 凯 李 志 常 伟 苗明军

（四川省成都市简阳市农业技术推广中心）

一、社会经济及农业产业结构

（一）简阳市社会经济情况

简阳市辖区面积 2213 平方千米，现辖 42 个乡镇 4 个街道 853 个村（居），总人口 148.6 万人，其中农业人口 119.7 万人，占总人口的 80.4%。简阳市耕地面积 165.0 万亩、园地 12.3 万亩、林地 68.7 万亩、其他农用地 36 万亩。简阳市是四川省首批扩权强县试点市、四川省现代服务业综合改革试点县、全国电子商务进农村综合示范县，是天府新区国际旅游文化功能区和成都天府国际机场所在地。

2017 年，全年实现地区生产总值（GDP）414 亿元、同比增长 8%，城镇居民人均可支配收入 31541 元、同比增长 9.2%，农村居民人均可支配收入 14883 元、同比增长 10%。竞争力指数列西部百强县第 19 位、四川省第 18 位。

（二）简阳市农业产业情况

简阳市是传统的农业强市（县），连续 7 年荣获"全国粮食生产先进单位"称号，是全国生猪调出大市（县），全国肉羊优势区域布局规划重点市和四川省养羊十强市（县），现代畜牧业带动现代农业实现新跨越试点市（县）。

2017 年，农业总产值 58.07 亿元，全年粮食作物播种面积 106675 公顷，全年粮食总产量 453384 吨，油料作物播种面积 35196 公顷，全年出栏生猪 93.59 万头，全市水果种植面积 30.1 万亩，产量 31 万吨，产值 13.1 亿元。

（三）简阳市蔬菜产业情况

2017 年简阳市蔬菜种植面积 26.2 万亩，主要以茄果类、瓜类、叶菜类、芥菜类、甘蓝类为主，总产量52.5万吨，总产值7.8亿元以上；食用菌0.8亿袋，总产量10.1万吨，总产值4.5亿元以上。简阳市是加工蔬菜和鲜销蔬菜核心区之一、全省袋料木耳主产区。近年来，依托良好的自然区位优势和产业发展基础，蔬菜产业在简阳市加快发展现代农业进程中占着越来越重要的地位，蔬菜产业已成为简阳市乡村振兴和脱贫攻坚的优势主导产业。

二、特色蔬菜（辣椒）产业发展现状

（一）简阳市辣椒产业情况

简阳市是四川省传统辣椒生产大县，产业规模名列前10，常年种植面积8万亩，最高年份（2005年）种植面积达15万亩。其中，2017年播种面积8.92万亩，产量15万吨左右，产值约4.5亿元。平均亩产1500千克左右，近几年收购价2.4～3.2元/千克。简阳市辣椒分布上主要形成了2个核心种植区：河东片区以禾丰镇为核心，辐射带动三合、普安、金马、平武、青龙、三星、云龙、五合等乡镇种植红椒；河西以江源为核心，辐射带动永宁、望水等乡镇种植红椒、秋椒，大部分以露地栽培为主。简阳市辣椒主产乡镇禾丰镇1万亩辣椒基地申报建成绿色食品基地。

（二）简阳市特色蔬菜的生产现状

1. 自然条件

简阳市属于亚热带湿润气候区，气候温和，热量丰富，雨量充沛，四季分明，无霜期长，冬春季常有干旱，夏有洪涝。年平均气温17.1℃，极端最低气温为-5.4℃，极端最高气温为38.7℃，≥0℃的有效积温6270.9℃，≥10℃的有效积温5421.1℃，无霜期为300天。全年太阳日照总辐射为90.9千卡/平方厘米，日照数为1250.9小时。简阳市多年平均降水量为882.9毫米，多年平均相对湿度为77%，多年平均蒸发量为1215.3毫米。

简阳地势西北高、东南低，境内地貌分为低山、丘陵、河流冲积坝3种，以丘陵为主，约占88.13%，海拔在400～580米。西北辖有龙泉山脉中段的部分山区，占总面积的7.76%，沱江沿岸为河坝地，约占总面积的4.11%。

2. 种植品种

种植品种以加工型二荆条线椒为主，另有少部分菜椒、朝天椒。

3. 栽培模式

简阳辣椒栽培模式有早春大棚设施栽培，春季露地覆膜栽培，春季露地套种玉米栽培等。

4. 栽培设施

早春栽培设施主要是钢架单栋大棚，春季露地一般采用覆膜栽培。

5. 质量安全

通过绿色食品蔬菜生产基地要求标准进行质量管理，基地实施标准化生产，严控农残，强化"三品一标"认证，定期监测辣椒产品质量，严把生产质量关，促进辣椒产业健康有序发展。禾丰镇建成了万亩辣椒绿色食品基地 1 个。

（三）简阳市特色蔬菜产业的科技水平

简阳市辣椒种源主要来自市售的国内外优良品种。辣椒产业发展时间久，种植户对于一般的种植技术掌握比较成熟，种植平均技术水平较高。简阳市内并无专门的新品种、新技术研发单位，主要依托省农科院、农业大学在辖区内建立科研基地，中试基地开展技术研发等。示范推广上有本市农业局，各镇农业技术服务站，以及科研院所合作的技术人员提供服务，完成辣椒种植技术的农民、大户培训，专业合作社、企业技术指导，新型职业农民，职业经理人培训，科研院所、种业公司的新品种、新技术示范推广等。

（四）简阳市特色蔬菜产业组织的发展情况

简阳市蔬菜加工企业有 26 家，注册商标有"味星""互赢"等 6 个。加工原料主要是芥菜、辣椒、生姜，2018 年加工量 7.85 万吨。全县农民专业合作社 1905 个，其中蔬菜专业合作社 290 个，其中简阳市虹兴蔬菜种植专业合作社是集蔬菜（主营姜蒜）生产、保鲜、储存、加工、销售为一体的专业合作社，现有生产基地 500 亩、加工场地 50 亩，年加工姜蒜 1.2 万吨，保鲜冷冻库 4300 立方米，年产值 5000 万元。全市 50 亩以上的蔬菜种植大户 147 户。

（五）简阳市特色蔬菜产业市场建设情况

简阳蔬菜批发市场有 2 家，其中，四川宏昊农产品交易中心占地 325 亩，15 万平方米的蔬果交易区、1 万吨的保鲜库，6000～7000 吨/天蔬菜入场，年交易量 330 万吨。简阳市大华国际农产品物流交易中心占地 850 亩，总建筑面积 100 万平方米，是农业部确定的西部优质农产品推广窗口，集"农产品展示交易、冷藏保鲜、检验检测、物流配送、电子商务、羊肉美食"于一体的现代化综合性交易市场，年交易量 300 万吨，年交易额达 100 亿元。

简阳市各乡镇辣椒除加工企业收购外，其余全部由当地经纪人组织销售到了成都、重庆等大中城市，呈供不应求的趋势。四川省著名豆瓣企业"郫县鹃城豆瓣"和"丹丹豆瓣"均在简阳市发展订单农业、建立生产基地、收购辣椒原材料。全市内干辣椒原料从外省调入，主要来源省份包括新疆、甘肃、内蒙古、山西、贵州、河南等地，主要调入品种有"美国红""红龙十三""铁板椒""二荆条"等，后续用途主要有制作泡椒等泡菜系列、豆瓣酱、火锅底料等。

（六）特色产业三产融合发展现状

2017年简阳市从事辣椒泡菜加工产业的有4家专业合作社、16家酿造食品公司、10个盐渍场；主要加工种类以辣椒为主，包括青菜、榨菜、豆瓣酱、酱腌菜、萝卜等；分布在禾丰、江源、永宁、贾家等10余个乡镇；全市年加工量78460吨，年产值3亿元。简阳市禾丰镇和贾家镇建有农产品加工产业园，其中，四川海晟隆食品有限公司以加工干辣椒粉出口为主，简阳市利丰、合华等食品有限公司以加工辣椒泡菜、豆瓣酱为主，年加工能力1万吨以上，流转土地建有辣椒原材料蔬菜基地，带动当地农民就近务工增加收入。

品牌创建方面有"味星""互赢"等6个注册商标。以禾丰镇为核心区建成了简阳市万亩辣椒绿色食品基地1个。

（七）简阳市特色蔬菜产业扶持政策

为整体推进辣椒基地建设工作，简阳市成立了辣椒产业推进办公室，制定了基地建设考核办法，将成立协会、业主引进、订单签订、示范片建立、经纪人队伍建设等作为考核指标，纳入对各乡镇和部门的年终综合考评；成立辣椒协会，将辣椒生产、销售等工作纳入统一管理，由协会代表农户的利益与龙头企业或业主进行合作；简阳市目前无具体的辣椒产业扶持政策，统一纳入《简阳市促进招商引资推动产业发展相关政策》简委发〔2017〕16号文件奖补。

三、存在的困难和问题

（一）辣椒品种多、杂、乱

目前简阳市辣椒种子品种多、乱、杂现象突出，经销商以次充好事件时有发生，辣椒种子市场有待进一步规范。

（二）病虫害发生严重，种植水平有待提高

由于简阳市近年来集中种植辣椒，重作现象严重，造成病虫害发生较重。一家一户种植占绝大多数，农户种植水平参差不齐，需加强种植技术培训。

（三）抵御自然灾害能力不足

简阳市河西片区处于三岔水库自流灌区，农业基础条件好，但2016年天府国际机场建设地确定建在简阳市河西片区后，农业产业逐渐向河东片区转移。河东片区属于"十年九旱"地区，容易发生冬春干旱，毗河供水工程进程缓慢，目前缺乏完善的灌溉设施成为制约蔬菜高质量发展的重要因素。

2018年7月，简阳市遭遇严重暴雨洪涝灾害，造成辣椒生产大面积受灾。

（四）劳动力短缺现象严重

辣椒生产是劳动密集型、技术密集型产业，当前农村从事农业生产者老年人偏多，劳动力普遍短缺，给辣椒生产管理带来困难。同时，简阳市辣椒采收季节雨水集中，辣椒采摘次数增加，增加了人工成本。

（五）农业产业化经营水平不高

体现在品牌不强、加工薄弱，多数属于市场鲜销。现有辣椒加工龙头企业数量少、规模小、加工业技术水平低、名牌产品优势不明显，产品无价格优势，抢占国内外市场能力不强。辣椒加工产品主要是粗加工，精深加工产品较少，附加值不高，且部分为鹃城豆瓣、吉香居、广乐食品等大型加工企业代加工产品；产品标准化加工新技术的研发、推广应用较少。

四、辣椒产业发展的对策建议

（一）政策扶持

建议市政府对辣椒特色产业出台扶持政策，支持规模化基地建设，在土地流转、土壤地力提升、新品种引进及品种改良、标准化建园等环节进行奖补；支持新型经营主体发展，对新获得有机食品、绿色食品、无公害农产品认证标志并建立产品质量可追溯体系的给予奖励；支持产品市场建设、"三品一标"认证和农业品牌创建。

（二）加强农田基础设施建设

加快河东片区毗河供水工程建设，缓解河东干旱；进一步完善田网、路网、渠网等基础设施建设，增强抵御自然灾害能力；加快菜粮基地高标准农田建设，根据种植业主实际需要完善建设方案。

（三）强化技术支撑，提高产业发展水平

搞好新品种新技术新模式引进、试验、示范、推广工作，加强辣椒标准化育苗，提高育苗质量；加大辣椒品比试验和病虫害防治技术试验示范，进一步筛选出3～5个适宜简阳市种植的高产、优质、抗病辣椒品种，示范推广绿色高效病虫害防控技术。实施标准化生产，强化"三品一标"认证，加强辣椒产品质量监测，严把生产质量关，促进辣椒产业健康有序发展。

（四）完善保险制度

辣椒市场风险较大，加快辣椒价格指数、自然灾害风险保险投保，增强抵御市场风险

能力，解决后顾之忧。

（五）加强营销体系建设

加强辣椒批发市场、电商物流平台建设，切实解决辣椒销路问题；加强保鲜库建设，避免集中上市，延长货架期；配套产业园区，提档升级辣椒加工厂，提高产品附加值。

二十三、渝东南综合试验站

重庆市万州区榨菜产业

王远全[1]　冷　容[2]　王爱民[1]　鞠丽萍[1]

（1. 重庆市万州区多种经营技术推广站；2. 重庆市渝东南农业科学院）

近年来，在各级政府和相关部门的大力支持下，万州区榨菜产业得到持续发展，新品种、新技术推广良好，生产水平明显提高，加工设施不断完善，加工能力逐年增长，榨菜成为万州区名副其实的特色支柱产业，为全区经济建设做出了重要贡献。

一、产业现状

万州无霜期长，立体气候分明，具有得天独厚的自然优势和悠久的种植历史，是我国最适合榨菜生产的区域之一。全区149万亩耕地中，有70余万亩适宜种植早中晚熟不同季节的青菜头。2018年全区榨菜收获面积23.4万亩，其中加工榨菜面积18.5万亩、鲜食榨菜4.9万亩；青菜头总产量48.9万吨，其中加工菜头38.4万吨、鲜食菜头10.5万吨，外销鲜菜头8万余吨。全年榨菜成品产量13.8万吨，产值5.5亿元，出口创汇680余万美元。全区现有国家级龙头企业1个，市级龙头企业1个，区级龙头企业2个，出口品生产企业3个，拥有"鱼泉""明珠""歇凤""绮恩""成宏""渝洲""渝东"等10多个榨菜知名品牌。重庆市鱼泉榨菜（集团）有限公司先后获得中国驰名商标、中国名牌产品、地理标志产品、绿色食品等称号，产品畅销全国各地和世界30多个国家和地区。

二、存在问题

（一）原料基地基础条件差

万州区榨菜生产基地面积大，但基础设施薄弱。一是水利设施陈旧、缺乏，夏秋灾害气候频繁，对榨菜生产影响很大；二是耕地坡多地窄，机械化程度低，轻简栽培技术推广难度大；三是基地公路和田间道路少、路况差，不便田间操作，运输成本高，遇有雨雪天气，时有烂菜情况发生。

（二）生产技术水平有待提高

近年来，农业部门在榨菜新品种、新技术方面进行了大量示范推广工作，总体技术水平有了很大提高，但部分区域仍存在较大差距。一是种源复杂，育苗不规范，种苗基础差；二是轻基肥、偏氮肥、缺微肥，田间管理粗放；三是缺乏针对主要病害的系统预防措施，受自然气候影响大；四是早熟栽培技术落后，未能充分发挥万州区立体气候优势，且早熟栽培规模不大，上市期、产量和质量不尽如人意，市场竞争力不强。

（三）劳动力缺乏，人工成本高

榨菜生产是一个劳动密集型产业，且山地条件差，机械化程度低，整个生产过程基本全靠人工。目前农村大部分青壮年劳动力外出务工，剩下老弱妇孺，雇工困难，人工成本不断攀升，生产上普遍存在劳动力少、素质差、效率低的问题。

（四）种植效益较低，菜农积极性不高

榨菜生产成本一般为 1020～1180 元/亩：小春一季土地租金 100 元，复合肥 100 千克、350 元，人工 520～680 元（13～17 个工，每个工 40 元。育苗 1 个，耕地、开沟、整地 2 个，定植 3 个，管理 1～5 个，砍菜、上车 6 个），种子、农药等其他开支 50 元。以菜头亩产 2 吨、单价 0.6 元/千克计算，每亩收入 1200 元，租地雇工种植的每亩效益只有 20～80 元；农民自种的，可节省部分用工和土地租金，亩收入可达 700～800 元，但仍比进城务工收入少很多，农民种植积极性不高，普遍存在低投入、低产出、低效益的恶性循环。

（五）加工能力不足

一是与基地配套的榨菜初加工厂（盐块菜加工）规模小、数量少、设施差。一方面，菜头丰收后，不能迅速加工利用，积压甚至烂菜的现象时有发生；另一方面，精加工环节缺乏稳定优良的原料支撑，形成了制约万州区榨菜产业发展的瓶颈。二是精品生产能力不足，万州区以"鱼泉"为代表的精品榨菜，风味好、品质优，在国际、国内具有很大消费市场，经常出现供不应求的情况，巨大的市场空间与目前品牌数量不足、精品加工能力有限之间的矛盾，限制了万州区榨菜产业进一步发展。

（六）缺乏准确的产销信息

榨菜生产周期短、产量高、加工简便，市场跌宕起伏，每隔 4～5 年就会出现一次烂市，有"好三年、坏三年、不好不坏又三年"之说，对榨菜原料生产和加工影响很大。由于缺乏准确的产销信息和市场预测，市场应变能力较差，"跟风"种植、盲目囤货、盲目惜售的现象屡屡发生，严重影响了万州区榨菜产业的健康发展。

（七）行业管理能力薄弱

万州区目前尚未成立榨菜行业协会，缺乏行业管理和自律。一是不能根据市场变化很好地协调发展，恶性竞争时有发生；二是不能形成最大合力，难以充分发挥万州榨菜的品牌优势；三是产品质量参差不齐，难以整体提高。

三、建议

（一）强化领导，促进榨菜产业健康发展

加强全区榨菜产业统一领导和协调工作，加大榨菜产业扶持力度，把榨菜产业发展任务作为各部门和主要镇（乡、街道）的年度考核目标严格执行。

（二）充分利用惠农政策，加强原料基地建设

充分利用农业、水利、扶贫、三峡后扶、国土、交通等国家扶持资金，加强原料生产基地建设，以建设基地道路、水利设施、耕地整治为重点，逐步建成旱涝保收、便于机耕、交通方便、技术水平较高的标准化生产基地，达到减轻劳动强度，降低生产成本，提高生产效益的目的。

（三）大力培育产业龙头，促进企业扩能升级

一是提升万州区榨菜初加工能力，采取国家扶持一点、龙头企业支持一点、加工户自筹一点的办法，在主要榨菜生产基地建立一批初加工厂（点），力争做到村村有加工厂，社社有加工点，保证青菜头基本就地消化，向外输出初加工产品；二是在壮大现有龙头企业的同时，鼓励其他民营企业、引进外地企业参与榨菜加工厂建设，国家在技术更新、厂房设施、产品研发、市场拓展等方面重点扶持，培育一批像"鱼泉"一样的优秀品牌，扩规模、突特色、升档次，把万州榨菜做得更大、更好、更强；三是积极发展速冻加工业，速冻菜丝具有工艺简单、保鲜时间长、市场前景好、投入产出比高的特点，是促进榨菜规模化生产的又一大加工途径。目前万州区速冻菜丝加工设施设备简陋，产品开发、市场拓展和品牌创建处于初创阶段，尚需大力扶持，力争将万州区速冻菜丝打造为享誉全国的特色名牌产品。

（四）加大科技投入，全面提高生产水平

建立健全技术推广体系，加大科技投入，建立科技示范片（点），加强农民技术培训。以推广绿色食品和无公害农产品标准化技术规程为重点，狠抓四大关键技术：一是大力引进、示范和推广不同类型的榨菜优良品种，主要基地良种普及率达到90%以上；二是全面推广标准化栽培技术，从育苗、定植到水肥管理，做到适期播种、适量稀播、合理

密植、精细管理；三是大力推广以有机肥为主的平衡施肥技术，显著提高榨菜产量和品质水平；四是加强病虫害综合防治技术推广，针对病毒病、霜霉病、根肿病等重点病虫害，以农业防治为基础，优先使用生物和物理防治，科学合理应用化学防治，杜绝使用违禁农药，确保榨菜原料符合国家质量安全要求；五是积极探索和推广榨菜轻简栽培技术，有效减少用工成本，提高种植效益。

（五）优化种植结构，实现增种增收

以加工为主，鲜食为辅，因地制宜，全面发展青菜头生产。一是进一步扩大加工能力，以加工原料生产为主，进一步扩大榨菜产业规模；二是因地制宜，继续研究和推广万州区早市鲜食青菜头的配套栽培技术，适度提高生产区域的海拔高度，推广耐抽薹的早熟品种及配套技术，大力发展早熟鲜食菜头的生产，大幅度提高农民生产效益；三是挖掘"粮—菜""菜—菜""果—菜""烟—菜"套作潜力，充分利用冬闲田、烟闲地、幼果林等增种增收；四是积极开发利用榨菜菜叶等副产品，提高榨菜生产效益。

（六）加强行业管理，增强市场竞争力

成立以龙头企业、加工大户、种植大户为主的榨菜行业协会，建立密切利益联结机制，实现信息资源共享，在基地生产布局、原料收购等方面统一协调，严格质量监管，制定行之有效的行业管理制度，建立良好的生产秩序和市场秩序，实现行业自律，共同打造万州榨菜品牌。及时收集、分析、预测和通报国内榨菜市场产销动态，充分发挥农村专业协会和新闻媒体的作用，在播种和收购的关键时节，尽快把信息传到加工户和基地菜农手中，引导农民合理发展生产、准确把握产销时机。

（七）推广多种经营模式，保障产业持续发展

一是继续推行"公司＋农户"的模式，加工企业与农户签订产销合同，解除农户后顾之忧，保障加工企业的原料供应；二是建立榨菜合作社，统一管理分散农户，农忙季节合理安排互助帮工，减少劳动力负担，解决生产用工难题；三是扶持培育种植大户，流转土地规模化经营，积极推广机械化耕作等轻简栽培技术，尽量减少人工，力求达到高产、优质、高效的生产目标，建立一批优质稳定的原料基地，保障万州区榨菜产业持续健康发展。

重庆市丰都县榨菜产业

余宏斌[1] 杨仕伟[2] 付琼玲[1] 董华权[1]

（1. 重庆市丰都县农业技术推广站；2. 重庆市渝东南农业科学院）

榨菜系采用茎用芥菜（俗称青菜头）经整理、脱水、三次加盐腌制后熟而成的一种蔬菜腌制品。榨菜生产多数采取农户分散种植原料、榨菜公司（厂）集中收购加工的产供运销一体化模式，走"公司＋农户"的农业产业化道路。丰都、涪陵榨菜自 1898 年诞生并推向市场、走向世界以来，历经百年沧桑，与欧洲的酸黄瓜、德国的甜酸甘蓝并誉为世界三大名腌菜而闻名中外，已经发展成为丰都农业农村经济的特色优势产业之一，是农民增收致富的重要渠道。

一、产业基本情况

丰都榨菜种植涉及十直镇、树仁镇、高家镇、兴义镇、双路镇、虎威镇、名山街道、社坛镇、保合镇、仁沙镇、兴龙镇、董家镇、三元镇、双龙镇、三合镇、湛普镇、包鸾镇、龙河镇、江池镇、龙孔镇、栗子乡、南天湖镇等乡镇（街道）。目前种植面积在 1 万亩以上的有名山、十直、树仁、兴义、社坛、高家、虎威 7 个乡镇（街道）。全县 2017 年榨菜种植面积 21 万亩、产量 45 万吨。2018 年县委、县政府继续把榨菜产业作为县重点项目来抓，全县按 22 万亩、产量 47 万吨的目标任务分配到各乡镇（街道）。目前，全县共有榨菜加工企业 48 家（年加工能力 500 吨以上），半成品原料加工户 160 余户（年加工能力 50 吨以上），企业产品品牌 8 个，年半成品加工能力 6.63 万吨，成品榨菜生产能力 4.08 万吨；榨菜产业常年从业人员在 6000 人以上，榨菜种植共涉及 23 个乡镇（街道）的 10 余万农户 35 余万人。目前丰都县榨菜产品主要有以坛装榨菜为主的全形榨菜，以小包装精制榨菜为主的方便榨菜，听、瓶、盒装高档榨菜以及出口榨菜等几大系列 20 余个产品品种，产品销往全国各地并出口东南亚、欧美等十多个国家和地区。

二、产业取得成效

丰都县榨菜产业紧紧围绕全县农业农村工作大局，以建成全市最大的出口榨菜生产加工基地为目标，坚持抓基地扩规模、拓市场促鲜销、育龙头做品牌、强监管提质量、调结构增效益的工作思路，实现了产业良性快速发展。

（一）基地建设优化扩大

全面启动实施了青菜头无公害、标准化种植，基本实现了榨菜原料基地的优质高产和快速扩展。至2013年，全县"涪杂2号"和"永安小叶"等良种使用率在95%以上，比2005年提高了10个百分点；青菜头种植面积16.5万亩，社会总产量33万吨，分别比2005年增长64%和56%；青菜头单产达2吨，比2005年增加0.26吨，提高14.1%；青菜头无公害抽检合格率达100%。2012年从增收专项资金中切块240万元用于修建榨菜腌制池补贴，全县修建榨菜腌制池8000立方米；2014年又从效益农业专项资金中切块150万元用于修建榨菜腌制池补贴，全县修建榨菜腌制池5000立方米（每立方米补贴300元）。

（二）产品质量稳步提高

通过近几年大力强化日常监管和定期集中整顿执法，原料加工中露天作业、坑卤腌制、偷工减料、粗制滥造等现象得到有效控制；产品加工普遍实现了修剪看筋、机械化淘洗、自动脱盐以及热杀菌防腐保鲜，产品质量安全水平大大提高，检测结果表明，全县各类榨菜产品总体合格率稳定保持在95%以上。

（三）销售市场巩固拓展

近年来，通过采取严格打假治劣、媒体广告宣传和参加各类展示展销等一系列措施，丰都县榨菜产品知名度不断提升，成品榨菜在国内外市场的占有率得到巩固扩大，每年产销量都以0.5万吨左右的速度增长。

（四）农业产业化体系已基本成熟

鱼泉榨菜集团、丰都三和实业有限公司、川王子食品公司、邱家榨菜食品有限公司、三冠食品有限公司、明富实业有限公司、富宏食品有限公司、重庆中康食品厂、金环食品厂等多家龙头企业带动丰都县榨菜产业集群发展。榨菜生产"农户分散种植、公司（厂）集中收购加工、产供运销一体"的"公司＋农户"的产业链基本形成。

三、存在的主要问题

（一）榨菜市场外部环境有诸多不利因素

（1）全国各地腌菜品种增多，且质量不断提高，抢占榨菜市场份额；尤其是浙江榨菜发展规模较大，且加工水平不断提高，市场扩张势头较好，在榨菜产品市场占有一定的份额，市场竞争激烈。

（2）榨菜品牌面临假冒伪劣产品的严重冲击，已造成声誉上和经济上的巨大损失。

（3）榨菜生产虽然在全县有上百万菜农（相当一部分属于三峡移民），与公司之间也已自然形成一种"种植农户＋半成品加工户（盐菜块加工）＋公司（进行精加工）＋市场"的联结模式，但这是一种自发的、粗放的、相对松散的产业链接，是一种买断卖断的原始产业关系，企业占有绝对主导权，市场波动会严重影响种植农民的生产积极性，农民收益不能得到有效保障。

（二）榨菜产区内部环境堪忧

（1）种植技术及病虫害防治不健全，青菜头产量低、品质差，达不到绿色食品要求，售价不高影响农民种植收益和积极性，原料生产不稳定，产业化进程发展慢；同时散户种植市场盲目性大，难以形成规模化管理，也给全面机械化生产带来不便。

（2）目前榨菜加工行业经营渠道较多，管理比较混乱，使产品质量难以得到有效控制，即便是盐脱水榨菜，也普遍存在一定的质量问题。且榨菜加工企业众多，档次较低，不仅难以提档升级，就是维持现状也困难重重，如果任其发展，丰都榨菜产业的前途将难以想象。

（3）政府工作力度需要进一步加强。2001 年以前，丰都县尚有榨菜产业领导小组和榨菜办，然而自 2001 年机构改革把榨菜办合并到原农业局后，全县至今未设立专门的组织机构与生产管理单位，也未建立对种植农户、加工企业及加工大户的稳定投入与激励机制，政府支持力度亟须加强。

四、工作建议

（一）坚持市场导向，把产业做大做强

榨菜是丰都县的"百年"老字号产业，具有较强的竞争力。为确保这一传统产业在新时期发挥新优势，要始终坚持以市场为导向、高质量建基地、高效益做产业的原则，循序渐进把产业做大做强。

1. 实施区域化布局

要按照"稳主产区、扩次产区、拓展新区"的发展思路，以沿江和中后山条件较好的 23 个乡镇（街道）为种植基地，加快推进榨菜生产基地区域化布局，集中成片种植，形成规模种植产业带。

2. 推行良种化生产

淘汰种植多年、品质退化的品种，推广"永安小叶"和"涪杂 2 号"品种，使榨菜基地良种率达到 100%，以有效提高榨菜品质和单产水平。

3. 狠抓规范化种植

全面实施榨菜无公害生产，建立健全农产品质量监测检测中心，县、乡、村三级监测网络、监测管理制度，制定《榨菜规范化栽培技术手册》，并采取措施严格控制农业投入品的品种和数量，促进榨菜生产基地建设水平的提高。

4. 实现高效益产出

榨菜种植要充分利用冬闲田，提高土地利用率，同时通过试验示范，总结推广"桑—菜"和"麻—菜"等套作种植模式，开创一条时空资源综合开发和农民收益做"加法"的特色基地建设路子。

5. 狠抓青菜头鲜销

为进一步做大产业规模，促进广大菜农增收，要大力实施早市青菜头（8月20~30日播种，11月上中旬~12月中下旬收获）种植；同时，要落实相关县级部门、乡镇（街道）、榨菜重点骨干企业、榨菜（蔬菜）专业合作经济组织前往全国各大、中城市宣传拓市，并通过统一印制宣传手册、刻录光盘、举办推介会、电视台广告宣传等形式大力营销。在此基础上，积极推动青菜头种植由一季向二季转变，对种植二季青菜头（10月10左右播种，次年2月下旬至3月上旬收获）的农户给予适当补贴。大量鲜销将会有力地拉动丰都县青菜头收购加工价格的增长，促进榨菜产业规模扩大和良性发展。

（二）坚持培育龙头，增强带动能力

1. 大力培育扶持，壮大龙头群体

县政府要制定出台扶持重点企业发展的政策，不仅在资金、税费、用地、能源等方面给予优惠，还要采取特事特办、一事一议的办法帮助其解决发展中的困难。同时，要制定出台《关于扶持发展农业产业化经营重点龙头企业的意见》，建立重点龙头企业挂牌保护制度、领导联系企业制度、重点企业无小事制度、直通车制度等，促进农产品加工龙头企业的发展。目前，丰都县主要培育有丰都三和实业有限公司、川王子食品公司、鱼泉榨菜集团丰都公司等9家龙头企业。要鼓励、支持重点龙头骨干企业通过兼并、联营、股份改造等方式，低成本扩张，组建大型榨菜集团，走集团化经营之路。规划未来5年内，在全县培育2家年产销量在2万吨以上的产业集团，培育3家年产销量在1万吨以上的重点龙头骨干企业，扶持4家年产销量在0.5万吨以上有发展潜力的企业，以此增强丰都榨菜的发展能力和抗风险能力。

2. 发挥龙头作用，促进产业化经营

要按照"围绕龙头建基地、建好基地引龙头"的思路，把龙头与基地、企业与农民有机统一起来，不断探索完善一体化经营体系。一方面，狠抓龙头企业与基地对接，实现订单生产。对榨菜生产基地和加工企业发展进行合理规划布局，做到基地建设与企业发展相互对接；坚持谁扶持、谁发展、谁收购的原则，划片定点、合同收购原料，避免无序竞争；每年召开龙头企业与基地乡镇产销对接会议，由企业与乡镇签订产销协议，明确双方的权利和义务，乡镇按订单组织生产，企业按订单进行收购。另一方面，落实龙头企业的

责任。为使龙头企业更好地发挥产业带动作用，改变过去单纯的买卖关系，对基地带动作用发挥好的企业进行表彰奖励，对履职不好的企业给予惩戒，直至取消龙头企业资格；保证80%以上的加工企业与原料基地签订收购协议，形成菜农放心种植、加工，企业安心生产的"产、加、销"一体化格局。

（三）坚持科技支撑，提升产业品质

坚持"科技兴菜"战略，把传统产业与现代科技有机融合，不断提升产业品质。

1. 强化良种繁育，促进品质改良优化

大力推动榨菜品种更新换代工作。榨菜杂交新品种"涪杂2号"和"涪杂5号"具有品质优、单产高的特点，其产量较常规良种高20%以上，深受广大企业、菜农欢迎。

2. 狠抓生产技改，促进企业提档升级

要顺应世界食品发展趋势，抓住三峡移民契机，督促各榨菜企业合理利用移民迁建资金，加大迁建技改投入，运用高新科技改造提升传统加工技术。其中，首先要在榨菜企业中开展添制热杀菌设备、QS认证统一技改达标等工作。通过技术改造，使自动淘洗、切块、压榨脱盐脱水、无菌包装、高温杀菌等先进生产工艺走进更多企业，并全面取消化学防腐剂，生产实现自动化、现代化，改变过去榨菜生产"可吃不可看"的状况；使全县所有出口榨菜企业全部完成生产技改，通过QS认证和HACCP验证。

3. 改革生产工艺，提升产品品质

通过采用先进生产设备、改善生产条件，使丰都县榨菜企业在普遍恢复推行修剪看筋这一传统工艺基础上，将过去的一次性全形淘洗改为全形、丝形两次淘洗，改固体配料为液体配料，采取定时、定量、定容的自动脱盐办法和热杀菌生产工艺，全面取消化学防腐剂，并增加产品金属探测工艺，促进榨菜产品品质的提升，提高丰都榨菜的美誉度。

（四）坚持品牌带动，拓宽产业市场

遵循上质量、树品牌就是抢抓市场通行证的思想，大力实施榨菜品牌工程。

1. 强化质量整顿

制定丰都榨菜生产行业标准，每年开展一次或数次质量整顿行动，严厉查处少数不讲卫生、不注重质量、粗制滥造、偷工减料以及未经许可使用重点企业商标及包装版面专利的侵权行为，促进产品质量提高。

2. 大力实施品牌战略

鼓励企业开发新产品、创造新品牌、扩大知名度，制定创名牌的奖励办法，对获得市级以上著名品牌的给予奖励。

3. 狠抓市场销售

各榨菜生产企业在积极开发适销对路产品、确保产品质量的同时，要切实把巩固拓展市场空间、扩大产品销售作为企业生存发展的重中之重，通过持续打假治劣，净化市场以及销区广告宣传，参加各类产品展示、展销和多种形式促销活动，巩固拓展榨菜销售市

场。使产品销售由过去只注重拓展国内市场，逐渐向拓展国内国际两大市场并重转变；由只注重大城市销售逐步向大、中、小城市并重转变；由注重低档低价的农贸市场批发，逐渐向进入高档超市、连锁店销售转变；由注重老区向不断拓展新区并举转变；销售方式也由批发、代销向设点直销并举转变。从而为榨菜产业的良性快速发展奠定了基础，创造了条件，产品市场得到拓展，扩大了企业影响，提高了丰都榨菜的知名度。

（五）坚持环保优先，扶持污染治理

要严格落实保护三峡库区水环境质量要求，本着既要发扬光大百年产业、增加农民收入，又要保护环境，实现可持续发展的思路，始终坚持环境优先，多管齐下，减排治污。

1. 开展定期督查监管

每季度县质监、工商、环保、农业、卫生等职能部门按照县委、县政府统一安排，对全县榨菜企业进行一次以榨菜生产质量、加工安全、污染治理等为主要内容的拉网式整顿检查，发现问题，及时督促整改。

2. 督促利用榨菜腌制卤汁（盐水）

榨菜腌制卤汁是生产榨菜酱油的主要原料。利用颁布实施的《榨菜酱油》标准，督促所有榨菜生产企业和加工户一律不准排放高浓度（含盐量）榨菜腌制卤汁，使其充分利用熬制生产榨菜酱油，严禁乱排乱放污染环境；同时要求所有榨菜企业将生产产生的菜筋、煤渣等固体废物统一运送到垃圾场进行无害化处理。

3. 扶持集中建池和环保配套建设

为从根本上解决榨菜原料加工户多、小、散、乱的格局，提高榨菜废水治理率和榨菜原料加工质量水平。县委、县政府要通过项目运作的方式，每年切块部分三峡库区产业发展基金和排污费，对榨菜生产龙头企业、村组、榨菜专业合作经济组织和榨菜粗加工大业主实施规模化、标准化扶持建池，以奖代补配套建设环保设施。

（六）坚持优质服务，强化发展保障

1. 强化侵权打假

县级有关部门要与企业配合，从榨菜重点产销区市场和主要包装袋印制厂家着手，严厉打击假冒知名企业品牌的侵权行为，做到发现一起、查处一起、曝光一起，切实净化榨菜产销区市场。

2. 强化企业管理及指导服务工作

督促指导榨菜生产企业建立健全管理制度，加强内部生产管理和成本核算，调整产品结构，开发新产品，拓展新市场，扩大知名度，创造高效益。根据全县榨菜主产、成品榨菜产销情况，结合周边区县及浙江等产地生产信息，及时预测发布榨菜收购和半成品价格走势信息、成品榨菜产销信息。加强对企业、产品、品牌、文化等方面的宣传介绍，进一步扩大知名度，促进企业产品销售。同时，取消一切不合理收费行为，为榨菜加工户、企业发展创造宽松环境。

（七）建立组织，强化领导

榨菜产业是助推农户增收致富的有效途径之一，各级各部门必须高度重视，统一思想，树立科学的发展观。县政府成立丰都县榨菜产业发展领导小组，由县政府分管农业县长任组长，县农委、县发改委、县财政局、县审计局、县移民局、县工商局、县环保局、县质量技术监督局等部门负责人为成员。领导小组负责全县榨菜产业建设的组织领导、协调、监督、重大问题决策及相关政策的制定。领导小组于县农委下设榨菜办，专门负责全县榨菜产业发展规划、政策宣传、技术指导与服务、日常管理和协调等工作。

重庆市合川区榨菜产业

周　利[1]　管中荣[2]　程小金[1]　韩远安[1]

（1. 重庆市合川区蔬菜技术指导站；2. 重庆市渝东南农业科学院）

一、社会经济及农业产业结构

合川因嘉陵江、渠江、涪江三江汇流而得名，更因钓鱼城保卫战改变欧亚战场格局而闻名。地处渝西北，毗邻两江新区。辖区总面积2343平方千米，耕地面积176.6万亩，辖23个镇、7个街道，总人口156万人，其中农村户籍人口786825人，农村劳动力327666人。城市建成区面积50平方千米、人口56万人，常住人口城镇化率67.2%。是国家卫生区、全国文明城区提名城区，国家循环经济示范城市、全国首批生态文明典范城市、全国科普示范区、中国休闲垂钓之乡、全国儿童画之乡。2018年全区蔬菜种植面积49.02万亩，产量89.25万吨，上市蔬菜量68.27万吨，其中，鲜销59.67万吨，加工蔬菜8.6万吨；初级产品总产值达17.4亿元。培育蔬菜种植大户243户，大户种植面积75000余亩。

二、榨菜产业发展现状

（一）榨菜生产规模及布局

目前，已经在龙市、肖家、官渡、大石等镇街开展榨菜新品种和新技术示范推广工作，建成官渡菊星榨菜示范点2个，面积共400亩，带动周边群众发展榨菜生产，全区种植规模达到1.1万余亩，合川区已形成以龙市为核心，肖家、南办、三庙镇、官渡等基地稳定发展，辐射带动大石、太和等镇多头共同发展，青菜头原料多渠道销售，加工企业带动能力不断增强的良好发展态势。2018年春季全区青菜头产量3.5万余吨，榨菜鲜销产值达2625万元；秋季生产面积1.1万余亩。

（二）榨菜的生产现状

合川区位于长江上游地区，属浅丘地区，土质肥沃，宜种性广。合川区属温带大陆性季风气候，四季分明，雨热同季，年平均气温 18.1℃，年平均降水量 1112 毫米，全年总日照时数 2730 小时，适合榨菜的生长。

2017 年秋季示范推广的"永安小叶"和"涪杂 2 号"在 2018 年春季采收效果良好，青菜头产量比当地常年产量平均增加 15% 左右。2018 年在当地大面积推广应用的新品种"永安小叶"和"涪杂 5 号"，面积 1.1 万亩，其中"涪杂 5 号"1000 亩。栽培模式主要为"粮—菜"轮作模式，主要茬口衔接为"玉米/水稻 + 榨菜"。

（三）榨菜产业的科技水平

合川区榨菜主要栽培品种为"永安小叶"，2018 年在前期试验示范的基础上，重点筛选引进了适宜加工的高产品种"涪杂 5 号"在官渡、大石等基地进行了示范推广。全年在大石街道、龙市镇、渭沱镇开展种植技术培训班各 1 期，培训 150 余人，向农户发放榨菜技术手册 1000 余册。榨菜直播高产技术在官渡、大石等镇推广面积达到 1000 余亩。

（四）榨菜产业组织的发展情况

1. 采取技术部门与生产基地镇政府合作方式共建示范点

先后培育了田园丰收合作社、菊星桥合作社、石堰榨菜生产合作社、金钟蔬菜合作社等农业合作社作为榨菜生产的生力军。

2. 加工企业发挥龙头引领作用，带动生产发展

合川区农委通过特色效益农业等项目扶持，完善企业加工设施，帮助曾巧食品、德佳集团等企业夯实加工能力。曾巧食品发挥龙头带动作用，2018 年春季在全区收购近 2 万吨订单榨菜，产品实行保护价 750 元/吨进行收购，使基地农户收益得到保障。

3. 与区外收购商建立销售渠道

依托国家特色榨菜产业技术体系平台，互通信息，协同发展，与区外收购商建立了合作模式，2018 年为区外收购商发展榨菜订单 1000 余亩。

（五）榨菜产业市场建设情况

本地销售以订单企业收购为主，主要以田间市场的方式进行现场收购。

（六）榨菜产业三产融合发展现状

依托区内重庆德佳食品（集团）有限公司、重庆市曾巧食品有限公司等食品加工龙头企业做大榨菜产业，以订单形式在龙市、肖家、官渡、太和、三庙等地建成较集中的榨菜生产基地。同时，榨菜产业的发展，也不断吸引着区外收购商前来合川发展榨菜、宽柄芥、芥菜等订单生产。曾巧食品等龙头企业在营销方面依托天猫、京东等电商平台，使产

品畅销全国。

（七）本市县特色蔬菜产业扶持政策

在重庆市合川区农业委员会《关于印发〈合川区蔬菜产业"十三五"发展规划〉的通知》（合川农委发〔2017〕51号）中，将榨菜产业发展纳入合川区蔬菜产业"十三五"发展规划中，并在每年的现代特色效益农业项目中对榨菜加工企业的基础设施设备进行补贴。

三、榨菜产业发展存在问题与制约因素分析

一是适宜低海拔地区的早熟鲜食青菜头品种缺乏，农户需求较强；二是加工原料种植面积增大，深加工转化速度不快；三是龙头加工企业较少，带动能力有待增强；四是榨菜加工废弃物处理成本较高，资源化利用手段不多。

四、榨菜产业发展的对策建议

一是加强对耐热早熟鲜食品种的研发培育。二是加强榨菜直播技术、高效施肥技术等实用技术的示范推广。三是加快推广适宜榨菜生产的小型直播机械和采收机械，节省劳动力。

重庆市垫江县榨菜产业

杨光霞[1] 沈进娟[2] 朱远刚[1] 张立中[1]

（1. 重庆市垫江县果品蔬菜管理站；2. 重庆市渝东南农业科学院）

一、基本情况

垫江地处成渝经济区"两心五带"之一的渝广达发展带，中心点距重庆主城区 120 千米，是主城区 1 小时经济圈、渝东北翼的重要节点，区位条件优越，为农村土地流转发展种养基地创造了良好的交通条件。垫江县浅丘地貌，土壤多为灰棕紫泥和暗紫泥土，土层深厚肥沃，pH 值为 6～7.5，境内溪河纵横，水系发达，优越的自然条件适合多种农作物生长。2017 年全县农林牧渔业（包括农林牧渔服务业）总产值 645246 万元，全县地方财政收入 363723 万元，同比增长 22.4%。地方财政收入的稳定增长，为蔬菜产业发展提供了经费保障。

垫江县辖区总面积 1518 平方千米，现有耕地总面积 128.01 万亩。2017 年末户籍总人口 97.14 万人，其中乡村人口 56.42 万人；全县农作物总播种面积 138.2 万亩，其中蔬菜播种面积约 40 万亩，总产量 80 万吨，总产值达 12.8 亿元；设施蔬菜种植面积 3.6 万亩，年加工蔬菜消耗原料 26 万吨。主栽蔬菜种类有：瓜类、茄果类、绿叶类、芥菜类、白菜类、菜豆类、葱蒜类、水生蔬菜、食用菌类以及菜用玉米等。终年均有时令蔬菜产出，不仅能提供本县城乡居民生活需要的大部分产品，一部分还能供给重庆大市场。

二、榨菜产业发展现状

（一）生产规模持续扩大

2017 年，全县榨菜种植面积达 15 万亩，比 2011 年增长 50%，约占全县蔬菜总面积的 38%；平均亩产 2 吨，总产量达 30 万吨；按市场均价 800 元/吨计算，总产值达 2.4 亿元，全产业链产值达 3.12 亿元。农户种植榨菜平均销售收入 1600 元/亩，扣除生产成本

150 元/亩（不含劳动力及土地成本），纯收入 1450 元/亩；业主种植榨菜生产成本按 1000 元/亩计算，纯收入 600 元/亩。

垫江县毗邻有"中国榨菜之乡"美誉的重庆市涪陵区，农民素有种植榨菜的习惯，榨菜作为垫江县蔬菜主导产业之一先后被纳入《垫江县农业农村经济发展"十二五"规划》和《垫江县农业农村经济发展"十三五"规划》。"十二五"期间，垫江县加快农业产业结构调整步伐，大力发展榨菜生产，榨菜产业得到迅速发展，现已成为垫江县特色优势蔬菜产业、种植面积最大的蔬菜品种，也是目前用于蔬菜加工的主要品种。其加工产品以鲜、香、嫩、脆的独特品质和风味行销全国各地，带动垫江县 7.8 万户农户发展种植榨菜，为促进农民增收发挥了重要作用。

（二）生产布局不断优化

近年来，依据垫江县地理环境、资源分布、种植习惯和产业基础等因素，结合重庆市榨菜全产业链开发专题规划，依托重庆市垫江县坪山榨菜食品有限公司，形成了以坪山镇、鹤游镇为中心，向三溪、裴兴、永平、白家、包家、砚台和高峰等镇辐射的榨菜生产基地；以高安镇为中心，向长龙、杠家、五洞、周嘉等镇辐射的宽柄芥生产基地，逐步实现"南榨菜、北酸菜"的芥菜产业发展格局。规模化种植区域主要分布在坪山、鹤游、三溪、裴兴等 22 个乡镇。其中，部分乡镇种植面积达到或超过 1 万亩，多数村已成为榨菜生产专业村。

（三）产品质量明显改善

垫江县榨菜栽培模式为一年一茬，采取 3~8 月种植玉米或蜜本南瓜、9 月至翌年 2 月种植榨菜的轮作模式。主栽品种有"涪杂 2 号""涪杂 5 号""永安小叶"等，生产过程严格按照榨菜无公害生产操作规程进行。自实施"无公害食品行动计划"以来，蔬菜产品质量安全工作得到全面改善，质量安全水平得到明显提高。2016 年，全县累计无公害蔬菜基地认证面积 39.9 万亩，其中无公害榨菜（青菜头）基地认证面积 20 万亩。

（四）收贮加工快速发展

目前，全县从事榨菜加工销售的从业人员已达 600 余人，现有榨菜加工厂及个体加工户 126 个，绝大多数为榨菜半成品加工户，年收购加工榨菜 23 万吨左右。其中，重庆市垫江县坪山榨菜食品有限公司收贮加工约 4 万吨；县内其他业主收贮加工约 19 万吨；其余外销调运到附近的涪陵、万州，以及吉林、辽宁、甘肃、新疆、湖北、河南、河北、浙江等省市和地区。加工产品以半成品"盐渍菜头"为主，少量生产"全形菜"及"精包装榨菜"。主要加工企业有重庆市垫江县坪山榨菜食品有限公司（企业品牌：乌江牌）、重庆市晓崔食品有限公司（企业品牌：建豪牌）、重庆坤豪食品有限责任公司（企业品牌：丹香妹）、重庆好口福农业开发公司（企业品牌：俊材牌）、重庆明月山农业综合开发有限公司（企业品牌：朝天门）、重庆市垫江县明贵宏食品加工厂（企业品牌：定鼎牌）和重庆市涪地特榨菜厂（企业品牌：涪地特）等。

三、存在的主要问题与制约因素

（一）主要问题

1. 榨菜加工能力不强，产品附加值较低

一是榨菜生产与营销加工不能同步协调发展，部分乡镇青菜头靠销售到外地加工，存在扩大生产规模导致产品滞销的风险。二是垫江县大多数榨菜加工企业以生产附加值较低的初级加工产品为主，受大型深加工企业的制约，抗御市场风险能力低，经济效益不高，没有形成高附加值的产业链，影响了企业的发展壮大和对产业经济效益的深度发掘。

2. 榨菜加工工艺落后，环境保护压力大

全县绝大多数榨菜收贮加工企业采用成本低廉的盐脱水加工工艺，每年都会产生大量的盐渍废水，且企业又无力投入资金与技术进行废水处理，给环境保护工作带来了很大的压力。

（二）制约因素

1. 科技转化能力不强

全县缺乏向下的延伸机构和服务组织，基层蔬菜技术推广服务人才短缺、手段落后、经费不足；从事农业生产的农户年龄结构老化，综合素质普遍偏低，增加了农业技术进村入户难度。

2. 质量安全隐患仍存在

公众对食品安全的期盼强烈，社会舆论对食品安全的关注度越来越高。个别榨菜生产经营者滥用生产投入品，给质量安全监管带来更多压力。

3. 产业组织化程度不高

垫江县榨菜生产经营模式以户营为主，组织化程度较低；龙头企业数量少，带动能力不强；品牌打造和市场开拓的力度不够，产业化开发程度、产品附加值低，市场竞争力弱。

四、发展对策建议

（一）继续推行订单生产，打造优质榨菜原料基地

2018 年，垫江县青菜头种植区域拟被纳入涪陵青菜头地理标志地域范围。以此为契机，进一步打造榨菜原料标准化生产基地，将有利于保证榨菜企业产品质量，有利于提升产品的市场竞争力；订单是确定菜农和企业之间利益关系的基础，因此，要通过"政府

引导、企业主导、订单生产、保护价收购"等方式来提高农户种植榨菜的积极性，不断夯实、建立起稳定的优质高效的榨菜原料基地。

（二）探索先进技术，搞好培训推广

一是与市内外各大专院校、科研机构联系合作，特别是加强与重庆市渝东南农业科学院的联系，积极开展榨菜先进种植技术试验、示范及推广工作。二是配足技术服务队伍，县果品蔬菜管理站和各乡镇农业技术服务中心要进一步充实蔬菜专业技术人员，壮大技术服务队伍，确保各榨菜基地有技术人员进行技术服务。三是加强培训推广，将榨菜生产技能纳入新型职业农民培训范围，着力培训基地业主和大户，积极推广新品种、新技术、新机具及新管理，提高榨菜生产效率和技术水平。四是强化榨菜生产的安全监管，抓好无公害蔬菜、绿色蔬菜生产技术和物资的推广运用，加强榨菜基地环境质量监管、农业投入品管理、农产品质量安全执法检查，提高榨菜产品质量，保证安全环保。

（三）大力扶持榨菜加工企业，促进产业做大做强

一是加大企业招商力度，积极贯彻实施县上招商引资的优惠政策和对加工企业的扶持政策。二是不断紧密企农关系，实行"公司＋基地＋农户"和"订单生产"的榨菜产业化经营模式，增加企业利润和农民收入。对榨菜生产基地和加工企业发展进行合理规划布局，落实企业责任，促使企业发挥带动作用，促进基地发展，农民增收，做到基地建设与企业发展相互对接，避免无序竞争。

（四）培育垫江青菜头品牌，积极开展电商销售

垫江作为榨菜加工原料生产基地，长期以来销售渠道单一，青菜头销售价格波动较大，农民种植青菜头经济效益偏低。随着垫江县青菜头种植规模进一步扩大，加工和鲜销相结合的方式更有力促进产品的销售。在电商销售上，加大政策资金投入力度，依托重庆宝尊供应链管理有限公司等电商主体，积极推进青菜头标准化生产，打造适合电商的产品，大力培育垫江青菜头品牌，充分发挥品牌效应、开拓销售市场，增加农民收入，促进产业发展。

（五）探讨"以大带小"、互利共赢发展模式

充分依托重庆市涪陵榨菜集团股份有限公司雄厚的资金实力、庞大的加工能力、显赫的品牌优势，带领垫江县多数零散收贮加工业主探索抱团取暖、互利共赢的良性发展模式。逐步探索零散收贮加工业主按照大型龙头企业的质量和价格等标准，协助收贮加工青菜头，然后由大型龙头企业向零散收蓄加工业主支付适当的收蓄加工费用的新模式。同时，可由龙头企业收取一定费用，集中处理零散收贮加工企业的盐渍废水，解决环境污染问题。

重庆市涪陵区榨菜产业

何超群[1]　彭丽莎[2]　周　波[1]　蒋　波[1]

（1. 重庆市涪陵区经济作物技术推广站；2. 重庆市渝东南农业科学院）

一、产业发展现状

重庆市涪陵区辖区总面积 2942.34 平方千米，总人口 116.7 万多人，其中农业人口 64.5 万人（2016 年末统计数据），耕地面积 151.35 万亩。涪陵区青菜头（榨菜原料）种植涉及全区 23 个乡镇街道 16 万农户 60 余万农业人口，形成了区域化布局、集中成片的榨菜产业带。"永安小叶"和"涪杂 2 号"等良种普及率达 95% 以上，是全国优质榨菜原料的最大产区。2018 年，涪陵区青菜头种植面积 72.58 万亩，产量 160.03 万吨，其中用于加工榨菜 105.04 万吨，鲜销 53.66 万吨。目前，涪陵区有榨菜成品加工企业 40 余家。

二、产业发展优势

（一）自然资源优势明显

涪陵区地处三峡库区，地势以丘陵为主，海拔 200～800 米，属中亚热带湿润季风气候，常年平均气温 18.1℃，年均降水量为 1072 毫米，无霜期 317 天，年均日照 1248 小时，土壤分布多为灰棕紫色土和红棕紫色土。涪陵区气候温和，热量充足，降水丰沛，土壤质地优良，适宜青菜头生长。涪陵青菜头因其茎瘤生长期长，养分积累丰富，干物质含量高，组织致密，具有良好的加工性。

（二）榨菜品牌优势明显

涪陵区共创榨菜品牌 190 多个，榨菜产品及青菜头获得绿色食品认证 30 个，有机食品认证 8 个。"涪陵榨菜""乌江""辣妹子""餐餐想"榨菜品牌获中国驰名商标称号，其中"乌江"和"辣妹子"获得中国名牌产品称号,"浩阳"等22个榨菜品牌获"重庆市著名商标"称号。据统计,涪陵榨菜自问世以来,共有14个品牌获国际金奖,获国内各种质量奖90余次。1995年,涪陵被命名为"中国榨菜之乡",2003年,乌江产品通过了原产地标识注册。2010年,"涪陵榨菜"被认定为"中国驰名商标",同年"涪陵青菜头"地理标志商标成功注册,"Fulingzhacai"地理标志商标也被认定为重庆市著名商标。2012年,涪陵成功创建国家级出口榨菜质量安全示范区,同年,"涪陵榨菜"地域象征商标在"2012地域象征品牌价值"认证中排名全国第2位,品牌价值高达123.57亿元。2014年,涪陵"辣妹子"牌榨菜荣获第十五届中国绿色食品博览会金奖。2017年,在"第二届中国农产品电子商务峰会"上,"涪陵榨菜"被授予"2016年度中国农产品区域公用品牌网络声誉50强"荣誉称号;在第十五届中国国际农产品交易会上,"涪陵榨菜"被农交会组委会授予"2017百强农产品区域公用品牌"称号。这些品牌和荣誉对提升"涪陵榨菜"品牌美誉度、扩大涪陵榨菜销售市场,增强涪陵榨菜产业发展后劲,推动农民增收具有重要意义。

(三)科技支撑优势明显

1997年,重庆市涪陵榨菜研究所成立,是全国唯一的融榨菜种子资源、榨菜育种、栽培和贮藏保鲜研究与良种开发于一体的专业性榨菜研究机构。自1991年以来,原四川省涪陵地区农业科学研究所(重庆市渝东南农业科学院)成功转育成茎瘤芥雄性不育系并实现"三系"配套,并先后育成了"涪杂1号""涪杂2号""涪杂5号""涪杂8号"等青菜头杂交新品种,填补了我国芥菜类蔬菜雄性不育系利用和杂种优势育种的空白。2015年,重庆市渝东南农业科学院与四川省农业科学院合作研制的芥菜新品种DUS测试国家标准,通过国家农业部组织的专家审定。该标准确选了82个测试性状及其相对应的分级标准、观测时期和67个标准品种,具有较强的先进性、实用性、可操作性,填补了我国芥菜类蔬菜无相关测试技术标准的空白,居国际领先水平。重庆市渝东南农业科学院丰富的榨菜研究经验,为解决涪陵榨菜生产上的技术难题提供了有力的科技支撑和技术保障。

(四)产业集群优势明显

涪陵榨菜产业集群优势明显,一是涪陵榨菜加工产业化龙头企业众多,现有国家级龙头企业2个,市级龙头企业14个,区级龙头企业3个。二是拥有国内最大的青菜头种植面积,2018年涪陵区青菜头种植面积72.58万亩,产量160.03万吨,是全国最大的优质榨菜原料产区。三是榨菜产业乡镇集中连片,经过多年发展,形成了一批榨菜产业毗邻乡镇,如百胜镇、珍溪镇等既是青菜头主要生产区,又是榨菜成品加工企业重点乡镇。加工企业就地取材,减少了原料运费,降低了产品成本,提升了产品竞争力。

三、产业发展存在问题

（一）青菜头种植基地扩张压力大

2018 年涪陵区青菜头种植面积 72.58 万亩，已占全区耕地面积的 48%，一些主产乡镇的种植面积已达耕地面积的 95% 以上，基本上已经种满种尽。加之农村劳动力匮乏、机械化程度低等因素，以及毗邻区县种植面积扩大的挤压，进一步影响了种植基地的扩张。

（二）产品质量安全压力大

涪陵区多数榨菜半成品加工户凭借传统经验进行榨菜半成品加工，对榨菜原辅料和产品很少进行专业的检验检测，多数缺乏严格的质量和卫生控制措施。部分榨菜加工企业生产设备简陋，加工技术落后，无法适应现代农产品生产加工要求。

（三）产业发展环保压力大

种植户在青菜头种植过程中，过量施用化肥，导致土壤酸化严重。榨菜废水处理设备安装、运行投入较大，部分加工企业为降低生产成本，不愿增加这部分投入；也有部分榨菜企业对环保治理重视不够，废水处理设备不够健全。监管部门对榨菜生产的环保监管工作难以全面、到位。

四、产业发展建议

（一）建立标准化青菜头生产基地

通过建立早榨菜、常季榨菜、晚榨菜标准化生产技术规程，完善基地基础设施建设，指导涪陵青菜头标准化生产，围绕现有的榨菜重点龙头企业，科学规划、合理布局优质青菜头标准化生产基地，以推行青菜头标准化生产技术、提升榨菜原料质量，降低肥料等农业投入品对产地环境的污染，进一步提升涪陵榨菜在国内及国际市场的竞争力，促进涪陵榨菜产业可持续发展。

（二）提高青菜头生产和榨菜加工技术水平

加强涪陵榨菜产业链上青菜头生产和榨菜加工的相互合作，树立共赢意识。在青菜头种植环节建立良好的种植规范，以统一指导和督促青菜头标准化生产种植。在榨菜成品加工环节，严格考核生产企业的生产能力，淘汰产能和技术落后的企业，培育具有良好生产规范且具有危害分析与关键控制计划等相关制度的现代化龙头企业。通过建立相关的企业制度，完善涪陵榨菜的安全卫生标准及质量安全检测标准，以推行榨菜产业规范化和标准化来降低产品质量安全隐患，确保榨菜产品质量安全，提升涪陵榨菜的公信力。

（三）全面推动产业升级

1. 抓好绿色生态发展

淘汰种植多年、品质退化的品种，推广应用抗病丰产的青菜头优良品种，推进青菜头绿色生态、标准化生产；抓好榨菜智能化生产基地建设，抓好对榨菜企业的扩能升级，建设规范化、标准化榨菜集中腌制池，把榨菜半成品原料由加工户分散加工转变为企业集中加工，确保盐水循环利用和集中处理，发展循环经济，减少盐水排放，打造绿色产业。

2. 抓好技术创新升级

加大推进青菜头良种选育和病虫害控防技术研究工作力度，解决"品种单一、熟性集中、先期抽薹、抗病性差、单产较低"等突出问题；开展种收机械化研究，研发适合涪陵丘陵地带的青菜头种收机械并推广应用；开展榨菜生产机械化、自动化、智能化技术研发和推广应用，开展含榨菜盐水的处理技术、盐水二次循环利用等技术的研究和推广应用。

3. 抓好品牌宣传拓市

建立榨菜产业数据库，应用大数据分析涪陵青菜头、涪陵榨菜的营养成分、产品功能等形成数字产品；将"涪陵榨菜""Fulingzhacai"证明商标进行商标国际注册，以涪陵榨菜集团为主体，现有出口榨菜企业为成员，组建出口企业联盟，拓展国际市场。

4. 抓利益联结机制建立

在巩固和完善现有最低保护价收购、"公司＋基地农户"订单生产、"加工大户＋基地农户"合同收购、青菜头收益保险等基本经营模式的基础上，推进股份合作社和股份有限公司经营模式的建立，以股权为纽带，让农民分享更多资源红利，获得更多财产性收入。

二十四、遵义综合试验站

贵州省黄平县辣椒、生姜、荸荠产业

罗爱民

（贵州省黄平县经济作物技术推广站）

一、基本情况

（一）农业生态资源条件

黄平县位于黔东南西北部，距贵阳176千米、凯里49千米，全县总面积1667.8平方千米，辖11个乡镇，总人口38.5万人，全县常用耕地面积70.53万亩，其中稻田面积38.19万亩、旱地32.34万亩，境内有重安江、舞阳河、野洞河等。黄平县属亚热带季风湿润气候区，海拔519～1367米，年均温度13.7℃～16.1℃，年均降雨量1307.9毫米，年均日照时数1104.7小时，无霜期平均为299天，冬无严寒、夏无酷暑，具有温和的气温条件、丰富的淡水资源、无污染的农业立体生态环境资源，十分有利于商品蔬菜的生态型开发、无害化发展和周年化生产，具有发展周年蔬菜生产的特色生态农业立体气候条件，截至2018年，全县已认定36.95万亩无公害农产品生产基地。

2018年全县农作物总播种面积完成90.51万亩，粮食作物播种面积42.75万亩，粮食总产量11.9794万吨；蔬菜播种面积预计19.5万亩，预计年产各类蔬菜31万吨，实现总产值8.2亿元。2018年全县农业生产总产值预计完成32.4386亿元，同比增长8.67%。农民人均纯收入8004元。

（二）生产技术日趋成熟，社会条件基本具备

一是县经济作物技术推广站（简称经作站）多年承担省下达的蔬菜试验示范项目、全省辣椒区试初步摸索总结了适用当地的无公害高效配套栽培技术，蔬菜种植大户也在逐步增多；二是进入黄平县的省内外客商在不断增加，已有一批比较稳定的瓜菜经纪人队伍；三是农民专业合作经济组织不断发展，已成立从事种植业生产的农民专业合作经济组

织 113 家。

（三）区位优势

一是黄平县境内有湘黔铁路横穿县境、省道湄黄公路直达遵义通重庆、有凯余高速公路及黄平民用机场，黄平至贵阳、黄平至瓮安县的高速公路已开工兴建，为农产品市场销售网络构建和南下北上提供了十分便捷的交通运输条件。二是珠三角地区夏秋季节高温、暴雨、台风等自然灾害频发，导致夏秋蔬菜生产困难，每年 6～10 月需求的蔬菜大部分要从内地温凉区、温暖区调入，黄平县温和的气候条件，十分适宜发展 6～10 月上市的夏秋蔬菜。

（四）蔬菜生产的设施条件日趋完善

目前黄平县有大型冷库（气调库）2 个（容积约 4000 立方米），另有小型冷藏库 7 个（容积约 400 立方米）；全县有单体大棚及连栋棚 1930 个（其中四连栋棚 26 个、两连栋棚 326 个），设施面积达到 54.6 万余平方米，太阳能杀虫灯 150 余盏；主要蔬菜基地的机耕道、排灌沟等基础设施在不断完善。

二、特色蔬菜生产现状

（一）辣椒

辣椒在黄平种植历史悠久，尤其是本地线椒是黄平县地方传统优势农产品之一，主要分布在黄平县的谷陇、翁坪、重安、新州、野洞河等乡镇，常年种植的本地线椒具有粗、细 2 种类型、果实线形、一般干辣椒长 22～35 厘米，最长的达 49.7 厘米，色深红、辣味适中、香味浓、干椒率高，鲜食加工干制兼宜，是贵州省内品种纯、质量好的地方线椒品种。由农业局经济作物站通过提纯复壮选育的"黄平线椒 1 号""黄平线椒 2 号"2 个常规品种于 2009 年通过省农作物品种审定。黄平线椒曾先后获无公害农产品产地产品认证、有机食品转换证书，目前正由县农业技术推广中心申报农产品地理标志产品登记。

黄平县辣椒生产区域化分布比较明显，传统种植区主要包括新州、野洞河、谷陇、翁坪、重安等乡镇，以本地线椒为主，种植面积占全县的 80% 以上，黄平县菜用鲜椒产区主要分布在以旧州、平溪、浪洞、一碗水、上塘等乡镇及重安镇的坝区安江村、皎沙村，有 60 余个栽培品种，以线椒为主，品种包括"农望辛香 898""农望更新早优""辣丰 3 号""贵研 13 号""研阔沃长椒""东方荣耀"等，朝天椒有"亮大将军""贵辣 408"等。2017 年辣椒种植面积 26235 亩，产量 2729.925 万千克，由于 2018 年受到旱涝灾害影响部分减产甚至绝收，本地辣椒平均单价 5.6 元/千克，其他辣椒约 3.2 元/千克。2018年种植面积 2.9 万亩，比 2017 年增加 2797 亩，实现总产量约 4.31 万吨，面积产量增加的主要原因是 2018 年的"一减四增"工作的开展，往年种植玉米的土地部分改种辣椒。

（二）生姜

2017 年种植面积 5151 亩，产量 6246 吨；其中 2017 年发展大肉姜订单生产面积 1200 亩，产品主销福建盈丰食品集团有限公司。采用田间验收、科学管理，未受灾地最高亩产量达到 5220 千克，由于大部分受灾，平均亩产约 1530 千克。

2018 年全县生姜种植面积 1783 亩，产量 0.38 万吨，品种以本地小黄姜为主，其中大肉姜 2018 年面积减少到 360 亩，主要原因是 2017 年种子在冷库存放管理不当，2017 年订单生产企业在回收产品后未支付农户全部货款便破产，挫伤了农民的种植积极性。2018 年，仅谷陇镇的黄平丰茂种养殖专业合作社在新寨、克麻、大坪村实现规模种植 300 亩，但由于两月余的干旱导致大部分受灾，田间验收平均亩产仅 1490 余千克，产品主要销往广东市场，2018 年的产品批发价为 2 元/千克，目前采收即将结束，预计只能收回成本。本地线椒常年市场价 4 ~ 8 元/千克，干辣椒 24 ~ 40 元/千克。

（三）荸荠

黄平荸荠种植具有上百年历史，区域分布明显，集中在旧州镇的寨勇村、天官村，2017 年种植面积 330 亩，年产量 660 吨，12 月下旬开始上市；产品主要销往周边福泉、凯里、瓮安等县市，平均亩产 2 吨，最高达到 3.6 吨，2017 年批发价 5 元/千克，一般亩收入 1 万元左右，农民增收效果显著。目前该村农户有大小型清洗机 23 台，1 小时可以清洗 500 千克，大大减少了清洗劳动力。荸荠在寨勇村每年都是由村两委组织规模种植，面积在 250 ~ 300 亩。

其他大葱、大蒜、韭菜、莲藕、小香葱等特色蔬菜作物发展规模小，仅在各乡镇零星种植。

三、推进特色蔬菜产业发展的主要政策措施

（一）加强组织领导

2017 年 9 ~ 10 月相继成立县、乡镇两级蔬菜专班，由县委常委组织部部长任专班班长，分管副县长及农业局局长为副班长，制定了黄平县蔬菜产业发展实施方案，明确了各个乡镇蔬菜专班及种植示范任务并加强了督促检查，同时初步建立了县蔬菜专班工作联系平台和蔬菜生产统计报告制度。蔬菜专班办公室设在经作站，负责蔬菜基地建设的日常工作，负责拟定实施方案、开展技术培训、新品种新技术试验示范、产品营销服务等。

（二）多渠道整合资金加强蔬菜产业基地及冷链物流建设

为发展蔬菜产业，黄平县在财政专项扶贫资金方面重点给予倾斜，在蔬菜产业上 2017 年 12 月安排 11 个乡镇共计 290.8 万元投入 2018 年蔬菜生产。2018 年，谷陇镇在辣

椒产业安排投入扶贫子基金 100 万元，新州镇安排投入 150 万元财政扶贫资金，野洞河镇投入财政资金 22 万元补助农户种苗，另外农业局调整资金 5.08 万元购买地膜支持野洞河、谷陇、重安等开展一减四增工作辣椒种植示范，扶持发展辣椒产业。另外在开磷集团支持下，为合作社及种植大户辣椒基地提供高效复合肥 30 余吨。由县农业投资公司投入 80 万元（项目实施 3 年）支持谷陇镇黄平丰茂种养殖专业合作社发展大肉姜 300 亩。

2018 年在谷陇镇利用扶贫项目子基金投资 3032.79 万元新建冷库，库容 5000 吨，另外计划投资 2000 万元引进企业在谷陇镇建辣椒加工厂 1 个，项目已经进行评审。

（三）开展辣椒集中育苗示范

2017 年引进遵义正安旭民种养殖发展有限公司在谷陇镇发展千亩辣椒（朝天椒），利用支持谷陇极贫乡镇的扶贫资金 200 万元，建立育苗大棚并购买漂浮盘、基质，由黄平县皎沙蔬菜专业合作社承包集中漂浮育苗，充分发挥了新型经营主体的作用，为种植农户提供了健壮的辣椒苗，同时使当地农户看到了漂浮育苗技术的好处，同时还为种植辣椒的贫困户提供地膜、复合肥，助推产业扶贫工作和辣椒规模化标准化生产。

2018 年为继续促进黄平县辣椒漂浮育苗技术推广，组织旧州农业园区 1 家企业及重安镇的 1 个蔬菜合作社分别为野洞河镇育苗 500 亩，为谷陇镇的 1 个合作社育苗 500 亩。

（四）重点加强辣椒、大肉姜、荸荠生产基地指导

为改变农户的传统种植方式，黄平县以辣椒为重点，采取实地培训指导农户整地开厢、推广应用农机作业、育苗移栽、地膜覆盖栽培技术，按照贵州辣椒生产技术规程重点指导谷陇镇仰朵村的恒帮蔬菜专业合作社 130 亩基地，从农机整地施底肥、开沟起垄、覆盖地膜、定植及密度、田间病虫害防治等全程指导，通过合作社示范逐步引导改变农户的种植习惯。同时在辣椒生产关键时期深入田间地头对农户进行田间病虫害防治、施肥等技术指导。另外，还对新州镇、野洞河镇、平溪镇、重安镇、一碗水乡的部分种植户，旧州农业园区企业及深圳新晋昌公司浪洞镇辣椒基地进行田间肥水管理及病虫害防治指导。

（五）加强县内学校营养午餐基地质量安全管理

对供应全县 95 所中小学营养午餐蔬菜的五个基地重点指导，与农产品质量安全站配合抓好农业投入品的使用监督管理工作，按无公害生产技术规程生产，并定期抽检，保障产品食用安全。

（六）初步推行农业保险工作

从 2017 年开始，与平安保险公司合作，开展辣椒、番茄、白菜、萝卜等蔬菜保险工作，辣椒最高保险金额为 1200 元，实行省、州、县 3 级补贴，贫困户免交，非贫困户交费为保金的 10%。

四、存在的问题

（1）农业基础设施薄弱。主要是旱地蔬菜，基本没有排灌设施，抵御自然灾害能力弱；坝区蔬菜生产基地道路排灌配套设施仍不完善。县级财政对蔬菜产业投入预算少，蔬菜产业工作经费缺乏，示范基地（示范点）面积小，带动作用不大。

（2）产业科技含量与产业发展不配套。一是技术人员缺乏，现有技术人员年龄偏大、知识老化，不能适应现代蔬菜产业发展的要求；二是农户的科学文化素质比较低，对新品种、新技术接受能力比较差。

（3）冷链物流体系不健全，还没建成蔬菜产地批发市场和产后商品化处理设施，产业链短，不利于产业健康稳定发展。

（4）农村外出打工人员较多，劳动力价格上涨，增加了企业和合作社的生产成本；同时，种植户担心产品滞销，对扩大种植面积信心不足，使蔬菜产业发展受到了一定影响。

（5）黄平县从事蔬菜生产加工的企业少，蔬菜合作社及种植大户营销渠道和营销经验少，组织化程度弱，蔬菜市场销路不畅。同时部分特色蔬菜受到消费群制约，发展缓慢。

五、发展的对策与建议

（一）加强新品种新技术示范

重点开展辣椒试验示范工作，如探索辣椒套种与轮作高效种植制度、冬春辣椒高效安全生产技术、夏秋辣椒生态化栽培技术、黄平线椒高产高效生产技术等，力争在特色蔬菜种植的种苗繁殖、省力化优质高效栽培、病虫害防控技术等方面取得突破，引导广大农户应用优良品种、推广辣椒无公害标准化栽培技术模式，大力推进黄平特色蔬菜产业发展。重点推广优良新品种、漂浮育苗技术、配方施肥、生物有机肥，生物农药、防虫网、粘虫黄板/蓝板、太阳能杀虫灯等病虫害综合防控技术。

（二）认真抓好布点监测工作，按时完成试验站安排的各项调查任务

要认真选择监测点，通过实地调查、布点监测，收集数据，逐步掌握当地以辣椒为主的几种特色蔬菜主要病虫害种类及发生规律。

（三）大力开展农业保险、品牌建设工作

加大宣传和推行农业保险力度，并逐步扩大范围，保障广大蔬菜种植户的利益。同时要不断开展蔬菜无公害、绿色、有机产品、地理标志认证工作，通过品牌建设带动产业

发展。

（四）加强技术培训

建议特色蔬菜产业体系加强对示范县技术骨干的继续教育，不断提升专业技术水平和工作能力；同时要结合产业扶贫工作，积极配合职业学校和乡镇、村各级开展对贫困户等的农业实用技术培训，培养更多的新型职业农民。

（五）加强与省内外有关科研单位的协作交流

以科研院校（所）作为黄平县蔬菜产业健康发展的技术依托，不断提高黄平县蔬菜产业科技含量。同时加快制定和完善符合当地实际的特色蔬菜产品质量标准和技术操作规程，为产销做好技术服务。

贵州省普定县韭黄产业

施永斌

（贵州省普定县农业经营管理站）

普定县地处黔中腹地，行政辖区面积1091平方千米，辖12个乡镇、街道，162个行政村，10个居委会，总人口50.54万人，农业人口48.35万人，其中贫困户19577户，贫困人口50299人，农林牧渔劳动力12.84万人。为确保2018年实现全县脱贫的工作目标，普定县全域打造以特色蔬菜韭黄为主的"一县一业"工程，实施10万亩特色蔬菜韭黄绿色高效产业扶贫建设项目，示范带动全县食用菌、辣椒、生姜等20万亩绿色蔬菜基地建设，全面推进产业精准扶贫工作，充分发挥了特色蔬菜韭黄产业在脱贫攻坚工作中的贡献作用。

一、韭黄产业发展现状

（一）韭黄生产规模

普定县2018年全域打造以特色蔬菜韭黄为主的"一县一业"工程，种植规模不断扩大。普定县气候冷凉，享有天然大空调之美誉，具有春长、夏短、秋旱、冬暖和寡日照的特点，造就生产优质韭黄的独特气候条件，而且土壤结构及土质特性非常适合韭黄生长。目前，普定县已发展韭黄种植7.07万亩，种植面积占贵州省90%以上，形成了"贵州韭黄在安顺、安顺韭黄在普定"的产业发展格局。普定县通过开展韭黄绿色高产高效种植技术示范区建设，基地平均亩产达到2500千克，按目前市场批发价5.5元/千克计算，亩产产值达13750元。目前全县韭黄可采收面积已达5万亩，年产量达7.5万吨，年产值约6.5亿元。

（二）韭黄主栽品种

普定县主栽品种为"富韭黄2号"，该品种植株生长势强，产量较高，经济效益较好，是适宜黔中地区气候环境条件下栽培的优质品种。同时，引进"绿宝""棚宝""韭宝""韭之皇"等7个优良新品种，栽培种质资源丰富。在2002年申请注册了"白旗韭黄"商标，2006 年完成了无公害产品和产地认证，2014 年获得原产地地理标志保护认证，85% 以上产品实行品牌化销售，已发展成为贵州省的优势特色农产品。

（三）韭黄种植模式

通过多年的种植实践，普定县主要种植从河南引进的优良品种"富韭黄 2 号"，栽培模式上采用露地韭黄绿色高产高效栽培模式，同时积极推广设施栽培大棚韭黄高产高效种植模式。韭黄在传统种植方式的基础上，通过新技术的运用，在无公害、有机生产方面取得了很大进步，使得产品具有较大的质量优势。产品品质优良，远销重庆、广东、广西等省份，曾多次参加农产品展销。

（四）产业发展科技水平

普定县在多年的产业发展实践中，已充分掌握了韭黄标准化育苗技术、韭黄密植高产高效栽培技术、无害化 PVC 软化技术、病虫害绿色防控技术等新技术，同时建立了"国家、省、市、县、乡、村"六级技术体系。以国家特色蔬菜产业技术体系为引领，借助国内知名岗位专家技术力量，突破韭黄产业发展中的技术瓶颈，为"一县一业"产业发展提供技术支撑。聘请省内外知名专家进行指导，为韭黄产业发展提供强有力的技术支撑；以县级驻乡帮扶技术人员为骨干，制定了"蔬菜专班"专业技术干部联系乡（镇、街道）技术指导及培训工作方案，派出中级以上职称技术人员 36 人（其中高级 5 人）分别到普定县 12 乡（镇、街道办）镇负责技术指导和培训；并以乡镇农技人员为主体，负责各个乡镇产业发展项目的实施，把蔬菜技术和种植户有机联系起来，完成新品种、新技术的转化应用；以土专家、种植能手为基础，通过开展技能型专业培训工作，使传统务工人员变为产业工人，从而使韭黄生产技术标准执行到位。通过"六级"技术体系，为普定县韭黄产业发展提供了强大的技术支撑。

二、韭黄产业发展的主要做法

（一）制定韭黄产业扶持政策

在充分调研论证的基础上，地方政府制定了普定县韭黄产业发展规划，以建设全国韭黄生产大县为目标，规划发展种植面积 10 万亩，并出台了产业结构调整实施方案。在产业投资、财税、金融、科技、土地、环保、水利、林业等方面给予大量优惠政策，如贫困户种植每亩补助 2000 元，由企业、合作社、种植大户发展种植的，通过产业扶贫子基金给予支持，同时通过财政资金项目对生产物化投资环节给予补助。

（二）积极发展组织化生产

普定县特色韭黄产业规划发展 10 万亩，目前种植规模达 7.07 万亩，在组织化生产方面，主要依托普定县的"一村一公司"发展平台，县政府通过融资，在全县 172 个村，每村注入 100 万元产业发展资金，成立村级产业发展公司，负责推进产业基地的规模化建设。同时，通过项目资金支持大力培育从事韭黄生产的龙头企业、合作社、家庭农场、种植大户等新型经营主体，逐步形成产业基地规模化、生产标准化，同时配套建设了产品可追溯系统，保证产品质量。

（三）加强韭黄产业市场建设

为切实做好特色蔬菜韭黄产品的销售，助推产业脱贫，促进农民增收致富，普定县非常注重地头市场和批发市场建设、不断完善冷链物流、发展电子商务，积极搭建产销对接平台，逐步形成市场拉动型产业发展模式，解决农产品滞销难题。第一，以龙头企业为带动，拓展产品销售渠道，在流通的手段上坚持常温流通与冷链流通并重，配套建设冷库包装、冷藏车等流通配套设备，常温流通产品主要销往安顺、贵阳等省内市场，冷链流通产品主要销往"两广"、浙江、上海等省外市场；第二，以交易市场为载体，推进产品多层次流通，新建了韭黄交易市场 1 个；第三，建立电子商务销售平台，成立"工业品下乡、农产品进城"电商服务点；第四，以品牌经营为引领，以"白旗韭黄"国家地理保护产品认证品牌进行销售。县级平台公司与安顺、贵阳、浙江等省内外市场签订稳定订单，与北上广、珠江三角洲地区建立韭黄产品销售订单 5 万吨以上，2018 年以来已销售韭黄产品约 2.4 万吨，产地价格稳定在 5.5 元/千克，销售收入 2.2 亿元以上。

（四）推动韭黄产业三产融合

普定县以农村一二三产业融合发展、兴镇强县创建为契机，大力完善韭黄产品初加工、贮藏、冷链物流等销售关键环节，积极兴建韭黄清洗加工工厂、储藏冷库；同时结合休闲农业与乡村旅游产业发展，打造以韭黄为主体的生态餐厅，将民俗文化融入产业发展。通过二三产业链条的延伸，大大增加了韭菜产品附加值。在区域公用品牌建设方面，普定县注册了"白旗韭黄"商标，充分发挥原产地地理标志保护认证的品牌优势，打"绿色、生态、安全"牌，加大品牌的宣传力度。

三、韭黄产业发展存在的问题

（一）产品初加工落后

由于韭黄产品耐储藏性较差，不便于长途运输，要打开省外市场，就必须要解决储藏、保鲜问题。韭黄对储藏、保鲜技术要求较高，而普定县还未建立起完善的清洗、分级、打冷、包装等初加工配套设施，产品初加工相对落后。

（二）种植标准化有待提高

虽然产业规模得到不断壮大，标准化生产不断推进，但标准化程度低，产品质量参差不齐、产品不能稳定供应市场等问题日益凸显。从生产到加工沿袭了传统的粗放经营方式，在生产上大量使用化肥、农药等一些高能物质，一方面破坏了韭黄品质，另一方面造成了环境污染和生态恶化，导致产量和质量下降，达不到"高产、优质、高效、生态、安全"的现代高效农业发展要求，同时严重制约了普定县韭黄产业可持续发展。

四、韭黄产业发展的对策建议

（一）大力发展韭黄初加工

为解决韭黄储藏、保鲜问题，结合农村一二三产业融合发展兴镇强县，积极推进实施韭黄产品初加工建设项目，配套建设储藏保鲜库、冷链物流车等，积极谋划韭黄初加工产业园建设，通过项目的建设有效解决普定县韭黄的储藏保鲜难题。

（二）提高韭黄种植的标准化程度

大力推广应用韭黄综合高产技术，提高种植标准化程度，提升产业效益，稳定产品市场供应。同时，围绕开展种养结合生态循环示范行动、绿色高产高效技术集成应用行动、农业功能拓展增收行动、产业精准扶贫行动等韭黄绿色高产高效创建"六大行动"，全面提高全县韭黄生产水平，实现农业生产高产、优质、高效、环保、安全的目标。

贵州省石阡县特色蔬菜产业

王社英

（贵州省石阡县经济作物站）

一、产业发展现状

（一）农业经济指标

截至 2018 年 10 月，石阡县农业生产总值完成 17.28 亿元，其中，农业产值 9.5918 亿元。农村常住居民人均可支配收入及增速有突破。第一季度石阡县农村居民人均可支配收入 2572 元，同比增长 10.3%，全市排位第 6，增速第 7；第二季度农村居民人均可支配收入 4099 元（目标任务 4054 元），同比增长 10.7%（目标任务是 9.5%），全市排位第 6，增速第 5。

（二）种植面积和产量

近年来，随着石阡县农业产业结构的调整，以鲜椒销售为主的辣椒产业异军突起，成为石阡特色农业产业中的又一红色产业。播种面积及产量单产逐年增加。2018 年全县蔬菜种植面积 27.18 万亩，比上年同期增长 2.35%；产量 35.5 万吨，比上年同期增长 1.83%；产值达 9183.5 万元，比上年同期增长 2.86%，其中，辛辣蔬菜 4.90 万亩（辣椒 3.28 万亩、大葱 0.51 万亩、蒜 0.89 万亩、姜 0.22 万亩）。200 亩以上规模化特色蔬菜基地 11 个，水生类蔬菜基地主要是大沙坝乡莲藕蔬菜示范基地 200 亩；辛辣类蔬菜示范基地主要包括：枫香乡辣椒示范基地 500 亩、聚凤乡辣椒示范基地 200 亩、本庄镇辣椒示范基地 300 亩、中坝街道生姜示范基地 200 亩、花桥镇大葱示范基地 200 亩。

（三）加工、销售现状

有生产加工销售蔬菜的企业 2 个、专业合作社 34 个；获无公害蔬菜产地认定的企业

（专业合作社）8 个，面积 3.01 万亩；获无公害产品认证的企业（专业合作社）有 4 个，产量 3850 吨；品牌有"佛顶山""飞龙"等；产品主销福建、湖南、四川、重庆及周边县市。

（四）项目带动情况

开展了辣椒品比试验与肥效试验，试验品种 14 个，选出适宜石阡县生产的辣椒品种 6 个。

为加快蔬菜产业发展，提升产业管理水平，全县开展了多层次、多形式的技术培训，累计举办了技术培训 12 期 800 余人次，发放技术资料 1300 余份。

二、农业产业发展情况

（一）产业结构

按照农村产业发展"八要素"要求，以 500 亩以上坝区为突破口，继续深入调减低效作物种植，加快形成结构合理、发展优势突出的高效经济作物产业。加快规模化种植、标准化生产、产业化经营，提高农产品附加值，打造一批有市场影响力的知名品牌。

石阡县农业产业紧紧围绕市委、市政府安排部署，以坚决打赢产业扶贫硬仗为目标，构建"1＋3"（茶叶＋果蔬药＋生态养殖＋苗木苗圃）产业体系布局，紧扣"四个100％"和"3211"目标要求，加快产业结构调整，大力发展茶叶、经果林、苗木苗圃、中药材、生态养殖、食用菌、特色果蔬等特色优势产业，确保农户增收。

（二）新型主体培育

一是 2018 年石阡县家庭农场县级任务 20 家，市级 1 家，上半年已审批行文 9 家，预计下半年审批行文 11 家，当前已收到申请 8 家，下一步将从 2017 年及 2018 年以来申报的县级家庭农场中筛选经营较好的申报市级家庭农场，9 月开始申报。二是 2018 年上半年石阡县新增省级龙头企业 8 家，完成全年基本承诺 6 家的 133％、争取承诺 7 家的 114％。三是石阡县实现创建市级休闲农业与乡村旅游示范点 1 个，在 2018 年 7 月 20 日经铜仁市农业委员会和铜仁市旅游发展委员会联合下发的《关于命名铜仁市第四批休闲农业与乡村旅游示范点的通知》（铜市农委〔2018〕90 号）文件中，石阡县的"石阡万亩油茶观光园"获得"铜仁市第四批休闲农业与乡村旅游示范点"称号荣誉证书。

（三）产业带动力

石阡县发展蔬菜产业主要通过财政专项扶贫资金量化入股分红、带动就近农户务工、向农户订单回收农产品、流转土地等方式联结贫困户。在财政扶贫资金投入上，首先是采取保底分红模式，发展蔬菜的企业（专业合作社）按照投入资金5%的比例对贫困户进行保底分红。在就业务工上，企业（专业合作社）在发展生产过程中聘请就近农民务工，带动周边农户就业。在产品订单回收上，企业提供优良的种苗、技术指导、部分肥料及农药物资，农民承担生产种植，待成熟后，以市场价回收农户生产的农产品，增加农户收入。

其次是通过流转土地联结贫困户，主要有四种流转方式。一是自愿入股方式集中流转土地。通过群众自愿入股进行土地流转，不用支付土地租金，以土地折价入股方式发展集体产业。二是保底分红模式集中土地流转。对改变土地现状的设施农业产业用地，石阡县探索出了保底分红模式流转土地，即农户以保底的方式将土地流转至村集体经济合作社，村级集体经济合作社统筹发展产业，待收益后，以分红的模式将保底金额发给农户，如收益分红金额超过保底金额，合作社将差价一并发给农户。三是统分结合模式集中流转土地。土地流转统一由村级集体经济组织统筹，既鼓励农户以家庭承包经营的土地入股，也鼓励其他大户或私营合作社以其承包的土地加入村级集体经济组织。石阡县蔬菜产业，除了村级集体经济合作社发展外，鼓励种植大户、招商引资的企业、家庭农场等多种载体共同发展，非集体经济合作社的土地流转方式就是统分结合模式。四是整合资金集中流转土地。通过向上争取、部门联动、县级统筹整合和扩大扩宽融资的方式，保障充足的土地流转资金。乡镇根据产业发展实际及土地流转需求，制定实施方案，县级统一评审后下发乡镇实施，同时及时督查跟进，确保资金运行规范。

三、保障措施

（一）组织机构建设

县委、县政府成立了"石阡县果蔬产业发展工作专班"（石党办发〔2017〕121号），由县人大常委副主任王刚强任班长、县政府办、农牧科技局、财政、发改、电商办、扶贫办、水务及相关乡镇负责人为成员，在县农牧科技局下设办公室，负责果蔬产业发展规划、方案编制和技术指导；各实施乡（镇）相应成立果蔬产业领导小组，负责果蔬产业的实施。

（二）专业市场及销售网络建设

蔬菜产品主要采用农超、农校以及参加农博会、展销会等方式销售，产品主销福建、湖南、武汉、四川、重庆及周边县市。

（三）创新脱贫模式，助推脱贫

采取"专业合作社＋贫困户＋基地"的运行模式，建立贫困户利益联结机制。一是创新"6211""721"等产业分红模式；二是农户务工脱贫模式，致富带头人与贫困户签订帮扶合作协议，贫困户通过在基地务工收入脱贫。

四、存在的主要问题和制约因素

（一）种植盲目跟从，缺乏组织性

辣椒生产盲目跟从，不同农作物轮换种植频繁。如果辣椒价格连年上涨，一些农民在对品种、技术、市场均不了解的情况下，盲目扩大种植。但如果辣椒市场行情不好，农户则又纷纷退出，转而种植其他作物。种植面积完全由市场调节，而市场又存在极大的不确定性，为辣椒产业的健康发展带来了极大隐患，石阡辣椒生产需要龙头企业组织和有效引导。

（二）产品精深加工滞后，市场无序竞争

石阡辣椒加工业仍处于初级阶段，以制糟辣椒、干辣椒、泡椒、鲜青红椒销售为主，辣椒产品附加值低。辣椒的精深加工完全依赖外来企业，本地龙头企业缺乏强势带动能力，由于缺乏组织管理，外来辣椒加工贸易企业无序竞争，致使流通秩序混乱。

（三）副产物产生率高，综合利用程度低

辣椒加工过程中产生的辣椒等外品以及皮渣、籽、柄等副产物综合利用程度低，多作为废弃物直接扔掉，或用作饲料或肥料，未充分体现价值。例如辣椒籽中有丰富的蛋白质、膳食纤维等营养成分未被利用；而生物活性成分提取技术相对落后，例如传统溶剂提取法会带来溶剂残留等安全问题，并且提取效率低，产品品质和安全性得不到保障。

（四）农村产业结构层次偏低

从生产结构看，还没有突破传统农业的格局，多数农户仍以经营传统种养殖业为主。从加工环节看，全县农产品多以初级产品进入市场。从产品结构看，传统农产品仍占主导地位。

（五）服务产业的专业技术人才少

特别缺乏蔬菜设施专业技术人才。

五、发展对策及措施

（一）着力扩大种植面积

把蔬菜产业发展作为脱贫攻坚、农民增收的关键举措，围绕"以销定产、以产促

销"，进一步扩大种植面积。

（二）着力培育新型经营主体

培育壮大 20 个以上带动能力强的企业（专业合作社），鼓励经营主体创新利益联结机制，探索产业脱贫模式。

（三）着力解决产业发展资金

加强部门联动，积极向上争项目、争资金；按照"用途不变、渠道不乱、集中投入、形成合力"的原则，加强涉农资金整合力度。

（四）着力健全物流和市场体系

在汤山街道建设蔬菜商品化处理厂 1 个、在聚凤乡建设蔬菜交易市场 1 个，配套冷链和采后商品化处理设施设备，在县城河东和鸿源 2 个农贸市场建立蔬菜销售专区，对石阡县生产的蔬菜进行集中推介销售。

（五）着力开展质量追溯与品牌创建

在重点生产基地建设质量安全快速检测室，建立健全产地准出、上市检测制度和质量安全追溯体系，建立从生产、加工到运输、销售全过程质量安全监测体系。开展"三品一标"认证和监管，制（修）定标准 10 个以上，打造石阡公共品牌、区域性品牌 1 个以上。

贵州省遵义市新蒲新区辣椒产业

令狐丹

（贵州省遵义市新蒲新区农牧局）

为深入贯彻创新、协调、绿色、开放、共享的发展理念，按照市委、市政府"一县一业、一镇一特、一村一品"产业发展总体要求，立足新蒲新区现有辣椒资源，围绕生态、安全、高效的要求，建设"中国辣椒、虾子定价、买卖全球"的中国辣椒市场，推进生产、加工、流通、科研等全产业链建设，促进辣椒产业转型升级。围绕创建国家级辣椒市场、世界辣椒加工贸易基地、国家级辣椒产品质量安全示范区，以基地示范、龙头带动、产品加工、市场开拓为抓手，通过品牌升级、市场升级和营销升级，做大做强"虾子辣椒"品牌和专业市场，推动新区辣椒全产业链向专业化和高品质化延伸，成为助推全区脱贫攻坚产业扶贫又一支柱产业。

一、辣椒产业发展现状

（一）辣椒生产规模

辣椒是新蒲区的传统产业，"朝天小辣椒"已在国内小有名气，深受国内外市场青睐。据统计，2018年全区种植面积13.01万亩，其中商品辣椒种植10万亩。重点打造虾子镇示范基地面积1万亩，其中创建国家级辣椒出口产品质量安全示范区面积6278亩，带动全区农户3.3万余户10万余人从事辣椒种植，户均收入达4000元以上。

（二）辣椒产业加工集群发展情况

全区现有贵三红、黔辣苑、高原山乡、遵义真辣等为代表的辣椒加工企业9家，辣椒产业经营主体数量253个，专业合作社35个，种植大户170个，电商销售39个；具有省级龙头企业称号3家，市级龙头企业称号3家。2018年1~10月，辣椒加工产品销售量达10万吨，销售额达18亿元。

（三）辣椒产业商贸物流发展情况

新蒲区目前有农业部定点专业辣椒市场 1 个，主要会集、分散来自全国各地的干、鲜辣椒贸易，项目规划用地 636 亩，总投资 15 亿元，总建筑面积 47 万平方米。项目建成后能满足辣椒交易量 75 万吨，农产品交易量 30 万吨；普通仓库、冷链仓库周转量 56 万吨；物流年吞吐量 120 万吨。2018 年 1～10 月，市场交易量 20 万吨，交易额达 32 亿元，预计全年实现交易量 25 万吨，交易额 40 亿元。

（四）智慧产业发展初具规模

辣椒智慧产业园占地 705 亩，计划投资 1.5 亿元，项目规划建设温室大棚、主题广场、户外亲子乐园、宿营基地、儿童乐园等项目，其中规划建设 8 个智能温室，建筑面积约 60000 平方米，主要用于辣椒文化与品种展示、辣椒主题生态餐厅、辣椒研发和大数据中心、辣椒育苗、热带果林、辣椒智慧农业种植、辣椒加工产品展示、辣椒工艺品展示等。项目建成后将集产业、研发、品种展示、休闲旅游、观光等功能于一体，成为全国性以辣椒为主的农业观光园区，极大地展现了新蒲区辣椒产业发展，扩大知名度。目前，首期 4 个温室大棚已基本建设完成，其中已使用温室大棚 1 个，主要是辣椒品种展示和观光蔬菜种植。

（五）辣椒品牌逐步提升

放眼国际国内辣椒市场，着力打造辣椒产业品牌。目前新蒲区拥有各类辣椒注册商标 9 个系列产品 100 多个，具有生态原产地产品保护认证 5 个，无公害产地、产品认证 2 个，有机辣椒产品认证 2 个。新蒲新区还被评为国家生态原产地产品保护示范区，大大提升了新蒲区农产品的知名度。

二、辣椒产业发展存在的问题与制约因素分析

（一）产业链形成滞后

农户接受新品种、新技术能力差，加之青壮年劳动力外出务工，导致辣椒全产业链发展进程缓慢。

（二）产业抵御风险能力差

新型经营主体引进培育力度不够。集约化、规模化经营程度不高，龙头企业少，带动性较弱，整个产业的抗风险能力比较弱。

三、特色蔬菜产业发展的对策建议

（一）加强组织领导

区政府成立辣椒产业发展工作领导小组，各乡镇也要成立一把手任组长的辣椒工作领导小组，并加大对村社合一的扶持，提高村集体组织的服务能力。

（二）加大政策扶持

建议省市级出台相关政策，支持辣椒育苗、栽培、烘干、流通、品牌等全产业链发展，提高农户种植辣椒的积极性。

二十五、昆明综合试验站

云南省加工用辣椒产业

龙洪进　桂　敏　杜　磊　张芮豪　钟秋月

（云南省农业科学院园艺作物研究所）

一、辣椒产业及辣椒加工产业基本情况

云南是全国辣椒三大主产区之一，现年种植面积220多万亩，其面积、产值和效益居蔬菜作物之首。其中干椒、小米辣、朝天椒、酱制型辣椒种植面积达206万亩，占全省辣椒种植面积的90%以上，且大部分是外销和出口，总产值约72亿元，其中农业产值56亿元，加工产值16亿元（新增部分），培育了一大批专门从事辣椒产品加工的企业，加工产品除满足国内市场外，还常年出口美、日、韩、墨西哥、新加坡、东南亚等国家和地区。以丘北辣椒、云南小米辣、朝天椒为代表的辣椒产业已成为云南独具特色的一大产业，在云南许多地区的农业和农村经济发展中起到重要作用，已成为促进边疆地区广大农民增收致富的主要经济作物。云南省辣椒种植情况如表1所示。

表1　云南省辣椒种植情况

作物	面积（万亩）	占蔬菜作物的比重（%）
干制辣椒	100	6.3
加工辣椒（小米辣、朝天椒、美人椒）	106	6.6
鲜食辣椒	14	0.88
所有蔬菜	1600	

数据来源：2017年云南省推广总站云南省蔬菜产业发展情况通报。

云南的干制辣椒品种主要是丘北辣椒，该品种的种植面积占全省干制椒种植面积的85%以上。朝天椒品种主要是"艳美""艳红"等国外进口品种，朝天椒约60%用于鲜食，20%用于泡制，20%用于制成干椒。小米辣品种主要是云南小米辣，主要用于泡制。其他用于泡制的品种主要是美人椒类型，还有少量线椒类型品种。

种植区域的分布上，文山州占云南辣椒种植面积的50%以上，其他主要还有曲靖市、红河州、楚雄州等地。辣椒的加工业主要分布在文山州的砚山、丘北2县，以及红河州的建水县，玉溪市的通海县、江川县、易门县，曲靖市的会泽县、富源县、楚雄州等地。

目前省内有一定规模的企业主要有：以加工泡椒为主的云南宏斌绿色食品有限公司（主要产品是泡制小米辣，位于玉溪市江川县）、云南马大泡清真食品有限公司（楚雄），以加工干制辣椒产品为主兼顾泡椒产品的丘北县达平食品有限责任公司、文山彝品香食品有限公司（砚山），以提取辣椒素和辣椒红色素等深加工为主的云南宏绿辣素有限公司（昆明和砚山）、云南立达尔生物科技有限公司（砚山）等。

二、辣椒主要加工产品

目前的干椒加工产品主要有成品干辣椒、香辣圈、呼辣圈、油辣椒、风味豆豉、香椿酥、蘸水、辣椒面等30余个品种产品。鲜椒加工产品主要是盐渍泡制，分为泡椒和剁椒两类，以泡椒为主，加工用的品种主要是云南小米辣、朝天椒和美人椒类型。深加工产品主要是辣椒素，其次是辣椒红色素。云南目前辣椒发酵产品很少。

三、辣椒加工业存在的主要问题

（一）产品同质化现象严重

目前云南的辣椒加工企业总体来说规模较小，仅有少数规模化企业。企业研发能力薄弱，资金投入不足，生产工艺落后，新材料、新技术应用较少，缺乏升级换代产品，缺乏具有核心竞争力的产品，科技含量不高。造成了云南缺乏在全国具有影响力的知名品牌。

（二）企业产业化经营体制尚未健全，缺乏稳定的优质原料基地

除少数企业外，辣椒加工企业与原料基地之间联系松散，大部分企业都不愿在发展原料基地上投入过多，而采取市场收购的方式，导致原料质量不稳定、供应不稳定、价格不稳定，难以适应加工业的发展。

（三）干制技术落后，产品损失严重

目前云南的干椒大部分采用整株拔起后在屋檐下自然风干的方式，极少采用机械化人工烘干。由于辣椒红色素见光后极易分解，自然风干过程中褪色、霉烂比例高达20%，少部分地区如丘北县甚至高达80%，对干制辣椒的生产和加工影响严重。

（四）缺乏专用型品种

一是干制辣椒主栽品种丘北辣椒、小米辣主栽品种云南小米辣，皆为传统地方品种，

产量低，抗性差，混杂退化严重，适应性弱，目前基本靠农民自繁自育留种；二是用于泡制的朝天椒专用型品种较为缺乏，目前用于泡制的朝天椒都是使用鲜食型的朝天椒品种如"艳红""艳美"等，这些品种主要用于鲜食，并非加工专用，泡制品质并不理想；三是缺乏用于提取辣椒素和辣椒红色素的深加工专用型品种；四是尚无理想的泡制和酱制型专用品种，生产上栽培的品种均为主要用于鲜食的外来引种，且并非加工专用，存在针对性不强的问题，无法完全满足加工的特殊需求。

四、主要技术需求

（一）辣椒系列产品开发技术

急需具有较大市场潜力的辣椒系列新产品及其加工工艺、加工技术。

（二）辣椒干制加工技术

急需适合云南辣椒品种的干制加工设备。人工烘干工艺流程及关键技术，如烘干的温度、时间、工艺流程等。

五、意见和建议

（一）政府应加大对辣椒加工企业的扶持力度

政府对企业扶持的重点应该是在人才、新产品研发和市场开拓能力方面的支持，同时在政策、资金等方面给予适当倾斜和支持。

一是要支持企业进行技术提升改造。支持企业技术改造，大力开发新产品，多样化发展方便食品、休闲食品、速冻食品、保健食品等。要抓住云南开展高原特色现代农业产业、食品与消费品加工制造业、绿色食品品牌建设专项行动之机，结合国家乡村振兴战略，开发云南辣椒产业"原字号""老字号"特色食品，推广工业化、规模化生产。二是要改善龙头企业仓储、保鲜、烘干、清选、分级、包装等设施设备的条件，提升农产品初精深加工的整体水平。落实用地、用电、融资、物流、服务等政策，取消不合理的收费项目，降低企业成本。三是要坚持质量优先，突出优质、安全、绿色导向，加强生产过程的管控，强化产地环境保护和源头治理，推行辣椒生产规范化，生产记录制度化。建立农产品全程追溯制度，确保产品质量和食品安全。

（二）突出全产业链研究，突破产业制约瓶颈

实现产品价值与知识价值的有效对接，最终体现全产业链效益最大化。职能部门要按照"科技创新、产研结合、合理布局、建立品牌"的指导思想，做好从种植规划到品种

推广、加工、经营、市场、销售的协调服务工作，支持建立"农科教产学研"一体化辣椒产业技术推广联盟，支持新型农业经营主体创新科技服务机制，加强新品种、新技术、新模式、新机制的综合应用和良种、良法、良制、良灌、良壤、良机的配套运用。要推进辣椒产业向绿色高产、高效创建、物联网、智慧农业等农业现代化的方向迈进。要建立辣椒科技创新激励机制，使科技人员和经营主体在科技成果的转化运用中受益，从而提高双方合作的积极性和可持续性。

（三）推进产品流通和电子商务发展

一是要围绕辣椒特色产业布局和辣椒产品走出去的主导思想，改造提升辣椒产品批发市场、骨干市场、节点市场，完善公益性辣椒产品市场体系，推广"生产基地＋加工企业＋商超销售"等模式，推进"互联网＋特色辣椒产业"建设，促进新型辣椒经营主体、加工流通企业与电商企业全面对接融合。二是要把辣椒产业与休闲旅游产业融合发展，开展农村产业融合发展的试点示范，建设农村产业融合发展示范园。三是要把辣椒产品研发、加工、销售市场定准，立足国内，拓展国外，根据不同消费市场、消费对象、消费层次，满足消费需求。产品既要有质的保证，又要有量的扩张，要不断扩大消费市场和消费群体，不断创新消费模式，扩大产品影响力和竞争力。

云南省会泽县辣椒加工产业

马　茜　周琼芬　潘桂莲　卯升亮　王明荣

（会泽县经济作物技术推广站）

会泽县位于云南省东北部、地处滇东北乌蒙山主峰南段，东经 103°03′~103°55′、北纬 25°48′~27°04′，最高海拔 4017.3 米，最低海拔 695 米，东西最大横距 84 千米，南北最大纵距 138 千米，呈西高东低，南起北伏之势，立体气候特点非常突出。全县总人口 100 多万，其中农业人口 90 余万，面积 5854 平方千米，山区占 95.7%，耕地面积 157 万亩。

会泽县乐业镇地处会泽县城北部 70 千米，素称百里槽子，境内最高海拔刺梨脑包 2523 米，最低海拔黑山村 1600 米，平均海拔 1850 米左右，属温带高原季风气候，年平均气温 14.7℃，年平均降雨量 847 毫米，无霜期 213 天；地形为山间盆地、半山区和山区呈阶梯状分布，立体气候十分明显，土质以紫色沙壤为主，少部分为红壤。

乐业镇辣椒种植历史悠久，种植规模大、产量高、品质好，是乐业辣椒的主产区。乐业辣椒产地地理范围在北纬 26°20′~27°00′、东经 103°15′~103°45′，位于云南省会泽县东北部，包括乐业、迤车、者海、矿山、宝云、金钟、五星、大桥、火红 9 个乡（镇、街道）。

一、加工产业现状

（1）乐业辣椒目前处于手工作坊式加工阶段。

（2）以会泽县乐业勇雄辣椒有限责任公司为代表的 4 家辣椒初加工企业，均无深加工机械设备，均采取手工作坊式加工辣椒。

（3）辣椒产品加工还停留在原料型、菜用型阶段，加工规模小，工艺落后，技术含量低，示范带动力不强。

二、辣椒主要加工产品

以会泽县乐业勇雄辣椒有限责任公司为代表的辣椒初加工企业，年加工辣椒 800 余吨，初级产品系列包括干辣椒、辣椒面、辣椒粉等。

三、辣椒加工技术需求

（1）乐业辣椒粗加工产品多，急需引进辣椒调味品深加工技术。

（2）需要引进一批具有先进加工技术的辣椒加工企业，培育 3 家辣椒加工规模企业。

（3）需要引进市场前景好的加工技术，开发一批适合市场需求的辣椒产品。

四、辣椒加工存在的困难和主要问题

（一）欠缺辣椒产品精深加工工艺及精深加工龙头企业

（1）由于缺乏强大加工龙头企业的开发带动，没有高科技含量、高附加值、高市场占有率的拳头产品和名牌产品，市场竞争力较弱。

（2）由于资金、技术、市场开拓的限制，乐业辣椒产业发展层次较低；乐业辣椒目前仍处于"资源优质、低产低效、作坊加工、附加值低"的产业开发状态。

（3）本地加工企业规模偏小、数量偏少，带动能力较弱，对产品的加工和包装档次不高，加工产品单一。

（二）缺资金扶持，无力购买辣椒深加工设备

（1）会泽县属于国家级贫困县，地方财政资金缺口巨大。

（2）融资难，本地初加工企业主对先进加工设备望而却步。

（三）技术更新缓慢，阻碍了辣椒提质增效

（1）由于存在地方标准标龄过长、标准老化，部分标准技术水平偏低等问题，《乐业辣椒生产技术规程》（DB53/T 254—2008）和《乐业辣椒 辣椒干》（DB53/T 255—2008），云南省两个地方标准被省质量技术监督局调整为曲靖市地方农业规范。

（2）由于乐业辣椒发展过程中未及时进行技术的改进、更换，《乐业辣椒生产技术规程》（DB53/T 254—2008）和《乐业辣椒 辣椒干》（DB53/T 255—2008）目前已作废。

（四）市场建设滞后，辣椒产品流通不畅

（1）目前全县没有一家专业、规范的辣椒产品交易市场，缺乏总体的供求信息引导，生产、销售信息闭塞。

（2）乐业本地 3 家辣椒产品交易市场基础设施薄弱、条件简陋，产品流通严重滞后。

五、意见和建议

（一）招商引资

计划在会泽县工业园区新建 1 家辣椒精深加工龙头企业，开发辣椒调味品，年加工干辣椒 1 万吨。

（二）扶持培育壮大本地乐业辣椒加工企业

扶持培育壮大本地 1 家乐业辣椒加工龙头企业，推动辣椒产品加工业转型升级。

（三）加快乐业辣椒技术更新

依托省农科院园艺作物研究所、市农业局、市经作站支持，力争早日使《乐业辣椒生产技术规程》和《乐业辣椒　辣椒干》重新列为云南省地方标准。

云南省富源县辣椒产业

肖支富　施令祥　张本强　何　芳

（云南省富源县经济作物技术推广站）

富源县地处云南省东部，素有"入滇第一关""滇黔锁钥"之称，全县面积3521平方千米，辖9镇1乡2街道，161个村、居（社区）民委员会，1782个自然村，2017年总人口81.38万人，其中农业人口69.01万人，占总人口的84.8%，农村劳动力390779人。耕地总面积161.55万亩，其中，水田5.8万亩，旱地155.75万亩，人均占有耕地2.15亩，2017年农民人均纯收入4881元。

一、生产现状

富源县委、县政府高度重视辣椒产业，把辣椒列为重点产业，把辣椒产业作为农业特色产业和助农增收的主导产业来抓，经过多年发展，富源辣椒产业规模已初具雏形，各项科技措施不断强化，扶持政策和激励机制逐步建立，产业布局逐渐趋于合理。从2010年开始引种韩国"美人椒7号"等名特优辣椒进行试种，并获得成功，对辣椒的生物学特性、生长发育规律及栽培技术均做了系统的研究和探索，取得了较好的经济、社会、生态效益。按照"以质量求发展，以营销增效益"的思路，进一步提升产业化水平。在充分发挥气候优势和区位优势，确定好区域主导产业和主导品种的基础上，围绕无公害辣椒标准化生产基地建设项目，扩大"特色菜"和"优势菜"面积，提升种植水平，提高种植效益，建设规模化、设施化、标准化辣椒示范种植，建设加工型辣椒示范基地和品种引进试验示范基地，初步形成基地规模化、种植标准化、产品无公害化、营销市场化，为龙头企业提供优质原料，开发辣椒系列产品，延长产业链，提高产品附加值。

2017年全县辣椒种植面积3万亩，全年辣椒总产量5.4万吨，平均亩产1.8吨，商品率60%，总产值2.27亿元，加工运输营销产值4300万元；无公害农产品产地认定整县推进10.26万亩。2017年引进品种15个，建设示范面积3000亩，建设工厂化标准育苗基地8个计200亩，举办培训班6期、现场会10期，培训农户1000人次，发放技术资料3000余份。在基地布局建设以墨红镇、竹园镇、后所镇、营上镇、富村镇等乡镇为核心的辣椒生产示范区，配套建设外向型冷链物流冷库 30 个（库容 1000 吨/个），引导全县辣椒产业的快速发展，辣椒种植成为富源农民增收致富的重要渠道之一。

二、农业龙头企业发展情况

现有从事辣椒加工销售企业 5 家（其中：市级农业龙头企业 1 家），辣椒种植销售专业合作社 17 个，规模种植大户 350 户，2017 年企业收购加工销售辣椒 2.6 万吨，建设冷链物流冷库 30 个（库容 1000 吨/个），调查显示，目前只有云南满地金农产品开发有限公司发展较好，富源县众益公司、富源县通为工贸公司次之。云南满地金农产品开发有限公司以加工鲜椒为主，2013 年 6 月注册，同年建成年加工 15000 吨辣椒加工厂 1 个、冷链物流仓库 4 座，现有管理人员、技术辅导人员 12 人，2015 年获得支农资金整合奖励扶持蔬菜产业发展项目，建成全县最大的人工智能化育苗基地，可满足 0.8 万亩辣椒用苗需求。2016 年被省科技厅认定为"云南省科技型中小企业"。2017 年带动辣椒种植面积突破 0.7 万亩，与种植大户、农户签订保底价收购合同 8000 余份，能带动周边农户种植辣椒 2 万亩。富源县众益公司以鲜椒销售为主，冷链物流仓库 2 座，现有管理人员、技术辅导人员 6 人，年销售辣椒 1200 吨左右；2016 年富源县通为工贸公司成立，主要以干制辣椒及鲜椒销售为主，冷链物流仓库 2 座，年加工 5000 吨辣椒生产线 1 条。现有管理人员、技术辅导人员 10 人。另外 2 家企业以鲜椒销售配套一部分泡椒及剁椒加工，现有冷链物流仓库 4 座，年加工能力 1000 吨左右，管理及技术人员 6 人。现在富源县后所镇正在建设占地 14 亩总投资 1500 万元、集冷链物流冷库 10 座（库容 1000 吨/个），两条年烘干 10000 吨辣椒生产线的辣椒集散物流交易中心。

三、存在的困难和问题

（一）农业专业合作社运作不规范

农业专业合作社普遍运作不规范，部分企业同时注册成立专业合作社，企业与合作社、农户没有形成合作关系，甚至互相对立，合同信誉得不到有效保障，诚信合作更为艰难。如后所镇众益辣椒种植有限公司通过合作社与农户签订辣椒种植收购合同，由公司提供种苗，农户种植，公司保底价收购，但收购时农户往往随市场价格选择销售对象，收购合同失去约束力，合作社没有发挥合作作用。

（二）农业龙头企业不强不优

一是农业企业小、散、弱，上规模、有技术、善经营、懂市场，具有带动作用的企业少。二是农业企业基本处于摸索发展阶段，加工模式粗放，大部分停留在分拣清洗、包装冷藏、投放市场等初加工层次，缺乏深加工的设施和技术，产品研发能力不足，没有标志性品牌和"拳头"产品。调查发现，只有满地金食品开发有限公司进行加工型辣椒产品开发，上市产品通过 QS 质量认证。三是农业企业生产加工设备、冷冻仓储设施不完善，缺乏长远规划。四是农业企业市场意识不强，对产品质量缺乏市场认识，对食品安全、市场准入关注不够，产品没有进行质量安全认证，导致产品投放市场后难以进入超市，缺乏市场竞争力。

（三）金融支持农业龙头企业不到位

一是金融机构对农业企业信贷、融资倾向于政策支持层面，实际操作中，农业企业申请信贷、融资十分艰难，即便银行愿意贷款，受制于抵押、质押、担保等政策性条件，将农业企业拒之门外。二是农业企业在项目支持、资金补助等方面长期处于劣势地位，相较于其他行业，项目不多、资金量小，还不能足额到位。

（四）农业龙头企业运用新技术的能力不足

农业企业创新能力不足，在生产加工、产品研发、仓储运输、市场营销等方面缺乏运用新技术、适应新市场的理念，"互联网＋"、农村电商这些正在影响和改变人们生活方式的新技术，在所调查的农业企业中没有得到有效运用。

四、意见和建议

（一）完善标准化体系，进行标准化生产和规范管理

制定标准化生产技术规范和产品质量等级标准，推动重点企业进行质量管理认证和环保认证，避免行业整体的浪费和低效生产，提高产品的质量和种植户的从业素质，为产品走出富源打下基础。积极开展特色农业生产示范基地的挂牌、验收和授牌工作，建立特色农业生产基地技术规程与年检标准指标体系，普及推广生产企业认证制度。

（二）建立高原特色农业专业合作社及行业协会

通过建立高原特色农业专业合作社及行业协会，大力推进行业诚信建设，建立完善行业自律性管理约束机制，规范社员行为，协调社员与企业及政府的关系，营造高原特色农业安全诚信环境。提高科技水平，培育专业人才。

（三）加快关键技术研究和创新突破

树立"科学技术是第一生产力"的观念，紧密结合产业发展实际，着重解决高原特色农业综合竞争力提升的关键技术。坚持自主创新与引进消化吸收相结合，既要自主研发，又要积极引进、消化、吸收和推广国内外先进技术。依托科研院所、农业院校等科技力量，整合农科教资源，建立科研工作"开放、流动、协作、竞争"的创新机制，以关

键技术研究与创新为突破口，重点开展新品种选育技术、生物工程技术、节水技术、绿色环保型投入品创制技术、特色产品深加工技术、生物安全技术、高效低耗技术、标准化生产技术等方面的研究与创新。

（三）培育专业人才队伍

坚持"用人、育人为本"，致力于提高专业技术人员的创新能力，培养一大批既懂专业技术又懂经营管理的人才；引进和培养一批复合型人才，培养建立高素质专业人才梯队，形成完备的科技创新队伍、技术推广队伍、市场营销队伍、现代管理队伍。加大推广宣传力度，打造国际特色品牌。

（四）加大推广宣传力度，促进高原特色农业发展

提高人们对高原特色农业的认识，通过互联网、电视广播、报纸等媒体积极宣传富源特色农业基本概况，种植生产加工过程，市场需求。同时广泛开展与省内外研究单位、种植和加工企业的技术交流，特别是在栽培方法、技术推广、产品加工、市场营销等方面的宣传，营造全民关注富源特色农业的浓厚创业氛围，研究国际市场和国内产业的发展动态，收集国内外农产品生产、加工、销售信息，构建特色农业信息发布、技术服务和交流平台。

云南省广南县辣椒产业

刘文祥　顾占红　陈德刚　梁大林　陆艳兰

（云南省广南县经济作物工作站）

辣椒是广南县主要的经济作物之一，种植历史悠久。近年来发展较快，已经逐渐成为农民增收的新经济增长点。充分挖掘辣椒生产潜力，提升辣椒总体效益，已势在必行。随着社会经济的发展，人民生活水平的提高，消费需求呈现多样化发展，这给地方特有的优势生物资源提供了发展空间；同时，市场的变化、消费观念的改变，也给优质辣椒生产提出了挑战。因此，对辣椒产业发展情况进行调研，找准存在的问题，提出加快辣椒产业发展的对策，对推进广南县农业产业化进程及提高农业总体竞争力具有十分重要的意义。

一、产业现状

（一）产业发展现状

辣椒是广南县传统产业，也是优势产业，20世纪八九十年代就有一定的种植规模。特别是"十五"以来，县委、县政府将辣椒产业列为全县财源建设的基础产业来抓，使辣椒产业得到了较快的发展。2000年全县种植面积4.2万亩，产量309.8万千克，到2005年已发展到8.1万亩，产量达到679.4万千克，产值达到1.36亿元，面积产量都将近翻了一番。2011年全县播种面积发展到17.57万亩，产量1927.93万千克，产值达到2.35亿元，到2014年种植面积扩大到27.28万亩，总产量达到3163.39万千克，农业总产值72757.97万元，平均单产为115.95千克。到"十二五"末期，2015年种植面积回落到24.7555万亩，总产量达到3166.15万千克，农业总产值79153.75万元，平均单产为127.9千克。广南县2016年辣椒计划种植面积为24.5万亩，全县辣椒实际完成种植面积23.4021亩，总产量2658.48万千克，平均亩产114千克，农业总产值达47853万元。逐渐形成了以珠琳、旧莫、那洒、五珠、莲城、杨柳井6个乡镇为重点产业带，辐射全县辣椒产业的发展格局。这些乡镇已是农民收入的主要经济来源，成为农民增收的主要产业。2017年种植面积25.5963万亩，其中，干椒21.11万亩，总产量2786.8万千克，产值50161.87万元；鲜椒（小米椒、朝天椒）4.4844万亩，产量4260.2万千克，产值

10650.5 万元。种植品种主要有珠琳本地辣椒、文辣系列丘北辣椒、文米辣系列、外引小米椒、朝天椒等。

（二）辣椒加工及营销现状

1. 加工现状

广南县的辣椒加工产品主要有辣酱、糟辣子、干辣椒粉等，均为粗加工产品，产量少。据调查，县内个体小型辣椒加工作坊有百余家，年加工鲜辣椒约在 1200 万千克左右。加工产品大多用于本县内的消费需求。部分销往省内文山、昆明等地及湖南、山东及沿海地区。县内至今还没有大型辣椒产品加工企业。

2. 市场营销现状

目前，县内还没有专门从事辣椒销售的企业或行业协会，也没有专门的辣椒交易市场。其销售方式主要依靠辣椒主产区的乡村集贸市场进行交易。广南县的辣椒产品除满足县内消费需求外，大部分干椒产品以单一的原料销售方式，通过个体商贩或外地辣椒营销老板销往省内外其他地区。

二、产业发展存在的问题

（一）缺乏龙头企业带动，市场开拓乏力

没有龙头企业来带动，只有小作坊加工辣酱、糟辣子等初级产品。现有个体企业年加工辣椒量还不到全县年生产量的 8%，多数企业规模较小，起步晚，设备落后，资金缺乏，产品开发深度、经济增值水平不高，多数停留在原料销售和初加工水平上，企业带动力不强。在市场经营上尚未形成强实力的辣椒经营集团公司。生产组织管理落后，产业各环节联系不紧密，缺乏农民、企业、经纪人的行业组织，产业链短；缺乏现代信息装备及相应的服务功能，信息体系不健全，省外乃至国际大市场信息不灵，产品走向不稳定，处于无序生产、竞争、盲目生产的状态。辣椒种植面积也随着市场价格的波动而波动；辣椒生产、加工、销售等环节各自为战，没有跟邻近的砚山、丘北连接好，产业形不成合力。

（二）无辣椒专业交易市场

交易市场粗放，不成熟，产业链脱节。辣椒交易主要靠乡镇小集贸市场，无专门的辣椒交易市场，交易手段落后，交易量有限。市场信息流通不畅，价格波动大，易受人为干预，常出现坑农害农现象。产业无加工企业支撑，发展跌宕起伏，种植面积小时，货源紧俏，易出现哄抬物价、掺杂使假现象；种植面积大时，产品滞销、价格低廉时有发生，挫伤椒农的种植积极性。

（三）基础设施薄弱，抵御自然灾害能力低

广南县地处滇东南喀斯特地形地貌区，辣椒种植适宜区恰恰是十分缺乏农业给水条件的红壤地区，春雨来得晚，雨量偏少，一般年均降水量 800～1250 毫米，且时空分布不均，春旱严重，更主要的是历史原因形成的农田水利基本建设投入不足，生产设施差，田间沟渠不配套，水利化程度低，辣椒生产受天气影响大。

（四）辣椒生产科技含量不高，技术体系不完善

广南县的辣椒生产，总体表现为科技含量低，规范程度低，单产低。除高产示范样板区外，多数农户仍以传统的种植方式为主，种植规范程度不够，品种改良和提纯复壮以及新技术的推广应用水平不高。据统计，广南县辣椒平均亩产为 80～120 千克，低于全州的 20 千克，单产潜力没有得到充分发挥。与试验示范的 300 千克以上的单产水平相差较大，主要原因：一是栽种辣椒品种 80% 为农户自留，品种混杂、退化严重，栽种品种单一，抗性差，增产潜力小，没有对地方特有的传统优良品种进行提纯复壮工作。种子产业体系与现代农业发展要求不适应，育繁、推广结合不紧密，科研、生产、经营脱节，难以形成合力。二是种植水平不高，辣椒种植区栽培及管理水平技术比较落后，规范化、规模化栽培技术普及不够，耕作粗放，产量低，品质差异大，产品市场竞争乏力，提质增效不显著。三是病虫害防治有待突破，一方面是辣椒种性下降，抗性下降；另一方面是扩大种植规模后土地轮作难度大，以及同属茄科的烤烟土地难协调，病虫害流行风险加大，增加椒农生产成本，严重影响辣椒产量和经济效益。

（五）产业标准化水平低，生产体系不完善

辣椒产业标准化工作不健全，产品标准、技术规范、质量监测应用范围窄，辣椒产品质量参差不齐。主要表现：在辣椒市场运营过程中尚未形成标准化的生产经营模式；丘北辣椒栽培技术操作规程及无公害生产技术没有严格地应用于基地生产；对干椒商品性缺乏规范的质量分级标准，仅凭感官经验根据形状大小、色泽作简单分级，对内含物标准没有要求，外销辣椒原料没有完善的检验检疫体系及标准，制约辣椒的外销量。

（六）资金投入不足，整体实力不强

近年来，辣椒新品种新技术示范推广研究经费虽有投入，但总量不多，缺乏连续性，使辣椒的研究与示范推广工作远远不适应农业产业结构调整的要求，科研支撑产业发展的力度相当有限。同时，产业投资多元化格局尚未形成，投资融资渠道狭窄，争取资金困难，在科研、基础建设和扶持企业等方面受到制约。此外，由于投入不足，在产业宣传上无计划，实力弱，品牌意识不强，产品知名度不高，品牌难以树立。在辣椒基地建设方面，政府没有专项资金投入，仅有试验点、示范经费。辣椒产区多属山区，交通条件差，面积分散，致使辣椒技术指导、培训到位率低，覆盖面小、形成栽培管理技术参差不齐，

辣椒增产潜力没有充分发挥出来。

三、加快辣椒产业发展的指导思想及目标

（一）指导思想

全面贯彻落实科学发展观，紧紧围绕文山州辣椒产业的战略部署，认真贯彻落实《文山州丘北辣椒产业发展条例》的精神，以基地化、规范化、产业化发展为基础，以市场为导向，以资源为依托，以科技为支撑，大力推进辣椒产业规模化、标准化进程，提高单产，增加效益。加强基础设施配套建设，培植龙头企业，完善市场建设，培育一批懂技术、懂管理、会经营的现代化新型农民，促进全县经济社会健康、快速发展。

（二）发展目标

到"十三五"末期，种植面积稳定在 30 万亩，平均亩产提高到 125 千克以上，辣椒年总产值 6 亿元。

四、促进辣椒产业发展的对策

（一）提高认识，加强领导

辣椒产业是实现广南县农民增收致富的重要产业之一，县乡各级党委、政府要充分认识发展辣椒产业的重要性和必要性，统一思想，提高认识，切实加强领导，把发展辣椒产业纳入党、政的重要议事日程来抓。为加快辣椒产业发展步伐，认真贯彻落实《文山州丘北辣椒产业发展条例》精神，从农业结构调整，丘北辣椒强州的高度，尽早把广南县的辣椒产业融入全州的辣椒产业发展之中，形成合力，壮大产业。成立辣椒产业发展领导小组，切实加强对辣椒产业发展的领导；组建专业队伍，实行产业专人负责，确保产业发展的科技支撑；整合部门资源，将涉及的相关部门的人力、技术、资金整合到一起，形成层层建立目标责任制，层层抓落实的工作格局；形成以政府推动、企业带动、部门配合支持、社会力量积极参与的建设机制，上下联动，扶持壮大辣椒产业的发展。

（二）更新观念、理清思路，做好产业发展规划

冲破传统思维模式的束缚，在遵循自然规律和市场规律的前提下，进一步更新观念、理清思路，用新观念、新思路去指导优质辣椒产业发展。按照因地制宜、基地化种植、基地化加工、固定地点交易的原则，编制好种植业、加工业、市场的发展规划及实施方案，规划到乡镇、村组、地块、市场。实施方案要突出可操作性和重点，明确年度工作目标和工作任务。

（三）加强农业基础设施建设，改善农业生产条件

在认真搞好辣椒产业发展规划的同时，加强产业项目的申报工作，积极争取省、州的资金扶持，整合各种资源和资金，重点加强辣椒专业市场基础设施建设；完善辣椒生产基地的基础设施建设，改善交通、通信条件；加强水利基础设施建设，对有水源的地区，以配套沟渠为重点，改善灌溉条件。对无水源的地方，大力推行旱地小水窖，实施节水农业，减少自然因素对辣椒生产的制约力。

（四）实施辣椒高效安全生产集成技术的示范和应用，提高辣椒种植技术水平

依托省、州辣椒产业发展的科研部门和单位，在全县辣椒主要产区，开展丘北辣椒新品种选育、高产栽培技术、无公害栽培技术、测土配方施肥技术、病虫害综合防控技术、农作物间套种技术等应用技术的研究、试验示范及推广工作，努力提高辣椒种植技术水平，提高辣椒生产商品的产量和质量，加快科研成果向现实生产力的转化。

（五）培育和扶持龙头企业，实施工业化带动战略

制定优惠政策和营造产业开发的良好投资环境，吸引企业落户广南。引导、利用本地银行资金和民间资金参与产业的投资开发。积极接洽省内外的优秀企业到县内投资建基地、办工厂。按照辣椒产业发展目标和要求，培育和扶持辣椒产业龙头企业，把培育、引进、扶持加工型龙头企业、营销经纪人组织、市场带动型龙头企业作为产业发展的核心，通过政府引导、政策和资金扶持，进一步整合企业，加快企业发展步伐，促进大企业、大集团格局的形成和壮大，通过企业带动、市场拉动、营销联动"三驾马车"，拉动整个产业快速发展壮大，提高辣椒产业的市场竞争力。

（六）加大辣椒产业发展投入

政府各有关部门在新品种、新技术开发及产业标准化体系建立等方面应给予必要的资金投入和政策优惠，支持辣椒产业的发展。将辣椒产业发展纳入国民经济发展计划，按部门职责向省级有关部门申请立项，争取省级和中央投入，同时依托辣椒产业发展项目，多渠道吸引各类社会资本投向辣椒产业，形成投资多元化，促进辣椒产业的发展壮大。

（七）加强体制建设，健全辣椒产业发展社会化服务体系

加强体制建设，营造良好的发展环境，形成对辣椒产业开发过程中投入资金、技术、人才、资源和管理等要素的有效保护，保障农业产业开发的顺利发展。依托政府职能部门，以农业产业化经营为契机，以农村专业合作组织为基础，发展辣椒市场化服务组织，逐步建立起网络完善、功能互补的辣椒产业社会化服务体系。

云南省砚山县辣椒产业

陈　丽　王跃云　罗金超　李会萍　黄亚娇

（云南省砚山县经济作物工作站）

辣椒产业是砚山县的重要支柱产业之一，为砚山县农业经济的发展做出了巨大贡献。砚山县按照"引商户、建基地、拓市场、促外销、带发展"的思路，做强做大特色优势产业，推进农业生产经营规模化、标准化、机械化、产业化和信息化发展，加快农业从自给型向外向型、从粗放型向集约型方向转变的农业经营新格局不断深化，使辣椒产业全程产业链和一二三产业融合发展，现提出一些看法和建议。

一、产业发展现状

（一）基本概况

2018 年，砚山县辣椒种植面积 53.16 万亩，总产量 6482.59 万千克，总产值 77791.08 万元。已发展了文山华博贸易有限公司、砚山县润辉农产品工贸有限公司、砚山县凤荭农副产品贸易有限责任公司、文山永润辣素有限公司、文山州彝品香食品有限公司、云南达亿食品有限公司、砚山县宏达贸易有限公司、砚山县维摩乡华安食品贸易有限公司等 11 家辣椒深加工企业。截至 2019 年，辣椒加工企业固定资产总额达 10.74 亿元，加工产值实现 11.04 亿元，销售收入 10.87 亿元，利润 1.15 亿元，上缴税金 1832 万元，出口交货值 8892 万元，年消耗辣椒原料 1 万吨左右。在经营流通上，建设了稼依辣椒、砚东辣椒等一批辣椒专营市场，使砚山县成为滇东南乃至西南地区最大的辣椒集散地，辣椒原料及产品远销美国、墨西哥、韩国、马来西亚、日本等国家和地区，各企业年出口干辣椒 8000 吨左右，实现销售收入 8500 万元，出口创汇 1000 余万美元。同时，各企业在全县建立建设辣椒出口基地 29.9 万亩。

（二）存在不足

（1）辣椒生产能力与所拥有的优势条件不相称，生产呈现散、弱、劣的局面。

（2）组织化程度低，生产附加值低，产值集中在利润微薄的种植和初加工环节。

（3）自主创新能力弱，缺乏市场竞争力。

（4）对外经济、技术的合作层次不高，使砚山辣椒产品的辐射性、影响力达不到预期效果。

二、原因分析及对策措施

（一）改良土壤，提升辣椒品质

近年，砚山辣椒品质已经下降，比如：本地小椒在气候阴凉、日照时数短的地方种植产量高果型大，但口感差、辣味不足，而在日照时数长的地方种植虽辣味足但产量低，很多农户不愿种植；还有小米椒，在 2000 年刚种植时，品质是很好的，果型小、均匀、表皮光滑、含油高、辣味足、香味浓，而到了 2010 年之后，农户为追求高产，品种混杂，有的甚至自留种子，生产出的小米椒果型超大，皮厚肉糙、索然无味。事实上，辣椒品质的退化不仅仅是因为品种的问题（近年文山农科院辣椒所对辣椒提纯复壮、品种选育已做了大量工作，推出了一些优良品种），与土壤也有密切关系。近 20 年，椒农在种植辣椒过程中，农家肥严重缺乏，偏施氮肥，为了追求高产而进行掠夺式生产，有的土地已不堪重负，辣椒病虫害日益严重，品质日趋下降。茄科作物是不能连作的，但很多椒农为追求短期利益而连作，依靠施用大量的农药来抑制病虫害的发生，同时施用过量化肥来提高产量，导致土壤理化性状下降，微量元素缺失，辣椒产品质量下降。

因此，在提纯复壮传统优质品种的同时，要积极改良土壤，可采取单纯改良和土壤"休憩"两种方法。单纯改良即大春收获后播种绿肥、豆科作物，土壤"休憩"即休耕 3 年，让土壤恢复"元气"。土壤改良会在短期内让椒农收入降低，但可以从根本上保持砚山辣椒的优良品质、保障椒农的利益。

（二）"三开放"

1. 生产的开放

（1）专业化、标准化生产，建立农产品质量安全可追溯体系，使农产品质量达到国际市场要求。目前，各辣椒种植专业合作社对自己的生产标准和要求执行力不足，一是在品种的选择上没有统一规划，导致产品原料标准不高、参差不齐；二是辣椒病虫害防治没有统一标准，导致部分辣椒产品原料农药超标；三是合作社和公司在收购原料环节不进行产品检测，导致优劣混杂。从而导致辣椒加工、出口企业对原料分类分级的成本增加，难以准确分级，优劣混杂销售，有损砚山辣椒原料和加工品在市场上的声誉。

发展对策：一是注重科学规划，提升"一乡一品""一社一品"。积极推出农业综合调整方案，以乡（镇）为单位，按不同区域土壤、气候特点，把"一乡一品"与"一社一品"充分结合起来，形成相对集中、优势明显的区域化生产格局，建议椒农全部加入辣椒种植专业合作社。二是建立质量可追溯制度，建立从"田间到餐桌"的全程质量安全控制。从砚山县辣椒产业运行现状出发，加工出口公司、辣椒种植专业合作社和椒农三者要有机协作，首先公司根据市场需求，制定辣椒收购标准；其次合作社根据公司要求，对椒农制定生产管理标准，包括品种、肥水管理、病虫害防治及产品质量等；最后椒农按照合作社要求上交合格产品，合作社对椒农交售的辣椒产品进行质量分级包装，注明产品名称、产地、生产者、产品等级，公司对各合作社交售的产品再进行质量检测，尽量避免劣质品进入市场，原材料、加工品均可设置溯源条码，既有利于消费者了解产品生产情况，又有利于质量追溯。

（2）加强科技创新与合作，提升辣椒生产的附加值。一是发展节约型生产，走可持续发展之路，以高产、节水、节肥、轻简等资源节约型技术研究和开发为重点；二是加强实用技术集成示范，通过先进实用技术的引进研究集成，组装并大面积推广，在不同区域建立高效、可持续发展的标准示范地，示范推广种苗技术、植物保护、生物技术等；三是加强优质新品种的引进与示范，尤其是抗逆、抗病虫、耐贮运和适宜加工、适宜机械化栽培的专用品种的引进与示范；四是加强田间生态环境保护，通过生物肥料、生物农药、害虫天敌的引进试验研究，建立水、土、大气污染检测体系，逐步完善无公害辣椒生产技术；五是提高辣椒抵御市场风险能力，通过辣椒产品的贮藏、保鲜、深加工技术研究，大幅增加辣椒贮藏、保鲜、深加工、出口比例，提高辣椒产后附加值，提高抵御市场风险的能力。

（3）加强市场调研。辣椒龙头企业必须要做准确的市场调研和市场预测，再调节种植专业合作社的种植规模。

（4）打造一批海内外知名品牌。目前砚山辣椒加工产品有香辣圈系列、辣椒油系列、风味豆豉、香椿酥、蘸水系列等30余个辣椒产品，但均为原材料或初加工品，并非精深加工品，没有知名品牌，对相关产业的带动弱。在品牌建立方面，要注重工艺创新，开发不同的产品系列，一是打文化牌策略，开展文化营销。比如台湾的特色甜柿，取名"柿业发达"（事业发达）、山葵干取名"一举夺葵"（一举夺魁），那砚山辣椒产品也可叫"一袋天椒"（一代天骄）、"吃香喝辣"等。二是食品安全概念营销，面对食品安全的困局，通过展会形式现场制作展示和客户互动，利用展会现场演示和讲解，注重技术性的视频演示，让消费者打消疑虑。三是对市场变化的应对要准确快速，辣椒产品在经过初期的市场快速拓展以后，遇到了市场应激疲劳的问题，此时就要开展精细营销，走定制路线，通过联合经营模式，统一打造辣椒产品大品牌概念，通过与内地市场的深度对接，启动定制营销模式。

2. 平台的开放

（1）建设一批外向型优质辣椒生产基地、国际合作示范基地。目前，砚山县国家现代农业示范园区建设正有序推进，建设目标定位是"云南省特色鲜明的外向型现代农业发展的典范、西部地区农业转变发展方式、创新体制机制的示范区"，所以，优质辣椒生产基地建设要依托"一轴五园五片区"，与文—砚—平高速相邻、与高产蔬菜科技示范园相连，建设高质高效、基础工程强、品牌价值高、食品安全有保障、生态保护可持续的辣椒生产基地。基地规模不必太大，但必须"精"，避免"傻大黑粗"，可引进国际国内优秀人才、先进适用技术和研发机构，推动跨国公司、国际知名研发机构来砚山设立研发中心，推动设立开放合作专项，引进国外高新技术。

（2）完善面向南亚、东南亚的国际辣椒交易中心。现有的稼依辣椒、砚东辣椒2个专营市场，使砚山县成了西南地区最大的辣椒集散地，2005年稼依辣椒专营市场还被定为农业部定点市场，但是，市场建设规格低，配套设施不完善，知名度也并不是很高，仅仅提供了一个"场地"。要建一个合格的辣椒交易市场，把它打造成全国知名的辣椒集散中心、价格形成中心、信息交流中心和物流配送中心，完善市场配套设施，设有冷冻、仓储、电视监控、电子银行、客户服务中心，交易流程实行"一卡通"结算方式，辣椒交易实现全程电子化。建立电子拍卖市场，进行包装规格化、重量标准化、质量等级化、客户会员化、交易电子化。

3. 功能的开放

打造观光休闲旅游基地，使辣椒产业不仅发挥生产和供给的经济功能，也兼具维持生态平衡、构成自然和人文景观的综合功能。

首先，要形成结合生产、生活与生态三位一体的辣椒产业，在经营上结合农业产销、技工和游憩服务等三级产业于一体的企业，打造经营新形态，具有经济、社会、教育、环保、游憩、文化传承等多方面的功能。突破传统辣椒产业的范围，以当地自然、文史资源，以特有的农村生产、景观，融合旅游、餐饮等综合经营，为人们提供休闲服务，综合利用当地资源，由辣椒产业延伸至服务业的新产业。其次，整合全县资源，合理规划，比如推动"一乡（镇）一休闲区"和利用丰富的森林资源，发展生态旅游，筹建步道，与民宿、观光农园结合，进一步推进辣椒产业转型。再次，重视分工合作，强调同一地区的联合，使休闲农业实现企业化，把观光、住宿、餐饮和娱乐联合起来。最后，产品经营多样化，有形产品与无形产品相结合。休闲农业能够提供的产品，除了实物的产品，还有奇观、氛围、风景和主题等"情境消费"的产品。

二十六、大理综合试验站

云南省宾川县特色蔬菜产业

闫 超

（云南省宾川县园艺站）

一、社会经济及农业产业结构

（一）资源状况

宾川县位于云南省西北部、大理州东部，属中亚热带高原季风气候，境内光热充足，干旱少雨，立体气候明显，昼夜温差大，平均气温 18.3℃，无霜期 294 天，日照时数 2719.4 小时，降雨量 559.4 毫米，素有"天然温室，热区宝地""南国吐鲁番"的美誉，是中国小粒咖啡发源地。

2017 年末，全县总人口 36.57 万人，其中按居住地分，乡村人口有 25.16 万人，城镇人口 11.41 万人，乡村实有劳动力 18.52 万人；全县国内生产总值 101.12 亿元（其中第一产业 42.37 亿元），财政总收入 6.83 亿元，农业总产值 79.73 亿元（其中种植业产值 63.98 亿元）农村经济总收入 73.71 亿元，农民人均纯收入 11481 元。

（二）农业产业结构

宾川农业产业除粮食外主要发展以葡萄、柑橘、石榴、冬桃等为主的水果产业和以香葱、大蒜为主的蔬菜产业。

由于热区资源优势，宾川的冬早蔬菜具有上市早、产量高、品质好等优点，是云南省重要的冬早蔬菜基地，2011～2017 年蔬菜种植面积一直稳定在 11 万～15 万亩，种植的蔬菜以香葱、大蒜、番茄、莴笋、菜用豆类等为主，尤其是香葱和大蒜年种植面积占全县年蔬菜种植面积的一半左右。

2017 年全县水果种植面积 28.43 万亩，产量 54.11 万吨，产值 40112 万元，蔬菜种植面积 14.88 万亩，产量 25.61 万吨，产值 102090 万元（其中香葱 3.28 万亩、产量 7.77

万吨、产值 13895 万元，大蒜 5.07 万亩、产量 8.4 万吨、产值 62575 万元）。

二、特色蔬菜产业发展现状

（一）宾川特色蔬菜生产规模及布局

1. 特色蔬菜规模

宾川特色蔬菜主要是香葱、大蒜，其余品种都为零星种植。自 2002 年起特色蔬菜的种植面积在全县蔬菜种植面积中的占比都超过了 50%，2015 年香葱、大蒜种植面积 8.2 万亩，占全县蔬菜种植面积的 62.54%；特色蔬菜产值自 2002 年起，占全县蔬菜产值的比重都在 50% 以上，2016 年、2017 年特色蔬菜产值分别达到了 7.5 亿元和 8.35 亿元，占全县蔬菜产值的比重分别达到 75.1% 和 74.9%。

宾川生产的香葱具有品质好、产量高、上市早的特色。1988 年以前宾川香葱多用作佐料，部分用于采收葱花，种植品种有红葱和黄皮葱，种植零星分散。作为加工原料生产始于 1988 年。进入"十五"以后，宾川县把香葱生产作为调整农村产业产品结构的重要项目来抓，并作为宾川蔬菜加工企业的原料基地加以建设。随着原料需求的增加，种植面积逐年增加，2003 年至 2017 年，宾川香葱基地面积都保持在 3 万亩以上，2017 年种植面积扩大到 3.28 万亩，总产量 7.77 万吨，总产值 1.39 亿元。

宾川大蒜作为调料和蔬菜栽培，历史悠久，作为加工原料和商品生产始于 1988 年。宾川从大理州蔬菜公司引入经冷库处理后的四川温江"二水早"蒜种栽种，后又引入温江"红七星"和"日本大白光"等品种。因品质好、成熟早，宾川大蒜很受市场欢迎。由于效益好，种植面积逐步扩大，2000 年至 2017 年大蒜种植面积维持在 3 万亩到 4.5 万亩之间，2017 年种植面积突破了 5 万亩，达 5.07 万亩，总产量 8.4 万吨，产值达 6.26 亿元。

2. 特色蔬菜布局

（1）冬春葱蒜温凉气候适宜区。主要特点是水资源充足，冬闲田多，年平均气温低于 18℃，冬季少雨、多晴，播期及收获期比坝区延长 40 天左右，加之劳动力充足，生产投入有保障，前作多为烤烟和苞谷，是葱蒜生长发育最佳田块选择，海拔多为 1750～2000 米地带的鸡足山镇、大营镇、乔甸镇。

（2）冬春葱蒜低热气候适宜区。宾川县葱蒜的主产区主要特点：水资源充足，土壤耕作深厚肥沃，前作玉米、水稻等作物，有常年栽培葱蒜的习惯，菜农科学种田意识强，舍得投入生产成本。年平均气温高于 18℃，冬季降雨甚微，无霜期长，春播作物 8 月下旬及 9 月收获后及早播种，12 月中下旬早熟蒜薹上市，次年 1 月下旬早熟独蒜果上市，2 月下旬分蒜、葱头上市，一直延长到 4 月底收获结束，产品达到早熟、早上市，价格好，农民收益高。该区分布在海拔 1400～1700 米左右的金牛镇、宾居镇、州城镇、力角镇。

（3）春夏雨季山地香葱适宜区。主要规划在海拔 1600～1800 米的山地、半坡地，雨季来临后播种，利用间断的雨水作为水资源且不易积水，适宜香葱正常生长，产量略低于小春季，但生长期短，能在100～130天收获，农民收益好，同时又能补充加工厂的原料供应，该区优势布局为金牛镇、宾居镇、州城镇、力角镇的部分村子。

（二）特色蔬菜的生产现状

宾川县属中亚热带高原季风气候，境内光热充足，干旱少雨，立体气候明显，昼夜温差大，平均气温 18.3℃，无霜期 294 天，年均日照时数 2719.4 小时，降雨量 559.4 毫米。依托良好的气候条件，宾川特色蔬菜发展形成了以香葱、大蒜为主的发展格局，产品主要销往大理周边及昆明、成都、重庆、上海、广州等大中城市，还有中国台湾、中国香港及韩国、日本、美国、东南亚、欧盟等地。

香葱种植品种以黄皮香葱为主，近年又引进了水红葱种植，大蒜种植品种以蒜头和蒜薹为主要产品的"温江红七星""汉源蒜薹"和"河南早蒜"等。为充分发挥气候优势，香葱、大蒜种植又以越冬露地种植为主。2002 年至今，虽然受市场和气候条件的影响，香葱、大蒜种植面积有一些波动，但都保持在 6.5 万亩左右，多数年份在 7～8 万亩之间。

2017 年宾川有 3.5 万亩香葱基地通过了无公害农产品生产基地认定，全县具有一定规模的香葱加工企业 15 户，已获得商标注册和无公害农产品认证的香葱产品有"云福"牌葱酥、葱干、葱叶、标葱和"汇垦"牌脱水香葱系列产品 6 个；大蒜出口企业有宾川宽垦农副产品有限公司、云南国巨绿色食品有限公司、宾川县云福农副产品加工有限责任公司、宾川县清水河进出口有限责任公司、宾川县新新公司等，全年出口大蒜 4375 吨，出口创汇 3840 万美元。鲜大蒜出口企业 2 家，全年出口量 1531 吨，出口创汇 169.7 万美元。通过出口农产品基地登记备案的企业有 5 户。

（三）特色蔬菜产业的科技水平

宾川香葱主要种植品种为黄皮香葱，该品种分蘖强、鳞茎饱满、香味足，既适宜鲜食，又适宜加工，种植过程中主要通过异地换种来保持品种特性。宾川大蒜种植以蒜头和蒜薹为主要产品，且能实现早熟栽培的"温江红七星""汉源薹蒜"和"河南早蒜"等，主要通过低温处理来促进早熟栽培，通过异地换种来保持品种特性。2004 年，县农业局组织县乡农业技术人员、种植大户、农民对常年使用的各种主要作物的生产技术进行总结、完善，制定了《宾川县香葱无公害生产技术规程（试行）》《宾川县大蒜无公害生产技术规程（试行）》，并与县质量技术监督局联合印发给各乡镇（场）、种植大户、加工企业及农民协会，在全县全面推广，并在生产实践中不断完善。

（四）特色蔬菜产业组织的发展情况

1988 年，福建籍商人首次在宾川（牛井月牙山村）建葱头加工厂，收购葱头用植物油炸干后包装，运往珠江等地销售。1989～1995 年在太和农场等地建香葱加工厂 20～30 户，至 2005 年全县从事香葱加工、营销的企业有 70 余户，其中经工商注册的有 11 户，固定资产 1500 余万元，年加工成品 7500 余吨。随着不断整合、发展，目前宾川葱蒜加工、营销企业规模较大的有宾川云福农副产品加工有限责任公司、宾川清水河香葱厂、宾川宽垦农副产品有限公司、云南国巨绿色食品有限公司、宾川新新农副产品加工有限公司等，2017 年几家公司的销售收入超过了 7.5 亿元，特色蔬菜出口创汇超过了 8000 万美元，并有效带动了周边农户增收致富。同时，全县参加特色蔬菜营销的农民经纪人有 2350 多人，每年组织外销 15 万吨以上。

（五）特色蔬菜产业扶持政策

1. 政策服务

2002 年，县委、县政府制定了《关于加快调整农业产业结构推进农业产业化经营的意见》。计划用 3 年时间，按照建设绿色产业示范区的要求，建成包含 10 万亩特色蔬菜基地、8 个农业产业化生产基地，并成立了相应的工作领导小组，制定了优惠政策。对农业产业化经营中涌现的加工、流通龙头企业及营销大户和开展绿色食品、无公害农产品认证、商标注册、出口认证许可证申报等工作，在省州奖励的基础上列入全县年度"双文明"建设内容再给予奖励。支持和鼓励农村能人、机关干部、科技人员参与农产品运销加工，以大户出资为主，参与者入股，乡村引导和协调，组建农工商一体化的运销股份合作经济组织。

2. 技术服务

近年来，宾川依托"跨世纪青年农民科技培训工程"项目、"阳光工程"项目、科技入户、测土配方施肥项目、基层农机推广体系改革与建设补助项目、新型职业农民培育等项目，在全县广泛培训农户和相关农业科技人员，推广无公害蔬菜生产技术。2004 年，县农业局组织县乡农业技术人员、种植大户、农民对常年使用的各种主要作物的生产技术进行总结、完善，制定了《宾川县香葱无公害生产技术规程（试行）》《宾川县大蒜无公害生产技术规程（试行）》等宾川主要农作物的无公害生产技术规程，并与县质量技术监督局联合印发给各乡镇（场）、种植大户、加工企业及农民协会，在全县全面推广无公害生产技术。随着发展形势的需要，近年蔬菜病虫害绿色防控技术、耕地土壤质量提升技术等作为新兴的标准化技术在全县也得到了很好的推广。

3. 信息服务

1999 年 12 月，宾川县农业局建立了宾川农业信息网，网站按照省农业信息体系和网络技术标准实施，具有独立顶级域名。网站建成后，培训县乡农业信息员 300 人，培训农副产品加工业主和经纪人 160 多人，申请注册农业部一站通会员 14 人，建立了金牛、平川、州城 3 个乡镇和云福公司、宾居农场、太和农场等 6 个市场信息服务站。根据国内、省内农副产品销售行情，及时发布宾川县大蒜、香葱、柑橘、葡萄、玉米、大米等销售预测分析简报。2012 年，宾川县作为全国 500 个蔬菜生产重点县开始进行蔬菜生产信息监测。2015 年以来，宾川县紧扣时代脉搏，顺应"互联网＋"发展趋势，按照"政府引导、市场主导、企业主体、平台支撑、产业联动、群众参与"的发展思路，立足产业优势，抢抓"互联网＋"发展机遇，成功引入阿里巴巴集团，先后争取了阿里巴巴农村电子商务"千县万村"试点县建设、全国电子商务进农村综合示范县建设和全国信息进村入户试点县建设，积极探索适合宾川县农村电子商务发展的新路径，有效推动了"网货下乡、农产品进城"双向流通，促进了电子商务与传统产业融合发展。

4. 引导无公害农产品生产

（1）加强农业生产资料市场监控，开展农产品"农药残留"检测工作。贯彻落实"农药管理条例""宾川县农药管理实施办法""宾川县关于禁止经营使用剧毒、高毒、高残留农药的通告"等法律法规，强化农业行政执法，规范农业生产资料流通市场。开展农产品"农药残留"检测工作，每年检测水果蔬菜等农产品样品7000多份。

（2）商标注册和无公害农产品认证。扶持和鼓励县内加工企业、农民专业协会、农业龙头企业申报注册商标和无公害农产品认证工作。2003年至2004年，先后获得注册商标的"云福""汇恳"牌系列葱产品通过无公害农产品认证。

（3）制定无公害农产品生产技术规程，全面推广无公害生产综合配套技术。在试验、示范的基础上，经过反复总结、分析和修改，2004年，县农业局与县质量技术监督局联合制定了"宾川香葱""宾川大蒜"等宾川的主要果蔬作物无公害标准化生产技术规程（试行），印发到全县各乡镇（场）及农产品加工流通企业，在生产实践中不断完善，逐步实现标准化无公害生产。

（4）开展农产品质量可追溯体系建设。2011年11月，宾川针对主要农作物开始进行农产品质量可追溯体系建设，通过不断的应用和完善，目前已完成农产品质量可追溯体系3期开发并投入使用。农产品质量可追溯体系建设有效推动了宾川县农业的标准化生产，有力地保障了宾川县的农产品质量安全。

三、特色蔬菜产业发展存在的问题与制约因素分析

（一）受葡萄生产影响，种植面积出现下滑

由于近年宾川种植葡萄效益较好，加上部分种植户和农资经销商的夸大宣传，农民蜂拥而上种植葡萄，一时间宾川各种土壤条件、各种灌溉条件、各种肥力条件的田块都开始发展葡萄生产，造成了宾川县果蔬争地矛盾突出，蔬菜种植面积出现了下滑，尤其是种植条件较好的坝子中心地带蔬菜面积下滑情况严重。而蔬菜种植品种结构越来越单一，受市场影响也日益严重，受极端年份市场低迷影响，农户种植蔬菜的积极性也在降低。葡萄前期管理与宾川主要发展的冬早蔬菜在管理时间上也有重合，造成了农户对蔬菜管理的放松，导致种菜效益偏低，阻碍了宾川蔬菜生产的发展。

（二）生产成本增加，蔬菜加工企业发展受阻

宾川县葡萄种植面积较大，用工较为紧张，这种情况不可避免地推动了用工成本的增

加。加上葡萄生产需要投入大量的农用物资,从而抬高了宾川的农资价格。农用物资和劳动力成本的增加不可避免地提高了蔬菜生产成本,导致蔬菜价格上升,造成企业加工成本提高,利润降低,企业加工量减少,部分蔬菜加工企业甚至调整了生产方向。另外,由于生产成本增加,蔬菜加工企业资金压力加大,资金周转困难。

(三) 连作严重

宾川县蔬菜主推冬春早菜,蔬菜品种又以香葱、大蒜为主,再加上土地资源有限,不能合理地开展轮作,致使土壤环境变差,蔬菜产量、品质明显降低。为保证一定的经济效益,部分农户不注重科学管理,有机肥施用量不足,化学肥料使用偏多,导致土壤僵化板结,肥料利用率低,蔬菜病虫害严重,导致农药使用量增加,形成了恶性循环。

(四) 土壤质量下降

在近年农业生产中,为降低农动力成本和追求短期的高效益,大量农户忽略有机肥的施用和人工除草方式的应用,取而代之的是使用化学肥料和除草剂,随着化学肥料和除草剂大范围过量施用,土壤结构受到了严重的危害,土壤质量明显下降。

(五) 规模化程度低

宾川农业产业虽初具规模,但散户经营情况突出,特色蔬菜专业化、集约化、规模化程度还很低,在标准化生产技术推广、市场营销和农产品质量安全方面仍然任重道远。

(六) 企业与种植户的利益联结机制不健全

宾川特色蔬菜加工企业小、散、弱,产品加工转化率及产品附加值低,龙头企业与基地、农户的利益联系还不够紧密,风险共担、互利共赢的长效机制还未形成,加上种植成本不断增加,种植风险加大,农户种植积极性受市场影响较大。

(七) 没有稳定的财政资金投入

宾川是农业大县,没有工业支撑,财政资金对农业发展的支持力度不大,造成农业生产技术研究、推广资金缺乏,一定程度上阻碍了宾川农业的快速发展。

四、产业发展的对策建议

(1) 积极争取项目和资金支持,加快农业基础设施建设,加大新品种、新技术的引进力度,尽快总结形成宾川特色蔬菜标准化栽培技术并在全县推广。

(2) 加大特色蔬菜标准化生产技术推广力度,进一步强化蔬菜标准化生产管理;推动特色蔬菜的品牌化建设;强化农产品质量安全可追溯系统的应用和农业综合执法力度,保障特色蔬菜及农产品的质量安全。

（3）进一步加大以葡萄套种香葱、大蒜为主的果蔬套种技术的研究和推广力度，积极引导农户合理布局葡萄和蔬菜，努力改善水果发展而蔬菜萎缩的现状。

（4）继续实施化肥零增长计划，开展测土配方施肥，推进畜禽粪污资源化利用、秸秆还田，实现耕地土壤质量改善提升。

（5）促成企业和农户、合作社和农户开展多种形式的合作经营，使之形成稳定紧密的利益联结机制，降低企业和农户的经营风险。

云南省洱源县特色蔬菜产业

金竹玲

（云南省洱源县园艺工作站）

洱源县位于大理白族自治州西北部，是洱海的发源地，全县海拔 1645~3958 米，属北亚热带高原季风气候类型，气候温和湿润，冬春干旱、夏秋多雨，平均气温 14.2℃，年平均降雨量 719.2 毫米，土壤肥沃，基础条件好，适宜各类蔬菜生长。近年来，随着高原特色生态农业的发展和农业产业结构的优化调整，蔬菜产业不断发展壮大，全县常年蔬菜累计种植面积 10 万亩左右，其中特色蔬菜种植面积 7 万多亩，其他时鲜蔬菜周年累计种植 3 万亩。

一、特色蔬菜产业发展现状

洱源县种植蔬菜历史悠久，种植面积大，基础好，有适宜于各类蔬菜生长的气候条件，特色蔬菜主要有：大蒜、辣椒、海菜、莲藕。2018 年大蒜种植面积 5.5 万亩，总产量 13.02 万吨，总产值 29873 万元；辣椒种植面积 1.44 万亩，总产量 2.02 万吨，总产值 5846.4 万元；海菜种植面积 0.1 万亩，总产量 2600 吨，总产值 2080 万元；莲藕种植面积 500 亩，总产量 1500 吨，总产值 600 万元。特色蔬菜除满足本地需求外，以大蒜、辣椒为主的产品主要销往北京、湖南、广州、福建、黑龙江等大中城市，并出口日本、韩国、越南等国家，深受国内外商家青睐，市场前景广阔。

（一）大蒜产业

洱源县种植大蒜历史悠久，种植品种以紫皮早熟独蒜和大白蒜为主。以前以种植本地品种紫皮蒜为主，1993 年从四川温江引入早熟品种"红七星"，经冷库以 3℃~5℃低温处理 45~60 天后进行试种，获得成功后，面积逐年增加。因其所产蒜头 70% 以上为独头蒜，且个大、皮薄，产量高、熟期早，大蒜素含量高，食之香辣味俱佳，深受国内外消费者青睐。经过政府引导、市场规范、科技创新、优化调整等，洱源县大蒜种植逐步走上了产业化发展道路，近年来种植面积稳定在 4 万~5 万亩，在大理州早熟大蒜生产区中独占鳌头，成为富民兴县的一项经济支柱产业，洱源也由此而被誉为"高原独蒜之乡"。经过二十多年的发展，早熟大蒜已成为洱源县重点特色蔬菜产业及小春主要经济作物。邓川镇、右所镇主要发展早熟大蒜，三营镇、茈碧湖镇、牛街乡等地主要发展紫皮大蒜、大白蒜。近三年洱源县大蒜产业生产情况为：

（1）2016年大蒜种植面积4万亩，其中，独头蒜2.45万亩，瓣蒜1.55万亩，总产量达6.33万吨，总产值31481万元。

（2）2017年大蒜种植面积5.8万亩，其中，独头蒜3.8万亩，瓣蒜2万亩，总产量达9.3万吨，总产值48765万元。

（3）2018年大蒜种植面积5.5万亩，其中，独头蒜2.25万亩，瓣蒜3.25万亩，总产量达13.02万吨，总产值29873万元。

2018年大理州州委政府为保护洱海，出台了有关洱海保护的一些决定，根据《中共大理州委办公室大理州人民政府办公室印发〈关于开展洱海流域农业面源污染综合防治打造"洱海绿色食品品牌"三年行动计划（2018—2020年）〉的通知》（大办发〔2018〕33号）和《中共洱源县委办公室洱源县人民政府办公室印发〈洱源县关于加快洱海流域农业产业结构调整推行农作物绿色生态种植相关工作的意见〉的通知》（洱办发〔2018〕52号）文件精神，在洱海流域范围内开展"三禁四推"工作。洱源县大蒜种植乡镇属洱海流域范围，为积极响应州委政府的号召，2019年小春县委、县政府决定不再种植大蒜。

（二）辣椒产业

辣椒作为时鲜蔬菜及日常生活中的重要调料，越来越受到人们的青睐。2016年及以前洱源县辣椒主要作为时鲜蔬菜种植面积不是很大，全年累计播种面积在1200～1400亩；2017年开始，洱源县蔬菜种植专业合作社与外地辣椒收购商合作，以订单农业的形式种植朝天椒，并向种植户有偿提供辣椒苗，聘请专业技术人员到田间指导农户种植及田间管理，待辣椒成熟后统一回购，有效带动了全县辣椒生产。专业合作社的辣椒苗不仅提供县内种植户，还提供给剑川、宾川、巍山、南涧等周边县份；辣椒鲜产品销售到北京、上海、广州、重庆、湖南、南昌等地，并出口泰国。辣椒种植技术及销售渠道有了保证，种植面积自然大幅增加，是继大蒜之后洱源县又一特色支柱产业。近三年洱源县辣椒产业生产情况为：

（1）2016年辣椒种植面积1405亩，产量2206吨，产值320万元。

（2）2017年辣椒育苗可供种植面积7600亩，县内种植面积3280亩，产量5700吨，产值3021万元；年收购量10100吨（收购量包括县内、县外），回收价格最高14元/千克、最低3.5元/千克。

（3）2018年辣椒育苗可供种植面积20800亩，县内种植面积14400亩，产量20160吨，产值5846.4万元；年收购量21000吨（收购量包括县内、县外），回收价格最高4.2元/千克、最低1.8元/千克。

（三）水生蔬菜

洱源县地处洱海源头，境内有茈碧湖水库、海西海水库，东湖、西湖、绿玉池等天然湖泊，水资源十分丰富，无工业污染，水质良好，较适宜水生蔬菜的种植。水生蔬菜病虫害发生较轻，农药化肥用量极少，产品绿色无公害，有较好的开发前景。利用低洼低产稻田改种水生蔬菜，可以提高生产效益，农民种植水生蔬菜热情较高，发展势头良好。洱源县种植的水生蔬菜主要有海菜和莲藕，主要分布在水资源丰富的右所镇和茈碧湖镇。

1. 海菜

海菜又名海菜花、龙爪菜，属水鳖科多年生沉水植物，可生长在 4 米的深水中，花期在 4～10 月，花茎作蔬菜食用。海菜是我国独有的珍稀濒危水生植物，它对水质污染很敏感，对水质要求较高，环保部门称其为"环保菜"。海菜特有的生活习性，使它成为当之无愧的绿色有机蔬菜，符合人们对于健康食品的追求，需求空间较大。

海菜种植对水质要求较高，种植时不施用或较少施用农药及化肥，投入成本较低。一般海菜花 3 月移栽成活后 1 个月便可以采收花茎，4～9 月气温较高，海菜生长较快，可每星期采收 1 次，10 月至次年 2 月，气温降低，每个月只能采收 1 次，一年可采收海菜 2600 千克/亩，按全年均价 8 元/千克算，亩产值可达 2.08 万元，亩净产值 0.91 万元。

由于海菜对水质要求较高，且种植成本高，洱源县海菜常年种植面积稳定在 1000 亩左右。2018 年海菜种植面积 1000 亩，产量 2600 吨，总产值 2080 万元，净产值 910 万元。

2. 莲藕

洱源县水资源丰富，水生蔬菜栽培历史悠久，农民科技运用水平较高。通过低洼低产稻田改种莲藕，可以提高经济效益，调动农户种植积极性，发展势头良好。同时有效减少了农业面源污染，增加天然湿地面积，保护了生态环境。荷花盛开的季节，吸引不少游客前来，带动了旅游业的发展。莲藕叶及莲籽均可入药，鲜藕供不应求。

洱源县栽培莲藕品种以本地深水藕和外引浅水藕为主，常年种植面积稳定在 500 亩左右，亩产量 3000 千克/亩，按均价 4 元/千克算，亩产值可达 1.2 万元，亩净产值 6830 元。2018 年莲藕种植面积 500 亩，总产量 1500 吨，总产值 600 万元，净产值 341.5 万元。

二、存在的问题和制约因素

（一）大蒜、辣椒产业

1. 农业基础设施薄弱

部分蔬菜产区农田水利设施不配套，与现代农业发展要求不相适应，严重制约了科技的应用和农田高产出、高效益的发挥。

2. 加工企业发展滞后

加工产品种类少，技术含量不高，产品附加值低，在市场上没有形成品牌，影响外销。龙头企业生产营销能力弱，对营销网络体系建设和产品的研发利用不够，新技术的引进有待加强，蔬菜产品市场有待进一步拓宽。

3. 种源受限

蒜种经营秩序不够规范，种子质量参差不齐。占全县大蒜生产面积50%以上的早熟大蒜"红七星""温二早"种子主要从四川温江调入，全县大蒜种植面积、种子质量、价格受四川温江生产形势制约。加之，蒜种属特殊商品，没有统一规范的种子标准，经营利润高，部分经营者以次充好，甚至未经过冷冻处理就推向市场，欺骗农户，损害蒜农利益。为了保护洱海，2019年起洱源县全面禁种大蒜。

4. 缺乏长期和科学合理的规划

受市场的影响，菜农跟风现象严重，产业发展缺乏长期和科学合理的规划，抗御市场风险的能力较弱，不利于产业的发展壮大。

5. 缺乏规范的蔬菜交易市场

洱源县到目前没有规范的蔬菜交易市场，占路为市、占街为市现象突出，且部分小商贩强买强卖，严重影响了交通、社会治安及蔬菜产品的正常交易。

（二）水生蔬菜产业

1. 缺乏政策支持

以小农生产为主，带有盲目性，没有明确的方向和目标；以农户小生产为主，产业优势及规模效益不突出，极大地制约了水生蔬菜产业的发展。

2. 科技支撑不强

管理粗放，科技含量不高，栽培模式简单，单产不高，生产效益有待提高。

3. 缺乏合作社引导

水生蔬菜专业合作社仅一家，无水生蔬菜专业经纪人，只通过小商贩或农贸市场零售，品牌效应难培育，不能适应现代大市场需求。

4. 产业化水平低

产品销售以鲜菜为主，没有龙头企业带动，缺乏产品精深加工，对莲籽、藕叶的药用保健价值开发较缺乏，产品附加值低，产业链短。

三、产业发展的对策建议

（一）加大农业科技培训力度，提高菜农科技意识

加强特色蔬菜无公害生产技术培训，通过举办培训班、田间现场指导和发放技术资料等多种形式，不断提高菜农无公害生产意识；开展病虫害绿色防控技术及生物药剂推广，积极开展特色蔬菜产地认定和产品认证工作。

（二）培育市场主体，增强产业发展后劲

建立 2~3 个蔬菜批发交易市场，积极推行订单生产，培育龙头企业、蔬菜专业合作社，利用龙头企业开拓市场能力强，信息灵敏的优势，把市场信息、适用新技术、管理经验及时传递给菜农，通过扩大经营组织，规模化种植，充分发挥专业合作社、龙头企业市场主体带动作用。

（三）积极建立高原特色蔬菜品牌，提升市场竞争力

积极引导和支持企业创建具有地方特色品牌，加大高原特色蔬菜宣传力度，形成品牌效应，提升洱源县农产品在国内外市场的知名度和竞争力，推进农业现代化进程。

（四）做好特色蔬菜科学合理的规划布局

根据县域实情及发展优势制定分品种分片区发展规划，充分发挥洱源县特色蔬菜品种优势，使其规模化种植，实现"一乡一品"，大力推广蔬菜绿色生态种植技术规程，推进蔬菜标准化生产，促进蔬菜产值进一步提高。

（五）加强服务体系建设，确保蔬菜产业持续健康发展

一是积极争取项目资金，加大政策扶持力度，完善特色蔬菜生产基地配套基础设施建设。

二是加强特色蔬菜试验研究和新品种新技术的引进、示范和推广。

三是强化农资市场监管，营造农业生产安全环境，保障农业生产安全。

四是建立健全蔬菜农残检验检测体系，积极推进市场准入制度。

五是促进农产品质量监测体系及质量安全追溯体系建设，使蔬菜质量安全有迹可循，进一步提高农产品质量安全。

六是建立蔬菜网络营销平台，实现县域特色蔬菜产业与国内外市场相衔接，加大高原特色蔬菜的宣传力度，让企业和菜农能及时了解掌握市场动态、发展趋势及相关营销方面的信息；建立多方位销售渠道，实现高原特色蔬菜线上线下同步交易，带动洱源县特色蔬菜产业持续健康发展。

云南省鹤庆县特色蔬菜产业

杨银珍

（云南省鹤庆县农技推广中心）

一、经济社会及农业产业情况

鹤庆县地处云南省西北部、金沙江中游，位于大理、丽江两大历史文化名城、著名风景旅游区之间，是茶马古道上的文化重镇，白、汉、藏、纳西文化的交汇地，素有"泉潭之乡""名兰之乡""民间工艺之乡"的美誉。鹤庆县交通便利，方便快捷，符合蔬菜产品快速发货的交通要求。全县域总面积 2395 平方千米，总人口 27.83 万人，辖 7 镇 2 乡、114 个村民委员会、3 个社区居委会，有白、汉、彝、傈僳、苗、壮、纳西等 25 个民族聚居，其中白族占总人口的 58.83%。境内最高海拔 3958.4 米、最低海拔 1162 米，年均气温 13.5℃，年均降雨量 947.9 毫米。气候属南亚热带与寒温带之间的过渡性气候区，属冬干夏湿的高原季风气候，具有雨热同季，干湿分明，夏秋多雨，冬春多旱，年温差小、日温差大的特点，复杂的地形地貌、立体的气候特点、丰富的农业资源，造就了鹤庆县丰富多样的特色农产品。粮食作物以水稻、玉米、大麦、蚕豆为主，基本形成了粮食、蚕桑、烟草、畜牧、蔬菜、林果、中药材、花卉、淡水渔业、休闲农业十大高原特色农业产业。2018 年完成地区生产总值 70.23 亿元，一般公共财政预算收入 5.73 亿元，一般公共财政预算支出 24.08 亿元，城镇居民人均可支配收入 34197 元，农村居民人均可支配收入 10648 元。

二、特色蔬菜产业发展现状

（一）特色蔬菜生产规模及布局情况

鹤庆县蔬菜产区主要划分为低热河谷区蔬菜、半山区蔬菜、坝区蔬菜、高寒山区蔬菜4 个优势区域。低热河谷区包括龙开口、黄坪 2 个乡镇，海拔 1100～1600 米，本区域冬春季节气候温暖，有"天然温室"之称，可在冬春季节进行喜温菜露地生产，主要生产冬早马铃薯、早春玉米、早春蚕豆和香葱、大蒜、辣椒、茄子等冬春早菜。半山区包括西邑镇、松桂镇、六合乡3个乡镇，海拔1800～2000米，本区域昼夜温差大，夏季凉爽，无须遮阳降温设施，可生产多种蔬菜，是该县最大的夏秋露地蔬菜生产基地，主要生产大白菜、花椰菜、莴笋、芹菜、芥菜、萝卜以及茄果类、豆类、瓜类等喜温蔬菜。坝区包括金墩乡、草海镇、辛屯镇、云鹤镇4个乡镇，海拔2200米，属高原平坝子，本区域库塘多、地下水位高、水资源丰富，适宜水生蔬菜种植和晚秋蔬菜生产，主要生产莲藕、海菜、胡萝卜、大白菜等蔬菜。高寒山区包括草海镇的马厂、新峰、安乐等村，海拔2500～2600米，本区域海拔高、气温低，主要生产秋马铃薯、白芸豆和开发土洋参、当归、附子、川芎叶等药食两用蔬菜。

（二）特色蔬菜的生产现状

2018年全县蔬菜累计播种面积为7.5万亩，总产量14.4万吨，其中：葱蒜类3.7万亩，产量7.4万吨；叶菜类1.9万亩，产量3.2万吨；根茎类0.6万亩，产量0.96万吨；茄果类0.58万亩，产量1.07万吨；瓜菜类0.53万亩，产量0.87万吨；豆类0.32万亩，产量0.28万吨；水生菜类0.47万亩，产量0.56万吨；其他0.1万亩，产量0.05万吨。

自2017年鹤庆县被列入国家特色蔬菜产业技术体系示范县以来，该县特色蔬菜产业迅速发展，全县蔬菜累计种植面积从2017年的5.24万亩（产量5.37万吨）发展到2018年的7.5万亩（产量14.4万吨）；葱蒜类种植面积从2017年的2.7万亩（产量3.08万吨）发展到2018年的3.7万亩（产量7.4万吨）；水生蔬菜（以莲藕为主）从2017年的0.41万亩（产量0.35万吨）发展到2018年的0.47万亩（0.56万吨）。大蒜种植已从热区发展到半山区和坝区，充分利用了半山区地块资源的优势和坝区小春休耕轮歇的优势，农民增加了600～1000元/亩的收入；2017年1月大理五丰高原农业有限公司入驻鹤庆，带动了松桂、六合、西邑半山区乡镇发展种植羊角椒、小米椒、太子椒、荷兰豆等订单蔬菜，实现了产值3000～4000元/亩的收入，比常规种植玉米产值翻了一番；在水生蔬菜中，该县传统种植的地方深水莲藕品种品质优良、质地细腻、色泽亮白、环保无污染、市场价格好，但产量低、挖藕费工。由鹤庆县妙藕种植家庭农场引进优质、高产浅水藕种植，并开启了藕鱼模式示范种植，带动了鹤庆县坝区水生蔬菜蓬勃发展，取得了很好的经济效益和社会效益。

（三）特色蔬菜产业组织的发展情况

目前全县共有农业龙头企业14个、现代农业庄园19个、家庭农场106个（其中示范家庭农场54个）、农民专业合作社216个（其中示范社29个）、种植大户138户、养殖大户210户、休闲农业57个。大理绿坤庄园、圣阳生态园被评为大理州第一批休闲农业与乡村旅游示范园区，大理丹葵农业开发有限公司被评为大理州第一批休闲农业与乡村旅游示范企业。各类新型农业经营主体的兴起，架起小菜农与大市场的桥梁，提高了菜农的组织化程度，促进了特色蔬菜产业发展。其中，大理五丰高原农业有限公司和大理春雨农业有限公司是鹤庆县两家蔬菜种植加工的重点农业龙头企业，大理五丰高原农业有限公司通过土地流转、租赁等方式，以"公司化＋基地＋合作社＋农户"的经营模式，为周边农民增收脱困提供了一条切实可行的渠道。公司种植的蔬菜面积已覆盖全县 7 个乡镇，在金墩和秀邑流转 630 亩示范基地，年产荷兰豆 1000 吨、辣椒 1000 吨，已建设完成年产量 2 万吨辣椒腌制产品的生产线。2018 年，大理五丰高原农业有限公司通过合作社签订购销合同，收购野生菌 500 吨，种植荷兰豆 500 亩，种植辣椒 2000 亩。

（四）特色蔬菜产业市场建设情况

鹤庆县根据城镇发展和人口聚集现状，从方便居民生活、美化城市环境出发，加强"菜篮子"商品市场基础工业设施建设。全面设置新建农贸市场、农超市场，改造陈旧落后的农贸市场，清除影响交通安全和环境卫生的马路市场，创造了更多环境优美、商品优质、服务优良的标准化农贸市场和农超市场。逐步完善引导农贸市场向超市化方向发展，积极推进便民蔬菜平价超市建设，让老百姓感到舒畅、安全和方便。加强产销动态监测等预警分析，及时发现市场运行中的异常情况，健全农产品市场信息发布制度，科学引导生产发展与市场运行。引导和支持特色蔬菜产品批发和零售企业与生产加工企业直接挂钩，减少蔬菜产品上市的中间环节，形成从生产加工到批零市场的"绿色通道"。

（五）特色产业三产融合发展现状

在龙头企业的带动下，鹤庆县生产的香葱、大蒜、羊角椒、荷兰豆等绿色蔬菜已销往北京、上海、香港等国内一二线城市和澳大利亚、加拿大、英国、美国、荷兰等国家。

（六）特色蔬菜产业扶持政策

2014 年，县人民政府出台了《鹤庆县加快蔬菜产业发展的意见》（鹤政发〔2014〕58 号文件），明确了从特色蔬菜的规模化、组织化、产业化程度，还有规模化基地、龙头企业、合作社、家庭农场、种植大户等方面的多项扶持政策，有力地促进了全县蔬菜产业的整体发展。2018 年 4 月，县政府又制定了《鹤庆县菜篮子工程实施方案》，计划到 2022 年，全县新增 10000 亩专业蔬菜基地，保证全县蔬菜供给率达到 90% 以上。进一步改善老种植基地生产设施，重点是大棚设施和道路、排灌、防虫设施等基础设施的改造，提升产出能力。规范农户小规模种植菜地的管理，稳定种植区域，培训引导农民科学种菜，提高农民的产出效益。支持招商引资进行产业化生产，并给予优惠政策扶持。同时，全县规划新建、改造或整合九个农贸市场，达到乡镇中心区农贸市场全覆盖。培植龙头企业和创蔬菜品牌，保障市场供应，满足辖区群众生活需求。

三、特色蔬菜产业发展存在的问题与制约因素分析

（一）重视程度不够，发展速度缓慢

目前全县蔬菜产业正处于加速发展的关键阶段，但各级政府部门对蔬菜产业的重视程度还不够，对蔬菜产业发展研究不足，对蔬菜产业发展的资金投入也少，导致蔬菜产业发展较慢。

（二）龙头企业与专业合作组织产业化经营水平不高

全县蔬菜生产、加工、储藏、运销龙头企业较少，带动和支撑整个产业发展的能力不强；蔬菜专业合作组织大多流于形式，在产前、产中、产后技术、信息服务和提高农民组织化程度等方面没有较好地发挥实质性作用，产业化程度不高，发展的基础不强。

（三）蔬菜品种布局多杂乱，规模优势不明显

目前全县蔬菜种植面积总量不少，但种植品种多，特色蔬菜产业发展规模仍然较小，且模式单一，科技含量低，缺乏特色"金字招牌"蔬菜品牌，多以常规露地蔬菜种植为主，规模化蔬菜基地发展不足，县域蔬菜生产常年自给不足，反季节蔬菜开发力度不大，在一定程度上阻碍了全县蔬菜产业化发展步伐。

四、特色蔬菜产业发展的对策建议

（一）建设高标准、绿色生态型蔬菜基地

按照巩固提高老基地、拓展建设新基地的思路，依托鹤庆县适宜气候的自然优势，加快建设高标准、生态型蔬菜基地。争取到2022年，全县新增1万亩专业蔬菜基地，主要种植叶菜类、菌菇类、水生蔬菜类、瓜果类、薯类，保证全县蔬菜供给率达到90%以上。进一步改善老种植基地生产设施，重点是大棚设施和道路、排灌、防虫设施等基础设施的改造，提升产出能力。规范农户小规模种植菜地的管理，稳定种植区域，培训引导农民科学种菜，提高农民的产出效益。支持招商引资进行产业化生产，并给予优惠政策扶持。

（二）打造鹤庆高原无公害绿色蔬菜品牌

品牌是优质产品的标志，是进入市场的通行证。发展无公害、绿色、有机蔬菜产品是市场经济的必然选择和提升经济效益的有效手段。采取设施高效栽培，绿色综合防控，集约化育苗，创建蔬菜标准园，强化全程质量安全监管等措施，提高鹤庆县蔬菜产业规模化种植、标准化生产、产业化经营。在抓好设施农业生产的同时，要切实抓好产品的销售，

走生产、加工、销售于一体的路子，着力发展无公害产品和绿色产品，提高产品的竞争力和辐射带动能力。一是积极引进新品种，增加设施农业中的名、优、特、新品种的生产比重，不断丰富产品种类，满足不同层次消费群体的生活需要，体现设施农业价值；二是积极推广无害化栽培管理新技术，加快绿色食品认证认定，提升农产品质量和安全水平，以特色、安全、优质占领市场制高点；三是严格按照无公害农产品的要求和商品质量标准进行采收、分级、加工、包装、上市，真正做到有品牌、有商标，实现树形象、创名牌，引导消费；四是集中力量培植扶持一批有优势、有特色、前景好的设施生产龙头企业和生产大户，发挥其对产业的带动作用。同时，积极鼓励企业加大对设施农业建设的投资，建立"公司＋基地＋农户"的新型产业化组织体系，扩张设施农业规模，实现规模化生产和集约化经营。

（三）强化政策扶持引导，发挥农民主体作用

加大蔬菜产业发展的扶持激励机制，建立健全种菜补贴、项目补助、以奖代补等机制，对发展蔬菜产业的龙头企业、合作组织、种植大户和菜农给予扶持和奖励，提高农民发展蔬菜产业的积极性。搞好农民技术培训，集中开展技术推广和培训活动，培养一批懂技术、会经营的新型农民。

（四）认真规划产业优势区

利用"奇峰雨季"蔬菜的知名度和销售渠道，把鹤庆县其他气候、土壤条件相同的乡镇规划进来，通过发展蔬菜生产基地，稳定蔬菜种植面积，打造高原绿色食品，提高蔬菜产品质量，努力实现鹤庆县蔬菜产业又好又快发展。

（五）完善流通体系建设，培育流通主体

市场流通体系没有形成，农民害怕承担太大的风险，也没有能力承担这种风险，导致鹤庆县农业产业化发展滞后，因此发展蔬菜产业要一手抓生产，一手抓流通。着力提升专业合作组织的经营能力，培育和壮大新型产销合作组织，提高农民进入市场的组织化程度。逐步完善引导农贸市场向超市化方向发展，积极推进便民蔬菜平价超市建设，让老百姓感到舒畅、安全和方便。

云南省弥渡县特色蔬菜产业

赵银梅

（云南省弥渡县农技推广中心）

弥渡县地处云南省中西部，大理州东南部，东经 100°19′~100°47′，北纬 24°47′~25°32′，属中亚热带季风性气候，平均海拔 1659 米，年平均气温 16.3℃，最冷月份为 1 月，平均气温 8.9℃，最热月份为 6 月，平均气温 21.4℃，≥0℃ 的积温 5345.7~6339.2℃，年降雨量 758.1 毫米，无霜期 247 天。光照充足，冬无严寒，夏无酷暑，四季气候温和，干湿季节分明，空气质量达到国家二级标准。弥渡县蔬菜栽培历史悠久，生产水平较高，种植有 14 类 100 多个品种，是全国菜篮子产品生产先进县、云贵高原夏秋蔬菜重点区域基地县、云南省商品蔬菜基地县，全省首批 16 个无公害蔬菜行动计划县之一，素有"蔬菜王国"之美誉。2018 年，全县种植蔬菜 21 万亩，实现总产量 91 万吨，总产值 18.5 亿元。其中大蒜、大青菜、芋头是弥渡县三大特色蔬菜，在全县蔬菜产业中占有重要地位。

一、产业发展现状

（一）特色蔬菜生产现状

1. 大蒜

弥渡县种植大蒜历史悠久，是弥渡县第一大蔬菜作物，主要种植在红岩、新街、弥城、寅街 4 个镇。从 1997 年至 2016 年的 20 年间，该县大蒜面积始终保持在 6 万~7 万亩，2018 年全县大蒜面积近 7，其中红岩 1.9 万亩、新街 1.7 万亩、弥城 2.4 万亩、寅街 0.60 万亩，苴力镇少量种植。市场的波动左右着该县大蒜播种面积，波动幅度在 1 万亩以内。

种植的品种主要以四川紫皮蒜为主，山东、河南白皮蒜被部分地区引入种植，其中按生长期又分早、中、晚熟，早熟品种有"红七星"等，中晚熟品种有"二季早""温二早"等，晚熟品种多为山东、河南白皮蒜，青蒜品种有："软叶蒜"（或"宝塔蒜"）。种植类型有薹头兼用、独蒜、蒜头、青蒜4种。播种方式为露地点播。

早蒜和中晚熟品种在弥渡大蒜主产区都有分布，且比较集中，种植面积6万亩左右，一般9~10月点播，当年12月下旬蒜薹开始上市。青蒜品种主要分布于弥城菜区，面积0.2万亩左右。晚熟品种主要分布于弥渡坝子毗雄河以东，面积0.4万亩左右，一般9月中下旬至10月上中旬点播，次年3月蒜薹上市。早蒜播种期最早的在弥城的新庄，寅街的瓦窑坡、左所营，红岩的吉祥。

2016年蒜头平均亩产量800~1250千克，亩产值3200~5000元。蒜薹亩产量300~600千克，亩产值2700~5400元。蒜薹和蒜头的综合产量1100~1850千克，亩产值5900~10400元。

2017年蒜薹平均收购价格11元/千克，亩产量300~400千克，蒜薹亩收入3300~4400元。蒜头大部分以鲜蒜头出售，亩产量1200千克，平均收购价格5.5元/千克，蒜头收入约6600元。折合亩产值达9900~11000元/亩。

2018年通过到田到户和到市场调查，大蒜产值如下：早蒜蒜薹按20元/千克折算产值3000~4000元，蒜头以3元/千克折算产值2400~3000元，两项合计产值5400~7000元。中蒜蒜薹以按4元/千克折算产值1200~2000元，蒜头以按1.5元/千克折算产值1800~2250元，两项合计3000~4250元。晚蒜蒜薹以3元/千克折算产值1650~2250元，蒜头以1.2元/千克折算产值1200~1440元，两项合计2850~3690元。以蒜头为主的白皮蒜蒜头亩产高达2000~2400千克，蒜头价格按1.8元/千克折算产值3600~4320元。综合分析大蒜亩产值为2850~7000元，减去投入成本（自行用工成本未计入），亩收益为250~3650元。其中，早蒜经济效益最高，但所占比重并不多，多以中蒜为主，全县大蒜实际生产效益约为每亩1000元左右。

2. 大青菜

弥渡县大青菜种植面积约2万亩，主要分布在红岩、新街和弥城镇。其中红岩1.2万余亩，新街约0.5万亩，其他乡镇少量种植，面积约0.3万亩。

目前，弥渡县大青菜种植有两类，一是以鲜食为主的绿秆大青菜，二是以腌制酸腌菜为主的粉秆大青菜。其中80%以上是粉秆大青菜，是以"建林"和"老土罐"食品厂的订单种植为主。种植大青菜多数露地打塘直播，8~10月种植，11月至次年2月上市。以订单种植折算，交售的大青菜要求是砍倒后晒3~4天后再交货。一般亩产5~9吨，平均亩产7吨。

2016年2月10日以前，收购价格为0.35~1.00元/千克。2月10日至3月5日，收购价格为0.25~0.35元/千克。以平均收购价0.4元/千克计，折合平均亩产值2800元。

2017年和2018年平均收购价格0.50元/千克，折合平均亩产值为3500元；大青菜投入成本1200元/亩，纯收入2300元/亩。

3. 芋头

弥渡县芋头种植面积在4300亩左右，主要分布在新街、弥城、寅街。其中新街500亩左右，弥城2500多亩，寅街1300多亩，红岩等其他乡镇少量种植。弥渡种植品种有小芋头和大芋头。其中小芋头分为绿秆芋和紫秆芋。大芋头当地俗称弥渡大芋头，紫秆芋。芋头属于大春作物，多数露地塘播，5~6月播种，11~12月集中上市。弥渡大芋头是弥渡早年间的传统特色种植作物，但近年来，由于大芋头生产周期长，从种植到采收大田生育期240天左右，种植面积逐年减少，现有种植规模只有200亩左右，主要分布在新街镇的罗荡、海坝庄和弥城镇的张迁等村。

弥渡小芋头俗称紫秆芋和毛绿芋。目前大面积（90%以上）栽培的早紫秆芋，坝区、山区都有栽培。主要分布在弥城镇新庄、长坡、山高、双海、龙泉、张迁村和寅街镇的波罗邑、沙河、甫子、观音山、栗树庄村。

大芋头个体重量高但由于种植密度稀故与小芋头亩产相差不多，平均亩产2吨。大芋头可越冬与大蒜间种到下年收获。近年来出现部分地膜栽培，2月初播种，8月上市，经济效益相对较高。据调查，2016年市场平均价格2.2元/千克，亩产值5500元。2017年市场平均价格2.8元/千克，亩产值7280元。2018年2.5元/千克，亩产值5050元，生产成本2400元/亩，折合纯收入3450元/亩。

（二）产业组织发展情况

1. 产业模式

弥渡县大蒜生产基本以农户自发种植为主，主产区集中，在蔬菜产业中种植规模最大，是全县冬春季最大的农业支柱产业。近年涌现出部分种植大户，流转大片土地规模种植，据调查，2018年100亩以上规模种植的达到了5户，但由于大蒜市场低迷，打击了农户种植的积极性，大户模式可能会受到抑制。

芋头生产同样是以农户自发为主，主产区集中，但由于受到地方土壤条件的限制，种植规模不大，形成了专业村，带动了专业村的产业经济。

大青菜生产以"农户＋公司"模式为主，基本是以"建林"和"老土罐"食品厂的订单种植。

2. 龙头企业

弥渡县老土罐绿色食品有限责任公司始建于2008年7月，是一家生产酸腌菜、风味包、盐水泡菜等无公害蔬菜系列产品的企业。公司位于弥渡县工业园区，注册资金2000万元，主要经营酸腌菜、风味包、泡小米辣、泡黄姜等蔬菜产品，以地方传统的加工工艺加现代新工艺技术，按专业的食品质量体系管理和食品安全管理为大众提供安全放心的蔬菜产品。公司目前已建立起面向全国的销售网络，与国内大型集团建立了长期稳定的合作关系，成为"统一""今麦郎""康师傅""李锦记""白象"等知名品牌企业的指定供应商。公司目前呈现产销两旺的良好发展势头，2011年初，公司在经过认真的市场调研和实地考察后，于2011年7月在弥渡县新街镇北沟箐新征地196.1837亩建设年产10万吨蔬菜深加工生产线，该项目计划投资2.6亿元，建成后将解决4000多人的就业问题，转化新鲜蔬菜30万吨，现已完成投资1亿多元，建成生产车间40000多平方米，购置了巴氏杀菌线，真空包装机等先进设备。

弥渡县建林绿色食品有限公司是弥渡县专业从事蔬菜深加工，生产系列风味食品的现代化加工企业，成立于 2006 年 3 月，主要从事"张氏建林"牌弥渡酸腌菜、泡小米辣、泡红椒等系列风味食品的生产销售。通过几年来的市场运作，"张氏建林"牌产品已成功推向全省各地市场，打进沃尔玛、家乐福等各大超市的同时还远销北京、上海、浙江、四川、广州等地。公司占地面积 21.06 亩，在职员工 240 人，季节性生产用工达 350 余人。2013 年销售各类产品 10000 多吨，实现销售收入 4200 万元，上缴税金 64 万元。在各级各部门的大力关心帮助下，通过几年的发展壮大，企业得到了长足的发展，在推进全县农业产业化发展进程中发挥了积极的推动作用。公司先后被云南省委、省政府评为云南省2007 年社会扶贫先进集体；被云南省经济委员会、云南省乡镇企业局评为云南省农产品加工重点企业；被大理州农业产业化领导组办公室评为大理白族自治州农业产业化经营州级重点龙头企业；被云南省农业产业化领导小组办公室评定为云南省农业产业化经营和农产品加工重点龙头企业；"张氏建林"注册商标被评为云南省著名商标、大理州知名商标。在过去 8 年中，该公司在抓好产品质量管理，不断提升档次的同时，在扩大生产规模和完善销售网络方面也狠下功夫。产品种类方面，已从酸腌菜单一品种发展到以酸腌菜为主，并开发了泡大蒜、剁红椒、泡小米辣、脆萝卜、泡黄姜等颇具地方特色的风味系列食品产品。伴随着企业的不断发展壮大，"张氏建林"牌酸腌菜知名度不断提升，市场竞争力不断增强，产品一度热销云南市场。

（三）科技应用水平

在扩大蔬菜种植规模的同时，弥渡县高度重视蔬菜标准化生产。一是完成了标准化种植技术规程制定，为全县实施蔬菜标准化生产提供科学依据；二是加强新品种、新技术试验示范，每年增添新品种 10~15 个，并进行品种比较试验，为全县蔬菜生产品种更新换代提供技术服务支持；引进、示范推广测土配方施肥技术；三是开展作物病虫害专业化、社会化服务，推广太阳能杀虫灯 304 盏，诱虫色板 69 万张，昆虫性诱剂 1.12 万套，培育红岩彩云农机、新街庆丰 2 个新型农业社会化服务组织，累计完成专业化统防面积138.92 万亩，绿色防控面积 59.02 万亩。全县蔬菜科技应用水平稳步提升，蔬菜生产新品种、新技术得到广泛应用，无公害、标准化蔬菜生产技术普及率达 95% 以上。

（四）农产品质量安全水平

一是宣传普及农产品质量安全法律法规，提高农户质量安全意识和诚信守法意识；二是加强农业综合执法，强化农业投入品管理，抓实农资市场和生产过程管理，杜绝蔬菜使用禁限农药；三是开展了农产品"三品一标"认证；四是县乡（镇）两级建立健全农产品质量安全检验检测服务体系，县级成立了食品药品检验检测院，乡镇成立了农产品质量安全监督站，进一步强化了农产品生产质量安全监督管理。

（五）市场营销服务体系

一是建设农产品交易市场。全县累计建成县、乡、村交易市场 54 个，新建滇西蔬菜批发市场，集现代交易、电子结算、信息服务、产品检验检测、储藏包装、冷链物流为一体，成为滇西片区蔬菜交易集散中心。二是加强农产品市场信息与推广。每年组织县内新型农业经营主体参加昆明农博会、南博会、上海浦东农博会等农产品展销活动，增强了品牌对外宣传力度，进一步拓宽了农产品流通渠道。三是实施中央农产品产地初加工补助项目。扶持 24 户新型农业经营主体，建成组装式冷藏库 33 座，使冷藏能力达到 4360 吨，为农产品生产加工销售提供优质高效服务，进一步延伸了产业链，提高了产品附加值。四是加快农村电子商务发展。建设弥渡县小河淌水农特网，建立农业信息化综合服务平台，与社员网建立全面的战略合作关系，通过网站、平台建设，加大弥渡县农业扶持政策、农产品信息、农业龙头企业等的宣传力度，帮助新型农业经营主体开网店，实现网上销售，进一步拓宽弥渡县蔬菜等特色农产品销售渠道。

二、特色蔬菜产业发展存在的问题与制约因素

（一）市场波动，价格的不稳定

蔬菜市场价格受国内、国际市场的双重影响，2018 年以来弥渡县大蒜市场的持续低迷，严重挫伤了蒜农的积极性。由于大蒜种植成本投入高，要求的耕作水平高，大蒜种植风险较高，销售低迷给蒜农带来了严重损失，导致种植大户难以发展起来。

大青菜投入成本和耕作水平的要求都不高，但大青菜的整体效益不高，加之又会受到交售企业直接或间接的变相压价，故其进一步的发展也受限制。

（二）出口市场受限

弥渡县大蒜市场较为集中，基本饱和，增长空间极为有限。贸易壁垒增多，2018 年以来中美贸易摩擦增多，大蒜出口的国际环境日益恶化。

（三）产品加工单一落后

目前，除弥渡县建林绿色食品有限公司、弥渡县老土罐绿色食品有限责任公司对大蒜、青菜、辣椒进行加工外，芋头没有加工产品。由于加工能力受限，大蒜和芋头基本上以初级产品销售为主，导致价格不稳定，蔬菜产业发展受限。

（四）品牌影响不足

"建林"和"老土罐"品牌创建意识不强，缺乏中长期发展规划，缺乏强有力的营销企业和营销队伍支持，品牌宣传投入不足，产品宣传推介力度不够、形式单一，在全省全

国的影响力不大，市场规模有限，导致青菜及相关产业的发展空间受限。

（五）政府扶持力度不够

由于弥渡县大蒜、青菜、芋头等农作物都是农户自发种植，政府在3种作物上的扶持政策较少，特别是弥渡大芋头，导致弥渡特色蔬菜的影响力越来越弱。

（六）农村劳动力不足

农村青壮年劳动力弃耕外出打工现象严重，从事农业生产的多数是老人，整体素质明显偏低，蔬菜产业发展人力受限。

（七）品种市场混乱

由于政策原因，农业科技部门全面退出种子经营，每年的大蒜种均由个体经商户调运销售，许多品种未经试验示范就已调入销售，蒜农无法分辨真假好坏，而农业科技人员长期不参与市场，脱离实践，在种子市场管理上知识老旧，导致品种市场多而乱，严重影响大蒜品种的优良性。

（八）大蒜地块的重茬连作，影响大蒜质量

由于弥渡县土地面积有限，大蒜的重茬连作导致土壤中同一种营养元素消耗较多，病菌逐年增加。同时，过量施用化肥造成土壤物理性质恶化，土地板结、碱化、盐渍化加重，严重影响大蒜生长。大蒜的长年连作已经成为制约大蒜产业可持续发展的瓶颈。

三、特色蔬菜产业发展的对策建议

（一）强化农业科技支撑

一是加快新品种引进选育和示范推广，依托省、州农科院相关专业站所，开展蔬菜新品种应用研究，每年引进和选育蔬菜新品种5~10个；二是推进栽培制度改革，探索蔬菜栽培技术新模式，着力解决土壤连作障碍，减少农业面积来源污染，保持可持续生产；三是推进标准化生产，积极探索建立以农民专业合作社、家庭农场为主的新型农业经营主体、科技人员技术承包服务的运作机制，大力推广蔬菜标准化生产技术，逐步实现蔬菜生产"五化五统一"服务；四是强化农产品质量安全监管，加强产地环境检测，严格管理农业投入品，建立健全县、乡、村三级联动农产品质量安全网格化监管体系，力争产地蔬菜产品质量主要指标达到国家质量安全标准；五是鼓励和扶持新型农业经营主体建立健全田间生产管理记录档案，实现产品100%来源可追溯。

（二）培育新型农业经营主体

一是建立健全农技推广服务体系，着力培育蔬菜新型农业经营主体，提高组织化程

度，向规模化、标准化、商品化、品牌化、产业化方向发展；二是充分发挥新型农业经营主体在蔬菜生产、加工及流通中的龙头带动作用，鼓励各类市场主体投资蔬菜产业，支持蔬菜生产营销企业，通过内引外联和股份合作等方式扩大规模，提高蔬菜加工工艺技术水平；三是支持新型农业经营主体发展速冻蔬菜、干制（脱水）蔬菜等产品，促进产品原料的多层次开发，提高产品附加值；四是积极培育出口备案企业，搭建蔬菜自主出口平台。

（三）健全市场营销体系

一是完善农产品市场服务功能，以新滇西蔬菜批发市场为中心，提升改造一批布局合理、交易方式先进、功能齐全、信息灵敏、安全卫生的骨干农产品交易市场，并在政府的政策引导和资金支持下，逐步形成以骨干批发市场为核心，以连锁超市、电子商务等其他流通方式为补充，以现代物流服务体系为依托，以现代交易、结算、信息、检测、储藏、物流等技术为支撑，以良好的企业经营和资金投入机制为保证，以稳定、有序、规模化的农产品营销队伍为主体的现代化的农产品市场流通体系；二是推进农超对接、农社对接，实现蔬菜产品直供直销；三是加强农产品信息与市场推广，积极组织县内新型农业经营主体参加农博会、南博会展销活动，扩大品牌对外宣传，进一步拓宽农产品流通渠道；四是加强农村经纪人队伍建设，健全利益联结机制，为农户提供优质高效生产、加工和销售服务，进一步延伸蔬菜产业链，提高产品附加值。

（四）推进品牌建设

一是围绕全县蔬菜主栽品种，积极推进无公害、绿色食品认证；二是鼓励龙头企业和专业合作社积极注册蔬菜商标，争创云南省著名商标和中国驰名商标，大力发挥品牌效应，提高市场认知度，着力打造一批具有弥渡特色的蔬菜知名品牌。

（五）加大政策扶持

一是依据云南省政府《关于全面深化改革扎实推进高原特色农业现代化的意见》等文件，配套相关政策措施，落实财政资金支持蔬菜产业发展；二是鼓励各类金融机构，创新金融服务产品，加大对蔬菜龙头企业和新型农业经营主体投放力度，探索建立多种形式的农业保险、贷款贴息机制和农业生产设施抵融资办法，不断拓宽蔬菜产业发展融资渠道；三是酝酿出台绿色食品品牌建设配套政策措施，推进绿色食品营销服务；四是加强农业科技人才队伍培养，选拔一批优秀农业科技人才，开展技术交流和学习，全面推动弥渡县蔬菜产业高效发展。

云南省祥云县特色蔬菜产业

赵冠明

（云南省祥云县园艺工作站）

一、基本情况

（一）自然资源优势

祥云县地处云贵高原，最高海拔3241米，最低海拔1433米，平均海拔1996米，属北亚热带高原季风气候，年平均降雨810毫米，年平均温度14.7℃，年均日照达2030.2~2623.9小时，海拔高差大，冬无严寒，夏无酷暑。除拥有得天独厚的气候资源，还具备丰富的适宜蔬菜种植的土地资源和便利的交通，这些优势都使得祥云县蔬菜产业迅速发展。

（二）社会资源优势

祥云县位于云南省中部偏西、大理州东部，素有"云南之源、彩云之乡"的美誉。幅员2425平方千米，辖8镇2乡139个村（社区）1191个村（居）民小组，有汉、白、彝、苗、回、傈僳等世居民族，总人口48万人。与2016年相比，2017年全县生产总值实现138.64亿元，增长10.1%。

（三）农业产业发展情况

祥云县以云南省高原特色农业示范县、国家农村产业融合发展试点示范县、国家级农村电子商务综合示范县建设为契机，立足资源禀赋，以土地流转为突破口，着力调整优化产业结构，积极培育扶强新型农业经营主体，加快优化升级农产品加工，培育形成了蚕桑、蔬菜、畜禽、特色水果、中药材等特色产业，实现了现代农业的长足发展，2017年全县农业生产总值达到34.78亿元。目前，全县有农业龙头企业41家、农民专业合作社1002家、家庭农场70家，农业庄园10家。其中国家级龙头企业1家、省级龙头企业18

家、州级龙头企业 22 家；国家级农民专业合作示范社 1 家，省级农民专业合作示范社 9 家、州级农民专业合作示范社 16 家、省级示范农场 4 家，州级示范农场 8 家；其中省级庄园 2 家，州级庄园 8 家。认定为无公害农产品产地 54 万亩，认证无公害农产品 15 个、绿色食品 26 个、有机食品 11 个；有 5 个农产品被认定为云南名牌，3 个品牌被评为全国名牌。

（四）蔬菜产业发展情况

20 世纪八九十年代祥云县酱辣子、黄芽韭、萝卜丝、百合、秋蚕豆等是省内、州内有名的地方特色蔬菜。但是，祥云受干旱缺水的制约，蔬菜生产在祥云一直没有形成一个较大的产业，种植面积一直徘徊在 10 万亩左右，产量偏低、质量较差，主要供应州、县内市场。近年来，在政府政策倾斜支持的大环境下，涌现出了一批以特色蔬菜种植、加工、销售、出口为重点的省级、州级农业产业化龙头企业和生产种植大户，如祥云县龙云经贸有限公司、祥云县泰兴公司、祥云县龙之源公司、祥云县品位公司等。在这些龙头企业的引领和示范带动下，形成了以祥城、刘厂、下庄、禾甸、米甸等乡镇为主的生产基地带，引进先进种植技术 20 余种，种植蔬菜品种 150 多个，建立特色蔬菜外销出口基地 2 万亩，与国内外多家农业企业建立合作关系，蔬菜产业不断发展壮大。2017 年全县蔬菜种植 15.07 万亩，总产量 29.5 万吨，产值 83582.2 万元。

二、特色蔬菜产业发展现状

祥云县特色蔬菜随着信息、交通、物流的不断完善，整个蔬菜市场不断扩大和设施农业的不断发展，其种植规模逐年扩大，产品质量逐步提升，全县特色作物以大蒜、辣椒、葱等为主。

（一）特色蔬菜生产规模及布局

2017 年祥云县特色蔬菜共种植 2.83 万亩，实现收益 16866 万元，解决农村剩余劳动力 2 万余人。在全县蔬菜种植面积中占比 18.8%；其中，有一定种植规模的有大蒜、辣椒、葱 3 种，大蒜种植主要分布在祥城镇、沙龙镇、刘厂镇，全年共种植 1 万亩，产值 8034 万元；辣椒在全县 10 个乡镇均有一定的种植，全年共种植 1.38 万亩，产值 6134 万元；葱种植主要分布在祥城镇、禾甸镇、刘厂镇，全年共种植 0.45 万亩，产值 2698 万元。

（二）特色蔬菜的生产现状

1. 大蒜

全县种植品种主要以"河南早蒜""红七星"为主，主要采取露天种植。"河南早蒜"种植面积 9600 亩，95% 采用沟灌，5% 采用喷滴灌，年产量 12938 吨，其中达到优良质量的有 12000 吨;"红七星"种植面积 400 亩,90% 采用沟灌,10% 采用喷滴灌,年产量 500 吨,其中达到优良质量的有 450 吨。

2. 辣椒

全县种植品种主要以"干椒 5 号""红绿 1 号"等为主,主要采取露天种植。全年种植 1.38 万亩,98% 采用沟灌,2% 采用喷滴灌,年产量 23309 吨,其中达到优良质量的有 18000 吨。

3. 葱

全县种植品种主要以"细香葱""日本冈本中葱"为主,主要采取露天种植。全年种植 0.45 万亩,60% 采用沟灌,40% 采用喷滴灌,年产量 8421 吨,其中达到优良质量的有 7000 吨。

(三)特色蔬菜产业的科技水平

随着祥云县现代设施农业的不断发展,大蒜、辣椒、葱的种植不断规模化、集中化、现代化,种植农户对种植品种和种植技术的不断研究,形成了与国际市场无缝对接,但又具有县域特色的种植模式。同时,随着高原特色农业的发展,蔬菜产业作为主要产业之一,祥云县对其发展高度重视,将其作为农业科技推广服务体系建设的产业之一,有序组织种植大户开展技术和前沿市场信息培训,提升种植户的市场竞争能力。

(四)特色蔬菜产业组织的发展情况

目前,全县有特色蔬菜产业(大蒜、辣椒、葱)农业龙头企业 3 家、农民专业合作社 27 家、家庭农场 1 家,其中国家级龙头企业 1 家、省级龙头企业 2 家;省级农民专业合作示范社 5 家、州级农民专业合作示范社 8 家。

(五)特色蔬菜产业市场建设情况

全县共建有蔬菜市场 12 个,服务大蒜、辣椒、葱产业冷库 5 个。祥云县蔬菜主要靠外运销售,主要运往下关、弥渡、昆明等地销售;大蒜、辣椒、葱在外运销售的基础上一部分坐地销售,一部分进行初加工。2017 年大蒜均价 5.99 元/千克、辣椒均价 2.63 元/千克、葱均价 3.2 元/千克。

(六)特色产业三产融合发展现状

目前,祥云县特色蔬菜产业三产融合仍处于初级阶段,每年从事特色蔬菜产业的农村劳动力 2.5 万人,其中主要种植作物大蒜、葱、辣椒。主要的加工产品有蒜片、蒜粉、干葱、辣椒酱、泡辣椒等。

(七)祥云县特色蔬菜产业扶持政策

祥云县作为全省 40 个高原特色农业示范县之一,祥云县委、县政府高度重视高原特色农业发展，认真贯彻落实科学发展观，以提高农业综合生产能力为基础，以转变农业发展方式为主线，以改革开放和科技进步为动力，以农业综合配套建设为保障，调整农业产业结构，进一步推进高原特色农业产业化发展和农产品加工进程，立足优势，突出特色，大力发展"烤烟、蚕桑、畜禽、林果、蔬菜"五大农业主导产业，多渠道、多方面增加农民收入，促进农村经济的全面发展。

三、特色蔬菜发展存在的问题与制约因素

（一）干旱缺水是制约祥云特色蔬菜产业化发展最重要的因素

虽然祥云地处金沙江和元江——红河流域的分水岭，地势西北高、东南低，县境内共有大小河流、支流 32 条。境内湖泊主要有青海湖、莲花湖，全县有中型水库 5 座、小（一）型水库 11 座、小（二）型水库 125 座、坝塘 2301 座，但是可利用的水量仅为 1.78 亿立方米。加之年降雨量少，地势高，江河之水难以利用，资源性缺水和工程性缺水比较突出，特别是近年来的持续干旱，制约了祥云县蔬菜产业的发展，特别是特色蔬菜产业发展。

（二）思想认识不够，动力不足

祥云县特色蔬菜生产总体发展趋势较好，但产业相对弱小，其中最重要的一个因素就是思想观念落后，对发展特色蔬菜生产的重要性认识不够。很多农户习惯种植粮食作物，省工省力，并且近年来粮食价格偏高，效益也很可观，对投资大、费工费时、科技含量较高的特色蔬菜生产，思想转变慢，没有形成产业化发展意识，动力不足。目前规模较大的基本是外地农户到县内流转土地种植。

（三）蔬菜产业化、品牌化发展有待提高

一是祥云县特色蔬菜龙头企业总体实力不强，合作社规模小，对农户的带动能力弱。农产品加工转化水平低，蔬菜合作社推广、带动范围小，品种单一，抵御市场风险的能力较差。二是蔬菜加工产业严重滞后。目前全县仅有一家具规模生产加工的企业，制约了蔬菜种植的进一步拓展。三是缺乏科学有效的利益联结机制。企业与农户与基地的利益连接，大多数还停留在松散的结合上，企业与农户之间没有法律约束力，企业按市场价收购农户的产品，不与农户承担风险，农户也没有参与意愿和合作要求，在市场条件下，一旦市场波动，企业与农户双双受损。四是销售滞后。祥云县缺乏健全的蔬菜流通大户，流通渠道狭窄，影响着市场的开拓和占领，限制了产业规模的扩大和发展。五是没有较好的蔬菜品牌。虽然很多企业已经注册品牌，如"云龙大有""七彩泰兴"，但都没有形成较大的市场影响力，没有形成区域公用品牌。

（四）没有健全的物流保证和信息网络

祥云县交通便利，铁路、国道、省道穿境而过，虽然是通往滇西八地州的重要交通枢纽，是桥头堡建设中连接东南亚、南亚国际大通道的重要中转站，但没有健全的物流保证和信息网络。一是缺少大、中型物流公司，不能及时将生产出的优质实鲜蔬菜运往各大城市。二是没有信息服务网络，不能及时提供快速、准确的信息服务，发布蔬菜产销形势的预测预报。

四、特色蔬菜产业发展建议

（一）做强做大产业龙头，带动蔬菜跨越发展

祥云县需要按照"扶优、扶大、扶强"的原则，培植壮大一批起点高、规模大、带动力强的蔬菜龙头企业，发展精深加工，提高产品附加值。要促进龙头企业与专业合作社、小微企业的横向联合，建立合作共赢的新机制延伸产业链，做强企业，做大产业；以龙头企业为依托，发挥专业合作组织、行业协会的作用，整合资源、集中力量打造祥云知名蔬菜品牌，形成强势拉动，靠品牌占领市场，通过创名牌推动产业升级；充分利用祥云县地理环境优势，大力发展无公害、绿色蔬菜，加强质量认证工作，提升产品质量；大力培育新型农村专业合作经济组织，形成"公司＋基地＋专业合作组织＋农户"的产业化发展模式，形成"风险共担，利益共享，互为支撑"的利益共同体；大力发展订单蔬菜，降低蔬菜生产风险，不断提高农民组织化经营程度和水平。

（二）政策倾斜，资金扶持

政策倾斜支持是高原特色农业可持续发展的有力保障。要贯彻执行好国家关于蔬菜产业开发的各项方针政策和祥云县出台的各项激励措施，建立合理的土地流转机制，鼓励农民从事蔬菜生产，开通绿色通道，给蔬菜产业创造一个良好的产销环境。整合州、县专项资金，支持蔬菜产业发展，争取银行、信用社等金融部门信贷资金对菜农进行扶持；积极向国家和省级争取产业化项目，同时整合农业综合开发、农业基础设施建设等项目资金向蔬菜产业倾斜，完善农业招商引资优惠政策，吸纳社会资金投入到蔬菜产业开发中来。

（三）建立健全信息服务网络和完善物流服务

祥云县需要建立信息服务网络，及时提供快速、准确的信息服务，发布蔬菜产销形势的预测预报。扶持现有物流企业完善物流服务，加大招商引资，引进大型物流企业，鼓励蔬菜生产企业建立自己的物流部门，做好产、供、销衔接。

（四）完善社会化服务体系，提高生产技术水平

以促进祥云县农业发展方式转变为主线，突出农业技术服务的专业化、社会化，加强高级人才和实用人才培养，加强农业科技队伍建设，推进技术路径、服务方式、组织管理的创新，构建新型农业科技体系。建立健全科研推广技术体系，不断解决生产中出现的技术问题，加强技术攻关和培训工作，加强和科研院所的合作，充分利用科研院所的技术平台和技术。着力提升自主创新能力、成果转化能力和技术推广服务能力，积极促进农、科、教的紧密衔接与融合。积极推广先进适用集成技术，做好良种良法配套技术研究，提高规范化栽培技术水平。

（五）强化监管，建立蔬菜质量检测监督体系，实施品牌战略

完善祥云县农产品质量检测中心建设，配齐配全专职人员和仪器设备，对各类上市蔬菜进行农药及农业环境等项目检测。同时，在县内蔬菜批发市场和蔬菜生产企业建立监测点，加大植检工作源头控制力度，强化对销售蔬菜的监控，坚决遏制不卫生、不安全的农产品上市。县农技部门要积极抓好基地建设，示范推广农业防治、生物防治、物理防治及新型施药器械等新技术，大力发展无公害蔬菜、绿色蔬菜，提高产品质量档次，使蔬菜产品向高营养、无公害、保健型的方向发展。在努力提升产品质量和形象的同时，创建具有高原特色的蔬菜名优品牌，大力实施品牌和名牌产品战略，有效带动产品发展，实现产品走出山门，走向市场，占领市场，达到农村经济稳步发展、农民收入稳步增长的最终目的。

索引

辣椒产业

葱姜蒜类

水生蔬菜

其他